Sección de Obras de Historia

REVOLUCIÓN DESDE AFUERA

Traducción de
Eduardo L. Suárez

GILBERT M. JOSEPH

REVOLUCIÓN DESDE AFUERA

Yucatán, México y los Estados Unidos, 1880-1924

FONDO DE CULTURA ECONÓMICA

Primera edición en inglés, 1982
Segunda edición en inglés, 1988
Primera edición en español,
    de la segunda en inglés 1992
    Primera reimpresión, 2010

Joseph, Gilbert M.
    Revolución desde afuera. Yucatán, México y los Estados Unidos, 1880-1924 / Gilbert M. Joseph ; trad. de Eduardo L. Suárez. — México : FCE, 1992
    382 p. ; 23 × 16 cm — (Colec. Historia)
    Título original Revolution from Without. Yucatán, Mexico, and the United States, 1880-1924
    ISBN 978-968-16-3461-2

    1. Historia — México — 1880-1924 I. Suárez, Eduardo L., tr. II. Ser. III. t.

LC HD1795. Y8   Dewey 972.0816 J853r

Distribución mundial

Esta publicación forma parte de las actividades que el Gobierno Federal organiza en conmemoración del Bicentenario del inicio del movimiento de Independencia Nacional y del Centenario del inicio de la Revolución Mexicana.

Título original: *Revolution from Without. Yucatán, Mexico, and the United States, 1880-1924*
© 1982, Cambridge University Press, Cambridge
© 1988, Duke University Press, Durham, Carolina del Norte
ISBN 0-8223-0822-3 (rústica)

D. R. © 1992, Fondo de Cultura Económica
Carretera Picacho-Ajusco, 227; 14738 México, D. F.
Empresa certificada ISO 9001: 2008

Comentarios: editorial@fondodeculturaeconomica.com
www.fondodeculturaeconomica.com
Tel. (55) 5224-4672 (Fax) (55) 5227-4694

Se prohíbe la reproducción total o parcial de esta obra, sea cual fuere el medio, sin la anuencia por escrito del titular de los derechos.

ISBN 978-968-16-3461-2

Impreso en México • *Printed in Mexico*

A
mi padre y a mi madre

No hay verdad en las palabras de los extranjeros.
Profecía maya de Chilam Balam

Las cosa de Yucatán, dejarlas como están.
Aforismo colonial español

ABREVIATURAS USADAS EN LAS NOTAS

A	*El Agricultor*
AA	*American Anthropologist*
AC	Archivo de Carranza
AGE	Archivo General del Estado de Yucatán
AGN	Archivo General de la Nación
AHR	*American Historical Review*
Anderson Mss.	Chandler P. Anderson, Documentos
ANE	Archivo Notarial del Estado de Yucatán
ASA	Archivo de la Secretaría del Arzobispado
BdEL	*Boletín de Estudios Latinoamericanos y del Caribe*
BdLAS	*Boletín de la Liga de Acción Social*
BdU	*Boletín de la Universidad Nacional del Sureste*
C	*El Correo*
CJD	Colección Jorge Denegre V.
CR	*Congressional Record*
CSSH	*Comparative Studies in Society and History*
CTJ	*Cordage Trade Journal*
D	*El Demócrata*
DdY	*Diario de Yucatán*
DdelH	*Diario del Hogar*
DdelS	*Diario del Sureste*
DHRM	Isidro y Josefina Fabela, comps., *Documentos Históricos de la Revolución Mexicana*
DO	*Diario Oficial*
DY	*Diario Yucateco*
E	*Excélsior*
ECM	*Estudios de Cultura Maya*
ED	*El Día*
EHM	*Estudios de Historia Moderna y Contemporánea de México*
EY	*Enciclopedia Yucatanense*
FIN	*Farm Implement News*
Fletcher Mss.	Henry P. Fletcher, Documentos
FR-NA	*American Universities Field Staff Reports*, Serie Norteamericana
H	*El Henequén*
HAHR	*Hispanic American Historical Review*
Ha	hectáreas
HM	*Historia Mexicana*
Hughes Mss.	Charles Evans Hughes, Documentos
IEA	*Inter-American Economics Affairs*
IHCA	Archivos de la International Harvester Company
J	*Juzgue*
JPS	*Journal of Peasant Studies*
LAP	*Latin American Perspectives*

ABREVIATURAS USADAS EN LAS NOTAS

LARR	Latin American Research Review
LC	Biblioteca del Congreso
McC Mss.	Registros de la McCormick Harvesting Machine Company
MMB	National Archives, Registros de la Rama Militar Moderna, Inteligencia Militar y División del Colegio de Guerra
N	El Nacional
NdY	Novedades de Yucatán
NMHR	New Mexico Historical Review
NYC	New York Commercial
NYT	New York Times
O	Orbe
P	El Popular
PCC	Plymouth Cordage Company Records
PCR	Henry W. Peabody and Company Records
PR	Proceso
RdM	Revista de Mérida
RdY	Revista de Yucatán
RMS	Revista Mexicana de Sociología
RUY	Revista de la Universidad de Yucatán
SD	National Archives, Records of the Department of State Relating to the Internal Affairs of Mexico, 1910-1929
SD-CPR	National Achives, Department of State Consular Post Records
SD-CPR, Con. Corr.	Confidential Correspondence, 1917-1936
SJA	Southwestern Journal of Anthropology
STP	Silvestre Terrazas, Documentos
T	Tierra
TLP Mss.	Thomas Lamont, Documentos
U	El Universal
VdR	La Voz de la Revolución
Wilson Mss.	Woodrow Wilson, Documentos
WTBR	National Archives, Records of the War Trade Board

PRESENTACIÓN

Una indicación del creciente refinamiento de la historiografía mexicana de los últimos veintitantos años es el hecho de que, como la historiografía de varios otros países grandes, ha recibido su mayor impulso de los estudios regionales y locales. Anteriormente, los protagonistas de la Revolución —caudillos y políticos— escribían sus memorias y apologías (algunos, como Salvador Alvarado, el procónsul de Yucatán, con gran vigor y extensión). Anteriormente, también, varias generaciones de observadores directos trataron de captar para la posteridad la huidiza realidad de la Revolución que afrontaban: Frank Tannenbaum, quien aplaudió una lucha popular noble pero anónima; Jorge Vera Estañol, quien presenció una sórdida lucha por el poder; Ernest Gruening, quien ponderó con sobriedad el balance de la revolución de los años veinte encabezada por sonorenses.[1] Y una generación anterior de historiadores que iniciaron un estilo de historia académica reflexivo y erudito, centrado en los líderes nacionales y los asuntos nacionales: José C. Valadés, Charles Cumberland, Stanley Ross.[2]

Sin embargo, para los años sesenta era evidente que estaba ocurriendo un cambio y un avance. Los historiadores ya no se conformaban con hacer el panegírico de hombres famosos o concebir una Revolución nacional monolítica, de modo que empezaron a examinar las raíces locales de los movimientos revolucionarios, haciendo hincapié en la diversidad, la complejidad y aun el caos de la "Revolución Mexicana". México era, en efecto, "muchos Méxicos", generadores de "muchas revoluciones".[3] El magistral estudio de Zapata, hecho por John Womack y posteriormente complementado por el análisis de los campesinos de Morelos a manos de Arturo Warman, estableció un parangón elevado que otros habrían de seguir; y Luis González, investigando un microcosmos rural muy diferente —con habilidad, perspicacia y dedicación no menores—, inspiró a una generación de historiadores con su ejemplo individual y su persuasiva "invitación a la microhistoria".[4] Desde entonces, han proliferado las

[1] F. Tannenbaum, *The Mexican Agrarian Revolution* (Washington, D. C., 1929); Jorge Vera Estañol, *La revolución mexicana: orígenes y resultados* (México, 1957); Ernest Gruening, *Mexico and Its Heritage* (Nueva York, 1928).
[2] José C. Valadés, *Imaginación y realidad de Francisco I. Madero* (México, 2 vols., 1960); Charles C. Cumberland, *The Mexican Revolution Genesis Under Madero* (Austin, 1952), y *The Mexican Revolution: The Constitutionalist Years* (Austin, 1972) [hay edición del Fondo de Cultura Económica]; Stanley R. Ross, *Francisco I. Madero, Apostle of Mexican Democracy* (Nueva York, 1955).
[3] Leslie B. Simpson, *Many Mexicos* (Nueva York, 1941), acuñó la frase, que ha sido modificada para proveer el título de un excelente simposio ilustrativo de la investigación regional reciente: Thomas Benjamin y William McNellie, *Other Mexicos: Essays on Regional Mexican History, 1876-1911* (Albuquerque, 1984).
[4] John Womack Jr., *Zapata and the Mexican Revolution* (Nueva York, 1969); Arturo Warman, *Y venimos a contradecir: los campesinos de Morelos y el estado nacional* (México, 1976); Luis González, *Pueblo en vilo, microhistoria de San José de Gracia* (México, 1968), e *Invitación a la microhistoria* (México, 1973).

historias locales y regionales; los historiadores mexicanos, norteamericanos y europeos han hecho valiosas y originales contribuciones, tan numerosas que su simple enumeración constituiría una tarea ingente, y además una tarea ingrata porque sólo se destacarían algunas contribuciones. Por otra parte, la investigación microhistórica ha adquirido nuevo apoyo institucional con el crecimiento de centros regionales que, de manera apropiada y muy eficaz, han logrado que el estudio de la historia provincial no se convierta en un monopolio de la ciudad de México: en Michoacán, Jalisco, Veracruz, Nuevo León, Sonora y, por supuesto, Yucatán. Ningún otro género de la historia ha profundizado y enriquecido tanto nuestro conocimiento de la Revolución, sus orígenes, su curso y su resultado. Y hay pocos ejemplos de este género que, en términos de alcance e iluminación, puedan igualar a *Revolución desde afuera,* de Gilbert Joseph.

Es evidente que *Revolución desde afuera* se basa en una investigación amplia, meticulosa, presentada en forma clara y convincente. Pero la investigación correcta y extensa es una condición necesaria, no suficiente, para la elaboración de una buena historia. Esto último exige también imaginación y perspicacia. El libro del profesor Joseph, que satisface esta última condición, revela dos méritos particulares y sin embargo contrastantes. Nosotros (los historiadores) nos educamos en la noción de que —por lo menos en potencia— la historia se encuentra a horcajadas en la disputada frontera que separa el arte de la ciencia; que combina un interés ideográfico por lo individual y lo particular con una búsqueda nomotética de generalizaciones mayores y válidas ("leyes", tendencias, hipótesis de alcance mayor). No se asigna ninguna superioridad inherente a ninguna de estas retóricas históricas; Clío habla en ambas. En la práctica, sin embargo, muchos historiadores se inclinan por temperamento hacia una retórica o la otra, y es natural, aunque no inevitable, que los historiadores locales y regionales, versados en su tema y a veces apasionados por la patria chica, prefieran a menudo lo ideográfico, el acontecimiento único, la experiencia distintiva, el protagonista individual.

El profesor Joseph combina hábilmente ambas retóricas. Su retrato de Yucatán está finamente trazado, es comprensivo y evocador. Pero la atracción de la empatía se resiste tenazmente. Es posible que se oculten un poco los defectos de Felipe Carrillo Puerto (otros críticos han sido mucho más ásperos), pero el ambiente sociopolítico en el que actuó Felipe —y contra el cual luchó— se analiza de manera profunda y desapasionada, así como se descartan los mitos ofuscantes de derecha y de izquierda. Sabemos dónde se encuentran las simpatías del autor, pero este conocimiento aumenta, en lugar de obstruir, nuestro entendimiento de la realidad histórica que presenta.

Lo mismo ocurre con Yucatán en su totalidad. Es bien sabido que la sociedad peninsular, desde sus remotos orígenes mesoamericanos, se ha distinguido y separado de la sociedad del altiplano alrededor de la cual cristalizó el México independiente. Cuando Manuel Gamio pidió una cerveza en Mérida, y se le preguntó si prefería "extranjera o nacional", su solicitud de una cerveza "extranjera" fue obsequiada con un espumoso vaso de Dos Equis de Orizaba.[5] En

---

[5] Manuel Gamio, *Forjando patria* (México, 1916), p. 12.

Revolución desde afuera, el autor hace justicia al carácter distinto de Yucatán y sus tendencias separatistas, pero no se refugia en la oscuridad ideográfica; el exotismo de la patria chica no le oculta lo que hay también de general o incluso universal en la historia de la península. Por lo tanto, teje el autor la historia de Yucatán en la urdimbre más amplia de la Revolución en sus fases maderista, constitucionalista y sonorense, y presta la debida atención —como lo sugiere el título— a las relaciones con los Estados Unidos. Pero es más importante aún el hecho de que Joseph sea sensible a las teorías, los modelos, las comparaciones que pueden informar el caso yucateco, y que a su vez pueden ser informados por este caso. Se introducen algunos temas de importancia general para los latinoamericanistas y otros investigadores, pero sin que su introducción traduzca la realidad yucateca o eche a perder la narración.

Por ejemplo, el autor presenta un lúcido resumen del antiguo debate sobre "Latinoamérica, ¿feudal o capitalista?", el que revela, una vez más, que ninguna de estas dos formulaciones puede abarcar por completo la naturaleza ambivalente de las economías latinoamericanas dependientes. Investiga Joseph la "dependencia" en términos concretos, empíricos, sin recurrir a la afirmación abstracta, y demuestra además que, incluso en un caso extremo como el de Yucatán, la dependencia era un proceso en dos sentidos —no una imposición brutal, unilateral, "imperialista"— y que sus efectos históricos se veían mediados por las estructuras sociopolíticas locales. La dependencia figura así como un instrumento explicativo válido y no como un instrumento analítico que lo explique todo. Por último, en una de las secciones más originales del libro, examina Joseph el caciquismo, ese fenómeno latinoamericano tan ubicuo y sin embargo mal entendido todavía. En efecto, el meollo de la historia se forma por el determinismo doble impuesto a Yucatán —y sus reformadores revolucionarios sucesivos— por la dependencia económica externa, de una parte, y el caciquismo local, de la otra. La primera, producto del monocultivo del henequén, colocaba los proyectos reformistas a merced del mercado internacional (un mercado dominado por un comprador monopsónico); el segundo restringía también dichos proyectos obligando a los reformadores —quienes trataban de movilizar a un campesinado apático, esclavo de una plantocracia poderosa— a recurrir a un riesgoso sistema caciquista.

Los reformadores luchaban vigorosamente contra ambas restricciones. Alvarado logró un gran éxito práctico, porque el momento era económicamente propicio, y a pesar de todo su moralismo clásico de estilo sonorense, Alvarado estaba dispuesto a atemperar la política proconsular para adaptarla a las circunstancias yucatecas. Su ataque a las costumbres peninsulares pudo tolerarse porque Alvarado elevó los precios del henequén y cooptó a los miembros de la *élite* yucateca en su proyecto económico; al igual que otros líderes sonorenses, Alvarado era partidario del radicalismo superestructural —la temperancia y el feminismo, por ejemplo— y el pragmatismo infraestructural. Tal reformismo "burgués" ajustaba bien en el contexto yucateco. Aceleró una transición al capitalismo agrario que las *élites* yucatecas —plantadores y caciques surgentes por igual— estaban dispuestas a aceptar, aunque no siempre con entusiasmo. En cambio,

Carrillo Puerto, y Cárdenas más tarde, afrontaron una economía en recesión; también ellos trataron de avanzar en sus reformas locales, reestructurar la economía henequenera, someter a prueba quizá los "límites de la autonomía estatal" dentro del sistema capitalista existente.[6]

Al actuar así, estos hombres plantearon un reto más serio al *statu quo*. Carrillo Puerto fue derrocado y asesinado tras una breve y radical asunción del poder en 1924; Cárdenas, llegando a la península con su estilo característico trece años más tarde, patrocinó una reforma agraria apresurada que pronto fue subvertida por una combinación de la oposición de los plantadores y las desfavorables corrientes mundiales. Este último impulso reformista figura como una posdata al estudio de Joseph, y el autor —mucho más severo con Cárdenas que con Carrillo Puerto— lo concibe como una parchada imposición extranjera, la que contrasta con el proyecto radical de Carrillo Puerto, de manufactura local. Pero los paralelos entre ambos hombres son también notables (incluso en nivel individual: tanto Carrillo Puerto como Cárdenas eran autodidactos antes que instruidos licenciados; ambos compartían la antigua tradición popular patriótico-liberal; ambos eran hijos de pequeños tenderos burgueses provincianos, ambos criados al otro lado del salón de billar del pueblo). Sin embargo, es más importante aún el hecho de que ambos trataban de crear vigorosas coaliciones populares, con inclusión del campesinado, las que proveerían el apoyo necesario para los proyectos radicales. Es cierto que sus proyectos no implicaban una revolución social instantánea ni una movilización política desaforada. Buscaban una movilización controlada, que sirviera a los fines aprobados por ellos, sus líderes. Pero los fines iban más allá del reformismo "burgués" y encontraban una fuerte oposición conservadora. Y los medios adoptados en su búsqueda incluían cierto grado de violencia política. Tanto Carrillo Puerto como Cárdenas eran hombres jóvenes con prisa; advertían que el tiempo apremiaba, que era vital la creación de alguna clase de impulso político popular antes de que concluyera su breve paso por el poder.

En última instancia, ambos fracasaron. Carrillo Puerto fue derrocado en forma violenta y prematura; Cárdenas se vio obligado a retroceder primero, luego a presenciar, después de 1940, el desmantelamiento progresivo de su proyecto de coalición reformista. No fracasaron sólo porque sus fines fuesen radicales y optimistas, mientras que sus oponentes eran poderosos y numerosos, sino porque afrontaban el dilema eterno del reformador oficial radical en México, el reformador que trata de utilizar el sistema y descubre, al final de la jornada, que el sistema lo ha utilizado a él. La movilización popular, ya fuese en Yucatán en 1915-1924 o en México entero en 1934-1940, se vio comprometida por el oportunismo y el espíritu de la época; los movimientos radicales cayeron bajo el control de jefes políticos —caciques, burócratas ejidales, líderes obreros "charros"— que se apropiaron la retórica del radicalismo mientras echaban a la basura su contenido real. A principios de los años veinte, Carrillo Puerto, "un socialista comprometido con un cambio estructural profundo", demostró que

[6] Nora Hamilton, *The Limits of State Autonomy: Postrevolutionary Mexico* (Princeton, 1982).

podía "trabajar a través de la urdimbre de redes formales e informales que, al organizar a los campesinos y obtener el apoyo de los caciques en nivel local, lo había colocado previamente en el camino del poder político".[7] Pero los caciques de Yucatán —como muchos políticos de maquinaria— buscaban mejor la supervivencia política y el autoengrandecimiento que el cambio estructural profundo. Cuando la rebelión delahuertista sacudió al estado, los caciques abandonaron en masa a Carrillo Puerto, conjurando para derrocarlo y asesinarlo. Por supuesto, Cárdenas no presenció tal apostasía sangrienta. Pero también su régimen se basaba en una combinación de maquinarias políticas, grandes y pequeñas; jefes estatales como Cedillo, Alemán, los Ávila Camacho; la surgente maquinaria laboral de la ciudad de México, de Fidel Velázquez y los "cinco lobitos"; los caciques rurales —como Flavio Ramírez, de Arandas, o Porfirio Rubio, de Pisaflores— que, en el mejor de los casos, patrocinaban un agrarismo espurio; los jefes ejidales desalmados, como los "Príncipes de la Naranja" de Friedrich; seudoindigenistas que "esperaban las iniciativas federales... a fin de aparentar su apoyo y luego prostituirlas y convertirlas en simples instrumentos de ganancia personal".[8] Su traición al mentor político era discreta, pacífica y acumulativa. Durante los años treinta, estos líderes emulaban a sus predecesores coloniales, buscando refugio en el cumplimiento formal ("obedezco, pero no cumplo"); luego, durante los años cuarenta, llegaron a un arreglo con el nuevo orden conservador en forma rápida, incluso entusiasta. Y más recientemente también, las promesas recurrentes de la reforma política de arriba abajo se han cimentado en las duras rocas del caciquismo.

Por supuesto, esto no significa que haya sido estéril toda reforma desde la cima, mediada por las maquinarias políticas tradicionales. Alvarado, Carrillo Puerto y Cárdenas no se esforzaron totalmente en vano. Y debe reconocerse que la probable opción histórica frente a esta reforma fallida desde arriba no era una revolución sin fallas desde abajo. Probablemente —y en Yucatán casi con seguridad— no habría habido reforma alguna. Sin embargo, como demuestra claramente Joseph, las reformas eran frágiles, vulnerables a los ataques externos y a la traición interna. Se derrumbó la Reguladora de Alvarado; las ligas de resistencia de Carrillo Puerto ofrecieron escasa resistencia en 1924; el ejido colectivo de Cárdenas no respondió a las esperanzas radicales, y menos aún en Yucatán, el sitio de su implantación más completa. A pesar de su fracaso final —o quizá a causa de tal fracaso—, estos tres grandes exponentes de la reforma desde arriba se acomodaron sin dificultad en el espacioso panteón revolucionario donde, como observa con ironía Joseph, se encontraron nada menos que con

---

[7] Más adelante, p. 226.
[8] Tomás Martínez Saldaña y Leticia Gándara, *Política y sociedad en México: el caso de los Altos de Jalisco* (México, 1976) p. 69; Frans J. Schryer, *The Rancheros of Pisaflores: The History of a Peasant Bourgeoisie in Twentieth-Century Mexico* (Toronto 1982), página 92; Paul Friedrich, *The Princes of Naranja: An Essay in Anthrohistorical Method* (Austin, 1987), pp. 125-129, 146-163; "La actitud de los estados en el problema de la educación indígena" (anexo al proyecto de organización del Departamento de Asuntos Indígenas), México, 31 de diciembre de 1935, en Archivo General de la Nación, Presidentes, Lázaro Cárdenas, 533.4/12.

un viejo "científico" yucateco, Olegario Molina, quien se habría considerado también, a sí mismo, como un reformador desde arriba. Así pues, una secuencia de reformadores peculiares, "científicos", constitucionalistas, socialistas, cardenistas, ocuparon su lugar póstumo en la procesión mítica de la Revolución; pero el cacique anónimo —"la carne de la Revolución"—[9] sobrevivió, y todavía estaba vivito y coleando en Yucatán.

ALAN KNIGHT

Austin, Texas

---

[9] Carleton Beals, *Mexican Maze* (Filadelfia, 1931), cap. 13.

PREFACIO A LA EDICIÓN EN RÚSTICA

Los interrogantes fundamentales que inspiraron hace 15 años la tesis doctoral que se convirtió en el meollo de *Revolución desde afuera* no son menos pertinentes hoy en día. ¿Por qué ha habido tan pocas "revoluciones sociales" en América Latina y el Tercer Mundo? ¿Por qué es el cambio estructural efectivo tan urgente y al mismo tiempo tan difícil de lograr? ¿Cómo podrán determinarse los obstáculos que impiden el cambio revolucionario? Es decir, ¿cómo conceptuaremos la compleja interacción existente entre las fuerzas internas y externas que han restringido los movimientos revolucionarios a través de la historia? ¿Podría tener consecuencias prácticas un análisis más adecuado del problema, informando las agendas y las estrategias de quienes intenten transformaciones en el futuro?

En 1973, cuando inicié mi investigación del ascenso y la caída de lo que podría considerarse la primera transición hacia el socialismo que se intentara en América, mi tesis doctoral sobre el régimen de Carrillo Puerto se escribió en el marco de la trágica culminación del experimento marxista más reciente del presidente chileno Salvador Allende. A medida que la tesis (completada en 1978) se convertía gradualmente en este libro (publicado por primera ocasión en 1982), los movimientos revolucionarios estaban sacudiendo a los antiguos regímenes oligárquicos de cuño antiguo del istmo centroamericano apoyados por los Estados Unidos. En Nicaragua, tras derrocar a los Somoza en 1979, el Frente Sandinista de Liberación Nacional emprendió lo que parecía ser un camino hacia el socialismo poco ortodoxo, ideológicamente pragmático. Sin embargo, como sería de esperarse y casi de inmediato, la Revolución nicaragüense se vio obligada a afrontar una diversidad formidable de obstáculos y enemigos internos e internacionales que, en el momento de escribir estas líneas, han alterado ya su trayectoria y han vuelto incierto su curso futuro.

Además de la pertinencia que tienen los sucesos contemporáneos, la reedición de *Revolución desde afuera* llega en un momento particularmente efervescente de los estudios revolucionarios latinoamericanos. Una discusión constante entre sociólogos políticos, antropólogos e historiadores ha enriquecido ampliamente nuestro entendimiento de la economía política y la historia social de las revoluciones y las insurgencias populares. En el nivel macro, los teóricos que intentan explicar las revoluciones sociales y el papel desempeñado en ellas por las clases subalternas (por ejemplo, Barrington Moore, Eric Wolf, James Scott, Theda Skocpol y Charles Tilly) han destacado cada vez más la importancia del desarrollo de un marco de referencia global, que examine la estructura clasista interna —prestando atención en particular a las condiciones que producen descontentos populares y la capacidad para apaciguarlos—, el ascenso y la caída de los Estados nacionales, y las relaciones económicas y políticas internacionales. Tal teoría político-sociológica ha informado las monografías de los historiadores sociales y los antropólogos que han reconstruido analíticamente y a menudo han evocado narrativamente las experiencias de los participantes locales involucrados en transformaciones revolucionarias más amplias; a su vez, estas monografías han informado dicha teoría de sociología política. En virtud de que el campo ha experimentado un cambio fundamental en el último decenio, los paradigmas prevalecientes en los años setenta y principios de los ochenta, de la "dependencia" y el "análisis de los sistemas mundiales", han sido inevitablemente refinados, modificados y aun trascendidos.

Después de su aparición en 1982, *Revolución desde afuera* ha sido generalmente recibido como una contribución importante a este proceso de evolución literaria. Junto con la obra de Charles Bergquist, *Coffee and Conflict in Colombia, 1886-1910* (Durham, 1978; Duke, ed. en rústica, 1986), *Revolución desde afuera* sigue siendo miembro de ese puñado de monografías sobre América Latina que sujetan el modelo de la "dependencia" al escrutinio empírico y los cánones de la investigación histórica académica. Basado en una extensa investigación primaria en México y los Estados Unidos, mi estudio apoyaba ciertos supuestos fundamentales del enfoque de la "dependencia", documentando en la historia ciertas conexiones importantes entre la economía internacional en expansión y la formación social del México regional. Sin embargo, el libro criticaba claramente buena parte de la literatura teóricamente abstracta de la "dependencia" y los "sistemas mundiales".

Entre otras cosas, sostuve que la afirmación ahistórica radical de los "dependentistas", acerca de las relaciones "capitalistas" existentes en la periferia del sistema mundial, basadas sólo en el nexo del mercado externo, proveía escasa luz para el entendimiento de lo que estaba ocurriendo dentro de la sociedad dependiente. Tomando algunos instrumentos conceptuales de la antropología económica (la literatura sobre la "articulación de los modos de producción"), la historia imperial comparada ("el modelo colaboracionista") y la creciente literatura interdisciplinaria sobre el "clientelismo", intenté un análisis más equilibrado de las relaciones sociales de la dependencia en la periferia, un análisis que estableciera con mayor precisión la relación dialéctica existente entre las fuerzas sociales internas y las conexiones externas. Es posible que la mayor contribución de *Revolución desde afuera* resida en su poder para explicar la manera como los formidables legados institucionales y culturales del desarrollo capitalista dependiente, sobre todo en ambientes de monocultivo, pueden impedir la participación popular, reducir las opciones ideológicas, y destruir eficazmente la potencialidad del cambio revolucionario local.

Ya no resulta sorprendente que tales problemas más amplios queden al alcance de un estudio regional. Cuando apareció mi libro por primera vez, los estudios regionales constituían todavía una novedad en la literatura académica profesional. Resulta interesante observar que algunos críticos se esforzaron por clasificar el libro y raras veces se pusieron de acuerdo sobre su contribución fundamental. ¿Era éste primordialmente un ejemplo particular de la Revolución Mexicana, que proveyera una visión correctora desde la periferia más alejada de la región? ¿Era, en términos más generales, un ensayo sobre las limitaciones de la movilización y la reforma agraria manejadas por el Estado? ¿No se ocupaba también el libro de ciertos temas de los campos más externos de la historia diplomática y empresarial de los Estados Unidos y la historia comparada del imperialismo? Por supuesto, yo trataba de emplear el enfoque regional para analizar diversos problemas más generales en varios niveles. Ahora, a medida que los años ochenta llegan a su fin, tal estrategia de varios niveles aparece cada vez con mayor frecuencia en la agenda de la investigación. La aparición de *Revolución desde afuera* en edición en rústica revela la enorme vitalidad y amplitud que el análisis regional imparte ahora a la redacción de la historia mexicana y latinoamericana.

En efecto, los historiadores regionales están buscando una nueva conceptualización de las fronteras físicas del espacio histórico. Armados con modelos analíticos de la economía política cada vez más refinados, y de instrumentos metodológicos tomados de lo que se ha llamado la "nueva historia social" (o laboral), académicos tales como Steve Stern y Florencia Mallon (Perú), Barbara Weinstein (Brasil) y diversos mexicanistas, han tratado de incorporar la localidad y la región en estructuras nacionales y supranacionales más amplias. En el proceso se han reformulado las periodizaciones convencionales, se han recreado las experiencias de las *élites* y el pueblo común, se ha sustanciado y debatido el complejo papel del Estado, y se ha refinado nuestro entendimiento comparado de la expansión mundial del capitalismo. Aunque los regionalistas no han podido definir o delimitar rigurosamente sus regiones —problema crítico que debe remediarse—, cada vez se muestran menos vulnerables a la acusación de "localismo". Los intereses de la nueva historia regional trascienden ahora en gran medida las nociones restrictivas de la geografía o el lugar.

Es probable que el nuevo enfoque regional haya tenido su efecto historiográfico más vigoroso en el campo de los estudios de la Revolución Mexicana. Una cosecha reciente de estudios regionales ha corregido los peores abusos de una "historiografía capitalina" tradicional; más aún: ha modificado la interpretación "populista" prevaleciente a propósito de la Revolución en conjunto. Antes de los años setenta, la mayoría de los historiadores profesionales aceptaban esencialmente la visión "oficial" del PRI, donde aparece el levantamiento como una revuelta espontánea, genuinamente popular, esencialmente agraria, en contra de un régimen de hacienda atrasado y abusivo. Sostenían tales historiadores que la Revolución fue inicialmente brutal y caótica, pero en última instancia forjó una nación moderna, más estable, próspera y socialmente justa que la del Porfiriato.

La nueva historiografía regional ha captado la significación de la Revolución en matices indudablemente más oscuros. El estudio de la sociedad regional en tiempos de crisis —es decir, en momentos de revuelta y de respuesta del régimen a tales manifestaciones— ha otorgado a los investigadores una valiosa oportunidad para ahondar en las relaciones y las divisiones del poder dentro de la sociedad campesina y obrera y dentro de la clase dominante, y para examinar ciertas alianzas tácticas forjadas entre algunos grupos de la clase trabajadora y algunas facciones de la clase dominante (y el nuevo Estado revolucionario), por acción de intermediarios y caciques. Si ha surgido algún consenso "revisionista" de estos estudios regionales, tal consenso es la afirmación de que, aunque la Revolución Mexicana pudo haberse iniciado como una destrucción masiva con la participación activa de grupos verdaderamente populares, rápidamente vio ascender a los ambiciosos elementos burgueses y pequeñoburgueses. Estos jefes empleaban a menudo los patrones de autoridad tradicionales, basados en las relaciones de patrón-cliente, a fin de cooptar y manipular a las masas de campesinos y trabajadores. Finalmente, en los años treinta, los más independientes de estos poderosos regionales y locales se vieron subordinados (o eliminados) por el surgente Estado revolucionario. Un leviatán moderno, el nuevo Estado, devoraba las configuraciones políticas regionales, perfeccionando finalmente, el estilo tocquevilleano, la fórmula de la centralización política y el desarrollo capitalista dependiente que había empezado a surgir bajo el antiguo régimen.

Es evidente que los revisionistas han podido llamar la atención sobre las importantes continuidades existentes entre el régimen porfirista y el nuevo Estado revolucionario. Sin embargo, como sostiene convincentemente Alan Knight en su reciente síntesis premiada del primer decenio, *The Mexican Revolution* (2 vols., Cambridge, Inglaterra, 1986), los revisionistas exageran con frecuencia este argumento. A menudo reducen la Revolución a "una serie de episodios caóticos, carreristas, donde las fuerzas populares fueron, a lo sumo, instrumentos de los caciques manipuladores".[1] Destacando la continuidad antes que la ruptura, postulan el surgimiento de un gobierno central maquiaveliano como el elemento decisivo de la Revolución épica. Observa Knight con perspicacia que esto dota a gran parte de la investigación revisionista de "un color teleológico que es esencialmente la imagen fiel" de la interpretación "populista" tradicional: "el avance benigno de la Revolución hacia la justicia social se ve reemplazado por el avance maligno —o neutral— del Estado hacia la integración nacional y la burocracia centralizada". Sostiene Knight que tal "estatolatría" dota de una homogeneidad falsa a la compleja historia de la Revolución de 1910: complejidad que, irónicamente, los revisionistas documentan con habilidad en sus monografías regionales bien elaboradas. Además, tal "revisionismo" a ultranza se olvida de las presiones ejercidas sobre el Estado; erróneamente destaca la inercia de los campesinos y obreros, así como la hegemonía política continua de las *élites* y los estratos medios.[2]

Al igual que Knight, he afirmado en otra parte que se requiere una síntesis final de las interpretaciones populista y revisionista. Esto requeriría una reconstrucción más meticulosa de las movilizaciones campesinas y obreras, así como una apreciación más clara de los efectos registrados por estos movimientos populares de nivel local, regional, nacional; ocasionalmente, incluso en el nivel internacional. Los revisionistas han logrado avances importantes en la reinterpretación de los sucesos más amplios y el contexto politicoeconómico de la Revolución Mexicana a partir del nivel regional —por oposición al nivel nacional—, pero

[1] T, xi.
[2] Knight, reseña del libro en *Journal of Latin American Studies* 16: 2 (1984): 525-526.

no han tenido tanto éxito en el entendimiento de las experiencias y mentalidades de las clases populares, en particular su ideología y cultura. En efecto, es posible que el desafío principal para los especialistas en la Revolución de hoy sea la incorporación de las perspectivas de los propios participantes: poner de nuevo a los mexicanos ordinarios dentro de la Revolución Mexicana.

Si la "baja política" de la Revolución Mexicana, su movimiento popular regionalmente diverso, debe verse como el precursor necesario de la revolución "estatista" que siguió en los años veinte y treinta, al mismo tiempo la naturaleza de ese Estado corrobora la aseveración revisionista de que las crisis y los cambios desatados por las clases populares no fueron jamás suficientemente profundos para romper la dominación capitalista de la producción. En efecto, algunos estudios recientes demuestran fehacientemente que la dependencia de México frente al capitalismo internacional sólo se profundizó durante la Revolución.

Revolución desde afuera, que se centra en uno de los "muchos Méxicos" particularmente desusados, corrobora en lo fundamental la interpretación "revisionista" de la Revolución en conjunto. En efecto, en la península remota, tanto *al principio como al final*, la Revolución se hizo desde arriba y se impuso desde afuera a la región y sus clases populares. Sin embargo, gran parte del libro, particularmente el tratamiento de la revolución "socialista" peculiar de Felipe Carrillo Puerto, examina la relación que resonaba entre los movimientos revolucionarios progresistas, organizados por las fuerzas cimeras y locales entre las masas de la sociedad. En el proceso, ataco las interpretaciones "populistas" tradicionales y la tesis marxista más reciente presentada por los sociólogos mexicanos Francisco Paoli y Enrique Montalvo, en su estimulante ensayo titulado *El socialismo olvidado de Yucatán* (México, 1977).

Paoli y Montalvo arguyen que el partido revolucionario de Carrillo Puerto fue verdaderamente popular y pudo haber operado una transición hacia el socialismo si se le hubiese dado la oportunidad. Como se sugiere en el título de este ensayo, se trata de recuperar y reformular la historia de la Revolución Mexicana: sus autores tratan de rescatar a Carrillo Puerto y el Partido Socialista del Sureste (pss) de los hacedores de mitos oficiales y entregarlos de nuevo al pueblo. Al mismo tiempo, Paoli y Montalvo aspiran a extraer del pasado revolucionario de Yucatán algunas lecciones que pudieran proveer una base coherente para la acción política, a fin de desafiar al PRI y reformar las escleróticas instituciones de la nación. Estas metas son sin duda dignas de elogio.

Pero, ¿constituye el pss de Carrillo un episodio de movilización popular que pueda servir de inspiración a los activistas actuales? No quiero minimizar los factores "subjetivos" positivos de la lucha revolucionaria que puedan encontrarse en la historia del "socialismo olvidado" de Yucatán, pero tales factores deberán interpretarse dentro de las formidables restricciones "objetivas" de la economía mundial, el Estado nacional y la formación social de la región. En última instancia, mi evaluación de la viabilidad del experimento socialista de Yucatán es más pesimista que la de Paoli y Montalvo.

En gran parte, nuestras interpretaciones opuestas derivan de presupuestos y fuentes distintos. En mi opinión, el vigor o la debilidad de los movimientos sociales y los regímenes revolucionarios no se pueden evaluar primordialmente sobre la base de sus aseveraciones programáticas y sus organizaciones políticas formales. Además de examinar estos elementos y los restricciones externas que operan sobre ellos, debemos considerar también la cultura política en la que se desenvuelven. Aquí resulta particularmente decisivo el papel desempeñado por las redes informales del poder en el proceso revolucionario. Estas redes estaban (y todavía están) ordenadas en sentido vertical antes que horizontal, a través de los arreglos tradicionales de patrón-cliente. En tal cultura política, que en los años veinte era manipulada en gran medida por ambiciosos caciques locales y recalcitrantes hacendados, ¿podrían la ideología socialista y la nueva iconografía del PSS transformar realmente las actitudes tradicionales en el campo, sobre todo en vista de la corta duración del régimen?

Éstos son interrogantes importantes, y sólo surgirán respuestas verdaderamente definitivas cuando los historiadores logren penetrar en la mentalidad de los campesinos mayas de Yucatán y reconstruir plenamente el pasado de la clase trabajadora rural de la región, articulada pero analfabeta. Es este último problema, en particular por cuanto afecta a las formas de la resistencia popular y el control social observado durante la parte final del Porfiriato y el inicio del periodo revolucionario, el que me ocupa ahora.

Gilbert M. Joseph

Chapel Hill, Carolina
del Norte

AGRADECIMIENTOS

La expresión de mi gratitud personal a todos los que me ayudaron en este trabajo requeriría tal vez la elaboración de un segundo volumen. Pero hay algunos reconocimientos especiales. Mi investigación y redacción en México y los Estados Unidos, 1974-1976, se vieron facilitadas por una Beca de Área Extranjera otorgada por el Consejo de Investigación en Ciencias Sociales. Los 18 meses de investigación efectiva resultaron más eficientes gracias a los esfuerzos de varios archivistas hábiles y pacientes. En Chicago, J. H. Henn y Greg Lennes me guiaron por los archivos recientemente indizados de la International Harvester Company. En Cambridge, Massachusetts, Robert Lovett, director de la Biblioteca Baker de la Escuela de Administración de Empresas de Harvard, me proporcionó varias colecciones importantes que iluminaron los intereses textiles de corporaciones norteamericanas menores. En Washington, D. C., y en Suitland, Maryland, el personal de la Biblioteca del Congreso y los Archivos Nacionales ayudó en gran medida a convertir en una aventura manejable mi incursión en la densa selva de documentos diplomáticos, militares, comerciales y personales. En México, D. F., el director (a la sazón) del Archivo General de la Nación, licenciado Jorge Ignacio Rubio Mañé, un yucateco, me orientó hacia las colecciones importantes y me aconsejó sobre varios puntos sensibles referentes a los habitantes de su región. Berta Ulloa y su personal del Archivo de la Secretaría de Relaciones Exteriores y los archivistas del Centro de Estudios de Historia de México, Condumex, fueron especialmente útiles en la localización de colecciones documentales que iluminan los primeros años de la Revolución en México y Yucatán.

En Mérida, los yucatecos licenciados Luis López Rivas (Archivo General del Estado), Rodolfo Ruz Menéndez (Universidad de Yucatán) y Clemente López Trujillo, así como don Pedro Castro Aguilar (Hemeroteca "Pino Suárez"), gracias a su conocimiento enciclopédico, su cortesía y su sentido del humor, ayudaron en gran medida a mantener a flote mi proyecto de investigación y mi entusiasmo. Su camaradería fue refrescante y, en efecto, a menudo vital para soportar una sucesión de jornadas de trabajo con temperaturas de 35 grados a la sombra. El reciente surgimiento del interés de investigadores mexicanos y extranjeros por la historia de Yucatán debe a estos hombres modestos y dinámicos más de lo que se puede reconocer aquí. Mi agradecimiento también para Richard Hedlund Sr., el empresario norteamericano que me abrió las puertas de su biblioteca. Tal biblioteca contiene tal vez la colección más extensa del mundo en materia de henequén y cordelería. Las horas que me pasé asimilando su amplio conocimiento del negocio de las fibras, obtenido después de muchos años en la industria, han resultado valiosísimas para la narración de la historia de este libro.

Tengo también muchas deudas intelectuales. Richard Morse, Emilia Viotti da

Costa y Robin Winks, los profesores que me asesoraron en Yale, hicieron hincapié cada uno en un enfoque temático y metodológico diferente a mi proyecto, al mismo tiempo que me alentaban a explorar otros enfoques. Joseph Tulchin, Leon Fink y Carl Pletsch, y los mexicanistas John Womack, Friedrich Katz, David Brading, Juan Felipe Leal y Barry Carr, mis colegas en Carolina del Norte, me dieron ideas valiosas en las fases de la investigación o la redacción del proyecto. Mis compañeros participantes en la conferencia internacional de la Universidad de Cambridge sobre "Campesinos y caudillos en el México moderno" —tales como Raymond Buve, Hans Werner Tobler, Alan Knight y Héctor Aguilar Camín— formularon sugerencias constructivas acerca de mi material sobre el caciquismo y el régimen de Carrillo Puerto. Philip Thompson, Robert Patch, A. J. G. Knox, Michael Fallon, Diane Roazen, Allen Wells y Ramón Chacón, colegas yucatecólogos, escucharon, discutieron y compartieron los datos. El apoyo cálido y generoso de los últimos tres, en particular, merece un agradecimiento adicional. Debo expresar mi gratitud especial también a la escritora Julia Preston, amiga apreciada y crítica exigente, cuyo conocimiento de los problemas latinoamericanos y dominio del idioma inglés me rescataron una y otra vez de errores conceptuales y literarios. La perspectiva y el rigor de su crítica del manuscrito en varias etapas ayudaron a convertir una tesis doctoral en libro. Todos estos amigos y colegas me ayudaron a escribir una obra mejor. Pero sus deficiencias son de mi exclusiva responsabilidad.

Por su meticulosidad y entusiasmo al mecanografiar el manuscrito en varias etapas, quiero expresar mi agradecimiento a Mary Cash, Patricia Reefe y Jean Holke.

Por último, cometería una injusticia si dejara de agradecer la orientación de los numerosos yucatecos con quienes hablé. Revolucionarios veteranos y funcionarios actuales del Partido, trabajadores henequeneros e intelectuales meridanos, antiguos hacendados y caciques de la actualidad, empresarios y líderes estudiantiles locales: todos se dieron tiempo para narrar su historia y, en el proceso, explicar por qué no se ha cumplido todavía la promesa de la Revolución en Yucatán. Sólo espero haber sido digno de la tarea de repetir aquí su historia.

PRÓLOGO

YUCATÁN RECIBE UNA REVOLUCIÓN

> La Revolución apareció en Yucatán como algo extraño y exótico.
>
> ANTONIO MEDIZ BOLIO

Cuando la mañana de marzo descendía sobre los muros blancos y las calles polvorientas de su ciudad, los habitantes de Mérida se preparaban detrás de las puertas cerradas para recibir a sus conquistadores. México estaba invadiendo a Yucatán otra vez.

Los "huaches", soldados del interior de México,[1] habían venido antes, bajo Santa Anna en 1843, a "persuadir" a la hermana república secesionista para que se incorporara a la nación mexicana central. Volvieron a nombre de Juárez en 1867, para someter a los últimos vestigios del declinante Imperio de Maximiliano, el que apropiadamente había encontrado un lugar de reposo final en la capital yucateca. Ahora, en marzo de 1915, cuando la ciudad trataba de reponerse tras una noche de sitio llena de peripecias, un ejército mexicano estaba a punto de impartir las bendiciones de la Revolución al estado de Yucatán.

No era accidente que la Revolución se hubiera tomado su tiempo para llegar allí: cinco años, para ser exactos. La posición peculiar de la península de Yucatán, que permitía el acceso regular sólo por mar, había aislado tradicionalmente al estado de sus vecinos inmediatos, Campeche y el Territorio de Quintana Roo, de la principal corriente política mexicana. A partir de 1910, este aislamiento geográfico había dificultado que los revolucionarios locales tuvieran noticias del avance del movimiento en el resto de la República.

Un factor más decisivo del aislamiento de la región fue la arraigada renuencia de los gobernantes de Yucatán a unirse a la marea revolucionaria. El sistema de gobierno oligárquico, explotación y represión de las masas indias que había florecido por todo México bajo el Antiguo Régimen había ganado una extensión en Yucatán. Antes del estallamiento de la rebelión en 1910, los emprendedores hacendados yucatecos habían construido un sistema coercitivo de varios niveles que provocaba el respeto y la envidia de sus colegas de otras partes de la República. El derrocamiento de la dictadura de 34 años de Porfirio Díaz, de nivel nacional, tuvo escaso efecto en Yucatán, donde los terratenientes locales podían contar todavía con el apoyo de los policías estatales y municipa-

---

[1] "Huach" es un término despectivo que se ha usado durante algún tiempo en Yucatán para designar a las personas provenientes del interior de la República, principalmente el personal militar y los trabajadores manuales. No es una palabra maya.

les, además de sus propias fuerzas privadas.² Entre 1910 y 1915, la burguesía de plantadores y comerciantes de Yucatán, adaptándose hábilmente a las cambiantes circunstancias políticas, mantuvo un control firme sobre las palancas del poder político y económico.³

Los tumultuosos sucesos de nivel nacional encontraron eco raras veces dentro de la región. La plantocracia local celebró cumplidamente el octogésimo onomástico de don Porfirio en septiembre de 1910, pero pocos yucatecos respondieron al llamado de Francisco I. Madero para la rebelión en contra del despótico régimen a fines de noviembre. Por toda la República, los mexicanos habían visto a Madero, un verdadero David, enfrentándose al Goliat porfiriano, y miles de mexicanos se unieron a la revuelta por el ejemplo o la vergüenza. En Yucatán surgieron y expiraron varios episodios patéticos de protesta rural aislada en 1910 y 1911, pero ninguno directamente inspirado por la cruzada emprendida por Madero para limpiar la política —"un voto real y no el imperio de los caciques"— de México. El régimen subsecuente de Madero, 14 meses llenos de problemas (noviembre de 1911-febrero de 1913) durante los cuales experimentó México con la democracia pluripartidista por única vez en su historia, produjo sólo cambios superficiales en el escenario político yucateco, donde los oligarcas porfirianos se transformaron convenientemente en "maderistas" destacados.

El terrible espectáculo de la traición del general Victoriano Huerta contra su Presidente y el asesinato de Madero en febrero de 1913, que cimbró a México hasta sus cimientos y desató las pasiones populares por toda la República, no encontró eco alguno en Yucatán. No sólo no hubo la más mínima protesta, sino que los gobernantes locales se encargaron de lograr que su estado ganara la dudosa distinción de ser el primero en reconocer al asesino de Madero. Los plantadores pedían ahora la paz a toda costa y aconsejaron al presidente Huerta que usara mano dura con los rebeldes que se le habían opuesto inmediatamente, en particular el ejército campesino de Emiliano Zapata en el sur y las fuerzas constitucionalistas del norte, dirigidas por Venustiano Carranza, gobernador de Coahuila. Al igual que sus similares del resto de México, los oligarcas yucatecos habían reprobado el estilo amable de Madero y sus esfuerzos tímidos por transformar a México en una democracia burguesa con libertad de expresión y de prensa, donde rigiera la ley. Además, resentían incluso las promesas vagas y modestas de reforma social que había formulado Madero a obreros y campesinos, percibiendo que todo aflojamiento de la paz porfiriana daría paso finalmente a la anarquía.

---

² Friedrich Katz "Labor Conditions on Haciendas in Porfirian Mexico: Some Trends and Tendencies", *HAHR*, 54:1 (febrero de 1974), 22-23, 44-47; Jorge Flores D., "La vida rural en Yucatán en 1914", *HM*, 10:3 (enero-marzo de 1961), 471-483; Moisés González Navarro, *Raza y tierra: La guerra de castas y el henequén*, México, 1970, p. 231.

³ Véase una detallada historia política de Yucatán durante este periodo en Ramón D. Chacón, "Yucatan and the Mexican Revolution: The Preconstitutional Years, 1910-1918", tesis doctoral inédita, Universidad de Stanford, Stanford, Cal., 1981, caps. 1-3; y David A. Franz, "Bullets and Bolshevists: A History of the Mexican Revolution and Reform in Yucatan, 1910-1924", tesis doctoral inédita, Universidad de Nuevo México, Albuquerque, 1973, caps. 1-3.

Pero en 1913-1914 no era posible una restauración del antiguo orden social de México; la marea revolucionaria era ya demasiado fuerte. Más numerosos y agresivos que en 1910, los revolucionarios de la nación habían llegado también a apreciar las deficiencias de la revolución política de Madero. Casi instintivamente, se habían reagrupado alrededor de Carranza y Zapata. Trataban de restaurar el orden constitucional destruido por el golpe de Huerta, y luego implantar reformas urgentes en las fábricas y los campos de México. El gobierno limpio ya no era un cambio suficientemente amplio; el proceso revolucionario iría ahora más allá de los canales de la política regular. Los jefes revolucionarios que no estuviesen dispuestos a aceptar alguna fórmula de renovación social por lo menos, perderían la partida.

Por el momento, la designación de Carranza como Primer Jefe parecía correcta. Político astuto cuyas raíces se encontraban en el orden antiguo, don Venus había observado la caída de Madero y había aprendido las lecciones del pasado inmediato. Estaba decidido a disolver la burocracia y el ejército porfirianos, al mismo tiempo que consolidaba un Estado central fuerte, *finalmente* capaz de implantar el cambio. Mientras tanto, sólo la unidad revolucionaria podría derrotar al usurpador Huerta y soportar también las presiones que de manera inevitable aplicaría el "Coloso del Norte" sobre la soberanía nacional.

Tras 18 meses de luchar contra los revolucionarios y el gobierno hostil de Woodrow Wilson, el presidente de los Estados Unidos, Huerta se rindió ante los rebeldes en julio de 1914. Pero aunque se unieran momentáneamente en el triunfo —carrancistas y obregonistas, villistas y zapatistas—, sus divisiones internas eran dolorosamente obvias. Casi cuatro años después de la declaración de la rebelión de Madero, la configuración de las fuerzas revolucionarias reveló que México era un mosaico humano con necesidades tan diferentes y a menudo tan contradictorias que virtualmente desafiaban toda forma de organización nacional inmediata.

Luego del triunfo sobre Huerta, dos grandes partidos —o mejor dicho, dos grandes constelaciones amorfas de ejércitos y bandas rivales— luchaban por el control, cada uno de ellos decidido a administrar y garantizar el futuro de la Revolución. Por una parte, se encontraban los partidarios de Carranza, antiguo senador porfiriano y hacendado, fundador del movimiento constitucionalista. La fuerza militar carrancista residía en las Divisiones del Noroeste y el Noreste, encabezadas por el general Álvaro Obregón, de Sonora, y el general Pablo González, de Coahuila, respectivamente. Por otra parte, se encontraban quienes se oponían a Carranza, agrupados alrededor de Francisco [Pancho] Villa, antiguo bandido que ahora se había convertido en el revolucionario más famoso de México. Villa, el "Centauro del Norte", mandaba la División del Norte, la fuerza de combate más grande y eficaz de la República, con base en Chihuahua. Así pues, al igual que los carrancistas, los villistas constituían un movimiento predominantemente norteño, por más que a fines de 1914 celebraran una tenue alianza con los agraristas zapatistas del centro-sur de México. Los rivales también se asemejaban por cuanto incluían en sus filas una diversidad de antiguos maderistas, antiguos soldados federales y oportunistas que cambiaban de bando con cada viraje de la Revolución.

La guerra entre ambos bandos se hizo inevitable en octubre de 1914, cuando una convención de líderes revolucionarios y sus delegados, reunida en Aguascalientes para arreglar el conflicto surgido entre Villa y Carranza sólo agudizó la animosidad entre ambas partes. Estaban involucradas ciertas tensiones personales, sobre todo el celo del Primer Jefe hacia Villa como caudillo rival, pero era probablemente más importante el hecho de que Carranza no definiera su posición sobre asuntos fundamentales, tales como la cuestión agraria, los derechos de los trabajadores, y la forma del nuevo orden político. Integradas por vaqueros norteños, vagabundos, arrieros, mineros, bandidos, jornaleros y comerciantes migrantes, peones y parceleros refugiados, las fuerzas villistas eran sumamente móviles, quizá "más una fuerza de la naturaleza que una fuerza política".[4] Sin embargo, como discriminados y forajidos de las grandes llanuras chihuahuenses, eran partidarios de un populismo sin restricciones que chocaba con las nociones de reforma más gradual, aristocrática, de Carranza. En julio de 1914, cuando Villa trató de obtener de Carranza la aprobación de un acuerdo que definiera la Revolución como "una lucha de los pobres contra los abusos de los poderosos" y que comprometiera a los constitucionalistas "a implantar un régimen democrático... para asegurar el bienestar de los trabajadores; emancipar económicamente a los campesinos, haciendo una distribución equitativa de las tierras o cualquiera otra cosa que se necesite para resolver el problema agrario". Carranza se negó terminantemente.[5]

Al igual que sus aliados villistas, los zapatistas constituían un movimiento popular. Pero al revés de la conglomeración incipiente de tipos norteños desarraigados que era el villismo, los campesinos zapatistas se distinguían por su extraordinaria solidaridad política y su apego al terruño. Aislados y empobrecidos, su estilo de vida tradicional estaba en peligro, de modo que los agraristas de Zapata se atrincheraron tercamente, definiendo su propósito como la defensa de sus parcelas y aldeas morelenses.

La visión del mundo de los líderes carrancistas era extraña para zapatistas y villistas por igual, y era una amenaza para ambos. Si los revolucionarios "populares" del villismo y el zapatismo perseguían las metas modestas del hombre común, el carrancismo aspiraba a cosas más grandes. Los generales, ideólogos y jefes locales del movimiento eran empresarios en potencia que pensaban en términos nacionales y seguían una estrategia deliberada, inequívoca. Al revés de los villistas, que perpetraban grandes pillajes cuando surgía la necesidad o la oportunidad, o de los zapatistas, que luchaban para proteger lo que les pertenecía, los generales carrancistas buscaban las fortunas enormes, socialmente aceptables, que caerían en sus manos como los futuros líderes legítimos de un Estado revolucionario nuevo, modernizado. Habiendo derrotado al Viejo Régimen, estos

[4] John Womack, *Zapata and the Mexican Revolution*, Nueva York, 1968, p. 192.
[5] Citado en Benjamin Keen y Mark Wasserman, *A Short History of Latin America*, Boston, 1980, p. 278.

hombres limpiarían por completo sus vestigios burocráticos, luego organizarían su propio sistema político, basado en sólidos principios de reforma burguesa y nacionalismo. Obsesionados como estaban por la legitimidad y las formas del Estado nacional moderno, estos "revolucionarios oficiales" no podían tolerar el estilo anárquico y la orientación regional de sus rivales.

Por ejemplo, cuando la mayoría villista-zapatista de la Convención de Aguascalientes decidió deponerlo como Primer Jefe, Carranza disputó la autoridad de la decisión, retirándose con sus disminuidas fuerzas a Veracruz en noviembre de 1914. Aunque sus enemigos controlaban ahora la ciudad de México y gran parte de la República, Carranza se negó a renunciar a su pretensión de legitimidad formal. De inmediato estableció su gobierno constitucionalista en Veracruz, y ayudado por un talentoso equipo de intelectuales y políticos, promulgó una serie de decretos de reforma social destinados a obtener el apoyo de los campesinos y obreros no alineados.

Aunque tenían una ventaja militar y política a fines de 1914, los convencionistas —como se llamó a la alianza villista-zapatista—, pronto la malbarataron. Villistas y zapatistas, dotados de una base regional, tenían malas comunicaciones entre sí y les resultaba difícil la coordinación de los movimientos de tropas y abastos. Su carencia de una visión nacional, de un plan para ganar y conservar el poder estatal, les costó caro. Irónicamente, aunque los orígenes de su movimiento y sus intereses estaban genuinamente más cerca de los campesinos y obreros, la incapacidad de los líderes convencionistas para forjar un programa nacional claro que pudiera unir los intereses de los trabajadores rurales y urbanos dejaba abierta la puerta para que los políticos carrancistas de clase media, mediante promesas hábiles y oportunistas, separaran a la Convención de sus aliados naturales. Entre las tropas que usara Álvaro Obregón, el general constitucionalista, para lanzar una ofensiva contra Villa a principios de 1915, se encontraban seis "batallones rojos" de trabajadores urbanos que se habían aliado al gobierno de Carranza.

A resultas de estos acontecimientos internos y de la decisión del presidente Wilson de otorgar el apoyo norteamericano a Carranza —Villa y Zapata eran obviamente inaceptables para los inversionistas y gobernantes de los Estados Unidos—, el balance de las fuerzas había cambiado repentinamente en favor de los constitucionalistas a mediados de 1915. Al finalizar este año, habían anulado a la Convención como una amenaza militar y política, reduciendo a Villa y a Zapata al lanzamiento de campañas guerrilleras defensivas en su Chihuahua y Morelos natales. Sin embargo, 1915 sería el año más sangriento y caótico de la lucha revolucionaria, una "fiesta de las balas", como dijera un joven periodista participante.[6] Por ejemplo, Obregón empleó en Celaya, en mayo, la guerra de trincheras y el fuego devastador de las ametralladoras para repeler una carga desesperada de la caballería villista de camisas doradas. Miles murieron o quedaron baldados en la carnicería. Eran raros los intervalos de paz; los

---

[6] Martín Luis Guzmán, *The Eagle and the Serpent*, trad. de Harriet de Onís, Garden City, N. Y., 1965, p. 163. [Hay edición del Fondo de Cultura Económica.]

ceses del fuego se convirtieron en sucesos para las canciones de los autores de corridos locales.[7]

Pero mientras que los obregonistas aplastaban a los villistas y los obreros luchaban contra los campesinos, la paz continuaba reinando en Yucatán. En efecto, a principios de 1915 era la porción sureste de México un vacío virtual en la actividad revolucionaria.[8] Desplazándose por la cresta de un auge de las exportaciones, los plantadores aumentaron su superficie sembrada de henequén, y los campesinos continuaban trabajando como esclavos en las plantaciones. Mientras el resto de la República hacía la guerra, Yucatán hacía dinero.

Los gobernantes locales no habían olvidado cómo acomodarse con los nuevos jefes nacionales. Poco después de la caída de Huerta en julio de 1914, daban una cordial bienvenida al gobernador militar enviado por Carranza, el mayor Eleuterio Ávila, nativo de la península. Ávila causó una conmoción momentánea entre la burguesía peninsular al leer una proclama que abolía el trabajo forzado en las plantaciones henequeneras de Yucatán, pero tras una serie de angustiadas reuniones entre ellos mismos, y de consultas con los agentes de la International Harvester, el comprador monopolista de la única cosecha de Yucatán, los plantadores encontraron el camino para hacer volver a la realidad a su paisano, y el decreto no se aplicó jamás.[9]

Así pues, para fines de 1914 habían logrado, los gobernantes de Yucatán, mantener a distancia a la Revolución. En el campo hacían erupción y se apagaban ocasionales disturbios —como había venido ocurriendo desde 1910—, y los intelectuales descontentos continuaban conjurando visiones del Apocalipsis en los cafés y salones de Mérida. Pero era evidente que no existían condiciones propicias para un movimiento revolucionario local. Sólo un golpe militar dado desde afuera podría frenar el poder político y represivo de los hacendados, algo que éstos sabían muy bien. Sin embargo, con Ávila seguramente bajo control, la vida de la península volvió a su ritmo normal, y la *élite* gobernante empezó a creer que había dejado atrás la tormenta revolucionaria.

Al inicio de 1915, la cambiante configuración de la política revolucionaria nacional creaba nuevas posibilidades en Yucatán. A medida que Carranza y Luis Cabrera, su ministro de Hacienda, buscaban dinero con mayor desesperación cada vez, para librar la batalla constitucionalista contra villistas y zapatistas, se volvía más deseable un control más estricto sobre las ricas recaudaciones

---

[7] Womack, *Zapata*, p. 191, y véanse los corridos revolucionarios citados en Merle E. Simmons, *The Mexican Corrido as a Source for Interpretative Study of Modern Mexico (1870-1950)*, Bloomington, Ind., 1957, pp. 132-133, 521.

[8] Katz, "Labor Conditions", 22-23, 44-47; Ramón Berzunza Pinto, "El Constitucionalismo en Yucatán", *HM*, 12:2 (octubre-diciembre de 1962), 278.

[9] Se ha afirmado que Ávila cambió de opinión acerca del decreto tras recibir "una hacienda muy bonita" y "una regular suma de dinero" de los plantadores. CJD, rollo 3, Toribio de los Santos a Carranza, 14 de enero de 1915; véase de Nelson Reed, *The Caste War of Yucatán*, Stanford, Cal., 1964, p. 257; y Franz, "Bullets and Bolshevists", pp. 78-79, 83, 89. Luis Amendolla, "Política regional: Yucatán", *Mañana*, 6 (febrero de 1944), 19-20, llega a sugerir que el préstamo forzado de ocho millones de pesos decretado por Ávila en septiembre de 1914 fue en realidad un soborno de los henequeneros a fin de asegurarse de que la emancipación siguiera siendo letra muerta.

del henequén de Yucatán. Cuando Ávila, ahora poco más que un mensajero de los plantadores,[10] se opuso a la elevación de los impuestos decretada por Cabrera, Carranza lo sustituyó a fines de enero de 1915 por el general Toribio de los Santos, un mexicano. El nuevo gobernador puso en claro de inmediato que no se dejaría comprar, y subrayó este punto imponiendo un préstamo forzado de respetables dimensiones a los plantadores y comerciantes más ricos. Luego, aprovechando los temores regionales tradicionales, amenazó con sacar de la península a los soldados yucatecos, y anunció su intención de activar el decreto de Ávila que abolía el trabajo forzado. De los Santos informó al Primer Jefe que había iniciado una campaña contra los "reaccionarios", luego dijo burlonamente a los yucatecos que si su región "no había participado en el movimiento revolucionario... ni había sentido sus efectos", la Revolución vendría *ahora* a Yucatán.[11]

Aguijoneada por esta primera amenaza seria contra su dominio, la oligarquía encontró su campeón en el antiguo coronel huertista Abel Ortiz Argumedo, a quien Ávila había nombrado comandante militar de Mérida. Capitalizando el descontento creado por De los Santos virtualmente en todos los niveles de la sociedad regional, Ortiz Argumedo reunió a los batallones de la milicia yucateca y arrojó del estado a De los Santos y sus federales carrancistas a mediados de febrero.[12] Al huir, De los Santos cortó los hilos telegráficos que unían a Yucatán con la ciudad de México, una táctica logística convencional que esta vez se revestía de una importancia simbólica especial. En efecto, Yucatán se replegaba de nuevo sobre sí mismo, separado de México y, como en el pasado, decidido a permanecer así. A fin de comprar tiempo, Ortiz Argumedo —ahora gobernador y comandante militar de Yucatán— juró de inmediato lealtad a Carranza, antes de movilizarse activamente para consolidar un movimiento separatista en el estado. Actuando con decisión, Ortiz Argumedo declaró la soberanía de Yucatán y envió a los Estados Unidos una comisión para la negociación de un préstamo respaldado por la fibra, la compra de armas y la exploración de la posibilidad de un protectorado norteamericano, como lo había hecho en gran medida el gobierno estatal yucateco en 1849.[13] Los grandes plantadores y comerciantes desempeñaron un papel activo alentando el rompimiento con México, aportando dinero a los cofres de guerra de Ortiz Argumedo, y enviando a sus hijos a su batallón estatal.[14]

[10] CJD, rollo 3, De los Santos a Carranza, 14 de enero de 1915; AC, Calixto Maldonado R. a Carranza, 9 de enero de 1915; AC, Carranza a Alvarado, 16 de febrero de 1915; Berta Ulloa, *Historia de la Revolución Mexicana*, vol. 5: *La encrucijada de 1915*, México, 1979, pp. 63-67.
[11] AC, Carranza a De los Santos, 20 de enero de 1915; SD, 812.00/14561; Franz, "Bullets and Bolshevists", pp. 91-93; Álvaro Gamboa Ricalde, *Yucatán desde 1910*, Veracruz, 1943, volumen 2, p. 331; Reed, *Caste War*, p. 258.
[12] SD, 812.00/14554; Gamboa, *Yucatán*, vol. 2, p. 331; Fernando Benítez, *Ki: El drama de un pueblo y de una planta*, Fondo de Cultura Económica, México, 1962, 2ª ed., p. 95.
[13] SD, 812.6132/31; 812.00/14561, 14484; Santiago Pacheco Cruz, *Recuerdos de la propaganda constitucionalista en Yucatán*, Mérida, 1953, p. 52; Roberto Villaseñor, *El separatismo en Yucatán: Novela histórico-política mexicana*, México, 1916.
[14] SD, 812.61326/45,83; SD-CPR, *Correspondence*, 1915 (en adelante, *Corr.*), vol. 2,

General Salvador Alvarado. (Tomada de Gustavo Casasola, Historia gráfica de la Revolución Mexicana, 1910-1970, *2ª ed., México, 1973, vol. 5, página 1675. Casasola,* INAH.*)*

Sin embargo, un mes más tarde era evidente para los gobernantes de Yucatán que este nuevo intento separatista —el último que habría de experimentarse en Yucatán— había fracasado. Furioso ante lo que consideró de inmediato como una insurrección regional, Carranza se movilizó rápidamente para someter a Yucatán. En virtud de que gran parte de México se encontraba todavía en manos de los convencionistas, el Primer Jefe no podía arriesgarse a perder el control de la riqueza henequenera de Yucatán, la que junto con las aduanas del puerto de Veracruz producía el grueso de los ingresos de su gobierno y financiaba la guerra. Esta vez, Carranza escogió como su agente recaudador a Salvador Alvarado, uno de sus principales generales de división y el hombre que, después de Álvaro Obregón, era considerado como su principal estratego y administrador. Cuando Ortiz Argumedo recogía lo que quedaba en la tesorería estatal y zarpaba para Cuba, el Ejército del Sureste de Alvarado, integrado por 7 000 soldados, aplastaba a los yucatecos —esencialmente una banda no profesional de estudiantes, comerciantes y sirvientes cuyo número apenas llegaba a la décima parte de las tropas federales— en una serie de escaramuzas, con escasas bajas en el pueblo de Halachó y la hacienda Blanca Flor.[15]

En consecuencia, cuando los constitucionalistas descendían sobre la capital estatal esa mañana de marzo de 1915, el pánico y el terror se apoderaban de los meridanos. Huyeron por millares, temiendo la destrucción y el pillaje a manos de los "huaches". Las atrocidades cometidas por los revolucionarios en otras partes de México eran bien conocidas en Yucatán, pero ahora abundaban las historias. De pronto se volvieron horriblemente inmediatas las imágenes familiares de largos kilómetros de vías férreas donde cada poste telegráfico hacía las veces de horca. Recuerda un testigo presencial:

> La confusión llegó a tal grado que en aquellos momentos finales podría decirse que existía una "sociedad sin clases": no había aristocracia ni plutocracia... sólo familias que musitaban plegarias o hacían fervientes súplicas, implorando a los santos que salvaran a sus esposas e hijas de los bestiales instintos de los soldados que pronto entrarían a la ciudad...[16]

Los más asustados eran los plantadores, quienes se movían nerviosos dentro de sus casas mientras esperaban la entrada de Alvarado a Mérida, pensando que era inminente una requisa. Muchos de ellos se habían marchado de la ciudad en busca de la relativa seguridad de sus casas de campo. Varios de los miembros más ricos de la oligarquía yucateca, conocida como la "Casta Divina", habían huido con Ortiz Argumedo a La Habana. Otros se habían embarcado para Nueva Orleáns o Nueva York.[17]

expediente 800, Young a secretario de Estado, 23 de febrero; Florencio Ávila y Castillo, *Diario Revolucionario*, Mérida, 1915, p. 163; Renán Irigoyen, *Salvador Alvarado: Extraordinario estadista de la Revolución*, Mérida, 1973, pp. 20-21; Ulloa, *La encrucijada*, p. 77.

[15] Pacheco Cruz, *Recuerdos*, p. 55; Allan Moe Blein (Antonio Mediz Bolio), *Alvarado es el hombre*, 2ª ed., Culiacán, 1961, p. 31; Villaseñor, *El separatismo*, pp. 219-223.

[16] Pacheco Cruz, *Recuerdos*, pp. 94-95; *cf.* Ávila y Castillo, *Diario*, pp. 3-4; AGE, Benito Aznar al arzobispo Tritschler y Córdoba, 15 de marzo de 1915.

[17] *NYT*, 21 de marzo de 1915; SD, 812.61326/56; SD, 812.00/14961; SD-CPR, *Corr.*

Sin embargo, mientras esperaba con sus fuerzas en las afueras de la ciudad, el invasor no parecía ansioso por justificar los temores que atenaceaban a la capital yucateca. En realidad, Carranza le había dado carta blanca. Irritado, con la paciencia agotada, el Primer Jefe había demandado a los yucatecos una "sumisión incondicional" inmediata, instruyendo a Alvarado para que "tomara contra ellos cualquier acción que juzgara conveniente", siempre que las recaudaciones del henequén no se pusieran en peligro.[18] Pero Alvarado había decidido ya que aplicaría una estrategia blanda. Días antes, había asombrado a los residentes de Mérida haciendo que una escuadrilla de aviones —todavía una gran novedad en la península— arrojara sobre la ciudad un montón de volantes en los que invitaba a los yucatecos a someterse pacíficamente y explicaba que había venido a promover las metas de la Revolución pero no violaría los derechos de la vida o la propiedad.[19] Además, ya había cumplido su promesa interviniendo personalmente para salvar las vidas de centenares de jóvenes de clase media y alta que habían sido capturados en Blanca Flor y Halachó y estaban esperando un pelotón de fusilamiento por orden de los subordinados más impulsivos del general Alvarado.[20] Por último, Alvarado había decidido acampar en las afueras de Mérida, en vísperas del 19 de marzo, para tomar la ciudad a la luz del día siguiente, evitando así toda violencia y pillaje que pudiera derivar de la ocupación nocturna de una ciudad enemiga.[21]

Una tarea monumental aguardaba al conquistador de Yucatán. El poeta regional Antonio Mediz Bolio, quien se convertiría en amigo y asesor intelectual de Alvarado, recuerda el dilema que afrontaba el General cuando tomaba el control de Yucatán:

> Tenía frente a sí una tierra de tradiciones, cuya vida interna, esculpida gota a gota como una estalactita por la acumulación de siglos, estaba muy alejada y protegida del alcance energético de una revolución que apenas acababa de llegar a sus fronteras...
>
> La Revolución apareció en Yucatán como algo exótico y extraño... pero a pesar de esto, o quizá por ello, Yucatán era una de las regiones de México donde la Revolución se necesitaba con mayor urgencia y se haría sentir más profundamente... Sin embargo, Alvarado tendría que hacer primero la Revolución con su gobierno, desde arriba, ya que no surgiría desde abajo. Alvarado tendría que rehacer esta sociedad que, en muchos sentidos, vivía todavía en el periodo colonial, y tendría que rehacerla hasta sus raíces... Tendría

---

1915, vol. 2, 800, Young a secretario de Estado, 30 de marzo, exagera el éxodo hasta el punto de la hipérbole, informando que la mitad de la población de Mérida huyó ante la llegada de Alvarado.

[18] AC, Carranza a Alvarado, 16 de febrero de 1915.

[19] Ávila y Castillo, *Diario*, p. 4; Pacheco Cruz, *Recuerdos*, p. 60; Ricardo Pinelo Río, "El batallón de 'La Plancha'" *N*, 6 de marzo de 1932.

[20] Wenceslao Moguel H., *El milagro del Santo de Halachó o historia de un fusilado*, 2ª ed., Mérida, 1967; Julio Molina Font, *Halachó*, 1915, Mérida, 1960.

[21] Salvador Alvarado, "En legítima defensa", *D*, 4 de mayo de 1922; Ávila y Castillo, *Diario*, p. 4.

que ser no sólo el gobernador revolucionario de Yucatán sino también su mentor revolucionario...[22]

En seguida examinaremos la formación de esta sociedad regional que había resistido tan tenazmente el avance de la revolución de México.

[22] "Prólogo" a Alvarado, *Actuación revolucionaria*, p. 14.

PRIMERA PARTE

LOS PARÁMETROS DE LA REVOLUCIÓN

I. PLANTA Y PLANTACIÓN: EL DESARROLLO DE UNA ECONOMÍA DE MONOCULTIVO

> Todo el estado se dedica al henequén y fuera de él no hay nada.
>
> SERAPIO BAQUEIRO, 1881

> Los blancos han vuelto esta tierra ajena para el indio.
>
> ERMILO ABREU GÓMEZ, *Canek: historia y leyenda de un héroe maya*

LA EXPERIENCIA revolucionaria de Yucatán y por lo menos los últimos 100 años del desarrollo histórico de la región han sido determinados por la fortuna errática de una sola especie de cactáceas, nativa de la península. Yucatán, uno de los estados más pobres de México a mediados del siglo XIX, se montó en la cresta de un auge de exportación de la fibra, a fines del siglo, para convertirse supuestamente en el estado más rico de la República en 1915.[1] Seis decenios después, la fortuna de la región se encuentra todavía ligada —o empalada, según lo perciben muchos yucatecos— a las espinas fibrosas del cacto duro que los antiguos mayas reverenciaban como *Ki*, los botánicos modernos clasifican como *agave fourcroydes*, los comerciantes en fibras de los Estados Unidos han llamado "cáñamo de sisal", y los yucatecos llaman *henequén*. Aquí también llamaremos "henequén" al cacto y su fibra, para distinguirlos del "sisal" *(agave sisalena)*, la especie estrechamente relacionada que, al revés del henequén, crece en la mayoría de las demás regiones tropicales (el Caribe, Sudamérica, África y las Indias Orientales), y que desde la primera Guerra Mudial se ha convertido en el principal rival del henequén por el mercado norteamericano de las fibras duras. El henequén tiene una vida productiva significativamente más larga que el sisal (de 25 a 30 años, contra ocho o diez), pero durante siete años no producirá fibra, mientras que el sisal empieza a producir luego de unos tres años. Además, el sisal y la fibra de manila filipina, un competidor muy anterior, producen un volumen de cuerdas sustancialmente mayor por tonelada de fibra y pueden tejerse en mecates más largos, fuertes, limpios, suaves y uniformes.[2]

---

[1] Asael T. Hansen, "The Ecology of a Latin American City", en E. B. Reuter, comp., *Race and Culture Contacts*, Nueva York, 1934, pp. 124-142. Presumían los yucatecos de que su estado era el más rico de México, una pretensión apoyada por muchos observadores contemporáneos. Sin embargo, la riqueza de Veracruz, con su petróleo y varias otras líneas de producción (azúcar, textiles, tabaco) —ninguna de las cuales había padecido mucho durante la Revolución— rivalizaba tal vez con la de Yucatán.

[2] Luis Echeagaray Bablot, *Irrigación, crisis henequenera y condiciones agrícolas y eco-*

¿Cómo se explica entonces que el henequén yucateco haya monopolizado virtualmente el mercado mundial antes de 1915? Simplemente, el henequén yucateco era mucho más barato y accesible que cualquiera de sus rivales. La gran proximidad de la península a sus compradores norteamericanos mantenía bajos los costos de transportación y facilitaba un comercio regular. Más importante aún era el hecho de que Yucatán había realizado su transición a la producción comercial de henequén en gran escala, en un momento histórico oportuno. Cuando la invención de una anudadora mecánica para la agavilladora de granos de McCormick (1878) estaba creando una demanda casi ilimitada de las fibras duras requeridas en la fabricación de mecates, entre las regiones productoras de fibras sólo Yucatán había alcanzado la base económica necesaria para producir en cantidades suficientes para satisfacer tal demanda. Durante los decenios de gran demanda —de 1880 a 1910—, resultaban demasiado costosos la producción y el transporte del cáñamo de Nueva Zelanda y el yute de la India; las condiciones políticas estaban dañando el cultivo y la entrega de fibras de manila de las Filipinas; y las colonias inglesas, alemanas y holandesas de África Oriental y Java tardarían todavía varios años para crear las condiciones estables bajo las cuales podrían florecer las plantaciones de sisal viables. Por otra parte, los hacendados yucatecos eran los amos de una economía técnicamente avanzada, de plantación altamente capitalizada, basada en un sistema laboral que reducía al mínimo los costos de producción.

El reinado de 34 años del presidente Porfirio Díaz (1876-1910) presenció la gran transformación económica de México. En realidad, al igual que México, Yucatán no pudo evitar el proceso acelerado de transformación que se le vino encima durante el Porfiriato. Las abundantes corrientes comerciales que acompañaron al rápido desarrollo industrial de los Estados Unidos y Europa occidental ligaron a México y a Yucatán cada vez más estrechamente a la economía mundial. Se negoció una división internacional del trabajo entre los industriales y empresarios extranjeros que necesitaban con urgencia productos primarios, mercados para sus productos y oportunidades de inversión, y las *élites* nacionales y regionales que recibían con agrado las mejoras de la infraestructura, la maquinaria moderna, una diversidad de bienes de consumo, y la creciente disponibilidad de capital extranjero.

Las señales del acomodo de Yucatán a esta época de capitalismo industrial eran evidentes por todas partes en 1915, a la llegada de Alvarado. En el campo, los verdes campos de maíz y las vacas que pastaban indolentemente en las haciendas de estilo colonial de la península habían sido reemplazados por surcos rectilíneos interminables de espinas azulosas-grises y el ritmo rápido, de tipo fabril, de la moderna plantación henequenera. Las vías férreas recientemente instaladas se extendían desde Mérida en todas direcciones, y por ellas pasaba un convoy tras otro de carros rebosantes de pacas de la fibra. Procesado a dia-

nómicas de Yucatán, México, 1956, p. 44; IHCA, H. L. Boyle Economic Research Files, E. W. Brewster, *Memorandum in re. Fiber and Twine*, 1937, "The Economic Reconstruction of Yucatan".

rio en las plantaciones, este "oro verde" era transportado en tranvías tirados por mulas hasta la terminal más cercana, donde continuaba su viaje hacia Mérida y el puerto de Progreso. El destino final de este cáñamo sería Nueva Orleáns o Nueva York, donde los fabricantes de cuerdas convertirían la fibra en mecates para los productores de granos de los Estados Unidos.

La propia Mérida había experimentado un cambio radical en su apariencia. Ya no era la aldea grandota, sucia, de 1850, donde los caballos vagaban por las calles lodosas, sino la "Ciudad Blanca" de la República: limpia, bien iluminada, cada vez más motorizada y asfaltada. Como lugar de residencia de los millonarios yucatecos recientemente creados por el henequén, y universalmente reconocida como el mercado de fibra más activo del mundo, Mérida tenía a fines del siglo pasado servicios urbanos y amenidades que difícilmente igualaba la capital nacional.[3] Pero si la vida de los meridanos ricos se había iluminado y modernizado, esto había ocurrido en gran medida a expensas del campesino maya endeudado, quien ahora estaba sujeto a un sistema laboral que en la plantación creciente lo condenaba a una segunda servidumbre muchas veces peor que la que había provocado la traumática Guerra de Castas de reciente memoria.

Las restricciones naturales del desarrollo yucateco

El ascenso de la plantación henequenera estaba condicionado, sobre todo, por las peculiaridades de la geografía y la ecología yucatecas: la situación periférica de la región, su carencia de un suelo cultivable, su aguda escasez de agua. Incrustado en el golfo de México, bañado por el Caribe en su costa oriental, separado del resto de México por una sucesión casi ininterrumpida de marismas y bosques lluviosos, Yucatán se ha orientado siempre con mayor naturalidad hacia los Estados Unidos, Centroamérica y las islas del Caribe, que hacia la República Mexicana. La comunicación de Yucatán por mar con el puerto mexicano de Veracruz era ineficiente, y hasta mediados de este siglo no había comunicaciones ferroviarias ni carreteras adecuadas con el México central. En efecto, todo el curso de la historia yucateca sugiere que pronto se resignó el gobierno federal a la inevitabilidad del aislamiento geográfico de Yucatán y luego formuló políticas, en el campo político y económico, que marginaban más aún a la región dentro de la estructura política nacional. Durante gran parte de la primera mitad del siglo XIX, se consideró a Yucatán como un país extranjero para propósitos fiscales, de modo que se le obligaba a pagar aranceles discriminatorios sobre sus exportaciones. Bajo los regímenes nacionales de los generales Santa Anna y Bustamante, por ejemplo, el azúcar, los cueros y el tabaco de Yucatán debían pagar aranceles mayores que las importaciones extranjeras rivales. En el decenio de 1840, afrontando el intenso separatismo regional provocado en gran medida por sus políticas fiscales anteriores, Santa Anna prohibió todos

[3] Nelson Reed, *The Caste War of Yucatan*, Stanford, Cal., 1964, p. 232; Frederick J. T. Frost y Channing Arnold, *The American Egipt*, Nueva York, 1909, pp. 60-61, 67-68.

los productos yucatecos en los puertos mexicanos y declaró piratas a los barcos yucatecos.[4]

La repetición de tales conflictos durante el siglo XIX acentuó la pronunciada afinidad geográfica de Yucatán hacia los Estados Unidos y Cuba, lo que con el paso del tiempo se convertiría en una tradición de estrechas relaciones comerciales. Ya durante el periodo colonial, los hacendados yucatecos habían enviado a Cuba su carne y sus cueros. Cuando la independencia de España segó el mercado de La Habana y privó a la península de su fuente tradicional de azúcar y ron, los yucatecos respondieron canalizando su capital hacia la producción de azúcar dentro de la región. Más tarde, cuando estas plantaciones fueron devastadas durante la Guerra de Castas de fines del decenio de 1840 y la *élite* económica de Yucatán prestó toda su atención al cultivo del henequén, de nuevo exportaron su producto primario para satisfacer la demanda extranjera antes que la nacional. En cambio, compraban las provisiones necesarias y los bienes de lujo que los comerciantes mexicanos no podían entregar o no estaban dispuestos a entregar en tan buenos términos como los de sus similares de los Estados Unidos y Europa.[5]

Pero las restricciones ecológicas del suelo y la escasez de agua eran por lo menos tan influyentes en sus efectos sobre el desarrollo económico de la región en general y las plantaciones henequeneras en particular. Un visitante europeo de antiguos tiempos había escrito que Yucatán era "el país con menos tierra que he visto jamás, ya que todo él es una roca viviente".[6] Siglos más tarde, un cónsul norteamericano que había viajado mucho juzgó que Yucatán era "una de las regiones más difíciles del mundo: una gran capa de piedra caliza cubierta por fragmentos rocosos y depósitos de suelo dispersos, y cruzada por todas partes por cenotes y cavernas".[7] Los geólogos han estimado que la cubierta de suelo que se encuentra encima de la roca caliza mide a lo sumo 2.5 centímetros de grueso en toda la zona henequenera del noroeste, mientras que en el resto del estado no es mucho más profunda, excepto en una faja estrecha situada a lo largo de la frontera sureste con Campeche y Quintana Roo. Además, los agricultores han descubierto, tras de penosos ensayos, que la piedra caliza porosa no retiene los fertilizantes comerciales con los que se quiere enriquecer el escaso suelo existente; el fertilizante se filtra por la roca con las primeras lluvias. La cubierta vegetal es, a lo sumo, un montón de matorrales secos.[8] Aparte del es-

---

[4] A. J. G. Knox, "Regionalism as a Problem in Mexican National History: Yucatan, a Case Study, 1821-1940", manuscrito inédito, 1973, pp. 17-18, 22; Jan Bazant, *A Concise History of Mexico*, Londres, 1977, p. 54.

[5] Arnold Strickon, "Hacienda and Plantation in Yucatan", *América Indígena*, 25:1 (enero de 1965), 42-57; SD-CPR, Corr., *1920*, vol. 2, 610, "International Trade Competition", 26 de mayo.

[6] Citado en Roland E. P. Chardon, *Geographic Aspects of Plantation Agriculture in Yucatán*, Washington, D. C., 1961, p. v. Por lo que toca a la ecología básica de la región de Yucatán, véase también Cyrus L. Lundell, "Preliminary Sketch of the Phyto-geography of the Yucatán Peninsula", en Carnegie Institution, *Contributions to American Archaeology*, Washington, D. C., 1934, pp. 244-321.

[7] SD-CPR. Corr., *1923*, vol. 3, 815.4, Marsh a secretario de Estado, 12 de mayo.

[8] Nathaniel C. Raymond, "Land Reform and the Structure of Production in Yucatán",

caso henequén que cultivaban en pequeños patios traseros para obtener cuerda y vestidos para sus familias, los mayas yucatecos empleaban una forma particularmente rigurosa de agricultura de roza y quema a fin de preservar el escaso maíz que el pobre suelo podía producir. Las milpas se sembraban por dos años, luego se dejaba en barbecho el suelo agotado durante los siguientes 12 o 15 años. En épocas recientes, los yucatecos han recurrido al uso de la dinamita para volar la roca y aumentar la cubierta de suelo en preparación para la siembra.[9]

Quizá en mayor medida que en la mayoría de las otras regiones de México, el agua ha sido, y sigue siendo, un recurso estratégico en Yucatán. El agua superficial es casi enteramente inexistente. En efecto, el nombre de los indígenas de Yucatán, los mayas, significa "tierra sin agua".[10] Esto contrasta con la imagen que tienen de la región los forasteros, incluidos muchos mexicanos, como un bosque vasto, húmedo, de lluvia tropical, donde vagan los jaguares y juegan los monos en un follaje lujuriante. Algunas partes de los estados vecinos de Quintana Roo, Campeche y El Petén de Guatemala se aproximan en efecto a esta descripción idilizada; pero el propio Yucatán ha tenido siempre un ambiente árido, polvoriento, el tipo de biota donde crece mejor el agave.[11]

Esencialmente, hay tres fuentes de agua principales que los yucatecos han utilizado a través de la historia: *1)* el agua de lluvia, muy abundante durante la llamada estación monzónica (de junio a septiembre), que se junta en los techos de las casas y se almacena en depósitos conocidos como "aguadas"; *2)* pozos naturales ("cenotes"), creados cuando la roca caliza superficial se abre y forma cuevas subterráneas, y *3)* pozos artificiales. A fines del Porfiriato y hasta bien entrado el siglo xx, se conoció a Mérida como la "ciudad de los molinos de viento". Cada molino —en vísperas de la Revolución había 3 500 en Mérida y más de 10 000 en todo el estado— se usaba para extraer el agua de los pozos y depositarla en tanques de hierro galvanizado. En la actualidad, muchos de los pozos de la región son de la costosa variedad artesanal, y en el sur del estado deben perforarse más de 20 metros antes de llegar a la lámina de agua.[12] Los conquistadores españoles originales usaron las fuentes de agua escasas y localizadas como un factor muy importante para derrotar y controlar a los mayas, y sus descendientes yucatecos han seguido su ejemplo utilizando el agua como

---

Ethnology, 7:4 (octubre de 1968), 461-462; SD-CPR, *Corr.*, *1923*, vol. 4, 861.1, Marsh al secretario de Estado, 31 de julio. Echeagaray B., *Irrigación*, examina algunos intentos frustrados de agricultura intensiva en riesgo en el sur del estado.

[9] SD-CPR, *Corr.*, *1923*, vol. 4, 861.1, Marsh a secretario de Estado, 31 de julio; Renán Irigoyen, *Los mayas y el henequén*, Mérida, 1950; Howard Cline, "The Henequén Episode in Yucatán", *IEA*, 2:2 (otoño de 1948), 30.

[10] SD-CPR, *Corr.*, *1922*, vol. 2. 610, Marsh a cónsul general, 26 de abril.

[11] George C. Shattuck, *The Peninsula of Yucatan: Medical, Biological, Meteorological and Sociological Studies*, Washington, D. C., 1933, pp. 5-9; Strickon, "Hacienda and Plantation", 40-41.

[12] SD-CPR, *Corr.*, *1922*, II, 610, Marsh a cónsul general, 26 de abril; Donald O. Doehring y Joseph H. Butler, "Hydrogeologic Constraints on Yucatan's Development", *Science*, 86: 4164 (noviembre de 1974), 591-595; entrevista con el ingeniero Richard Hedlund Sr., 1º de julio de 1975.

instrumento para consolidar precios más grandes y reducir a los campesinos a la condición de una fuerza de trabajo dependiente.[13]

En la península de Yucatán, la precipitación pluvial sigue dos pendientes, una que corre de norte a sur y otra que corre de oeste a este. A lo largo de la pendiente norte-sur, la precipitación aumenta de 75 a 100 centímetros al año por la costa norte del Golfo, hasta llegar a un máximo de casi 162.5 centímetros por el borde sur de la región del Petén. La pendiente oeste-este tiene un mínimo de 85.82 centímetros anuales en Mérida y aumenta a 118.75 centímetros en Valladolid.[14] (Véase el mapa 1.) Estas pendientes de la precipitación pluvial, y la diversidad de suelos y vegetaciones que han generado, han desempeñado un papel decisivo en el desarrollo histórico de la región. En efecto, estos factores han definido zonas que impulsarían un cultivo comercial o un ciclo económico pero serían marginales para otros. Estos ciclos económicos basados en grandes cultivos comerciales formaban de ordinario una serie.

El primer ciclo económico de la península, el de la madera, ocurrió en los siglos XVII y XVIII y afectó a Yucatán sólo de manera marginal. La madera productora de tintes se recolectaba principalmente a lo largo de la costa de lo que es ahora Campeche, Quintana Roo y Belice, aunque Mérida se convirtió finalmente en uno de los puntos de recolección desde donde se enviaba la madera al exterior.[15] Más o menos simultáneamente, las áreas secas del norte y el occidente de Yucatán se convertían en un centro para la clase de haciendas familiares, productoras de ganado y de maíz, que se volverían comunes por toda América Latina. La carne, los cueros y el sebo se exportaban a Cuba como productos comerciales, mientras que el maíz se cultivaba como la fuente principal de la alimentación de todos los segmentos de la población: blancos, mestizos e indios por igual.[16] El azúcar, que sustituyó a la agricultura como principal cultivo comercial a partir del decenio de 1830, requería la precipitación pluvial más abundante y los suelos más profundos de la porción sureste del estado. Por último, al iniciarse el ciclo del henequén en el decenio de 1850, tras la destrucción de la industria azucarera, el centro de gravedad agrícola se desplazó de nuevo hacia el noroeste más seco, de suelo delgado.

De la hacienda a la plantación

Esta sucesión de ciclos económicos, acompañada de un desplazamiento constante de los grandes predios entre diversos nichos ecológicos subregionales, ejer-

[13] John L. Stephens y Frederick Catherwood, *Incidents of Travel in Central America, Chiapas, and Yucatán*, Nueva York, 1841, vol. 2, 404; Strickon, "Hacienda and Plantation", 41, 45.
[14] Ralph L. Roys, *The Indian Background of Colonial Yucatan*, Washington, D. C., 1943, página 9.
[15] Gilbert M. Joseph, "British Loggers and Spanish Governors: The Logwood Trade and Its Settlements in the Yucatán Peninsula", *Caribbean Studies*, 14:2 (julio de 1974), 7-57.
[16] Robert Chamberlain, *The Conquest and Colonization of Yucatán, 1517-1550*, Washington, D. C., 1948, pp. 330-331.

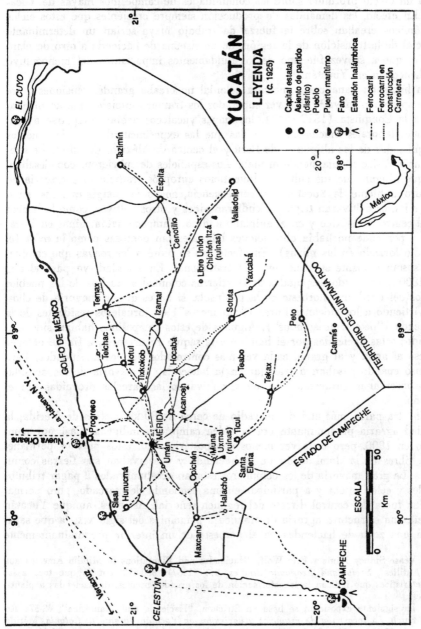

MAPA 1. *El estado de Yucatán* (c. 1925).

cería un efecto profundo sobre las comunidades de campesinos mayas de Yucatán. En efecto, las demandas de producción siempre crecientes que estos ciclos económicos creaban sobre la fuerza de trabajo maya serían un determinante esencial de la transición de la región, de un sistema de hacienda a otro de plantación, que a su vez fue uno de los fundamentos importantes del monocultivo del henequén en Yucatán.[17]

La hacienda ganadera y maicera colonial no creaba grandes tensiones entre el campesinado maya.[18] Una vez superados los traumas iniciales que acompañaron a la Conquista (1517-1547), los mayas yucatecos debían adaptarse a condiciones laborales mucho más sencillas que las experimentadas por los pueblos conquistados de los altiplanos de Perú y el centro de México. El cultivo de subsistencia básico seguía siendo el maíz. Los españoles descubrieron, con desaliento, que ninguno de sus cultivos alimenticios europeos tradicionales crecería en el duro ambiente de Yucatán. En consecuencia, no podían exigir que sus tributarios indios cultivaran trigo y atendieran vides y otros cultivos, como lo hacían en el centro de México y en el altiplano andino. Tampoco había minas en Yucatán, y por ende no había obligaciones laborales tan onerosas como la *mita* (el trabajo forzado en las minas). En efecto, no se pidió a los mayas que cambiaran sustancialmente su ciclo agrícola tradicional. En realidad, ya para el año de 1800 habían sido despojados de sus tierras comunales muchos de los pueblos indios del cuadrante noroeste de la península, si no es que la mayoría de ellos, convirtiendo a los aldeanos libres ("comuneros") en jornaleros residentes de la hacienda ("peones acasillados"). Algunos de estos campesinos habían sido empujados a las haciendas por el hambre y la sequía recurrentes, a fin de obtener acceso al agua y al grano, cada vez más controlados por los hacendados. Pero incluso cuando pasaban a trabajar en la hacienda, la mayoría de los acasillados conservaban su acceso a la tierra, cultivando las parcelas proveídas por el patrón.

En otra parte, más allá de un radio de cerca de 80 kilómetros de Mérida, la unidad agraria predominante era la aldea campesina indígena. Casi por completo en 1800, pero cada vez menos con posterioridad, estos pueblos permanecían libres de la dominación de la hacienda y conservaban sus tierras comunales. La gran mayoría de los comuneros estaban acostumbrados a pagar tributos civiles y eclesiásticos y a participar en una economía de mercado, pero permanecían fuera del control directo del régimen señorial. Así pues, aunque Yucatán poseía una estructura agraria dicotómica a principios del siglo XIX, la que separaba una zona de haciendas en el noroeste de un interior predominantemente

---

[17] Véase Sidney Mintz y Eric Wolf, "Haciendas and Plantations in Middle America and the Antilles", *Social and Economic Studies*, 6:3 (1957), 380-412, por lo que toca a las características que indican la transformación de los grandes predios, de haciendas a plantaciones.

[18] La siguiente exposición se basa en Strickon, "Hacienda and Plantation", 42-57; Robert Patch, *La formación de estancias y haciendas en Yucatán durante la Colonia*, Mérida, 1976, pp. 37-42; y Allen Wells, "Henequén and Yucatán: An Analysis in Regional Economic Development, 1876-1915", tesis doctoral inédita, Universidad Estatal de Nueva York en Stony Brook, 1979, cap. 5.

comunero de parcelas pequeñas (minifundios), las demandas de producción relativamente escasas de la hacienda tradicional aseguran un sistema laboral moderado. En virtud de que los españoles dependían de la carne y los cueros para sus exportaciones comerciales —cuya producción era extensiva en mano de obra—, la población sometida no soportaba una gran carga de trabajo. Esto dejaba a los campesinos mayas más o menos libres para cultivar su milpa, la que además de proveer un sostén físico ejercía una poderosa fuerza cultural, ya que era el sitio de un rito religioso importante: la siembra del maíz.

Pero la situación relativamente envidiable de los mayas terminó rápidamente durante la primera mitad del siglo XIX. La hacienda ganadera y maicera, basada en un sistema de producción extensivo en términos de mano de obra, tierra y capital, fue sustituida por la plantación azucarera que, en términos relativos, usaba intensivamente estos factores productivos. "El ataque europeo contra los patrones de subsistencia básicos de los mayas, que no había ocurrido en 1547, habría de ocurrir finalmente 300 años más tarde." [19] La plantación azucarera comercial representaba la fase inicial de la transformación de la agricultura yucateca, un proceso que culminaría durante los decenios finales del siglo XIX en el auge henequenero.

La transición de la hacienda a la plantación no ocurrió uniformemente por todo Yucatán. El noroeste, que pronto sería el asiento del ciclo henequenero, era demasiado árido y tenía un suelo en exceso delgado para nutrir a la caña de azúcar. En consecuencia, las plantaciones azucareras se expandieron con rapidez por la frontera sudoriental, más húmeda y de suelo más profundo, primero hacia el sur, en el "partido" (distrito) de Tekax, y luego hacia el este, a Peto, Valladolid y más allá. (Véase el mapa 1.) Allí donde ocurrió la transición, destruyó la agricultura de milpa tradicional de los campesinos mayas. Al revés de lo ocurrido con la hacienda maicera y ganadera norteña, que facilitaba un ciclo laboral virtualmente idéntico en la hacienda y las parcelas maiceras mayas, la plantación azucarera imponía un ciclo de trabajo que ponía directamente en conflicto al gran predio y al milpero. Primero se expandió a la tierra que antes había sido despreciada por la economía criolla y cultivada por los mayas independientes de la frontera. Los hacendados norteños habían privado al maya de su propiedad sin negarle acceso a su milpa. Tal acceso se volvía ahora cada vez más difícil bajo el nuevo sistema de producción requerido por el azúcar. La caña exigía el procesamiento inmediato tras el corte; en consecuencia, el periodo de la cosecha estaba circunscrito. En la época de la cosecha se requerían grandes cantidades de mano de obra, y cada jornalero estaba obligado a quedar disponible de tiempo completo. El alto costo del procesamiento de la caña con maquinaria moderna volvía esencial la sincronización de las operaciones de campo y de molido. La agricultura de subsistencia de roza y quema semisedentaria de los mayas ya no era complementaria del régimen de trabajo altamente integrado y controlado de la plantación azucarera.

Por primera vez, la *élite* criolla terrateniente de Yucatán atacaba a la agricul-

---

[19] Strickon, "Hacienda and Plantation", 48.

tura de milpa como un medio de producción ineficiente y primitivo. También reprimía a los mayas que trataban de eludir sus obligaciones laborales en la plantación huyendo al bosque denso del punto más remoto de la frontera azucarera. A fin de contener el flujo de fugitivos, se promulgaron leyes que exigían que todos los mayas independientes fuesen colocados bajo una jurisdicción municipal efectiva. El texto de estas leyes recuerda las "reducciones" del periodo colonial inicial.[20]

Los mayas que se negaban a capitular ante la demanda de cantidades de mano de obra cada vez mayores por parte de las plantaciones se veían empujados hacia el interior de los bosques de Quintana Roo. Mientras tanto, la plantación seguía avanzando, incorporando las mejores tierras indias a la producción de azúcar. Finalmente, estos mayas libres, a quienes se unieron luego los mayas disidentes de haciendas y plantaciones, iniciaron la Guerra de Castas de 1847, la rebelión india más sostenida y sangrienta de la historia de México y quizá de toda América Latina.[21] Ésta sería la revuelta maya final y de mayor alcance en la historia yucateca. Dirigidos por mestizos, los campesinos rebeldes pudieron sitiar a Mérida en 1848, en un momento en que controlaban el 80% de la península. En total, perdieron la vida 300 000 personas, la mitad de la población de Yucatán.[22] A partir de este punto, la fortuna de los mayas declinaría continuamente.

El "episodio del azúcar" transformó la relación existente entre el hacendado yucateco y su jornalero maya:

> Los cambios se orientaron menos hacia la supresión directa de las actividades nativas habituales que hacia la extensión de nuevas empresas basadas en relaciones diferentes entre los mayas y los criollos. La economía colonial dependía del trabajo y el esfuerzo de los mayas, pero aceptaba el hecho de que se permitiera a los indios desempeñar sus propias actividades mientras que pagaran oportunamente los tributos. Pero las nuevas doctrinas iniciaban de manera consciente o inconsciente una concepción del nativo como una herramien-

---

[20] José M. Regil y Alonso M. Peón, "Estadística de Yucatán", *Boletín de la Sociedad Mexicana de Geografía y Estadística*, 3 (1852), 296, 299-300.

[21] La expansión de la plantación azucarera desató la Guerra de Castas, pero sólo fue uno de muchos factores causales, cuyo examen excede los límites de este capítulo. La serie de publicaciones de Howard Cline sobre Yucatán sigue siendo la fuente más autorizada, aunque se haya publicado hace un cuarto de siglo. Véase, por ejemplo, "Regionalism and Society in Yucatán, 1825-1857: A Study of 'Progressivism' and the Origins of the Caste War", *Microfilm Collection of Manuscripts in Middle American Cultural Anthropology*, número 32, Biblioteca de la Universidad de Chicago, 1950. La obra de Reed, *Caste War*, es una reseña popular y un análisis detallado de los aspectos militares de la guerra. La relación académica más reciente del origen de la guerra, basada en una extensa investigación de los archivos regionales, es la de Robert Patch, "El fin del régimen colonial en Yucatán y los orígenes de la Guerra de Castas: El problema de la tierra, 1812-1846", próxima publicación, *RUY*.

[22] Sergio Baqueiro, *Ensayo histórico sobre las revoluciones de Yucatán...*, Mérida, 1828, vol. 2, pp. 233-237, 358; Eligio Ancona, *Historia de Yucatán desde la época más remota hasta nuestros días*, 2ª ed., Barcelona, 1889, vol. 1, 16-18.

ta humana, como parte de una fuerza de trabajo disciplinada y fija, necesaria para la operación de grandes empresas comerciales.[23]

Estas "doctrinas nuevas" se refinarían y se aplicarían plenamente en las plantaciones henequeneras de Yucatán antes de que terminara el siglo.

El surgimiento de la producción comercial de henequén

El henequén reemplazó al azúcar como el cultivo comercial más importante de la península en el decenio de 1850, pero la producción de henequén para propósitos comerciales se había iniciado varios decenios antes de la Guerra de Castas. El cacto se cultivaba durante todo el periodo colonial, en los pueblos mayas y en las haciendas, sobre todo para satisfacer necesidades locales inmediatas de cuerdas, hamacas y sacos. Se empleaba siempre la tecnología tradicional de los mayas: se cultivaban las plantas en pequeños jardines, antes que en campos especiales, y se limpiaban a mano las hojas o pencas (se les sacaba la fibra).[24] Sin embargo, un grupo de empresarios meridanos estableció en 1830 la primera compañía henequenera, prototipo de la plantación comercial de henequén, a pocos kilómetros de Mérida. Los inversionistas crearon la cooperativa para producir, procesar y manufacturar el henequén, lo que constituía una desviación importante de la forma de administración e inversión agrícolas prevaleciente a la sazón, no sólo en Yucatán y México, sino en toda América Latina. Al principio se pusieron en cultivo 32 hectáreas. Pero la aventura duró poco tiempo. Sin embargo, desde este momento se volvió una realidad el concepto de una operación en gran escala racionalizada, basada en el uso intensivo del capital, la tierra y la mano de obra, motivada más por el beneficio que por consideraciones de posición social y seguridad.[25] Además, las primeras estadísticas económicas revelan que ya se enviaban a Cuba y Europa pequeñas cantidades de productos de henequén.[26]

En 1839 se logró un avance especialmente notable: por primera vez se embarcó a los Estados Unidos una cantidad importante de fibra natural. El henequén encontró una demanda inmediata en Nueva York y Nueva Inglaterra, donde los navieros lo consideraron el mejor material disponible para la fabricación de cables y aparejos de sus grandes barcos de vela.[27] Pero aunque los hacendados de Yucatán estaban aumentando constantemente la superficie dedicada al cultivo de la fibra, y en el proceso sustituían los pequeños jardines por campos

---

[23] Cline, "Regionalism", pp. 555-556.
[24] Gonzalo Cámara Zavala, "Historia de la industria henequenera hasta 1919", en *EY*, México, 1947, vol. 3, pp. 702 ss.
[25] Chardon, *Geographic Aspects*, p. 25; Juan Francisco Molina Solís, *Historia de Yucatán desde la Independencia de España hasta la época actual*, Mérida, 1921, vol. I, p. 103.
[26] Regil y Peón, "Estadística", 49; Víctor M. Suárez Molina, "La industria cordelera en Yucatán en el siglo xix", *DdY*, 20 de febrero de 1972.
[27] Cline, "Regionalism", p. 546; Friedrich Katz, "El sistema de plantación y la esclavitud", *Ciencias Políticas y Sociales*, 8:27 (enero-marzo de 1962), 104.

demarcados (henequenales), se veían frustrados en sus esfuerzos por satisfacer la nueva demanda a causa de su tecnología obsoleta para el procesamiento de las hojas, que databa de antes de la Conquista. El descortezamiento [28] a mano con raspadoras de madera era un proceso lento y doblemente dispendioso: utilizaba un número innecesario de trabajadores en los campos y elevaba considerablemente los costos de producción.[29] A medida que aumentaba la demanda en los Estados Unidos, los plantadores yucatecos y su gobierno buscaban desesperadamente la nueva tecnología que los sacara del apuro. Ya en 1833 se había otorgado una patente a Henry Perrine, el cónsul norteamericano en Campeche, quien aseguraba que podía inventar una raspadora mecánica. Perrine fracasó y luego vino en el decenio de 1840 una sucesión de ingenieros europeos y norteamericanos, ninguno de los cuales pudo diseñar una máquina viable. En 1852, cada vez más desesperado, el gobierno estatal abrió la competencia, ofreciendo una recompensa de 2 000 pesos a quien pudiera producir una desfibradora (raspadora) funcional, económicamente viable. Por último, en 1854 y 1856, con gran sorpresa de los hacendados, dos yucatecos lograron perfeccionar las máquinas (y luego lucharon entre sí en los tribunales, durante mucho más de un decenio, reclamando la recompensa ofrecida y los futuros beneficios, patentes y honores que la acompañaran).[30]

Una vez superado este obstáculo tecnológico, aumentaron con rapidez la producción y la exportación de henequén en los años siguientes. (Véase el cuadro 1.) Se ha afirmado, con toda razón, que "la máquina [raspadora]... hizo para Yucatán lo que la desmotadora de algodón había hecho para el sur de los

CUADRO 1. *El crecimiento comercial del henequén yucateco, 1845-1890*

Año	Mecates estimados [a] (miles)	Observaciones
1845	16?	Explotación del henequén sembrado en 1838
1847	60?	Explotación máxima durante la Guerra de Castas
1855	65	Se inicia el uso de la cosechadora mecánica; disponibilidad de crédito norteamericano
1865	400	Introducción de las raspadoras de vapor
1878	780	Invención de la anudadora-agavilladora McCormick
1879	1 130	Efectos inmediatos de la demanda de fibra por parte de los agavilladores
1890	2 478	Rápida explotación

[a] Un mecate es una unidad yucateca de superficie que mide 20 por 20 metros.
FUENTE: Howard Cline, "The Henequen Episode in Yucatán", *Inter-American Economic Affairs*, 2:2 (otoño de 1948), 41.

[28] Raspar o limpiar, el proceso de quitar a las espinas sus filamentos fibrosos.
[29] *CTJ*, 35:2 (julio de 1907), 24-26; Frederick Ober, *Travels in Mexico and Life among the Mexicans*, Boston, 1884, p. 83.
[30] Katz, "El sistema", 104; *H*, 15 de julio de 1916. Aunque diseñadas en Yucatán, estas máquinas se fabricarían en los Estados Unidos.

PLANTA Y PLANTACIÓN 49

Estados Unidos".[31] Los brazos humanos fueron reemplazados por bueyes, y en los decenios siguientes se montó la desfibradora en máquinas de vapor (1861) y, en última instancia, de diesel (1913). Cada avance sucesivo permitía que el hacendado desfibrara las hojas con mayor rapidez y a menor costo.[32]

Sin embargo, aunque el henequén había sustituido desde largo tiempo atrás al ganado como el principal de los productos comerciales de la región noroeste, y más y más hacendados —percibiendo las ganancias considerables que podrían obtenerse (véase el cuadro 2)— iniciaban ahora el proceso gradual de transformación de sus haciendas de maíz y ganado en plantaciones henequeneras, al terminar la Guerra de Castas a mediados del decenio de 1850 no había avanzado este proceso lo suficiente para provocar más que un conflicto espacial mínimo entre los henequenales en expansión y la milpa maya tradicional. El

CUADRO 2. *La rentabilidad inicial del cultivo del henequén, 1848-1868 (rendimientos recibidos por 500 mecates de henequén)*

Año	Ciclo de cultivo	Balance anual (pesos/mecate)		Balance acumulado (pesos/mecate)	
		Ganancia	Pérdida	Ganancia	Pérdida
1	Siembra original		3.17		3.17
2			.46		3.63
3			.48		4.11
4	Primeras hojas comerciales		.31		4.42
5		.43			3.99
6		.70			3.29
7		1.04			2.25
8	Madurez óptima	1.10			1.15
9	Amortización completa	1.17		.02	
10		1.35		1.37	
11		1.35		2.72	
12		1.35		4.07	
13		1.35		5.42	
14		1.35		6.77	
15		1.35		8.12	
16	Rendimiento declinante	1.10		9.22	
17		.85		10.07	
18		.80		10.87	
19		.65		11.52	
20	Abandonado	.50		12.02	

Notas: Beneficio anual medio por mecate durante 20 años = .60 pesos. Beneficio anual medio por 500 mecates = 300 pesos. Beneficio total en 20 años = 6 000 pesos.
FUENTE: Cline, "The Henequen Episode", pp. 45-46.

[31] Reed, *Caste War*, pp. 230-231.
[32] Chardon, *Geographic Aspects*, p. 35; Cámara Zavala, "Historia", p. 702.

agave crecía mejor en tierras que no nutrieran otros cultivos. En consecuencia, en esta etapa temprana del desarrollo de la industria nacional de la fibra, el noroeste de Yucatán podía alimentarse a sí mismo todavía.

Pero había un potencial de graves conflictos futuros entre los dos sistemas de producción. Aunque diferia del azúcar en muchos sentidos, el henequén exigía también un calendario de trabajo que no se complementaba con el ciclo estacional de siembra y cosecha del maíz. Cuando se cultiva en nivel comercial, el henequén requiere una escarda (chapeo) casi constante —sobre todo durante sus primeros siete años anteriores al inicio de la producción— y una recolección casi constante. Una vez cortadas las hojas, deben procesarse con rapidez porque de otro modo empezará a deteriorarse la fibra de la corteza exterior. La necesidad de una recolección durante todo el año se refuerza por el alto costo de la maquinaria raspadora, la que, por razones económicas, el plantador prefiere mantener en operación casi constante.[33]

Considerada por muchos como el acontecimiento central de la historia yucateca, la Guerra de Castas tuvo consecuencias importantes para la industria henequenera.[34] En la violencia terrible de fines del decenio de 1840 y principios del siguiente, quedó destruida la industria henequenera familiar en los pueblos del sureste. Más importante aún fue el hecho de que la guerra paralizara virtualmente la producción de henequén en sus primeras etapas, privando a los predios norteños de su fuerza de trabajo porque los peones habían huido para unirse a los rebeldes o habían sido reclutados para combatirlos.

Pero la Guerra de Castas provocó también algunas de las condiciones que apresuraron el surgimiento del monocultivo henequenero en los años siguientes. Aunque la agricultura y la industria del sureste se vieron paralizadas durante la lucha, los predios del noroeste, en los alrededores de Mérida, padecieron sólo temporalmente y en última instancia se beneficiaron de una alteración drástica en el balance demográfico de la península. Una vez librado el norte de rebeldes, los hacendados lograron recuperar el uso de sus antiguos peones, liberados del servicio militar. Además, a estos antiguos trabajadores se unió gran número de refugiados provenientes de las zonas del sureste devastadas por la guerra. A medida que el resultado de la guerra se inclinaba en contra de los indios rebeldes, muchos optaron por los alimentos y la relativa seguridad de las plantaciones del noroeste, en lugar de la vida de prófugos en los bosques de la frontera de Quintana Roo. Así pues, la Guerra de Castas estableció firmemente el centro de gravedad de la plantación henequenera en el noroeste, además de echar las bases de una fuerza de trabajo dependiente que impulsaría la expansión constante de los predios henequeneros durante los decenios siguientes.

[33] Strickon, "Hacienda and Plantation", 53-54; H. T. Edwards, *Production of Henequen Fiber in Yucatán and Campeche*, Washigton, D. C., 1924, pp. 7-11.

[34] Renán Irigoyen, *¿Fue el auge del henequén producto de la Guerra de Castas?*, Mérida, 1947; Fidelo Quintal Martín, *Yucatán: Carácter de la guerra campesina de 1847*, Mérida, 1976, p. 37. Sin embargo, la investigación reciente sugiere que se ha exagerado un poco el efecto de la Guerra de Castas sobre el auge henequenero posterior. Véase Cline, "Henequen Episode", y Patch, *La formación*, pp. 40-42.

El triunfo del monocultivo

Sin embargo, no fue sino en el decenio de 1870 cuando la moderna plantación henequenera empezó a completar su metamorfosis para dejar atrás la antigua hacienda productora de maíz, ganado y fibra en pequeña escala. Sólo cuando apareció en las planicies de Norteamérica la anudadora McCormick mejorada, en 1878, aumentó la demanda de fibra hasta el punto de impulsar a los plantadores a completar la transformación regional hacia el monocultivo. En efecto, la expansión de la industria yucateca de la fibra que había ocurrido antes de este suceso era insignificante por comparación con lo que habría de venir. Mientras que los hacendados del noroeste habían estado en una situación ventajosa para combinar los factores productivos necesarios para transformar gradualmente sus predios a fin de satisfacer las necesidades de fibra de los decenios de 1830 y 1840, su capacidad de expansión se vería ahora severamente presionada por el crecimiento explosivo de la demanda del mercado norteamericano. Durante el periodo comercial anterior se había desarrollado una tecnología confiable (la raspadora mecánica), pero ahora se emprendía una campaña en busca de cantidades siempre mayores de tierra, mano de obra y capital.

Los dueños de las plantaciones recibieron carta blanca para ampliar su base terrestre a expensas de las aldeas indias vecinas. Durante todo el siglo XIX y hasta 1915, disminuyó constantemente el porcentaje de los aldeanos libres que vivían en los pueblos del noroeste, ya que sus tierras comunales (ejidos) eran expropiadas por los henequeneros auxiliados por una ofensiva legislativa y judicial montada por el gobierno estatal. Para 1900 se había derrumbado en gran medida la estructura agraria dicotómica de Yucatán. Frank Tannenbaum ha estimado que, en 1910, por lo menos el 75% del total de habitantes rurales de Yucatán residían en los grandes predios.[35] De acuerdo con otro estudio, el 96.4% del total de jefes de familia carecía de tierra en 1910.[36] Tarde o temprano, estos campesinos sin tierra emprendían el camino del noroeste, para trabajar como jornaleros dependientes en las plantaciones de henequén. En efecto, una comparación de los censos de fines del siglo XIX revela que el número de peones acasillados aumentó de 20 767 en 1880 a 80 216 en 1900.[37] Hay quien eleva el número de peones hasta 120 000 o 125 000 en 1910.[38] La expansión del gran predio provocó "una disolución casi total del sector comunal primitivo... y una concentración casi completa de la propiedad en manos de un pequeño grupo de plantadores".[39]

En efecto, algunos observadores sostienen que el avance de los grandes predios y la influencia del monocultivo henequenero eran tan comunes en Yuca-

---

[35] Frank Tannenbaum, *The Mexican Agrarian Revolution*, Washington, D. C., 1930, p. 33.
[36] Katz, "El sistema", 116-118; George M. McBride, *The Land Systems of Mexico*, Nueva York, 1923, p. 154.
[37] Víctor M. Suárez Molina, "Veinte años de economía yucateca", *DdY*, 3 de diciembre de 1975.
[38] John K. Turner, *Barbarous Mexico*, Chicago, 1910, p. 15; Katz, "El sistema", 114.
[39] Katz, "El sistema", 130.

tán a fines del siglo XIX y principios del XX que quedaba descontada la noción tradicional de un campesinado por toda la región.⁴⁰ Incluso después de que la plantación cesó su expansión territorial y se afianzó en el cuadrante noroeste de la península (alrededor de 1900), su influencia se extendió mucho más allá de esta zona henequenera (véase el mapa 2), haciendo que los comuneros se dirigieran a la zona para trabajar como jornaleros o trabajadores temporales.⁴¹ Incluso afuera de la zona henequenera, la hacienda yucateca se aproximaba al arquetipo de la hacienda tropical del sur de México durante el Porfiriato: una institución muy poderosa, controladora de tierras, que subordinaba y proletarizaba a las aldeas indias locales en medida mucho mayor que en el centro de México.⁴²

La escasez laboral resultaría un problema crónico para los plantadores que trataban de satisfacer la demanda de henequén que se incrementaba después de 1880. En gran medida, la escasez de trabajadores en los campos era responsable de la incapacidad de la plantación henequenera para trascender la antigua zona colonial de haciendas del noroeste.⁴³ La expansión de los grandes predios estaba motivada a menudo por el deseo de controlar el trabajo de los aldeanos

---

⁴⁰ Francisco Benet, "Sociology Uncertain: The Ideology of the Rural-Urban Continuum", *CSSH*, 6:1 (octubre de 1963), 1-23; comunicaciones personales con el profesor Jorge Montalvo S. (Universidad de Yucatán), 1974-1975.

⁴¹ Strickon, "Hacienda and Plantation", 56; *cf.* Turner, *Barbarous Mexico*, p. 23.

⁴² Friedrich Katz, "Labor Conditions on Haciendas in Porfirian Mexico: Some Trends and Tendencies", *HAHR*, 54:1 (febrero de 1974), 14-23; Alan Knight, "Peasant and Caudillo in Revolutionary Mexico, 1910-1917", en D. A. Brading, comp., *Caudillo and Peasant in the Mexican Revolution*, Cambridge (Inglaterra), 1980, p. 26. Al destacar el efecto proletarizador de la hacienda yucateca, trato de implicar aquí la primera etapa de un proceso extenso por el que el campesino tradicional de Yucatán se convirtió en un proletariado agrícola. En términos generales, la alienación del campesino de su base terrestre tradicional en Yucatán no formó parte del proceso más conocido en la historia latinoamericana, mediante el cual constituyeron los campesinos despojados las primeras filas de un proletariado urbano. Como veremos más adelante, el campesino yucateco, una vez despojado de su tierra, no estaba en posibilidad de vender su trabajo, ni en la ciudad ni en el campo. Más bien, cayó en una forma extrema del peonaje endeudado que culminó con su venta como una mercancía en el mercado laboral regional. Después de este experimento de esclavitud, que duró aproximadamente una generación (1880-1915), algunos revolucionarios nacionales y locales tratarían de organizar a los trabajadores rurales y promover en ellos un sentimiento de conciencia clasista. Hacia el final del periodo examinado en este estudio (1940), nuestro campesino original había dejado atrás su condición de peón y podría ser descrito más correctamente como un proletario rural. [Hay edición del Fondo de Cultura Económica.]

⁴³ Véase el mapa de Patch, en seguida de la p. 36 *(La formación)*, que delinea esta zona noroeste del dominio de la hacienda cerca de 1800, y sugiere que esencialmente coincidía con los límites de la zona henequenera moderna identificada por geógrafos y agrónomos. Otras variables influirían también sobre la fijación de los límites de la zona henequenera moderna. Una red inadecuada de comunicaciones aumentaba enormemente los costos de transportación a medida que se alejaba de Mérida. Además, las desfavorables condiciones del suelo inflaban también los costos y reducían los rendimientos porque el henequén crecía mejor en el suelo más seco y rocoso del noroeste, donde había menos malezas. Strickon, "Hacienda and Plantation", 56 *ss.*; Allen Wells, "Economic Growth and Regional Disparity in Porfirian Yucatán: The Case of the Southeastern Railway Company", *South Eastern Latin Americanist*, 22:2 (septiembre de 1978), 3; *cf.* Patch, *La formación*, p. 41.

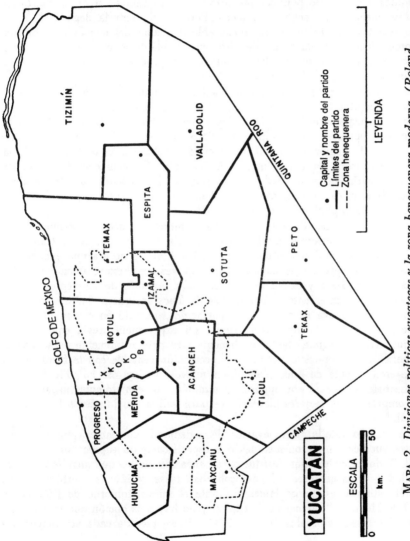

MAPA 2. *Divisiones políticas yucatecas y la zona henequenera moderna.* (Roland E. P. Chardon, Geographic Aspects of Plantation Agriculture in Yucatán, Washington, D. C., 1961, p. 11.)

mayas tanto como por la intención de despojarlos de sus tierras comunales. Durante el Porfiriato, los henequeneros buscaban nuevas fuentes de mano de obra, importando una mezcla diversa de millares de esclavos yaquis, trabajadores contratados y disidentes políticos mexicanos, e inmigrantes coreanos, puertorriqueños y europeos en pequeño número. Pero ni siquiera la llegada de estos nuevos reclutas era suficiente. La inexorable demanda del mercado impondría una intensificación de la mano de obra en las plantaciones que, en el curso de una generación, complicó las relaciones de producción, transformando a Yucatán en una sociedad esclavista de hecho.

El último obstáculo para la transformación y expansión del predio henequenero era el capital. Se necesitaban cerca de 130 000 dólares para financiar una plantación henequenera de tamaño típico y mantenerla durante siete años hasta que pudiera obtenerse un rendimiento. Pero después de la Guerra de Castas escaseaba en la región el capital de inversión, debido a la destrucción de la industria azucarera, la más rentable de Yucatán. En consecuencia, antes de 1870, la mayoría de los plantadores preferían cambiar poco a poco las técnicas de producción y los cultivos, usando los henequenales existentes para financiar la inversión de capital en campos nuevos.[44]

Sin embargo, a medida que empezaba a aumentar aceleradamente la demanda de fibra y mecates en el decenio de 1870, el patrón de la transición gradual típico de los decenios de 1840, 1850 y 1860 ya no era una opción viable. Los grandes predios se compraban, cada vez más, expresamente para la producción inmediata y exclusiva de henequén. Además de los representantes de las familias terratenientes más antiguas de Yucatán, que se habían adaptado hábilmente a la nueva economía de exportación, apareció en escena un nuevo tipo de propietario: el empresario urbano sin experiencia previa como hacendado que invertía en una plantación henequenera primordialmente para obtener un beneficio. Por supuesto, aunque la especulación rentable con la fibra predominaba en la mente de estos plantadores nuevos, no era ésa su única motivación. La posición social era importante también; los comerciantes urbanos exitosos compraban las mejores plantaciones para validar su ingreso a la sociedad regional.[45]

Reaccionando ante la gran elevación de la demanda norteamericana, los henequeneros yucatecos tomaron medidas más específicas para superar su escasez de capital. Todavía no existían instituciones bancarias locales que atendieran a sus necesidades, y los usureros privados cobraban tasas de interés exorbitantes. En 1878, el gobierno estatal se lamentaba ante el nuevo gobierno de Díaz en la ciudad de México: "Carecemos de capital y no hay más opción que tomar préstamos a las tasas habituales de 18 a 24%."[46] En medida cada vez mayor, los

---

[44] Cline, "Regionalism", pp. 535; Ober, *Travels in Mexico*, pp. 65-66, 88.
[45] Chardon, *Geographic Aspects*, p. 31; *cf.* Patch, *La formación*, p. 41, y Wells, "Henequén and Yucatán", caps. 3 y 5.
[46] Emiliano Busto, Anexo núm. 3 a la "Memoria de Hacienda del año económico de 1877 a 1878", *Estadística de la República Mexicana*, México, 1880, p. 264; Katz, "El sistema", 104; *cf.* Juan Miguel Castro, *El henequén de Yucatán y el monopolio*, Mérida, 1876.

henequeneros yucatecos se volvían dependientes en términos financieros del capital proveído al 9%, primero por los banqueros del área del mercado norteamericano al que abastecían y luego por los comerciantes y fabricantes de cordeles de la misma área. A cambio de estos créditos, los norteamericanos, operando a través de las compañías exportadoras locales, exigían que se les pagara en fibra antes que en efectivo, y al precio del mercado prevaleciente en el momento del pago. En los decenios siguientes, los yucatecos sabrían cuán oneroso podría ser este arreglo. Gradualmente, los acreedores norteamericanos llegarían a controlar la mayor parte de la producción de henequén de la región.[47]

Además, a fin de satisfacer el apetito norteamericano por la fibra, la industria henequenera yucateca se vio obligada a ajustar su orientación básica. La fibra de henequén se había usado antes en medida considerable para la fabricación local de cuerdas, cables y otros artículos artesanales; ahora se canalizaría la materia prima casi exclusivamente hacia las fábricas de cordeles norteamericanas, donde se convertirían en mecates para atar. Las industrias cordeleras locales descubrieron que ya no podían obtener la fibra para mantenerse al nivel de sus competidores norteamericanos, y se vieron obligados a cerrar a principios del decenio de 1880.[48]

Así pues, con una experiencia de más de medio siglo en el desarrollo gradual de su producto nativo, los yucatecos se vieron especialmente capaces de abastecer el mercado en una escala que antes no hubieran imaginado. Durante el Porfiriato, la región se vería completamente transformada por los requerimientos de la agricultura mecanizada norteamericana y gobernada por sus ritmos fluctuantes. La producción del incipiente monocultivo de Yucatán aumentó vertiginosamente, a medida que las exportaciones crecían de poco menos de 40 000 pacas en 1875 a más de 600 000 al término de la época porfiriana. (Véase la gráfica 1.)

Para 1880, virtualmente ningún otro cultivo podía competir con el henequén por el uso de la tierra, especialmente en la porción noroeste del estado. El rápido crecimiento de la fibra puede apreciarse mejor en términos estadísticos en el incremento proporcional de su superficie frente a otros cultivos. En 1845, el henequén y el tabaco cubrían en conjunto 7 400 hectáreas, o sea el 8.6% del total de la superficie cultivada en el estado. En 1881, el henequén ocupaba 46 000 hectáreas, o sea el 72.6% del total. (Para 1930, la cifra se aproximaría a 80%.)[49] En 1881, observaba Serapio Baqueiro, historiador regional: "Todo el estado es henequén, y fuera del henequén no hay nada."[50] La observación de Baqueiro no pretendía ser retórica, ya que "fuera" significaba especialmente la frontera del sureste, donde, a pesar de la amenaza constante de los ataques indios, todavía cultivaba algunos alimentos —el 27% de la superficie del estado

---

[47] Renán Irigoyen, "Don Us Escalante, precursor de la industria henequenera", *Revista de Estudios Yucatecos*, 1:1 (febrero de 1949), pp. 17-32; Katz, "El sistema", pp. 104 ss.
[48] Suárez Molina, "La industria cordelera"; Cámara Zavala, "Historia", p. 692; Manuel Mesa Andrade y Rogelio Villanueva, *La producción de fibras duras en México*, México, 1948, p. 7.
[49] Cline, "Regionalism", p. 380.
[50] Citado en Reed, *Caste War*, p. 232.

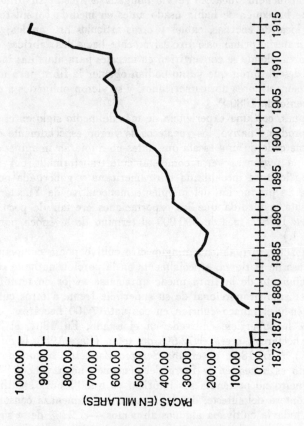

Año	Pacas (en millares)
1873	30
1874	35
1875	40
1876	na
1877	na
1878	na
1879	90
1880	113
1881	155
1882	151
1883	203
1884	261
1885	267
1886	243
1887	225
1888	218
1889	252
1890	280
1891	324
1892	364
1893	361
1894	374
1895	383
1896	397
1897	420
1898	419
1899	446
1900	500
1901	518
1902	528
1903	590
1904	606
1905	597
1906	600
1907	612
1908	652
1909	607
1910	615
1911	621
1912	775
1913	837
1914	965
1915	950

GRÁFICA 1. *Producción de henequén, 1873-1915. Una paca equivale a 157.5 kilogramos; he redondeado al millar más cercano. (Cifras obtenidas en las publicaciones anuales de la Cámara Agrícola de Yucatán.)*

estaba sembrado de maíz, frijol y un poco de azúcar— el 18% restante de la población que todavía vivía allí. No debe sorprendernos que Yucatán, alguna vez autosuficiente en maíz, se viera ahora obligado a importar la mayor parte de su maíz, y que el costo de una comida de hotel en Mérida equivaliera ahora al salario de 10 o 20 días de un trabajador rural típico.[51] Un decenio más tarde, en los años noventa, se estimaba que siete octavas partes de la población del estado se ocupaban en algún aspecto del cultivo, el procesamiento o la comercialización del henequén. Atraídos por la promesa de los plantadores de entregar maíz, luego de varios decenios de hambruna y guerra, más y más campesinos abandonaban sus milpas del sureste para vivir y trabajar en el noroeste. A fines del siglo, el sureste era poco más que un apéndice colonial de la dominante zona henequenera. En virtud de que los intereses henequeneros se negaban a desviar el capital de inversión hacia la construcción de infraestructura en la frontera, esa región continuaba perdiendo sus mercados tradicionales hacia los proveedores de alimentos más baratos y eficientes del extranjero y el centro de México, de modo que sólo era un conducto de la mano de obra india hacia las plantaciones en auge del noroeste.[52]

Para los empresarios potenciales que no pudieran deducir que "todos los esfuerzos de los habitantes y los gobernantes trataban de apoyar el cultivo del cáñamo, porque es la vida del estado",[53] había diversas lecciones objetivas para demostrar que fuera del sector exportador del henequén existían pocas oportunidades económicas. Quien quisiera detener la marea del monocultivo henequenero no sólo vería que se le negaban los préstamos de capital y la mano de obra barata, sino que se enfrentaba a una estructura fiscal desfavorable para casi todos, excepto a los grandes productores.[54] En suma, aunque no faltaban las señales tangibles de la prosperidad, no podía negarse que la supervivencia de Yucatán se había vuelto casi completamente dependiente de un solo cultivo de exportación, ligado a un mercado fluctuante sobre el cual tenían escaso control los yucatecos.

---

[51] *Ibid.*; Keith Hartman, "The Henequén Empire in Yucatán, 1870-1910", tesis de maestría inédita, Universidad de Iowa, Iowa City, 1966, p. 96.
[52] Wells, "Economic Growth and Regional Disparity", pp. 3-5.
[53] Testimonio de Víctor Rendón, 17 de febrero de 1916, en Senado de los Estados Unidos, Comité de Agricultura y Silvicultura, *Importation of Sisal and Manila Hemp: Hearings*, Washington, D. C., vol. 1, pp. 55 y *passim*.
[54] Hartman, "Henequen Empire", pp. 96-97.

II. EL AUGE HENEQUENERO: LA OLIGARQUÍA Y EL IMPERIO INFORMAL, 1880-1915

> Pobre México, tan lejos del cielo y tan cerca de los Estados Unidos.
>
> Atribuido a PORFIRIO DÍAZ (y otros)

ACERCA de la sociedad yucateca a fines del siglo XIX, decía Nelson Reed casualmente: "Si un país feliz es uno que carece de historia, entonces Yucatán era feliz."[1] Y ciertamente, para la "gente decente" (como se llamaba a la *élite* de plantadores de la región) marchaba todo felizmente durante el último cuarto del siglo. En una sucesión ininterrumpida y pacífica, los políticos-plantadores más prominentes de Yucatán se sucedían unos a otros en el palacio del gobernador.

Una de las tareas más difíciles resultó un conteo anual de la riqueza del estado en rapidísima acumulación. Entre 1895 y 1900, se exportaron más de 73 millones de pesos de la fibra, más de 22.5 millones sólo en el último año. Yucatán se había convertido en el estado más rico de México, como repetían incansablemente los políticos. Una generación atrás, en 1878, los funcionarios locales habían informado al gobierno federal: "No hay grandes riquezas en estas partes; sólo tres individuos poseen más de 200 000 pesos."[2] Ahora, a fines del siglo, las fortunas de millones de dólares ya no eran excepcionales, y nuevas mansiones lujosas, de piedra, competían por la atención de los transeúntes que paseaban por el elegante Paseo de Montejo de Mérida.

Y los *nouveaux riches* no se conformaban con enseñar su riqueza dentro de la península. "La gente decente que había ido tímidamente a La Habana en el decenio de 1850, podía abrirse paso ahora, confiadamente, delante de meseros que se inclinaban, hasta las mesas de ruleta de San Remo, junto con los plateros peruanos, los ganaderos argentinos y los acereros norteamericanos."[3] Las lecciones de francés se pusieron de moda en los mejores círculos de la sociedad local, y una vez al año llegaba a Mérida un equipo de modistas parisienses para tomar pedidos de las grandes damas de la ciudad. Por lo menos una vez al año, los yucatecos se aseguraban de pulir sus habilidades lingüísticas recién adqui-

---

[1] John Reed, *The Caste War of Yucatán*, Stanford, Cal., 1964, p. 230.
[2] *Ibid.*, p. 231; Emiliano Busto, "Memoria de Hacienda del año económico de 1877 a 1878", *Estadística de la República Mexicana*, México, p. 261: Allen Wells, "Henequén and Yucatán: An Analysis in Regional Economic Development, 1876-1915", tesis doctoral inédita, Universidad Estatal de Nueva York en Stony Brook, 1979, p. 81. Antes de 1905, el peso se encontraba a la par con el dólar norteamericano, aunque en las épocas de recesión se depreciaba la plata mexicana frente al oro norteamericano. Después de 1905, el peso se fijó a la paridad de 2:1 con el dólar.
[3] Reed, *Caste War*, p. 231.

ridas y exhibir el esplendor de su ropaje en el exterior, y los columnistas de sociales locales reporteaban fielmente sus triunfos europeos.[4]

El severo clima de la región, y sus obvias limitaciones físicas, frenaban escasamente esta tendencia creciente hacia el consumo excesivo. No importaba que Yucatán no tuviera lagos, ríos, o siquiera una bahía protegida, ni caminos pavimentados fuera de Mérida; para 1910 se habían vendido en el estado centenares de automóviles, barcos de vela y varios yates de lujo. Tampoco había gran preocupación porque las maderas finas se torcieran y el marfil se decolorara en el clima extremoso; durante el primer decenio de este siglo había una fiebre por los *Steinways* y los *Baby Grands*, eminentemente reemplazables. En cuanto aparecían los pesados corsés en los salones y las tiendas de Londres y París, los usaban, a pesar del calor infernal, las matronas elegantes de Mérida, decididas a aparecer, a toda costa, con cintura de avispa. ¿Y qué importaba que su escuálido ganado apenas comiera y bebiera en las más húmedas regiones orientales de la península? Los hacendados de Yucatán estaban decididos a convertirse en magnates ganaderos y en plantadores. Importaban especímenes de las más finas razas inglesas, sólo para verlos morir lentamente en el reseco noroeste. Un frustrado criador de ganado llegó a invertir más de 100 000 dólares en un refinado sistema de rociado movido por vapor que se necesitaba para mantener dos grandes parcelas de trébol para sus toros finos.[5]

Más importantes como indicadores del progreso de los plantadores, y un testimonio más elocuente de la prominencia económica de Yucatán, eran los avances logrados en la red de comunicaciones y transportes de la región. Aunque el sistema de carreteras internas seguía siendo rudimentario, para 1890 tenía Yucatán las líneas ferroviarias más extensas de toda la República. Más de 800 kilómetros de vías de anchura estándar constituían las principales líneas de Yucatán, más 600 kilómetros de vías de anchura intermedia, de propiedad privada, que conectaban las líneas principales con las desfibradoras de los plantadores. A su vez, estos ferrocarriles privados estaban alimentados por más de 1 000 kilómetros adicionales de vías móviles de tranvías *Decauville* que penetraban a los henequenales individuales. En total, el sistema ferroviario integrado de Yucatán aseguraba a cualquier embarcador de fibra situado a menos de 72 kilómetros de Mérida un acceso ferroviario expedito a los muelles del puerto de Progreso. Esta notable conexión ferroviaria se complementaba con una sistemática red de líneas telegráficas y telefónicas que, como los ferrocarriles, conectaba las plantaciones henequeneras de Yucatán con su mercado (Mérida) y su puerto (Progreso) principales.[6] Lo que *no* facilitaban estos avances infra-

---

[4] *Ibid.*, pp. 231-232; Frederick J. T. Frost y Channing Arnold, *The American Egypt*, Nueva York, 1909, pp. 3-11.
[5] *American Egypt*, p. 322; véase también SD-CPR, *Despatches* y *Corr.*, 1897-1915, especialmente el Expediente 610, donde se revela el extravagante estilo de vida de la *élite*.
[6] Víctor M. Suárez Molina, "Veinte años de economía yucateca", *DdY*, 3 de diciembre de 1975; Keith Hartman, "The Henequén Empire in Yucatán, 1870-1910", tesis de maestría inédita, Universidad de Iowa, Iowa City, 1966, p. 78; *cf.* John H. Coatsworth, "Railroads, Landholding, and Agrarian Protest in the Early Porfiriato", *HAHR*, 54:1 (febrero de 1974), pp. 68-69.

estructurales era un sistema amplio de comunicación interna entre los diversos pueblos y haciendas. Los pueblos del Yucatán rural permanecían aislados de los centros económicos y entre sí. Como veremos más adelante, este aislamiento interno tendría importantes consecuencias negativas para la movilización revolucionaria dentro de la región durante el decenio de 1910 y a principios de los años veinte.[7]

Sin embargo, no había mejor publicidad para la versión de "Orden y Progreso" de la *élite* yucateca, pagada con los ingresos de su "oro verde", que la transformada presencia física de su capital y su puerto principal. Channing Arnold y Frederick Forst, escritores ingleses, criticaron mordazmente la mentalidad de nuevo rico que invadía a la alta sociedad yucateca a fines del Porfiriato y la injusticia social en la que se sostenía, pero se mostraron profundamente impresionados por la apariencia física de Mérida. Aunque se inclinaban hacia la moralización didáctica, estos ingleses liberales registraron agudas observaciones de la "Ciudad Blanca", a la que consideraban

> mágicamente perfecta; como ninguna otra ciudad hispanoamericana... Mérida no es en ningún sentido una ciudad noble... Pero tiene algo que es quizá preferible: es una ciudad limpia. La limpieza se aproxima a la divinidad. Sin embargo, [los meridanos] la colocan incluso por encima de la divinidad... Los millonarios cultivadores de henequén son tan ricos que realmente no saben qué hacer con su dinero; de modo que el ex gobernador Molina concibió la idea de remodelar Mérida hasta que sus fundadores no la reconocieran... Se tardaron de dos a tres años [en realidad cuatro años: 1902-1906] y el resultado es la perfección. De norte a sur, de este a oeste, las calles laterales y las calles principales, a lo largo de las tres millas que mide de ancho la ciudad, la superficie es tan lisa como el vidrio, tan limpia como el mármol.
>
> ...A medida que avanzábamos con facilidad y sin una vibración por calle tras calle de casas bien dispuestas y bien construidas, nos frotábamos los ojos y nos preguntábamos si estaríamos en una tierra donde siempre era día de lavar, porque la gente que pasaba en los carruajes, los policías de las esquinas en sus uniformes albeantes... los comerciantes a las puertas de sus tiendas... estaban tan inmaculados como no podría describirse... La brillantez de la ciudad tenía tal efecto hipnótico que estábamos casi persuadidos de haber llegado a Utopía.[8]

Si Mérida había florecido, con sus calles científicamente numeradas, pavimentadas con macadán, iluminadas por la noche con lámparas eléctricas y cruzadas de día por modernos tranvías, el puerto de Progreso no se quedaba atrás. Había sido fundado al inicio del auge henequenero (1870) para sustituir al insalubre, más distante y menos profundo puerto de Sisal. Originalmente una marisma, Progreso había sobrevivido a una infancia infestada de zancudos, plagada de enfermedades, para verse completamente modernizado y redecorado

---

[7] Elmer Llanes Marín, "La llanura aislada", 49 (octubre de 1957), pp. 19-35.
[8] Frost y Arnold, *American Egypt*, pp. 60-61.

por una generación nueva y más rica. A fines del siglo, el puerto había empezado a cumplir la promesa optimista de su nombre. La incidencia de la fiebre amarilla y la malaria había bajado hasta el punto de que los mejores meridanos estaban construyendo lujosas casas de recreo a lo largo de la playa, y el consulado norteamericano había trasladado sus oficinas de Mérida a Progreso para estar más cerca del pulso de las transacciones comerciales diarias. Mientras tanto, se habían construido enormes almacenes henequeneros en varios muelles recientemente terminados o cerca de ellos, se había establecido una aduana nueva, y diversas casas de comisionistas, corredores y comerciantes habían trasladado al puerto todas sus operaciones o abierto sucursales allí. Para 1900, sólo Veracruz enviaba y recibía un volumen de bienes mayor entre los puertos mexicanos.[9]

Todas estas transformaciones materiales, y la *élite* yucateca que las realizó, debían su existencia al henequén. Y a fines del siglo, la plantación henequenera y la zona henequenera habían adquirido aproximadamente su forma final (véase el mapa 2), la condición en la que las encontraría el general Alvarado a su llegada en 1915. El predio henequenero yucateco (a menudo llamado "hacienda", aunque era más propiamente una plantación) era pequeño de acuerdo con los patrones mexicanos y latinoamericanos. Aunque unas cuantas plantaciones prerrevolucionarias medían más de 5 000 hectáreas, la gran mayoría de las haciendas grandes de Yucatán medían entre 2 000 y 3 000 hectáreas, mientras que la mayoría de los predios medían entre 1 000 y 2 000 hectáreas. Incluso la mayor de las plantaciones de Yucatán, la Yaxché de Augusto L. Peón (6 000 hectáreas), era verdaderamente una pequeña propiedad cuando se comparaba con los latifundios del norte de México, y era considerablemente más pequeña que muchas de las haciendas del norte cercano, el Bajío, e incluso el altiplano central.[10] Las propiedades del chihuahuense Luis Terrazas, por ejemplo, totalizaban bastante más de 2.5 millones de hectáreas. El clan Terrazas ampliado controlaba casi 5 000 000 de hectáreas, mientras que la familia terrateniente más grande de Yucatán, el clan Molina-Montes, no podía haber controlado más de 100 000 hectáreas de henequén y monte combinados.[11]

Pero si estos predios henequeneros podían ser pequeños para las normas nacionales, eran notablemente lucrativos. El rendimiento medio estimado por inversión, durante el decenio de 1900-1910, no era menor de 50% y llegaba a alcan-

---

[9] Suárez Molina, "Veinte años"; SD-CPR, *Despatches to the State Department, Nov. 9, 1897 to Dec. 19, 1904*, pp. 53-54 y *passim*; Mireya Priego de Arjona, *Origen y evolución de Progreso*, Mérida, 1973.

[10] Roland E. P. Chardon, *Geographic Aspects of Plantation Agriculture in Yucatán*, Washington, D. C., 1961, p. 35; Frank Tannenbaum, *The Mexican Agrarian Revolution*, Washington, D. C., 1930, p. 98. Nathaniel C. Raymond, "The Impact of Land Reform in the Monocrop Region of Yucatán, Mexico", tesis doctoral inédita, Universidad de Brandeis, Waltham, Massachusetts, 1971, pp. 99-100; George M. McBride, *The Land Systems of Mexico*, Nueva York, 1923, p. 37; *The Mexican Year Book, 1912*, Londres, 1912, p. 108; Frost y Arnold, *American Egypt*, p. 362.

[11] *Cf.* Mark Wasserman, "Oligarquía e intereses extranjeros en Chihuahua durante el Porfiriato", *HM*, 22:3 (enero-marzo de 1973), pp. 284-285.

zar hasta 400 a 600%.¹² En efecto, una estimación conservadora afirma que, durante todo el periodo de 1880-1915, sólo hubo cuatro años (1893-1897) en que los plantadores yucatecos no obtuvieron por lo menos un beneficio anual de 18%, y que la tasa de beneficio era muchas veces mayor durante la mayor parte de ese periodo.¹³ Muchos plantadores siguieron obteniendo beneficios incluso cuando los precios bajaron rápidamente, durante la recesión de 1893-1894 y el pánico de 1907-1908.¹⁴

"ÉLITE" Y OLIGARQUÍA DURANTE EL "OLEGARIATO"

Uno de los aspectos más notables de la evolución de la plantación henequenera y la consolidación de la industria regional de la fibra durante el periodo de 1880-1915 es la concentración progresiva de la tierra, la capacidad productiva y el poder político en manos de un número de familias cada vez menor. A la llegada de Alvarado, cuando la producción henequenera de Yucatán se acercaba a su máximo rendimiento anual, había poco más de 1 000 haciendas dedicadas exclusivamente al cultivo del henequén, cerca de 850 de las cuales tenían plantas desfibradoras y empacadoras. Pero los historiadores regionales estiman que, en 1915, estas unidades agroindustriales se distribuían entre sólo 300 o 400 familias, la mayoría de las cuales tenían también intereses en el comercio y los inmuebles urbanos y en la pequeña industria que había podido generar la región, en vista de la férrea restricción del monocultivo.¹⁵ La cómoda burguesía agrocomercial de Yucatán estaba dominada a su vez por un grupo mucho más pequeño y cohesivo de 20 a 30 familias que en todo momento producían cerca del 50% y finalmente controlaron de 80 a 90% de toda la fibra cultivada en el estado. Este grupo, verdadera oligarquía regional, sería llamado burlonamente la "Casta Divina" por Alvarado, título que la oligarquía se apropió con orgullo.¹⁶ Esta casta constituía un grupo gobernante dotado de intere-

---

¹² Frost y Arnold, *American Egypt*, pp. 366-367; Raymond, "Impact", p. 107; Siegfried Askinasy, *El problema agrario de Yucatán*, 2ª ed., México, 1936, p. 13; SD, 812.61326/210; Daniel Cosío Villegas, comp., *Historia moderna de México*, México, 1965, vol. 7, parte I, página 119.

¹³ Hartman, "Henequen Empire", pp. 84-85; véase la gráfica de la p. 221.

¹⁴ Wells, "Henequén and Yucatán", pp. 235-240, calculando los costos de producción y los beneficios de los plantadores durante la recesión económica de mediados del decenio de 1890, descubre que el hacendado podía esperar todavía un rendimiento de 9% sobre su inversión en 1894. "Aun cuando los precios del henequén bajaron hasta tres centavos por libra, los plantadores podían obtener un pequeño rendimiento sobre sus inversiones." *Cf. Boletín de Estadística*, 1º y 16 de octubre de 1894, donde aparecen los costos de producción utilizados por Wells para calcular el beneficio; y el *Mexican Herald*, 16 de junio de 1908, por lo que toca a las declaraciones de los plantadores acerca de la rentabilidad en medio de la crisis de 1907-1908.

¹⁵ Hartman, "Henequen Empire", pp. 130-131; Chardon, *Geographic Aspects*, p. 35.

¹⁶ Wells, "Henequén and Yucatán", pp. 83-84; *cf.* Antonio Betancourt Pérez, "La verdad sobre el origen de las escuelas rurales en Yucatán", *RUY*, 13:76 (julio-agosto de 1971), pp. 41-43; Renán Irigoyen, "Origen y trayectoria del henequén", *RUY*, 15:86 (marzo-

ses homogéneos, una admisión relativamente restringida, y un control tan absoluto de las palancas del poder económico y político de la región que pudo obstruir las oportunidades de otros grupos en la sociedad yucateca durante el Porfiriato.

Dentro de la propia oligarquía gobernante, el poder se generaba en el exterior, en el seno de una poderosa familia política, o "parentesco", dirigido por el "gran modernizador" de Yucatán, el gobernador Olegario Molina (1902-1906), y su yerno Avelino Montes.[17] En una sociedad casi totalmente dependiente del henequén —para 1915, casi el 98% de la producción económica de Yucatán estaba ligado a la exportación de la fibra natural—, la oligarquía de Molina había llegado al poder gracias a su control de la industria henequenera. Sin embargo, en lugar de concentrarse en la producción de fibra, Molina había centrado su atención en la construcción de una base de poder político y la exhibición de su control sobre la infraestructura del sector exportador de la región. Ni él, ni ningún otro de los Molina, había hecho inversiones sustanciales en el henequén antes del decenio de 1890, aunque sus perspectivas financieras mejoraban de continuo. Además, al revés de lo que ocurría con muchos de sus colegas terratenientes de Yucatán —pero de manera muy semejante a lo ocurrido con los oligarcas modernizadores ("científicos") que rodeaban al presidente Díaz en la ciudad de México—, Molina captó rápidamente la importancia de la ciencia y la tecnología para sus propias ambiciones y para el futuro desarrollo económico de la región y de la nación.

Molina entró a la política regional a los veintitantos años de edad, estableciendo simultáneamente una reputación de intelectual liberal, educador, ingeniero y constructor. A principios del decenio de 1880, cuando era todavía uno de los pocos ingenieros de la península, Molina puso sus habilidades tecnológicas al servicio de la naciente compañía ferroviaria de Mérida-Progreso. Bajo su dirección, la economía exportadora dio un gran paso adelante, consolidando una red de transportes adecuada que conectaba su mayor centro comercial con su puerto principal, facilitando así una reducción drástica de los costos de transporte a mercados distantes. En 1886, Molina aprovechó las conexiones y el prestigio que había venido consolidando en la vida pública, organizando una pequeña compañía y recibiendo una sucesión de contratos gubernamentales para la construcción de caminos, la ampliación del sistema ferroviario de Yucatán, las mejoras del puerto, y la construcción de diversas obras públicas con un torrente siempre creciente de ingresos henequeneros. En 1902, ya como gobernador, don Olegario encargaría a la misma O. Molina y Cía., la pavimentación y el drenaje de las calles de Mérida en colaboración con una empresa francesa.

abril de 1973), p. 125; y John K. Turner, *Barbarous Mexico*, Chicago, 1910, p. 8, donde se hacen estimaciones ligeramente diferentes del tamaño de la "Casta Divina". .

[17] *Cf.* Wasserman, "Oligarquía", pp. 279-319, donde aparecen muchas semejanzas interesantes entre la oligarquía yucateca y su similar de Chihuahua, encabezada por la familia Terrazas-Creel. La exposición siguiente de la familia Molina se basa en gran medida en Wells, "Henequén and Yucatán", cap. 3; Francisco A. Casasús, "Ensayo biográfico del licenciado Olegario Molina Solís", *RUY*, 14:81 (mayo-junio de 1972), pp. 68-95, y José María Valdés Acosta, *A través de las centurias*, Mérida, 1926, vol. 2, pp. 1-19.

En la lista de los inversionistas originales de la modesta compañía de Molina, y en las empresas constructoras y ferroviarias surgidas de ella, encontramos representantes de varias de las familias relacionadas o estrechamente ligadas a los Molina, las familias que más tarde aparecerían como miembros de la "Casta Divina": Regil, Ancona, Cervera, Peón, Evia, Hübbe, Suárez, Rendón, Solís y Vales.

La otra gran figura del parentesco Molina era Avelino Montes. Hábil comerciante que había llegado a Yucatán a fines del siglo pasado, procedente de España, Montes se había casado con la hija de Molina y luego había sido designado heredero del imperio comercial de Molina. Como lo ilustran los casos de Montes y otros dos yernos de Molina, el español Rogelio Juárez y el cubano Luis Carranza, don Olegario utilizaba con eficacia los matrimonios para atraer a su red de familia extensa a los miembros talentosos de la *élite* más amplia. Para 1900 se reconocía a la familia extensa de Molina como el epicentro de la oligarquía gobernante de Yucatán.

A fines del decenio de 1890, Molina y Montes estaban invirtiendo fuertemente en sus propias plantaciones henequeneras, prestando dinero a tasas de interés usurarias a plantadores más pequeños, consolidando su control sobre una red ferroviaria ampliada, y estableciendo su propia compañía yucateca de importación y exportación, así como una compañía transportadora para enviar la fibra directamente a los compradores norteamericanos. "Al revés del otro 99% de los plantadores yucatecos, que sólo cultivaban henequén e ignoraban los problemas del comercio y las finanzas internacionales",[18] Molina y Montes advirtieron que los medios necesarios para la comercialización y la movilización de la fibra eran más valiosos que el henequén mismo. Durante los decenios de 1890 y 1900, Montes y Molina no sólo llegaron a controlar una parte cada vez mayor de la producción local mediante hipotecas sobre la fibra de otros hacendados que les debían dinero, sino que además consolidaron su control sobre los medios de transportación de la fibra por tierra y por mar.[19] La asociación era fortuita: la habilidad de Molina como ingeniero y planificador de infraestructuras, y sus conexiones políticas, que lo habían llevado a la gubernatura en 1902, se complementaban bien con los talentos empresariales de Montes y su capacidad para el trabajo arduo. A fines del Porfiriato, Olegario Molina no era sólo el mayor terrateniente del estado sino también su mayor productor de henequén.[20]

Para 1910, don Olegario no sólo había mejorado su propia situación sino también la de la mayoría de los miembros de su familia extensa, quienes servían a Yucatán como prefectos de distrito ("jefes políticos", como Luis Demetrio Molina), recibían concesiones de monopolios gubernamentales (Rogelio Suárez), dirigían los ferrocarriles y las compañías comerciales y de transportes controlados por Molina (Montes, José Trinidad Molina), y representaban intereses extranjeros en Yucatán y otras partes de México (Montes). Henry Baerlein,

[18] Betancourt Pérez, "La verdad", p. 44.
[19] *Ibid.*, 44; Edmundo Bolio, *Yucatán en la dictadura y la Revolución*, México, 1967, páginas 12-121.
[20] *H*, 15 de febrero de 1916.

corresponsal británico, escribió impresionado: "Un hombre que no sólo se ha hecho a sí mismo, sino también a toda su familia, hasta los sobrinos y los yernos de los primos, no conoce la fatiga." [21]

Mientras tanto, sin embargo, el parentesco Molina había avanzado a costa del resto de la sociedad yucateca, incluidos los centenares de otros miembros de la burguesía peninsular. Estos hacendados menores eran poderosos gobernantes de tierras y hombres por derecho propio. Muchos de ellos poseían centenares de terrenos urbanos, además de sus fincas agrícolas, en las que tenían un personal de sirvientes indios vestidos de blanca librea. Pero las perspectivas de la mayoría de los plantadores yucatecos seguían siendo frágiles. Aunque eran dados a prodigiosas hazañas de consumo, los henequeneros yucatecos no representaban a una aristocracia terrateniente tradicional. En la mayoría de los casos, eran empresarios en búsqueda continua de medios para controlar las problemáticas fluctuaciones de la economía exportadora. Tratando de maximizar su beneficio, no sólo especulaban con la fibra y la propiedad rural sino que invertían en inmuebles urbanos y en el comercio, así como en acciones de bancos e industrias regionales. A fin de sobrevivir a las dislocaciones inevitables de una economía cíclica y volverse muy rico en última instancia, el plantador especulador debía tener buenas habilidades empresariales, un agudo sentido de la oportunidad y, sobre todo, fuertes lazos familiares que le ayudaran a evitar la quiebra cuando se extendía demasiado (o lo sacaran a flote). Por cada individuo exitoso que ejercía cierto control económico sobre su propio destino, muchos otros se derrumbaban, existían en un estado de endeudamiento perpetuo, de inestabilidad fiscal y de quiebras periódicas. Así pues, una paradoja esencial caracterizaba la fortuna de todos los terratenientes burgueses de Yucatán, a excepción de unos cuantos. Aunque estos plantadores constituían una de las clases más ricas del México porfiriano, su condición económica era en muchos sentidos una de las más inestables y menos seguras.

En esta plantocracia, orgullosa de su riqueza y sus privilegios, don Olegario era reconocido como capitán y amo. Cada sábado, estos henequeneros —la mayoría de ellos endeudados con Molina y obligados a pagar con fibra— se veían humillados cuando traían su henequén a la compañía de Molina y debían aceptar su precio, a menudo menor que el precio de mercado, con una diferencia de un cuarto de centavo a medio centavo. De ordinario eran recibidos por Montes, quien les decía: "Lo siento, muchachos. Ya hemos recibido más henequén que el que podemos usar. Pero si quieren vender ahora, quizá pudiéramos usar la fibra para nuestro próximo embarque, siempre que estén ustedes dispuestos a bajarse un poco. Ése es el mejor precio que podemos ofrecerles." [22] Desesperados por dinero para pagar las deudas acumuladas, e imposibilitados para embarcar su fibra sin la intermediación de la familia Molina, los hacendados se veían obligados a vender al contado.

Sin embargo, ni las impecables conexiones políticas regionales de Molina, ni

---

[21] Henry Baerlein, *Mexico: The Land of Unrest*, Filadelfia, 1914, pp. 18, 167-170.
[22] Humberto Lara y Lara, *Sobre la trayectoria de la reforma agraria en Yucatán*, Mérida, 1949, pp. 8-9; Irigoyen, "Origen", 125.

su refinado talento empresarial o el de Montes, podrían haberle dado el poder político y económico casi absoluto que llegó a tener en el nivel regional. Tampoco se explica así el gran reconocimiento y prestigio regional que el presidente Díaz confería ampliamente a Molina y sus aliados.[23] La explicación de esta concentración de poder regional y esta riqueza, raras incluso para las normas del México porfiriano,[24] habrá que buscarla en otra parte: en la conexión norteamericana de don Olegario, la inveterada relación establecida entre la oligarquía de Yucatán y los fabricantes de cuerdas norteamericanos que en última instancia facilitaban el control extranjero indirecto de la economía yucateca.

La colaboración y el imperialismo informal

Aun ahora, algunos yucatecos se resisten a admitir la extensión del control ejercido por las corporaciones norteamericanas sobre el desarrollo económico de Yucatán a fines del Porfiriato. Un venerable mito regional sostiene que, al revés de lo ocurrido en el resto de México, donde los extranjeros dominaron cada vez más la mayoría de las actividades económicas durante el Porfiriato, los yucatecos conservaron su autonomía económica y eran los únicos responsables del notable crecimiento alcanzado por la región en el periodo de 1880-1915. Este mito, articulado aquí en su forma más extrema por el historiador regional Manuel Irabién en lo tocante al crecimiento de los ferrocarriles yucatecos, ha sido aplicado uniformemente, por autores mexicanos y extranjeros, a la evolución de la industria del henequén:

> Si hay algo de lo que podamos estar orgullosos, tal es que todo el trabajo lo hicieron aquí los hijos de Yucatán, de modo que toda la gloria debe pertenecer a nuestro amado país, antes que a empresarios extranjeros. Eran yucatecos los capitalistas, yucatecos los concesionarios, los ingenieros y los trabajadores. ¡Gloria a Yucatán! [25]

Los regionalistas tienen razón en parte: el predio henequenero difería del patrón clásico de la agricultura de plantación de fines del siglo XIX en varios sentidos importantes. La tenencia de la tierra y la propiedad de los medios de producción se encontraban casi exclusivamente en manos yucatecas. No había ninguna entrada importante de tecnología proveniente del exterior; en efecto, durante la primera mitad del siglo XIX, europeos y norteamericanos habían fallado rotundamente en la invención de la máquina requerida para que el procesamiento del henequén fuese económico en escala comercial. Tampoco se importaban los administradores; éstos eran yucatecos casi en su totalidad. Finalmente, aunque el capital se importaba en última instancia de los Estados Unidos, su distribución era local por lo que tocaba a los productores. Un promi-

---

[23] En 1907, por ejemplo, don Porfirio nombró a Molina su ministro de Fomento.
[24] Cf. Wasserman, "Oligarquía", pp. 279-319, passim.
[25] Manuel Irabién Rosado, Historia de los ferrocarriles, Mérida, 1928, p. 13.

nente investigador de la plantación henequenera ha concluido: "La situación de Yucatán era virtualmente única en los anales de la agricultura de plantación, ya que el área había proveído por sus propios esfuerzos la base económica necesaria para generar un abasto adecuado, confiable, de su propio producto y había satisfecho una demanda casi inagotable."[26] Yucatán era la única área de la agricultura de plantación mexicana que había originado la producción comercial de exportaciones antes del desarrollo de la concentración monopolística, es decir, antes del dominio de los grandes monopolios norteamericanos.[27]

Pero la penetración extranjera involucra algo más que la mera propiedad de los medios de producción. ¿Cuál es la importancia de una distinción entre la propiedad efectiva y el control indirecto? Evaluemos el grado de la dominación extranjera de la economía yucateca examinando el mecanismo de control empleado por los intereses norteamericanos en colaboración con algunos agentes reclutados entre los miembros más poderosos de la oligarquía regional.

Ya en el decenio de 1890, la Compañía de Máquinas Cosechadoras de Cyrus McCormick, que en 1902 se fusionaría con varios rivales para formar la International Harvester Company, había observado un hecho importante: no había necesidad de hacer las grandes inversiones de capital requeridas para establecer y sostener las plantaciones henequeneras, o padecer la inseguridad política potencial que acompaña a la propiedad de bienes en el extranjero, siempre que pudieran obtenerse los mismos beneficios mediante un control estricto de la comercialización de la fibra de henequén. A su vez, el control del mercado se lograría manteniendo la dependencia existente de los plantadores yucatecos frente a las fuentes de capital extranjeras. Se ha sugerido que tal dependencia financiera se incrementó a grandes saltos en relación con la creciente demanda de la fibra yucateca.

Había necesidad de negociar con cuidado un arreglo de colaboración entre los intereses empresariales extranjeros y las casas exportadoras locales, a fin de asegurar un abasto confiable de la fibra. Los intereses extranjeros reconocieron que no convendría designar un representante norteamericano para que operara en una región orgullosa y chauvinista como Yucatán. Más bien, tratarían de disfrazar su participación empleando uno o más agentes locales, cada uno de los cuales proyectaría públicamente una imagen independiente. A partir del decenio de 1870, los líderes empresariales locales habían actuado como agentes compradores de la fibra y como canales del capital de préstamos extranjeros, cuyo propósito real había sido el control de la producción de fibra local mediante la imposición de hipotecas sobre la producción futura como pago de las deudas existentes. La propensión de muchos plantadores a canalizar sus ganancias hacia una gran diversidad de inversiones especulativas o hacia el consumo conspicuo sólo promovía un endeudamiento mayor.[28]

[26] Chardon, *Geographic Aspects*, p. 160.
[27] Friedrich Katz, "El sistema de plantación y la esclavitud", *Ciencias Políticas y Sociales*, 8:27 (enero-marzo de 1962), 113n.
[28] Wells, "Henequén and Yucatán", caps. 3 y 5, *passim*; *cf.* Robin W. Winks, "On Decolonization and Informal Empire", *AHR*, 81:3 (junio de 1976), 554; SD, 812.61326/236.

Así pues, los corredores y fabricantes norteamericanos, tales como Thebaud Brothers y la National Cordage Company, que operaron durante los primeros decenios del auge, contrataron los servicios de las grandes casas exportadoras yucatecas de Eusebio Escalante, Manuel Dondé y Arturo Pierce, entre otros, tratando de controlar el mercado local. Por su parte, estos "colaboradores" obtenían grandes beneficios al servir como agentes compradores e intermediarios financieros de los bancos y fabricantes norteamericanos, de ordinario bajo la forma de comisiones y premios, pero también mediante la usura que podían practicar gracias a su acceso al capital extranjero. Idealmente, así como el inversionista extranjero trataba de formar un monopolio duradero o establecer un control sobre el comercio, el colaborador deseaba disfrutar exclusivamente los beneficios que fluirían de un monopolio de la comunicación con los intereses extranjeros que controlaban el mercado.[29]

Sin embargo, los norteamericanos estaban "bien conscientes de que si no tenían opciones no tendrían ningún futuro, y que las opciones se eliminaban en proporción directa al grado en que dependieran de un solo [colaborador]".[30] Por ejemplo, desde el primero de sus tratos con Yucatán en 1875, la McCormick Harvesting Machine Company había tenido cuidado de identificar y reclutar un colaborador primario y luego mantener su influencia sobre este colaborador mientras cultivaba otros colaboradores potenciales. Así pues, a fines del siglo XIX se habían celebrado negociaciones en uno u otro momento con diversas casas exportadoras, y aunque la McCormick y otras empresas norteamericanas podrían ayudar a una casa comercial para que obtuviera una ventaja temporal sobre sus rivales, siempre se aseguraban de tener por lo menos un sustituto confiable en lista de espera.[31] En consecuencia, la industria henequenera yucateca no se había caracterizado jamás, antes de 1902, por un mecanismo de colaboración verdaderamente exclusivo y poderoso. Los fabricantes de cordeles norteamericanos habían logrado sólo un éxito intermitente en el control del mercado de la fibra dura, el que había fluctuado violentamente durante todo el cuarto de siglo siguiente a la introducción de la cosechadora-atadora de McCormick (véase el cuadro 3).

Con la fusión de 1902 que creó la International Harvester Company, la ecuación de la colaboración, y en consecuencia la balanza del poder dentro de la industria regional, se transformaron radicalmente. El mismo establecimiento de la nueva "International", una combinación de cinco de las mayores compañías de máquinas cosechadoras —McCormick, Deering, Plano, Wardner, Bushnell and Glessner Company, y Milwaukee Harvester—, con un capital inicial de 120 millones de dólares, eliminó la mayor parte de la competencia existente dentro de las industrias de implementos agrícolas y de cordeles, y puso a dispo-

[29] Winks, "On Decolonization", 552; *cf.* Ronald Robinson, "Non-European Foundations of European Imperialism: Sketch for a Theory of Collaboration", en Bob Sutcliffe y Roger Owen, comps., *Studies in the Theory of Imperialism*, Londres, 1972, pp. 117-141.
[30] Winks, "On Decolonization", p. 554.
[31] Las relaciones entre la Harvester y los anteriores compradores norteamericanos con esta sucesión de casas exportadoras se analizan en Gonzalo Cámara Zavala, "Historia de la industria henequenera hasta 1919", *EY*, México, 1947, vol. 3, pp. 691-708.

CUADRO 3. *Precios del henequén yucateco en el mercado de los Estados Unidos, 1875-1914 (cotizaciones en centavos de dólar por kilo)*

Año	Precio medio	Tendencias generales del mercado
1875	12.10	Mercado dominado por Thebaud Brothers, banqueros de Nueva York
1876	8.80	
1879	4.84	
1880	4.88	
1881	5.39	
1882	5.68	
1883	5.41	
1884	4.11	
1885	3.87	
1886	5.02	Se restablece el mercado libre
1887	8.10	
1888	9.44	
1889	12.58	
1890	5.79	Manipulaciones de la National Cordage Company; recesión y depresión económica mundiales
1891	6.16	
1892	7.15	
1893	7.26	
1894	5.54	
1895	4.95	
1896	5.52	
1897	5.81	
1898	13.71	Guerra hispano-norteamericana: auge
1899	13.55	
1900	13.93	
1901	13.66	
1902	21.65	
1903	17.86	"Contrato secreto" y colaboración Molina-Harvester
1904	16.43	
1905	15.31	
1906	13.97	
1907	12.32	
1908	9.53	
1909	10.54	
1910	9.35	
1911	8.16	
1912	10.41	Primera Reguladora (programa de valorización con mínima participación estatal)
1913	13.97	
1914	16.15	

FUENTE: Siegfried Askinasy, *El problema agrario de Yucatán*, México, 1936, pp. 100-101.

sición de los fabricantes una cantidad de recursos de organización y financieros que no había existido hasta entonces. En los años siguientes, la Harvester se aproximaría a un monopolio genuino en mayor medida que cualquier otro fabricante de fibras, antes o después de la fusión. Por su parte, los agentes escogidos por la Harvester en Mérida, Olegario Molina y Compañía, aun antes de su colaboración con Harvester, representaban una fuerza económica y política en los asuntos regionales sustancialmente más poderosa que cualquiera de sus predecesoras del siglo XIX. En conjunto, y antes de que terminara el primer decenio de su asociación, estas compañías —principalmente las norteamericanas— habían obtenido un control tan completo sobre la economía política de Yucatán que no es exagerado considerar el periodo de 1902 a 1915 como un periodo en el que la Harvester estableció un imperio informal en Yucatán.

Aun las definiciones más cautas del imperialismo, que no lo consideran como una etapa fundamental en la expansión del capitalismo sino que exigen una prueba del control político o económico, "consciente" o "deliberado", de la sociedad local, diría que el control ejercido por la Harvester sobre la industria henequenera yucateca, entre 1902 y 1915, era un ejemplo claro del "imperialismo informal". En efecto, es precisamente en situaciones en que existe el control monopolístico de un producto por un solo mercado, o aun una sola empresa, cuando se vuelven evidentes los peores abusos del imperialismo económico de fines del siglo XIX y principios del XX.[32] Así pues, el imperio informal de la Harvester en Yucatán (el "monopolio del Sisal") ocupa su lugar al lado de la American Sugar Refining Company en Cuba y la República Dominicana (el "monopolio del Azúcar") y la United Fruit Company en el Caribe (el "monopolio del Plátano"). Por supuesto, el monopolio del henequén de la Harvester difería del monopolio azucarero y platanero porque tenía el control de la producción sin tener la propiedad de la tierra. Además, el henequén era uno de los pocos productos —el plátano era otro— que permanecía en las manos de un solo distribuidor o mercado durante largo tiempo. En este sentido, la mayoría de los henequeneros yucatecos se asemejaban poco a los plantadores de azúcar y café de Brasil, los ganaderos de Argentina, y los grandes productores de nitratos de Chile. Estos productores, gracias a sus fuertes posiciones políticas y económicas dentro de sus propias sociedades, y al hecho de que sus productos llegaban a largo plazo más allá de un solo distribuidor o mercado, podían controlar de tiempo en tiempo a sus compradores. En cambio, en términos de una falta de poder de negociación (si no de riqueza), los henequeneros se asemejaban a menudo más de cerca a los pequeños productores de bienes internacionales, tales como los cultivadores de tabaco de Cuba y Colombia, los cortadores de madera y los chicleros de Belice y Honduras, los huleros de Brasil, los cultivadores de yerba mate de Paraguay y los colonizadores blancos de Argentina, quienes se encontraban invariablemente ligados a los comerciantes extranjeros o sus agentes por las facilidades de crédito tradicionales. Tales pequeños pro-

---

[32] D. C. M. Platt, "Economic Imperialism and the Businessman: Britain and Latin America before 1914", en Sutcliffe y Owen, *Studies*, pp. 295-297, 303-304.

ductores se volvieron dependientes de la negociación de nuevos créditos y se quedaron virtualmente sin poder para determinar un precio justo para sus productos.³³

Sin embargo, en su lucha por preservar su autonomía económica y obtener un buen precio por su henequén, Yucatán poseía ciertas ventajas de las que carecía la mayor parte de las demás regiones productoras de bienes primarios. A diferencia de la mayoría de los exportadores de un solo cultivo a fines del siglo XIX, Yucatán disfrutaba un monopolio virtual en la producción de su cultivo para el mercado principal al que abastecía, los Estados Unidos. Esto hacía muy difícil y costoso, por lo menos antes de 1915, que los compradores norteamericanos enfrentaran una región productora con otra, como ocurría en otras partes. En segundo lugar, el único producto de Yucatán no era un bien de lujo sino un bien de primera necesidad para los Estados Unidos. Se consumía regularmente en grandes cantidades, en cada cosecha de granos. Por último, como hemos visto, no sólo eran los productores efectivos de la fibra casi exclusivamente nativos de Yucatán, sino que la región formaba parte de una nación independiente y no era una colonia formal del comprador.³⁴

Pero a pesar de estas ventajas naturales, los yucatecos perderían el control efectivo de su única industria antes de que terminara el primer decenio del nuevo siglo. Veamos cómo se contrarrestaron estas ventajas y concentrémonos más específicamente en la forma como la Harvester consolidó su control sobre la economía yucateca.

HACIA EL CONTROL DEL MONOPOLIO

Tres cuartos de siglo después de los sucesos, los historiadores disponen finalmente de pruebas sobre los dos acuerdos que fueron de hecho los cimientos de la consolidación del imperio informal de la Harvester en Yucatán. Cada uno de los acuerdos registra una transacción comercial concluida en 1902: el primero representa un contrato entre la Harvester y Olegario Molina; el segundo es un acuerdo entre Cyrus McCormick, presidente de la Harvester, y Henry W. Peabody, presidente de la empresa exportadora del mismo nombre, la que tradicionalmente había comprado fibra a la Plymouth Cordage Company, el principal de los rivales de la Harvester en la fabricación de cuerdas.³⁵ Examinemos

---
³³ *Ibid.*, pp. 303-304.
³⁴ Katz, "El sistema", pp. 112-113.
³⁵ Henry W. Peabody and Company era una firma internacional de comercio y transportación que tenía su sede en Boston y una sucursal en Nueva York. Peabody entró al comercio de la fibra a fines del decenio de 1860, negociando al principio casi exclusivamente la manila. En 1891, la firma designó como su agente en Mérida a Arturo Pierce, un comerciante de origen británico, y empezó a concentrarse en la compra de henequén. La firma invirtió también en productos y fibras de Australia y Nueva Zelanda y tenía intereses secundarios en inmuebles y manufacturas. En 1837 se fundó la Plymouth Cordage Company de Plymouth, Mass., y desde el principio se especializó exclusivamente en la fabricación de mecates, cuerdas y cables. Las operaciones de la Plymouth fueron opacadas por las de la Harvester Company, con sede en Chicago, que además de comprar y vender fibra y meca-

en primer término la naturaleza y las consecuencias del pacto de la Harvester con don Olegario.

Mencionado ahora en la península como el "infame contrato secreto de 1902", el pacto se firmó en La Habana el 27 de octubre, pero no se conoció ampliamente hasta 1921.[36] Especificaba el pacto que Molina y Compañía usaría "todos los esfuerzos que estuvieran a su alcance para deprimir el precio de la fibra de sisal" y que "pagaría sólo los precios que de tiempo en tiempo dicte la International Harvester Company". Más concretamente, la Harvester colocaría 10 000 pacas de sisal, que compraría a Molina, "o lo que sea necesario para que lo venda Molina y Compañía... con el expreso propósito de deprimir los precios, de modo que toda pérdida o ganancia de tales ventas corra por cuenta de la International Harvester Company". En cuanto a los otros principales que operaban en el mercado del henequén, Molina quedaba encargado de determinar cómo induciría a la firma exportadora de don Eusebio Escalante, su rival tradicional, a cooperar con el arreglo. Por su parte, la Harvester se encargaría de que las otras firmas comerciales de Peabody y Urcelay "no paguen por el sisal precios mayores que los pagados por Molina y Compañía".

Durante el decenio siguiente, el arreglo funcionó de acuerdo con el plan. En el curso del primer año, el precio bajó 4.4 centavos, desde cerca de 22 centavos por kilo hasta 17.6 centavos. (Véanse el cuadro 3 y la gráfica 2.) En los años siguientes, los colaboradores se las arreglaron para recortar un poco más de 2 centavos al año, hasta que en 1911 se compraba la fibra a 6.6 centavos por kilo, más allá de cuya cifra se creía generalmente que todos los hacendados estarían operando con pérdidas y los más pequeños serían puestos contra la pared.[37]

En vista de este contrato, nos vemos tentados a imitar a la mayoría de las interpretaciones tradicionales y calificar a don Olegario de "entreguista", un político comprado que, en la antigua tradición de la Malinche, volvió la espalda a su patria por la ventaja económica de la alianza con el extranjero. Tras de recordar el arreglo de Molina con la Harvester y catalogar sus efectos nocivos para la industria henequenera en términos de la pérdida de valor de las exportaciones, sugiere Nelson Reed que es un misterio "por qué los meridanos no ahorcaron al hombre".[38] Pero el hecho mismo de que los yucatecos no compartieran la indignación de Reed —en efecto, al morir Molina en 1925, fue enterrado como un héroe por el gobierno revolucionario— sugiere la complejidad del papel de Molina como un colaborador y de su relación con la Harvester.

---

tes se especializó en una línea completa de maquinaria para la cosecha. PCC, varios expedientes; PCR, memorando, "J. P. B. a R. W. H. re. Henry W. Peabody and Co.", 19 de noviembre de 1864, y libros contables de Peabody and Company, vol. AB-1, 1867-1869.

[36] El contrato se publicó en *RdY*, 27 de noviembre de 1921, y ha sido reproducido en diversas narraciones secundarias, por ejemplo, Bernardino Mena Brito, *Reestructuración histórica de Yucatán*, México, 1969, vol. 2, p. 205. Aparece una versión inglesa y un análisis en SD, 812.61326/372,375.

[37] *Boletín de Estadística*, núms. 10, 11 (1º, 16 de octubre de 1894); Wells, "Henequén and Yucatán", p. 239.

[38] Reed, *Caste War*, p. 261.

Pocos colaboradores cooperan jamás incondicionalmente; en efecto, ello pondría en peligro su credibilidad y posición dentro de su propia sociedad. A menudo tratan de canalizar selectivamente los privilegios del aumento de comercio o de tecnología que la potencia extranjera ofrece como precio por su cooperación, a fin de desarrollar sus propias sociedades de acuerdo con la noción del pro-

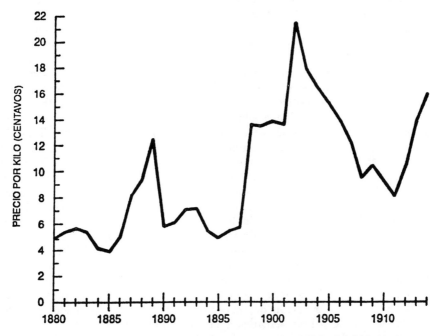

GRÁFICA 2. *Los precios del henequén, 1880-1914. (Askinasy, El problema agrario, pp. 100-101.)*

greso prevaleciente y de promover sus propias posiciones dentro de dicha sociedad. En muchos casos, los colaboradores son o se vuelven nacionalistas (o regionalistas) denodados, y tratan de usar los beneficios materiales aportados por el extranjero para el fortalecimiento de sus sociedades contra el mismo extranjero. Desafortunadamente, esta última resolución representa con frecuencia una reacción más que un movimiento voluntario y llega demasiado tarde, cuando la sociedad local ha sido ya plenamente penetrada por la potencia extranjera.[39]

En muchos sentidos, la carrera de don Olegario refleja las contradicciones

---

[39] Winks, "On Decolonization", p. 552; Robinson, "Non-European Foundations", pp. 120-129 y *passim*; cf. Yen-p'ing Ho, *The Comprador in Nineteenth-Century China: Bridge between East and West*, Cambridge, Mass., 1970.

esenciales del colaborador. Ante todo, parece haberse considerado como un constructor y modernizador, y los yucatecos modernos lo recuerdan más por sus escuelas y sus calles pavimentadas que por su contrato secreto. Como la personificación del positivismo liberal del siglo XIX, el "científico" de Yucatán, don Olegario no veía nada malo en el hecho de hacer dinero; en efecto, razonaba que, en la medida que él prosperara, también lo haría Yucatán. Y no hay duda de que trataba de beneficiarse con su relación con la Harvester. Los documentos de la Harvester revelan que, en los términos del contrato de 1902 y de otros subsecuentes, Molina y Montes ganaron una comisión que fluctuaba entre 0.275 y 0.55 centavos de dólar [40] por cada kilo de henequén que adquirieron para la Harvester durante el decenio anterior a la Revolución, para no mencionar el enorme control que el capital extranjero puesto a su disposición les daba sobre la *élite* local.[41] En 1909, Harvester dio a Montes un línea de crédito hasta por 600 000 dólares, para que controlara la producción de fibra. Esto permitió que la familia Molina adquiriera hipotecas y se apoderara de varias haciendas endeudadas, además de comprar directamente muchas otras. También le permitió consolidar su control sobre los bancos, ferrocarriles, almacenes y líneas marítimas de la región; iniciar nuevos y rentables proyectos de obras públicas; y diversificar sus intereses en nuevas líneas de comercio urbano e industria. En otras palabras, apoyados por una dotación continua de capital extranjero, Molina y Montes pudieron invertir incluso cuando la economía estaba deprimida y los precios eran bajos, precisamente cuando la mayoría de los plantadores y comerciantes afrontaban escaseces de capital. Esta posición estratégica les permitía comprar cuando la mayoría de los inversionistas se veían obligados a vender sus intereses a precios ínfimos sólo para escapar a la ruina financiera (por ejemplo, durante el pánico de 1907-1908). Luego, cuando se elevaron los precios de la fibra y aumentaron los valores de la propiedad local, los Molina tuvieron la opción de vender sus activos recién adquiridos con una ganancia suculenta, o bien sumarlos a su imperio en expansión.[42]

En la mente de Olegario, sin embargo, este enriquecimiento personal y su relación con la Harvester que lo apuntalaba eran enteramente congruentes con el desarrollo de Yucatán a largo plazo. Era partidario —no sin un elemento de autojustificación— de la tesis de que, a largo plazo, una política de precios altos perjudicaría a la industria de la fibra yucateca. Sólo la producción en grandes volúmenes a un precio suficientemente bajo para impedir la competencia extranjera peligrosa, al mismo tiempo que se incrementaba el mercado, garantizaría la prosperidad futura de Yucatán. Siendo esto así, ¿por qué no contratar con la Harvester a corto plazo para deprimir gradualmente los pre-

---

[40] Todas las cotizaciones subsecuentes de la fibra aparecerán en moneda norteamericana.

[41] Véase la nota 36; IHCA, expediente 2395 ("Early developments of Fiber and Twine Operation"), H. L. Daniels a Cyrus McCormick, 2 de octubre de 1906; y memorando "Re. H. L. D. Sisal Purchase 1909", de "E. A. B.", 19 de diciembre de 1912.

[42] IHCA, 2395, Daniels a Alex Legge, 16 de julio de 1909; véase el testimonio de Víctor Rendón, Faustino Escalante y Fernando Solís Cámara, 16 y 17 de febrero de 1916, en Senado de los Estados Unidos, Comité de Agricultura y Silvicultura, *Importation of Sisal and Manila Hemp: Hearings*, Washington, D. C., 1916.

cios de la fibra? El "científico" yucateco calculaba que tal táctica daría una necesaria lección objetiva a los hacendados y sería en última instancia para su propio bien, al inculcarles los hábitos de la austeridad y el trabajo arduo y empujarlos hacia la adopción de métodos nuevos para la promoción de mayor eficiencia y control de calidad. Los apologistas de Molina sugieren que la cifra buscada por la "política bajista" de don Olegario era de 8.8 a 9.9 centavos por kilo. Con esta cotización, en ausencia de altos impuestos estatales y federales —a los que generalmente se oponía don Olegario, y en su carácter de gobernador convencía al presidente Díaz para que los condonara—, los henequeneros de Yucatán podrían producir henequén rentablemente y alejar la amenaza competitiva de las Filipinas y de las regiones potencialmente productoras de las nuevas posesiones coloniales europeas en África y Asia.[43] La política de Molina se concretaba en esta frase: "Producir mucho para poder vender barato." Si un hacendado en apuros financieros le planteaba sus problemas, don Olegario le aconsejaba invariablemente: "¡Siembre usted más henequén!" [44]

En la raíz de la "política bajista" de Molina, en efecto en la base de su colaboración con la Harvester, se encontraba su creencia inconmovible en el orden económico de fines del siglo XIX, basado en una división internacional del trabajo entre las regiones productoras de bienes primarios y las naciones más industrializadas de Europa y América del Norte.[45] Sin embargo, el ambiguo papel doble de Molina como productor yucateco y agente de compras de los norteamericanos lo llevaba a cuestionar periódicamente tal división del trabajo y señalaba algunos de los conflictos que caracterizan inevitablemente las relaciones existentes entre las regiones productoras de bienes primarios y las regiones manufactureras, los que no encontrarían una resolución satisfactoria en las políticas económicas de don Olegario.

En 1896-1897, cuando los precios bajaron hasta el punto de que la exportación de la fibra dejó de ser rentable, Molina y varios otros henequeneros "progresistas" de Yucatán no vacilaron en reunir capital local y grandes cantidades de capital extranjero (predominantemente de McCormick), más la maquinaria norteamericana más moderna, a fin de involucrarse en el establecimiento de La Industrial. Esta fábrica se especializaría en la fabricación de mecates y otros productos derivados de la fibra, de modo que Yucatán podría quedarse con el valor que tradicionalmente agregaban los fabricantes de cordeles norteamericanos.[46] Al principio, don Olegario tuvo escasos problemas para atraer el capital

---

[43] *RdY*, 27 de noviembre de 1921; SD, 812.61326/375; Yucatán, *Mensajes del Gobernador Constitucional C. Lic. Olegario Molina al Congreso de Yucatán, 1902-1906*, Mérida, 1906, pp. 48-49, 121.

[44] Fernando Benítez, *Ki: El drama de un pueblo y de una planta*, 2ª ed., Fondo de Cultura Económica, México, 1962, p. 74.

[45] Véase el análisis que hace Celso Furtado del "System of International Division of Labour", en *Economic Development of Latin America*, Cambridge (Inglaterra), 1976, páginas 42-47.

[46] SD-CPR, *Despatches to the Department, Nov. 9, 1897 to Dec. 19, 1904*, Thompson a Departamento de Estado, 25 de febrero de 1899; SD, 812.61326/283; Víctor M. Suárez Molina, "La industria cordelera en Yucatán en el siglo XIX", *DdY*, 20 de febrero de 1972.

de los plantadores destinado al proyecto. Molina y 24 empresarios yucatecos reunieron 400 000 pesos para la planta cordelera a principios de 1897.[47] Pero un año después, cuando la guerra de España con los Estados Unidos hizo que la demanda de fibras se elevara por las nubes, resultó difícil la atracción de fondos adicionales, mientras que empezaba a desvanecerse el interés del propio Molina por la industrialización del henequén.[48] Primero desvió a La Industrial de la fabricación de mecates hacia otras aplicaciones manufactureras experimentales, no competitivas (por ejemplo, la extracción de alcohol de henequén, la fabricación de papel), y finalmente, tras la firma del contrato con la Harvester en 1902, se separó por completo de la fabricación de henequén.[49] Es posible que el aspecto más importante del fallido proyecto de industrialización haya sido el establecimiento de una firme relación de trabajo entre la familia de Olegario Molina y Cyrus McCormick. En 1896 se había establecido el mecanismo de colaboración que alteraría la economía política de Yucatán con el contrato de 1902.

Para evaluar el contrato secreto y la monopolización consiguiente de la industria local, es importante destacar la interdependencia que caracterizara inicialmente la relación entre Harvester y Molina. La situación yucateca pone de relieve que "allí donde surgieron imperios informales, la relación entre los dos elementos [colaboradores] surgió inicialmente de condiciones de relativa igualdad".[50] Como grupo intermediario o de conexión en la sociedad local, los Molina y sus aliados (la "Casta Divina") tuvieron buen cuidado de entrelazar sus necesidades y sus capacidades políticas y económicas con las de la Harvester, hasta "alcanzar un tipo de equilibrio entre tales necesidades".[51] Sin embargo, debemos cuidarnos de no exagerar la importancia de los oligarcas yucatecos en estas relaciones imperiales, o el poder que luego pudieron aplicar para presionar a la Harvester. Las estadísticas comerciales del periodo sugieren una idea más correcta de la relación de poder existente entre Molina-Montes y la Harvester. (Véase la gráfica 3.)

Claramente, sólo cuando Molina y Compañía (la empresa se encomendó a

Aunque los artesanos yucatecos habían producido sacos, bolsas y hamacas en pequeña escala durante gran parte del siglo XIX, La Industrial representaría el primer esfuerzo por fabricar una porción importante de la exportación primaria de la región.

[47] AGN, Ramo de Fomento, Industrias Nuevas, legajo 17, *passim*. Olegario Molina inició la marcha con una inversión de 83 000 pesos.

[48] ANE, José Patrón Zavlegui, oficio 5, vol. 99, 8 de mayo de 1901, p. 526.

[49] Benítez, *Ki*, pp. 73-74; Wells, "Henequén and Yucatán", pp. 55-56. La Industrial se derrumbó en 1903, pero revivió durante la recesión de 1907-1908, cuando bajaron de nuevo los precios de la fibra y los plantadores yucatecos se sintieron inclinados hacia la industrialización. Pero esta vez no dio Molina su apoyo a la aventura. Abrumada de deudas, la planta cayó pronto en manos del yerno de Molina, Avelino Montes, quien hizo efectiva la hipoteca a fines de 1908. Bajo el control de Montes, la fábrica cayó lentamente en el olvido y estaba virtualmente moribunda en 1915, cuando un incendio destruyó las instalaciones. Véase SD-CPR, *Corr., 1915*, vol. 2, 800, Young a secretario de Estado, 30 de marzo; Antonio Rodríguez, *El henequén: Una planta calumniada*, México, 1966, pp. 233-234, 305.

[50] Winks, "On Decolonization", p. 552.

[51] *Ibid.*, p. 554.

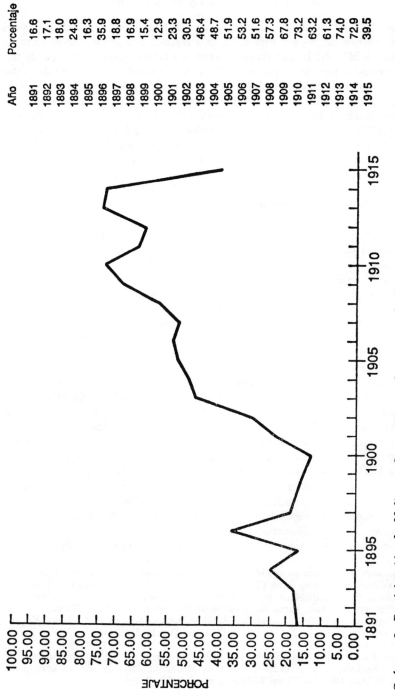

GRÁFICA 3. *Participación de Molina y Compañía en el comercio del henequén norteamericano, 1891-1915. (Peabody Papers, vol. L-1, pp. 254-274, y Senado de los Estados Unidos, Comité de Agricultura y Silvicultura, Importation of Sisal and Manila Hemp, Washington, D. C., 1916, vol. 2, p. 963.)*

Montes en 1905)⁵² consumó su relación con la Harvester, en 1902, se separó en forma drástica de la casa Pierce, su más cercano competidor en el mercado comprador de Mérida. Inmediatamente antes del compromiso de Molina de trabajar en exclusiva para la Harvester, la firma había tenido un volumen de ventas apenas igual a la mitad del volumen alcanzado por su rival, y antes de ese año, con la única excepción de 1896, había marchado siempre atrás de Pierce en las transacciones de la fibra. Por supuesto, sabemos que 1902 fue también el año en que Molina fue nombrado gobernador de Yucatán, y que su influencia política —y con ella su poder económico— se volvía cada vez más grande. Sin embargo, Molina había sido una fuerza poderosa en la política regional durante algún tiempo antes de 1902, y parece más probable que las sumas enormes de dinero que la Harvester ponía a disposición de Molina fueron más decisivas para su ascenso meteórico que la obtención de la gubernatura.

Se encuentra una prueba más fehaciente de la posición de hegemonía de la Harvester sobre la economía regional y la "Casta" de Molina en las circunstancias que rodearon a la decisión tomada por Molina, en 1912 o 1913, de terminar su colaboración con la Harvester. Don Olegario se había preocupado crecientemente por la medida en que la Harvester había logrado deprimir el mercado. Cuando entregó a Montes oficialmente las riendas de su firma exportadora, en 1905, el precio de la fibra se había aproximado a 15.4 centavos de dólar por kilo; en 1911 se había derrumbado a 6.6 centavos, menos que la cifra de 9.9 a 8.8 centavos que Molina había considerado saludable para la industria. A principios de 1913, Molina estaba hablando abiertamente del nocivo monopolio de la Harvester y apoyando los esfuerzos cooperativos de los plantadores para romper los grilletes del monopolio. Luego, cuando Huerta derrocó a Madero en febrero y Carranza inició la Revolución Constitucionalista en marzo de 1913, Molina empezó a actuar en apoyo del Primer Jefe. Parece probable que ahora considerara a los carrancistas, con su ideología marcadamente nacionalista, como un instrumento para liberar a Yucatán del imperio informal que la Harvester había consolidado anteriormente con su ayuda.⁵³ *A posteriori*, es posible que Molina "haya sido el único porfirista... científico que haya apoyado a una facción revolucionaria en la Revolución Mexicana".⁵⁴ Varios de los parientes y cercanos colaboradores de Molina —en particular los Rendón y los Vale— desempeñarían papeles importantes en la administración de la economía de Alvarado, de regulación estatal.⁵⁵

La Harvester (y el grupo de 18 a 20 pequeños fabricantes de mecates norte-

⁵² El nombre de la firma se cambió formalmente, de "Olegario Molina y Compañía, Sucesores" a "Avelino Montes, S. en C.", el 18 de mayo de 1905. ANE, Patricio Sabido, oficio 17, vols. 8, 9, pp. 589-604. A partir de 1905, Molina destacó poco en los asuntos locales; en 1908 pasó a formar parte del gabinete de Díaz en la ciudad de México.
⁵³ PCC, expediente "Fibra — Sisal Mexicano — Monopolio hasta 1921", legajo K, A. B. Loring a Peabody and Co., 27 de abril de 1913; y Harold McCormick a Víctor Rendón, 30 de noviembre de 1915.
⁵⁴ Diane Roazen, "The Olegario Molina Family of Yucatan", manuscrito inédito, 1977.
⁵⁵ Bolio, *Yucatán*, p. 101; Gabriel Ferrer de Mendiolea, "Historia de las comunicaciones", *EY*, México, 1947, vol. 3, pp. 567-626 y *passim*; SD, 812.61326/54, 136.

americanos que eran sus satélites económicos) no se vio especialmente afectada por la defección de Molina a principios del decenio de 1910; ni batalló para encontrar un sustituto. El candidato lógico era Avelino Montes, quien satisfacía ostensiblemente todos los requisitos de un buen colaborador. Años atrás, Montes había heredado de Molina el control casi monopólico de los ferrocarriles, los barcos mercantes y los almacenes de la región. Además, junto con otros miembros de la "Casta" y a través de una intrincada red de préstamos e hipotecas, controlaba la mayor parte de la fibra producida en las plantaciones henequeneras de Yucatán.[56] Sobre todo, Montes no compartía las preocupaciones de su suegro por la dominación de la Harvester. Al revés de don Olegario, Montes continuaría apoyando a Huerta, y movido por sus ganancias personales, permanecería contento con su papel del colaborador más poderoso de la Harvester. Sería Montes, y no Molina, quien se convirtiera en la "cabeza de turco", el odiado símbolo de la "Edad de la Esclavitud" porfiriana para el régimen de Alvarado.[57] Sin embargo, todavía en 1912-1913 conservaba Montes, dentro de la clase de los hacendados y la sociedad local, el tipo de credibilidad considerada por la Harvester como un requisito esencial para el éxito de toda colaboración.

Significativamente, aunque Molina y Montes diferían cada vez más acerca de la estrategia y las metas económicas, no parecen haber roto sus relaciones personales o de negocios durante el periodo de 1912-1914.[58] Sin embargo, advirtiendo que su margen de maniobra en el terreno económico estaría limitado en cuanto rompiera con la Harvester, Molina empezó a adquirir tierras y hacer una serie de inversiones comerciales en Cuba, donde viviría los últimos años de su vida tras la Revolución de 1915.[59] Don Olegario volvería a Yucatán por última vez en 1925, para ser enterrado tras su muerte en La Habana. Debe ser una de las ironías de la historia de la Revolución Mexicana el hecho de que el hombre que había sido principal responsable de la consolidación de los peores aspectos del Antiguo Régimen, contra el que luchó la Revolución en Yucatán, fuera traído a casa por un gobierno revolucionario que además lo recibió como un héroe.[60]

[56] SD, 812.61326/193; Senado de los Estados Unidos, *Importation of Sisal*, testimonio de Fernando Solís Cámara y Henry Wolfer, 17 de febrero y 30 de marzo de 1916, respectivamente; véase Alberto García Cantón, "Memorias de un ex hacendado", copia xerox, IHCA, *Abstract Summary of the Sisal Investigation Index*, partes I-X.
[57] Salvador Alvarado, *Actuación revolucionaria del general Salvador Alvarado en Yucatán*, México, 1965, pp. 70-78; y véase PCR, *Yucatán Letters*, expediente HG-1, 1913-1914, correspondencia entre Edward Bayley y Arturo Pierce. En cambio, don Olegario conservaría su reputación de "Padre del Yucatán moderno", y los alvaradistas usarían a veces su nombre prestigiado en su campaña contra la Harvester.
[58] ANE, Patricio Sabido, oficio 17, vols. 8, 9, 18 de mayo de 1905, pp. 589-604; Wells, "Henequén and Yucatán", p. 21; Roazen, "Molina Family". Entre 1905 y 1916, la capitalización de "Avelino Montes S. en C.", de aproximadamente 1.8 millones de pesos, se dividió por partes iguales entre Montes y Molina.
[59] Véase IHCA, expediente 2864 ("Operación de la Fibra Cubana").
[60] Por lo que toca a las impresionantes ceremonias que rodearon el funeral de Molina en enero de 1925, véase *DdY*. Tras la muerte de Molina, el gobierno revolucionario impuso su nombre a una de las principales avenidas de Mérida.

El otro acuerdo antes mencionado, también celebrado en 1902, entre la Harvester y Henry W. Peabody, fue igualmente importante para la creación del imperio invisible de la Harvester en Yucatán.[61] En efecto, no es por coincidencia que este acuerdo personal entre los presidentes de las dos compañías ocurriera aproximadamente al mismo tiempo que la Harvester firmaba su pacto secreto con Molina: los dos acuerdos parecen haber estado esencialmente ligados en la estrategia de la Harvester para controlar la industria henequenera yucateca. En los términos de un contrato anterior, más formal, celebrado en 1898, la antecesora de la Harvester, la McCormick Harvesting Machine Company, había prestado a Peabody and Company más de la mitad del capital que necesitaba para conservar su participación en el comercio del sisal. A cambio de este préstamo cuantioso —estimado en 200 000 dólares—, la McCormick obtuvo el derecho de determinar la naturaleza de las compras y las transacciones de Peabody en el mercado de la fibra yucateca.[62] Los investigadores del comercio de las cuerdas consideran esta concesión como algo equivalente a una entrega total, por parte de Henry Peabody, de la parte henequenera de sus actividades a Cyrus McCormick. Los registros de la McCormick Harvesting Machine Company revelan que este contrato formal concluyó poco después del inicio del siglo. Sin embargo, lo que sólo se supo recientemente fue que Cyrus McCormick y Henry Peabody confirmaron secretamente los términos generales de su acuerdo anterior —McCormick provee capital a Peabody a cambio del control del mercado— mediante una serie de cartas personales de 1902.[63]

El nuevo acuerdo informal perduraría durante todo el decenio de 1900 y terminaría con la muerte de Peabody poco después de 1910. Sin embargo, para este momento se había establecido indiscutiblemente la hegemonía de la Harvester en Yucatán. Edward Bayley, sucesor de Peabody en la presidencia de su compañía, negaría reiteradamente la fusión temporal de Peabody con la Harvester, ante el subcomité del Senado en 1916 y en diversas otras ocasiones.[64] En efecto, es posible que el acuerdo fuese confidencial entre Peabody y McCormick y que el propio Bayley no hubiera sido informado jamás de su contenido.[65] Por otra parte, quienes se oponían al control de la economía yucateca por parte de la Harvester, y los críticos del monopolio cordelero de los Estados Unidos, no dudaron jamás de la realidad de tal arreglo,[66] y el descubrimiento reciente de

---

[61] El acuerdo (todavía inédito) puede encontrarse en McC Mss., 2x, caja 621. Agradezco al doctor Fred V. Carstensen y a Diane Roazen que me hayan señalado la existencia de este documento.

[62] McC Mss., 2x, cajas 621 y 478.

[63] Véase la nota 61.

[64] Por ejemplo, testimonio de Edward Bayley ante el Senado de los Estados Unidos, *Importation of Sisal*, 12 de abril de 1916.

[65] Aunque diversas referencias oblicuas en la correspondencia entre Bayley y Arturo Pierce, de febrero de 1902 a marzo de 1903, sugieren que Bayley conocía la existencia del acuerdo. Véase PCR, HL-3, Bayley a Pierce, 18 de febrero de 1902, 14 de octubre de 1902, 11 de marzo de 1903 (donde Bayley promete contarle a Pierce todo lo referente al acuerdo "algún día").

[66] Por ejemplo, testimonio de Víctor Rendón ante el Senado de los Estados Unidos, *Importation of Sisal*, 17 de febrero de 1916.

pruebas documentales que corroboran su opinión ha puesto el asunto fuera de toda especulación.

A la luz de este acuerdo secreto entre McCormick y Peabody, tiene más sentido el lenguaje del contrato subsecuente de Harvester con Molina, sobre todo en lo tocante a los terceros mencionados. Se recordará que el "infame" pacto establecía expresamente que Molina y Harvester obtendrían la cooperación de las casas rivales de importación y exportación.[67] Por ejemplo, ¿cómo podría la Harvester "convenir en que Peabody [entre otros] no pagará por el sisal precios mayores que los pagados por Molina", a menos que la Harvester tuviese por lo menos algún control sobre Peabody, si no es que la voz decisiva en sus transacciones? Sabemos que, para 1902, la Harvester había alineado a compradores locales tales como Molina y Urcelay y que más tarde usaría el creciente poder político y económico de Molina para eliminar a rivales más reacios como don Eusebio Escalante, que no querían colaborar. Como antes vimos, Peabody y Company, a través de Arturo Pierce, su agente local, había controlado tradicionalmente una parte del mercado henequenero mayor que la de Molina antes de 1902, de modo que constituía la única amenaza seria para la dominación completa de la industria que buscaba la Harvester.

El cuadro 4 muestra el grado en que la Harvester controlaba crecientemente el comercio local de la fibra tras sus acuerdos de 1902 con Peabody y Molina. Estas cifras no reflejan todavía el posible control de la Harvester sobre gran parte del "resto" mediante arreglos más informales y obligaciones de deudas entre la familia Molina y estos compradores más pequeños, nominalmente independientes.

Así pues, de acuerdo con estimaciones conservadoras, se observa que la Harvester estaba controlando más del 90% del único producto de exportación de Yucatán cuando la Revolución llegó a la región en 1915. En un año extraordinario —1910—, la corporación ejerció su influencia sobre el 99.8% de la actividad. Por lo tanto, el general Alvarado tenía razón cuando afirmó en 1915 que el monopolio henequenero que gobernaba a Yucatán a través de Avelino Montes y la "Casta" abarcaba no sólo a la Harvester sino también a Peabody y los otros compradores llamados independientes, que de hecho eran sus satélites. El General percibió correctamente que los intereses cordeleros norteamericanos, en colaboración con Montes, podían *fijar el precio* pagado por el henequén de Yucatán, lo que es esencialmente la definición de un monopolio. Esto se hacía canalizando capital de préstamos hacia los plantadores, a través de Montes y la "Casta", obteniendo derechos sobre la producción futura de la fibra y a menudo hipotecas sobre las propias plantaciones, de modo que el monopolio podía dictar el precio futuro al que los productores estarían obligados a venderles. Los agentes de Alvarado obtendrían más tarde las declaraciones de pequeños hacendados en el sentido de que Montes y la "Casta" les habían hecho préstamos a elevadas tasas de interés y los habían obligado a vender su

[67] Véanse en la p. 72 los términos específicos del contrato.

CUADRO 4. *Porcentaje de las pacas enviadas a los Estados Unidos por las principales casas exportadoras de henequén, 1896-1914*

Año	Molina (Porcentaje)	Peabody (Porcentaje)	Controlado por la Harvester [a]	Resto (Porcentaje)
1896	35.9	27.7		36.4
1897	18.8	38.4		42.8
1898	16.9	35.4		47.7
1899	15.4	36.9		47.7
1900	12.9	42.3		44.8
1901	23.3	37.7		39.0
1902	30.5	39.0		30.5
1903	46.4	34.4	80.8	19.2
1904	48.7	36.8	85.5	14.5
1905	51.9	31.2	83.1	16.9
1906	53.2	36.8	90.0	10.0
1907	51.6	42.1	93.7	6.3
1908	57.3	36.1	93.4	6.6
1909	67.8	28.3	96.1	3.9
1910	73.2	26.6	99.8	0.2
1911	63.2	24.1	87.3	12.7 [b]
1912	61.3	24.1	85.4	14.6 [b]
1913	74.0	20.9	94.9	5.1 [b]
1914	72.2	20.3	92.5	7.5 [b]

[a] El porcentaje del henequén controlado por la Harvester mediante acuerdos separados con Molina y Peabody en 1902. La Harvester se formó en 1902.

[b] Entre 1911 y 1914, un gran grupo de henequeneros yucatecos formaron la Compañía de Hacendados y Yucatecos para luchar contra la situación monopólica en el mercado.

FUENTE: Peabody Papers, vol. L-1, pp. 254-274, y Senado de los Estados Unidos, *Importation of Sisal*, vol. 2, p. 963.

fibra a un precio por libra sustancialmente menor que el prevaleciente en el mercado.[68]

Parece así que la campaña emprendida por Molina y la Harvester para deprimir los precios y controlar la producción local de la fibra tuvo gran éxito. Sin embargo, las consideraciones del precio, sobre todo en el caso de un producto inestable como el henequén, vuelven riesgoso el análisis de corto plazo. Los años inmediatamente precedentes a la fusión de la Harvester se caracterizaron por elevados precios del henequén a resultas de que la guerra Hispano-Norteamericana redujo los abastos de manila, el principal competidor del henequén. Con el estallamiento de la guerra en 1898, los precios medios del henequén subieron desde 5.5 centavos por kilo hasta la astronómica cifra de 22 centavos por kilo en 1902. Los precios que se habían cuadruplicado efectivamente en el

[68] SD, 812.61326/193, 200.

lapso de cuatro años bajarían inevitablemente cuando se restableciera la competencia de la manila con el henequén.

La ecuación de los precios del henequén se complica más aún cuando consideramos que los movimientos alternativos de los precios en el auge y la depresión eran la norma antes que la excepción a lo largo de este periodo. El auge de 1898-1902 y la baja posterior de los precios después de 1903, eran sintomáticos del endeble carácter del comercio de la fibra. Si observamos con cuidado las cotizaciones del henequén entre 1880 y 1915, observaremos fluctuaciones volátiles en el precio del mercado mundial.[69] (Véase el cuadro 3.) Los precios subían y bajaban con asombrosa frecuencia.[70] Las razones de las fluctuaciones inestables variaban con cada ciclo del mercado del henequén. Los movimientos especulativos de exportadores y compradores, un aumento o una declinación de la demanda de los fabricantes, sucesos inesperados tales como la guerra de 1898 que afectó a Filipinas, la competencia de los fabricantes de mecates, y la saturación del mercado de fibras por los productores demasiado activos, eran circunstancias que se combinaban para destruir la capacidad de fabricantes y productores para pronosticar los precios futuros. En una atmósfera de mercado tan inestable, la baja de los precios del henequén después del auge de 1898-1902 podría interpretarse como algo inevitable, en vista de los precios extraordinarios pagados por la fibra durante ese periodo. Las generalizaciones centradas en una sola variable ofrecen una explicación incompleta de los cambios de precios a corto plazo. Siguiendo el mismo razonamiento, podríamos vernos tentados incluso a excusar a la Harvester por su papel en la depresión de los precios en los años inmediatamente siguientes a la celebración de los acuerdos con Molina y Peabody.[71]

Pero el control monopólico del abasto de la fibra yucateca por parte de la Harvester, su control siempre creciente del mercado norteamericano de los mecates, y la magnitud y duración de la baja de los precios de la fibra desde 1903 hasta 1912, exigen que se haga responsable al monopolio por la baja del precio. Además, la motivación de la Harvester condena al gigante. Su propósito expreso, escrito en el contrato de Molina, era la depresión del mercado. El contrato condujo a la destrucción de la situación competitiva que había existido entre las casas exportadoras antes de 1902. Ninguna casa se atrevería a desa-

---

[69] Véase un análisis del efecto del auge sobre la actividad empresarial en Wells, "Henequén and Yucatán", cap. 3.

[70] Los precios de la fibra parecen haber aumentado ligeramente durante el periodo, a pesar de las constantes fluctuaciones. Sin embargo, la industria henequenera de Yucatán experimentó los efectos de la misma espiral inflacionaria que afectó al resto de México durante el Porfiriato. Los precios reales bajaron, mientras que aumentaban los salarios y otros costos de la producción.

[71] Por ejemplo, la "nueva perspectiva" de la participación de la Harvester en el comercio henequenero de Yucatán, presentada por Thomas Benjamin en "International Harvester and the Henequén Marketing System in Yucatán, 1898-1915: A New Perspective", *IEA*, 31:3 (invierno de 1977), 3-19, se basa en las variables macroeconómicas "menos visibles" que "atan [a Yucatán] a los caprichos irracionales del comercio mundial". El análisis revisionista de Benjamin omite por completo la red de relaciones de poder que afectaban la estructura y el control de la producción de la fibra dentro de Yucatán.

fiar a Montes y/o a Peabody antes de 1915, cuando el gobierno revolucionario del general Salvador Alvarado golpeó al monopolio ordenando a los plantadores que vendieran su henequén a una Comisión Reguladora controlada por el Estado.

Para 1911, las ventas netas de mecates por parte de la IHC pasaban de siete millones de dólares. El beneficio efectivamente obtenido por la Harvester y los fabricantes sobre el producto final fluctuaba cada año, dependiendo del precio de la materia prima y el nivel de la competencia entre los propios fabricantes. Los beneficios de los mecates eran siempre pequeños por comparación con los ingresos obtenidos por la Harvester de sus líneas principales de máquinas cosechadoras (atadoras, segadoras, etc.). Sin embargo, el mecate constituía una importante línea secundaria y, a medida que la competencia empezó a intensificarse en el campo de las máquinas cosechadoras después de 1910, la Harvester prestaría cada vez mayor atención a su Departamento de Fibras y Mecates.[72] Aunque los fabricantes sostenían continuamente que la competencia era aguda y los beneficios pequeños, las pruebas sugieren que, hacia el final del periodo de 1902-1915, los beneficios de la Harvester en la fabricación de cordeles aumentaban generalmente, y que en ciertos años pudo obtener beneficios extraordinarios.

Por ejemplo, ciertas fuentes yucatecas y norteamericanas revelan que a fines de 1914, justo antes de que la Revolución llegara a Yucatán, los beneficios de la Harvester eran excepcionalmente elevados en la fabricación de cordeles. Una tasa de cambio favorable, aunada al precio deprimido, reducía el costo de la fibra para los fabricantes a cerca de 8.8 centavos por kilo, mientras que la cotización de las cuerdas por parte de la Harvester estaba fija en 17.6 centavos, lo que generaba beneficios fabulosos una vez restados los costos de la conversión y otros gastos nominales, estimados en 3.3 centavos por kilo. En la mayor parte de los años, se declaró que los beneficios de la fabricación de cordeles fluctuaban entre 1.1 y 2.2 centavos por kilo, una tasa que no pareció excesiva a un subcomité del Senado reunido en 1916.[73] Sin embargo, muchos observadores contemporáneos dudaban de que la declaración de utilidades de la corporación fuese correcta. Entre tales observadores se encontraba el cónsul norteamericano en Progreso, quien expresaba la sospecha generalizada de que el monopolio estaba fijando regularmente precios que, "aunque estaban deprimidos para la compra de sisal, se elevan nominalmente para justificar un aumento del precio de las cuerdas".[74] En otras palabras, aunque el monopolio pagaba a los plantadores endeudados (a través de Montes) un promedio de 0.55 a 2.2 centavos por kilo menos que los precios prevalecientes en el mercado, aparecía compran-

---

[72] Departamento de Comercio de los Estados Unidos, Oficina de Corporaciones, *International Harvester Company*, Washington, 1913, p. 184. El análisis provisional hecho por Diane Roazen de los libros contables de Harvester, Plymouth y Peabody, revela que la Harvester obtuvo buenos beneficios durante el periodo de 1902-1916, en efecto sustancialmente mayores que los de sus competidores. Los beneficios declinaron marcadamente después de 1916, y la Harvester empezó a invertir en la fibra de otras regiones tales como Cuba. Véase también *Harvester World*, 8:1 (enero de 1917), pp. 8-9.
[73] SD, 812.61326/124, 181.
[74] SD, 812.61326/372.

do su fibra a la casa independiente de Montes al precio nominal del mercado. Montes recibiría entonces una comisión que, sumada al precio efectivamente pagado por el henequén a los plantadores, todavía no se acercaba a la cifra nominal del mercado.[75]

Para 1910 se había reducido sustancialmente la competencia en la industria cordelera. La Harvester había logrado controlar la producción de la fibra yucateca y así obtenía una ventaja tan grande en la fabricación de cuerdas que numerosos competidores norteamericanos más pequeños se habían visto obligados a cerrar o a convertirse en satélites de la Harvester.[76] Para 1911, la Harvester fabricaba casi dos tercios de las cuerdas vendidas en el mercado norteamericano. Pero todavía tenía que contender con varios rivales decididos, sobre todo con la Plymouth Cordage y las cordelerías mantenidas por las prisiones estatales de Minesota, Michigan, Wisconsin, Indiana, las Dakotas y Misuri.

En 1914 consumía la Harvester cerca del doble del sisal utilizado por los otros grandes fabricantes combinados: [77]

International Harvester Company	584 000 toneladas
Plymouth Cordage Company	139 000
Prisión Estatal de Minesota	43 400
Prisión Estatal de Michigan	25 000
Compañía Cordelera de Peoria	24 000
Hooven and Allison	18 000
Prisión Estatal de Dakota del Sur	11 300
Prisión Estatal de Wisconsin	8 650
Prisión Estatal de Indiana	7 500
Prisión Estatal de Dakota del Norte	5 700
Kelly Cordage Company	4 200
Rauschenberger Cordage Company	2 200
Rugg and Company	2 000
Prisión Estatal de Misuri	2 000

Sin embargo, mientras que una docena de las cordelerías más pequeñas parecen haber sido proveídas por la Harvester y estaban estrictamente gobernadas por sus políticas de precios, la Plymouth y los sistemas de prisiones estatales constituían competidores más serios. Las prisiones podían ofrecer fibra a los negociantes a precios menores que la Harvester o la Plymouth porque, aunque sus plantas no eran tan modernas, los costos de la producción con mano de obra de presos eran muy bajos. La Plymouth estimaba que la ventaja de las prisiones en lo tocante al costo de producción llegaba a 1.65 centavos por kilo. "Hasta donde yo sé, somos la única industria del país sujeta a la competencia de las

[75] *Ibid.*
[76] IHCA, 2395, Mary Trieb a Edgar A. Bancroft, s.f. (¿1912?); Oficina de Corporaciones, *International Harvester*, p. 184.
[77] SD, 812.61326/229.

prisiones", se lamentaba en 1915 el presidente de la Plymouth, "y la competencia ha sido severa durante muchos años".[78]

Pero la venerable e independiente Plymouth Cordage Company resistía tenazmente como el único competidor que quedaba en el campo de los cordeles. La Plymouth había presenciado la quiebra de otras fábricas pequeñas de cordeles antes de la expansión de la Harvester a principios del decenio de 1900, sobreviviendo primordialmente gracias a su saludable negocio de cuerdas y otros productos para ataduras. Por lo menos en dos ocasiones separadas, en 1910 y 1921, la Plymouth resistió los audaces intentos de la Harvester por comprar sus acciones y asegurar el control de su junta directiva.[79] Más tarde, cuando la Harvester había logrado monopolizar la importación de henequén yucateco a los Estados Unidos, surgió entre las dos corporaciones una serie de enconadas guerras de precios, cuya explosiva retórica se expresaba en los periódicos comerciales. Reconociendo que sus agentes tradicionales, Peabody y Pierce, colaboraban ahora con Montes y Harvester, la Plymouth no se dio por vencida en el mercado de Mérida y se movió para diversificar las fuentes de su fibra, recurriendo cada vez más a la manila filipina y experimentando con sisales nuevos, traídos de África y Nueva Zelanda. En 1910 envió la Plymouth una "carta personal" titulada "Lo que Todo Agricultor Debe Saber Acerca de la Cordelería de Ataduras" a todos los interesados de la industria cordelera. El meollo del mensaje era la prevención de que "hay un movimiento en marcha para crear un monopolio de la fibra de sisal... Si el intento tiene éxito, los manipuladores tratarán de controlar todo el abasto mundial de diferentes fibras usadas en la fabricación de cuerdas". La Plymouth recomendaba que los agricultores norteamericanos presionaran en favor del uso de fibra de manila en lugar de la fibra de henequén, a fin de romper el monopolio del sisal de la Harvester.[80]

En efecto, la Harvester no había sido ajena a la extensa manipulación del mercado cuando surgían las oportunidades. Un ejemplo de 1906 servirá para ilustrar el poder macroeconómico que la Harvester podía ejercer en los mercados internacionales y locales de la fibra, invariablemente en detrimento de la industria henequenera yucateca. Los propios registros de la Harvester indican que, para este momento, la corporación había invertido grandemente en la fibra filipina, tratando de descontar la ventaja de la Plymouth en el caso de la manila y volverse menos dependiente de Yucatán como su única fuente de abasto. (Al mismo tiempo, la Harvester empezó a experimentar con el cultivo del sisal en diversos países del Caribe, Centroamérica y Sudamérica,[81] y estaba invir-

---

[78] SD, 812.61326/181, 229.

[79] *CTJ* 39:6 (septiembre de 1909), 1 *ss.*; véanse también diversos recortes de prensa y correspondencia en PCC, expediente 1, archivo 1, sección K ("Monopolio hasta 1921"), y expediente H, archivo 2.

[80] PCC, expediente 1, archivo 3, diversos documentos que ilustran el comercio de sisal de la Plymouth en África y Asia; G. F. Holmes, "What Every Farmer Should Know...", expediente 1, archivo 1, sección K.

[81] IHCA, diversos documentos en los archivos siguientes: 2395 ("Early Operations in Fiber and Twine"); 2924 ("Philippine Operation in Fiber and Twine"); 2864 ("Cuban Fi-

tiendo más de un millón de dólares en un proyecto desastroso para el cultivo de lino dentro del país.)[82] Pero lo más importante era que la Harvester usaba su elaboración de la fibra filipina como una palanca para incrementar el control de la compañía sobre el henequén, al mismo tiempo que deprimía más aún su precio. Por ejemplo, H. L. Daniels, director del Departamento de Fibras de la Harvester, informó al presidente Cyrus McCormick, en septiembre de 1906, que la noticia de la inminente derogación de un impuesto a la exportación de manila proveería a la Harvester la clase de oportunidad que había venido buscando. Daniels explicaba que en cuanto los agentes de la Harvester en las Filipinas se habían enterado de la derogación del impuesto habían mantenido sus existencias fuera del mercado. Explicando los detalles del reciente golpe de la Harvester, continuaba Daniels:

> Gracias a nuestros esfuerzos, pero sin permitir que aparezca nuestra personalidad, hemos publicado en la prensa especializada de Nueva York los hechos ligados a la derogación del impuesto... y las existencias [de manila] se han mantenido fuera del mercado, lo que ha tenido un efecto muy depresivo y nos ha permitido asegurar grandes dotaciones de sisal [yucateco] que de otro modo habrían resultado muy difíciles...
>
> Es probable que jamás en la historia de este negocio se hayan controlado más de cerca las existencias [yucatecas] propiedad de los fabricantes, y la gran mayoría de fabricantes de cuerdas parecen seguir una política de compra de lo estrictamente indispensable.[83]

Pero a pesar de estas condiciones, Daniels informaba que la Harvester había comprado ya 14 000 pacas de henequén a un precio reducido y estaba en el proceso de comprar otras 50 000 pacas, "o sea todo el sisal que puede obtenerse a los precios actuales o más bajos".[84] Al escuchar a Daniels discutir los precios deprimidos en el mercado de la fibra de Mérida, nunca se habría advertido que la demanda de la fibra yucateca se estaba incrementando.

Así pues, la Harvester tenía buenas razones para conformarse con el mantenimiento de su imperio invisible en Yucatán, basado en el control indirecto mediante la colaboración de la oligarquía regional. Había escaso incentivo para presionar en favor de una penetración más tradicional de la economía local basada en la propiedad efectiva de los medios de producción mientras que el monopolio del sisal norteamericano poseyera la capacidad de pronóstico necesaria para estimar los beneficios futuros (es decir, el control de la producción de la fibra local y una garantía de precios bajos) y la capacidad para asegu-

---

ber Operation"). *Cf.* McC Mss., *Letters Received*, 2x, cajas 478-479 (primeros experimentos en Brasil y la Sudamérica de habla española, 1898-1902).

[82] Refiriéndose a los frágiles mecates hechos de lino, se lamentaba uno de los ejecutivos de la Harvester: "Es excelente para grillos." Véase *In the District Court of the United States for the District of Minnesota. United States of America versus International Harvester Company, et al.*, vol. 13. Mineápolis, 1917, pp. 52-56.

[83] IHCA, 2395, Daniels a McCormick. 18 de septiembre de 1906.

[84] *Ibid.*, e IHCA, 2395, Daniels a McCormick, 2 de octubre de 1906.

rarlos.⁸⁵ Sin embargo, en varias ocasiones a principios del siglo XX, Cyrus McCormick y la Harvester recibieron ofertas para comprar o invertir en varias de las plantaciones henequeneras más grandes y rentables de Yucatán. En 1901 y 1902, los miembros de la "Casta" le ofrecieron a McCormick una serie de plantaciones tales como Blanca Flor, Yaxché, Yaxcopoil, Tabí y Chichén. Entre los incentivos de la compra se encontraba una apelación a la vanidad de McCormick, ya que el empresario yucateco de bienes raíces que manejaba las transacciones aseguraba al presidente de la Harvester que estas plantaciones podrían consolidarse algún día en un área de asentamiento impresionante que se conocería como Ciudad McCormick.⁸⁶ En todos los casos se abstuvo McCormick, aunque por lo menos en una ocasión, en 1901, su amigo y asesor muy íntimo, H. L. Daniels, dijo que en principio no había nada malo en la compra de plantaciones, y cada oferta debía considerarse de acuerdo con sus méritos financieros.⁸⁷ Resulta interesante observar que para 1905, tras el éxito sorprendente de los arreglos contractuales de la Harvester con Molina y Peabody, Daniels modificó su enfoque abierto. Cuando se ofreció a McCormick una opción de compra de dos de las haciendas henequeneras más grandes de Yucatán, Daniels le recordó que "hace dos o tres años, no lo consideró usted conveniente, y no hay razón para cambiar de opinión ahora".⁸⁸ Todo el proceso por el que los oligarcas reinantes en Yucatán ofrecían en venta sus plantaciones a los magnates norteamericanos de la fibra es en sí mismo un episodio poco conocido y revelador de la historia de la región. Sugiere que la colaboración de la oligarquía con el monopolio cordelero era más generalizada de lo que suele creerse, y modifica la exagerada afirmación regional de que los yucatecos protegieron celosamente sus plantaciones contra la propiedad extranjera hasta el punto de evitar todas las formas de la inversión extranjera directa.

Por lo menos en otras dos ocasiones, la Harvester llegó a considerar el ejercicio de un control más directo sobre la economía regional. Desde 1903 hasta cerca de 1907, la Harvester hizo un esfuerzo concertado para comprar el sistema ferroviario controlado por la "Casta" y propiedad de yucatecos.⁸⁹ Friedrich Katz especula que aunque los colaboradores de la Harvester controlaban virtualmente todos los aspectos de la infraestructura comercial, financiera y de comunicaciones de la región, "la International Harvester quería implantar los medios de control clásicos que ya usaba con gran éxito la Standard Oil Com-

---

⁸⁵ En cambio, en Cuba y Filipinas decidió la Harvester que debía controlar directamente los factores de la producción, comprando grandes latifundios y las casas de importación-exportación existentes para controlar las exportaciones de sisal y de fibra de manila. IHCA, 2395, "Report of Fiber Department", 25 de marzo de 1905, y varios documentos de los expedientes 2395, 2924 y 2864.
⁸⁶ McC Mss., *Letters Received, 1901-1902*, 2x, cajas 613 y 621; IHCA, 2395, E. H. Thompson a Daniels, 26 de febrero de 1906. Daniels a McCormick, 1° de marzo de 1906.
⁸⁷ McC Mss., *Letters Received, 1901-1902*, 2x, caja 621. En el caso de Tabí, el vendedor yucateco ofreció administrar el predio, contratar más trabajadores y sembrar los campos.
⁸⁸ IHCA, 2395, Daniels a McCormick, 1° de marzo de 1906.
⁸⁹ Oficina de Corporaciones, *International Harvester*, pp. 149-150; Katz "El sistema", páginas 108-110.

pany en los Estados Unidos y que introdujera en Centroamérica la United Fruit Company por la misma época: el control directo del sistema de transportación como medio de dominación de un mercado".[90] En última instancia, sin embargo, el plan fracasó por diversas razones: el alto precio pedido por el ferrocarril por Molina y la "Casta"; la oposición del gobierno federal, que desde 1905 había adoptado una postura más nacionalista acerca de la propiedad de los ferrocarriles; y finalmente, porque la Harvester optó por volver a una política de control indirecto. Después de todo, para 1907 estaba satisfecha la Harvester con la actuación de Molina y Montes en la administración de otros sectores fundamentales de la economía regional (obras portuarias, bancos, producción interna de la fibra, etc.), de modo que no veía ninguna razón apremiante para quitarles el control de los ferrocarriles.

Un patrón similar caracterizó la participación de Cyrus McCormick y la Harvester en La Industrial y la campaña local para la manufactura de la fibra de henequén. McCormick se interesó en La Industrial poco después de que Molina pidiera una suscripción de acciones en la nueva sociedad anónima en 1896. En efecto, es posible que McCormick haya invertido una parte considerable de su capital inicial de 600 000 dólares, además de proveer maquinaria moderna y supervisión tecnológica y de garantizar los mercados norteamericanos.[91] La McCormick Harvesting Machine Company dominaba de hecho la operación de la planta al dictar los calendarios de producción y embarque y las normas de calidad. Tal participación sugiere hasta dónde estaba dispuesto a ir McCormick para buscar otra fuente de abasto de cordeles tras la amenaza de la National Cordage Company de monopolizar la industria a principios del decenio de 1890. Por supuesto, la motivación de McCormick coincidía con el deseo de Molina y otros empresarios yucatecos de industrializarse luego de varios años de precios bajos para las exportaciones de la fibra. (Véase el cuadro 3.)

Las anteriores descripciones de la planta en las principales revistas profesionales aseguraban a McCormick que sus esfuerzos tendrían éxito: "Los expertos opinan que [La Industrial] está tan completamente equipada como cualquier empresa similar de los Estados Unidos." [92] Pero las vicisitudes del mercado mundial, una fuerza que estaba fuera de control de los patrocinadores de la planta, acabarían pronto con el optimismo inicial. El estallamiento de la guerra Hispano-Norteamericana en 1898, y la suspensión de los embarques de manila desde Filipinas, hicieron surgir de nuevo un mercado favorable para las exportaciones de la fibra. La nueva planta no pudo competir con los precios al alza del henequén, y los plantadores yucatecos se resistían a continuar invirtiendo en La Industrial cuando tales precios les aseguraban excelentes be-

[90] Katz, "El sistema", p. 108.
[91] *Ibid.*, 111-112. Los datos del relato que sigue, de la participación de McCormick en La Industrial, han sido reunidos también en McC Mss., *Letters Received*, 2x, cajas 521, 535, 357, 609, 613, 616 y 620-621 (correspondencia entre La Industrial y McCormick Harvesting Machine Company); *CTJ*, 1899-1900, *passim*; ANE, José Patrón Zavlegui, oficio 5, volumen 99, 8 de mayo de 1901, p. 526; y Wells, "Henequén and Yucatán", pp. 52-56.
[92] *CTJ*, 15:6 (septiembre de 1897), p. 91; 19:4 (agosto de 1899), p. 52.

neficios libres de riesgo. A medida que se desvanecía el interés y se deterioraba la eficiencia, los ejecutivos de la McCormick Harvesting Machine Company concluyeron rápidamente que, a pesar de su participación directa en las manufacturas, La Industrial no llegaría a ser jamás su única fuente de cordelería. Para 1899, la McCormick estaba construyendo ya su propia fábrica de hilados (inaugurada en Chicago en 1900), y para el momento de la creación de la International Harvester en 1902, había cesado la función primordial de La Industrial como proveedor de la Harvester, ya que McCormick había adquirido diversas plantas nuevas de cordelería, incluidas las fábricas de Deering y Osborne, de gran capacidad. Una vez más, McCormick y Harvester habían reiterado su decisión estratégica de preservar una versión indirecta, informal, de la penetración y el control. Todas las inversiones futuras en la península se limitarían al área de las fibras naturales y se canalizarían a través de Molina y Montes.

El estancamiento y el fracaso final de La Industrial y la fabricación de henequén en Yucatán constituyeron uno de varios intentos locales que se hicieran durante el Porfiriato para liberarse de los grilletes siempre crecientes de la dependencia del monocultivo y el control monopolístico extranjero. Otra solución potencial, también frustrada, fue el esfuerzo de Yucatán por encontrar mercados nuevos y vender a Europa cuanta fibra fuese posible. Aunque la invención de la engavilladora había aumentado la demanda de la fibra en escala mundial, las naciones europeas parecían decididas a cultivar sisal en sus propias posesiones coloniales, en lugar de comprar henequén de Yucatán.[93] Además, los intentos anteriores del gobierno yucateco, para otorgar un subsidio a la fibra enviada a Europa, habían provocado la protesta airada del Departamento de Estado de los Estados Unidos que defendía los intereses del monopolio cordelero. Sin el subsidio, los costos de transporte hacían incosteable la exportación a Europa. Así pues, diversas razones impidieron que se enviara a Europa más del 5% del henequén yucateco antes de 1915.[94]

Otra solución intentada fue la de la "valorización", la creación de cooperativas de productores para mantener la fibra fuera del mercado hasta que se garantizara un precio justo a los plantadores de Yucatán. Los plantadores, que eran aguerridos luchadores incluso bajo condiciones enteramente favorables en el mercado, se vieron afectados desde el principio por una falta de solidaridad y acuerdo para la estrategia cooperativa. En efecto, casi no podían ponerse de acuerdo en otra cosa que no fuese su resentimiento y envidia frente a la "Casta". Surgieron de aquí diversas salidas en falso para la valorización del precio de la fibra. Típicamente, un segmento importante de la cooperativa de productores se atrincheraba ante la presión de Montes, sacando su fibra de la organización y derrotando así el proyecto. Por regla general, los plantadores hacían escasos esfuerzos conscientes para correlacionar su producción con las tenden-

---

[93] Para 1915, los británicos estaban estableciendo plantaciones de sisal en África Oriental, la India y Nepal, Nueva Zelanda y Mauricio; los franceses en Madagascar; los alemanes en África Oriental y Occidental y en Nueva Guinea; y los holandeses en sus colonias de las Indias Orientales.
[94] Katz, "El sistema", p. 111.

cias del mercado mundial. Si podían escoger entre la venta a precio bajo o la retención de la producción para presionar a la demanda y elevar el precio, los plantadores escogían invariablemente la primera opción. El hecho era que, incluso cuando el precio bajaba a 6.6 centavos por kilo, se obtenía un rendimiento pequeño.[95] Por último, en 1908, cuando el precio de la fibra había bajado hasta 7.7 centavos por kilo —peligrosamente cercano al punto de riesgo—, los plantadores parecían decididos a luchar. Obtuvieron un préstamo del Banco Nacional de México, otorgando como aval una cantidad considerable de la fibra, y colectivamente resolvieron resistir la presión de la "Casta". Pero apenas había subido el precio un centavo cuando el banco, acatando las órdenes del ministro de Fomento de Díaz, don Olegario Molina —todavía aliado de la Harvester—, arrojó la fibra gravada al mercado, inundándolo y destruyendo las ganancias de los plantadores. Este escenario, sólo con ligeras alteraciones, se repetiría varias veces antes de 1915 y de la consolidación del régimen revolucionario del general Alvarado en Yucatán.[96]

El papel del gobierno federal: la marginación y el descuido

Esto plantea el importante problema del papel del gobierno federal en la consolidación de la economía yucateca de monocultivo y la penetración de la industria henequenera por el monopolio cordelero norteamericano. No hay pruebas de que los mexicanos del centro invirtieran fuertemente en el henequén, ni de que la Harvester y el monopolio cordelero se sintieran obligados jamás a cabildear o negociar directamente con la ciudad de México en lo tocante a sus negocios en Yucatán. Como hemos visto, la orientación económica tradicional de Yucatán, alejado de México y aproximado a los Estados Unidos, resolvía este problema. Sin embargo, la actitud condescendiente del gobierno de Díaz hacia las empresas extranjeras, su apego a los postulados económicos liberales, y su creencia firme en una división internacional del trabajo, le impedían tomar medida alguna que pudiera mitigar el control de la Harvester sobre la economía de exportación yucateca. Si el gobierno de Díaz hubiese otorgado crédito a los plantadores durante las caídas bruscas del mercado de la fibra, parece seguro que la industria podría haber resistido, por lo menos hasta cierto punto, la presión económica y política de la Harvester y la oligarquía de Molina.

Desafortunadamente para la existencia continua de una industria autónoma regional de la fibra, el gobierno federal optó por apoyar a los plantadores sólo contra los trabajadores, entregando casi 16 000 yaquis deportados para la expansión de las plantaciones henequeneras en el periodo de 1907-1910, y empleando los "rurales" federales (la policía rural) para cazar a los "esclavos" que huían o impedir las perturbaciones potenciales o efectivas en las haciendas.[97] Contra

[95] Reed, *Caste War*, pp. 260-262; Wells, "Henequén and Yucatán", pp. 239-240; Katz, "El sistema", p. 114.
[96] Reed, *Caste War*, p. 261; *A*, 1908, *passim*; véase también el capítulo v de este texto.
[97] Turner, *Barbarous Mexico*, pp. 9-66; Evelyn Hu-Dehart, "Pacification of the Yaquis

la Harvester, el régimen de Díaz habría sido enteramente capaz de ayudar a los plantadores en su esfuerzo de valorización. Como veremos, el futuro monopolio estatal de la comercialización de la fibra, impuesto por Alvarado, tendría gran éxito, elevando enormemente el precio recibido por los plantadores y rompiendo, por lo menos temporalmente, el monopolio del henequén. Pero el gobierno de Díaz —al igual que sus sucesores revolucionarios antes de 1915— hizo precisamente lo contrario, permitiendo que Molina, uno de sus principales funcionarios, derrotara a los plantadores mediante la manipulación del sistema bancario nacional.[98] En 1915, varios hacendados declararon ante un subcomité del Senado de los Estados Unidos que investigaba las condiciones del cultivo y la comercialización de la fibra en Yucatán que "el gobierno de Díaz mantuvo siempre una posición hostil hacia los plantadores de henequén de Yucatán".[99]

En realidad, esta evaluación requiere alguna aclaración, porque el régimen de Díaz favorecía claramente a Olegario Molina y los 30 y tantos superplantadores de la "Casta Divina". En el nivel local, estos oligarcas regionales recibieron carta blanca para monopolizar la fibra vendida al monopolio norteamericano y para manejar la infraestructura económica y política del estado. La investigación reciente empieza a revelar también que, ya en 1901, Molina, Montes y algunos miembros de la "Casta" invirtieron efectivamente en una serie de empresas en Yucatán y otras partes de México con empresarios extranjeros (europeos), "científicos" nacionales y miembros de la familia de Díaz.[100] Más tarde, en 1906, tras una invitación de Molina, fueron honrados con una visita personal de don Porfirio y su esposa, la primera vez que un virrey, monarca o presidente de México visitaba Yucatán. Don Porfirio estaba tan impresionado por la pródiga recepción otorgada a él y a doña Carmen, y por la eficiencia y modernidad de las plantaciones de modelo que lo llevaron a ver, que llevó a Molina a su gabinete en 1908, a fin de que encabezara convenientemente el Ministerio de Fomento (Desarrollo).[101] Molina sería el último "científico" de Yucatán; en efecto, la historia ha confirmado además que Molina fue el último líder yucateco que desempeñaría un papel importante en la política nacional, siguiendo las huellas de Lorenzo de Zavala y Justo Sierra, líderes del siglo XIX.[102] Sin

---

in the Late *Porfiriato*: Development and Implications", *HAHR*, 54:1 (febrero de 1974), 72-93; Frederich Katz, "Labor Conditions on Haciendas in Porfirian Mexico: Some Trends and Tendencies", *HAHR*, 54:1 (febrero de 1974), pp. 22-23.

[98] Roazen, "Molina Family"; Reed, *Caste War*, p. 261.

[99] *H*, 15 de julio de 1916; Katz, "El sistema", pp. 113-114.

[100] Roazen, "Molina Family", IHCA, expedientes de H. L. Boyle, carta sin firma enviada a Boyle, s.f.; Allen Wells, "Economic Growth and Regional Disparity in Porfirian Yucatán: The Case of the Southeastern Railway Company", *South Eastern Latin Americanist*, 22:2 (septiembre de 1978), p. 9.

[101] Véase una vívida descripción de la recepción otorgada a Díaz por la "Casta", al llegar a Yucatán, en Benítez, *Ki*, pp. 77-94.

[102] Aunque sirvió brevemente como vicepresidente de México en el gobierno de los liberales, Zavala es mejor conocido por su separatismo yucateco y su promoción de la independencia de Texas. Sierra fungió como ministro de Educación de Díaz y se ganó una reputación nacional como el educador más insigne de México. Los yucatecos reclaman su

embargo, durante toda su estancia en la ciudad de México, Molina no perdió jamás su interés por la "patria chica". En diversas formas y de manera muy similar a la de la familia Terrazas-Creel de Chihuahua y otras familias porfirianas poderosas, Molina usaría su influencia nacional para incrementar la riqueza propia y la de sus parientes y amigos que formaban la oligarquía de Yucatán.[103] Como ministro de Fomento, Molina usó su poder para arreglar la deportación de los yaquis, por encima de las objeciones de los oligarcas sonorenses que competían por esta valiosa fuente de mano de obra.[104] Junto con otro miembro poderoso de la "Casta", Rafael Peón Losa, y un grupo selecto de "científicos" mexicanos, recibió Molina las tierras y las concesiones forestales más extensas y lucrativas en el nuevo territorio de Quintana Roo. El nuevo territorio había sido arrebatado al estado de Yucatán en 1902; la separación indignó a la mayor parte de la *élite* yucateca que así perdía posibilidades de inversiones potencialmente ricas.[105] Don Olegario también adquirió para sí mismo y sus partidarios miles de hectáreas de terrenos baldíos en Yucatán, con lo que multiplicó el número de las haciendas controladas por él, a menudo a expensas de los pueblos indios situados fuera de la zona henequenera.[106] A través de su testaferro, Enrique Muñoz Arístegui, quien lo sucedió como gobernador, continuó Molina imponiendo un número siempre creciente de parientes y amigos como jefes políticos en Yucatán. Por último, modificó la estructura fiscal de Yucatán, disminuyendo aún más la responsabilidad de los hacendados y comerciantes muy ricos y echando una carga creciente sobre la pequeña clase media urbana y rural.[107]

Después de varias generaciones de descuido y represión, la naturaleza de la relación de Yucatán con la ciudad de México y la República cambió relativamente poco durante el Porfiriato. En lugar de ser incorporado a la nación mexicana en términos más equitativos, Yucatán permaneció en la periferia. La pérdida de Quintana Roo en 1902 representó una derrota política para la región, al igual que una severa pérdida económica; demostraba tal pérdida el sometimiento completo del crecimiento regional potencial a los intereses y las prioridades nacionales. Más correctamente, podríamos decir que el gobernador Molina y un pequeño círculo de oligarcas regionales se incorporaron a la superestructura nacional, como ocurría normalmente durante todo el Porfiriato. El proceso de la integración nacional de Yucatán se desenvolvería lentamente; en efecto, es du-

paternidad, pero Sierra nació en Campeche y vivió la mayor parte de su vida adulta en la ciudad de México.
[103] Roazen, "Molina Family"; *cf.* Wasserman, "Oligarquía".
[104] Hu-Dehart, "Pacification", pp. 72-73, 84-85, 92-93.
[105] Wells, "Economic Growth", pp. 12-14; Reed, *Caste War*, pp. 242-243; Hartman, "Henequen Empire", pp. 162-163.
[106] Estos "baldíos", juzgados vacantes por el gobierno de Molina, constituían a menudo los ejidos tradicionales de los pueblos indios locales. Con frecuencia, estos pueblos no podían probar claramente su derecho de propiedad, de modo que eran privados arbitrariamente de sus tierras. Mena Brito, *Reestructuración*, vol. 2, pp. 220-221, 223, 267; *VdR*, 19 de noviembre de 1915; Raymond, "Impact", p. 107.
[107] Roazen, "Molina Family"; Hartman, "Henequen Empire", pp. 96-97; Baerlein, *Mexico*, páginas 168 ss.

doso que tal proceso haya teminado incluso después de más de medio siglo de la Revolución Mexicana.

Los últimos años del Porfiriato y los primeros años del periodo revolucionario presenciaron los familiares descontentos regionales y confirmaron la posición marginal de Yucatán dentro de la estructura del poder nacional. La negligencia benigna caracterizaba todavía la respuesta del gobierno federal ante las demandas regionales de mejores comunicaciones terrestres y marítimas. El gobierno de Díaz, por ejemplo, se negó a prestar a los promotores yucatecos el dinero que necesitaban en 1901 para construir un importante ferrocarril en el sureste, a fin de conectar la zona henequenera con su interior empobrecido de la frontera de Quintana Roo.[108] A pesar de las diferencias de orientación ideológica y estilo político, Díaz, Huerta, Madero y Carranza permanecieron sordos a las reiteradas demandas yucatecas para que la península quedara conectada por ferrocarril con el centro de México y las rutas del transporte se racionalizaran y extendieran para incluir el tráfico peninsular. La ciudad de México —aunque ahora ligada a unos cuantos miembros de la "Casta"— imponía todavía a la mayoría de los líderes políticos de Yucatán por encima del nivel municipal y, con las notables excepciones de Justo Sierra y Olegario Molina, raras veces invitaba a yucatecos a participar en el gobierno nacional. Además, el gobierno federal continuaba la odiosa tradición de la leva (el reclutamiento militar), inciada por Santa Anna, que obligaba a jóvenes locales —de ordinario campesinos o hijos de los pobres urbanos— a luchar en distantes campañas militares en las que no se interesaban los yucatecos. La ciudad de México estaba tomando también porciones cada vez más grandes de la riqueza de Yucatán, mediante la elevación de sus impuestos en proporción al aumento de los ingresos regionales del henequén.[109]

Para 1915, Yucatán se había convertido, a su vez, en la gallina de los huevos de oro de los presidentes Díaz, Madero, Huerta y Carranza. Con cada ronda sucesiva de impuestos, crecía el resentimiento local, ya que Yucatán no había obtenido beneficios federales correspondientes. Con amargura, los yucatecos reconocían que el antiguo aforismo colonial del padre Diego de Landa —"Las cosas de Yucatán, dejarlas como están"— había llegado a justificar la indolencia burocrática mexicana en el área de las obras públicas y el desarrollo de la infraestructura.[110] Por último, como hemos visto, las incrementadas demandas fiscales de los gobiernos revolucionarios de México sobre Yucatán revivieron las llamas del separatismo entre los miembros de la burguesía agrocomercial dominante en la región, desatando como consecuencia la frustrada revuelta de Ortiz Argumedo en 1915.

En una inversión dramática, los insurgentes argumedistas se apropiaron el lema del padre Landa para justificar su rebelión regional. Y aunque la revuelta regional fue efímera, estos sentimientos, derivados de la posición tradicionalmente marginal de Yucatán dentro de la estructura política nacional, con-

[103] Wells, "Economic Growth", pp. 11-13.
[109] Reed, *Caste War*, pp. 257-285; Hartman, "Henequen Empire", pp. 189-201.
[110] Véase, por ejemplo, Manuel M. Escoffié, *Yucatán en la cruz*, Mérida, 1957.

tinuarían afectando las relaciones entre la Federación y el estado durante todo el periodo revolucionario. Pero es más importante para este estudio el hecho de que el aislamiento de Yucatán, y su débil posición negociadora frente a la ciudad de México, ayudarían en gran medida a forjar los movimientos revolucionarios dentro de la región, reduciendo la eficacia del proceso revolucionario.

III. LA ECUACIÓN REVOLUCIONARIA DENTRO DE YUCATÁN: EL PROBLEMA DE LA MOVILIZACIÓN

> Los indios no oyen sino por las nalgas.
>
> Proverbio de los hacendados yucatecos *c.* 1905

> El indio paga con su sangre el aire que respira. Por ello el indio recorre caminos sin fin, seguro de que la única senda que le permitirá encontrar su camino perdido es la senda que conduce a la muerte.
>
> Abreu Gómez, *Canek*

Hemos examinado la economía de exportación de Yucatán, dependiente de un solo cultivo ligado a un mercado fluctuante que estaba controlado por norteamericanos, y hemos sugerido que las vicisitudes que gobernaban esta economía frágil plantearían graves dificultades, no sólo para los constitucionalistas del general Alvarado en 1915, sino también para las "generaciones" sucesivas de revolucionarios que siguieron. Hemos señalado la posición tradicionalmente periférica y subordinada de Yucatán dentro de la configuración política nacional que, a pesar de las ganancias obtenidas por la oligarquía de Yucatán durante el Porfiriato, permanecía estructuralmente inalterada en 1915. Esto limitaría también las opciones abiertas a los regímenes revolucionarios futuros. Sin embargo, había algunas restricciones más inmediatas aún para el proceso revolucionario que emanaban del interior de la propia región. Aunque se relacionaban estrechamente con la economía internacional y la estructura del poder nacional, estas restricciones internas ameritan un análisis en sí mismas. Es importante saber el efecto que tendría la estructura agraria característica de Yucatán, dominada por un sistema de plantación afamado por sus onerosas condiciones laborales, sobre la movilización revolucionaria cuando llegara la Revolución en 1915. Específicamente podríamos preguntarnos por qué Mediz Bolio, el poeta regional, y otros observadores han destacado tan reiteradamente la necesidad urgente de hacer una revolución "desde arriba" en Yucatán, en vista de la falta de movilización desde abajo. ¿Es verosímil que, en la región cuyas condiciones laborales se consideraban quizá las más opresivas de todo el México porfiriano, la agitación y la actividad revolucionaria se encontraran entre las menos desarrolladas? ¿Y cuáles consecuencias tendría esto, en los decenios siguientes, para la iniciación de una campaña revolucionaria eficaz que incluyera a los diversos grupos y clases sociales?

LAS CONDICIONES LABORALES DE LAS HACIENDAS: EL MECANISMO DEL CONTROL SOCIAL

Cuando Yucatán inició su primer decenio revolucionario (1915-1924), no había ninguna tradición revolucionaria auténtica en la mente del pueblo yucateco. Esto no debiera implicar, como algunos han sugerido, que el campesinado maya de Yucatán, víctima de siglos de opresión, fuese una masa pasiva, inerte. En realidad, la historia colonial de la región está marcada por frecuentes revueltas mayas contra sus amos españoles y criollos. Y por supuesto, ya hemos mencionado la apocalíptica Guerra de Castas en 1847.[1] Es claro que para 1850 habían desarrollado los mayas una sólida tradición de protesta. Por lo tanto, resulta notable que al iniciarse el siglo XX, apenas 50 años después de las batallas sangrientas de la Guerra de Castas, la plantocracia de Yucatán hubiese enterrado efectivamente la mayoría de los recuerdos y huellas del suceso. En gran medida, la logística de la Guerra de Castas ayudaba a la burguesía terrateniente a alcanzar su meta. Los indios rebeldes habían retrocedido cada vez más hacia los bosques del otro lado de la frontera de Quintana Roo, y los mayas que se habían unido a la sociedad ladina (criolla) como peones de las plantaciones habían renunciado efectivamente a su derecho de nacimiento étnico, llegando a ser llamados con el eufemismo de "mestizos". En términos de la política oficial, dejó de existir en Yucatán la clasificación étnica de indio, sinónimo de rebelde.[2]

Pero más importante que la mera semántica era el hecho de que la plantocracia que surgía en Yucatán había establecido, luego de la guerra, un sistema de defensa que, aunado a las duras condiciones laborales de las haciendas, garantizaría que no se repitiera la gran rebelión.[3] El gobierno federal aportaba batallones regulares del ejército y destacamentos especiales de rurales que complementaban a la milicia y la policía estatales, y los propios hacendados grandes contrataban detectives privados y fuerzas policiacas. Ninguna otra *élite* regional disponía de un mecanismo de represión tan refinado.

El duro régimen laboral reducía por sí solo la necesidad de una actividad policiaca al mínimo durante los últimos años del Porfiriato. A medida que la

---

[1] Véase, por ejemplo, Nelson Reed, *The Caste War of Yucatan*, Stanford, Cal., 1964, *passim*; Moisés González Navarro, *La guerra de castas y el henequén*, México, 1970, páginas 31-42, 76-107; y Ermilo Abreu Gómez en su aclamado relato épico, *Canek: History and Legend of a Maya Hero*, trad. de Mario L. Dávila y Carter Wilson, Berkeley, Cal., 1980 (publicado originalmente en 1940).

[2] Reed, *Caste War*, parte 3. Richard Thompson analiza las categorías étnicas especiales de Yucatán en *The Winds of Tomorrow: Social Change in a Maya Town*, Chicago, 1974.

[3] La exposición siguiente se basa en el relato contemporáneo de John K. Turner (*Barbarous Mexico*, Chicago, 1910, pp. 9-66) y en los hallazgos más recientes de Friedrich Katz ("El sistema de plantación y la esclavitud", *Ciencias Políticas y Sociales*, 8:27 [enero-marzo de 1962], pp. 114-131; "Labor Conditions on Haciendas in Porfirian Mexico: Some Trends and Tendencies", *HAHR*, 54:1 [febrero de 1974], pp. 14-23, 44-47; *La servidumbre agraria en México en la época porfiriana*, México, 1976, pp. 7-122) y de Allen Wells ("Henequén and Yucatán: An Analysis in Regional Economic Development, 1876-1915", tesis doctoral inédita, Universidad Estatal de Nueva York en Stony Brooks, pp. 260-315).

demanda de la fibra natural aumentaba extraordinariamente en los dos últimos decenios del siglo XIX, los hacendados yucatecos empleaban generalmente cuatro métodos para aumentar la producción: *1)* el uso de maquinaria nueva; *2)* el empleo de los trabajadores de fuera de la región; *3)* el aumento del empleo de trabajadores de las aldeas cercanas, y *4)* una intensificación de la utilización de la mano de obra de la plantación.

Como hemos visto, la mecanización de la agricultura comercial del henequén se restringía por entero al descortezamiento de la fibra con máquinas de vapor, y más tarde de diesel. No había una necesidad apremiante de traer máquinas a los henequenales para la siembra y la cosecha porque la mano de obra era mucho más barata que las máquinas. Irónicamente, aunque la agricultura de plantación yucateca ganaría la reputación de ser una de las más avanzadas del México porfiriano en términos tecnológicos, las técnicas básicas del cultivo y la cosecha tenían miles de años de antigüedad y estaban ligadas a un modo de producción esencialmente de esclavos.

Los trabajadores se llevaban a Yucatán principalmente del centro de México, donde había exceso de mano de obra. Fracasaron los esfuerzos tendientes a la atracción de trabajadores europeos, aunque a principios del siglo llegaron varios millares de trabajadores chinos y coreanos. Estos trabajadores se dividían entre los deportados y los contratados, pero en la práctica casi no había ninguna diferencia entre ellos. Los deportados incluían millares de yaquis sonorenses, rebeldes mayas de Quintana Roo y miembros de otras tribus de la frontera que habían resistido la invasión de sus tierras por las haciendas en expansión, disidentes políticos del norte y el centro que se habían opuesto al régimen de Díaz, y criminales y vagabundos, a menudo demasiado pobres para salir de la prisión o evitar la deportación. Los trabajadores contratados, conocidos comúnmente como "enganchados", eran de ordinario campesinos removidos del centro de México y proletarios de la ciudad de México atraídos a Yucatán por contratistas charlatanes que prometían empleos bien pagados. La realidad era mucho más desagradable. Wallace Thompson, un observador contemporáneo que en general simpatizaba con Díaz, describe las penurias de los enganchados en términos virtualmente idénticos a los de la censura airada de John K. Turner contra el régimen de Díaz en *Barbarous Mexico*. El enganchado

> era generalmente un hombre que había sido prácticamente secuestrado en las ciudades... A menudo enfermo, casi inevitablemente inundado de pulque, capturado y obligado a firmar para trabajar cuando se encontraba intoxicado, este hombre era prácticamente encadenado en las cuadrillas de los contratistas, quienes lo entregaban por unos centenares de pesos. Los enganchados eran mantenidos en campos cerrados con alambrados de púas, a menudo en condiciones sanitarias horribles... y eran fáciles víctimas de los insectos tropicales, la suciedad y las infecciones.[4]

[4] Wallace Thompson, *The People of Mexico*, Nueva York, 1921, p. 327; *cf.* Turner, *Barbarous Mexico*, p. 167 y *passim*.

Una vez llegados a Yucatán, estos "enganchados", al igual que los deportados, eran mantenidos como virtuales prisioneros en los predios, y pocos lograban regresar al centro de México antes de 1915.

Además, las condiciones de vida y de trabajo de la gran mayoría de los trabajadores, los acasillados mayas nativos y los aldeanos despojados, se asemejaban cada vez más a las de los trabajadores contratados y los deportados, a fines del Porfiriato. Ya hemos visto que la expansión de la plantación henequenera despojaba de sus tierras a la aldea campesina autárquica y transformaba a la gran mayoría de los campesinos de la región —incluidos muchos de fuera de la zona henequenera— en un protoproletariado. Durante el Porfiriato, la situación material de estos aldeanos despojados se volvió especialmente triste. Viajaban desde sus aldeas hasta las plantaciones más cercanas, donde eran contratados como trabajadores temporales pero quedaban encerrados en la hacienda durante toda la vigencia de su contrato. En términos de alimentación, atención médica y paga, nunca estaban tan bien como los empleados "de tiempo completo", los trabajadores residentes o los acasillados, quienes representaban una inversión mayor para el hacendado. Turner destaca este contrato del trato en una conversación que sostuvo con un trabajador temporal o "de medio tiempo":

"¿Qué preferirías ser —le pregunté—, un trabajador de medio tiempo o de tiempo completo?"

"De tiempo completo —replicó prontamente, y luego en un tono menor—: Nos hacen trabajar hasta que estamos a punto de desfallecer, luego nos arrojan a un lado hasta que nos pongamos fuertes otra vez. Si hicieran trabajar a los de tiempo completo como a nosotros, ellos morirían." [5]

Sin embargo, la suerte del acasillado yucateco no podía haber sido mejor que la del aldeano sin tierra a principios del siglo. Debido al gran incremento de la producción de fibra para satisfacer la demanda en constante expansión, se había reducido el área sembrada de maíz, de 15 000 hectáreas en 1845 a 4 500 hectáreas en 1907.[6] Esa reducción de la superficie maicera fue especialmente resentida por los acasillados, quienes —con la excepción de unos cuantos sirvientes privilegiados— habían perdido su derecho tradicional de acceso a la tierra, que era lo que distinguía primordialmente a un peón endeudado de un esclavo.

El sistema tradicional del peonaje endeudado, que era intrínsecamente una forma coercitiva de trabajo en un área tan proclive a la escasez de mano de obra como Yucatán, había permitido originalmente que los peones residentes la pasaran mejor que los deportados, los trabajadores contratados y los aldeanos de tiempo parcial. Los hacendados asignaban diversas tareas a sus acasillados, pero les dispensaban cierto paternalismo que mitigaba los peores males del sistema. Todavía en 1901, un experto agrícola alemán visitante observaba:

[5] Turner, *Barbarous Mexico*, p. 33.
[6] *H*, 30 de abril de 1918.

El medio legal para atar a los criados a una hacienda consiste en un pago adelantado que en este estado significa que un trabajador que se marcha puede ser devuelto por la policía a la hacienda. Estos pagos adelantados se hacen generalmente cuando un hombre joven nacido en la hacienda llega a la edad de 18 o 20 años y se casa. Su amo le da entonces de 100 a 150 pesos, a veces hasta 200 pesos, para que forme un hogar, y ambas partes convienen silenciosamente en que esta suma, al igual que otras sumas que podrían entregarse más tarde en caso de accidente o enfermedad, no se pagarán jamás. Son el precio por el cual el joven yucateco vende su libertad.[7]

Sin embargo, las condiciones del acasillado de las plantaciones henequeneras habían empeorado progresivamente antes de 1915. Las presiones del mercado imponían una intensificación del trabajo de los peones, y el paternalismo dejó de amortiguar la dureza de las nuevas relaciones de producción, las que llegaron a aproximarse a las condiciones de los esclavos. Esta "involución" o regresión del régimen laboral hasta un modo de producción esencialmente esclavista se manifestó en diversas formas.[8] Por principio de cuentas, los hacendados ya no tenían que endeudar a sus trabajadores con jugosos anticipos. A medida que se deterioraba el precio de la fibra y aumentaba la presión del monopolio henequenero sobre los productores yucatecos, disminuían continuamente los adelantos salariales para los trabajadores del campo. El plantador continuaba pagando a sus trabajadores un salario nominal que en teoría les permitía pagar las deudas acumuladas si trabajaban arduamente. Pero una vez endeudados, los trabajadores veían que era prácticamente imposible la recuperación de su libertad.

En realidad, el salario del peón yucateco era razonable de acuerdo con las normas porfirianas. Sin embargo, por todo México, y especialmente en Yucatán, una declinación absoluta de los salarios reales volvía difícil la existencia e imposible el ahorro. El surgimiento del monocultivo requería la importación de la mayor parte de los alimentos y elevaba los precios del maíz, el frijol y la carne muy por encima del promedio nacional, especialmente después de 1898. Los niveles salariales no sólo se quedaban atrás en las buenas épocas sino que retrocedían cuando bajaban los precios de la fibra, como ocurrió durante el pánico de 1907.[9]

En última instancia, sin embargo, la deuda real era irrelevante si el hacendado estaba decidido a conservar al trabajador. Apoyado por el establecimiento político y legal del Porfiriato, el plantador tenía la opción de falsificar los registros, hacer las deudas hereditarias, o simplemente declarar bajo juramento la deuda del peón. Para fines del siglo, el trabajador se había convertido efecti-

[7] Karl Kaerger, citado en Katz, *La servidumbre*, p. 92.
[8] Además de Turner, los siguientes observadores contemporáneos describieron el endurecimiento del régimen esclavista: Henry Baerlein, Channing Arnold y F. J. T. Frost, y Karl Kaerger.
[9] Wells, "Henequén and Yucatán", pp. 293-296; El Colegio de México, *Estadísticas económicas del Porfiriato: Fuerza de trabajo y actividad económica por sectores*, México, 1964, páginas 159, 163, 165.

vamente en una mercancía cuyo valor de mercado no se relacionaba con la deuda sino que se determinaba por las fluctuaciones del mercado del henequén. Así pues, el precio común de un hombre fluctuaba entre 200 y 300 pesos en 1895; entre 1 500 y 3 000 pesos tras la gran alza de los precios ocurrida durante la guerra Hispano-Norteamericana y después; y 400 pesos tras la crisis económica mundial de 1907.[10]

Este sistema esclavista *de facto* —descaradamente inconstitucional, aunque no por ello menos real— existía sólo para el enriquecimiento de las plantaciones henequeneras altamente capitalizadas de los 400 o más empresarios hacendados que formaban el núcleo de la burguesía reinante en Yucatán. La intensificación del trabajo significaba que los días fáciles del pasado habían quedado atrás. La vida en la hacienda había perdido todo su encanto.

La plantación henequenera era una gigantesca fábrica agrícola en el campo, operada todo el año por lineamientos científicos, cuya producción estaba destinada en su totalidad al mercado mundial. Aunque desempeñaba la mayor parte de las funciones de una pequeña aldea rural y tenía en promedio una población de 100 a 150 personas (las plantaciones más grandes tenían más de 600 habitantes, y algunas tenían bastante más de 1 000), ya no había ningún intento de autosuficiencia, como ocurría en la hacienda tradicional. Los alimentos, la ropa y otros bienes de primera necesidad venían ahora del exterior. Virtualmente todos los trabajadores, en el campo, en la desfibradora o en el almacén, eran no calificados. Aunque las condiciones de trabajo se asemejaban a las de la esclavitud, a los trabajadores se les pagaba en teoría a destajo: tanto por millar de hojas cortadas, tanto por mecate escardado, tanto por millar de hojas descortezadas. Además, casi todas las tareas, a excepción de las realizadas en la planta descortezadora, podían ser realizadas en forma individual. Al mismo tiempo, cada vez se hacía más raro que los trabajadores tuvieran algún contacto personal con su hacendado o patrón; el plantador moderno era un empresario que vivía en Mérida y sólo hacía ocasionales visitas al campo para inspeccionar su inversión. La operación diaria de la plantación quedaba en manos de un administrador o encargado. Debajo de este administrador había una jerarquía de supervisores y capataces (mayordomos, *mayacoles*), encargados del control y la disciplina de los peones predominantemente mayas.[11]

Un buen capataz era aquel que obtenía de sus peones la mayor producción con el menor gasto. Quienes no realizaban las tareas individuales asignadas recibían multas monetarias y castigos corporales en forma de palizas. Uno de los miembros más ricos de la "Casta", Felipe G. Cantón, "justificaba" la utilización del látigo por parte de los plantadores, cuando informaba al periodista norteamericano John Turner, esbozando una sonrisa, que "es necesario azotar-

---

[10] Turner, *Barbarous Mexico*, p. 17; Katz, "El sistema", p. 125. Todos los observadores contemporáneos antes citados (nota 8) destacan la insignificancia de la deuda real.

[11] Frank Tannenbaum, *The Mexican Agrarian Revolution*, Washington, D. C., 1930, p. 101; Frederick J. T. Frost y Channing Arnold, *The American Egypt*, Nueva York, 1909, página 362; AGE, Ramo de Justicia, "Intestado de José Clotilde Baqueiro", 1899 (el espíritu de empresa y el absentismo del plantador).

los... porque no hay otra manera de lograr que hagan lo que tú deseas. ¿Cuál otro medio existe para imponer la disciplina en el campo? Si no los azotamos, no harán nada".[12] Los henequeneros colegas de Cantón usaban en el mismo sentido un proverbio rudo de fines del siglo: "Los indios no oyen sino por las nalgas."[13]

No hay duda de que el jornalero maya distaba mucho de ser flojo. Aun antes de que el auge de la exportación intensificara grandemente el trabajo en la plantación, las tareas de los trabajadores habían sido bastante arduas. El desmonte y la siembra del suelo rocoso, la escarda y la cosecha del agave espinoso, eran tareas difíciles, a menudo peligrosas bajo cualesquiera condiciones, ya no digamos bajo un sol tropical abrasador. El trabajo empezaba temprano, virtualmente al amanecer, para aprovechar al máximo las "frescas" horas de la mañana.

> Para la segunda hora de trabajo el sol está bien alto y el rocío se ha evaporado en un vaho que pega las ropas al cuerpo y llena la carne de sarpullido. Durante la estación lluviosa, los zancudos atacan en enjambres tales que a veces no pueden parar los trabajadores para hacer su pozol. Casi tan malos son los tábanos. Aparte de los insectos, hay diversos tipos de espinas que hieren los pies... Además, siempre existe la posibilidad de toparse con una víbora de cascabel oculta entre las hierbas...[14]

La tarea de cosechar las pencas, a lo largo de todo el año, era especialmente rigurosa. El jornalero cortaba las agudas espinas del extremo de la penca antes de cortar la penca misma de la planta que ya tenía la altura de un hombre. Esto lo obligaba a trabajar entre las espinas de las otras pencas, cortando con su coa (una hoja de hierro curva, montada en un mango de madera de unos 60 centímetros de largo) directamente en la base de la planta, mientras mantenía la hoja inmóvil con su mano libre. Las pencas cortadas se apilaban en montones de 50, luego se llevaban al pie de un surco ("plantel"), desde donde eran transportadas por un carrito de mulas hasta la desfibradora del predio. Al inicio del auge, los jornaleros cosechaban un promedio de 1 000 pencas diarias. Para 1915, no era raro que los peones cortaran y engavillaran de 1 500 a 2 000 pencas por día, dependiendo del ritmo de producción exigido por el administrador de la plantación.[15]

El escritor Fernando Benítez pinta un retrato vívido del jornalero yucateco. Encorvado sobre el plantel, trabajaba solo, "cubierto de hojas, insectos y sudor, con el cabello opaco por el polvo, virtualmente transformado en un árbol... Miré sus manos: heridas por las agudas espinas, ensangrentadas pero en cons-

---

[12] Turner. *Barbarous Mexico*, p. 24.
[13] Frost y Arnold, *American Egypt*, p. 324.
[14] Malcolm K. Shuman, "The Town Where Luck Fell: The Economics of Life in a Henequen Zone Pueblo", tesis doctoral inédita, Universidad de Tulane, Nueva Orleáns, 1974, p. 147.
[15] *Ibid.*, p. 146; Wells, "Henequén and Yucatán", p. 276.

tante movimiento, casi independientes de su cuerpo, contorsionado como un Cristo agonizante".[16]

El nuevo régimen de trabajo redujo los derechos y las expectativas de los jornaleros también en otras áreas. Los plantadores se negaban ahora a permitir que sus peones se casaran fuera del predio. Cuando escasea la mano de obra,

Jornaleros mayas atendiendo un "plantel" en un predio henequenero.

la exogamia podría significar la pérdida del beneficio de futuras generaciones de trabajadores. Tampoco recibían los hijos y las hijas de la plantación una educación seria. En consecuencia, el analfabetismo era casi total entre los 100 000 trabajadores agrícolas de Yucatán, según se estimaba su número. Los servicios médicos padecían generalmente la misma suerte que las escuelas: sólo en las plantaciones más grandes había médicos y medicinas, y aun allí eran insuficientes para satisfacer las necesidades existentes. Por otra parte, muchos plantadores tenían buen cuidado de remunerar frecuentemente a sus trabajadores con una dotación de licor.[17]

Como sería de esperarse, la longevidad de los "esclavos" de Yucatán no era

[16] Benítez, *Ki: El drama de un pueblo y de una planta*, 2ª ed., México, 1962, pp. 49, 51.
[17] Salvador Alvarado, *Actuación revolucionaria del general Salvador Alvarado en Yucatán*, México, 1965, pp. 50, 78, 150.

muy grande. Dos de los socios más íntimos de Olegario Molina en la "Casta", Joaquín Peón y Enrique Cámara Zavala (este último presidente de la Cámara Agrícola, controlada por los hacendados), le dijeron sin ambages a John Turner que entre los trabajadores mayas nativos, que constituían el grueso de la fuerza de trabajo, la tasa de mortalidad superaba ampliamente a la tasa de natalidad. En lo tocante a los deportados yaquis, representantes del segundo gran componente de la fuerza de trabajo de la plantación, Peón y Cámara señalaron que era de esperarse que dos tercios murieran durante el primer año de su estancia en Yucatán.[18] ¿Por qué permitían entonces, los plantadores, un tratamiento tan severo a sus trabajadores en una región donde la escasez de mano de obra se había vuelto crónica? Parecería preferible que se promoviera un trato más considerado, a fin de preservar su valiosa propiedad humana, cuyo valor se elevaría de continuo junto con la demanda de la fibra.

Sin embargo, dos argumentos económicos parecen haber disuadido a los plantadores de la implantación de un régimen laboral más benigno. Primero, la mentalidad de la mayoría de los henequeneros había sido moldeada por las grandes fluctuaciones del precio de su mercancía que habían ocurrido ya durante las dos primeras generaciones del cultivo de la fibra regional. En un solo año, el de 1897-1898, el precio del henequén había subido 300% y el aumento de los beneficios de los plantadores se había estimado en 600%. Había surgido una mentalidad de auge: el plantador advertía que tan drásticas elevaciones del precio caracterizarían a la industria sólo por un tiempo limitado, y estaba dispuesto a aprovechar al máximo cuando tal cosa ocurriera. Esto implicaba una intensificación máxima de la mano de obra en términos de la duración de la jornada y de las tareas. No importaba que el trabajador pudiera morir al cabo de pocos años; cada "año de auge" que trabajara a toda su capacidad produciría una tasa de beneficio multiplicada que compensaría con creces los "años de baja" que pronto podrían seguir. Además, en vista de las conexiones políticas de Molina en la ciudad de México y del monopolio de la fuerza que mantenían en la región, los plantadores podían esperar confiadamente que obtendrían nuevos deportados yaquis y enganchados para incorporarlos al sistema existente con un costo suficientemente bajo para sustituir de inmediato a los "jornaleros expirados".[19]

Otra consideración, íntimamente relacionada con la primera, era la cuestión del endeudamiento de los plantadores con la "Casta" (y, por extensión, con el monopolio norteamericano del henequén). La falta de unidad existente entre los miembros de la *élite* yucateca tenía aquí consecuencias especialmente graves para los trabajadores agrícolas de la región. La mayoría de los hacendados pequeños y medianos (al igual que algunos plantadores más grandes adictos al gasto ostentoso) se habían endeudado fuertemente, de modo que sus costos de producción habían aumentado en gran medida. Las fluctuaciones del precio

---

[18] Turner, *Barbarous Mexico*, pp. 18-19; Reino Unido, *Diplomatic and Consular Reports: Trade of Yucatan for the Year 1898*, Londres, 1899, p. 2.
[19] Evelyn Hu-Dehart, "Pacification on the Yaquis in the Late *Porfiriato:* Development and Implications", *HAHR*, 54:1 (febrero de 1974), 72-93.

hacia abajo (por ejemplo, a principios del decenio de 1890, en 1906-1907) los ponían a menudo al borde de la quiebra. Como sería de esperarse, el método favorito para eludir o posponer el colapso financiero consistía en arrojar el peso de sus crisis sobre las espaldas de sus trabajadores, reduciendo los adelantos en efectivo, los salarios, el acceso a la tierra, la atención médica tradicional y otros servicios, al mismo tiempo que se intensificaban las obligaciones laborales. Como gobernador, Molina aconsejaba a estos plantadores que pagaran sus deudas, pero ponía en claro que la mano de obra seguiría siendo barata porque vendrían del norte los yaquis en grandes cantidades. Para justificarse, el gobierno nacional y el gobierno estatal explicaban que el pago de salarios bajos podría llegar a ser una ventaja importante: ayudaría a los plantadores a asestar un golpe a los monopolios norteamericanos al liberarse del peso de su deuda acumulada.[20]

Sin embargo, debe destacarse que no existían condiciones laborales uniformes por todo Yucatán. Las condiciones variaban de una plantación a otra, al igual que la composición de la fuerza de trabajo. Por ejemplo, en algunos predios se usaban trabajadores contratados en grandes cantidades, mientras que otros predios empleaban principalmente peones acasillados con una mezcla de aldeanos sin tierra y deportados. En ciertas fincas subsistía una forma más antigua de paternalismo, de modo que los hacendados pasaban en sus predios largos periodos, y en algunos casos preservaban el régimen tradicional del peonaje otorgando a sus sirvientes adelantos en efectivo y acceso a una milpa.[21] Pero en general parece claro que las relaciones de la producción existentes en las plantaciones henequeneras de Yucatán se encontraban entre las más opresivas del sureste tropical, una región que mantenía el régimen laboral más oneroso de la República Mexicana.[22]

Un examen de las condiciones socioeconómicas y geográficas prevalecientes durante el Porfiriato yucateco —todavía designado por los aldeanos como la "Época de la Esclavitud"— sugiere la razón de que tales condiciones empezaran a aparecer en la región en una época en la que la esclavitud estaba siendo legalmente abolida o declinaba irreversiblemente en el resto de América. El marcado incremento de la demanda internacional de la fibra; el desarrollo de los ferrocarriles y tranvías que conectaban las plantaciones con su mercado regional y su puerto internacional; la existencia en el centro de México de un gran excedente de mano de obra representado por los campesinos sin tierras que no eran absorbidos por la industria local y constituían una masa fácil para los

[20] *Boletín de la Dirección General de Agricultura*, México, 1911, p. 590.
[21] Katz, "Labor Conditions", p. 19. Roland E. P. Chardon (*Geographic Aspects of Plantation Culture in Yucatan*, Washington, D. C., 1961, pp. 103-116) y Siegfried Askinasy (*El problema agrario de Yucatán*, 2ª ed., México, 1936, pp. 30-31) describen el régimen laboral de la hacienda de Sacapuc en términos sugerentes de que el propietario de la finca trataba de aferrarse a una forma de paternalismo más antigua, menos dura.
[22] Katz, "Labor Conditions", 14-23, documenta un tratamiento similar de los trabajadores en las plantaciones tropicales de Tabasco, Chiapas, Veracruz y el Valle Nacional en Oaxaca; véanse las pruebas que aparecen en las obras de Turner, Baerlein, Arnold y Frost, y Kaerger, antes citadas.

enganchadores; la ausencia en el sureste de una industria manufacturera o minera importante que compitiera con los plantadores por la mano de obra escasa y así otorgara a los trabajadores mayor movilidad; un gobierno fuerte que se mostrara dispuesto a ayudar en el uso y la imposición de este sistema neoesclavista, y por último el aislamiento geográfico de Yucatán, que facilitaba el control y dificultaba el escape, eran condiciones excepcionalmente propicias para un modo de producción esclavista. Además, en virtud de que la demanda de henequén era constante, éste se cultivaba todo el año y requería una fuerza de trabajo estable, sedentaria. A excepción de unos cuantos empleos calificados en la planta descortezadora (para la que se importaban de ordinario trabajadores libres de Mérida, bien pagados), la mayoría de las tareas no requerían habilidades específicas ni adiestramiento previo. Las tareas se calculaban y ejecutaban en forma individual, de modo que la supervisión resultaba relativamente fácil.

La mezcla anómala de la modernidad visible del siglo xx con una forma de servidumbre decididamente colonial llamó la atención de los viajeros contemporáneos y sigue siendo desconcertante. ¿Era Yucatán, antes de la Revolución, una sociedad donde una economía capitalista modernizada, dominada por los hacendados y los intereses extranjeros, alimentaba una estructura social rural atrasada, como sugiere la opinión prevaleciente?[23] Tal interpretación destaca correctamente el sistema *de facto* de la esclavitud como la fuerza motriz que se encuentra detrás del monocultivo de Yucatán. Sin embargo, al pasar por alto la naturaleza esencial de estas relaciones de producción y describir a la sociedad como una moderna sociedad capitalista, esta concepción olvida la contradicción más importante de la estructura social y económica de Yucatán en vísperas de la Revolución.

Es clara la ambivalencia de tal posición. Si se describe a la sociedad como "capitalista" a pesar de todo, podría sugerirse que el sector agrario predominante en la región, la industria henequenera, era "feudal" (o "esclavista"), de modo que habría necesidad de proponer una tesis "dualista". El dualismo implica que no existen conexiones extensas entre el sector "moderno" o progresista de una sociedad y el sector cerrado o "tradicional". Pero no tenemos que vernos forzados a afrontar el dilema de una sociedad que se describe burdamente como capitalista a pesar de que su sistema laboral predominante sea coercitivo o dependiente.[24] Esta interpretación —articulada con mayor solidez teórica en las obras de André Gunder Frank—[25] se ha mostrado demasiado dis-

---

[23] Véase, por ejemplo, Ramón D. Chacón, "Yucatán and the Mexican Revolution: The Pre-constitutional Years, 1910-1918", tesis doctoral inédita, Stanford University, 1981, *passim.*

[24] Véase, por ejemplo, Ernesto Laclau, "Feudalism and Capitalism in Latin America", *New Left Review,* p. 67 (mayo-junio de 1971), pp. 19-38; y Jay R. Mandle, "The Plantation Economy: An Essays in Definition", *Science and Society,* 36:1 (primavera de 1972), páginas 49-62.

[25] Por ejemplo, véase André Gunder Frank, *Capitalism and Underdevelopment in Latin America,* Nueva York, 1967; *Latin American Underdevelopment and Revolution,* Nueva

puesta a pasar por alto la cuestión del trabajo libre frente al trabajo dependiente, juzgando capitalista a una sociedad sólo por su participación en el sistema económico capitalista mundial. Sus exponentes han obrado así a fin de evitar la postura dualista que minaría lo que consideran la posición esencial de la "dependencia": que la estructura externa del desarrollo capitalista genera el subdesarrollo dentro de las sociedades latinoamericanas. Es claro que no debiéramos minimizar su contribución al establecimiento de la existencia de conexiones importantes entre la economía internacional en expansión y la formación social de la sociedad latinoamericana. Sin embargo, habiéndonos traído a la periferia, estos "dependentistas" proveen escasa dirección, ya que no pueden especificar los matices de las relaciones sociales existentes dentro del país dependiente. Más bien prefieren considerar todas las relaciones sociales bajo el rubro del capitalismo.

Existe la posibilidad de conservar dos puntos interrelacionados del análisis —las relaciones internas y las externas de la dependencia—, sin caer en la trampa de una teoría dualista de la modernización. Existen conexiones importantes entre un sector moderno y un sector tradicional. Por ejemplo, la explotación servil de los campesinos mayas recientemente separados de sus aldeas tradicionales se vio acentuada y consolidada por la acción de los empresarios plantadores yucatecos, de tipo moderno, que trataban de maximizar sus beneficios en el mercado internacional. En consecuencia, la modernidad de un sector dependía del atraso del otro sector. Lejos de ser incompatible con la producción para el mercado mundial, el carácter esencialmente "precapitalista" o "esclavista" del sistema de relaciones laborales prevaleciente en las plantaciones henequeneras de Yucatán se agudizó en efecto por la expansión del mercado mundial. En otras palabras, no hay necesidad de pasar por alto el carácter precapitalista de la producción y las relaciones sociales que fluyen de allí dentro de la sociedad dependiente. Además, debemos reconocer que tales relaciones son un producto de la interacción dinámica de dos sectores de relaciones sociales diferentes, el nexo comercial capitalista externo y un modo de producción precapitalista dentro de la sociedad latinoamericana (una sociedad esclavista *de facto* en el caso de Yucatán). Teniendo esto en mente, nos cuidaríamos de distinguir en Yucatán entre la modernización y la rentabilidad privada de una pequeña burguesía de plantadores y el subdesarrollo y estancamiento de la gran masa de la sociedad que han sido generados por el avance de esa burguesía.[26]

En lugar de asignar etiquetas tales como las de "capitalista", "precapitalista" o "feudal" al sistema económico predominante en Yucatán en vísperas de la Revolución, podríamos verlo más provechosamente como un sistema representativo de la "economía de plantación".[27] En efecto, Yucatán poseía antes de

York, 1969; y Frank, James D. Dockcroft y Dale L. Johnson, comps., *Dependence and Underdevelopment*, Garden City, N. Y., 1972.

[26] Véase la situación contemporánea análoga descrita en el examen que hace Warren Dean del café brasileño, *Rio Claro: A Brazilian Plantation System, 1820-1920*, Stanford, California, 1976, p. 196.

[27] Mandle, "Plantation Economy", pp. 56-62.

la Revolución la mayor parte de las relaciones sociales de la producción que han caracterizado a las sociedades de plantación a través de la historia, a saber: la monopolización de los activos productivos por parte de una pequeña clase de plantadores, a menudo en alianza con intereses extranjeros; la producción de un bien básico para los mercados exteriores; la ausencia de un mercado laboral interno vital y, en consecuencia, la utilización de un sistema de trabajo dependiente o forzado; la ausencia de un mercado interno desarrollado para el consumo, y la existencia de una estructura truncada de clases sociales que promueve una distribución del ingreso muy desigual. Me ocupo de estos problemas de definición en el contexto más amplio de la teoría de la dependencia porque está involucrado algo más que la semántica. Concentrándonos en las relaciones de producción y en los sistemas laborales. y no sólo en el nexo del mercado externo, podremos conceptuar y localizar mejor las relaciones de dependencia existentes *dentro* de la sociedad local, y podremos examinar más precisamente la relación de conexión o dialéctica existente entre la estructura clasista interna y las conexiones externas. Así no nos vemos obligados a afirmar, en términos estáticos, que el desarrollo desigual de Yucatán era algo impuesto desde afuera por un poderoso monopolio norteamericano de comercialización. En efecto, había también una lógica dinámica interna del proceso, y la dependencia de Yucatán era al mismo tiempo un elemento de su configuración socioeconómica interna. Como hemos visto, la explotación del campesinado maya por una pequeña clase terrateniente no se inició con la hegemonía de la Harvester en Yucatán. Más bien, el patrón de relaciones clasistas existente, basado en un sistema de peonaje tradicional, se transformó rápidamente en un régimen neoesclavista, ya que la economía local se conectó cada vez más a las exigencias del capitalismo internacional (representado aquí por el monopolio cordelero extranjero) y en última instancia se subordinó a tales exigencias. En consecuencia, se estableció una alianza que en el interior de Yucatán unificó los intereses externos con los intereses de los grupos locales dominantes, aunque involucraba contradicciones esenciales. Esta colaboración condenaba al infortunado campesino yucateco a una "doble explotación" [28] que se reflejaba gráficamente en la involución del sistema laboral, desde el peonaje tradicional hasta la franca esclavitud.

El problema de la movilización

Cuando visitó las plantaciones henequeneras de Yucatán en 1909, comentó Francisco I. Madero: "Si hay una revolución social en México, tal revolución se iniciará en Yucatán." [29] Por supuesto, las revoluciones populares requieren mucho más que la mera realidad de la injusticia social. Pero en ciertos sentidos habría estado en lo justo Madero durante el periodo de 1920-1923. Como veremos, el reclutamiento realizado durante ese periodo por los revolucionarios so-

[28] Fernando Henrique Cardoso examina este concepto en "The Consumption of Dependency Theory in the United States", *LARR*, 12:3 (otoño de 1977), 13.
[29] Félix F. Palavicini, *Mi vida revolucionaria*, México, 1937, p. 36.

cialistas de clase media, en las personas de aldeanos sin tierras y peones residentes, introdujo el que fuera quizá el movimiento social más radical del país. Sin embargo, esto sería posible sólo después de que las fuerzas externas habían aniquilado gran parte del poder político y represivo del Antiguo Régimen en el periodo de 1915-1918. Y aun entonces, surgiría sólo con lentitud un levantamiento popular, cuya ausencia minaría gravemente el impulso revolucionario local. En gran parte, esta ausencia de una movilización popular podría considerarse como un legado de la estructura económica de Yucatán, basada en la formidable trinidad del monocultivo, la mano de obra dependiente y el gran predio.

Económicamente explotado, aislado y sin aliados, el campesinado maya de Yucatán era decididamente una fuerza no revolucionaria en 1915. A pesar de una historia de protesta colectiva en Yucatán, la continuidad de esta tradición se rompió a partir del decenio de 1850 por la dislocación demográfica y geográfica de la sociedad campesina tradicional, seguida de la movilización de intensas fuerzas represivas por parte de la clase plantadora en expansión. En algunas sociedades agrarias, los sucesos y las experiencias que guarda tal tradición han sido a menudo exagerados y convertidos en un mito por los líderes rurales movidos por la ideología. Así pues, es posible que la historia de luchas pasadas no haya sido nunca tan vital como lo sugeriría la mitología actual.[30] Irónicamente, en el caso de Yucatán antes de la Revolución parece haber ocurrido lo contrario. Los campesinos mayas, herederos de una rica experiencia de luchas agrarias, habían perdido de tal manera el contacto con esta tradición en el medio siglo de explotación y represión siguiente a la Guerra de Castas que ellos mismos empezaron a minimizar la rebeldía de sus antepasados.

Especialmente destructiva de esta tradición colectiva fue la expansión del predio henequenero que alejó sistemáticamente al campesino yucateco de su tierra, perturbando su comunidad establecida y empujándolo irresistiblemente hacia la plantación fabril, lo que inició el proceso que finalmente lo transformaría en un proletario rural. Los estudiosos de los movimientos agrarios mexicanos parecen convenir en que tales protestas "tenían su base en las comunidades aldeanas dotadas de tierras y no en las haciendas".[31] Se ha trazado otra distinción importante entre los "campesinos revolucionarios" que se movilizan en la lucha por la supervivencia de sus comunidades terratenientes (por ejemplo, los zapatistas de Morelos) y los "campesinos no revolucionarios" que, aunque pobres, pueden conservar algo del acceso tradicional a la tierra, perduran como una comunidad viable y prefieren permanecer inmóviles antes que arriesgarse a perder lo poco que tienen (por ejemplo, los aldeanos libres de Oaxaca).[32]

[30] Raymond Th. J. Buve, "Peasant Movements, Caudillos and Land Reform during the Revolution (1910-1917) in Tlaxcala, Mexico", *BdEL*, 18 (junio de 1975), p. 116.
[31] *Ibid.*, p. 117.
[32] Ronald Waterbury, "Non-revolutionary Peasants: Oaxaca Compared to Morelos in the Mexican Revolution", *CSSH*, 17:4 (octubre de 1975), pp. 410-412. El potencial "no revolucionario" de los aldeanos libres de Oaxaca (y Chiapas) se explica además por el papel central de los poderosos caciques indios. Estos jefes servían como intermediarios económicos y culturales entre los comuneros y los hacendados y no querían ninguna perturbación de

En 1915, el campesinado yucateco parecería representar una tercera posibilidad, porque en Yucatán la aldea libre no era pobre pero viable, ni luchaba para no volverse obsoleta. Con pocas excepciones, sobre todo en las remotas secciones del sur y el oriente de la región, el campesinado tradicional *ya* se había vuelto obsoleto. Sin tierras, o con muy pocas tierras, los aldeanos libres no podían escapar a la dominación de los grandes predios.

Una vez empujados a la esfera de los grandes predios, los campesinos quedaban sujetos a todo el peso de su control político, económico y social. El monopolio de la fuerza ejercida por los plantadores en la región, a través de fuerzas policiacas federales, estatales y privadas, reforzado por un monopolio de los cargos políticos y judiciales, hacía improbable la resistencia y difícil el escape. Los cazadores de recompensas que respondían a los anuncios publicados en la prensa local, y los "agentes de seguridad" de los plantadores, perseguían a los desertores. Los peones que abandonaban temporalmente sus predios debían llevar documentos de identificación.[33] En 1902, cuando el ejército mexicano conquistó el estado maya independiente de Quintana Roo, que había dado asilo a los prófugos de las plantaciones, se cerró la última vía de escape.[34]

Pero los plantadores tomaron otras precauciones. Siempre que ello fuese posible, se aseguraban de que sus fuerzas de trabajo estuvieran formuladas por grupos heterogéneos que incluyeran a campesinos mayas, deportados yaquis, inmigrantes orientales en servidumbre, y enganchados del centro de México. Conglomerados tan diversos de seres humanos representaban asentamientos antes que verdaderas comunidades de peones acasillados. La llegada constante de forasteros y la tasa de mortalidad extraordinariamente elevada entre los jornaleros perturbaban las relaciones colectivas entre inmigrantes y mayas por igual. Los antiguos pobladores que significaron tanto para la rebelión zapatista en Morelos eran raros en las plantaciones yucatecas, carentes de experiencia y llenos de ignorancia. Al intensificar el régimen laboral y reponer luego su fuerza de trabajo con nuevos arribos, el hacendado lograba un doble propósito: combatía la crónica escasez de mano de obra y minimizaba las probabilidades de una resistencia organizada. En este sentido, la plantación henequenera yucateca tenía menos en común con los regímenes esclavistas paternalistas del Viejo Sur

los mercados locales que controlaban. Sus clientes, los aldeanos, aceptaban tal arreglo explotador porque no comprometía —por lo menos hasta hace poco tiempo— su forma de vida comunal ni amenazaban su acceso a la tierra. Henning Siverts, "The 'Cacique' of K'annkujk", *ECM*, 5 (1965), pp. 339-360.

[33] Wells, "Henequén and Yucatán", pp. 280-283; *El Peninsular*, 31 de marzo de 1905; *El Eco del Comercio*, 11 de julio de 1891.

[34] Durante los 50 años siguientes a la Guerra de Castas, el gobierno estatal había tratado, a gran costo, de destruir los restantes reductos de la resistencia maya en Quintana Roo porque la plantocracia temía que un estado maya independiente alentara los estallidos de violencia de los trabajadores mayas en la zona henequenera. Wells, "Henequén and Yucatán", p. 306, cap. 4, *passim*. Los temores de los plantadores se agudizaron cuando supieron que pequeños grupos de prisioneros morelenses, deportados a campos de trabajo de Quintana Roo tras las disputas de tierras en su propio territorio, habían escapado y estaban en posibilidad de hacer causa común con los rebeldes mayas. John Womack, *Zapata and the Mexican Revolution*, Nueva York, 1969, pp. 39, 51.

que con las jóvenes plantaciones algodoneras en expansión de la frontera de Misisipí y Alabama o los predios azucareros más nuevos del Caribe, donde la explotación era tan severa que no promovía las comunidades cohesivas sino sólo asentamientos físicos donde los trabajadores permanecían un tiempo antes de marcharse de manera definitiva.

Además, virtualmente no se permitía que los peones yucatecos tuvieran contacto alguno con el mundo exterior a la plantación. Los hacendados desalentaban la fraternización y los matrimonios entre trabajadores de predios diferentes, algo que de todos modos dificultaba el rudimentario sistema carretero de Yucatán. El campesino estaba completamente aislado de sus aliados potenciales en las áreas urbanas. Siempre que ello era posible, se mantenía alejados de las haciendas a los visitantes y comerciantes de la ciudad y se impedía que tuviesen acceso a los peones. En este sentido, el campesinado de Yucatán difería radicalmente del campesinado del centro de México. En el valle central, por ejemplo, las aldeas indias libres se habían ubicado desde tiempos coloniales cerca de los centros urbanos del poder político y económico. A menudo, a fin de sobrevivir a la privación económica derivada de la pérdida de sus tierras y las otras exigencias que les formulaba la sociedad dominante, se veían obligados a buscar empleo en las minas, los talleres y las fábricas de la vecindad, así como en las haciendas cercanas. Además de obtener un ingreso esencial, los campesinos aprendían nuevas habilidades culturales —algunos dejaban de ser campesinos— y hacían importantes contactos urbanos, reclutando así valiosos aliados y líderes efectivos en las épocas de rebelión.[35]

En Yucatán eran más raros los intercambios rurales-urbanos. Por encima del aislamiento físico promovido por los plantadores y de un mal sistema carretero, existía "un aislamiento cultural más pernicioso aún": un "desinterés casi absoluto entre los meridanos por el campo indio".[36] Los estrechos lazos existentes entre los trabajadores urbanos y los campesinos, que serían responsables en gran medida de la creación, el liderazgo y la ideología de las ligas agrarias de Veracruz y Michoacán, no se observarían jamás en Yucatán. El proletariado urbano de Yucatán parece haber provenido de otras partes de México o de Mérida, Progreso y otros centros urbanos más pequeños; eran raros los reclutas recientes, provenientes del campo yucateco. El proletariado veracruzano incluía el mismo complemento de trabajadores de servicio —estibadores, trabajadores ferroviarios y electricistas— que constituían el núcleo del movimiento laboral urbano de Yucatán. Sin embargo, en virtud de que la economía de Veracruz —al revés de la economía de monocultivo yucateca— era mucho más industrializada y diversificada (produciendo petróleo, textiles, tabaco y azúcar), había no sólo un proletariado urbano mucho mayor en Veracruz sino también oportunidades mucho mayores para los intercambios rurales-urbanos y las mi-

[35] Buve, "Peasant Movements", p. 116; Heather Fowler Salamini, *Agrarian Radicalism in Veracruz, 1920-1938*, Lincoln, Neb., 1978, cap. 2 y *passim*; Paul Friedrich, *Agrarian Revolt in a Mexican Village*, Englewoods Cliffs, N. J., 1970, pp. 58-77 [hay edición del Fondo de Cultura Económica]; Womack, *Zapata*, pp. 6-7.
[36] Elmer Llanes Marín, "La llanura aislada", *O*, 49 (octubre de 1957), pp. 19-20.

graciones.³⁷ Si algunos autores consideran que el fracaso de la Revolución Mexicana se debió al boicoteo burgués de una alianza potencial muy probable entre las clases trabajadoras rurales y urbanas,³⁸ es posible que Yucatán constituya una excepción importante, ya que tal alianza no apareció jamás como una posibilidad realista. Los trabajadores urbanos y rurales yucatecos mantenían identidades separadas y seguían destinos diferentes. Mientras que el campesinado permanecía inmovilizado, los trabajadores ferroviarios y portuarios iniciaron un movimiento laboral urbano, pequeño pero decidido, que se había establecido para 1915. Peluqueros, panaderos, restauranteros, mecánicos, conductores, carreteros y trabajadores de la construcción habían creado sindicatos antes de la llegada del general Alvarado. Ferozmente independientes, estos artesanos y trabajadores lucharon primero para lograr la seguridad del empleo y luego para mantener sus salarios reales. Además de apreciar las fluctuaciones del mercado de la fibra, de las que dependían sus salarios, les importaba poco el campo o la situación de los campesinos.

Aparte de la condición de atraso del campesinado, la ecuación revolucionaria era sustancialmente sesgada en el conjunto de Yucatán. En su organización social, la sociedad yucateca tenía, durante el Porfiriato, mucho en común con la plantación colonial y las sociedades esclavistas de un periodo anterior de la historia latinoamericana.³⁹ Un abismo separaba los dos extremos de la escala social: la minúscula minoría de plantadores y la gran mayoría de esclavos (peones). Tampoco había mucha infraestructura social entre estos extremos. La clase trabajadora urbana, a veces bien organizada en términos políticos, veía limitado su crecimiento por el nivel insignificante de la industrialización de la región, en virtud de la persistencia de la agricultura de monocultivo y la ausencia de un mercado interno. Con la excepción de las fábricas de cerveza, dulces y cigarrillos, varias plantas para la fabricación de hielo y una fábrica de vidrio y cemento —todas ellas pequeñas para las normas nacionales—, el escaso dinero destinado al desarrollo industrial se había invertido primordialmente en los esfuerzos fallidos de producción de mecates o de manufacturas locales, o en industrias de servicios directamente relacionadas con la producción y el transporte de henequén (por ejemplo los ferrocarriles, los tranvías, las plantas descortezadoras y los talleres de reparación).⁴⁰

Antes de la Revolución, Yucatán poseía también una clase media, muy pequeña incluso para los patrones latinoamericanos de la época: de 3 a 5% de

---

³⁷ Fowler Salamini, *Agrarian Radicalism*, caps. 1-2, y "Los orígenes de las organizaciones campesinas en Veracruz: Raíces políticas y sociales", *HM*, 22:1 (julio-septiembre de 1972), pp. 52-76.

³⁸ Adolfo Gilly, *La revolución interrumpida*, México, 1971, pp. 385-399.

³⁹ Véase, por ejemplo, el análisis que hace Caio Prado de la estructura de la sociedad esclava en el Brasil colonial. *The Colonial Background of Modern Brazil*, Berkeley, 1969, especialmente los capítulos titulados "Economy", "Large-Scale Agriculture" y "Social Organization".

⁴⁰ Véanse los informes económicos anuales (anteriores a 1915) del cónsul norteamericano en SD-CPR, *Corr.*, expediente 610, que examinan a través del tiempo el bajo nivel de la industrialización de Yucatán.

la población. Este sector medio estaba integrado principalmente por intelectuales, periodistas, profesionales, pequeños comerciantes y pequeños productores rurales, la mayoría de los cuales servían a la *élite* agrocomercial y adoptaban su perspectiva social, o por lo menos aspiraban a hacerlo.[41] Sin embargo, había una minoría cada vez más expresiva que se sentía afectada por una falta de oportunidades en la sociedad. En la asfixiante atmósfera de la agricultura de plantación en gran escala, había escaso margen para cualquiera otra actividad importante. Todo lo que no se conectara con una gran producción comercial de henequén para la exportación quedaba relegado a una posición secundaria.

Al mismo tiempo, en el campo, la pequeña burguesía rural, una constelación abigarrada de pequeños productores de henequén y de alimentos, se veía carente de influencia política, vulnerable a la discriminación de la estructura fiscal existente, incapacitada para obtener tarifas de transporte razonables o un servicio ferroviario regular para sus mercancías, e imposibilitada para adquirir tierras adicionales mediante la denuncia de terrenos baldíos.[42] En efecto, en lo tocante a la tierra, era probable que estos pequeños productores de henequén, cada vez más empobrecidos, como los parcelarios más pequeños aún (campesinos ricos que, además de cultivar maíz y frijol, cosechaban pequeñas parcelas de henequén), se endeudaran con Molina, Montes y la "Casta", y perdieran la tierra que tenían en lugar de incrementarla. De todos modos, estos pequeños productores y rancheros vivían de ordinario en los reductos de las grandes plantaciones y a menudo se convertían en sus inquilinos y clientes o, peor aún, perdían todo y sucumbían como peones endeudados. Como veremos más adelante, era a menudo de esta pequeña burguesía rural *déclassé* de donde provenían los "bandidos sociales" y los caciques rurales, actores que afectarían en gran medida el curso de la experiencia revolucionaria de Yucatán en los años siguientes.[43]

Estos sectores medios rurales y sus similares urbanos eran especialmente vulnerables en las épocas de inestabilidad económica y de crisis que continuaban afectando a una economía basada en ciclos y fluctuaciones de corta duración. La crisis de 1907-1908 destruyó muchas empresas comerciales pequeñas, recién establecidas, que intentaron desafiar a las casas importadoras-exportadoras controladas por los grandes hacendados que manejaban las principales líneas de

---

[41] David A. Franz, "Bullets and Bolshevists: A History of the Mexican Revolution and Reform in Yucatán, 1910-1924", tesis doctoral inédita, Universidad de Nuevo México, Albuquerque, 1971, pp. 12-13; Fidelio Quintal Martín, "Quince años trascendentales en la historia de Yucatán", *RUY*, 16:93-94 (mayo-agosto de 1974), pp. 130-131. La noción más amplia de John Johnson, de un sector de la sociedad de nivel medio muy variado, resulta más apropiada aquí que la noción de una clase media coherente, consciente. *Political Change in Latin America: The Emergence of the Middle Sectors*, Stanford, Cal., 1958.

[42] Quinta Martín, "Quince años", pp. 130-131; Keith Hartman, "The Henequén Empire in Yucatán, 1870-1910", tesis de maestría inédita, Universidad de Iowa, Iowa City, 1966, páginas 125-126, 182-183; Bernardino Mena Brito, *Reestructuración histórica de Yucatán*, México, 1969, vol. 2, pp. 221-222.

[43] Alberto García Cantón, "Memorias de un ex-hacendado", *IHCA, Abstract Summary of the Sisal Investigation Index, Parts I-IX;* Franz, "Bullets and Bolshevists", p. 12; véanse también los capítulos IV, VII y IX.

alimentos, abarrotes y equipo.⁴⁴ En el campo, tales crisis ayudaban a concentrar la producción de henequén en menos y más grandes manos. Los pequeños productores de henequén que no se encontraban por entero bajo el control de la oligarquía se oponían a la política de Molina de producir en masa a precios bajos, argumentando que ellos no podían esperar para obtener ganancias, de tan endeudados que ya se encontraban. Así pues, la llamada clase de los hacendados distaba mucho de ser una entidad unificada: además de los pocos que habían optado por colaborar con las corporaciones norteamericanas y los varios centenares de grandes plantadores que envidiaban su posición exclusiva, había cierto número de pequeños productores que cada vez hallaban menos cosas en común con el cuerpo principal de los grandes plantadores. Estos pequeños productores se sentían a menudo presionados en común con los parcelarios, y a partir de 1915 fueron muchos los miembros de esta clase que encontraban conveniente apoyar a los gobiernos revolucionarios de Yucatán en contra de los henequeneros más grandes, ya que los revolucionarios les ofrecían una fuente más generosa de efectivo y de crédito.⁴⁵

Así pues, cuando Madero pronosticó que la revolución social de México se iniciaría en Yucatán, había calibrado correctamente la intensa opresión del campesinado maya, además de reconocer en los intelectuales del sector medio de Yucatán a los mismos descontentos que estaba encontrando por toda la República Mexicana en el viaje que realizara durante 1909. La historia posterior nos ha revelado la relativa facilidad con la que las modestas fuerzas de Madero derrotaron a la gerontocracia de Díaz de nivel nacional. Tras la caída del dictador en 1911, los intelectuales maderistas de Yucatán empezaron a desafiar la dominación política de la oligarquía de Molina, expresando en la arena política la amargura que producía la falta de oportunidad social y económica.⁴⁶ Al mismo tiempo, por sincera que fuese su preocupación por la condición de las masas (quizá no fuese tan sincera), sabían que en términos prácticos no había perspectivas inmediatas de una revolución social en Yucatán.

Debido a la falta de movilización, o incluso de una seria expresión colectiva de agitación entre las masas rurales, y el monopolio del poder económico y el control social ejercido por la burguesía agrocomercial en la región, eso era exactamente lo que se requería: una revolución *traída* del exterior y hecha desde arriba. Los teóricos de los movimientos agrarios convienen en que los campesinos raras veces desempeñan un papel de iniciadores y cabecillas de los cambios importantes de su ambiente institucional, mientras permanezca firmemente establecido el control social sobre ellos.⁴⁷ En Yucatán era extraordinaria la magnitud de tal control social. A pesar de su triunfo político, los maderistas

---

⁴⁴ SD-CPR, *Despatches to the Department, Jan. 1, 1905 to Dec. 20, 1909*, memorando. "The Commerce and Industries of Yucatan", 7 de agosto de 1908; E. H. Thompson a secretario de Estado Asistente, 27 de febrero de 1909.

⁴⁵ Franz, "Bullets and Bolshevists", p. 12. Véase una indicación del número de estos pequeños productores de fibra, rancheros y parcelarios, en los censos de propiedades encargados por el general Alvarado en *DO*, 1916-1917, *passim*.

⁴⁶ Franz, "Bullets and Bolshevists", cap. 2.

⁴⁷ Buve, "Peasant Movements", p. 117.

no dejarían ninguna huella perdurable en la región; en efecto, en varios casos fueron ellos mismos cooptados por la oligarquía reinante de Molina.[48] Se requeriría un gran cambio del poder en favor de los campesinos yucatecos sólo para llegar a ellos a fin de movilizarlos. Aun entonces, el aislamiento de los campesinos había sido tan grande y su tradición de protesta colectiva tan minada que, desde su punto de vista, toda revolución que los involucrara, ya fuese importada del centro de México o iniciada dentro de la región por los revolucionarios yucatecos, tendería a aparecer como algo esencialmente ajeno a su microcosmos social: una revolución desde afuera. Significativamente, los episodios aislados de violenta protesta campesina que ocurrieron en Yucatán a fines del Porfiriato respondieron siempre a causas específicas *locales*, para reparar ofensas locales. Tales episodios explotaban y se desvanecían sin consecuencias, excepto quizá la de asustar al patrón local, quien recurriría entonces a represalias excesivas y a un fortalecimiento de los mecanismos de control que sólo aislaban más aún a los campesinos.[49]

Esta prevención deberá tenerse presente cuando examinemos los dos momentos revolucionarios que se apoderaron de la región durante el periodo de 1915-

[48] AGN, Ramo de Madero, paquete 2-16, Faustino Escalante a Madero, 7 de febrero de 1912; Álvaro Gamboa Ricalde, *Yucatán desde 1910*, Veracruz, 1943, vol. I, p. 198. Véase un análisis detallado del maderismo y la política en Yucatán, desde 1910 hasta 1915, en Chacón, "Yucatán and the Mexican Revolution", caps. 1-3, y en Franz, "Bullets and Bolshevists", caps. 1-3.

[49] Aunque he subrayado el nivel muy bajo de la movilización entre los campesinos yucatecos en vísperas de la Revolución, no he querido implicar que no existiera ninguna agitación en el sector rural. En efecto, los hallazgos recientes de Allen Wells sugieren que estaba indudablemente exagerada la imagen de una masa de campesinos pasivos, inertes, representada en los relatos contemporáneos de Turner, Frost y Arnold, Baerlein y Alvarado. El campesinado yucateco no aceptaba mansamente su suerte durante la "Época de la Esclavitud". La investigación del periodo de 1880-1915, hecha por Wells, ha revelado varios episodios aislados de protesta rural, a menudo acompañados de la violencia pero siempre en respuesta a una causa local específica. Por ejemplo, en la hacienda de Oxcum, cerca de Umán, propiedad de Avelino Montes, la agitación reflejaba la indignación campesina contra un "encargado", a causa de los castigos excesivos por infracciones laborales (1907). La plantación de la cuñada de Olegario Molina, Luisa, fue escenario de la violencia cuando el administrador redujo arbitrariamente los salarios de varios conductores de plataformas (1909). En Maxcanú ocurrió un enfrentamiento entre aldeanos y residentes de la hacienda tras la pérdida de los ejidos del pueblo (1910). La violencia estalló en Valladolid en respuesta a las actividades de un jefe político especialmente cruel (1910), mientras que en la remota hacienda azucarera de Catmís, cerca de Peto, un régimen laboral especialmente brutal encendió el episodio de protesta campesina quizá más violento del Antiguo Régimen (1911). En todos los casos, la violencia era espontánea, estrechamente circunscrita, y reprimida en forma rápida y fácil. Más importante aún es el hecho de que no existían conexiones ideológicas reconocibles ni lazos de organización entre los incidentes. Observa Wells que el hecho de que estos episodios parecieran aumentar marcadamente en 1910 y 1911 era quizá imputable en menor medida al aumento de la agitación que a la mayor cobertura de la prensa. Tales episodios ocurrieron durante el Porfiriato. Pero fue sólo durante los últimos años cuando el alejamiento de los periodistas de clase media de Yucatán se agudizó hasta el punto de que, en general, se convirtieron en los oponentes del Antiguo Régimen. Wells, "Henequén and Yucatán", pp. 214, 297, 307-311; véase *RdM*, 5 de septiembre de 1907, 20 de septiembre de 1909, 9 de julio de 1910; *El Imparcial*, 24 de septiembre de 1909.

1924. Estos dos episodios, procedentes de fuentes diferentes, basados en diferentes programas ideológicos, provistos de conjuntos diferentes de recursos económicos y humanos, y actuantes en diferentes coyunturas históricas, se parecían por cuanto trataban de llevar una revolución social viable a una sociedad que, desesperadamente necesitada de un cambio revolucionario, estaba al mismo tiempo casi completamente impreparada para participar en el proceso revolucionario. Así pues, aunque examinaremos los programas sociales radicales implantados desde 1920 hasta 1923 por Felipe Carrillo Puerto y otros revolucionarios locales, identificándolos como un intento de revolución desde adentro, en cierto sentido *los dos* grandes momentos revolucionarios de Yucatán fueron revoluciones desde afuera. Veamos en primer término la campaña del general Alvarado para llevar a la región el cambio revolucionario burgués durante el periodo de 1915-1918.

Segunda Parte

LA REVOLUCIÓN BURGUESA, 1915-1918

IV. SALVADOR ALVARADO Y LA REVOLUCIÓN BURGUESA DESDE AFUERA

La paz reina aquí, como siempre...

El cónsul norteamericano en Progreso, 1916

> Nadie debe sorprenderse de que hagamos ahora cosas que nadie había hecho antes. Los viejos gobiernos han caído; sus leyes han sido derogadas; sus dioses están muertos. Todas las llamadas verdades eternas han sido alteradas. Ésa es la ley de la Revolución.
>
> SALVADOR ALVARADO, 1915

LLEGARON del norte, al amanecer. Unos cuantos meridanos valientes abrieron apenas sus ventanas para echar un vistazo a los forasteros. Montados y a pie, portando sombreros *Stetson*, con rifles en la mano y carrilleras cruzadas sobre sus uniformes de caqui, los constitucionalistas de Salvador Alvarado marchaban por las estrechas calles de la ciudad. "HUACH, HUACH, rechinaban las suelas de sus botas lodosas sobre las piedras recién pavimentadas: HUACH, HUACH, HUACH, como si trataran de identificarse ante nosotros mientras recorrían nuestra ciudad." [1]

Al frente de la columna marchaba el regordete y bigotón ex boticario que era el líder constitucionalista. A pesar del calor tropical, el uniforme de lana del general Alvarado estaba abotonado hasta el cuello, con pesados pantalones de montar, cuidadosamente introducidos en botas negras, de cuero, que le llegaban hasta la rodilla. Sin sombrero, con la melena pegada a las sienes, Alvarado observaba la ciudad tranquila, con los ojos atrincherados tras los aros de alambre que habrían de convertirse en su sello distintivo. De las columnas de soldados que venían detrás llegaban algunas estrofas de la *Adelita*. Y detrás de ellos caminaban las mujeres, algunas con niños colgando a la espalda.[2]

[1] Entrevista con José Monsreal, 24 de octubre de 1975. Este recuerdo, transmitido de un padre a su hijo, fue uno de varios que recogí. *Huach* es un término yucateco despectivo que designa a las personas provenientes del interior de la República, principalmente soldados y jornaleros.

[2] Véanse las descripciones estilizadas de la invasión en Antonio Betancourt Pérez, "Nuestro viejo abuelo", *RUY*, 15:85 (enero-febrero de 1973), pp. 64-65, y doctor Eduardo Urzáis R., "La entrada de Alvarado", *O*, 41 (abril de 1955), pp. 85-86; y véase la descripción que hace Martín Luis Guzmán de Alvarado en *The Eagle and the Serpent*, trad. de Harriet de Onís, Garden City, N. Y., 1965, pp. 72-73.

Bastante más de medio siglo después, los meridanos recuerdan todavía con admiración la ordenada invasión de Alvarado: aquel día de marzo de 1915 en que la Revolución Mexicana llegó a Yucatán. Cuán extraños deben de haber parecido estos soldados del norte y el centro de México a los civiles yucatecos, los hombres que por costumbre usaban sombreros panamá y amplias guayaberas blancas, mientras que muchas mujeres usaban el tradicional huipil blanco, bordado.[3]

Como hemos visto, los *huaches* llegaron porque la Revolución Constitucionalista de Venustiano Carranza ya no podía tomar a la ligera a Yucatán. Sólo un acceso continuo a la riqueza henequenera de la región mantendría a los ejércitos del Primer Jefe en el campo, frente a sus rivales. La lucha nacional había llegado a un punto crítico en marzo de 1915. Tras la derrota de Huerta en julio de 1914, la Revolución Mexicana se había convertido en una lucha intestina entre dos conglomerados de bandas y facciones rivales, llamadas "constitucionalistas" y "convencionistas". En medio de esta desintegración nacional, que generaba una situación semejante a la de una guerra feudal en gran parte de la República, sólo los constitucionalistas de Carranza, guiados predominantemente por caudillos pequeñoburgueses de Sonora y otros estados norteños, parecían capaces de llenar finalmente el vacío político existente en el centro. Mejor organizados, mejores conocedores de las tácticas, dotados de una estrategia a largo plazo para la integración del futuro político y económico de México dentro de un Estado revolucionario centralizado, los constitucionalistas habían obtenido el apoyo norteamericano. En marzo de 1915, los constitucionalistas estaban preparando la ofensiva final contra las fuerzas convencionistas lideradas por Francisco Villa y Emiliano Zapata.

De inmediato, el grupo norteño de Carranza empezó a implantar la estrategia nacional de dominación y control sobre la que se construiría el nuevo Estado revolucionario mexicano. A medida que los constitucionalistas conquistaban la mayor parte del territorio nacional de manos de las fuerzas convencionistas mal integradas, Carranza instalaba confiables caudillos militares en las regiones ocupadas para consolidar el poder. Se esperaba que estos "procónsules" norteños tomaran medidas fiscales para el financiamiento de la nueva expansión militar constitucionalista, al mismo tiempo que incorporaban sus dominios a un Estado centralizado naciente.[4] Con el paso del tiempo, una victoria clara llevaría a su fin este periodo preconstitucional de gobierno militar y, como presidente electo

---

[3] Alvarado y los invasores constitucionalistas aparecen fotografiados en Gustavo Casasola, *Historia gráfica de la Revolución Mexicana, 1910-1970*, 2ª ed., México, 1973, vol. 3, páginas 833, 914, 994-997. Además de norteños, el Ejército del Sureste de Alvarado incluía destacamentos de Veracruz, Tabasco y Campeche. Edmundo Bolio O., *Yucatán en la dictadura y en la Revolución*, México, 1967, pp. 78 ss.

[4] Alan Knight, "Peasant and Caudillo in Revolutionary Mexico, 1910-1917", en D. A. Brading, comp., *Caudillo and Peasant in the Mexican Revolution*, Cambridge (R. U), 1980, páginas 53-54. Antes, en diciembre de 1914, uno de los asesores políticos de Villa, Silvestre Terrazas, había recomendado astutamente una estrategia similar para los convencionistas. Sin embargo, Villa se negó a seguir su sugerencia de enviar una expedición militar a Yucatán. STP, caja 84, Silvestre Terrazas a Villa, 2 de diciembre de 1914.

de México en 1917, Carranza inauguraría el gobierno civil bajo una nueva Constitución revolucionaria.

Estos jefes carrancistas no formaban en modo alguno un grupo homogéneo. Algunos de ellos actuaban en forma oportunista por su propia cuenta, incluso estableciendo alianzas con ciertos miembros de la antigua oligarquía porfiriana.[5] Otros se la jugaban con el pueblo y audazmente trataban de implantar profundas reformas sociales. Sin embargo, es probable que la mayoría de los caudillos carrancistas cayeran en medio de estos dos extremos y trataran de equilibrar las crecientes demandas de los obreros y campesinos de la nación con los intereses de la nueva clase media y de los restos de la *élite* tradicional. Como participantes en el proceso revolucionario desde 1910, estos jefes pequeñoburgueses se habían sensibilizado a las demandas populares y ahora avanzaban para satisfacerlas, siempre que pudiesen acomodarse en el esquema del moderno Estado capitalista que surgiría de la Revolución.[6] En Yucatán y las otras regiones conquistadas, los caudillos constitucionalistas como Salvador Alvarado se dieron a la tarea de forjar coaliciones multiclasistas, a fin de garantizar el surgimiento del nuevo Estado revolucionario.

Aunque en gran medida el henequén yucateco apuntalaba la estrategia política de los constitucionalistas, este movimiento había tenido malas experiencias en la región antes de la llegada de Alvarado en marzo de 1915. Los antecesores de Alvarado, los gobernadores militares Eleuterio Ávila y Toribio de los Santos, habían resultado incapaces para controlar la riqueza de Yucatán o asegurar su apoyo político para la causa carrancista. Ávila, un yucateco, se había rendido ante la oligarquía; De los Santos, un coahuilense, había sido innecesariamente autoritario e insensible al ambiente regional. Ambos jefes militares habían desacreditado a la Revolución Constitucionalista, dejando tras de sí una tradición de cuantiosos sobornos y préstamos forzados, de corrupción y crueldad personales.

Salvador Alvarado vino a modificar la imagen que de la Revolución Mexicana se tenía en la región. En lugar de destruir el sistema existente, de crear nuevos impuestos y préstamos forzados a una población resentida, Alvarado estaba decidido a reorganizar el sistema económico y social sobre bases más racionales, progresistas y capitalistas. En la tradicional sociedad de plantación yucateca, donde las relaciones sociales y productivas eran a menudo coercitivas o paternalistas, el general Alvarado percibió correctamente las posibilidades revolucionarias de la reforma burguesa.

Pero antes de forjar una coalición populista que modernizara la estructura social tradicional de la región, Alvarado tendría que ganarse a los yucatecos temerosos y suspicaces. El cuidado inicial con el que el General trató de aliviar las tensiones, salvaguardar los derechos y respetar el orgullo regional ayudó mucho a sanar las antiguas heridas, tan recientemente inflamadas por el gene-

---

[5] Hans Werner Tobler, "Las paradojas del ejército revolucionario: Su papel social en la reforma agraria mexicana", *HM*, 21:1 (julio-septiembre de 1971), pp. 38-79.

[6] Enrique Montalvo Ortega, "Caudillismo y estado en la Revolución Mexicana: El gobierno de Alvarado en Yucatán", *Nova Americana*, 2 (1979), pp. 16-17.

ral De los Santos. Antes de invadir Mérida, Alvarado había tenido buen cuidado de no descargar una violencia inútil sobre una población civil indefensa. Tras aceptar el control de la ciudad, Alvarado despejó más aún las dudas de los yucatecos al declarar como su primer acto oficial que todo soldado que fuese sorprendido espiando o asaltando a un residente sería fusilado. Irónicamente, las únicas bajas provocadas por la ocupación de Mérida a manos de Alvarado fueron varios delincuentes y cuatro de sus propios soldados que violaron este edicto. El General dio un ejemplo especial con dos de sus hombres, condenados por haber violado a dos jóvenes, a los que mandó colgar públicamente en la plaza principal, dejando sus cuerpos suspendidos de la horca durante 12 horas.[7]

En las semanas y los meses siguientes, las acciones de Alvarado reflejaron la decisión básica de que los habitantes de Yucatán no serían castigados por sus simpatías regionales, inflamadas y explotadas por los oligarcas que habían instigado la rebelión separatista de Ortiz Argumedo apenas un mes antes de la llegada de Alvarado.[8] Quizá fuese más tranquilizante para los yucatecos, y algo simbólico de su respeto por la región, la decisión de Alvarado de contraer matrimonio con una yucateca de modesto origen, Laura Manzano, de Mérida. Alvarado, quien era viudo al llegar a la península, tuvo buen cuidado de realizar un cortejo prolongado al estilo tradicional, incluidas las serenatas al amanecer y las interminables visitas a la familia de la novia.[9]

Sin embargo, Alvarado no dejó duda alguna acerca de que la Revolución había llegado a Yucatán y no toleraría más oposición de los antiguos gobernantes de la región. Aunque se perdonó a los reclutas de la revuelta de Ortiz Argumedo y se les entregaron 10 litros de maíz y transporte gratuito en ferrocarril para que regresaran a su tierra,[10] se hizo un escarmiento severo con los oficiales de alto rango y los miembros de la "Casta Divina" que habían patrocinado la rebelión. Los jefes militares argumedistas que no habían huido fueron encarcelados; los afortunados patrocinadores de los rebeldes que escaparon a Cuba o a los Estados Unidos vieron expropiados sus bienes por el recién creado Departamento de Bienes Incautados. Al cabo de un mes de la llegada de Alvarado, el registro del nuevo departamento parecía el *Who's Who* de la "Casta Divina", ya que incluía una lista de los predios y negocios confiscados a 20 superplantadores y comerciantes autoexiliados, entre ellos Avelino Montes, Ricardo Molina, José Rafael de Regil, Antonio Palomeque y Julián Aznar. El valor total de las propiedades incautadas se estimaba en 20 millones de pesos. El gobierno de Alvarado conservó los administradores y empleados de estas empresas, quienes ahora las administraban en beneficio del estado. A mediados de 1916, Alvarado había obtenido 60 673 pesos por concepto de ingresos deri-

[7] *DO*, 23 de marzo de 1915, p. 713; Florencio Ávila y Castillo, *Diario Revolucionario*, Mérida, 1915, pp. 4-5, 8, 14.
[8] *DHRM*, 17, 135, Alvarado a Carranza, 26 de septiembre de 1916; Roberto Villaseñor, *El separatismo en Yucatán: Novela histórico-política mexicana*, México, 1916, pp. 226-236.
[9] Renán Irigoyen, *Salvador Alvarado: Extraordinario estadista de la Revolución*, Mérida, 1973, pp. 43-44.
[10] *VdR*, 5 de abril de 1915; *DO*, 7 de abril de 1915, p. 821.

vados de la operación de estas empresas, suma que invirtió en su mayor parte en un programa ampliado de educación pública.[11]

A fin de subrayar aún más que los viejos tiempos habían quedado atrás, el General desmanteló sistemáticamente el antiguo mecanismo represivo que había sostenido al régimen oligárquico. Los policías municipales fueron desarmados y colocados bajo la supervisión de los comandantes militares de distrito de Alvarado, quienes ahora reemplazaban a las antiguas autoridades locales, los odiados jefes políticos de distrito.[12] Las guardias territoriales del estado, unidades de milicianos que habían constituido la columna vertebral del argumedismo, fueron declaradas contrarrevolucionarias y desbandadas.[13] Por último, 37 ex oficiales federales de alto rango que habían servido a los regímenes de Díaz y Huerta fueron privados de empleo público y colocados bajo una vigilancia estricta.[14]

Sin embargo, aunque Yucatán estaría sujeto ahora a un férreo sistema de gobierno militar hasta que pudiera promulgarse una nueva Constitución revolucionaria para México, Alvarado puso en claro que no actuaría apresuradamente ni impediría que los yucatecos desempeñaran un papel importante en la revolución que transformaría la región.[15] Durante los seis largos meses siguientes a su llegada, el General estudió pacientemente las condiciones regionales, designando un comité local que lo pusiera al tanto de los acontecimientos y le recomendara reformas específicas. El comité estaba integrado por yucatecos de diversos puntos del espectro social, incluidos varios hacendados y comerciantes prominentes. En efecto, habiendo separado ya a los elementos más poderosos de la "Casta" para imponerles un castigo ejemplar, Alvarado adoptaba ahora una postura conciliatoria hacia la *élite* más amplia de los plantadores, llegando al punto de invitar a regresar a quienes se habían marchado al exilio.[16]

Algunos intelectuales y militares mexicanos fungieron como asesores principales de Alvarado durante los primeros días del régimen, importados junto con un mariachi norteño que se pasaba la mayor parte del tiempo tocando *La Cucaracha* en el patio del palacio del gobernador.[17] Además de un triunvirato de

[11] Alvarado devolvió las propiedades y las empresas confiscadas a sus propietarios a fines de 1916 y principios de 1917. Por lo que toca a la carrera del Departamento de Bienes Incautados, véase AGE, Alvarado al administrador general de Bienes Incautados, 20 de abril de 1915, 20 de febrero de 1916, 31 de mayo de 1916; AGE, Alvarado al general Francisco Cosío Robledo, 14 de mayo de 1915; AGE, Decreto 15 de Alvarado, 15 de abril de 1915; Yucatán, *Breves apuntes acerca de la administración del general Salvador Alvarado como gobernador de Yucatán...*, Mérida, 1916, p. 27. Véase el programa de confiscación similar implantado por anteriores colegas de Alvarado en su nativa Sonora. Héctor Aguilar Camín, "The Relevant Tradition: Sonoran Leaders in the Revolution", en D. A. Brading, comp., *Caudillo and Peasant*, pp. 112-114.
[12] AGE, Alvarado a Carranza, 9 de noviembre de 1916.
[13] *DO*, 19 de mayo de 1915, pp. 1323-1324.
[14] AGE, Alvarado a Carlos Castro Morales, 25 de diciembre de 1916; AGE, Alvarado a todos los comandantes militares, 28 de diciembre de 1916.
[15] *DO*, 8 de abril de 1915, pp. 833-834; 10 de mayo de 1915, p. 1195.
[16] SD, 812.00/14961; Nelson Reed, *The Caste War of Yucatán*, Stanford, Cal., 1964, página 259.
[17] David A. Franz, "Bullets and Bolshevists: A History of the Mexican Revolution and

coroneles —los hermanos Ramírez Garrido (José y Calixto) y Rafael Aguirre Colorado— que dirigieron inicialmente el Departamento de Educación, la policía y el equipo ejecutivo, Alvarado llevó a Yucatán a varios oradores y especialistas civiles talentosos para que promovieran y coordinaran su programa de reforma. Modesto Rolland, director de la Comisión Local Agraria; Mario Calvino, director del Departamento de Agricultura, y Gregorio Torres Quintero, quien más tarde dirigiría el Departamento de Educación, se distinguieron posteriormente en nivel nacional.[18]

Sin embargo, cada vez eran más los yucatecos que asumían la responsabilidad principal del control de la voluminosa burocracia revolucionaria de Alvarado. En su mayor parte, el General obtenía su personal en los estratos medios de la sociedad regional: miembros descontentos de los sectores medios intelectuales y profesionales y de la clase trabajadora urbana. Pero no vacilaba en ocupar los servicios de algunos de los miembros más prominentes de la burguesía agrocomercial —los Peón, los Vale, los Cantón, los Escalante, Manuel Zapata Casares, Fidencio Márquez y Arcadio Escobedo Guzmán, para sólo citar algunos—, para que administraran agencias y departamentos gubernamentales muy importantes, en particular el monopolio henequenero de control estatal (la Comisión Reguladora del Mercado de Henequén), el ferrocarril de propiedad estatal (Ferrocarriles Unidos de Yucatán) y la planta cordelera de administración estatal (La Industrial).[19]

En cambio, los yucatecos de clase media y trabajadora ocupaban generalmente puestos menos distinguidos, de paga menor, en la burocracia. Sin embargo, operaban en el nivel popular como organizadores políticos, promotores de los programas agrarios y de educación rural del General, y principales impulsores del movimiento laboral urbano. Su contacto con las masas les permitió asumir un poder mayor cuando el periodo preconstitucional del gobierno militar dejó su lugar a una época de política partidista a mediados de 1917. Toda una generación de líderes del Partido Socialista Yucateco, tales como Rafael Gamboa, Rafael Cebada, Felipe Valencia López, Manuel González, y los futuros gobernadores Carlos Castro Morales, Felipe Carrillo Puerto, José María Iturralde Traconis, el doctor Álvaro Torre Díaz y César Alayola Barrera, recibieron su iniciación política como "alvaradistas". El radical Carrillo, por ejemplo, había sido expulsado de Yucatán por Ávila; ahora reconocía Alvarado su contacto con los campesinos mayas que, utilizado con habilidad, consolidaría la legitimidad del régimen del

---

Reform in Yucatán, 1910-1924", tesis doctoral inédita, Universidad de Nuevo México, Albuquerque, 1973, pp. 110-111.

[18] AGE, Calixto Maldonado a Alvarado, febrero de 1916; Luis F. Sotelo Regil, "La Revolución en Yucatán: Salvador Alvarado", *RUY*, 2:12 (junio-julio de 1960), pp. 56-57.

[19] SD-CPR, *Corr.*, 1917, vol. 4, 877, "Ferrocarriles Unidos de Yucatán", 19 de junio; SD, 812.61326/54, 136; AGE, Comisión Reguladora del Mercado de Henequén, "Acta número 50", 20 de agosto de 1918; Arturo Sales Díaz, *Síntesis y breve análisis de la actuación del general Salvador Alvarado en Yucatán*, México, 1956, pp. 13-18. En algunos casos, Alvarado obligó a los miembros de la clase dirigente a servir en su gobierno como una fachada. AGE, jefe del Departamento del Trabajo a Macedonio Velázquez, 8 de abril de 1916.

General. Alvarado empleó a Carrillo en el campo, primero como organizador (agente de propaganda) en su distrito nativo de Motul, luego como uno de los líderes del decisivo Departamento de Cooperativas.[20]

Así pues, éste era el talento peculiar de Alvarado, una habilidad para forjar una coalición política que incluyera a los plantadores conservadores al igual que a los intelectuales y jornaleros radicales, todos impulsando un programa que, a pesar de su retórica revolucionaria, era en sustancia bastante moderado. En una serie de pláticas iniciales con los representantes de la burguesía gobernante, Alvarado había tranquilizado ya a los grandes plantadores y comerciantes acerca de que la expropiación no entraba en sus planes. Más bien, Alvarado trataba de obtener su apoyo en diversas empresas agrícolas, comerciales e industriales de gran envergadura que tenía en mente, las que modificarían las nociones tradicionales acerca del papel pasivo del Estado en la economía regional pero sin excluir a la empresa privada.[21] En efecto, fue sólo más tarde, al descubrir que los antiguos oligarcas de Yucatán se resistían a otorgar su cooperación económica, cuando Alvarado empezó a utilizar medidas más severas para la realización de estas metas.

La política de Alvarado de obtener la colaboración de la *élite* para que aportara la pericia necesaria en áreas económicas esenciales contribuyó al principio al éxito de su régimen y le permitió introducir y consolidar su programa revolucionario burgués. Pero esta estrategia, continuada por los gobiernos socialistas posteriores, resultó finalmente un costoso error, ya que en la mayoría de los casos sirvió para enriquecer aún más a unos cuantos, mientras se disipaba desde adentro el empuje revolucionario de la región.[22]

Salvador Alvarado: caudillo e ideólogo

El director de esta naciente coalición populista traía a Yucatán impresionantes credenciales políticas. Nacido en 1880, en la familia de un modesto impresor del noroeste del estado de Sonora, Alvarado llegó a ser dependiente de una tienda, boticario y pequeño agricultor. Como tantos de los futuros jefes revolucionarios de Sonora, Alvarado se sentía ahogado por la corrupción y el privilegio de la sociedad porfiriana provincial. Años más tarde, escribiría:

> Empecé a sentir la necesidad de un cambio en nuestra organización social a la edad de 19 años, cuando en mi pueblo nativo de Potam, Río Yaqui, so-

[20] AGE, memorial de Jacinto Cohuich y otros a Alvarado, 20 de diciembre de 1916; AGE, Víctor J. Manzanilla y Rafael Matos E. a Alvarado, 30 de agosto de 1917; Rosa Castro, "Sobre la ruta de Carrillo Puerto, el Mesías de Motul", *Hoy*, 9 de febrero de 1952; Sales Díaz, *Síntesis y breve análisis*, pp. 17-18.
[21] Irigoyen, *Salvador Alvarado*, p. 22; cf. *VdR*, 5 de mayo de 1916.
[22] *VdR*, 12 de febrero de 1916; y véanse las reiteradas acusaciones de peculado y corrupción en la burocracia de Alvarado, entre los miembros de su *élite*, en los siguientes documentos del Departamento de Estado de los Estados Unidos: SD, 812.61326/136, 220, 230, 254.

lía ver al comisionado de policía que se emborrachaba diariamente, en el billar local, en compañía de su secretario, el juez del juzgado menor, el inspector de impuestos... y varios negociantes u oficiales del ejército, todos ellos miembros de la clase influyente de ese pequeño mundo.[23]

Encontrando bloqueado el camino de su avance personal, Alvarado se unió en 1906 al Partido Liberal Mexicano (PLM), de tendencia anarcosindicalista. Ese mismo año, cuando era propietario de una pequeña tienda en Cananea, la sede de la Greene Copper Company de propiedad norteamericana, Alvarado se vio involucrado en la sangrienta huelga de los mineros de Cananea y hubo de huir a Arizona. La intensa persecución del régimen de Díaz contra el PLM hizo que Alvarado se pasara en 1909 al más moderado y amplio movimiento maderista. Las habilidades de Alvarado para la organización y la táctica lo elevaron rápidamente en la jerarquía militar durante las campañas revolucionarias libradas contra Díaz y Huerta. En julio de 1914 obtuvo, con las fuerzas de Álvaro Obregón, una gran victoria constitucionalista sobre los huertistas en Guaymas. Ascendido posteriormente a general de división por Carranza, Alvarado fue nombrado comandante militar del Distrito Federal tras la derrota de Huerta. Pero después de sólo dos meses y medio en la ciudad de México, el Primer Jefe lo envió a Yucatán.[24]

La comisión encargada a Alvarado por Carranza estaba preñada de consecuencias políticas para estos dos revolucionarios sumamente ambiciosos. No hay duda de que Alvarado trataba de usar su nombramiento en Yucatán para promover su imagen; quizá viera incluso la península como una plataforma para la presidencia nacional.[25] Reiteradamente dio a la publicidad su intención de convertir a Yucatán en un modelo de lo que podría lograr la Revolución Mexicana, de transformar la región en un laboratorio revolucionario.[26] El Primer Jefe tenía una agenda diferente. Desde el inicio del decenio, Alvarado había sido un rival enconado de Obregón, el principal de los generales de Carranza, en su Sonora nativa. A principios de 1915, al iniciarse la campaña constitucionalista para la reconquista del altiplano central de las fuerzas de la Convención, Carranza advirtió astutamente que recibiría un doble beneficio enviando a

---

[23] Salvador Alvarado, *La reconstrucción de México: Un mensaje a los pueblos de América*, México, 1919, vol. I, p. 11. Compárese la insatisfacción de los otros jefes sonorenses de clase media baja bajo el régimen de Díaz en Aguilar Camín, "The Relevant Tradition", en Brading, comp., *Caudillo and Peasant*, pp. 117-119.

[24] Por lo que toca a los inicios de la carrera de Alvarado, véase Adolfo de la Huerta, *Memorias de don Adolfo de la Huerta según su propio dictado*, comp. Roberto Guzmán Esparza, México, 1957, pp. 70-71, 286; Alberto Morales Jiménez, *Hombres de la Revolución Mexicana: 50 semblanzas geográficas*, México, 1960, pp. 223-225; Daniel Moreno, *Los hombres de la Revolución*, México, 1960, p. 306; Edwin Lieuwen, *Mexican Militarism: The Political Rise and Fall of the Revolutionary Army, 1910-1940*, Albuquerque, N. M., 1968, página 24. Algunos autores sostienen que Alvarado nació en Sinaloa.

[25] Véase, por ejemplo, SD 812.61326/254, 259.

[26] Salvador Alvarado, *Actuación revolucionaria del general Salvador Alvarado en Yucatán*, México, 1965, p. 40; AGE, Alvarado a Carranza, 20 de mayo de 1915; SD, 812.61326/20, 197; *DHRM*, 16, 139-140, 144.

Alvarado a Yucatán. Primero, al eliminarlo del escenario en el centro de México, el Primer Jefe evitaría roces con Obregón o sus amigos, quienes a la sazón gobernaban en Sonora. La consolidación del poder de los obregonistas en el Noroeste seguía aguijoneando al ferozmente competitivo Alvarado, quien había perdido la lucha por la hegemonía en su región nativa. Un empeoramiento de la rivalidad existente entre Obregón y Alvarado era lo último que deseaba arriesgar Carranza en la primavera de 1915; en efecto, antes de las grandes batallas de Celaya y León, era concebible que el oportunista Obregón se sintiera impulsado a establecer una alianza con los villistas. En segundo lugar, al colocar al gran rival de Obregón a cargo de uno de los dos estados más ricos del país (su yerno Cándido Aguilar estaba ya a cargo del otro: Veracruz), el Primer Jefe se garantizaba una fuente de ingreso estratégica en caso de que Obregón celebrara efectivamente un pacto con Villa. En suma, Salvador Alvarado era la póliza de seguro de Carranza contra la traición de Álvaro Obregón.[27]

Por supuesto, Alvarado esperaba que el dilema de Carranza se convirtiera en su propia ventaja, forjándose una base política para sí mismo en la península. Pero su intención de hacer de Yucatán su gran monumento revolucionario refleja algo más que su ambición personal. El compromiso ideológico del General con la renovación social de México constituía también una motivación poderosa. Al igual que varios otros pequeñoburgueses autodidactos que se volvieron caudillos, Alvarado se encontraba atrapado en la lucha revolucionaria como un "hombre de acción" frecuentemente llamado a actuar como un "hombre de palabras".[28] Sin embargo, quizá en mayor medida que otros jefes revolucionarios, Alvarado apreciaba la oportunidad de ejercer sus pretensiones intelectuales y actuar como ideólogo. Poco después del término de la Revolución, el historiador Frank Tannenbaum observaba que "quizá en mayor medida que cualquier otro mexicano que haya participado activamente en la Revolución, Alvarado trataba de formular su programa. Pero ningún intelectual mexicano admitiría que Alvarado fuese un intelectual o que haya formulado el programa de la Revolución".[29]

El pensamiento social de Alvarado —consolidado en varios tomos voluminosos y numerosos folletos y artículos— refleja la mezcla clásica de la modernización y la moralización característica de los reformadores burgueses. Irónicamente, Alvarado se creía socialista. En cierta ocasión, en 1920, llegó a decir en la Cámara de Diputados de la ciudad de México que él había sido, era y seguiría siendo bolchevique.[30] Alvarado era un lector voraz que admiraba a los

[27] Héctor Aguilar Camín examina la rivalidad existente entre Obregón y Alvarado en *La frontera nómada: Sonora y la Revolución Mexicana*, México, 1977, pp. 349-354, 401 y *passim*.

[28] Villaseñor, *El separatismo*, p. 219, cita la percepción que tenía de sí mismo Alvarado, quien la reveló en estos mismos términos en un discurso de 1915.

[29] Frank Tannenbaum, *Peace by Revolution: Mexico after 1910*, Nueva York, 1933, página 117; compárese la evaluación menos elogiosa de la contribución de Alvarado como ideólogo revolucionario que hace Guzmán en *The Eagle and the Serpent*, pp. 72-74.

[30] Albert Bacon Fall Papers: 1850-1927, Biblioteca de la Universidad de Nuevo México,

socialistas utópicos europeos y a los pensadores socialistas y demócratas sociales del Nuevo Mundo tales como Henry George, W. E. Walling y H. W. Laidler.[31] Pero a lo sumo estaba dispuesto a experimentar con ciertas formas de la intervención estatal en la economía. A pesar de su conexión inicial con Ricardo Flores Magón y el PLM anticapitalista, en ningún momento adoptó más que una adhesión filosófica al concepto de que "el valor de cada hombre es proporcional a lo que produzca para la masa del pueblo".[32]

Por "socialismo" parecía entender Alvarado, en general, varios conceptos básicos: primero, que las riquezas de México (por ejemplo, el henequén de Yucatán) serían explotadas en adelante en beneficio del pueblo mexicano y no servirían para enriquecer a los extranjeros que invertían directamente o controlaban la producción mexicana indirectamente, a través de monopolios de comercialización; segundo, que las generaciones futuras de trabajadores mexicanos serían liberadas, mediante la organización y legislación gubernamentales, de su condición de trabajadores forzados y parias sociales; y por último, que un Estado poderoso tenía la responsabilidad de efectuar estos cambios y eliminar todos los obstáculos que obstruían el camino del progreso futuro de México. Sin embargo, los extensos escritos polémicos de Alvarado —en particular el voluminoso estudio en tres tomos titulado *La reconstrucción de México* (1919)— y su práctica yucateca sugieren que su socialismo estatal idiosincrásico, autoproclamado, era más precisamente un plan detallado para el capitalismo estatal por la vía de una versión populista de la revolución burguesa.

El supuesto básico que guiaba a Alvarado en la formulación de su programa revolucionario para Yucatán era que, aunque las demandas de trabajadores y campesinos eran válidas, podían —en efecto, debían— satisfacerse dentro de los límites del sistema capitalista. En consecuencia, la meta central era la eliminación de los obstáculos que impedían el capitalismo industrial y el progreso: las condiciones de esclavitud o peonaje, el gran predio improductivo y el imperialismo extranjero. Para combatir tales males se aconsejaba un enfoque estatista y un ejecutivo fuerte; se alentaban las industrias de control nacional; y la "pequeña propiedad" de tamaño mediano, intensamente cultivada, muy capitalizada, debía preferirse al ejido en el sector agrario. Renglón por renglón, el horizonte ideológico de Alvarado era el de Obregón, Calles y la naciente clase de jefes sonorenses que en los años veinte, y principios de los treinta, consolidaran el Estado revolucionario burgués en México.[33]

Colecciones Especiales, caja 5, expediente 2, "Summary of Mexican Intelligence", Headquarters, 8th Corps Area, 1920. Algunos autores modernos lo han presentado también como un socialista. Véase Diego Valadés, "Ideas políticas y sociales de Salvador Alvarado", *EHM*, 5 (1976), 109-118.

[31] Alvarado, *La reconstrucción*, vol. 1, pp. 113-130, 162-164, 186 *ss.*; Víctor Manuel Villaseñor, "Salvador Alvarado", *RUY*, 6:34 (julio-agosto de 1964), 125; SD. 812.00/18110; Jesús Silva Herzog, *Trayectoria ideológica de la Revolución Mexicana, 1910-1917*, México, 1963, pp. 106-107.

[32] Alvarado, *Actuación revolucionaria*, p. 15; James D. Cockcroft, *Intellectual Precursors of the Mexican Revolution, 1900-1913*, Austin, Texas, 1968, p. 124.

[33] La tradición ideológica y política de los jefes sonorenses se analiza brillantemente

En Yucatán, Alvarado no trató sólo de defender el capitalismo, preservando el derecho de propiedad privada, sino también de implantarlo por toda la región, sustituyendo con la relación salarial todas las formas de trabajo obligatorio o precapitalista. Los monopolistas extranjeros y los agentes locales que especulaban con el bienestar de la región eran los enemigos. El plantador o empresario productivo, laborioso, no tenía nada que temer, siempre que no abusara de sus trabajadores. La meta de Alvarado era la transformación de lo que consideraba hacendados neofeudales en capitalistas modernos, convertir a los peones y obreros semiesclavos en verdaderos proletarios. En el clima saludable de capitalismo que surgiría de estas reformas, ricos y pobres por igual serían redimidos. En la visión sonrosada de Alvarado, las fuerzas responsables del capital y el trabajo llegarían a considerar sus intereses como complementarios antes que conflictivos: "Capital y trabajo, mente y músculo, idea y acción, son cosas que deben trabajar al unísono, en un esfuerzo conjunto para promover el progreso y la felicidad para todos." [34]

El laboratorio de la Revolución

A la luz de los movimientos sociales más recientes, la filosofía de la reforma revolucionaria de Alvarado parece más bien conservadora, ya no digamos utópica. Sin embargo, esto ocurría antes de la Revolución rusa de 1917, cuando todavía no se había arraigado en México una formulación refinada de la propiedad social. Para su época, el programa de Alvarado era ciertamente progresista.

En una sociedad de plantación tradicional como la de Yucatán, la aplicación de la reforma burguesa de Alvarado señalaba el fin de la dominación oligárquica. Además, Alvarado cumplió su promesa: bajo su régimen, Yucatán llegó a ser considerado por el resto de la República como un líder, un laboratorio social para la Revolución donde se realizaban audaces experimentos en materia de organización política, intervención estatal en la economía, y reforma laboral y educativa.[35] Desde fines de 1915 y durante toda su estancia en Yucatán, Alvarado recibía multitud de preguntas y peticiones de otros gobernadores y comandantes militares constitucionalistas que expresaban su deseo de aprender y seguir los precedentes de la vía revolucionaria yucateca, y en algunos casos solicitaban ayuda financiera para sus estados devastados por la lucha.[36] En

en la obra de Aguilar Camín. Véase *La frontera nómada*, pp. 411-446, y "The Relevant Tradition", en Brading, comp., *Caudillo and Peasant*, pp. 92-123.
[34] Alvarado, *Actuación revolucionaria*, p. 36.
[35] Véase, por ejemplo, Antonio Bustillos Carrillo, *Yucatán al servicio de la patria y la Revolución*, México, 1959; y Fidelio Quintal Martín, "Quince años trascendentales en la historia de Yucatán", *RUY*, 16:93-94 (mayo-agosto de 1974), 99-131.
[36] Véase, por ejemplo, *VdR*, 4 de mayo de 1915, y el expediente que aparece en AGE sobre la correspondencia sostenida por el Departamento de Información y Propaganda Revolucionaria y los gobiernos de los estados de Sonora, Coahuila, Oaxaca, San Luis Potosí, Michoacán, Puebla, Querétaro y Chiapas: por ejemplo, gobernador de Oaxaca a Salvador Alvarado, 12 de diciembre de 1916 (solicitando un préstamo de 300 000 pesos).

este capítulo examinaremos un amplio conjunto de reformas sociales de Alvarado y la estrategia de movilización política que guiaba su revolución burguesa. En el capítulo siguiente analizaremos la respuesta del General a los problemas económicos fundamentales de la tierra y la industria henequenera.

Debe darse crédito a Alvarado por haber destruido los formidables mecanismos represivos del Porfiriato y por haber introducido y luego legitimado un núcleo de reformas políticas, sociales y económicas en las que podrían basarse los regímenes revolucionarios posteriores. El hecho de que Alvarado haya podido lograr tanto en sólo tres años (1915-1918) es imputable en parte a su capacidad de organización y su empuje. Pero es más probable que Alvarado haya debido gran parte de su éxito, en la iniciación de la revolución desde arriba, a la oportunidad y las circunstancias de su llegada a Yucatán. Como general de división —sólo había 10 en toda la República en ese momento— a cargo de una gran fuerza militar, Alvarado aplicó grandes poderes extralegales a la enorme responsabilidad civil, que le encargara Carranza, de gobernar el que era a la sazón tal vez el estado más rico de México. Además, su periodo de gobierno en Yucatán coincidió con la fase preconstitucional de la Revolución Mexicana, cuando, como representante personal de Carranza en la región más aislada de la República, disfrutaba de cierta autonomía frente a la ciudad de México y de cierta libertad frente a las restricciones constitucionales.

La estancia de Alvarado en Yucatán coincidió también fortuitamente con un auge de la exportación de henequén en tiempos de guerra. En efecto, la principal industria de Yucatán experimentó entre 1916 y 1918 una verdadera época de oro en términos de la producción y los ingresos. Estas circunstancias le dieron a Alvarado el control de las instituciones políticas y económicas y gran margen de acción como gobernador militar de Yucatán en 1915, algo que los gobernadores revolucionarios civiles no podían tener en los años veinte y treinta.

Recordando más tarde su estancia en Yucatán, Alvarado presumiría de haber emitido más de un millar de decretos y leyes de reforma para lograr la transformación de Yucatán en una vanguardia revolucionaria.[37] Quizá haya sido más importante el hecho de que Alvarado logró lo que sus predecesores, Ávila y De los Santos, no habían podido hacer: acabar con la esclavitud en Yucatán. Alvarado cambió las relaciones de producción en las haciendas, aboliendo el trabajo forzado e iniciando modestamente el proceso de movilización del campesinado yucateco, apresurando así su proletarización. Cuando un número importante de los cerca de 100 000 peones liberados[38] ejercieron su derecho de movimiento recién ganado y dejaron las haciendas —en la mayoría de los casos sólo temporalmente—,[39] Alvarado acalló la crítica de los hacendados arreglan-

[37] Tannenbaum, *Peace by Revolution*, p. 117.
[38] Véase Antonio Rodríguez, *El henequén: Una planta calumniada*, México, 1966, p. 221, quien estima en 70 000 el número de liberados.
[39] *DO*, 4 de octubre de 1915, p. 3567; *VdR*, 24 de octubre de 1916; Álvaro Torre Díaz, "La labor del Constitucionalismo en Yucatán", *El Paso del Norte*, 23 de mayo de 1917. Los yaquis sonorenses, y los prisioneros políticos de otras partes de México que habían sido transportados por la fuerza a Yucatán durante el Porfiriato, dejaban ahora a Yucatán para siempre, con destino a sus antiguos hogares.

do la inmigración de más de 21 000 trabajadores contratados en otras partes de México, ayudando así a asegurar que la producción de henequén se elevara con la misma rapidez que los precios.[40]

La aplicación, por parte de Alvarado, del decreto emitido por Ávila en 1914 para cancelar las deudas de los trabajadores, se extendió también a los miles de servidores domésticos, en gran medida mujeres y niños mayas, que habían trabajado por generaciones en Mérida y los pueblos más grandes "sin paga, sin contrato, sin fin".[41] Cuando Alvarado supo que estos sirvientes endeudados habían sido empujados a la prostitución en muchos casos por sus amos, se dio a la tarea de reformar la profesión más antigua de Yucatán eliminando burdeles, proscribiendo a los lenones y estipulando frecuentes inspecciones médicas para las prostitutas y severos castigos para los hombres que utilizaran sus servicios padeciendo enfermedades venéreas.[42]

El enfoque aplicado por Alvarado a los problemas de las mujeres en general era revolucionario para los patrones mexicanos —y occidentales— de su tiempo. A fin de impulsar su meta de liberación de las mujeres frente a la influencia de siglos de opresión y restricciones de la religión tradicional, Alvarado convocó al primer Congreso Feminista de México en 1918 (dos de estos congresos se celebrarían en Yucatán ese año), implantó la coeducación en las escuelas yucatecas, reformó el código civil y abrió las puertas del empleo gubernamental a las mujeres. Sus medidas influyeron sobre la política y la ideología nacionales y echaron los cimientos de la actividad feminista posterior en la región.[43]

Aunque era generalmente de criterio amplio y progresista, Alvarado revelaba ocasionalmente una tendencia hacia la mojigatería autoritaria que no contaba con la aprobación de los yucatecos. En la esfera social trataba de imponer su propia moral victoriana inflexible sobre la región, acabando con instituciones y placeres tan tradicionales como las cantinas, las corridas de toros, las rifas, las loterías y otras formas del juego y el "vicio" que impidieran lo que era para Alvarado "la regeneración completa y el resurgimiento espléndido de la raza india".[44] En lugar de estos vicios, que corrompían a la juventud, Alvarado es-

[40] Pedro Castro Aguilar, *Colonizar es poblar*, Mérida, 1948, p. 2; Alvarado, *Actuación revolucionaria*, pp. 90-91; AC, informe, cónsul mexicano en Galveston, Texas, a Carranza, 23 de marzo de 1916; *VdR*, 24 de octubre de 1916; *DO*, 13 de diciembre de 1916, p. 4259; SD, 812.55/23.

[41] Alvarado, decreto núm. 20, 24 de abril de 1915, citado en Álvaro Gamboa Ricalde, *Yucatán desde 1910*, Veracruz, 1943, vol. 2, pp. 370-374.

[42] Gamboa Ricalde, *Yucatán*, vol. 2, pp. 385-386; Reed, *Caste War*, p. 260.

[43] Salvador Alvarado, *La reconstrucción*, vol. 2, pp. 305-306; *VdR*, 16 de febrero de 1916; Congreso Feminista de Yucatán, *Anales de esa memorable asamblea*, Mérida, 1916; Anna Macías. "Felipe Carrillo Puerto and Women's Liberation in Mexico", en Asunción Lavrin, compiladora, *Latin American Women: Historical Perspectives*, Westport, Conn., 1978, páginas 287-288, y "The Mexican Revolution Was No Revolution for Women", en Lewis Hanke, compilador, *History of Latin American Civilization: Sources and Interpretations*, 2³ ed., Boston, 1973, vol. 2, pp. 463-465.

[44] *DO*, 4 de octubre de 1916, p. 3272; Bolio O., *Yucatán*, pp. 117, 143-148; Osvaldo Baqueiro Anduze, *Los mayas y el problema de la cultura indígena*, Mérida, 1937, p. 73. El régimen moral de Alvarado es casi idéntico al que promulgara el mismo año, para Sonora, el gobernador Plutarco Elías Calles. Aguilar Camín, *La frontera nómada*, pp. 421-422.

taba dispuesto a importar innovaciones culturales tan saludables como los *Boy Scouts*.⁴⁵

Por supuesto, a pesar de la implantación de multas y confinamientos, resultaba mucho más fácil la eliminación de estos pasatiempos populares en el papel que en la práctica. La más violada era la nueva disposición referente al alcohol.

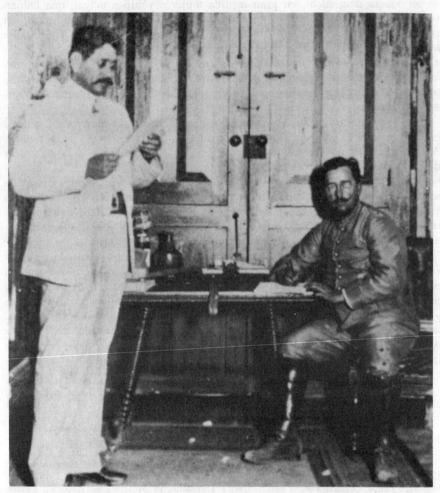

El general Alvarado y su secretario en el Palacio del Gobernador, Mérida, 1915. (Reproducido de Gustavo Casasola, Historia gráfica de la Revolución Mexicana, 1910-1970, 2ª ed., México, 1973, vol. 3, p. 994. Casasola, INAH.)

⁴⁵ AGE, mecanografiado, "Informe que el general Salvador Alvarado... rinde al Primer Jefe... Venustiano Carranza...", 28 de febrero de 1917, pp. 22, 27-28; *DHRM*, 17, 326, Alvarado a Carranza, 26 de septiembre de 1916.

Alvarado tenía razón cuando señalaba el alcoholismo como una de las debilidades sociales de Yucatán. Pero a los yucatecos les resultaba imposible apagar su sed con una cerveza de 5%, de modo que florecía el comercio clandestino de los licores, canalizado como siempre por la estructura del poder local en cada aldea o villorrio. Otros esfuerzos de Alvarado por amenazar a funcionarios locales y a sus propios subordinados militares, de quienes sospechaba (correctamente) una complicidad, sólo produjeron el cumplimiento temporal del impopular edicto.[46] En términos generales, el ataque relámpago de Alvarado contra las costumbres y los hábitos de la región acabó en derrota.

Considerando todo el conjunto de sus reformas, es probable que Alvarado haya juzgado mal los sentimientos de su región adoptiva sólo en otra ocasión. Su hostigamiento a la Iglesia local, que a veces llegaba a los actos de persecución violenta, jamás fue entendido por el campesinado profundamente religioso y lo llevó a perder el respeto de grandes segmentos de la *élite* y los sectores medios urbanos.[47] Como tantos miembros de su generación de caudillos norteños, "ideológicamente nutridos en... misales seculares que exaltaban la Patria juarista y anticlerical", Alvarado contrastaba el "paraíso secular" del moderno Estado capitalista que sería el futuro de México con la "caverna de clericalismo" que había sido su pasado feudal.[48] Durante los dos primeros años de su régimen, Alvarado aplicó una presión casi continua sobre la Iglesia, exiliando sacerdotes, saqueando y cerrando templos, transformando edificios eclesiásticos en escuelas públicas.[49]

Alvarado le dijo a Ernest Gruening que sus manifestaciones anticlericales tenían "el propósito deliberado de demostrar a los indios que no lo partiría un rayo, que los constitucionalistas no eran los enemigos de Dios, como les habían dicho los sacerdotes".[50] Pero el espectáculo público de los federales montados de Alvarado que se metían a las iglesias de la vecindad y profanaban los altares no fortalecía la popularidad del General. Indignados plantadores y profesionales, incluidos algunos miembros de la coalición revolucionaria de Alvarado,

[46] Gamboa Ricalde, *Yucatán*, vol. 2, pp. 566-569; Senado de los Estados Unidos, *Investigation of Mexican Affairs: Preliminary Report and Hearings of the Committee on Foreign Relations...*, Washington, D. C., 1920, vol. 1, p. 881; *DO*, 4 de octubre de 1916, p. 3272.

[47] Francisco Cantón Rosado, *Historia de la Iglesia en Yucatán desde 1887*, Mérida, 1943, pp. 98-129; CJD, rollo 3, arzobispo Martín Tritschler y Córdoba a Carranza, 6 de diciembre de 1915; SD, 812.00/16442, 18110, 18114; *DHRM*, 16, 177, Alvarado a peticionarios, 21 de junio de 1915. El mejor tratamiento secundario del conflicto de Alvarado con la Iglesia es el de Ramón D. Chacón, "Yucatán and the Mexican Revolution: The Pre-Constitutional Years, 1910-1918", tesis doctoral inédita, Universidad de Stanford, Cal., 1981, pp. 194-202.

[48] Aguilar Camín, "The Relevant Tradition", pp. 117, 280.

[49] ASA, Pedro Rubio Mendoza a arzobispo Tritschler y Córdoba, 11 de mayo de 1917; ASA, Manuel Casares Escudero a Tritschler y Córdoba, 11 de noviembre de 1918. Las manifestaciones anticlericales más publicitadas se analizan en Ernest Gruening, *Mexico and Its Heritage*, Nueva York, 1928, p. 214, y Carlos Loveira, *El obrero yucateco y la Revolución Mexicana*, Nueva York, 1917, pp. 41-42.

[50] Gruening, *Mexico*, p. 214. Compárense las aseveraciones similares que aparecen en AGE, Alvarado a Joaquín Peón y otros, 21 de junio de 1915, y *Actuación revolucionaria*, página 56.

denunciaban estos "actos sacrílegos" patrocinados por un gobierno que había degenerado en "una tribu de salvajes encabezados por un Atila moderno".[51] Manifestaciones hostiles, a menudo instigadas por la *élite* pero formadas en gran parte por campesinos y sus esposas, empezaron a desafiar la ofensiva anticlerical de Alvarado. El 30 de enero de 1916, por ejemplo, en el pueblo de Telchac, una multitud de 300 personas, en su mayor parte campesinos airados, protestaron violentamente contra la confiscación de reliquias de la iglesia comunal, realizada por el comandante militar local. Blandiendo palos y azadas, los campesinos bloquearon el camino y por la fuerza descargaron los artefactos de un tren de mulas gubernamental.[52] A principios de 1917, sin duda respondiendo a estas expresiones populares de insatisfacción, Alvarado empezó a atemperar su anticlericalismo, abriendo varias iglesias y tolerando un pequeño número de sacerdotes.[53]

Una estratagema muy exitosa fue el encarcelamiento ocasional de plantadores prominentes por faltas relativamente menores tales como las manifestaciones públicas de arrogancia con sus antiguos esclavos.[54] Mediante la impartición de una serie de dramáticas lecciones objetivas a las masas rurales, el estímulo para que viesen la religión y el privilegio señorial como los símbolos de su explotación, Alvarado esperaba despertarlos de su letargo y allanar el camino para una movilización más sistemática que pudiera controlar desde arriba.

Como correspondía a su liberalismo, Alvarado alimentaba la esperanza de que la educación, y no la expropiación de la propiedad, contribuyera significativamente a una solución de los apremiantes problemas sociales y económicos de Yucatán. Una y otra vez expresó el deseo de que, a falta de otra cosa, fuese recordado y juzgado por las más de 1 000 escuelas nuevas que creara en Yucatán —la mayoría de ellas en remotas áreas rurales— y por los cuerpos de profesores que adiestró o trajo al estado desde el centro de México y los Estados Unidos.[55] De acuerdo con un observador, los maestros de Alvarado superaban en 1916 a los soldados de su ejército.[56] El General sentó varios precedentes educativos importantes que seguirían Felipe Carrillo y los gobiernos estatales socialistas bajo Cárdenas: la asignación de un porcentaje mucho mayor, del presupuesto estatal, a la educación pública y especialmente rural; el establecimiento de más escuelas normales y programas de adiestramiento de profesores, algunos de los cuales harían hincapié en la preparación de profesores mayas

---

[51] ASA, Rafael Peón a arzobispo Tritschler y Córdoba, 23 de octubre de 1915; Cantón Rosado, *Historia de la Iglesia*, pp. 128-129.

[52] ASA, Abilo Sabido a arzobispo Tritschler y Córdoba, 12 de marzo de 1916; *cf.* SD, 812.00/442, Young a secretario de Estado, 27 de septiembre de 1915.

[53] AGE, Alvarado a vecinos de Acanceh, 20 de enero de 1917; AGE, Alvarado a todos los comandantes militares, 13 de febrero de 1917; ASA, Pedro M. de Regil a Tritschler y Córdoba, 25 de octubre de 1917, 20 de diciembre de 1917; *VdR*, 21 de febrero de 1918.

[54] Véase, por ejemplo, *VdR*, 4 de septiembre de 1915; SD, 812.61326/220; y p. 136.

[55] Alvarado, "Informe", *DO*, 4 de enero de 1918, p. 60; William Gates, "Yucatán — an Experiment in Syndicalism", *World's Work*, 38 (mayo de 1919), p. 61.

[56] George Miner, "Opiniones sobre la labor del general Salvador Alvarado", *D*, 6 de noviembre de 1916.

para las áreas rurales; y la responsabilidad del estado para proveer una "educación racional", es decir, un plan de estudios que incluyera principios colectivistas en la enseñanza de las habilidades necesarias en la vida diaria de la aldea.[57]

Tuvieron un efecto mucho menos trascendental los esfuerzos de Alvarado por establecer "bibliotecas populares" por todo el estado y prescribir la lectura de libros importantes para los estudiantes del nivel secundario. Aunque el gobierno estatal distribuyó paquetes de libros, traídos de la ciudad de México, las bibliotecas dependían en última instancia del financiamiento de los hacendados locales o los ayuntamientos, algo poco confiable incluso en las mejores épocas.[58] Así pues, el programa de "grandes libros" fue probablemente más importante por lo que reveló acerca de la actitud burguesa liberal que guiaba a Alvarado que por algún servicio importante que haya prestado. El General asignaba libros que en su opinión moldearían el carácter de los jóvenes yucatecos, imbuyéndoles rasgos tales como la austeridad, la confianza en sí mismos, la determinación y el trabajo laborioso. Samuel Smiles, ese pilar de la Gran Bretaña victoriana y eduardiana, que había influido sobre la infancia de Alvarado,[59] se convirtió en una lectura obligada en las escuelas locales.

La introducción de la escuela rural por parte de Alvarado, ya en 1915-1916, constituyó seguramente su reforma educativa más perdurable y tuvo también importantes consecuencias políticas. Aunque los antiguos hacendados y sus apologistas continúan afirmando que las primeras escuelas rurales se crearon en varias haciendas grandes antes de 1910,[60] estas escuelas iniciales estaban imbuidas de una filosofía educativa y un propósito radicalmente diferentes de los que tenían las primeras escuelas rurales de Alvarado: seculares, gratuitas y obligatorias.[61] Las escuelas rurales creadas con anterioridad, a iniciativa de cada propietario o a través de la Liga de Acción Social de los hacendados en 1910, trataban de domesticar a sus alumnos —los hijos de sus peones— a fin de que fuesen trabajadores más obedientes y eficientes y que no entraran en

---

[57] Gamboa Ricalde, *Yucatán*, vol. 2, pp. 415, 421-431, 440-448; *VdR*, 22 de marzo de 1916; *Municipio Libre*, 30 de mayo de 1917, pp. 275-277 (por lo que toca a la *Ciudad Escolar de los Mayas*, un proyecto muy publicitado de Alvarado, que sin embargo fue efímero).

[58] Santiago Burgos Brito, "Las actividades culturales de Alvarado", *RUY*, 7:38 (marzo-abril de 1965), p. 33; Alvarado, "Informe", *DO*, 4 de enero de 1918, p. 62.

[59] Alvarado, *La reconstrucción*, vol. 1, p. 22. Aunque el gran programa de libros de Alvarado revelaba una mentalidad burguesa ausente en la campaña que más tarde lanzara José Vasconcelos como ministro de Educación de Obregón, a principios de los años veinte, para difundir a los clásicos por todo el campo mexicano, hay una semejanza en el punto de vista idealista (y poco realista) y la inutilidad final de los dos programas.

[60] Manuel Correa Delgado, *Breve relación histórica de la Liga de Acción Social: Sus principales trabajos durante los 50 años de su existencia*, Mérida, 1959, pp. 19-67; Hernán Morales Medina, "Don Gonzalo Cámara Zavala: Pionero de la educación rural", *RUY*, 4:22-23 (julio-octubre de 1962), pp. 71-72.

[61] J. D. Ramírez Garrido, "La instrucción en Yucatán", *Acción Mundial*, 4 de marzo de 1916; Antonio Betancourt Pérez, "La verdad", pp. 34-56; Luis Álvarez Barret, "Orígenes y evolución de las escuelas rurales en Yucatán", *RUY*, 13:78 (noviembre-diciembre de 1971), páginas 26-51.

contacto con las "ideas revolucionarias perturbadoras".[62] Se enseñaban pocas habilidades efectivas en el aula —desde luego, no se enseñaba nada de aritmética que pudiera aclarar la "cuenta hoch" (deuda acumulada) del peón— y se hacía hincapié en la instrucción religiosa.[63] Las escuelas de Alvarado, en cambio, iniciaron una rudimentaria campaña de alfabetismo —12 000 campesinos aprendieron a leer y escribir en español—,[64] y sobre todo enseñaron a los antiguos peones sus derechos constitucionales como ciudadanos mexicanos, alentándolos a aceptar sus responsabilidades como hombres libres. En efecto, la escuela rural proveyó el reforzamiento ideológico esencial para el decreto político que había abolido el trabajo forzado y había servido —así fuese en una forma muy modesta— como un punto focal inicial para la movilización en el campo. Con Alvarado surgió al primer plano el agente revolucionario que, después de 1920, habría de encabezar la movilización política en el sector rural, el maestro de escuela.[65]

Junto con el agente de propaganda, el maestro rural se convirtió en una especie de *ombudsman* o mediador revolucionario.[66] Estos maestros y agentes locales —entre ellos Felipe Carrillo Puerto y otros líderes socialistas del futuro— se convirtieron en los representantes de Alvarado en haciendas y pueblos. Su obligación consistía en comunicar directamente a Alvarado, o indirectamente a través de sus comandantes militares subregionales o los funcionarios municipales locales, toda violación de la legislación revolucionaria y todo abuso laboral cometido por hacendados o comerciantes contra el pueblo común.[67] Y no había abuso demasiado pequeño para pasarlo por alto. Alvarado multó y humilló en público a las hijas de un plantador prominente cuando supo que, violando el edicto del General en contra del besamanos, habían obligado a sus antiguos esclavos a besarles las manos al estilo tradicional.[68]

Fue a través de esta red de comunicaciones, que se extendía hasta la aldea más pequeña, como Alvarado estaba decidido a establecer el precedente de una "revolución retroactiva" en Yucatán. En otras palabras, Alvarado trataba de introducir en la mente de los campesinos (y los trabajadores urbanos) la idea

[62] Betancourt Pérez, "La verdad", pp. 53-54; Álvarez Barret, "Orígenes", p. 51.
[63] Santiago Pacheco Cruz, *Recuerdos de la propaganda constitucionalista en Yucatán*, Mérida, 1953, p. 302; Betancourt Pérez, "La verdad", pp. 53-54.
[64] Moisés González Navarro, *Raza y tierra: La guerra de castas y el henequén*, México, 1970, p. 236.
[65] Antonio Betancourt Pérez, *La escuela de la Revolución Mexicana*, Mérida, 1965, páginas 25-26; Álvarez Barret, "Orígenes", 51; cf. James Cockcroft, "El maestro de primaria en la Revolución Mexicana", *HM*, 16:4 (abril-junio de 1967), 565-588; AGE, Gregorio Torres Quintero, jefe del Departamento de Educación Pública, a Alvarado, 6 de junio de 1916.
[66] En sus decretos y circulares, Alvarado se refería alternativamente a los maestros como "los portavoces de la Revolución", "pregonadores de derechos" y "heraldos del progreso", por ejemplo, *DO*, 21 de septiembre de 1915, p. 3448.
[67] AGE, memorando, Gobierno del Estado, Dirección General de Enseñanza Rural, 25 de octubre de 1915; AGE, Torres Quintero a Alvarado, 6 de junio de 1916; *VdR*, 30 de octubre de 1915; *DO*, 20 de julio de 1915, pp. 2391-2393.
[68] *DO*, 22 de marzo de 1916, pp. 1189-1190; *VdR*, 18 de marzo de 1916 y todo marzo y abril de 1916.

de que la Revolución corregiría ahora todos los abusos y las injusticias que los afectaban, ya fuesen recientes o tuviesen una antigüedad de años o aun decenios. El jornalero que hubiese perdido una mano en una prensa henequenera, y el mecánico que se hubiese quemado en la explosión de una caldera, podían unirse ahora al peón cuyos salarios fuesen excesivamente bajos o que fuesen retenidos sin justificación, para presentar sus reclamaciones ante uno de los nuevos Tribunales de Conciliación y Arbitraje del gobierno estatal. Si sus reclamaciones pudieran probarse, sus empleadores actuales o anteriores tendrían que pagarles indemnizaciones por los daños sufridos. Desafortunadamente, en ausencia de una organización sindical sistemática y una fuerte movilización en el campo, que Alvarado se resistía a alentar, la carga de la prueba correspondía al campesino maya individual, quien se veía entonces enfrentado en el tribunal a su poderoso (y a menudo articulado) amo anterior o empleador actual. Como era de esperarse, se presentaban pocas reclamaciones en el sector rural.[69]

Naturalmente, los trabajadores urbanos sindicalizados de Progreso y Mérida invocaban con éxito mucho mayor el principio de la revolución retroactiva.[70] Bajo la égida de Alvarado, la clase trabajadora urbana maduró en Yucatán. Como ateo que provenía de modestos orígenes urbanos, el General sentía una afinidad cultural por el obrero anticlerical, algo que no podía aspirar a compartir con el campesino indio, a menudo devoto. Inmediatamente después de tomar el control de Yucatán, Alvarado reconoció la legalidad de los antiguos sindicatos —integrados principalmente por trabajadores ferroviarios y portuarios, empleados de servicios y artesanos— que, tras de algunas luchas, habían surgido en los años finales del Porfiriato.[71] Luego exhortó a otros trabajadores a organizarse y obtener los beneficios de la Revolución, montando una intensa campaña de propaganda en la capital del estado y en el puerto principal. Apoyando sus palabras con el patronazgo, el general otorgó subsidios de 20 000 y 10 000 pesos a los masones y los trabajadores siderúrgicos, respectivamente, para alentarlos a la sindicalización. En las primeras semanas de su gobierno, también formaron sindicatos los tipógrafos, los meseros de restaurantes y los trabajadores de la cerveza, los cigarrillos y las confituras.[72]

En ese primer mes, el 4 de abril de 1915, Alvarado auspició en su residencia privada de Mérida la formación de una filial de la Casa del Obrero Mundial

[69] AGE, Franco Fernández a Alvarado, 1º de diciembre de 1915; *DO*, 10 de julio de 1915, p. 2245; *VdR*, 30 de enero de 1916, 23 de marzo de 1916, 9 de mayo de 1916; y Chacón, "Yucatán and the Mexican Revolution", cap. 6. Véase en Pacheco Cruz, *Recuerdos*, pp. 123-255, el relato presencial de la revolución retroactiva en acción, por uno de los agentes de propaganda de Alvarado en la parte oriental del estado. Compárese el relato diario compilado por el director del Departamento del Trabajo de Alvarado, Ávila y Castillo *(Diario Revolucionario)*.

[70] AGE, Agentes de Propaganda, Tomás Alpuche S., y Aurelio Briceño a Carlos Loveira, jefe del Departamento del Trabajo, 27 de marzo de 1916; *VdR*, 30 de enero de 1916; Loveira, *El obrerismo*, pp. 45-46.

[71] *VdR*, 15 de enero de 1916, 20 de enero de 1916; *Ariete*, 5 de octubre de 1915; Esteban Durán Rosado, *La primera huelga ferrocarrilera en Yucatán*, Mérida, 1944; SD-CPR, *Corr., 1913*, vol. 3, p. 800, Gracey a secretario de Estado, 4 de enero.

[72] Montalvo, "Caudillismo y estado", pp. 21-22; Bolio O., *Yucatán*, p. 151.

(COM), una organización nacional anarcosindicalista. A fines de 1915, sólo nueve meses después de la llegada del General, la COM estaba firmemente establecida como la organización de Alvarado protectora del sector laboral urbano y había registrado 418 sindicatos antiguos y nuevos, incluso en algunos centros urbanos más pequeños como Motul y Valladolid.[73] A través de la COM, Alvarado alentaba la participación de los trabajadores en la política local y estatal. En junio de 1916, los activistas de la COM y los alvaradistas de alto rango colaboraron para formar el Partido Socialista Obrero, un primer intento de institucionalización de la coalición populista de Alvarado. En su prueba inicial durante el mes de septiembre siguiente, los socialistas barrieron en las elecciones de alcalde y ayuntamiento de la capital estatal. Significativamente, el primer directorio del partido incluía a un peluquero y dos trabajadores ferrocarrileros, además de dos maestros de escuela, un periodista y un boticario. Rafael Gamboa, el feroz peluquero conocido como "Ravachol", fue el primer presidente del partido. Durante el gobierno de Alvarado, sería sucedido como líder del partido por Carlos Castro Morales, trabajador ferroviario, y por Felipe Carrillo Puerto, carretero, conductor del ferrocarril y "milusos".[74]

Para quienes no habían entendido todavía el mensaje de que trataba de convertir al proletariado urbano en su principal aliado civil, Alvarado promulgó en diciembre de 1915 una ley laboral radical que inmediatamente fue reconocida como una de las más progresistas en la República y más tarde sirvió como uno de los modelos para el artículo 123 de la nueva Constitución nacional de 1917.[75] La ley laboral de Yucatán respondía a las demandas tradicionales de salarios y duración de la jornada, condiciones de trabajo, trabajo infantil e indemnización de los accidentados; otorgaba el derecho de huelga; creaba un Departamento del Trabajo; apoyaba las sociedades mutualistas —las que Carrillo Puerto convertiría más tarde en una red de cooperativas de consumidores— y establecía los tribunales laborales que administrarían la revolución retroactiva en favor de los obreros.[76] Contando con la protección de Alvarado, los trabajadores urbanos empezaron a presionar con éxito sus demandas salariales contra los empleadores, utilizando los nuevos tribunales y su derecho a la huelga. Por ejemplo, los panaderos y los empleados de cantinas, mal pagados, se declararon en huelga demandando un aumento salarial de 100%. Pronto se vieron seguidos por los tipógrafos, los elaboradores de cigarros, los trabajadores de la cerveza y las confituras, recientemente organizados por el gobierno.[77] Mientras tanto, bajo la

[73] *DO*, 7 de julio de 1915, pp. 2188-2189, 5 de agosto de 1915, pp. 2685-2686, 27 de octubre de 1915, p. 4098; *Quiénes son en Yucatán los enemigos de la Revolución...*, Mérida, 1916, p. 9; Bustillos Carrillo, *Yucatán*, pp. 119, 125-126; Montalvo, "Caudillismo y estado", p. 23.
[74] Francisco J. Paoli y Enrique Montalvo, *El socialismo olvidado de Yucatán*, México, 1977, pp. 50-52; Ramón Espadas, *Fundación del Partido Socialista Obrero*, Mérida, 1972.
[75] Ramón Mendoza Medina, "Influencia de Salvador Alvarado en la Constitución de 1917", *DdelS*, 28 de marzo de 1965, Suplemento Cultural.
[76] *DO*, 17 de mayo de 1915, pp. 1291-1292, 4 de mayo de 1916, pp. 1798-1799; Mario de la Cueva, *Derecho mexicano del trabajo*, México, 1943, vol. 1, pp. 105-112.
[77] Montalvo, "Caudillismo y estado", pp. 21-22.

égida de Alvarado, los trabajadores ferrocarrileros y los 2 000 estibadores de Progreso estaban creando una aristocracia laboral peninsular; a pesar de la inflación y de una severa recesión posterior, estos trabajadores obtuvieron constantes incrementos salariales durante el periodo de 1915-1918.[78]

La Revolución desde arriba

Sin embargo, Alvarado no perdió en ningún momento el control del proceso de movilización popular. En efecto, sus políticas de revolución retroactiva y patronazgo del movimiento laboral urbano ilustran claramente la estrategia populista de movilización desde arriba que guiaban su revolución burguesa. El programa del General trataba de imbuir en trabajadores y campesinos la idea de que los beneficios que recibían —por ejemplo, la liberación del peonaje endeudado, la corrección de antiguas injusticias, el derecho a la sindicalización y la huelga, los aumentos salariales— derivaban directamente de la acción estatal. A su vez, el estado pedía su apoyo para los esfuerzos de consolidación de la Revolución frente a la oposición potencial de la "Casta Divina" y sus aliados norteamericanos. Trabajadores y campesinos darían su apoyo incorporándose a las organizaciones creadas y controladas por el gobierno revolucionario y canalizando sus demandas por el aparato estatal. Esto significaba que, una vez corregidos los abusos antiguos y recientes por el gobierno, los trabajadores tratarían, a través de la mediación estatal, de conciliar sus diferencias con los empleadores en lugar de agravarlas. En el proceso, el estado alentaría la desaparición de los intereses clasistas y mantendría una coalición revolucionaria capaz de soportar la amenaza de represalia de la oligarquía y sus aliados.

En consecuencia, el aliento dado por el general Alvarado a los trabajadores sindicalizados tenía sus límites. Al igual que Carranza, Alvarado no vaciló en cerrar la COM en abril de 1916, cuando la filial regional, fiel a su ideología anarcosindicalista, buscó una esfera de acción que escapara del control de Alvarado.[79] Y como el Primer Jefe, Alvarado amenazó con fusilar a los empleados públicos cuando éstos invocaron uno de los derechos básicos de los trabajadores alrededor de los cuales los había organizado originalmente el General: el derecho de huelga.[80] A medida que se volvía más pronunciado el control estatal de las organizaciones sindicales, Alvarado trataba de persuadir a los trabajadores del valor de un enfoque "mutualista" basado en la conciliación gubernamental y el cooperativismo, en lugar de una postura "sindicalista" basada en el enfrentamiento y la huelga.[81] Cada vez se ponía más en claro que el Gene-

[78] Marjorie R. Clark, *Organized Labor in Mexico*, Chapel Hill, N. C., 1934, pp. 209, 213; Gruening, *Mexico*, pp. 340-341; SD, 812.61326/396.
[79] AGE, Loveira a Alvarado, 29 de noviembre de 1916; SD, 812.00/18110; Gruening, *Mexico*, p. 338.
[80] SD, 812.00/18110; AGE, Loveira a Alvarado, 29 de noviembre de 1916; Loveira, *El obrerismo*, pp. 35-37.
[81] AGE, Loveira a Alvarado, 29 de noviembre de 1916, Alvarado a Loveira, 15 de diciembre de 1916; *VdR*, 12 de enero de 1916, 13 de enero de 1916, 14 de enero de 1916,

ral propiciaba la creación de sindicatos urbanos y ligas de resistencia rurales sobre todo como un instrumento para la legitimación de la autoridad de su gobierno. El estado daría a las masas una participación en el proceso político; sin embargo, no las dejaría participar activamente, ya no digamos dominar. Un investigador ha descrito el populismo caudillista de Alvarado, con poca generosidad, afirmando que aunque Alvarado parecía favorablemente dispuesto hacia alguna forma del socialismo estatal, "era casi inmediatamente obvio que... se consideraba a sí mismo el estado".[82]

Por otra parte, Alvarado pudo construir un marco de organización eficaz para su coalición revolucionaria yucateca. En efecto, galvanizando a los militares, cooptando a algunos miembros de los sectores medios y la burguesía, y grandes segmentos de las clases trabajadoras urbanas y rurales tras una ideología nominalmente socialista o colectivista, su coalición de Yucatán era un prototipo del Estado populista nacional que Obregón y Calles consolidarían en los años veinte y, en ciertos sentidos, un precursor del PRM (Partido Revolucionario Mexicano) de Lázaro Cárdenas, más elaboradamente corporativo, y del moderno PRI (Partido Revolucionario Institucional). Al igual que los fundadores del PRI, Alvarado reconoció que la permanencia de su coalición multiclasista exigía su institucionalización. Durante su régimen de tres años, Alvarado creó instituciones señeras tales como un partido estatal y una red de organizaciones revolucionarias locales en la ciudad y el campo que más tarde pasarían a ser integrantes del partido. Un examen de este sistema político surgente revela más específicamente el esquema protocorporativista utilizado por Alvarado para llevar a cabo su revolución desde arriba.

En la cima estaban Alvarado y su Partido Socialista Yucateco (en 1917 se cambió formalmente este nombre al de Partido Socialista de Yucatán), de donde salía cada vez en mayor medida el personal del gobierno estatal de Alvarado. Tanto el gobierno estatal como el Partido Socialista disfrutaban el apoyo del Ejército Constitucionalista del Sureste, controlado por Alvarado en su doble carácter de ejecutivo estatal y comandante militar. En las ciudades y los pueblos grandes, los trabajadores urbanos —principales clientes de Alvarado— estaban atados al partido a través de sus sindicatos afiliados, los que fueron rebautizados con el nombre de "ligas de resistencia" hacia el final del gobierno del General. Los intelectuales y profesionales del sector medio, junto con algunos hacendados y comerciantes liberales, eran cooptados directamente a la burocracia gubernamental; asqueados del poder y la arrogancia de la "Casta Divina", muchos de estos funcionarios se unieron también al Partido Socialista.

En el campo era más laxa la estructura de la organización, y experimentó una transformación importante a mediados de 1917. El sistema porfiriano de

26 de febrero de 1916; Loveira, *El obrerismo*, pp. 35-37, 52-53. De nuevo, compárese la política contemporánea similar de los gobernadores revolucionarios sonorenses, Calles y De la Huerta. Aguilar Camín, *La frontera nómada*, pp. 436-440.

[82] Clark, *Organized Labor*, p. 201. Compárese el comentario formulado por el propio Alvarado a fines de 1916: "Recientemente, los sucesos... han demostrado el peligro que surgiría si el gobierno cayera en manos menos enérgicas y capaces que las mías." *VdR*, 14 de diciembre de 1916.

autoridad y control, centrado en los jefes políticos apoyados por la política estatal, local y privada, había sido desmantelado tras la invasión de Alvarado en marzo de 1915. En lugar de los 16 prefectos de distrito impopulares y despóticos, que en la mayoría de los casos habían sido plantadores o sus servidores, Alvarado destacamentó ahora a sus oficiales más confiables, asegurándose de que, en ciertos casos, se cubrieran con yucatecos estas comandancias militares. Alvarado delegó por completo la autoridad local a estos jefes militares; muchos de ellos tomaron al General por modelo y aplicaron en sus dominios rurales su propia versión reducida del populismo de Alvarado.[83]

Como jefes de sus distritos (partidos), los comandantes militares debían mantener la paz política, impedir la explotación de los trabajadores en los predios rurales, y poner en práctica las reformas sociales y educativas de Alvarado. Periódicamente debían escribir informes a Alvarado, enterándolo de las condiciones sociales y proveyendo una relación estadística detallada de la producción agrícola y ganadera en sus distritos.[84] A fin de frenar su influencia potencial y promover la honestidad burocrática en la que insistía para su régimen, Alvarado transfería con frecuencia a los comandantes de un distrito a otro. Además, alentaba a sus subordinados civiles —miembros de ayuntamientos locales, maestros revolucionarios y agentes de propaganda— para que le informaran directamente sobre la administración del distrito.[85] Por otra parte, el General era rápido para ilustrar, reprimir, multar y aun encarcelar a los subordinados que abusaran de sus facultades administrativas. Se ofreció una recompensa de 1 000 pesos a quien aportara pruebas confiables del mal uso de los fondos públicos. "Debemos demostrarle al pueblo que la Revolución tiene poder para castigar a sus malos servidores", explicaba Alvarado.[86] Varios comandantes militares de partidos remotos fueron acusados ante magistrados revolucionarios por soborno, peculado, extorsión y especulación con el maíz regulado por el gobierno. El comandante militar de Izamal fue removido tras las quejas locales de que se había vendido a los plantadores y comerciantes locales. En cambio, el comandante militar de Tekax fue severamente reprendido por haber sido demasiado duro con la *élite* local.[87]

En general, sin embargo, estos comandantes militares gobernaron en forma honesta y firme. Muchos de ellos eran maduros hombres de campaña que habían sido compañeros de armas de Alvarado en el Norte. Siguiendo el ejemplo de su caudillo, eran escrupulosamente honestos en sus tratos políticos y económicos de nivel local. Al igual que Alvarado, llegaron y se marcharon sin echar raíces

[83] Chacón, "Yucatán and the Mexican Revolution", pp. 188-189.
[84] AGE, Alvarado a todos los comandantes militares, 20 de abril de 1916; *DO*, 2 de diciembre de 1915, *passim*.
[85] *DO*, 25 de mayo de 1915, p. 1425, 20 de julio de 1915, p. 2279; *VdR*, 23 de febrero de 1916.
[86] *DO*, 14 de mayo de 1915, pp. 1261-1262; *cf. DO*, 10 de julio de 1915, pp. 2244-2245, 3 de septiembre de 1915, pp. 3186-3187.
[87] AGE, Tomás Villa González a Alvarado, 21 de enero de 1917; AGE, inspector del Departamento de Tesorería a Alvarado, 23 de marzo de 1916; *DO*, 15 de noviembre de 1915, pp. 4413-4414; *VdR*, 12 de marzo de 1916.

locales.⁸⁸ Como sería de esperarse, la protesta campesina violenta que había sido desatada por los abusos locales durante los últimos años del Antiguo Régimen no se observó durante el interregno militar de Alvarado.

Aunque el campo estaba firmemente bajo su control, Alvarado se mostró mucho menos activo en la movilización de las áreas rurales que en las ciudades. Habiendo liberado a los esclavos, después hizo poco, en forma sistemática, para organizarlos políticamente. Temía que la politiquería excesiva en el campo interrumpiera el flujo regular de los ingresos del henequén que dotaba de armonía a su coalición revolucionaria. Aunque envió agentes de propaganda y maestros a las áreas rurales, Alvarado limitó sus deberes políticos a la instrucción de los campesinos acerca de sus derechos constitucionales y al señalamiento de los abusos que cometieran en su contra los hacendados descontentos. En efecto, el General censuró en varias ocasiones a los maestros y agentes por su "exceso de celo" y su provocación de los campesinos.⁸⁹ Mientras que los trabajadores urbanos fueron organizados de inmediato en sindicatos, Alvarado se abstuvo deliberadamente de organizar a los trabajadores rurales durante el periodo preconstitucional de gobierno militar. A la manera de los regímenes corporativos posteriores, tuvo Alvarado buen cuidado de separar a los trabajadores rurales de los trabajadores urbanos que desempeñaron un papel importante en el Partido Socialista, asegurando así que cada sector dependiera primordialmente del estado en lo tocante a sus ganancias.⁹⁰ Las primeras ligas rurales de resistencia fueron formadas a mediados de 1917 por organizadores políticos radicales tales como Felipe Carrillo Puerto, Rafael Gamboa y Felipe Valencia López. Pero ya había terminado entonces el periodo preconstitucional, y el sistema de comandancias militares de Alvarado estaba dejando su lugar al gobierno civil y la política electoral partidista bajo las directrices de la nueva Constitución mexicana de 1917. Al mismo tiempo, Alvarado estaba perdiendo gran parte de su poder en el estado.

Decidido a continuar sus políticas, Alvarado deseaba desesperadamente permanecer como gobernador de Yucatán bajo la nueva Constitución nacional. Ya en octubre de 1916 había dado a la publicidad su intención de participar como civil en las elecciones estatales de noviembre de 1917. Un mes más tarde, era declarado residente oficial de Yucatán y solicitaba una licencia como comandante militar de la región. Sin embargo, debido a un tecnicismo legal (el General no había residido en el estado durante suficiente tiempo —cinco años—, de acuerdo con las nuevas disposiciones constitucionales),⁹¹ pero sobre todo

⁸⁸ Chacón, "Yucatán and the Mexican Revolution", pp. 189-191.
⁸⁹ AGE, jefe del Departamento del Trabajo a profesor Villalbazo, s.f., 1916; AGE, jefe del Departamento del Trabajo a profesor Vázquez, 3 de abril de 1916; AGE, Salvador Alvarado a presidentes municipales, 3 de mayo de 1917.
⁹⁰ Montalvo, "Caudillismo y estado", p. 30.
⁹¹ Irónicamente, aunque los miembros de la delegación yucateca en la Convención Constitucional de Querétaro tuvieron un papel importante en la redacción de varios artículos fundamentales y defendieron efectivamente el programa regional de reformas sociales de Alvarado, no se mostraron persuasivos en la cuestión relativamente secundaria de un re-

porque Carranza deseaba opacar la estrella de un rival potencial, nunca se le dio la oportunidad a Alvarado. Don Venus vetó los esfuerzos que se hicieron para eludir las reglas. Luego, a mediados de 1917, Alvarado fue repentinamente "promovido" a jefe de las operaciones militares de toda la porción sudoriental de la República; desde la ciudad de México se le ordenó que supervisara las operaciones carrancistas en las zonas vecinas de Chiapas, Tabasco y el istmo de Tehuantepec. Durante tres meses, de julio a fines de septiembre de 1917, Alvarado estuvo ausente del estado. En el último año de su comando militar, después de haber dejado la gubernatura en noviembre de 1917, Alvarado pudo visitar a Yucatán sólo por breves periodos.[92] Así pues, durante casi un año y medio, en un crítico momento de transición en el proceso revolucionario local, Alvarado era mantenido en la periferia de la política yucateca. En noviembre de 1918, el presidente Carranza lo sacó de Yucatán para siempre.

Antes de marcharse a cumplir sus deberes militares en otra parte del Sureste, el General había añadido dos toques finales de legitimación a su obra política, elaborando una Constitución estatal que incorporaba sus reformas y designando luego a yucatecos para que lo sucedieran. Alvarado no podía decidir quién sería su sucesor como comandante militar regional, ya que Carranza conservaba por entero ese privilegio. Sin embargo, el presidente mexicano no interfirió cuando Alvarado trató de influir sobre la política interna. Sin duda tratando de frenar el creciente poder del más radical Felipe Carrillo Puerto, Alvarado dividió el poder civil del estado, antes unificado durante su gobierno militar, en dos partes. Carlos Castro Morales, un trabajador ferrocarrilero, líder sindical y antiguo presidente del Partido Socialista Yucateco, recibió su bendición como candidato a la gubernatura, mientras que Carrillo Puerto, quien ya era el político civil más poderoso del estado, era sancionado como nuevo jefe del partido.

La movilización en el campo: la revolución se mueve hacia la izquierda

En el otoño de 1917, Alvarado empezó a recibir en Chiapas inquietantes informes sobre los preparativos de Carrillo para las elecciones estatales de noviembre que abrirían el proceso político. En marzo, Carrillo había dado los primeros pasos hacia la creación de una red centralizada de ligas de resistencia rurales y urbanas: la unificación de la clase trabajadora que Alvarado había evitado. Carrillo estableció en Mérida la sede de esta Liga Central de Resistencia, luego empezó a reclutar nuevos organizadores políticos para que penetraran en los dominios rurales aislados y movilizaran a los trabajadores agrícolas. De acuerdo con el plan de Carrillo, los campesinos de los pueblos, aldeas y hacien-

---

quisito de residencia poco exigente, con lo que anularon las posibilidades de sucesión de Alvarado. Véase Chacón, "Yucatán and the Mexican Revolution", pp. 217-222.

[92] Por lo que toca a la reasignación de Alvarado y el problema de la sucesión yucateca, véase Franz, "Bullets and Bolshevists", pp. 160-162, y Chacón, "Yucatán and the Mexican Revolution", pp. 213-214.

das serían organizados en asociaciones protectoras o ligas. Idealmente, estas ligas trabajarían, con la asistencia del gobierno, para resolver los apremiantes problemas sociales de la vida en el campo, tales como los salarios y las condiciones de trabajo, el acceso a las milpas y la recuperación de las antiguas tierras aldeanas, y el recrudecimiento de los abusos de los jefes locales (caciquismo). Aunque las ligas reclutarían campesinos locales y seleccionarían funcionarios locales, Carrillo trataba de que quedaran bajo el control directo de la Liga Central en Mérida. En última instancia, estas ligas rurales (y sus similares urbanas, basadas en los sindicatos obreros) serían las unidades constitutivas de un partido fuerte, ideológicamente socialista, que transformaría las relaciones productivas por toda la región.[93]

Carrillo Puerto dirigió la campaña del Partido Socialista, consciente de que el partido ocupaba una posición envidiable. Aunque Alvarado estaba temporalmente ausente, las fuerzas federales estacionadas en el estado le seguían siendo leales y habían sido instruidas para que no interfirieran en el proceso electoral. La estrecha relación del partido con el movimiento laboral urbano aseguraba el éxito de los socialistas en las urnas de las ciudades. Además, la oposición al partido se había organizado lentamente. Alvarado había permitido elecciones menores para funcionarios municipales en junio de 1915 y septiembre de 1916, pero tales elecciones no habían generado ningún desafío real contra el Partido Socialista del General. Ahora, a pesar de que se trataba de las primeras elecciones generales del nuevo orden, y de que Carrillo Puerto trataba de mover la revolución hacia la izquierda, los oponentes parecían todavía reacios a comprometerse. Esto se debía, sin duda, al hecho de que la mayor parte de la *élite* y de la clase media temía a Alvarado o estaba razonablemente contenta con el reformismo populista ofrecido por el General. Por último, contando con el generoso financiamiento de Avelino Montes y otros miembros destacados de la "Casta Divina", un joven de 28 años, miembro de la clase media yucateca que era coronel en el Ejército Constitucionalista, de nombre Bernardino Mena Brito, formó el Partido Liberal Yucateco entre la comunidad de exiliados yucatecos de la ciudad de México, y se declaró candidato a la gubernatura.[94] La plataforma inicial de los liberales hablaba vagamente de revocar muchas de las reformas preconstitucionales de Alvarado y censuraba los esfuerzos extremistas de los socialistas por "ganarse el apoyo de las clases plebeyas".[95]

Como sería de esperarse, los liberales no pudieron obtener ningún apoyo importante entre los campesinos o los obreros. Víctor Manzanilla, el presidente del partido que era un plantador, hizo un gran reclutamiento entre los miles de braceros que Alvarado había traído al estado desde el centro de México a par-

---

[93] *VdR*, 19 de mayo de 1917; Franz, "Bullets and Bolshevists", pp. 177-181.

[94] AGE, comandante militar de Izamal a Alvarado, 11 de octubre de 1915; *DO*, 5 de junio de 1915, pp. 1620-1621; *VdR*, 28 de agosto de 1916, 9 de septiembre de 1916; AGE, informe anónimo a Alvarado, 17 de febrero de 1917; Mena Brito, *Reestructuración*, vol. 3, página 176.

[95] AGE, informe anónimo a Alvarado, 17 de febrero de 1917; Mena Brito, *Bolshevismo y democracia en México*, 2ª ed., México, 1933, p. 17.

tir de 1915. Los socialistas aseguraron de inmediato que estos *huaches* habían sido instruidos para que "provocaran desórdenes y manifestaciones por todo el estado, a fin de perturbar la paz y la tranquilidad pública". Manzanilla y seis trabajadores migratorios fueron pronto arrestados por Álvaro Torre Díaz, el gobernador interino.[96]

Pero aunque los liberales disputarían fuertemente los premios de la política a los socialistas en años posteriores, no podían competir con la coalición revolucionaria de Alvarado en 1917. Los resultados de las elecciones no estuvieron jamás en tela de duda: los socialistas barrieron con todos los cargos, y Carlos Castro Morales sucedió a Alvarado como gobernador. Sin embargo, mucho más importante que el resultado electoral era la naturaleza de la campaña misma y sus implicaciones para el futuro proceso revolucionario en la región.

La campaña se vio empañada por una destrucción innecesaria, casi caprichosa, de la propiedad y la vida humana. En total hubo 20 muertos y muchos heridos graves. Estos episodios de la violencia política, llamados popularmente "atropellos", incluían incendios, golpizas y asesinatos; estos últimos eran casi actos rituales ejecutados con armas de fuego y machetes. Virtualmente en todos los casos, las víctimas eran identificadas como "liberales". Las víctimas eran en su mayor parte campesinos apolíticos que se habían negado a unirse a las ligas de resistencia, aunque ocasionalmente se asesinaba a un administrador de hacienda o un comerciante influyente, como Bonifacio Gamboa, de Hoctún. Como la violencia aumentó en la semana anterior a la elección, Gamboa tuvo un final horrible a manos de una banda socialista: "Luego de ocho descargas y 27 machetazos, se le abrió el vientre en forma de cruz." [97]

Los líderes liberales de Mérida pensaban que se estaba gestando otra guerra racista, que enfrentaría a las masas de indios analfabetos con los propietarios blancos y sus jornaleros. Como en 1847, los campesinos mayas eran dirigidos predominantemente por caciques mestizos, esta vez por organizadores del Partido Socialista de Carrillo. Como protestaba Mena ante el presidente Carranza: "Estos ideólogos operan sin conciencia ni cultura. Van de aldea en aldea y de hacienda en hacienda, echando las semillas de la discordia, inspirando ambiciones de poder entre los ignorantes con sus promesas huecas... Están preparando el campo para una nueva y desastrosa guerra de castas." [98]

Carrillo Puerto fue señalado como uno de los instigadores principales del odio racial y la rebelión. Un miembro del Partido Liberal de Valladolid sostuvo que había escuchado a don Felipe decir a unos 200 indios que habían llegado a la ciudad desde los pueblos y haciendas circundantes:

> Tengan listos los machetes y los rifles, porque si Carlos Castro Morales no triunfa, ustedes matarán a todos los blancos [*dzules*] de la ciudad. Los blancos han abusado de ustedes; ahora se encuentran ustedes en posibilidad de

[96] AGE, Torre Díaz a Carranza, 6 de septiembre de 1917, 22 de septiembre de 1917.
[97] Mena Brito, *Reestructuración*, vol. 3, pp. 213-214; Paoli y Montalvo, *El socialismo olvidado*, pp. 58-59.
[98] AGE, Mena Brito a Carranza, 20 de agosto de 1917.

vengarse. Ustedes tienen derecho a todo: si se les niega la mercancía al precio que ustedes puedan pagar, tómenla por la fuerza.[99]

El uso de tanta violencia innecesaria refleja el tipo de movilización rural iniciado por los organizadores socialistas de Carrillo a mediados de 1917. Basado en un pequeño núcleo de maduros agentes de propaganda asentados en Mérida, la mayoría de los cuales habían obtenido experiencia en el campo bajo el mando de Alvarado, como él mismo, Carrillo reclutó a varios habitantes locales que hablaban maya, se habían criado en medio de los problemas del campo y, sobre todo, tenían influencia en sus comunidades. Con relativa rapidez, estos organizadores obtuvieron el apoyo del Partido Socialista en sus distritos nativos. En muchos casos, en efecto, estos "carrillistas" utilizaron el apoyo de Mérida para crearse un dominio político y económico local en su propio provecho. Una vez desmantelado el antiguo sistema de control porfiriano, y en vista de que el sistema de estricto gobierno militar de Alvarado resultaba ahora obsoleto, existía en muchas localidades un vacío de poder que permitía la consolidación de nuevos cacicazgos revolucionarios,[100] virtualmente tan poderosos como los de los jefes políticos porfirianos. Esto ocurría sobre todo en los distritos remotos de la frontera de la zona henequenera, o más allá: distritos que, incluso bajo las condiciones políticas más estables, padecían malas comunicaciones con Mérida.[101]

El extraordinario ascenso político del cacique socialista Manuel ("Polín") González y varios de sus lugartenientes en el distrito sudoccidental de Maxcanú es un ejemplo claro.[102] Polín, que había sido capataz en una hacienda local, sintió que la oportunidad tocaba a su puerta durante la revuelta separatista de Ortiz Argumedo. Dejó su predio para ayudar a los constitucionalistas de Alvarado a limpiar los alrededores de su pueblo nativo de Halachó, y el General lo recompensó con la comandancia militar de Maxcanú. González usó el prestigio y el poder de su nombramiento militar, y la ausencia de autoridad existente en este distrito remoto tras la derrota de la oligarquía a manos de Alvarado, para establecer un cacicazgo que perduraría hasta su violento asesinato en 1921. Polín parece haber sido un jefe militar eficaz; hizo cumplir el decreto de Alva-

[99] AGE, Tránsito Medina a Alvarado, 29 de mayo de 1917.
[100] Un cacicazgo es el dominio de un cacique, un jefe local, un hombre fuerte. De acuerdo con el estudioso más destacado del caciquismo, el cacique es "un líder fuerte y autocrático en la política local, cuyo dominio característicamente informal. personalista y a menudo arbitrario, se ve apuntalado por un núcleo de parientes, 'luchadores' y dependientes, y se caracteriza por el diagnóstico de la amenaza y la práctica de la violencia". Paul Friedrich, "The Legitimacy of a Cacique", en M. J. Swartz, comp., *Local-Level Politics*, Chicago, 1968, p. 247. El caudillo es un cacique en grande, alguien que ha movilizado a sus partidarios para extender su base de poder local.
[101] Chacón, "Yucatán and the Mexican Revolution", pp. 207-213; José Castillo Torre, *A la luz del relámpago: Ensayo de biografía subjetiva de Felipe Carrillo Puerto*, México, 1934. pp. 88-89.
[102] Por lo que toca a González y sus seguidores, véase Mena Brito, *Bolshevismo*, p. 76; D, 26 de agosto de 1917; AGE, petición del Partido Liberal Yucateco a Carranza, 9 de abril de 1917; AGE, Pedro Sánchez Cuevas, Partido Liberal, a Alvarado, 5 de febrero de 1917; AGE, Felipe Alonzo, Partido Liberal, Comité de Opichén, a Mena Brito, 30 de abril de 1917; AGE, Carlos González y vecinos de Opichén a Alvarado, 4 de junio de 1917.

rado que abolía la servidumbre de la deuda y resolvió severamente los casos de abuso contra los trabajadores en los predios locales. Sin embargo, mientras ejecutaba lealmente las instrucciones de su caudillo, González tenía buen cuidado de fortalecer su propia posición. Como muchacho local de ascendencia maya, González conocía los pueblos vecinos tan bien como la hacienda donde había trabajado, y ahora usaba sus contactos locales para identificar un núcleo de lugartenientes confiables —en particular los hermanos Euán y Vargas— que le traían a sus propios hombres. A pesar de la medida de Alvarado que decretaba el "estado seco", Polín creó un lucrativo negocio de aguardiente que le permitía pagar a su círculo de dependientes y diversificar su operación local a otras actividades comerciales más respetables. Conservando la confianza de Alvarado, González fue transferido de la comandancia militar a un puesto de inspector administrativo del distrito de Maxcanú cuando el régimen preconstitucional empezaba a desvanecerse. Luego, a fines de 1916, González fue elegido como uno de cuatro representantes yucatecos a la Convención Constitucional de Querétaro. A medida que la imagen de Alvarado se borraba en el estado, y que su poder empezaba a desvanecerse durante 1917, Polín González no tuvo muchos problemas para moverse hacia la izquierda con la facción carrillista, consolidando así su control del partido en Mérida. En los años siguientes, González y otros poderosos locales desempeñarían papeles instrumentales en el Partido Socialista de Carrillo y su consolidación de una red centralizada de ligas de resistencia. Las elecciones de 1917 dieron a muchos de ellos una oportunidad inicial para ejercitar su nueva vestidura política. Para Polín, la campaña política representaba una oportunidad para arreglar ciertas rencillas antiguas con rivales de facciones —a muchos de los cuales llamaba convenientemente "liberales"— y fortalecer más aún su dominio político y económico.

Cumpliendo las instrucciones de su jefe, los lugartenientes de Polín se revelaron como dinámicos hombres de campaña. Teniendo su base en los municipios de Opichén, Maxcanú, Halachó y Muna, Benjamín y Lisandro Vargas, y Braulio, Bruno y Juan Euán, reclutaban apoyo para las ligas socialistas e intimidaban a la oposición liberal. Los hermanos Vargas y su banda de reclutadores hostigaban a los organizadores liberales desde sus casas de Halachó y Opichén, los maltrataban en público y luego los llevaban a la sede del distrito en Maxcanú, donde eran encarcelados. Sólo fueron liberados después del cierre de las casillas el 4 de noviembre de 1917. Los infames Euán de Opichén, popularmente conocidos como los "matones socialistas", eran los clientes principales de Polín González. Braulio era el jefe de policía, mientras que Juan —descrito en la prensa liberal de Mérida como "un indio habitualmente borracho, cuyo aspecto es tan horrible, cuyos instintos son tan salvajes, que nos hacen temblar"—[103] era el candidato de González para la presidencia de la liga de resistencia local. Junto con Bruno, el hermano menor, los Euán ejercían un poderoso control sobre los campesinos de Opichén, y lograron enlistar a la mayoría del municipio en la liga. Durante toda la campaña eleccionaria, los liberales acusaron

[103] *D*, 26 de agosto de 1917.

a los hermanos Euán de cometer un número incontable de atropellos, incluyendo homicidios e incendios. Además, una petición liberal prevenía al general Alvarado que debía tomar nota del nuevo mensaje social que había empezado a surgir a través de caciques socialistas tales como los Euán: "Ellos influyen sobre los jornaleros pobres, en su mayor parte analfabetos, con promesas falaces de progreso económico que a la larga no podrán cumplir." [104]

No hay duda de que las elecciones de 1917 radicalizaron el proceso político yucateco, introduciendo un nivel mayor de movilización rural y un nuevo tipo de liderazgo político de nivel local y en Mérida. Pero aunque la meta establecida para el Partido Socialista de Carrillo era la introducción del gobierno democrático mediante elecciones libres, no se lograba tal resultado. No había en el pasado ninguna experiencia que preparara al campesinado de Yucatán para el gobierno representativo. Por el contrario, hasta muy recientemente, los campesinos habían sido deliberadamente aislados, sin derecho a voto, y mantenidos en la ignorancia de sus derechos y obligaciones como ciudadanos. El carácter de la campaña, así como los resultados de la votación, pusieron de manifiesto este legado de ignorancia. La intimidación física y el soborno característicos del sistema de política revolucionaria de caciques que estaba surgiendo en Yucatán, condujo en muchos pueblos y aldeas rurales a la elección de funcionarios carentes de experiencia política e incapaces de cumplir sus obligaciones con los electores. Eraclio, hermano de Felipe Carrillo Puerto que fungía como inspector administrativo, informaba desde sus distritos de Motul y Temax: "Muchos gobiernos locales están integrados aquí por personas simples de quienes no puede esperarse que gobiernen de acuerdo con la ley estatal." [105] Numerosos ediles municipales y aun algunos diputados estatales y federales habían sido impuestos por jefes locales en cuyo interés actuarían ahora; otros cargos eran ocupados por los propios caciques. El comandante militar de Temax le dijo a Alvarado que los funcionarios municipales de Cansahcab eran "tan ignorantes que apenas saben firmar. Son hombres carentes de juicio, 'elegidos' por el cacique Carlos Poot Castillo, quien puede así manejarlos a su capricho". [106] En el partido de Tixkokob, un grupo de campesinos se quejó de que el nuevo presidente municipal de Conkal era el administrador de una plantación local y "podría muy bien ser un peón para que los señores nos opriman". [107]

Irónicamente, en las semanas anteriores a la elección, Carrillo había instruido a los organizadores del partido y a los funcionarios de nivel distrital para que viajaran a las aldeas, haciendas y rancherías remotas e informaran a los campesinos de la importancia de la votación, de su responsabilidad de seleccionar líderes capaces y de no dejarse intimidar o sobornar para votar por candidatos que quizá no representaran sus intereses genuinos.[108] Desafortunadamente, los funcionarios enviados por Carrillo para que transmitieran este mensaje eran

---

[104] AGE, Carlos González y otros a Alvarado, 4 de junio de 1917.
[105] AGE, Eraclio Carrillo Puerto a Alvarado, 11 de abril de 1918.
[106] AGE, doctor Roberto Reyes B. a Alvarado, 15 de febrero de 1918.
[107] AGE, Francisco Díaz y otros a Alvarado, 14 de abril de 1918.
[108] AGE, Gordiano Ortiz a Alvarado, 3 de agosto de 1917.

a menudo los mismos caciques que, en nombre del Partido Socialista, eran responsables del soborno y la intimidación que Mérida trataba de eliminar. En los meses siguientes a la elección y posteriormente, durante el periodo de 1918-1924, Carrillo enviaba con frecuencia grupos confiables de ideólogos socialistas de Mérida para que fueran al campo a impartir educación política a los jefes locales y los campesinos por igual, con la esperanza de democratizar el proceso revolucionario y eliminar los abusos del caciquismo. Pero en ausencia de un apoyo federal amistoso durante gran parte de ese periodo, el Partido Socialista se vería obligado a tolerar el comportamiento abusivo de sus aliados caciques en su lucha por conservar la autoridad en la región.

A posteriori, es posible que Salvador Alvarado, y no Mena Brito, el líder liberal, haya sido el verdadero perdedor en noviembre de 1917. Alvarado no sólo había fracasado en su campaña personal para ganar la gubernatura, sino que también había perdido el control del ritmo y la dirección de la política revolucionaria yucateca. Carrillo y otros líderes socialistas radicales amenazaban ya con destruir la delicada coalición multiclasista que Alvarado había forjado con tantos sacrificios. Concentrando sus esfuerzos inmediatos en el sector agrario, pero proyectando en última instancia una movilización unificada de las clases populares, los carrillistas estaban polarizando el clima político y alejando a muchos de los plantadores y profesionales progresistas a quienes Alvarado había atraído a su alianza populista. Por la forma como habían manejado la campaña política de 1917, era claro que los carrillistas formarían una coalición diferente a fin de realizar un programa ideológico diferente.

Pero la revolución de Alvarado y la coalición populista que la apoyó, aunque amenazadas, no estaban en modo alguno moribundas a fines de 1917. En última instancia, la suerte de la revolución burguesa de Yucatán, bajo Alvarado o su sucesor designado por él, el gobernador Carlos Castro Morales, dependería de la postura política que asumiera hacia ella el gobierno federal de Carranza, así como de la actuación de la economía de monocultivo. En virtud de que la producción de henequén y los precios del mercado subían a niveles sin precedentes, enviando excelentes dividendos a la ciudad de México, el presidente Carranza no quiso mezclarse en los asuntos políticos internos de Yucatán.[109] Después de todo, esos conflictos partidistas caracterizaban la transición del gobierno militar al gobierno civil en gran parte de la República. Además, a pesar de la amenaza representada por la facción carrillista del Partido Socialista, la mayoría de los miembros de la burguesía seguían siendo alvaradistas a fines de 1917. En última instancia, la política revolucionaria y la violencia de los caciques en el interior eran un espectáculo secundario para los plantadores que vivían en Mérida. El suceso principal seguía siendo la tierra y la rentable fibra que producía. Aquí, las reformas de Alvarado no habían lesionado los bolsillos de los plantadores. Veamos los aspectos que pueden haber sido la columna vertebral de la revolución burguesa del General: su reforma agraria y su transformación del sector exportador.

[109] AGE, Carranza a Torre Díaz, 22 de agosto de 1917. Torre Díaz a Carranza, 6 de septiembre de 1917.

V. LA TEORÍA Y LA PRÁCTICA DE LA REFORMA BURGUESA: LA TIERRA Y LA ECONOMÍA DE EXPORTACIÓN

> La "pequeña propiedad" es el único fundamento de la grandeza y la prosperidad de un pueblo.
>
> SALVADOR ALVARADO

> Los puedes guiar por todo el mundo con un poquito de azúcar, pero no los puedes empujar una pulgada.
>
> THOMAS W. LAMONT a Charles Evans Hughes, 1922, hablando de los mexicanos.

EL PROGRAMA agrario de Alvarado en la región debe evaluarse en el marco más amplio de la política constitucionalista de la tierra, que formaba parte de una corriente de pensamiento agrario burgués originada en el régimen de Madero y más atrás, en los ideólogos liberales y positivistas del siglo XIX. En este enfoque ideológico era fundamental la defensa de la pequeña propiedad, la que llegó a considerarse como una panacea para el problema agrario, identificada pronto como el reto más importante de la Revolución. Para 1912, en efecto, la hacienda se volvió para los intelectuales de clase media lo que había sido en 1909 para los "científicos" porfirianos en conjunto: la "cabeza de turco", el emblema de todo lo que debía combatir la Revolución. A la imagen del gran predio estático, cultivado de manera dispendiosa, se oponía la noción de una pequeña propiedad dinámica, de propiedad familiar, intensamente cultivada y capitalizada, de tamaño mediano, que desarrollaría al campo y, al crear un mercado interno para la naciente industria mexicana, complementaría con energía a un próspero sector urbano.[1]

El desarrollo de la noción revolucionaria de la pequeña propiedad, su consagración posterior en la Constitución de 1917, y su influencia decisiva sobre la política agraria mexicana desde entonces, reflejan en gran medida el pensamiento y el esfuerzo de sus principales exponentes intelectuales, sobre todo de Luis Cabrera, su mentor agrario Andrés Molina Enríquez, y otros miembros

---

[1] México, Congreso, *Diario de los debates de la Cámara de Diputados... 1912*, México, 1922, *passim*; Jesús Silva Herzog, comp., *La cuestión de la tierra: Colección de folletos para la historia de la Revolución Mexicana*, vol. 1: 1910-1911, México, 1960; vol. 2: 1911-1913 (1961); Félix Palavicini, *Los diputados: Lo que se ve y lo que no se ve de la Cámara*, México, s.f., pp. 559-570.

progresistas del cuerpo de asesores de Carranza.² En una serie de discursos pronunciados ante la Cámara de Diputados a fines de 1912, Cabrera y otros intelectuales reformistas habían exigido por primera vez la terminación de las soluciones de compromiso, tradicionalmente liberales, al problema agrario prometidas por el gobierno de Madero. Estos intelectuales pedían la inmediata expropiación en gran escala, por parte del Estado, de las haciendas improductivas y la reconstitución simultánea de los ejidos en los pueblos indios que habían sido despojados de ellos. Haciendo eco a los sentimientos de otros reformadores maderistas, Cabrera le dijo a la Cámara de Diputados que, aunque estaba en favor de la pequeña propiedad sobre el ejido, no sería posible una promoción sistemática de la primera mientras no se resolviera el problema de la aldea india.³ En términos generales, Cabrera y otros intelectuales estaban proponiendo lo que más tarde habría de constituir el programa agrario del movimiento constitucionalista, y de todo México, durante varios decenios. Su identificación de la hacienda como la causa primordial de la miseria de la sociedad mexicana colocaba de nuevo a la Revolución en la estrategia correcta, permitiendo que los intelectuales y revolucionarios burgueses articularan, quizá por primera vez, los intereses de las masas rurales.⁴ Adoptando el concepto del ejido de los agraristas zapatistas, e incorporando más tarde algunas de sus provisiones en el seminal decreto agrario del 6 de enero de 1915 que redactó para Carranza, Luis Cabrera amortiguaría el efecto del zapatismo y sin duda contribuiría en el terreno ideológico al triunfo final del Primer Jefe sobre las fuerzas zapatistas y villistas de la Convención.

Sorprendentemente, pocos observadores han destacado el consenso ideológico existente en las filas constitucionalistas sobre el problema agrario, uniendo a la mayoría de los asesores de clase media de Carranza, representados principalmente por intelectuales como Cabrera y los jefes rancheros predominantemente pequeñoburgueses de los estados norteños: hombres como Obregón, Calles y Alvarado. Aunque los separaba un mundo en lo tocante al temperamento y al origen geográfico-cultural, Cabrera y sus colegas compartían una visión común con los hombres del Norte. Cada grupo veía la hacienda oligárquica como su *bête noir* y consideraba la pequeña propiedad como la columna vertebral del futuro de México. Dentro de este marco común había algunas diferencias o,

---

[2] Véase un bosquejo biográfico de Cabrera en Vicente Fernández Bravo, *El ideario de la Revolución Mexicana*, México, 1973, pp. 159-160. Eugenia Meyer presenta un tratamiento correcto del pensamiento de Cabrera en *Luis Cabrera: Teoría y crítica de la Revolución Mexicana*, México, 1972. Por lo que toca a la influencia de Molina Henríquez, véase Moisés González Navarro, "La ideología de la Revolución Mexicana", *HM*, 10:4 (abril-junio de 1961), p. 631.

[3] El discurso más famoso de Cabrera en la Cámara, sobre la cuestión agraria, se ha impreso y comentado en diversas fuentes, particularmente en: *Diario de los debates*, 3 de diciembre de 1912; *El pensamiento de Luis Cabrera*, comp. Eduardo Luquín, México, 1960, páginas 179-210; Jesús Silva Herzog, *El agrarismo y la reforma agraria*, México, 1959, páginas 199-208.

[4] Stanley R. Ross, *Francisco I. Madero: Apostle of Mexican Democracy*, Nueva York, 1955, pp. 219 ss.; Eyler N. Simpson, *The Ejido: Mexico's Way Out*, Chapel Hill, N. C., 1937, pp. 49-50.

mejor dicho, diversos grados de énfasis. En general, los caudillos constitucionalistas del Norte habían vivido en la frontera del México indio, principalmente en los estados de Sonora, Sinaloa, Chihuahua y Coahuila. En ciertos sentidos, estos caudillos tenían aspiraciones y nociones de tenencia de la tierra más similares a las de los Estados Unidos, sus vecinos. En consecuencia, la pequeña propiedad significaba para ellos el derecho de cada hombre de ser propietario pleno, *por lo menos*, de un terreno agrícola de tamaño decente, y quizá la oportunidad de adquirir mucho más.[5] Por ejemplo, la clase media baja semirrural, semiurbana, que surgiera como líder de la Revolución en Sonora —y en todo México más tarde, en los años veinte y principios de los treinta—, aspiraba a una gran agricultura rentable, basada en la gran inversión, la mecanización y el riego, y la producción para la exportación. Además, después de varias generaciones de una salvaje guerra de guerrillas en la que se disputaban los valles fluviales del Yaqui y el Mayo, se mostraban escasamente entusiasmados con las demandas indias de restitución o distribución de ejidos, ya fuese en Sonora o en otras partes de México. Se cree que la actitud de muchos jefes sonorenses hacia los zapatistas y los campesinos mexicanos no norteños en general se basaba en imágenes anteriormente formadas de los yaquis: bandidos, vándalos, bárbaros.[6]

La noción de la pequeña propiedad propuesta por los intelectuales urbanos tales como Cabrera y Molina Enríquez era más compleja. Como producto de la planicie central, habían crecido en el seno del centro indio de México y habían llegado a conocer las instituciones básicas de la hacienda, el peonaje y el pueblo.[7] Para ellos, la pequeña propiedad representaba una doble ecuación. Su meta a largo plazo era un sistema agrario basado en la propiedad de tamaño mediano, intensamente cultivada: una unidad más pequeña y productiva que la hacienda pero que permitiera la inversión de capital y el empleo de una fuerza de trabajo ya existente. A su vez, esto desataba la segunda mitad de la fórmula que proponía la existencia de una nueva clase ejidataria. Las haciendas serían expropiadas y los ejidos serían reconstituidos. Pero el proceso se consideraba como un compromiso esencial: la hacienda sería fragmentada, destinando su núcleo cultivado al anterior propietario como una pequeña propiedad de tamaño adecuado, mientras que sus tierras exteriores se destinarían a los pueblos vecinos desposeídos, en forma de predios de subsistencia individuales. La costumbre, los salarios atractivos y un aumento de la población atraerían al ejidatario a la pequeña propiedad para complementar su ingreso. En última instan-

---

[5] Clarence Senior, *Land Reform and Democracy*, Gainesville, Fla., 1958, p. 25; Silva Herzog, *La cuestión*, vol. 1, pp. 165-175; vol. 3, pp. 357-393; Pastor Rouaix, *Génesis de los artículos 27 y 123 de la Constitución política de 1917*, México, 1959, pp. 277-284.

[6] Héctor Aguilar Camín, "The Relevant Tradition: Sonoran Leaders in the Revolution", en D. A. Brading, comp., *Caudillo and Peasant in the Mexican Revolution*, Cambridge (Inglaterra), 1980, pp. 94-102; *La frontera nómada: Sonora y la Revolución Mexicana*, México, 1977, pp. 376, 420-421, 431-436, 440-444.

[7] Cabrera había sido maestro residente en un predio de Tlaxcala (1895), experiencia que aparentemente fue decisiva para forjar su opinión negativa sobre la hacienda. Molina Enríquez fue durante muchos años juez de paz local en el área rural del estado de México.

cia, sugerían Cabrera y Molina Enríquez, el ejidatario ambicioso agrandaría su posesión y se convertiría en propietario de su pequeña propiedad. En este sentido, es decir, para este tipo de individuo emprendedor, se veía el ejido como una fase de transición. En años posteriores, Cabrera haría cada vez menos hincapié en el ejido y hablaría casi exclusivamente en términos de la pequeña propiedad. Al igual que su mentor agrario, Molina Enríquez, creía Cabrera que los sistemas comunales de tenencia de la tierra debieron utilizarse sólo hasta que las comunidades indias pudieran ajustarse a un arreglo de propiedad privada.[8]

El 6 de enero de 1915, presionados contra el mar por las fuerzas de Villa y Zapata, los constitucionalistas emitieron desde Veracruz su decreto agrario largamente esperado. En el proceso, la Revolución adoptó una postura importante sobre el problema de la tierra, la que tendría repercusiones significativas en Yucatán. El decreto del 6 de enero constituía el primer ataque realmente sistemático contra la hacienda. Ahora no habría marcha atrás: se había tomado la decisión de que la hacienda debía desaparecer, y el edicto volvía irrevocable esta decisión. La ley, redactada por Cabrera, otorgaba un reconocimiento instantáneo a los apoderamientos y las distribuciones de tierras de las haciendas que ya hubiesen realizado los líderes militares y allanaba el camino para la aceleración de las expropiaciones en el futuro. En principio, el decreto establecía que "todos los pueblos carentes de tierras, ya tuviesen tradicionalmente ejido o no, tenían ahora derecho a tales tierras para satisfacer sus necesidades agrarias".[9] En el futuro, sólo quedaría por aclarar lo que constituía un pueblo, o un núcleo de población como se expresó en la Constitución Mexicana en los años treinta.[10]

En segundo lugar, el decreto reflejaba la ecuación balanceada que continuaba guiando a los intelectuales burgueses progresistas de Carranza. Aunque la ley establecía en principio el desmantelamiento de la hacienda, en términos prácticos no invitaba a su desintegración inmediata. En efecto, el decreto seguía siendo intencionalmente vago sobre algunos puntos y se protegía en otros puntos con limitaciones técnicas y procesales.[11] Se otorgaba al hacendado el derecho de apelar (y demorar) las expropiaciones y el derecho de indemnización. Además, la definición selectiva de quiénes serían gobernados por el decreto —por ejemplo, las comunidades de acasillados (peones residentes) no eran pueblos y quedaban completamente excluidas—[12] reflejaba una resistencia personal, profundamente arraigada, a una interpretación minifundista de la pequeña propiedad para el futuro agrario de México.

[8] Claramente, ésta era la visión que transmitía sutilmente Cabrera en el discurso que pronunciara ante la Cámara el 3 de diciembre de 1912. *Cf.* Andrés Molina Enríquez, *Los grandes problemas nacionales*, México, 1909, pp. 68-76.
[9] Silva Herzog, *El agrarismo*, p. 233.
[10] Rouaix, *Génesis*, pp. 261-274.
[11] Silva Herzog, *El agrarismo*, p. 233.
[12] Simpson, *The Ejido*, pp. 59-62; *cf.* Paul Friedrich, *Agrarian Revolt in a Mexican Village*, Englewood Cliffs, N. J., 1937, pp. 95-96.

La estrategia agraria de Alvarado

Salvador Alvarado reflexionó mucho sobre la cuestión agraria, y sus escritos y acciones revelan la influencia de Cabrera y de Molina Enríquez. En efecto, a medida que avanzaba desde la posición de un caudillo militar ordinario a principios del decenio de 1910 hasta la de un gobernador y polemista revolucionario decisivo durante el periodo de 1915-1920, su perspectiva empezó a asemejarse cada vez más a la posición formulada por los intelectuales de clase media de la Revolución Constitucionalista.[13] Alvarado estaba bien consciente de la gran riqueza que continuaba fluyendo de los campos henequeneros y ya había transformado a Yucatán, casi un desierto anteriormente, en lo que era tal vez el estado más rico de México en vísperas de la Revolución. Alvarado usaría el "oro verde" para promover una agenda de reformas profundas y hablaba con entusiasmo de convertir a Mérida —recientemente modernizada por Olegario Molina— en la Nueva Orleáns o el San Francisco del Sureste.[14] Estas visiones progresistas se frustrarían si se matara a la proverbial gallina de los huevos de oro o se viera gravemente afectada su productividad. Para Alvarado, esto significaba una política concertada para excluir a los henequenales productores de la reforma agraria que iniciaría en la región.[15]

La renuencia del General en lo tocante a la afectación de la hacienda henequenera, basada en su creencia de que la producción de la fibra padecería si los campos de propiedad privada fuesen expropiados y divididos o aun amenazados en su estabilidad, no constituía un repudio de la campaña de la clase media para remplazar la hacienda reaccionaria con la más dinámica pequeña propiedad. En efecto, parece más probable que Alvarado creyera en la finca henequenera —que en la mayoría de los casos estaba sustancialmente capitalizada y empleaba una tecnología moderna de alto nivel— como algo que, en principio, ya correspondía en gran medida a la noción constitucionalista de la pequeña propiedad.[16] Con raras excepciones, la plantación henequenera yucateca era sustancialmente menor que las extensas haciendas del norte y el centro de México con las que Alvarado y los otros hombres del Norte estaban más familiarizados y en las que parecen haber basado sus conclusiones acerca de la reforma agraria. Alvarado creía que una vez que estas plantaciones hubiesen sido liberadas de sus "tendencias feudales", tales como la utilización de una mano de obra dependiente, y que sus propietarios fuesen liberados de su propia condición de peonaje endeudado frente al monopolio de Molina, Montes y la Harvester, estas fincas constituirían las pequeñas propiedades progresistas sobre las que podría planearse razonablemente el desarrollo futuro de la región.[17] Co-

---

[13] Véanse las siguientes referencias explícitas a la pequeña propiedad en Salvador Alvarado, *La reconstrucción de México: Un mensaje a los pueblos de América*, México, 1919, volumen 1, pp. 112-116, 127-130; vol. 2, p. 56.

[14] Moisés González Navarro, *Raza y tierra: La guerra de castas y el henequén*, México, 1970, p. 243.

[15] *VdR*, 5 de mayo de 1916.

[16] Alvarado, *La reconstrucción*, vol. 2, pp. 273-275.

[17] Salvador Alvarado, *Actuación revolucionaria del general Salvador Alvarado en Yuca-*

piando casi al pie de la letra el mensaje de Molina Enríquez, Alvarado les dijo a los yucatecos que su reforma agraria trataba de desarrollar la pequeña propiedad, "el único fundamento de la grandeza y la prosperidad de un pueblo".[18] Luego, al estilo de Cabrera, detalló específicamente su intención de distribuir, previa solicitud, pequeños lotes que serían cultivados por una familia individual. Mediante el trabajo laborioso y el ahorro, estos lotes podrían expandirse hasta formar pequeñas propiedades de tamaño saludable; era muy probable, en el punto de vista de Alvarado, que los dueños de estos lotes complementaran su ingreso trabajando en las grandes propiedades vecinas.[19]

Por supuesto, las haciendas henequeneras no estarían enteramente exentas de la reforma agraria que implantaría Alvarado en los términos de las disposiciones del decreto del 6 de enero de los constitucionalistas. Alvarado trataba de reducir las plantaciones a un núcleo de operación más eficiente, devolviendo en el proceso las tierras ejidales a los pueblos despojados, además de otorgar lotes a familias individuales. En efecto, la Ley Agraria del estado, del 3 de diciembre de 1915, elaborada por Alvarado, concibe incluso —por lo menos en principio— la posibilidad de que la tierra cultivada de henequén fuese expropiada para formar ejidos en los pueblos que tuvieran derecho a ellos, aunque agrega de inmediato que sólo se entregarían a los ejidatarios 10 hectáreas, en lugar de las 20 hectáreas convencionales. Sin embargo, es más relevante el hecho de que la ley aclare que la expropiación de los henequenales se haría necesaria sólo si resultaran insuficientes las tierras públicas y privadas ociosas. Por supuesto, esto era muy improbable, dada la abundancia de las tierras ociosas por todo el estado, que Alvarado intentaba distribuir en primer término.[20] Pero Alvarado se vio rápidamente inundado con peticiones de individuos y pueblos que querían las mejores tierras henequeneras, además de las demandas más comunes de milpas. Estas solicitudes, que de ordinario se presentaban a Alvarado en persona, eran con frecuencia muy específicas. Los peticionarios eran a menudo habitantes urbanos que durante algún tiempo habían puesto sus ojos en un terreno particular y ahora se animaban a reclamarlo:

> Ignacio Soberanis pide su terrenito, sembrado de henequén, al sur de esta ciudad de Mérida, en el camino a Kanasín, no lejos de la vía del ferrocarril.
> El joven Miguel López Contreras, vecino de la Colonia García Ginerés

tán, México, 1965, pp. 69-73; *La reconstrucción*, vol. 2, pp. 5-7, 56, 272-275; González Navarro, *Raza*, pp. 245-246.

[18] Salvador Alvarado, "Reglamento de la Ley Agraria de 6 de enero de 1915", en Álvaro Gamboa Ricalde, *Yucatán desde 1910*, Veracruz, 1943, vol. 2, p. 513; *cf.* Molina Enríquez, *Los grandes problemas*, pp. 68-76. En otra parte, Alvarado considera la pequeña propiedad como la columna vertebral y el principal legado de la Revolución en Yucatán. *DO*, 8 de abril de 1915, pp. 833-834, 11 de junio de 1915, p. 1710, 30 de diciembre de 1915, páginas 5230-5232.

[19] AGE, "Proyecto de reglamento para los trabajos agrarios", 5 de abril de 1915; *VdR*, 5 de junio de 1916, 7 de agosto de 1916, 21 de agosto de 1916.

[20] Gamboa, *Yucatán*, vol. 2, p. 513; Salvador Alvarado, *Carta al pueblo de Yucatán*, Mérida, 1916; González Navarro, *Raza*, pp. 241-242.

[Mérida], solicita un lotecito, sembrado de henequén en plena producción, en las tierras de la Hacienda "Tanlum".[21]

Sin embargo, en estos casos y muchos otros, no hay duda de que Alvarado se negó a tocar los henequenales, prefiriendo distribuir "terrenos incultos", lo que en el idioma regional equivalía a decir "las tierras que no estuviesen sembradas de henequén".[22]

Para Alvarado, el principio que animaba su política hacia la hacienda henequenera, y la reforma agraria en general, era la noción burguesa del uso productivo de la tierra y su contrario: la tierra ociosa. En *Reconstrucción de México* dividió Alvarado la sociedad en cuatro clases. A la clasificación tradicional de la clase baja, media y alta, añadió una cuarta categoría, la de la "clase aristocrática, parasitaria", que distinguía de la "clase alta capitalista, laboriosa y productiva". Sería esta casta privilegiada y parasitaria de hacendados y comerciantes monopolistas, en la que colocaba a la "Casta Divina" de Mérida, la que Alvarado trataría de destruir; otros pequeños productores tenían poco que temer mientras continuaran trabajando sus propiedades con eficiencia.[23] En efecto, Alvarado aclaró reiteradamente que ciertos cultivos de exportación del Sureste, en particular el henequén, el caucho y el café, necesitaban extensiones de tierra más grandes para seguir siendo productivos, y sus productores tendrían derecho a tales extensiones de tierra bajo las disposiciones especiales de la Reforma agraria siempre que demostraran que podían cultivarlas.[24] Quienes optaran por no trabajar sus predios podrían ser castigados directamente con la expropiación y la división ejidal o presionados indirectamente al cultivo de sus campos por un impuesto gravoso a la propiedad ociosa, de acuerdo con los lineamientos sugeridos por Henry George.[25]

Entre estas dos opciones, Alvarado prefería claramente la última. Aunque pensaba que el hecho de no trabajar la buena tierra era un acto reprobable en perjuicio de la sociedad, no podía sentir gran entusiasmo por el ejido indio tradicional: "Esos hombres [los ejidatarios] sólo quieren sembrar sus milpas miserablemente pequeñas, no comen más que maíz y no se les puede convencer de que produzcan algo útil para la sociedad en conjunto." [26]

En gran medida para alimentar a una población hambrienta durante las cosechas de 1915 y 1916, y para aliviar las crecientes tensiones sociales, Alvarado había convencido a cierto número de hacendados para que rentaran o cedieran

---

[21] *VdR*, 16 de enero de 1916.

[22] AGE, comisario municipal, Euán, a Carlos Baz, presidente, Comisión Local Agraria, 4 de septiembre de 1917; *VdR*, 22 de octubre de 1915.

[23] Alvarado, *La reconstrucción*, vol. 2. pp. 5-7; González Navarro, *Raza*, p. 244.

[24] Alvarado. *La reconstrucción*, vol. 1, pp. 113-114, 128. Durante sus gobiernos en los años veinte, Obregón y Calles continuarían otorgando exenciones especiales al henequén y otros cultivos comerciales bajo las disposiciones de la reforma agraria.

[25] *Ibid.*, pp. 113-119; *DO*, 9 de julio de 1915, p. 2225 (tierras ociosas de Montes y la familia Peón afectadas para su distribución a los ejidos); AGE, "Relación de solares abandonados en el pueblo de Telchaquillo... repartidos... a los vecinos de dicho pueblo", 11 de agosto de 1917.

[26] Alvarado, *La reconstrucción*, vol. I, p. 116; *cf.* vol. I, p. 38.

en forma temporal algunas parcelas a grupos o comunidades enteras de campesinos, aparte de los lotes que había distribuido y que conferían el derecho de propiedad.[27] Durante este periodo fueron mucho más raras las distribuciones ejidales, en gran medida porque el proceso del otorgamiento de ejidos en Yucatán, y en todo México, era en estos primeros años un proceso lento y embrollado, lo que no resultaba sorprendente en vista del escaso entusiasmo que sentían Alvarado y Carranza por la institución misma.[28] En total, Alvarado distribuyó varios millares de hectáreas en forma de ejidos a 12 pueblos, y muchas hectáreas más en forma de lotes a individuos.[29] Aunque pensaba que el ejido tenía cierto uso limitado como medio de restitución cuando los pueblos hubiesen sido descaradamente despojados de sus tierras por los hacendados, nunca defendió al ejido más que como una medida de subterfugio, de acuerdo con la tradición sonorense.[30] Se burlaba de quienes querían dividir la tierra homeopáticamente, a la manera de un cirujano impulsivo.[31] En los escritos políticos y las acciones de Alvarado se adivina el supuesto subyacente de la tenencia de la tierra que guiara a Madero y a toda una generación de intelectuales porfirianos anteriores: el principio spenceriano, positivista, de que la tierra debe ser trabajada por quienes puedan desarrollar más productivamente su potencial; en otras palabras, por quienes puedan comprarla e invertir en ella.[32]

De nuevo, vemos que el sueño de Alvarado era respetablemente burgués: esperaba que su reforma agraria ayudaría a acabar con el feudalismo en Yucatán y a sentar un ejemplo para todo México. Esta política agraria no trataba de eliminar al hacendado ni de transformar la estructura agraria en favor del campesino, alentando una nueva unidad de producción (el ejido) que sustituyera a la hacienda como la columna vertebral de la industria henequenera. Más bien, Alvarado trataba de corregir el sistema de la hacienda, eliminando la esclavitud, mejorando las técnicas agrícolas, modernizando el equipo mediante préstamos de fomento, y despojando a las haciendas de las superficies exceden-

---

[27] *DO*, 27 de septiembre de 1915, p. 3544, 5 de junio de 1915, pp. 1621-1622; *VdR*, 15 de octubre de 1915, 27 de julio de 1916; AGE, comisario municipal, San José Dzal, a Alvarado, 5 de diciembre de 1917; AGE, presidente municipal, Dzununcán, a Alvarado, 13 de diciembre de 1917.
[28] AGE, circular núm. 16, presidente, Comisión Nacional Agraria, Eduardo Hay, a Alvarado, 1º de febrero de 1917.
[29] *DO*, 5 de enero de 1918, pp. 80-81; México, Depto. de Estadística Nacional, *Anuario Estadístico, 1930*, Tacubaya, 1932, pp. 375-376; México, Sría. de Agricultura y Fomento, Comisión Nacional Agraria, *Estadística, 1915-1927*, México, 1928, pp. 49-51, 83-85, 125-127, 168, 214-215.
[30] *DO*, 1º de julio de 1915, pp. 2096-2097; 19 de junio de 1915, p. 1875; AGE, Lic. Patricio Sabido a Ramón García Núñez, 29 de julio de 1915; AGE, Ramón García Núñez a Alvarado, 26 de agosto de 1915; *VdR*, 13 de enero de 1916, 14 de marzo de 1916.
[31] Alvarado, *La reconstrucción*, vol. 2, p. 56; vol. 1, pp. 128, 155; González Navarro, *Raza*, pp. 245-250. No hay duda de que las amargas experiencias obtenidas por Alvarado en su batalla con los yaquis de su estado natal —el único sector de la sociedad sonorense que demandaba restituciones y distribuciones ejidales— reforzó su posición contraria al ejido. Aguilar Camín, "The Relevant Tradition", pp. 94-100, 113.
[32] Alvarado, *La reconstrucción*, vol. 2, p. 56; cf. Aguilar Camín, *La frontera nómada*, páginas 427-428, 431-436.

tes.³³ En el proceso, el peón sería convertido en un trabajador rural responsable o, en algunos casos, en un pequeño propietario. De igual modo, el señor feudal se convertiría en un hacendado burgués, o en un "pequeño propietario", según la expresión eufemística adoptada subsecuentemente por el "Partido de la Revolución Institucionalizada", o sea un moderno agricultor próspero, comparable a su similar de los Estados Unidos.³⁴ Aunque implantó en Yucatán un programa limitado de distribución ejidal, Alvarado sentía escaso entusiasmo por el tipo de reforma agraria contenido en el Plan de Ayala zapatista, centrado en las formas de la tenencia comunal de la tierra, en lo que difería de su sucesor Carrillo Puerto. Menos paciencia aún tenía Alvarado con la movilización campesina desde abajo. Para que no haya ninguna duda sobre este punto, señalemos que "los inconvenientes rebeldes agrarios, como los que izaron la bandera de la rebelión en Temax [a fines de 1914] fueron encarcelados".³⁵

Y sin embargo, cuando consideramos el estrecho margen de posibilidades ideológicas disponible para Alvarado dentro del campo constitucionalista, así como las condiciones económicas generales que influyeron sobre su pensamiento, debemos apreciar la congruencia de su estrategia reformista frente a la problemática estructura de la producción agraria de la región. Es claro que Alvarado no deseaba, ni a corto ni a largo plazo, expropiar las plantaciones henequeneras y entregarlas al control de los trabajadores. Por otra parte, el General estaba igualmente preocupado por una solución basada en el minifundio o el ejido. Aplicando su experiencia formativa con la gran agricultura de exportación del Noroeste, reconocía Alvarado que las plantaciones yucatecas eran unidades agroindustriales altamente integradas que deberían permanecer intactas para que siguieran siendo productivas. No hay duda de que su orientación burguesa urbana reforzaba su apreciación de que la producción de la fibra de henequén era tanto un proceso industrial como un proceso agrícola.³⁶ Es posible que la ironía esencial de la ideología agraria de Alvarado haya sido el hecho de que, al hacer hincapié en la noción de la pequeña propiedad de la clase media norteña —una idea en general extraña en Yucatán—, estaba preparado para reconocer la unidad funcional de la plantación henequenera y para apreciar su necesidad de una fuerza de trabajo confiable, lo que a su vez lo obligaba a formular una estrategia muy congruente con las necesidades y prioridades regionales. Esta estrategia, que destacaba el acceso a la milpa, el mejoramiento de las condiciones de trabajo en las haciendas, y sobre todo un aumento de los salarios en proporción directa con una elevación del precio de la fibra, reflejaba cierta sensibilidad hacia el ambiente yucateco. Así lo revelan

[33] Por ejemplo, véase AGE, Consejo Directivo, Comisión Reguladora del Mercado de Henequén, a Alvarado, 23 de enero de 1917; y *DO*, 8 de diciembre de 1915, pp. 4799-4802.
[34] Salvador Alvarado, *Mi sueño*, Mérida, 1965 (publicado originalmente en 1917); *La reconstrucción*, vol. 2, pp. 272-275; vol. 1, pp. 112-130, 138, 144.
[35] Eric Wolf, *Peasant Wars of the Twentieth Century*, Nueva York, 1969, p. 42; Ramón Berzunza Pinto, "El Constitucionalismo en Yucatán", *HM*, 12:2 (octubre-diciembre de 1962), pp. 281, 295.
[36] Aguilar Camín, "The Relevant Tradition", p. 99; Humberto Lara y Lara, *Sobre la trayectoria de la reforma agraria en Yucatán*, Mérida, 1949, p. 23.

los programas agrarios virtualmente idénticos implantados por ulteriores gobiernos estatales socialistas en los años veinte y treinta, antes de la llegada de Cárdenas. Estos sucesores yucatecos de Alvarado eran, como él, consistentes en su preferencia por una solución fuertemente inclinada hacia los aumentos salariales, con un hincapié menor en la división y la parcelación de las plantaciones existentes, y en su defensa de una política agraria que otorgara a los campesinos el acceso a la milpa mediante la dotación ejidal o los arreglos de arrendamiento más tradicionales. Irónicamente, Alvarado, el revolucionario burgués sonorense, estaba mucho más de acuerdo con la posición adoptada sobre la cuestión agraria por los representantes regionales —es decir, por los líderes socialistas y los propios campesinos— que los socialistas agrarios de la capital nacional que más tarde formularan e implantaran en Yucatán una malhadada política agraria bajo Cárdenas.

La respuesta del gobierno federal

Alvarado no pudo ejecutar jamás el programa agrario que había concebido. Por moderado que hubiese sido, tal programa iba más allá de los límites considerados razonables por Venustiano Carranza, su jefe federal. A medida que avanzaba el año de 1916, el Primer Jefe renegaba gradualmente de la política agraria nacional expresada por Cabrera en el decreto del 6 de enero de 1915; al mismo tiempo, reducía el poder de la comisión agraria local de Yucatán. El golpe final llegó a fines del año, cuando Carranza instruyó irónicamente a Alvarado para que no otorgara nuevas dotaciones ejidales a pueblos que tuvieran derecho a recibirlas en los términos de su propio decreto de Veracruz.[37] En forma reiterada, pero sin éxito, Alvarado trató de persuadir a las autoridades de la ciudad de México de que debían revocar sus instrucciones, e incluso trató de distribuir en secreto nuevas milpas fuera de la zona henequenera en un esfuerzo por cumplir las promesas que había formulado y lograr además que el estado fuese autosuficiente en alimentos.[38] En vista de su fracaso, Alvarado intensificó su programa de dotación de derechos de usufructo a las tierras de milpas en favor de los campesinos, manteniendo así la producción cerealera en el nivel más alto posible, a pesar de las malas condiciones climatológicas, y frenando el descontento agrario.[39] A fines de 1916, por ejemplo, cuando Felipe Carrillo guió a ciertos campesinos motuleños en una invasión de tierras

[37] *DO*, 15 de febrero de 1916, pp. 717-718, 5 de enero de 1918, pp. 80-81, 24 de mayo de 1917, p. 1; AGE, comandante militar, Izamal, a Alvarado, 18 de febrero de 1916; Simpson, *The Ejido*, p. 78.
[38] Alvarado, *Carta*, p. 197; AGE, Alvarado a Pastor Rouaix, 3 de agosto de 1916; AC, Alvarado a Carranza, 29 de marzo de 1916; SD, 812.61326/213.
[39] AGE, Carlos Baz a Alvarado, 11 de septiembre de 1917; AGE, vecinos de Citilcum, Izamal, a Alvarado, 15 de diciembre de 1916; AGE, "Relación de solares abandonados en el pueblo de Telchaquillo", 11 de agosto de 1917; *DO*, 16 de mayo de 1917, p. 2337. Estos documentos sugieren que, en algunas áreas de la zona henequenera en problemas, Alvarado tomó medidas para proveer de vivienda a los campesinos y para darles acceso a las milpas.

que pretendía lograr el acceso a los campos maiceros que los hacendados locales les habían negado, Alvarado detuvo la invasión, celebrando un arreglo de arrendamiento con los propietarios, en nombre de los campesinos.[40] En última instancia, sin embargo, el General les dijo a los yucatecos que su programa agrario había sido frustrado por fuerzas fuera de su control, en una referencia obvia a Carranza, ya que tuvo buen cuidado de señalar que su reforma agraria no había encontrado ninguna oposición seria entre los henequeneros.[41]

¿Por qué se oponía Carranza a la más mínima reforma agraria en Yucatán? ¿Por qué repudiaba el gobierno revolucionario nacional la iniciativa de uno de sus caudillos regionales que seguía ostensiblemente sus directrices agrarias? No basta señalar el origen del Primer Jefe como rico propietario coahuilense; otros revolucionarios mexicanos de origen terrateniente estaban dispuestos a ir mucho más lejos que don Venus en la cuestión agraria. También deberá considerarse la influencia norteamericana sobre la ciudad de México. ¿Era responsable el gobierno norteamericano, actuando en nombre de la oligarquía yucateca —el aliado perenne del monopolio cordelero—, del repentino ultimátum formulado en 1916 por Carranza para que se detuviera la distribución de la tierra?[42]

Los archivos centrales y "confidenciales" del Departamento de Estado de los Estados Unidos, al igual que los del Departamento de la Defensa, y los registros del cónsul norteamericano en Progreso, no revelan absolutamente ninguna coerción norteamericana sobre Carranza en favor de los plantadores. Esto no significa que los Estados Unidos se abstuvieran de presionar a México y Yucatán cuando sus intereses se vieran amenazados. Veremos más adelante que el gobierno norteamericano era muy capaz de amenazar con el uso de la fuerza, y de enviar efectivamente sus cañoneras para salirse con la suya cuando los canales diplomáticos normales no produjeran los resultados deseados. Además, en el periodo de 1918-1924 hubo una sucesión casi ininterrumpida de delegaciones de plantadores que acudían a los Estados Unidos, cuando las condiciones económicas se deterioraban y la plantocracia gobernante montaba una campaña sostenida, tanto en Washington como en la ciudad de México, contra el gobierno socialista de Carrillo en Yucatán.

Sin embargo, las perspectivas de los plantadores no podían haber sido más

---

[40] AGE, Jacinto Cohuich y otros a Alvarado, 20 de diciembre de 1916; AGE, Alvarado a comandantes militares del estado, 25 de diciembre de 1916.

[41] El hecho de que la oposición de Carranza era esa "fuerza fuera de su control" se demuestra también por una comparación de los textos de los *Informes* de Alvarado de 1917 y 1918. En el informe de 1917, enviado a Carranza, Alvarado omite virtualmente toda referencia a la reforma agraria. En cambio, su informe de 1918 al Congreso del estado está lleno de referencias melosas a su incapacidad para llevar a buen término la reforma agraria. AGE, mecanografiado, "Informe que el general Salvador Alvarado... rinde al Primer Jefe... Venustiano Carranza...", 28 de febrero de 1917; "Informe que... rinde ante el H. Congreso del Estado... General Salvador Alvarado", *DO*, 3 de enero de 1918, p. 35, 5 de enero de 1918, pp. 79-84.

[42] Francisco Bulnes imputa la responsabilidad a los Estados Unidos en *The Whole Truth about Mexico: President Wilson's Responsibility*, trad. Dora Scott, Nueva York, 1916, páginas 355-356, y Antonio Betancourt Pérez, *Revoluciones y crisis en la economía de Yucatán*, Mérida, 1953, p. 67.

brillantes de 1916. El estallamiento de la primera Guerra Mundial había puesto por las nubes la fibra yucateca, y Alvarado no mostró ninguna intención de interferir significativamente con sus predios o los grandes beneficios que los plantadores podían esperar ahora razonablemente. En realidad, hubo algunas protestas ocasionales de los plantadores que se rebelaban ante el estilo militar y los modales arrogantes de Alvarado. Muchos de los grandes plantadores, y ciertamente los miembros de la "Casta Divina", estaban profundamente resentidos con Alvarado, e incluso lo odiaban.[43] Después de todo, al acabar con el sistema de peonaje esclavizado en la península, el General los había privado rudamente de sus prerrogativas habituales y había destruido la aureola paternalista de su mundo familiar. Los había herido tan profundamente que ni siquiera el aumento de los beneficios podía constituir un remedio adecuado. Sin embargo, los miembros de la burguesía agraria aprendieron pronto a convivir con Alvarado, ya que habían llegado a la importante conclusión de que el General estaba bien dispuesto a coexistir con ellos, equiparando la continua prosperidad de la industria henequenera, y de la región misma, con la operación regular de sus haciendas de propiedad privada.[44]

Además, es razonable suponer que, para mediados de 1916, los intereses cordeleros norteamericanos, siempre en estrecho contacto con los grandes hacendados, llegaron a apreciar plenamente este hecho e indicaron a Washington que el programa agrario de Alvarado no constituía por sí mismo ninguna amenaza para las plantaciones productivas que abastecían regularmente las necesidades cordeleras de ese país. Y el cónsul norteamericano en Progreso, al igual que un agente especial del Departamento de Estado, habían llegado ya a esta conclusión y la habían expresado en diversos despachos.[45]

Por supuesto, esto no dilucida por completo el enigma. Hay también otras posibilidades. Por ejemplo, es posible que los Estados Unidos hayan aplicado al gobierno de Carranza una presión más sutil o encubierta que no haya sido registrada luego en ninguna de las ramas principales de los Archivos Nacionales de los Estados Unidos, pero esto es improbable, sobre todo en vista del análisis siguiente. O quizá Carranza, quien de todos modos era un conservador en la cuestión agraria, haya respondido a lo que *percibía* como la posición norteamericana, frenando la continuación de la reforma agraria con la esperanza de que esto legitimaría más aún su régimen recién reconocido, ante los ojos de su poderoso vecino. Aunque tradicionalmente es considerado como el líder intensamente nacionalista que se enfrentó a Woodrow Wilson, es importante tener presente que Carranza había dependido y continuaría dependiendo de los Estados Unidos y de Wilson en materia de favores diplomáticos, embarques de armas y abastos en el caso de que su régimen se viese amenazado internamente, lo que en 1916 era una clara posibilidad.

---

[43] Lara y Lara, *Sobre la trayectoria*, p. 19.
[44] Fidelio Quintal Martín, "Quince años trascendentales en la historia de Yucatán", *RUY*, 16:93-94 (mayo-agosto de 1974), pp. 104-105.
[45] SD, 812.61326/197, 202, 236; SD-CPR, *Corr.*, *1919*, vol. 5, 800/861.3, Marsh a secretario de Estado, 6 de enero.

Algunos autores han sostenido que la oposición del Primer Jefe se debía más a su celosa defensa de las prerrogativas del gobierno central frente a un reto grave de un poderoso caudillo regional que a serias diferencias ideológicas con Alvarado o la presión de los Estados Unidos. En efecto, el creciente poder regional de Alvarado resultaría tan desconcertante para Carranza que en 1918 lo llamaría para hacerle una nueva asignación. Pero resulta mucho menos convincente la aseveración relacionada de que Carranza sólo estaba esperando el establecimiento del gobierno constitucional para asegurar el desarrollo centralizado de la política de reforma agraria.[46] Esa tesis omite con ligereza las marcadas diferencias ideológicas que separaban a Alvarado, Obregón, muchos de los otros caudillos constitucionalistas, y aun Cabrera, de su líder nominal.[47] Alvarado percibía claramente tales diferencias, como se ilustra en un extracto de la carta que Modesto Rolland le enviara indignado tras su fracaso, como enviado de Alvarado, en lograr que Carranza revocara su decisión de prohibir el avance de la reforma agraria en Yucatán: "Cuán difícil y frustrante es esta lucha... con los conservadores que se consideran revolucionarios... que no pueden entender la verdad social de un mundo más justo y agradable."[48]

Pero aunque estas diferencias ideológicas son importantes y afectaron hasta cierto punto la cantidad de tierra de milpas que Alvarado podría haber distribuido durante su estancia en Yucatán, en última instancia reflejan las diferencias que separan a un liberal tradicional (Carranza) de un revolucionario burgués (Alvarado). En ningún momento estuvo dispuesto el propio Alvarado a alterar radicalmente la estructura agraria prevaleciente, y por ende la sociedad yucateca en general, mediante la expropiación de los campos henequeneros.

El sector exportador henequenero: surgimiento de la Reguladora

Si la motivación primordial de la estrategia agraria de Alvarado era el deseo de mantener productivamente intacta la plantación henequenera bajo una propiedad privada progresista, las motivaciones básicas eran el deseo del General de conectar la riqueza henequenera con su programa de reformas en Yucatán y, cada vez más, su necesidad de satisfacer las crecientes demandas de Carranza de que Yucatán financiara la causa constitucionalista en otras partes de la Re-

---

[46] Por ejemplo, David A. Franz, "Bullets and Bolshevists: A History of the Mexican Revolution and Reform in Yucatan, 1919-1924", tesis doctoral inédita, Universidad de Nuevo México, Albuquerque, 1973, pp. 140-141; cf. SD, 812.00/17995. Este argumento parecería tener más peso en otras dos áreas —el municipio libre y la reforma laboral—, donde Alvarado logró ejecutar sus programas, eludiendo la desaprobación de Carranza o a pesar de ella. El hecho de que Alvarado haya podido hacer tal cosa sugiere que el Primer Jefe no se oponía a las reformas pero trataba de demorar su introducción hasta que pudieran ser legitimadas por el poder de una nueva Constitución mexicana.

[47] Wolf, *Peasant Wars*, pp. 37-43; Robert Quirk, "Liberales y radicales en la Revolución Mexicana", *HM*, 2:4 (abril-junio de 1953), pp. 509-511.

[48] AC, Frank Pendas a "Muy estimada señora y amiga", 8 de enero de 1917, citando la carta robada de Rolland a Alvarado.

pública. A fin de recaudar los ingresos siempre crecientes que requerían estos proyectos, Alvarado se dio a la tarea de establecer y racionalizar el control gubernamental del sector exportador henequenero. Aunque permitió que los hacendados conservaran la propiedad de las plantaciones, consolidó el control estatal sobre el importantísimo aparato comercializador de la industria.

El General advirtió que sólo forjando un poderoso monopolio estatal, capaz de tratar directamente por lo menos con los fabricantes norteamericanos, y en última instancia quizá con los consumidores finales (los productores de trigo norteamericanos y canadienses), podría destruir el odioso sistema de colaboración que había florecido antes de su llegada. Manteniendo bajo el precio de compra de la fibra yucateca, los cordeleros norteamericanos y el selecto grupo de agentes comerciales y plantadores que estaba ligado a ellos habían logrado despojar a los productores y a la sociedad yucateca de millones de dólares: 80 millones de dólares, de acuerdo con la estimación superficial de Alvarado, desde la formación de la International Harvester Company,[49] un dinero que ahora podría usarse para crear la sociedad progresista que había planeado.

Como tantos otros jefes norteños, Alvarado era intensamente nacionalista y, aunque admiraba la eficiencia y los avances tecnológicos de la cultura norteamericana, los años formativos pasados en Sonora, cerca de la frontera, lo habían hecho agudamente consciente y amargamente resentido del imperio masivo informal de los Estados Unidos en México.[50] Sus escritos políticos revelan claramente que, a fines de 1915, Alvarado se había obsesionado virtualmente con la destrucción del férreo control ejercido por *los trusts* —como se refería de ordinario a los intereses cordeleros norteamericanos y a la Harvester— sobre la economía yucateca gracias a su control del mercado henequenero. Para Alvarado, esto se reducía más aún a la meta más inmediata y simbólica de sacar del negocio a Avelino Montes y la "Casta", y a la Harvester y los compradores norteamericanos menores de la península.[51]

En la campaña de Alvarado para acabar con el imperio informal de los monopolios en Yucatán, destruyendo a su perdurable *élite* colaboradora, se integran los tres elementos principales de su programa ideológico de "socialismo estatal". Usando todos los poderes del estado para desafiar el control ejercido por las corporaciones norteamericanas sobre el mercado del henequén, y por extensión sobre la economía regional, Alvarado trataba de librar a Yucatán de la relación desigual que había existido desde el decenio de 1870, cuando los tentáculos del monocultivo henequenero se habían cerrado sobre la región. En adelante —prometía Alvarado—, la fibra de Yucatán enriquecería a los yucatecos (y a los mexicanos) y no a los gringos. Además, el estado distribuiría

[49] Alvarado, *Actuación revolucionaria*, p. 85.
[50] Alvarado, *La reconstrucción*, vol. 1, p. 11; Eduardo W. Villa, *Compendio de historia del estado de Sonora*, México, 1937, p. 466; *SD*, 812.00/14639; cf. Aguilar Camín, "The Relevant Tradition", pp. 122-123.
[51] Alvarado, *Actuación revolucionaria*, pp. 71-72; SD, 812.61326/194; Senado de los Estados Unidos, Comité de Relaciones Exteriores, *Investigation of Mexican Affairs: Preliminary Report and Hearings of the Committee on Foreign Relations, pursuant to S. Res. 106*, Washington, D. C., 1920, vol. 2, pp. 1590-1591.

los beneficios de la fibra a todos los niveles de la sociedad, elevando a los muchos que habían sido explotados en el pasado y humillando a los pocos que habían trabajado tan estrechamente con los extranjeros para perpetuar este sistema de explotación. Significativamente, Alvarado sugirió que en el proceso de salvamento de la economía regional se beneficiarían no sólo los pobres sino también los ricos, y los últimos mucho más que los primeros, según quedaba claro.[52]

La explicación era simple. Alvarado concebía a la sociedad yucateca como una grotesca pirámide de explotación. En su base había cerca de 100 000 campesinos —esclavos— que recibían apenas lo necesario para mantenerse vivos y por su parte sostenían a los hacendados henequeneros grandes y medianos —de 300 a 500 aproximadamente— que ocupaban el nivel medio de la pirámide. Alvarado creía que estos plantadores eran tanto víctimas como villanos y se refería a ellos como "nada más que los mayordomos de los monopolios que eran los verdaderos dueños de la industria henequenera".[53] En otras palabras, la gran mayoría de los hacendados de la región, que podrían estar operando sus propiedades en una forma eficiente e ilustrada en lo social y lo tecnológico, se veían impedidos de hacerlo por la docena de superplantadores ocupantes de la cima de la pirámide, a quienes Alvarado llamaba la "Casta Divina", tanto por su arrogancia y su cerrazón como por su dominio completo del gobierno y la economía de Yucatán. En su opinión, esta "Casta" llegó a explotar a los pequeños hacendados y a controlar su producción, así como estos últimos dominaban a sus peones indios dependientes. Para Alvarado, preocupado por el impulso a un progresista sector medio de pequeños propietarios independientes, la liberación del hacendado común era por lo menos tan importante como la liberación del peón.[54] En efecto, creía que el éxito del último dependería del éxito del primero porque en sus arreglos con el monopolio de la Harvester no sólo impedía la "Casta" el desarrollo de este grupo de plantadores medianos potencialmente progresistas sino que lo había convertido en un agente para la represión de las masas. La relación simbiótica de los monopolios con la "Casta" había producido beneficios fabulosos para los socios y la desaparición de beneficios razonables para la mayoría de los henequeneros, quienes por su parte se habían visto obligados a reducir los salarios y empeorar las condiciones de trabajo de sus fincas.[55]

Por supuesto, la visión de Alvarado distorsionaba en gran medida la realidad, ya que estaba matizada por los requerimientos de una ideología esencial-

---

[52] Antonio Rodríguez, *El henequén: Una planta calumniada*, México, 1966, p. 224; Leopoldo Peniche Vallado, "La obra del general Salvador Alvarado en Yucatán", *DdelS*, 28 de marzo de 1965, Suplemento Cultural.

[53] Alvarado, *Actuación revolucionaria*, pp. 71-72.

[54] Humberto Lara y Lara, "Proyección social de la obra en Yucatán del general Salvador Alvarado", *DdelS*, 28 de marzo de 1965, Suplemento Cultural.

[55] Alvarado, *Actuación revolucionaria*, pp. 69-73, Agente de propaganda Pacheco Cruz, *Recuerdos de la propaganda constitucionalista en Yucatán*, Mérida, 1953, pp. 147, 178, 186, 199, informó que el trato dado a los peones de las fincas más pequeñas, en problemas financieros, era consistentemente peor que el de las grandes plantaciones.

mente burgués-nacionalista. Como hemos visto, la gran mayoría de los productores y comerciantes henequeneros de Yucatán se quedaba fuera de este grupo exclusivo de colaboradores o compradores y protestaba amargamente contra la situación, pero el monopolio disfrutado por Yucatán en el mercado mundial, combinado con los costos de mano de obra y de producción increíblemente bajos, permitía precios suficientemente elevados para amortiguar las quejas de los miembros más airados de la burguesía agrocomercial de la región. Antes de 1915, en efecto, sólo los plantadores más pequeños habían sido puestos contra la pared por la "Casta", y sólo en épocas de verdadera recesión económica, como la crisis de 1907-1908.[56] Así pues, aunque existía una significativa fragmentación dentro de cada clase o dentro de la *élite* en vísperas de la Revolución, la burguesía agrocomercial era enteramente capaz de cerrar filas y conservar la solidaridad frente a una amenaza grave contra su hegemonía social y económica. (Tal amenaza no existió jamás durante la estancia de Alvarado en Yucatán, pero ocurriría durante el periodo de 1918-1924, cuando Carrillo Puerto asumió el liderazgo del Partido Socialista.)

Por supuesto, Alvarado no percibía el problema en tales términos clasistas. Por lo tanto, se encontraba en la curiosa posición de distinguir entre los hacendados buenos y malos a fin de ayudar a los primeros perjudicando a los últimos. Sin embargo, cuando los precios del henequén eran elevados y prometían aumentar mucho más, la estrategia de Alvarado logró una verdadera popularidad local, obteniendo la aprobación de todos, fuera de los círculos más altos de la sociedad de plantadores.[57]

Este consenso popular no tenía nada de sorprendente. Por principio de cuentas, Alvarado tuvo buen cuidado de mantener al enemigo interno —la "Casta Divina"— omnipresente pero mal definido. En sus discursos y decretos, Alvarado no se refería jamás a la "Casta" sino en términos vagos, ni definía específicamente su tamaño ni identificaba a sus miembros, a excepción de Montes.[58] Esto creaba la posibilidad de un espantapájaros al que los yucatecos de todos los niveles de la sociedad, incluidos los plantadores, podrían oponerse con toda tranquilidad. En segundo lugar, Alvarado decidió organizar su ataque en términos intensamente regionales. En forma reiterada, el General contrastaba la capacidad para el trabajo arduo y la invención que había caracterizado por tradición a los henequeneros de la región con el oportunismo tosco de los miembros de la "Casta", relativamente nuevos ricos, que se habían convertido en sus amos. Aquí aprovechaba Alvarado los prejuicios tradicionales de los yucatecos, en particular el hecho de que varios de los miembros más prominentes de la "Casta" —en primer lugar Montes— habían venido de España:

[56] SD-CPR, *Despatches to the Department, Jan. 1, 1905 to Dec. 20, 1909,* Thompson a secretario de Estado, 7 de agosto de 1908; Thompson a secretario de Estado asistente, 27 de febrero de 1909.
[57] *VdR,* 5 de mayo de 1916. Esto se reconoce en una serie de informes del personal del Departamento de Estado de los Estados Unidos; por ejemplo, SD, 812.61326/174, páginas 197, 229, 236.
[58] Por ejemplo, Alvarado, *Actuación revolucionaria,* pp. 69-75 y *passim.*

Los verdaderos hijos de Yucatán, que tan laboriosamente desarrollaron la gran riqueza del henequén, que construyeron sus propios ferrocarriles y establecieron bancos sólidos, que construyeron los muelles y fundaron el puerto [Progreso] mismo, han visto en estos últimos años cómo, con energía y habilidad mucho menores, los modernos potentados de la "Casta", los grandes henequeneros de hoy, han llegado a controlar todos los aspectos de la vida económica de la región, gracias a las trampas financieras, con la ayuda de los monoplios norteamericanos.[59]

Habiendo identificado el problema y señalado al enemigo, Alvarado se apresuró a activar el mecanismo que estaba destinado a proveer una solución, la Comisión Reguladora del Mercado de Henequén. La Comisión Reguladora había sido creada en 1912 a insistencia de los propios hacendados. La actuación de la Reguladora original representó sólo el más reciente de varios esfuerzos frustrados de los hacendados yucatecos para combatir el monopolio establecido por Molina y la Harvester a principios del siglo. Esencialmente, los hacendados habían concebido la Reguladora como otro instrumento de valorización, similar al que perfeccionaran pocos años antes, en Brasil, los cafeteros de São Paulo.[60] Lo que distinguía a la Comisión Reguladora de los esfuerzos realizados anteriormente por los hacendados para comprar la fibra y mantenerla fuera del mercado hasta que pudiera obtenerse un precio razonable era el papel más activo del gobierno estatal. Al revés de sus antecesoras, la Cámara Agrícola (1906-1910) y la Negociación Exportadora (1911), que eran cooperativas limitadas, voluntariamente organizadas y financiadas por grupos minoritarios de hacendados,[61] la Comisión Reguladora era una agencia gubernamental, apoyada por la gran mayoría de los henequeneros yucatecos y financiada por una ley estatal que sancionaba un impuesto adicional sobre la producción. A fines de 1912, la Reguladora incluía a todos los henequeneros, con la sola excepción de los plantadores más grandes que constituían la "Casta" y los productores muy pequeños que se encontraban atrapados en la red de deudas e hipotecas tejida por Montes y sus socios.[62]

Sin embargo, dado que la Reguladora de 1912 operaba en un mercado abierto controlado todavía por la facción de Montes, tenía escasas esperanzas de alcanzar siquiera su modesta meta para mantener un precio razonable y remunerador. Y el gobierno estatal, que sólo tenía facultades reguladoras, no poseía la fuerza política requerida para lograr que la Reguladora alcanzara esta meta económica limitada. En efecto, ni siquiera está claro que el gobernador maderista de Yucatán estuviese dispuesto a atacar a la facción de Montes o hubiese

[59] Alvarado, *Actuación revolucionaria*, p. 70; *cf.* SD, 812.61326/236.
[60] SD, 812.61326/189, 135; *cf.* Thomas H. Holloway, *The Brazilian Coffee Valorization of 1906: Regional Politics and Economics Dependence*, Madison, Wis., 1975.
[61] *RdM*, 12 de noviembre de 1910; *DY*, 12 de septiembre de 1911; SD-CPR, *Despatches to the Department, Jan. 1, 1905 to Dec. 20, 1909*, Thompson a secretario de Estado, 7 de agosto de 1908; SD, 812.00/1084.
[62] *DO*, 10 de enero de 1912, pp. 168-170; Gabriel Ferrer de Mendiolea, "Leyes precursoras de la Carta de 1917", *N*, 21 de julio de 1957.

sido incluido en la nómina de pagos de la "Casta". Algunos investigadores sugieren que el gobierno nacional de Madero se oponía a la Reguladora y apoyaba los esfuerzos de Montes y la Harvester para que cesaran los préstamos a la nueva agencia.[63]

En consecuencia, la carrera de la primera Reguladora fue breve. Al principio, la Comisión Reguladora llenó sus almacenes con 100 000 pacas y las conservó tenazmente a medida que crecía la demanda mundial y el precio aumentaba a 15.4 centavos por kilo. Pero aquí entró en acción el monopolio. Operando a través de sus agentes en los bancos que tenían los documentos de algunos de los plantadores que habían contribuido al crecimiento de las existencias de la Reguladora, Montes impuso una venta forzada de gran parte de los inventarios, y la agencia dejó de comprar poco tiempo después.[64] Durante los tres años siguientes, antes de la llegada de Alvarado, la Reguladora se negó a renovar las compras en gran escala. Significativamente, cuando esto ocurrió, fue Montes uno de los principales compradores de la fibra.[65] El golpe de gracia fue asestado por el líder separatista Ortiz Argumedo, quien se robó los cinco millones de pesos restantes del ingreso de la Reguladora proveniente del impuesto, al huir del estado a principios de 1915. Anteriormente, los gobernadores huertistas habían sacado dos millones de pesos de las arcas de la agencia para financiar la contrarrevolución de su patrón, y Carranza había ordenado a Ávila y a De los Santos que sacaran otros seis millones de pesos para combatir a Villa y Zapata y "pacificar" a Yucatán.[66]

Sin embargo, para bien o para mal —y la clase de los hacendados se ha inclinado claramente hacia la última conclusión—, la creación de la primera Reguladora estableció el precedente de que, en adelante, la administración de la industria henequenera sería controlada por el estado. Mientras que el gobierno maderista de 1912 había invocado este principio sólo en medida limitada, Alvarado, Carrillo Puerto y los gobiernos socialistas posteriores le darían una aplicación mucho más amplia, asumiendo un control cada vez mayor sobre la comercialización del henequén y, en el caso de los regímenes cardenistas de fines de los años treinta, también en el área de la producción. Se explica así que los hacendados llegaran a lamentar el día en que solicitaron la creación de la Reguladora original, la que en una visión retrospectiva consideraban un verdadero caballo de Troya del socialismo. Manuel Zapata Casares, un escritor hacendado, ha dado a esta situación la expresión más fatalista de un proverbio español: "Cría cuervos y te sacarán los ojos." [67]

[63] AGN, Ramo de Madero, paquete 2-16, Faustino Escalante a Madero, 7 de febrero de 1912; Gamboa Ricalde, *Yucatán*, vol. 1, p. 198.
[64] Nelson Reed, *The Caste War of Yucatan*, Stanford, Cal., 1964, pp. 261-262; Lara y Lara, *Sobre la trayectoria*, p. 17.
[65] Gamboa Ricalde, *Yucatán*, vol. 1, p. 197; Franz, "Bullets and Bolshevists", pp. 52-53.
[66] Reed, *Caste War*, p. 262; Yucatán, Comisión especial... para investigar, examinar y depurar los manejos de la Comisión Reguladora del Mercado de Henequén, *Informe acerca de las operaciones... en el periodo 1 mayo 1912-10 septiembre 1914*, Mérida, 1919.
[67] Manuel Zapata Casares, *Vía-Crucis del henequén: Colección de escritos sobre el gran problema de Yucatán*, Mérida, 1961, pp. 22-23.

Alvarado se apresuró a revivir la Comisión Reguladora en la primavera de 1915 y a restructurarla para satisfacer las necesidades de su ambicioso programa de reformas. Imitando en gran medida a los Progresistas de los Estados Unidos, que a la sazón luchaban contra los monopolios y eran admirados por Alvarado,[68] éste impuso inicialmente, a la industria henequenera, controles gubernamentales más estrictos, haciendo saber que la Comisión Reguladora *regularía* efectivamente el mercado bajo su gobierno. Sin embargo, casi inmediatamente advirtió el General que el control ejercido sobre la producción por los monopolios y sus aliados locales anularía cualquier medida tibia. Yendo mucho más allá que los moderados Progresistas norteamericanos, Alvarado decidió que la única arma suficientemente poderosa para combatir el monopolio era el monopolio mismo.[69]

Primero avanzó contra Montes y la "Casta", persuadiendo y luego obligando a todos los henequeneros a vender su fibra sólo a la Reguladora. De una plumada, Alvarado declaró nulas todas las deudas y obligaciones avaladas con la fibra, liberando en efecto a gran número de pequeños productores del cerco financiero de Montes.[70] Habiendo comprado y nacionalizado el sistema ferroviario estatal en 1915, Alvarado imponía ahora un boicoteo de transportación a cualquier henequenero que no vendiera a la Reguladora.[71] A las protestas de los grandes plantadores que tradicionalmente habían tratado con Montes (Harvester) y Peabody, contestó Alvarado que el mercado permanecía abierto y los protestantes podían vender la fibra a quien quisieran. Por supuesto, el hecho de privar de carros de ferrocarril a los clientes de los compradores equivalía a condenar su fibra a que se pudriera en la plantación. Cuando Lorenzo Manzanilla y varios otros grandes productores costeros trataron de eludir la estrategia de Alvarado enviando su henequén a Progreso en goletas, el General se indignó y confiscó tanto los barcos como la fibra.[72]

A fines de 1915, Alvarado trató de racionalizar la situación emprendiendo una campaña para enlistar a todos los henequeneros en la Reguladora, a la que ahora llamaba eufemísticamente una "cooperativa de plantadores administrada por el estado". Los hacendados estaban obligados a firmar contratos de cinco años con la Reguladora, por los que se comprometían a entregar toda su fibra a esta agencia. En cambio, Alvarado les garantizaba un anticipo de 8.8 centavos por kilo de henequén que entregaran en Mérida, cuyo henequén vendería luego la Reguladora por el mejor precio obtenible en el mercado internacional. Al final de cada año, la agencia liquidaría sus cuentas, dividiendo sus beneficios netos con los henequeneros tras retener ciertas sumas para los

---

[68] *La reconstrucción*, vol. 1, pp. 194-195, 162-163.
[69] Víctor A. Rendón, *Notas breves*, Nueva York, 1917, p. 9; Yucatán, Comisión Reguladora del Mercado de Henequén, *La cuestión palpitante en Yucatán: Fructífera gestión de la Comisión Reguladora... en 18 meses de labor activa, inteligente y honrada*, Mérida, 1916.
[70] SD, 812.61326/193, p. 236.
[71] SD, 812.61326/194.
[72] SD, 812.61326/118, p. 136.

gastos de operación y, sobre todo, para el pago de impuestos destinados al apoyo de los programas revolucionarios de Alvarado.[73]

Los miembros de la "Casta" resentían toda incursión estatal en su reducto tradicional y, como lo harían muchas veces después, se negaron a cooperar con Alvarado. En cambio, los productores pequeños y medianos firmaron con entusiasmo el contrato del General, ya que no sólo los liberaba del control de la "Casta" sino que los dotaba de su única fuente de crédito. Además, los términos monetarios del contrato eran considerados casi unánimemente como muy generosos, especialmente ante la perspectiva de una gran elevación en los precios de la fibra que se percibía en el horizonte.[74] Por lo tanto, para abril de 1916 había aislado Alvarado a los 49 productores (de un total cercano al millar) que aún no habían firmado los contratos. Vinieron luego las amenazas de confiscación de propiedades, y algunos plantadores renuentes confesaron más tarde que habían aceptado a punta de pistola, lo que no es inconcebible porque el propio Alvarado admitiría que había recurrido a la fuerza para convencer a los más escépticos. A fines de 1916, la "cooperativa" incluía casi al 100% de la comunidad de hacendados.[75]

En sus esfuerzos por establecer en Yucatán un control monopolístico, Alvarado fue menos sutil aún, en sus tratos con los compradores, de lo que había sido con los productores. Insistió no sólo en que todo el henequén fuese comprado por la Reguladora, sino también en que la Reguladora sería el único vendedor para los fabricantes de los Estados Unidos. No habría intermediarios comerciales, ni yucatecos ni norteamericanos. Por lo tanto, en 1916 se prohibió legalmente que Montes y Peabody and Company compraran el henequén, cuando el 90% de los henequeneros hubiesen firmado los contratos de la Reguladora.[76] Pero los compradores habían advertido desde mucho tiempo atrás lo que se les venía encima. Tras de presenciar la humillación de sus agentes y la imposición de multas y encarcelamientos a varios productores que les vendían tradicionalmente, Peabody cerró sus puertas a fines de 1915.[77]

Tras del viaje de Avelino Montes a La Habana antes de la llegada de Alvarado, la empresa de Montes había visto declinar gradualmente su importancia en el comercio de exportación. La declinación de la empresa había movido a la Harvester a enviar a Mérida un representante de su oficina matriz en Chicago para que vigilara sus intereses comunes.[78] Apenas llegaba a Yucatán el agente

---

[73] SD, 812.61326/194.
[74] Se encuentran algunas pruebas del apoyo dado a Alvarado por los plantadores pequeños y medianos en SD, 812.61326/194, pp. 229, 236.
[75] SD, 812.61326/194; SD, 812.00/18110; Alvarado, "En legítima defensa", *D*, 4 de mayo de 1922.
[76] Senado de los Estados Unidos, Comité de Agricultura y Silvicultura, *Importation of Sisal and Manila Hemp: Hearing before the Subcommittee of the Committee on Agriculture and Forestry, pursuant to S. Res. 94*, Washington, D. C., 1916, vol. 2, p. 1218
[77] *Ibid*, SD, 812.61326/214; SD, 8.1200/19828.
[78] Senado de los Estados Unidos, *Importation of Sisal*, vol. 2, p. 1218; Franz, "Bullets and Bolshevists", p. 121.

de la Harvester cuando Alvarado lo hizo llevar a su presencia para plantearle el mismo ultimátum que antes había recibido el representante de Peabody:

> El gobierno de Yucatán no interferiría con la International Harvester Co. en la venta de mecates en los Estados Unidos, y la Harvester podría cobrar al agricultor norteamericano el precio que considerara conveniente, pero Alvarado no descansaría hasta sacar a la Harvester de Yucatán... Todo el sisal que requiriera la Harvester Co. tendría que comprarlo a través de la Comisión Reguladora...[79]

En Chicago, los directivos de la Harvester evaluaron rápidamente la situación:

> El gobernador [Alvarado] nos considera como un mal necesario en vista de nuestro gran consumo de su único producto, y está ansioso por vendernos todo el sisal que necesitemos, pero debemos "comer de su mano" y pagar los precios que él nos fije.[80]

Semanas más tarde, a principios de 1916, la Harvester dio por terminadas sus relaciones comerciales con la casa de Montes, hizo regresar a su agente a Chicago, y empezó a comprar su henequén en forma exclusiva a la oficina de la Comisión Reguladora establecida en Nueva York, tal como lo había dispuesto Alvarado.[81]

Para mediados de 1916, la Harvester y los otros fabricantes de cordeles estaban efectivamente comiendo de la mano de Alvarado, y a precios altos. En virtud de que el abasto de fibra de manila y de la mayor parte del sisal africano y asiático había sido segado por las exigencias de la transportación bélica, Alvarado se vio crecientemente capacitado para imponer su precio, y para elevarlo más tarde. El General maniobró para consolidar su control del próspero mercado del henequén, negociando una línea de crédito sin precedentes, por valor de 10 millones de dólares, con un consorcio de banqueros norteamericanos: ¡Una asociación extraña para alguien que se autodesignaba bolchevique! Aunque las condiciones eran bastante onerosas, estableciendo altas tasas de interés y una comisión sustancial, el crédito le daba a Alvarado el capital líquido que necesitaba para mantener a la Harvester y los otros fabricantes a la defensiva mientras prevalecieran las condiciones del auge.[82] Ahora pondría a trabajar el crédito, administrando los inventarios de la fibra y manteniendo contentos a sus productores con adelantos, al mismo tiempo que conservaba como un rehén a la industria cordelera norteamericana. Durante el gobierno de Alvarado aumentó casi 400% el precio del henequén exportado a los Estados Unidos, pasando de 13.2 centavos por kilo en 1915 a más de 50.6 centavos (por poco tiempo) en 1918. En menos de un año, entre 1916 y 1917, las cotizaciones de la

---

[79] SD, 812.61326/124.
[80] SD, 812.61326/194.
[81] Franz, "Bullets and Bolshevists", p. 124.
[82] Por lo que toca a los orígenes y los términos efectivos del acuerdo de crédito, véase SD, 812.61326/194, pp. 220, 229, 236.

fibra brincaron más de 100%. En consecuencia, el valor de las exportaciones henequeneras de Yucatán aumentó a más del doble durante el periodo de tres años de Alvarado.[83] (Véase el cuadro 5.)

CUADRO 5. *Precios del henequén en el mercado norteamericano, 1915-1925 (cotizaciones en centavos de dólar por kilo)*

Año	Precio medio	Tendencias generales del mercado
1915	12.96	Alvarado asume el control de la Reguladora
1916	12.30	
1917	29.15	Demanda bélica y política alcista
1918	42.35	Máxima bonanza del henequén
1919	14.30	Armisticio; los productores marginales se salen del mercado
1920	9.90	
1921	9.35	Los banqueros norteamericanos arrojan el excedente a un mercado ya saturado
1922	8.25	
1923	9.35	Inicio de una recuperación moderada
1924	13.20	
1925	14.65	

FUENTES: *Cordage Trade Journal*, 1915-1925; Nathaniel Raymond, "The Impact of Land Reform in the Monocrop Region of Yucatán, Mexico", tesis doctoral, Universidad Brandeis, 1971, p. 55; Enrique Aznar Mendoza, "Historia de la industria henequenera desde 1919", *Enciclopedia Yucatanense*, México, 1947, vol. 3, pp. 778-782.

Mientras que las condiciones del mercado mundial reforzaban la inclinación del General hacia una política al alza, su coalición multiclasista permaneció unificada y disfrutó una popularidad unánime. El henequén —millones de pesos en impuestos durante el periodo de tres años— pagaba la nómina de los sueldos de una burocracia muy ampliada que supervisaba el estado benefactor próspero del General y promovía las nuevas organizaciones políticas por todo Yucatán. El henequén elevaba los salarios en el campo y en la ciudad, y pagaba los millares de escuelas y centenares de bibliotecas de Alvarado. El henequén facilitó los primeros congresos feministas y allanó el camino para sus primeros tribunales laborales eficaces.

A medida que prosperaba la Revolución, también prosperaban los plantadores. En 1916, después de su primer año de operación, la Reguladora, que había adelantado ya 8.8 centavos por kilo de fibra a los henequeneros, distribuía ahora otros 3.7 millones de dólares entre ellos por concepto de beneficios. Un año más tarde, los henequeneros recibirían mucho más de tres veces esa cantidad

[83] Nathaniel C. Raymond, "The Impact of Land Reform in the Monocrop Region of Yucatán, Mexico", tesis doctoral inédita. Universidad Brandeis, Waltham, Mass., 1971, página 55; Fernando Benítez, *Ki: El drama de un pueblo y de una planta*, 2ª ed., México, 1962, p. 107.

(12.6 millones de dólares), y al año siguiente se duplicó de nuevo su participación en los beneficios. En otras palabras, en 1918, el año en que Alvarado se marchó de Yucatán, los plantadores recibieron 24.6 millones de dólares además de sus anticipos, los que habían aumentado para entonces a 15.4 centavos de dólar por kilo. Dicho de otro modo, en el periodo de tres años transcurridos desde noviembre de 1915 hasta noviembre de 1918, unos cuantos centenares de hacendados recibieron 81 900 569 dólares, o sea cerca del 42% del valor total de la venta del henequén de Yucatán (190 619 930 dólares).[84] Este rendimiento excepcional permitió que los henequeneros se liberaran de las hipotecas y las deudas que antes habían ahogado sus fincas, sin dejar de vivir suntuosamente y, en muchos casos, depositando excedentes en bancos norteamericanos y europeos.[85] Varios años más tarde, tras la recesión económica y la recriminación consiguiente de los hacendados, Alvarado musitó: "Y todo ese enriquecimiento ocurrió durante los negros días de mi ruinoso gobierno y debido a mis opresivas políticas económicas." [86]

Además de recibir la mayor parte de los beneficios, los henequeneros recibieron la ayuda del General en otras formas. Alvarado se protegió contra la escasez de mano de obra importando millares de trabajadores contratados en el centro de México. Se prescribieron reglamentos de seguridad más estrictos a fin de proteger los henequenales de incendios accidentales —comunes durante la estación seca, cuando los pueblos vecinos limpiaban sus milpas quemándolas— y se decretaron severas penas para los incendiarios.[87] Alvarado lanzó una campaña de patrocinio estatal para mejorar las técnicas de cultivo y refinar la maquinaria descortezadora en vista de la declinación de la calidad de la fibra yucateca y el surgimiento de la competencia extranjera en el mercado mundial.[88] Se facilitaron los préstamos e intereses bajos para los plantadores progresistas.[89]

Ni siquiera el impuesto predial introducido por Alvarado, muy publicitado, representaba para los henequeneros la carga que han sugerido algunos autores, ya no digamos un esfuerzo serio para poner en práctica la teoría del impuesto único de Henry George. Antes de la llegada de Alvarado, la propiedad rural no pagaba impuestos, y la tasa impositiva con la que se gravaba la propiedad urbana era insignificante. A resultas del nuevo impuesto predial de Alvarado, la tasa urbana se redujo más aún, de modo que en 1918 se obtuvo una recaudación de 400 000 pesos por el impuesto a las propiedades rurales. Lejos de señalar una redistribución significativa de la riqueza, o incluso la introducción de una estructura impositiva más equitativa en Yucatán, el nuevo impuesto no

[84] Gamboa Ricalde, *Yucatán*, vol. 2, p. 552; Rodríguez, *El henequén*, p. 241.
[85] SD-CPR, *Corr.*, *1918*, vol. 8, 861.3, Marsh a secretario de Estado, 21 de febrero; SD, 812.61326/210.
[86] Alvarado, citado en Fernando Benítez, *Ki*, p. 110.
[87] *VdR*, 24 de marzo de 1917.
[88] *DO*, 8 de diciembre de 1915, pp. 4799-4802, 28 de diciemre de 1916, pp. 4511-4512; Rodríguez, *El henequén*, pp. 236-237.
[89] AGE, Consejo Directivo, Comisión Reguladora del Mercado de Henequén, a Alvarado, 23 de enero de 1917.

hizo más que desplazar una parte de la carga impositiva a los henequeneros prósperos y castigar el hecho de que no cultivaran la buena tierra. Los henequeneros tenían escasos motivos para alarmarse. En efecto, los registros catastrales del gobierno de Alvarado revelan que el General accedía con frecuencia a las solicitudes de los hacendados para que se redujeran las valuaciones de las propiedades y los impuestos.[90]

Cuando la corriente de ingresos del henequén aumentaba a una tasa geométrica, Alvarado emprendió ciertas reformas de la economía yucateca, más ambiciosas. Ya a mediados de 1915, el General anunciaba su intención de ampliar las actividades de la Reguladora.[91] En los meses siguientes, Yucatán generaría ingresos henequeneros suficientes para hacer las contribuciones financieras exigidas por Carranza e implantar aún un programa masivo de intervención estatal en la economía regional. Esta intervención asumiría varias formas: la creación de una Comisión Reguladora para el sector comercial interno: la reorganización y modernización, bajo el control estatal, de la única cordelería de la región; y sobre todo, la creación de una vasta corporación de desarrollo regional.[92] Si se hubiesen llevado estas reformas hasta su terminación y hubiesen sobrevivido por lo menos durante el primer decenio revolucionario (1915-1924), Yucatán podría haber dado un gran paso hacia su liberación de los peores efectos sociales y económicos de la dependencia del monocultivo.

Aunque su título sugiere una organización paralela a la Comisión Reguladora del Henequén del estado, la Comisión Reguladora de Comercio era en efecto una subsidiaria de la Reguladora más antigua. Esto era enteramente lógico porque toda la riqueza derivada del henequén, y todas las demás formas de la actividad económica —en particular el comercio y la escasa industria que había podido arraigarse— eran generadas por la industria henequenera, se relacionaban con ella o le proveían servicios necesarios. Como sería de esperarse, muchas de las familias de grandes plantadores había logrado diversificar sus intereses en el comercio y, al dominar el comercio de importación y de mayoreo, esencialmente controlaban los precios de tres líneas de menudeo básicas: abarrotes, telas y ferretería. Algunas familias de inmigrantes —españoles, franceses, alemanes y, con mayor frecuencia cada vez, libaneses— habían penetrado

[90] Véase, por ejemplo, AGE, Manuel R. Castellanos a director del Catastro, s.f. (1918), sólo una de muchas peticiones semejantes de los hacendados. Es posible que el mayor beneficiario del impuesto a la tierra de Alvarado haya sido el historiador. En 1915, preparando su ley de impuesto predial, el General realizó un laborioso censo de propiedades por todo el estado y publicó los resultados en *DO*, 1916-1917. El censo constituye un documento valiosísimo, ya que provee una lista completa, por partido, de los propietarios de Yucatán, sus propiedades y los valores de su evaluación.

[91] Yucatán, *Breves apuntes acerca de la administración del general Salvador Alvarado, como Gobernador de Yucatán, con simple expresión de hechos y sus consecuencias*, Mérida, 1916, pp. 27 ss.

[92] Durante toda su estancia en Yucatán, Alvarado prefirió pagar sus nuevos proyectos recaudando impuestos directamente del sector exportador henequenero y canalizándolos a través de la Reguladora. Raras veces recurrió a la práctica revolucionaria más común de imponer préstamos forzados a los hacendados y comerciantes. Al revés de la mayoría de los caudillos revolucionarios, Alvarado se preocupó por pagar los préstamos.

en su reducto, pero los tres primeros grupos étnicos habían logrado incorporarse a la burguesía regional a través del matrimonio.[93]

La explotación era la regla general, y el atesoramiento y la especulación eran comunes en la práctica empresarial local. No eran raros los márgenes de ganancia de 200% sobre el costo, y 100% era convencional en muchos productos de menudeo.[94] El efecto económico y social de esta clase de sistema mercantil sobre el pueblo común de una región que no podía producir la mayoría de sus alimentos, no tenía ninguna industria textil digna del nombre, y estaba geográficamente aislada de las áreas productoras, podía ser devastador, sobre todo durante los periodos de inflación y de escasez agrícola.[95] En consecuencia, la Reguladora de Comercio representaba el esfuerzo de Alvarado por poner al alcance de todos los habitantes de Yucatán los bienes básicos de la vida: alimentos y bienes de consumo esenciales.[96]

Desde el principio, el proyecto afrontó la oposición de los comerciantes privados [97] y rápidamente degeneró en un esfuerzo fallido. El capital de 4.5 millones de pesos de la organización, obtenido mediante un préstamo de los henequeneros (pagado oportunamente),[98] habría sido suficiente para permitir que la Reguladora vigilara los establecimientos comerciales existentes para impedir los precios excesivos, al mismo tiempo que establecía una cadena alternativa de tiendas cooperativas en Mérida y los centros más pequeños que competirían con los comerciantes privados y distribuirían alimentos y bienes más baratos.[99] Tal había sido la estrategia de Alvarado para establecer la nueva Reguladora, y Felipe Carrillo trataría vigorosamente de llevar adelante el proyecto varios años más tarde. Sin embargo, era tan corrupta la administración de ambas Reguladoras —controladas casi exclusivamente por un grupo de grandes hacendados y comerciantes que en efecto representaban un grupo rival casi tan rico y poderoso como la "Casta" de Montes— que el dinero asignado desapareció antes de que pudieran alcanzarse sus metas.[100]

Las primeras tiendas cooperativas apenas empezaron a operar en 1918, después de que Alvarado había salido de Yucatán y Carrillo había sacudido la

---

[93] SD-CPR, *Correspondence, Jan. 3, 1912 to July 31, 1912*, W. P. Young a secretario de Estado, p. 0232; *Corr., 1923*, vol. 2, p. 610, "Trade Promotion Work at Progreso", 26 de julio: "The Grocery Trade of Yucatán", 10 de septiembre.

[94] SD-CPR, *Corr., 1918*, vol. 5, 711.3, Robert Haberman a Marsh, 6 de mayo; *DO*, 10 de mayo de 1915, p. 1197.

[95] AGE, Petición de "200 vecinos y obreros de Mérida" a Alvarado, junio de 1915; *VdR*, 2 de abril de 1915.

[96] *DO*, 8 de mayo de 1915, pp. 1176-1177, 1º de julio de 1915, pp. 2096-2097; Yucatán, *Breves apuntes*, p. 27.

[97] AGE, ingeniero Ramón Guevara Jiménez a Alvarado, 14 de junio de 1915.

[98] AGE, "Relación de los señores hacendados que contribuyen para el aumento del capital de la Comisión Reguladora de Comercio", agosto 1915; *DO*, 6 de septiembre de 1915, páginas 3223-3224, 7 de septiembre de 1915, p. 3241.

[99] *DO*, 8 de mayo de 1915, pp. 1176-1177; SD-CPR, *Corr., 1919*, vol. 4, 690, Marsh a secretario de Estado, 15 de mayo.

[100] SD, 812.61326/254; *VdR*, 12 de febrero de 1916.

burocracia estatal y empezado a implantar un programa más radical.[101] Los comerciantes privados tampoco fueron adecuadamente vigilados por la nueva agencia ni obligados a reformar sus prácticas corruptas. En efecto, continuó la explotación, sólo que ahora eran los funcionarios de la Reguladora igualmente culpables de la práctica. Bajo los "controles" de la Reguladora, no era raro que el precio del azúcar aumentara 60 centavos en un lapso de 24 horas, o que el precio del frijol se duplicara en menos de un mes. Los campesinos se quejaban de que los propios funcionarios de la Reguladora se volvían con frecuencia intermediarios especuladores, vendiendo los bienes básicos al mayoreo a ciertos grandes comerciantes, quienes luego imponían sus propios márgenes de ganancia al indefenso consumidor. Al publicar un ataque mordaz contra la Reguladora, el ayuntamiento de Mérida reveló que la agencia había vendido maíz a los comerciantes a 18 pesos por saco, y que los comerciantes habían vendido el maíz a 30 o 35 pesos al público.[102] En efecto, si la mayoría de los comerciantes privados se veían amenazados por su nuevo rival, ello era porque temían que el gobierno de Alvarado recreara en el sector de las importaciones y del comercio interno el monopolio que había mantenido en el sector exportador del henequén. Observaban que la Reguladora ya había abusado de los privilegios especiales de importación que se le habían otorgado, controlando el flujo de bienes en ciertas líneas y elevando los precios en lugar de reducirlos; los campesinos y los trabajadores urbanos se sumaban a esta protesta. Se hacían comparaciones con la antigua práctica colonial del repartimiento, donde los magistrados voraces usaban su autoridad para vender bienes a una población cautiva, a precios exorbitantes.[103]

En última instancia, sin embargo, los comerciantes privados tenían poco que temer, ya que para 1918 se había puesto en claro que ellos, y no la Reguladora de Comercio, recibirían generosas licencias de exportación de la Administración de Alimentos en tiempos de guerra del gobierno de los Estados Unidos para importar a Yucatán los alimentos y los productos requeridos con urgencia. Así pues, además de su corrupción interna y sus dificultades administrativas, la Reguladora comercial de Alvarado fue víctima también del trato preferente otorgado por el gobierno norteamericano a la *élite* mercantil de Yucatán, sin duda influido por los intereses cordeleros y las casas exportadoras norteamericanas.[104]

La reorganización y renovación, por parte de Alvarado, de la cordelería La Industrial, que en esa época era la única planta manufacturera de henequén de alguna importancia, sugiere otra ruta explorada por Alvarado en su intento por mitigar los males del síndrome tradicional de monocultivo y dependencia eco-

---

[101] AGE, "Copias de las notas de los asuntos resueltos en este Depto. del Trabajo durante el transcurso del mes de febrero del presente año (1918)...", febrero de 1918; *VdR*, 20 de marzo de 1918.

[102] *VdR*, 12 de febrero de 1916, 23 de febrero de 1916; AGE, Felipe Solís, presidente, Comisión Reguladora de Comercio, Motul, a Alvarado, 24 de septiembre de 1915.

[103] SD-CPR, *Con. Corr.*, p. 800, Marsh a secretario de Estado, 11 de octubre de 1918.

[104] *Ibid.* En el capítulo VII, cuando examinemos el movimiento cooperativo de Carrillo Puerto, analizaremos en mayor detalle la política alimentaria en tiempos de guerra.

nómica de la región. Al revivir La Industrial en agosto de 1916, Alvarado trataba de erradicar de la burguesía agrocomercial su creencia en la división internacional del trabajo tradicional por la que se enviaba fibra natural a los Estados Unidos, donde se convertía en hilados para cuerdas. Reiteradamente, recordaba a los henequeneros este lema: "Industrializar el henequén en nuestro propio país", y sostenía que la industrialización era, a largo plazo, la única manera segura de estabilizar los precios de la fibra que no se manufacturaba sino que se exportaba en rama a los Estados Unidos.[105] Escuchado con renuencia y escepticismo por la mayoría de los hacendados que se conformaban con disfrutar las grandes ganancias de su fibra en rama, Alvarado obligó a varios henequeneros grandes a resucitar y administrar La Industrial, un "privilegio" por el que aportarían colectivamente la suma de cinco millones de pesos.[106] La forma del reclutamiento sugiere la falta de entusiasmo que más tarde afectaría al proyecto. Bajo Alvarado, La Industrial no abasteció nunca más de una porción de las necesidades de cordeles de Yucatán o de México, y por supuesto no proveyó un excedente para su exportación al mercado norteamericano. La consolidación de las cordelerías de Yucatán sólo ocurriría a principios de los años treinta.[107]

Martín Luis Guzmán escribió acerca de Alvarado: "Con cada veinte palabras trazaba un plan que, de implantarse, cambiaría la faz de la Tierra." [108] En mayo de 1916, creó Alvarado una corporación para el desarrollo económico del sureste de México, una empresa estatal de tan vastas proporciones que los yucatecos no logran ponerse de acuerdo todavía sobre si la idea fue concebida por un genio o un loco.[109] Alvarado decretó que su Compañía de Fomento del Sureste funcionaría durante 100 años con un capital original de 100 millones de pesos, la mitad de cuya suma sería costeada por el gobierno federal, según la sugerencia que formulara el General, aparentemente sin haber obtenido la aceptación definitiva de Carranza.[110] La simple enumeración de los objetivos de la nueva corporación resulta provocativa, ya que en conjunto constituyen un catálogo de las metas y los programas de infraestructura que perseguirían subsecuentes gobiernos estatales socialistas durante los dos decenios siguientes, solicitando en vano el apoyo financiero del gobierno federal. Básicamente, Alvarado decretó que la corporación realizaría todas las obras públicas que fuesen nece-

[105] Rodríguez, *El henequén*, p. 233; Renán Irigoyen, "El impulso a la economía de Yucatán durante el gobierno de Alvarado", *RUY*, 7:38 (marzo-abril de 1965), pp. 14-25.
[106] Anastasio Manzanilla D., *El bolchevismo criminal de Yucatán*, Mérida, 1921, p. 13; AGE, Comisión Reguladora del Mercado de Henequén, "Acta núm. 50...", 25 de agosto de 1918.
[107] AGE, "Acta núm. 50"; AGE, Cartas de A. Ailloud, gerente de La Industrial, a Comisión Reguladora, 11 y 13 de agosto de 1917; Franz, "Bullets and Bolshevists", p. 133. Alvarado hizo un intento audaz pero frustrado para fabricar mecates en Argentina. Véase el capítulo VI.
[108] Martín Luis Guzmán, *The Eagle and the Serpent*, trad. Harriet de Onís, Garden City, N. Y., 1965, p. 73.
[109] Compárese, por ejemplo, la opinión de Irigoyen, "El impulso", pp. 14-25, con la de SD, 812.61326/254.
[110] *DO*, 3 de mayo de 1916, p. 1778.

sarias en los estados de Yucatán, Campeche, Tabasco, Chiapas, y el Territorio de Quintana Roo. Esto incluiría el fomento de la transportación terrestre y marítima y de las redes de comunicaciones con el resto de México y el extranjero, una extensa exploración y explotación petrolera, la creación de una compañía naviera cuyos propietarios y administradores fuesen yucatecos (para que se compaginara con el control estatal de sus ferrocarriles, ya establecido por Alvarado), y la renovación y construcción de nuevas obras portuarias en Progreso.[111]

La Compañía de Fomento tuvo una actuación ambigua. La respuesta del público (es decir, de los hacendados) no fue alentadora, y al gobierno de Alvarado le resultó difícil vender las acciones que tenía en la corporación.[112] Más perjudicial para la empresa fue la negativa del gobierno de Carranza a aportar su parte del capital, lo que condujo a la humillante reducción del capital de operación de la compañía, de 100 millones a cinco millones de pesos, de cuya suma había aportado la Comisión Reguladora, progenitora de la Compañía de Fomento, dos millones de pesos.[113] Sin embargo, la compañía de fomento de Alvarado pudo adquirir su propia "flota henequenera" de siete barcos para el transporte de fibra y alimentos a los Estados Unidos y desde este país, además de financiar la construcción de instalaciones de almacenamiento de petróleo en Progreso. En efecto, también inició una infructuosa búsqueda de petróleo pero dejó algunos informes que Pemex (Petróleos Mexicanos, el monopolio petrolero nacional más reciente) usaría más tarde para encontrar petróleo debajo del suelo arcilloso de la península.[114]

Es claro que Alvarado se adelantaba a su tiempo al tratar de llevar a la práctica un esquema tan amplio de desarrollo económico regional. Por supuesto, el programa sólo podría haberse iniciado durante un periodo de prosperidad extraordinaria, como el de la estancia de Alvarado en Yucatán. Sin embargo, para que el programa realizara sus ambiciones monumentales sería necesaria la continuación de la prosperidad económica y un clima político estable. Estas condiciones no existieron en Yucatán después de 1918. Alvarado contemplaría impotente, desde la ciudad de México, cómo sus planes grandiosos —que habrían liberado a Yucatán en gran parte de su dependencia de una costosa transportación, energía y tecnología norteamericanas— afrontaban dificultades económicas y políticas que los intereses cordeleros extranjeros aprovecharían rápidamente.

Debemos tener presente que la Comisión Reguladora de Alvarado, que influyera sobre otras comisiones mexicanas reguladoras de otros productos, para las cuales se convirtió en un prototipo, representaba sólo una solución particular para los graves problemas económicos que atenaceaban a México durante su caótico primer decenio revolucionario. Desde principios de 1915, cuando gran parte de la República se encontraba bajo la ocupación militar, surgieron diver-

---

[111] *Ibid.*; Irigoyen, "El impulso", pp. 14-25.
[112] *DO*, 3 de junio de 1916, pp. 2181-2184.
[113] *DO*, 5 de enero de 1918, p. 84.
[114] Irigoyen, "El impulso", pp. 24-25.

sas agencias o comisiones, habitualmente conocidas como reguladoras de comercio, para afrontar la creciente crisis del abasto de bienes básicos, en particular el maíz, el frijol y el carbón vegetal. Estas agencias eran organizadas más frecuentemente por las autoridades militares locales y tenían como meta mínima el control de los embarques y la fijación de los precios de productos básicos. La orientación y la composición de estas reguladoras variaba tanto como las condiciones locales en las que surgían y se veían particularmente influidas por las inclinaciones de los jefes militares que las creaban. Desafortunadamente, es probable que en la mayoría de los casos representaran estas reguladoras poco más que una oportunidad para que el jefe local y sus amigos monopolizaran el comercio local y se quedaran con todas las ganancias exorbitantes. Pero en otras áreas, tales como Veracruz y Yucatán, estas comisiones reguladoras constituían excitantes experimentos socioeconómicos. En la ciudad de Orizaba, Veracruz, las reguladoras de comercio eran efectivamente administradas por poderosos sindicatos locales que virtualmente socializaron el comercio local durante varios meses de 1915-1916. Más tarde, actuando pragmáticamente en ausencia de una efectiva autoridad política y militar, estos trabajadores pasaron del control de la distribución a los problemas de la producción, y en algunos momentos incluso pelearon por el derecho de controlar los medios de producción. Los trabajadores de Orizaba pedían facultades para revisar los libros contables de las haciendas, inspeccionar los registros y los almacenes de las fábricas, y apoderarse de las estaciones ferroviarias.[115]

Las comisiones de Yucatán distaban mucho de estos "protosoviets" de Veracruz. Entre otras cosas, la autoridad del ejército de ocupación de Alvarado no se vio jamás disminuida o efectivamente cuestionada en Yucatán; ni los trabajadores de Mérida o de Progreso fueron jamás tan duros o independientes como los trabajadores de Orizaba. La Comisión Reguladora del Mercado de Henequén de Alvarado se mostró muy versátil en su capacidad para ampliar sus actividades y extender progresivamente su control sobre la economía del estado, pero jamás adoptó una orientación socialista. La Reguladora yucateca estableció un monopolio sobre todas las operaciones bancarias y crediticias del estado y obtuvo el control exclusivo del sector exportador del henequén. A través de su vástago, la Compañía de Fomento, la Reguladora promovió y extendió su control sobre las obras públicas y las mejoras de la infraestructura, al igual que la transportación y la marina mercante. Sin embargo, jamás amenazó seriamente a los sectores privados del comercio y la industria tratando de racionalizar el consumo, ni mostró interés alguno por la expansión de su control sobre la producción agrícola, ya fuese en la zona henequenera o fuera de ella. Como concluyera el historiador económico yucateco Renán Irigoyen, la economía política de Salvador Alvarado, manifestada fundamentalmente en su Comisión Reguladora, era "más un puente de transición entre las etapas finales del

---

[115] John Womack examinará estos temas en su próxima obra sobre los trabajadores y la Revolución Mexicana en Veracruz.

liberalismo económico y la iniciación del intervencionismo estatal real" que una prescripción seria del socialismo estatal.[116]

Pero Salvador Alvarado fue el primer gobernador revolucionario en sugerir a la nación mexicana las posibilidades del desarrollo regional que podrían surgir de la creación de empresas descentralizadas. Además, el uso hábil del cooperativismo por parte de Alvarado —esencialmente un fenómeno burgués muy distinto del socialismo estatal— representaba un importante esfuerzo señero en América Latina para equilibrar o mediar los intereses de capitalistas y trabajadores. A partir de los años veinte, se aplicaría el cooperativismo a diversas empresas económicas del gobierno federal mexicano, y en decenios subsecuentes constituiría un elemento básico de las políticas económicas de muchos regímenes autoritarios corporativos por toda la América Latina.[117]

---

[116] Irigoyen, "El impulso", p. 25.
[117] Véase el capítulo VIII; cf. Joan L. Bak, "Some Antecedents of Corporatism: State Economic Intervention and Rural Organization in Brazil. The Case of Rio Grande do Sul, 1890-1937", tesis doctoral inédita, Universidad de Yale, Nueva Haven, Conn., 1977.

VI. EL DERRUMBE DE LA REVOLUCIÓN BURGUESA, 1918-1920

> Se desbordará la amargura y se segará la abundancia... Será un tiempo de sufrimiento, de lágrimas y miseria.
>
> Profecía de Napuc Tun

> Tenemos la ventaja: Ellos deben vender para comer; nosotros sólo tenemos que comprar cáñamo.
>
> Cónsul Gaylor Marsh al secretario de Estado, 1919

A FINES de 1918, cuando se preparaba para salir del estado hacia su nueva comisión, Salvador Alvarado formuló una profecía terrible. Desafiando a los grandes hacendados y comerciantes que, ante la declinación de los precios del henequén, empezaron de pronto a denunciar los poderes monopolísticos de la Comisión Reguladora y exigían el restablecimiento de un mercado abierto, escribió Alvarado:

> Sigan adelante y entreguen la Reguladora y la economía estatal a los más crueles enemigos de ustedes mismos; disuelvan la Cía. de Fomento del Sureste; entreguen sus ferrocarriles a sus acreedores extranjeros y vendan sus barcos en el extranjero al mejor postor; destruyan los tanques de almacenamiento de petróleo y vendan las partes como chatarra... Cierren las escuelas y las bibliotecas si son tan nocivas como ustedes dicen; y luego asegúrense de reabrir las cantinas, las plazas de toros, los burdeles y las casas de juego... Hagan todo eso y en un año reto al pueblo de Yucatán y a toda la nación para que considere los resultados y los compare con la situación existente ahora.[1]

La profecía de Alvarado se cumpliría con aterradora precisión. En el curso de un año, gran parte de su programa de reforma estaba hecho trizas y la incipiente revolución burguesa de Yucatán había sido destruida. Las circunstancias y los sucesos de 1918-1919 revelan las contradicciones esenciales de la dependencia básica de Yucatán dentro de la economía mundial e ilustran poderosamente el complejo de relaciones que ataban a la región a los Estados Unidos y la ciudad de México, subordinando los intereses regionales a los de las metrópolis nacional e internacional.

[1] Salvador Alvarado, *Actuación revolucionaria del general Salvador Alvarado en Yucatán*, México, 1965, p. 124.

No podemos dejar de advertir el grado tan alto en que el éxito de la revolución de Alvarado estaba ligado a los azares del mercado henequenero. La eficacia de su programa aumentaba y disminuía con los ingresos del henequén recibidos por la Reguladora. Mientras los precios de la fibra permanecieron elevados, Alvarado pudo mejorar los salarios y las condiciones materiales de las masas y asegurar al mismo tiempo la continuación de la prosperidad de la burguesía agrocomercial. Esta estrategia moderada produjo un consenso ideológico y cierta armonía interna dentro de la región, suficiente para construir una coalición revolucionaria viable, aunque frágil.

Además, sobraba un beneficio excedente suficiente para satisfacer las considerables demandas fiscales del gobierno federal de Carranza el que por consiguiente también consideró pertinente sancionar las operaciones de la economía regional estrechamente regulada de Alvarado. Además de depender de cierto grado de negligencia benigna de la ciudad de México para la implantación de sus reformas, Alvarado advirtió la importancia del apoyo de Carranza en el caso de que Yucatán tuviera que soportar las presiones diplomáticas y económicas del gobierno norteamericano, actuando en defensa del poderoso cabildeo cordelero, o de que debiera afrontar una renovada campaña de guerra económica y manipulación de los precios emanada de los propios cordeleros.

Por lo que toca a la respuesta norteamericana a las actividades revolucionarias de Yucatán, y en particular a la transformación del sistema tradicional de comercialización y exportación del henequén por parte de Alvarado, es justo reconocer que Alvarado pudo actuar frente a la reprobación de los Estados Unidos —y casi con impunidad— sólo mientras el mercado mundial, artificialmente impulsado por las contingencias de la primera Guerra Mundial, soportaba precios altos del henequén. Mientras existió esa fortuita coyuntura, de 1915 a 1918, Yucatán alteró temporalmente los términos de su relación dependiente y desigual frente a los Estados Unidos. En efecto, los términos de intercambio tradicionales, que durante tanto tiempo se habían movido en contra de Yucatán, de pronto se invirtieron, y la región de monocultivo se encontró con el látigo en la mano en un mercado donde momentáneamente dominaba el vendedor. Desde los primeros días del monocultivo en el decenio de 1870, las corporaciones norteamericanas habían basado su estrategia monopolística u oligopolística en la necesidad desesperada que tenía la región de vender su único producto. La lógica de la situación había cambiado ahora irónicamente, ya que en tiempos de guerra necesitaban los Estados Unidos con desesperación su pan de cada día, y no habría pan si los productores de trigo del Medio Oeste no podían amarrar sus costales. El henequén se había vuelto algo más que un gran negocio: era esencial para el esfuerzo bélico. De acuerdo con la Oficina de Inteligencia Naval de los Estados Unidos, todo obstáculo que amenazara el abasto de fibra para cordeles era ahora "tan vital para los Estados Unidos como los descubrimientos petroleros de Tampico que afectaron el combustible de la flota aliada".[2] Y en virtud de que las Filipinas y otras fuentes de producción

[2] SD, 812.61326/232.

estaban cortadas, eran los norteamericanos quienes se veían obligados a comprar por lo menos tanto como los yucatecos estaban obligados a vender.

A fin de apreciar mejor cómo la declinante fortuna de la fluctuante economía de monocultivo destruyó el programa revolucionario de Alvarado después de la primera Guerra Mundial, veamos primero cómo aprovechó el General las condiciones de tiempos de guerra contra el monopolio cordelero norteamericano y sus aliados en Washington.

La respuesta norteamericana: negociando con debilidad

Las vías marítimas y la transportación de tiempos de guerra habían sido poco confiables desde 1914. Además, una severa sequía en Filipinas y una capacidad inadecuada en los surgentes centros de producción de África y Asia habían llevado a los fabricantes de cordeles y los funcionarios públicos norteamericanos a concluir, en 1915, que no convenía buscar abastos de la fibra en otras partes: "El mundo no puede proveer ninguna otra fibra, en cantidades comerciales, en menos de seis años como mínimo." [3] Los Estados Unidos tendrían que conformarse exclusivamente con el henequén yucateco, el que de todos modos favorecía. Aunque las fibras de otras partes eran de mejor calidad, el henequén era mucho más barato y confiable, en vista de la proximidad de la península y de su reputación de tranquilidad política.

De pronto, en marzo de 1915, Alvarado había llevado la Revolución a Yucatán y desordenado la industria henequenera. La capacidad de pronóstico que los intereses cordeleros habían disfrutado en el negocio de la fibra desde que obtuvieron el control del mercado henequenero, una generación atrás, se había perdido ahora. Primero, los fabricantes afrontaron la posibilidad de verse incapacitados para obtener embarques confiables de la fibra a cualquier precio. Se enteraron con horror de los bloqueos navales, de cierres de la transportación, e incluso el rumor de que los hacendados intentaban quemar sus propios campos. Luego, felizmente, la situación agraria se había estabilizado y se les ofrecía todo el henequén que quisieran, pero sólo después de que sus agentes habían sido expulsados por el nuevo gobierno revolucionario, que el sistema de comercialización se había transformado, y que el precio de compra había subido a niveles sin precedente.

Los fabricantes lucharon contra estos cambios en todo momento. La International Harvester, que era con mucho la que más podía perder, formuló la estrategia de su contrataque. La Harvester se encontró en una posición cada vez más vulnerable durante el periodo de 1915-1918. Tras la entrada de John Deere and Company y de otras empresas independientes más pequeñas al campo de las máquinas cosechadoras, alrededor de 1910, las ventas de la Harvester se habían derrumbado, y su posición monopolística en la fabricación de engavilladoras, cortadoras y rastrilladoras —sus líneas principales— se desvaneció rá-

[3] SD, 812.61326/89, p. 26.

pidamente.⁴ Esta tendencia perturbadora sólo fortalecía la decisión de la Harvester de adoptar una postura más firme en otros frentes, tales como el campo de la cordelería, que seguía siendo una importante línea de actividad secundaria.

A través de los años, la International Harvester y su constelación de firmas fabricantes satélites habían armado un formidable cabildeo en Washington. Ahora, en 1915, estaban decididos a recuperar sus antiguas prerrogativas con todo su poder. Durante el gobierno de tres años de Alvarado, la industria cordelera norteamericana, además de utilizar a sus aliados tradicionales en la burguesía peninsular, obtuvo la ayuda de las tres ramas del gobierno norteamericano. En vano llevó a la Reguladora de Alvarado a los tribunales estatales y federales de los Estados Unidos, tratando de impedir su operación en este país, en los términos de la Ley Antimonopolística Sherman.⁵ Mientras tanto, los fabricantes lograron que ciertos miembros poderosos de ambas cámaras del Congreso llamaran la atención sobre las actividades nocivas de la Reguladora e iniciaron en el Senado una serie de audiencias para establecer la culpa de la agencia yucateca y encontrar medios para combatirla en defensa del pueblo norteamericano. Miles de páginas de testimonios y meses después, en febrero de 1917, un subcomité del Senado decidió en efecto que la Reguladora era un "monopolio nocivo" y recomendó que los Departamentos de Justicia y de Estado tomaran las medidas que consideraran convenientes para disolver la Reguladora o por lo menos para disminuir su poder, y que los fabricantes y agricultores encontraran algún sustituto del henequén yucateco en el campo de la cordelería.⁶ Los Departamentos de Estado y de Justicia ya habían venido trabajando en silencio, en favor de los fabricantes y en contra de la Reguladora, y habían sido secundados —o pronto lo serían— por otros departamentos ejecutivos, en particular los de Comercio, Agricultura, Marina, y la poderosa Administración de Alimentos de tiempos de guerra.

La estrategia básica de los fabricantes, a través de todos estos canales, consistía en apelar a la razón del gobierno revolucionario yucateco a fin de que percibiera los beneficios a largo plazo de una relación simbiótica con ellos, la que no debiera hacerse peligrar insensatamente en aras de la ganancia a corto plazo. Si la retórica fracasaba, los fabricantes presionarían a Yucatán en diversos frentes: económico, diplomático y legal. El canal diplomático implicaría una labor a través del gobierno federal de Carranza en la ciudad de México, pero no excluiría las formas más burdas de la diplomacia de cañoneras si las palabras no llegaban a persuadir al presidente mexicano. Se puso en claro que algo más que el protocolo diplomático estaba involucrado en el deseo de los norteamericanos de actuar a través de la ciudad de México. Pronto percibieron

⁴ Eliot Jones, *The Trust Problem in the United States*, Nueva York, 1921, pp. 243-247.
⁵ SD, 812.61326/224, 225, p. 229; *United States v. Pan-American Commission et al.*, 261 Fed. 229 (S.D.N.Y. 1918); Fernando Benítez, *Ki: El drama de un pueblo y de una planta*, 2ª ed., México, 1962, p. 107.
⁶ Senado de los Estados Unidos, comentarios del senador McCumber sobre la situación del sisal, 64º Cong., 1ª Ses., 6 de enero de 1916, *CR*, vol. 52, parte 1, pp. 587-588; SD, 812.61326/299; Senado de los Estados Unidos, discurso del senador Ransdell, 64º Cong., 2ª Ses., 12 de enero de 1917, *CR*, vol. 54, parte 2, p. 1246.

que, hasta cierto punto, el interés de Carranza por mantener un control más firme sobre Alvarado y Yucatán coincidía con sus propios intereses. Descubrieron que Carranza estaba más dispuesto que Alvarado a considerar sus demandas, desde el punto de vista ideológico.[7] Además, hasta octubre de 1915, mantuvo Washington como una poderosa carta de triunfo el reconocimiento del gobierno de Carranza por parte de los Estados Unidos. Éste no era un atractivo pequeño, y servía para lograr que Carranza fuese más sensible por lo menos a las demandas anteriores del cabildeo cordelero.[8]

El primer objetivo de los fabricantes era el restablecimiento del flujo regular de henequén en rama que había sido perturbado por la conquista de Yucatán a manos de Alvarado y el periodo subsecuente de reajuste político. Al principio, los intereses cordeleros afrontaron el bloqueo de Progreso ordenado por Carranza y ejecutado por los constitucionalistas en marzo de 1915, tratando de aplastar la revuelta separatista de Ortiz Argumedo. La estrategia del Primer Jefe había consistido en cercar a Yucatán por mar mientras que el Ejército del Sureste de Alvarado aplastaba a los insurgentes por tierra. Mientras tanto, sin embargo, las fábricas cordeleras norteamericanas afrontaban ya la escasez de la fibra al tratar de satisfacer la demanda ampliada de tiempos de guerra. De inmediato, los fabricantes pidieron al gobierno de Wilson que obligara a Carranza a abrir el puerto y a permitir que sus barcos transportaran el henequén que ya habían contratado.[9] Wilson ordenó a William Jennings Bryan, el secretario de Estado, que previniera a Carranza de que, si no reabría el puerto, no sólo se cancelarían los nuevos embarques de armas para los constitucionalistas sino que los Estados Unidos se verían obligados a reabrir Progreso con una fuerza naval a fin de salvar a los mexicanos de sí mismos:

> Platique a fondo con Carranza sobre Yucatán y explíquele cuán indispensable es el sisal... ya que podría decirse que el abasto alimentario del mundo depende en gran medida de él, y que como amigos de México tenemos razones para evitarle las graves dificultades que surgirían si interfiriera con el comercio.[10]

Bryan estuvo de acuerdo, razonando que, si había necesidad de llegar a las cañoneras, "estamos en posibilidad de limitar el uso de la fuerza en la mayor medida deseable, como lo hicimos en Veracruz".[11] El Primer Jefe, sabiendo que

---

[7] SD, 812.61326/162, pp. 262, 273.

[8] Robert Freeman Smith, *The United States and Revolutionary Nationalism in Mexico, 1913-1932*, Chicago, 1972, p. 42; SD, 812.61326/109.

[9] SD, 812.61326/12-13, pp. 24-25; Álvaro Gamboa Ricalde, *Yucatán desde 1910*, Veracruz, 1943, vol. 2, pp. 338-339.

[10] SD, correspondencia Bryan a Wilson. Wilson a Bryan, 21 de marzo de 1915; Departamento de Estado de los Estados Unidos. *Papers Relating to the Foreign Relations of the United States (1915-1924)*, Washington, D. C., 1924, p. 824. Juan Barragán R., *Historia del ejército de la Revolución Constitucionalista*, México, 1946, vol. 2, pp. 251-252.

[11] LC, Wilson Mss, Serie 2, Bryan a Wilson, 13 de marzo de 1915. Bryan se estaba refiriendo a la festejada ocupación del principal puerto de México por los infantes de marina de los Estados Unidos, realizada entre abril y noviembre de 1914. Justificando la ocupa-

Yucatán sería tomado en breve de todos modos, accedió a la petición de Bryan y levantó el bloqueo.

Sin embargo, la Harvester y sus aliados temían el avance del ejército de Alvarado en la región mucho más que el bloqueo y estaban inquietos. Abundaban los rumores de que Alvarado o los henequeneros incendiarían las plantaciones (los últimos movidos por la desesperación). Una de las compañías cordeleras instaba al Departamento de Estado para que "declarara a Yucatán un territorio neutral".[12] Durante marzo y abril de 1915, otros fabricantes pidieron a Washington que tomara algunas medidas para asegurar que no se interrumpieran los embarques de la fibra y que los agricultores norteamericanos no se vieran privados de su cosecha de trigo. Durante el verano y el otoño siguientes, cuando Alvarado privó de los carros de ferrocarril a Avelino Montes y los compradores, la pequeña corriente de cartas y cables se convirtió en un torrente.[13] Harvester y Peabody aconsejaron a sus clientes y aliados que se quejaran ante el Departamento de Estado, y las peticiones de los agricultores, comerciantes cordeleros, fabricantes y compradores se vieron apoyadas por los congresistas y los funcionarios de diversos departamentos y agencias del gobierno norteamericano, e incluso por un memorial del embajador británico en representación de los productores de trigo canadienses.[14] Cediendo ante este cabildeo eficaz, el Departamento de Estado ordenó al Departamento de la Marina que enviara una cañonera a estacionarse en Progreso por unos días, en medio de una presión casi continua sobre el gobierno de Carranza. La Marina mantendría la cañonera frente a la playa, donde "ejercería un efecto moral... sobre las autoridades de Yucatán" y "hasta que dieran seguridades definitivas... y tomaran medidas para implantarlas, en el sentido de que proveerían facilidades ferroviarias adecuadas para todos los negociantes norteamericanos sin discriminación a favor de la Comisión Reguladora ni de nadie".[15]

En virtud de que no ha podido encontrarse en los archivos mexicanos o yu-

---

ción de Veracruz con un pretexto bastante trivial, el presidente Wilson había tratado de salvar a los mexicanos de un mal mayor, el gobierno dictatorial de Victoriano Huerta.

[12] SD, 812.61326/15 (Whitlock Cordage a Bryan); *cf.* SD, 812.61326/29a, 42a.

[13] Véase, por ejemplo, la correspondencia en SD, 812.61326/12-159, *passim.*

[14] Por ejemplo, SD, 812.61326/24, p. 35, 56a, 90; PCR, epistolario, *Yucatan Letters,* HG-1, página 52, Peabody and Co., a Arturo Pierce, 31 de marzo de 1915; PCR, epistolario, *Fibres and Domestic Letters,* núm. 37, HE-2, p. 711, Peabody a secretario de Comercio, 17 de mayo de 1917; pp. 738-739, Peabody a Hooven and Allison Co., Peabody a Peoria Cordage Co., ambos el 24 de mayo de 1917; p. 970, Peabody a B. W. Long, 12 de agosto de 1915.

[15] SD, 812.00/15281. Significativamente, la Harvester continuó insistiendo durante todo el verano de 1915 en que "un buque de guerra norteamericano realizara ciertas visitas... por lo menos mientras se tomaban medidas para proteger el abasto de cordeles para la cosecha siguiente... Sin la influencia moral de un navío norteamericano de guerra", argumentaba la compañía, "es insegura la situación de los intereses norteamericanos". SD, 812.61326/98, p. 141. Josephus Daniels, a la sazón secretario de Marina, no estaba de acuerdo, pues creía que los barcos del Escuadrón de Cruceros de la Flota del Atlántico se necesitaban más en otros puertos mexicanos. SD, 812.61326/102. En los años siguientes, la Harvester continuaría presionando por la intervención armada en favor del comercio de sisal. LC, Anderson Mss, Diario de Chandler P. Anderson, 12, 18, 24 de marzo de 1923 (Anderson representaba a la Harvester); véase también el capítulo ix.

catecos ninguna prueba que sugiera siquiera el rumor de una amenaza, de parte de Alvarado a los hacendados, de quemar los campos henequeneros, sospechamos que este episodio de la diplomacia de cañoneras se debió menos al temor de los campos quemados que a la toma del sistema ferroviario por parte de Alvarado y su intención evidente de expulsar del estado a Montes, Harvester y Peabody. Carranza ya había asegurado a Washington que Alvarado no dañaría la propiedad privada, y Alvarado se abstuvo de tomar medidas violentas a su llegada.[16] Pero en lo tocante a los ferrocarriles se mantuvo Carranza más rígido. Por una parte, el embajador de Carranza en Washington, Eliseo Arredondo, destacaba la decisión del Primer Jefe de "enviar a los Estados Unidos toda la cosecha [de henequén] y otorgar todas las facilidades necesarias para que se realice la exportación sin ningún impedimento por nuestra parte".[17] El embajador señalaba que la falta de entrega del henequén, que era la fuente principal de la recaudación estatal y un gran contribuyente del Tesoro Nacional, creaba para Yucatán y México dificultades tan grandes como las que causaba a los compradores norteamericanos. Pero el asunto no era tan sencillo. Como explicaba Arredondo en una nota de protesta formal al secretario de Estado Bryan:

> Sentimos que las actividades de la International Harvester Co., a través de su agente Montes, están yendo demasiado lejos... a través de Montes, la Harvester ha venido usando indebidamente el buen nombre del Departamento de Estado, sin otro propósito que promover sus propios intereses... Montes ha venido formulando toda clase de amenazas para forzar sus propios precios y ha llegado a decir que se quejará ante el Departamento de Estado, cuya influencia y apoyo dice tener, y que si no se satisfacen sus condiciones podría venir la intervención del gobierno de los Estados Unidos.[18]

Ciertamente, la prisa del gobierno de Wilson por enviar una cañonera daba crédito a la pretensión de influencia de Montes y sugiere la eficacia del imperio informal de la Harvester, basado en las redes de colaboradores confiables. Finalmente, tras una consulta apresurada con Alvarado, Carranza cedió formalmente ante el ultimátum de Washington: en el futuro se proveerían carros de ferrocarril para que transportaran la fibra comprada por Harvester, Peabody y los otros compradores.[19] Sin embargo, Alvarado no cedió en su campaña tendiente a crear un monopolio henequenero gubernamental, de modo que Montes, Peabody y los otros advirtieron pronto la inutilidad de su lucha, y cerraron sus puertas a principios de 1916.

La evaluación de los sucesos por parte de estos compradores resultó más

---

[16] SD, 812.61326/49, Bryan a fabricantes, distribuidores, congresistas, etc., refutando los rumores acerca del incendio de los campos; Nathaniel C. Raymond, "The Impact of Land Reform in the Monocrop Region of Yucatán, Mexico", tesis doctoral inédita, Universidad de Brandeis, Waltham, Mass., 1971, pp. 60-61; SD, 812.00/14693.
[17] SD, 812.61326/84.
[18] SD, 812.61326/84.
[19] SD, 812.61326/120.

realista que la del gobierno de los Estados Unidos. Alentado por las concesiones anteriores en lo tocante al movimiento del henequén, Washington incrementaba ahora sus demandas. En octubre de 1915, cuando la Reguladora de Alvarado había establecido una hegemonía virtualmente completa sobre la industria henequenera de Yucatán, el secretario de Estado Robert Lansing trató de destruir el nuevo monopolio estatal en su cuna. Envió un cable a su agente en la ciudad de México: "Plantee de inmediato la situación [del henequén] al general Carranza y pídale que envíe urgentemente instrucciones apropiadas a las autoridades de Yucatán. Dígale que este gobierno apreciará que ordene de inmediato el restablecimiento de un mercado de sisal abierto en Yucatán." [20] Pero en vista de que el henequén estaba en auge y no había señales de que el precio dejara de subir, Carranza no tenía ninguna intención de disolver la Reguladora de Alvarado, cuya política alcista era en parte responsable de la extraordinaria elevación de los precios. Un mercado abierto era lo último que deseaba; por el contrario, le convenía otorgar a la Reguladora todo el margen de acción que necesitara, para absorber una porción sustancial de los ingresos de la Reguladora en forma de impuestos federales y préstamos obligatorios.[21] Además, el Departamento de Estado había jugado ya su carta de triunfo, reconociendo al gobierno *de facto* de Carranza meses atrás. En noviembre de 1915, el agente especial del Departamento de Estado J. R. Silliman, quien desde su oficina en la ciudad de México estaba más en contacto con la situación, informó a Washington de la reducción de sus opciones:

> *Primera:* La forma fácil, amistosa y práctica de aceptar la situación y obtener las mejores condiciones posibles de la Compañía [la Reguladora] que tiene el control absoluto, está apoyada por el estado y el gobierno *de facto* reconocido, y desea vender a distribuidores como la Harvester Company o directamente a los fabricantes.
> *Segunda:* La forma difícil, poco amistosa y lenta de congelar a la Compañía negándonos a comprar.[22]

A fines de 1915, no había otra opción realista para los Estados Unidos. La diplomacia de las cañoneras se estaba desacreditando, incluso entre los británicos, quienes veían que ya no era eficaz. Las manifestaciones de violencia descarada se consideraban ahora como admisiones de fracaso, una anacrónica táctica decimonónica, inadecuada para la administración de los Imperios del siglo XX que a menudo no incluían colonias formalmente anexadas. Por supuesto, en ocasiones especiales y cuando se vieran gravemente provocados, los Estados Unidos recurrirían de nuevo a la intervención armada, como ocurrió cuando Pershing "invadió" el norte de México en vana persecución de Pancho Villa. Pero los Estados Unidos tenían demasiadas propiedades y otras inversiones en juego en México —especialmente su creciente imperio petrolero a lo largo de

---

[20] SD, 812.61326/159.
[21] SD, 812.61326/296, pp. 298-299, 305.
[22] SD, 812.61326/174.

la costa del Golfo— para arriesgarse a un incidente desagradable con los constitucionalistas nacionalistas.[23] En consecuencia, durante la mayor parte de los tres años siguientes, mientras la guerra continuaba y el precio de la fibra subía más y más, los norteamericanos se vieron obligados a escoger la primera opción, aunque sólo fuese mientras consideraban y preparaban la segunda.

Igualmente lacerante para los intereses cordeleros y su gobierno resultaron las audiencias del subcomité del Senado. La decisión del subcomité, publicada en enero de 1917, en el sentido de que la Reguladora era un monopolio, no sorprendió a nadie, sobre todo porque Víctor Rendón, representante de la Reguladora en los Estados Unidos, había declarado que ésta era precisamente la intención de su promotor, el general Alvarado. Éste usó las prolongadas audiencias para sus propios fines, refutando la propaganda de los fabricantes y presentando la postura yucateca bajo la luz más favorable posible. Ante los senadores hizo desfilar una sucesión de hacendados simpatizantes, quienes afirmaron unánimemente que el aumento de los costos de producción justificaba el aumento de los precios, y aseguraron —con una indignación real o fingida— que la Harvester y Montes habían fijado y deprimido los precios a fin de controlar la industria henequenera en detrimento de los agricultores de Yucatán y de los Estados Unidos.[24] Gastando miles de dólares en pagos a cabilderos y periodistas y en una campaña dentro de la prensa norteamericana, Alvarado defendió su posición al tenor de los tiempos, decididamente progresista y sensible a la amenaza de los monopolios.[25] Sí —admitían los propagandistas de Alvarado—, la Reguladora era una especie de monopolio, pero era ante todo una agencia reguladora gubernamental destinada a destruir el monopolio verdaderamente pernicioso de la Harvester, el que utilizaba agentes locales para perpetuar un régimen de esclavitud y pobreza en Yucatán, mientras sometía a agricultores y consumidores a precios excesivos dentro de los Estados Unidos. Después de las audiencias, el *New York Times*, el *Chicago Herald* y otros diarios importantes publicaban titulares de este tipo: "Combate a la Harvester con 10 millones de dólares", "Enviado del Estado mexicano expone los hechos de un monopolio supuestamente injusto", "Saquen a la Harvester Company: dos grandes compañías norteamericanas expulsadas, dice el Dr. Rendón, en defensa de nueva organización".[26] De pronto, Alvarado y su Reguladora eran considerados por muchos norteamericanos de clase media como marginados que tenían valor su-

[23] Joseph S. Tulchin, *The Aftermath of War: World War I and U.S. Policy toward Latin America*, Nueva York, 1971, pp. 13-16; SD, 812.50/61.

[24] SD, 812.61326/229, p. 207, por lo que toca al testimonio del hacendado Domingo Evia al subcomité del Senado; SD-CPR, *Con. Corr.*, sin designación de archivo, "Extract of Testimony Taken in the Hearings Before the Senate Sub-Committee on Agriculture and Forestry...", febrero de 1916, testimonio de los plantadores Solís, Cámara y Cantón.

[25] SD, 812.61326/188.

[26] SD, 812.61326/135, pp. 181-183, 194-195, 200; AC, M. C. Rolland a Carranza, 10 de enero de 1917; CJD, rollo 3, E. Robleda M. a Carranza, 10 de junio de 1917. El trabajo realizado por los propagandistas de Alvarado puede observarse en M. C. Rolland, "A Trial of Socialism in Mexico: What the Mexicans Are Fighting For", *Forum*, 56 (julio de 1916), páginas 79-90; y Carlo de Fornaro, "Yucatán and the International Harvester Company", *Forum*, 54 (septiembre de 1915), pp. 337-344.

ficiente para enfrentarse a los Morgan, McCormick y Rockefeller, y aun' para llevarse la victoria. Entretanto, las audiencias mismas no habían logrado nada. Mientras persistieran las condiciones y la demanda de tiempos de guerra, la Reguladora continuaría inflando sus precios impunemente. Dada la naturaleza de la posición legal y política de la Reguladora, el Congreso y los tribunales no podían hacer más que censurar sus actividades y su política de precios.

Herbert Hoover y la poderosa Administración de Alimentos de los Estados Unidos también descubrieron que el enfrentamiento con la Reguladora podía ser una experiencia frustrante, si no es que francamente humillante. La Administración de Alimentos se creó a fines de 1917 para implantar los controles necesarios en tiempos de guerra sobre la distribución y la especulación de alimentos y bienes colaterales tales como el sisal y la cordelería. Esta dependencia continuó funcionando durante el Armisticio, hasta julio de 1919. La Administración de Alimentos se preocupó de inmediato ante la posibilidad de que el aumento del precio de la cordelería elevara los costos de recolección de los granos de los agricultores norteamericanos hasta niveles prohibitivos que pudieran perjudicar la fase final del esfuerzo bélico.[27] Bajo su director, Herbert Hoover —quien había adquirido ya los títulos informales de "Zar de los Alimentos" y "Dictador de los Alimentos"—, la Administración entró en negociaciones, primero con los fabricantes de cordeles y luego con la Reguladora, tratando de pegar los precios a los costos de producción más un beneficio razonable. La conferencia celebrada por Hoover con los fabricantes, en octubre de 1917, produjo un acuerdo por el que los fabricantes de cordeles comprarían toda su fibra a través de la Administración de Alimentos. Se convino también en que los fabricantes no venderían su cordelería a un precio mayor que el costo de la materia prima más el costo de fabricación y un beneficio razonable. Lo razonable del beneficio sería determinado ahora por la Administración de Alimentos, ya que había habido muchas protestas justificadas, de los agricultores norteamericanos, en el sentido de que la Harvester y las compañías más pequeñas, lejos de actuar con el espíritu de tiempos de guerra y reducir sus márgenes de beneficio en vista de la ofensiva de precios de la Reguladora, habían consolidado o efectivamente aumentado tales márgenes.[28]

Pero con la Reguladora no pudo hacer nada la agencia de Hoover. A fines de 1917, el precio se elevó a 42.9 centavos por kilo, y tras de prolongadas negociaciones con los agentes de la Reguladora en Nueva York, la Administración de Alimentos descubrió que la Reguladora no estaba dispuesta a aceptar más que una reducción de 1.1 centavos por kilo. Además, los yucatecos no aceptarían ninguna fórmula de precios y no se asustaron ante el reciente acuerdo de los fabricantes para comprar a través de la Administración de Alimentos. Las

[27] W. C. Mullendore, *History of the United States Food Administration, 1917-1919*, introducción de Herbert Hoover, Stanford, Cal., 1941, pp. 3, 312-313.

[28] PCC, expediente I, sección 3, "Agreement with the U.S. Food Administration", 1º de noviembre de 1917; Mullendore, *History of the Food Administrations*, pp. v, 312-315; Louis Crossette, *Sisal Production, Prices and Marketing*, Departamento de Comercio de los Estados Unidos. Suplemento de *Commerce Reports*, Boletín de Información Comercial núm. 200, Washington, D. C., 1924, p. 4.

negociaciones se atascaron, mientras que Hoover ponía en claro que el gobierno de los Estados Unidos no sería víctima de una extorsión cuando estaban en juego productos vitales.[29] Mark Requa, ayudante de Hoover, fue más allá, pidiendo que las tropas obligaran a los yucatecos a aceptar un precio justo. El Departamento de Estado aconsejó paciencia, argumentando que la intervención perturbaría la producción de la fibra en lugar de garantizar un abasto adecuado a un precio justo. Además, una política de enfrentamiento perturbaría el comercio de otros productos mexicanos necesarios, tales como el petróleo.[30] Desde la ciudad de México, el embajador Henry Fletcher se mostraba más cauteloso, sugiriendo que "se haga un esfuerzo por obtener... una reducción [del precio] en conexión con los envíos de oro y alimentos de los Estados Unidos",[31] aprovechando la incapacidad de Yucatán para alimentarse a sí mismo. El Zar de los Alimentos, con la paciencia agotada al máximo, aparentemente estaba en favor de este enfoque, ya que inmediatamente cesó las negociaciones. Tradicionalmente reservado pero ahora muy expresivo, tronó ante el Departamento de Estado:

> No creemos que tengamos ningún derecho a someter al pueblo norteamericano a la humillación de que este gobierno firme un contrato tan abundante en corrupción y robo... Proponemos que se mantenga el embargo a los alimentos enviados a México hasta que el gobierno central mexicano nos pida ayuda de rodillas y... entonces formularemos nuestras demandas como un *quid pro quo*. Espero que ustedes convengan en este programa.[32]

El Departamento de Estado no estaba de acuerdo, simplemente porque los agricultores y los fabricantes no podían esperar a que tal embargo surtiera efecto. Ese mismo mes, los fabricantes informaron a Hoover que ya se habían desesperado: si no se enviaba la fibra de inmediato, sería imposible fabricar suficiente cordelería para la cosecha de 1918, la que prometía ser muy abundante, sustancialmente mayor que las tres anteriores. Con renuencia, Hoover volvió a la mesa de negociaciones y aceptó las condiciones de la Reguladora. En total, Yucatán entregaría 340 000 pacas de henequén a 41.8 centavos por kilo en Nueva Orleáns (42.9 centavos en Nueva York), y la Administración de Alimentos garantizaba a cambio los envíos de alimentos y de oro.[33] La cosecha de trigo y de granos pequeños de Norteamérica estaba salvada, pero sería la última venta verdaderamente afortunada que haría la Reguladora de Alvarado.

En efecto, contra lo que afirmaban los alarmistas informes norteamericanos, Alvarado ejerció una moderación considerable al formular la política de precios de la Reguladora. Las cotizaciones de mercado del henequén se fijaban tradicionalmente entre 6.6 y 11 centavos por debajo de las cotizaciones de la manila,

---

[29] Mullendore, *History of the Food Administration*, p. 313.
[30] LC, Henry P. Fletcher Mss, memorando, 6 de febrero de 1918; WTBR, Anotación 192, caja 26, Oficina de Investigación y Estadística-México, Herman Oliphant a Hoover, 27 de noviembre de 1917; SD, 812.50/61; Tulchin, *Aftermath of War*, pp. 15-16.
[31] SD, 812.61326/235, p. 240.
[32] SD, 812.61326/240.
[33] Mullendore, *History of the Food Administration*, p. 313.

tomando en cuenta la calidad superior y los mayores costos de transportación de la fibra filipina rival.³⁴ En la cúspide del auge de tiempos de guerra, en la primavera de 1918, el precio de la manila subió a 66 centavos por kilo, con un promedio de 64.9 centavos durante 1918. En el mismo periodo, el henequén se elevó momentáneamente a 50.6 centavos por kilo, con un promedio de 42.4 centavos en ese año de máximo nivel.³⁵ Así pues, aunque es verdad que el precio del henequén estaba considerablemente inflado y correspondía menos a los costos de producción efectivos que a lo que soportaría un mercado de tiempos de guerra, el hecho de que la fibra yucateca no se pegara a la manila, con cotizaciones de 55 a 59.4 centavos, revela una moderación por parte de Alvarado que sus críticos norteamericanos no advirtieron. La Reguladora tenía a Hoover contra la pared en noviembre de 1917, y si hubiese insistido en el margen tradicional de 11 centavos en relación con la manila, la Administración de Alimentos no habría podido negarse, en vista de la situación desesperada de los fabricantes.³⁶

Resulta interesante examinar, a esta luz, los alegatos formulados en un memorando en extremo controvertible del Departamento de Estado en relación con la especulación yucateca de 1917 en el mercado mundial de la fibra. En un memorando intradepartamental "confidencial", fechado el 6 de febrero de 1917, Leon J. Canova, director de la División de Asuntos Mexicanos, informó al secretario de Estado Lansing que había un rumor sobre la intención de la Reguladora de "ganar dinero no sólo controlando los precios [del henequén], sino también manipulando el mercado". Las cotizaciones del henequén se elevaron 22 centavos por encima de lo normal, y hasta entonces había tendido la manila a aumentar en una proporción similar. Sugería Canova que la Reguladora no se atrevería a elevar más aún sus precios; más bien, trataba de

> comprar en corto la manila, bajar el precio del cáñamo de sisal [es decir, del henequén], forzando el precio de la manila a la baja y, cuando toque fondo, comprar en largo la manila, elevando los precios del sisal y matando dos pájaros de una pedrada. Esta manipulación podría repetirse de tiempo en tiempo, para engordar las bolsas de quienes controlan la Comisión Reguladora.³⁷

³⁴ SD-CPR, *Corr., 1924*, vol. 7, 861.3, A. V. Dye a embajador norteamericano, 18 de noviembre; IHCA, doc., expediente 9409, *Fibre Costs, 1914 to 1933, cf.* las anotaciones de "Manila" y "Mexican Sisal"; SD, 812.61326/259; Crossette, *Sisal Production*, pp. 2-3; Harold M. Pitt, "Manila Hemp and the Export Duty", 14 de noviembre de 1912, en IHCA, expediente 2395.

³⁵ SD, 812.61326/229.

³⁶ La justificación de un gran aumento del precio, por parte de Alvarado, de acuerdo con las tendencias inflacionarias y la gran elevación de los costos de producción y transportación, aparece en SD-CPR, *Conn. Corr.*, sin designación de expediente, "Outline Showing the Cost of a Pound of Henequen Fibre...", 22 de octubre de 1917. *Cf.* la censura norteamericana que aparece en la oficial *History of the Food Administration*, de Mullendore, pp. 312-313.

³⁷ SD, 812.61326/228.

La realidad resultó muy diferente del pronóstico de Canova. No hay en las revistas comerciales, en los registros de la Comisión Reguladora, o incluso en los registros de las empresas cordeleras, nada que sugiera la intención de Yucatán de especular en el mercado mundial como lo hizo la Harvester antes de la Revolución. Un examen detenido de las tendencias de los precios del henequén o de la manila, durante 1917-1918, tampoco revela tal intención. Además, aunque en los años futuros consideraría el gobierno yucateco la posibilidad de establecer una agencia en las Filipinas para coordinar una estrategia unificada entre las regiones productoras de la fibra, durante este periodo no había tomado ninguna medida en tal sentido. En suma, es improbable que Yucatán poseyera la ambición o la pericia necesaria para emprender la clase de aventura especulativa mencionada en el memorando de Canova.

Los norteamericanos toman la ofensiva

Las negociaciones realizadas entre la Reguladora y la Administración de Alimentos, iniciadas en la primavera de 1918, reflejaban el inevitable desplazamiento del poder que ya estaba ocurriendo en el mercado a medida que la guerra se alejaba y la cosecha de granos de 1919 prometía ser mediocre a lo sumo. La Reguladora, que había eludido un acuerdo contractual firme a fines de 1917, ahora trataba de compensar su declinante posición con lo mejor que pudiera negociar. Hoover, en cambio, no tenía ahora prisa por negociar y se deleitaba ante la perspectiva de un regateo duro. Las transcripciones de las negociaciones realizadas en Washington revelan que la Administración de Alimentos se retractaba aparentemente de una serie de acuerdos verbales celebrados en los meses anteriores, en los que se especificaba que por lo menos 700 000 pacas se venderían al precio anterior de 41.8 centavos por kilo. Además, los representantes de Hoover sugirieron sin mucha sutileza que, si se presentara la oportunidad, los Estados Unidos tratarían de comprar en otra parte. Explicablemente disgustados y acusando a la Administración de Alimentos de actuar de mala fe, los representantes de la Reguladora anunciaron la intención de Yucatán de vender en otra parte.[38] Hoover consideró esto como un simple engaño, pero más tarde supo que la Reguladora había encontrado compradores potenciales en Argentina. También descubrió que el precio de compra sería considerablemente menor (35.2 centavos por kilo) que el ofrecido a los Estados Unidos. Hoover se quejó de la discriminación injusta y de nuevo empezó a usar los envíos de alimentos como una palanca en las discusiones. La negociación se volvió cada vez más enconada, y a mediados de abril la interrumpió de nuevo el país del Norte.[39]

[38] SD-CPR, *Con. Corr.*, 861.3, "Stenographic Report of a Meeting between Representatives of the Food Administration and the Comisión Reguladora... in... Washington, D. C...., March 5, 1918"; SD, 812.61326/252.
[39] SD-CPR, *Corr., 1918*, vol. 8, 861.3. C. W. Merrill, Administración de Alimentos, a Comisión Reguladora, 5 y 12 de abril.

La Administración de Alimentos y los fabricantes habían convenido en esperar en la mayor medida posible antes de hacer las compras, con la esperanza no sólo de forzar el precio hacia abajo sino también de poner en apuros a la Reguladora en el proceso. Se había establecido un sistema complicado por el que se transferirían inventarios de fibra entre las fábricas, de modo que la Harvester usaba sus inventarios para abastecer a varios satélites menos dotados.[40] Hoover reveló al Departamento de Estado y a los fabricantes que trataría de bajar el precio por lo menos a 33 centavos por el momento, mientras negociaba un volumen suficientemente grande para que las fábricas se abastecieran hasta fines de 1919. "Y una vez firmado el contrato", subrayaba, "¡tendremos la sartén por el mango!"[41]

Las negociaciones concluyeron finalmente a mediados de junio, y el acuerdo resultante estipulaba que se entregaría una cantidad sustancial de la fibra —500 000 pacas—, pero a un precio ligeramente mayor que el deseado por Hoover. La Reguladora recibió 37 centavos por kilo por las primeras 100 000 pacas y 34.8 centavos por la restantes 400 000 pacas, cuyas cifras implicaban una paridad con las cotizaciones argentinas.[42] Los fabricantes se conformaron al saber que ahora tenían un excedente de la fibra, lo que los colocaría efectivamente fuera del control de la Reguladora. Además, el tiempo estaba ahora de su lado, y su posición mejoraría mes tras mes.

A mediados de 1919, la Administración de Alimentos estaba lista para arrojar toda su presión sobre una Reguladora cada vez más empobrecida y en dificultades. Se inició el juego de la espera. El Departamento de Estado informó a su embajada en la ciudad de México que la Administración de Alimentos había satisfecho ya las necesidades de los fabricantes para la cosecha de 1919, de modo que "ya no estaba interesada en la compra de sisal en cantidad alguna, pero solicitaba que esta información se considerara confidencial".[43] Al ver cómo se amontonaba la fibra sin vender en los muelles de Progreso, el cónsul norteamericano expresó que había llegado el momento de "disciplinar a la Reguladora": "Este estado se ha desquiciado durante dos años, de modo que una normalización forzada de los precios, los salarios y las mentes... beneficiaría sin duda a Yucatán además de reducir el costo de la cordelería para el agricultor norteamericano."[44] La "normalización" se inició vigorosamente en 1919.

El rompimiento de la coalición revolucionaria de Alvarado

En cuanto empezaron a bajar los precios del henequén, el edificio de la revolución regional de Alvarado se volvió crecientemente vulnerable y pronto se

[40] SD-CPR, *Corr.*, *1919*, vol. 5, 861.3, Marsh a secretario de Estado, 4 de abril de 1919, citando la carta enviada por la Administración de Alimentos a W. B. Parish el 4 de abril de 1919.
[41] SD 812.61326/252.
[42] Mullendore, *History of the Food Administration*, p. 314.
[43] SD, 812.61326/302-303.
[44] SD, 812.61326/287.

derrumbó bajo el peso de las presiones sostenidas desde adentro y desde afuera. Como sería de esperarse, una de las primeras víctimas fue la frágil coalición populista de Alvarado, la que pronto dio muestras de escisión y luego se desintegró en medio de amargas recriminaciones, generalizadas defecciones de la burguesía y, en última instancia, el rechazo del propio Alvarado por parte de la ascendente ala izquierda de la coalición. El mensaje había estado en el horizonte desde mediados del año de bonanza de 1918. Aun cuando los ingresos del henequén subían a un nivel sin precedente de 91 millones de dólares, Alvarado y los heneueneros sabían que Yucatán afrontaría dificultades graves en el futuro cercano. El propio Alvarado sospechaba que la bonanza de 1918 podría recordarse algún día, no como la hora de triunfo del henequén, sino como su canto del cisne, una última cresta antes de la inexorable declinación final.[45]

La guerra en Europa estaba terminando, y Alvarado y los plantadores advirtieron que el mercado de la posguerra no soportaría los altos precios que Yucatán había venido pidiendo y obteniendo en tiempos de guerra. Sabían que los fabricantes estaban almacenando ya grandes cantidades de la fibra y el hilo para el periodo inmediato de la posguerra. Además, razonaban que el mercado de tiempos de paz se vería afectado también por el advenimiento de la producción competitiva de sisal en gran escala en otras partes del mundo, principalmente en las posesiones coloniales de británicos y holandeses en África y el Lejano Oriente. Los costos de la mano de obra eran ahora mucho más bajos en estas áreas que en el Yucatán revolucionario, y las condiciones del suelo sostenían un sisal de calidad mucho mayor que la del henequén que crecía en la península.

A principios de 1919 se había establecido claramente la nueva tendencia declinante del precio (véase el cuadro 5). Las cotizaciones de la fibra bajaron más de prisa aún que el ascenso de los años anteriores, descendiendo 300% en 1919. El precio l.a.b., de la fibra en Progreso bajó de cerca de 44 centavos a 13.2 centavos por kilo, y los ingresos se derrumbaron de 91 millones de dólares a 37 millones.[46] El año de la victoria que restableció la paz en Europa y el mundo trajo sólo derrota y penurias económicas para Yucatán.

Pero la burguesía agrocomercial se había vuelto temerosa mucho tiempo atrás, de modo que a mediados de 1918 habían decidido sus líderes un curso de acción. Para ese tiempo, la Comisión Reguladora de Alvarado era ya objeto de ataques casi diarios en la prensa local, por parte de grandes plantadores y comerciantes que resentían el control monopolísico de la banca y las exportaciones, ejercido por la agencia. En su opinión, era obvio que la política de precios de la Reguladora, tan poco realista, había sido la principal causa del colapso del mercado de la fibra y la depreciación de la moneda local. Encabezados por representantes de las antiguas firmas compradoras, incluidos Montes y Peabody, los grandes productores clamaban por el retorno al mercado abierto, don-

[45] Alvarado, "En legítima defensa", *D*, 4 de mayo de 1922.
[46] Benítez, *Ki*, p. 114. Véase una relación mensual de las ventas y las tendencias de los precios en SD-CPR, *Corr, 1919*, vol. 2, 610, "Monthly Economic Reports", Marsh a secretario de Estado.

de el henequén se vendería de nuevo y no se pudriría en los almacenes gubernamentales. En general, no estaban pidiendo el retorno a una situación de mercado enteramente libre. Había consenso acerca de que se necesitaba cierta regulación para desalentar la especulación y se creía que la mejor solución sería el retorno de la antigua Reguladora de 1912, inofensiva.[47] No importaba que regresaran la Harvester y Montes y que revivieran los antiguos arreglos de comercialización: habría suficiente para todos, siempre que se hicieran negocios de nuevo y se inyectara dinero a la economía regional. En ausencia de las ventas, incluso sus recursos de capital se desvanecieron casi por completo. En su opinión, el gobierno del Partido Socialista, con su negativa a bajar los precios y salarios y en su campaña acelerada —dirigida por Felipe Carrillo, su líder surgente— para organizar ligas de resistencia que protegieran los nuevos beneficios de los trabajadores, los estaba llevando a la ruina.[48]

Los plantadores eran especialmente sensibles al rápido ascenso de Carrillo dentro del Partido Socialista de Alvarado. Con razón percibían que Carrillo Puerto, el exponente inflexible de un socialismo agrario mucho más amenazador, representaba la otra cara de la Revolución en Yucatán. Advirtieron que, para mediados de 1918, Alvarado y los elementos más moderados del Partido Socialista no querían o no podían reprimir las actividades políticas de Carrillo y otros agitadores agrarios. Y más aún, advertían que la promesa de tierras formulada por Carrillo podría volverse sustancialmente más atractiva para el campesinado si los precios de la fibra continuaban bajando en el mercado mundial y la recesión se volvía crónica en Yucatán.

En consecuencia, ya en abril de 1918 se habían reunido algunos de los henequeneros más ricos para formar la Asociación de Hacendados Henequeneros, a fin de presionar en favor de sus intereses políticos y económicos ante Carranza y las autoridades federales de la ciudad de México. Aunque la meta declarada de la nueva organización era el restablecimiento de un mercado abierto del henequén, el verdadero propósito de la Asociación iba más allá de un estrecho cabildeo de plantadores. En efecto, al aliarse con el conservador Partido Liberal Yucateco, representante de las "clases más ricas"[49] y que ya había empezado a librar una lucha por el poder con el Partido Socialista en busca del control del estado, la Asociación revelaba su verdadero objetivo: acabar con la hegemonía socialista en Yucatán. Como sus representantes, la Asociación escogió a Lorenzo Manzanilla y Enrique Aznar, el primero un miembro ultraconservador de la "Casta" que nunca había hecho las paces con el régimen de Alvarado; el último, un ex argumedista. En agosto de 1918, Manzanilla y Aznar presentaron los argumentos de la gran burguesía ante Carranza, el secretario del Interior y la Suprema Corte, en una serie de folletos que acusaban a Alvarado y el Partido Socialista por la difícil situación económica y política imperante en la

[47] SD, 812.61326/254, pp. 259, 283, 294; y véase SD-CPR, *Corr.*, *1917*, vol. 3, 851.6, Marsh a secretario de Estado, 4 de junio.
[48] SD, 812.61326/254.
[49] SD, 812.00/21951; SD-CPR, *Corr.*, *1918*, vol. 8, 861.3, "Copia simple de la escritura de constitución de la Asociación de Hacendados Henequeneros", s.f.

península.⁵⁰ Su prescripción inmediata era sencilla: la Reguladora ya no funcionaba en beneficio de Yucatán —el que identificaban con sus propios intereses como grandes productores de la fibra—, de modo que debía cerrar sus puertas.⁵¹ Razonaban que la Reguladora era la clave de la influencia de Alvarado en la región, de modo que, si se eliminaba, desaparecerían rápidamente todos los residuos de su control.

Alvarado, quien ahora asesoraba al gobernador actual, Castro Morales, desde la retaguardia, trataba desesperadamente de detener la marea de disentimiento y recesión económica en Yucatán. A petición suya se creó un "Comité de Estudio para la Reorganización Económica del Estado", con representantes de los diversos grupos de su declinante coalición —la burocracia estatal, los obreros y la burguesía agrocomercial—, a fin de formular una estrategia para la crisis económica.⁵² Hablando ante el comité, Alvarado sugirió: "No siempre se puede avanzar", y aconsejó una reducción temporal de salarios, precios y tarifas de carga, más una disminución del gasto público para amortiguar el golpe inmediato. Indicó Alvarado que, mientras continuara amontonándose el henequén sin comprador en los muelles y los almacenes, una restricción temporal de la produción corriente sería un paliativo necesario. Sin embargo, sostenía que las únicas soluciones viables a largo plazo, para el problema de la sobreproducción, serían la apertura de nuevos mercados en Europa, Sudamérica y Japón, y la creación de nuevas industrias mexicanas capaces de usar la fibra de la región.⁵³

El Comité de Estudio aceptó en principio la validez de las proposiciones de Alvarado, pero la falta de ejecución de tales proposiciones puso de relieve el cisma fatal que ya se había desarrollado dentro de la coalición revolucionaria del General. El gobernador Castro Morales tomó la estratégica decisión de pasar por alto las propuestas de Alvarado, a instancias del presidente del Comité de Estudio y del Partido Socialista, Felipe Carrillo, quien optó por colocar encima de toda otra consideración las ganancias salariales de las clases trabajadoras, obtenidas con tantos sacrificios.⁵⁴ Además de separar irremediablemente a Carrillo y Alvarado, la decisión representaba simbólicamente el reemplazo del general sonorense por Carrillo, como líder de la Revolución en Yucatán, que ahora era completamente una revolución yucateca, de orientación socialista.

La respuesta del gobierno federal: el ajuste de cuentas

Tras la salida de Alvarado en noviembre de 1918, con las ventas y los precios del henequén deprimidos, Carranza se impacientó con el estilo autónomo del

⁵⁰ Estos folletos presentados a las autoridades federales pueden encontrarse en SD, 812.61326/254-259.
⁵¹ SD, 812.61326/254; Humberto Lara y Lara, *Sobre la trayectoria de la reforma agraria en Yucatán*, Mérida, 1949, pp. 20-21.
⁵² *RdY*, 15 de noviembre de 1918; SD, 813.61326/283.
⁵³ Alvarado, "En legítima defensa"; AC, Alvarado a Luis Cabrera, 9 de enero de 1919.
⁵⁴ SD, 812.00/22315.

desarrollo político y económico yucateco, ahora claramente menos agradable —porque era más radical— bajo Carrillo Puerto. Don Venus se había mostrado más dispuesto a tolerar el "socialismo" yucateco bajo Alvarado, cuando la región estaba aportando a sus arcas un millón de pesos por mes.[55] Ahora, asediada por los cabilderos de Mérida y los diplomáticos de Washington que buscaban un mercado abierto, la ciudad de México estaba recibiendo más dolores de cabeza que ganancias monetarias del monopolio henequenero controlado por el estado de Yucatán. En 1918, la política de Carranza hacia Yucatán había sido resumida correctamente por un visitante norteamericano en estos términos: "México... considera justamente a Yucatán como la gallina de los huevos de oro, cuyas capacidades no deben ser obstruidas a la ligera."[56] Un año más tarde, el gobierno federal estaba interfiriendo activamente, sospechando que su gallina le negaba ahora su dorado producto. Escuchando las peticiones de los grandes henequeneros y las demandas de los diplomáticos norteamericanos, Carranza puso en claro que apoyaba su idea de terminar con el monopolio de la Comisión Reguladora, la que se convirtió entonces en una conclusión inapelable. En julio de 1919, los plantadores yucatecos se vieron liberados de sus contratos exclusivos con la agencia estatal.

Tres meses más tarde, en octubre de 1919, cuando la Reguladora se declaró en quiebra y anunció la liquidación de sus activos, el gobierno federal se movilizó para sacar el último pedazo de carne. Afirmando que Yucatán debía 200 000 pesos a la tesorería federal por concepto de impuestos a la exportación atrasados, Luis Cabrera, el ministro de Hacienda de Carranza, incautó el ferrocarril de Yucatán y embargó todos los embarques de la fibra que se encontraban en Progreso hasta que la deuda fuese pagada.[57] El estado otorgó de inmediato una fianza para cubrir los impuestos; pero cuando las condiciones económicas continuaron deteriorándose y la deuda del estado aumentó, Cabrera sacó a remate —y luego vendió— toda la flota henequenera de Alvarado, privando así a Yucatán, y a todo el sureste de México, de una marina mercante independiente, capaz de competir con las flotas extranjeras.[58]

La importancia de tal flota se había puesto de relieve meses atrás, cuando los intereses cordeleros norteamericanos, actuando a través de la Administración de Alimentos de los Estados Unidos, habían frustrado el plan de Alvarado para financiar una fábrica cordelera en Buenos Aires, con capital yucateco y mexicano. Significativamente, la Administración de Alimentos fue representada en ese caso nada menos que por H. L. Daniels, ex director del Departamento de Fibras de la Harvester, quien ahora fungía como director de la División de Productos Químicos, Sisal y Yute de la agencia de tiempos de guerra. Enterado del pro-

[55] LC, Anderson Mss, Diario de Chandler P. Anderson, 23 de abril de 1915. Esta estimación fue hecha para Anderson, a la sazón asistente del secretario de Estado Lansing, por Calero, ex embajador de México.
[56] Thomas W. F. Gann, *In an Unknown Land*, Londres, 1924, p. 233.
[57] Senado de los Estados Unidos, Comité de Relaciones Exteriores, *Investigation of Mexican Affairs: Preliminary Report and Hearings of the Committee on Foreign Relations, pursuant to S. Res 106*, Washington, D. C., 1920, vol. 1, p. 887; SD, 812.61326/315.
[58] SD 812.61326/331, p. 343.

yecto mexicano de construir una planta cordelera en Argentina, Daniels había formulado de inmediato una estrategia preventiva, aconsejando al Departamento de Estado que "convendría utilizar nuestro control de la marina mercante para impedir las exportaciones de sisal de Yucatán a la Argentina", añadiendo que "nuestro cónsul en Mérida me avisará de inmediato, a través del Departamento de Estado, si sale de Progreso algún barco con una cantidad considerable de sisal para cualquier parte que no sean los Estados Unidos".[59] Poco tiempo después, con su flota embargada, el gobierno yucateco desechó el proyecto.

Resulta sorprendente que el gobierno de Carranza —que antes había incumplido su promesa de ayudar a financiar la Compañía de Fomento del Sureste de Alvarado— no redujera ahora por lo menos la carga impositiva de Yucatán, en forma proporcional a la baja de los precios de la fibra. Tal línea fiscal tan dura resulta más difícil de compaginar aún con el impresionante registro del servicio fiscal de Yucatán a la República y el movimiento constitucionalista. Se había olvidado el flujo continuo de la recaudación durante el periodo de 1914-1918, considerado por muchos como la fuente principal de las finanzas de Carranza. El propio Cabrera presumiría más tarde de que el henequén yucateco había permitido a Carranza derrotar a Villa en las batallas decisivas de Celaya y León.[60]

En efecto, los propios registros de Carranza consignan que, desde 1916 hasta 1918, Yucatán puso el ejemplo a los otros estados, entregando al gobierno federal cerca de 12 millones de pesos (unos seis millones de dólares) sólo por concepto de impuestos y contribuciones.[61] Apenas había llegado Alvarado a Yucatán cuando Carranza le ordenaba que enviara 100 000 dólares al agente constitucionalista en la ciudad de Nueva York.[62] Para el éxito del movimiento de Carranza era tal vez más decisiva la suma proveída al Primer Jefe en forma de préstamos y la base crediticia que de este modo podía establecer Carranza en los Estados Unidos. Hay pruebas en el sentido de que Alvarado envió por lo menos 20 millones de pesos en fondos de la Reguladora, directamente a la ciudad de México, y no hay duda de que gran parte de otro préstamo impuesto a los henequeneros, por valor de 30 millones de pesos y sin intereses, fue a dar a manos de Carranza.[63] A principios de 1918, en la cúspide del auge henequenero, el presidente Carranza formuló a Yucatán una demanda increíble ordenando que la Reguladora le entregara 15 millones de dólares al gobierno mexicano, en el curso de un mes, a fin de que Cabrera pudiera inaugurar el Banco Único que él y Carranza habían prometido. La Reguladora distaba mucho de tener ese

[59] SD-CPR, *Con. Corr.*, sin designación de expediente, Daniels a Frank L. Polk, consejero, Departamento de Estado, 29 de marzo de 1918.
[60] Manuel A. Torre, *La ruina y el hambre o una guerra intestina amenazan a Yucatán*, Mérida, 1918, pp. 22-23; Jorge I. Rubio Mañé, *El separatismo de Yucatán*, Mérida, 1935, página 61.
[61] AGN, Papeles Presidenciales, Ramo Obregón-Calles, 424-H-2, "Cuadro que demuestra la decadencia de la industria henequenera de Yucatán", 9 de julio de 1924.
[62] AC, Carranza a Alvarado, 25 de marzo de 1915.
[63] SD, 812.61326/156; Carleton Beals, *Mexico: An Interpretation*, Nueva York, 1923, página 55.

dinero a la mano, pero don Venus insistió en que Yucatán liquidara una gran cantidad de sisal al precio más alto posible, a fin de recaudar los fondos. Manuel Zapata Casares, director de la Reguladora, partió de inmediato para la capital y tras de mucho suplicar logró que se le otorgara un periodo de gracia de 12 meses. El proyecto se derrumbaría al año siguiente, junto con el mercado del henequén.[64]

Los intereses cordeleros norteamericanos habían advertido desde largo tiempo atrás la vasta reserva financiera que tenía Carranza en la Comisión Reguladora de Yucatán. Peabody and Company le dijo al secretario de Comercio de los Estados Unidos:

> No hay duda de que Carranza está obteniendo gran parte de sus recursos de guerra a través de esta "Reguladora"... Yucatán es así una mina de oro para Carranza: [el henequén] no le cuesta nada, más que su propio dinero de papel, y lo convierte en oro en Nueva York.[65]

En efecto, el cónsul norteamericano especulaba en 1918 que las contribuciones de la Reguladora al gobierno de Carranza eran tan grandes que el gobierno estatal y el gobierno federal no se atrevían a hacerlas públicas, temiendo una oleada de protestas en Yucatán.[66]

El control del socialismo

La subordinación de Yucatán a la ciudad de México se extendía también a la esfera política. Tras la expiración del periodo de Alvarado como gobernador, Carranza había relevado también al General de sus deberes como comandante de la zona militar, reemplazándolo en noviembre de 1918 con el general Luis Hernández. Hernández había sido seleccionado por el Primer Jefe por su lealtad y obediencia, y lo había enviado a Yucatán con órdenes explícitas de frenar las actividades del Partido Socialista que ya se había expandido en gran medida.[67] Carranza se había enterado, con gran alarma, de que bajo Felipe Carrillo, su nuevo líder, el partido estaba tratando de transformarse en un partido de masas movilizado, organizando unidades o ligas de resistencia en todos los pueblos y comunidades de las haciendas del estado, al igual que entre los trabajadores de las industrias y los oficios urbanos. La idea de formar sindicatos y ligas había sido formulada originalmente por Alvarado, y Carranza pensaba que la propaganda activa y el generalizado reclutamiento de las ligas continuarían mientras el General siguiera siendo la principal autoridad militar del esta-

---

[64] SD, 812 61326/260.
[65] PCR, *Fibres and Domestic Letters*, núm. 37, HE-2, p. 840. Edward Bayley a secretario de Comercio, 25 de junio de 1915; *cf.* McC Mss., McCormick Collection. "I. H. Brief", Conference 335, p. 4; y Edward Bell, "Yucatán Sisal Big Carranza Asset", *FIN*, 16 de noviembre de 1915.
[66] SD. 812.61326/298-299.
[67] SD-CPR, *Con. Corr.*, 800, Marsh a secretario de Estado, 21 de enero de 1919.

do.⁶⁸ Carranza había recibido numerosas quejas, de miembros del Partido Liberal de oposición, en el sentido de que las tropas federales de Alvarado no sólo se habían hecho de la vista gorda ante la violencia socialista, sino que en ocasiones la habían alentado activamente.⁶⁹ Éste había sido un juego peligroso para Alvarado, ya que al alentar al ala radical de los socialistas en una época de recesión económica estaba creando oportunidades para la clase de movilización popular que antes se había cuidado mucho de evitar. Como otros caudillos populistas de América Latina, Alvarado creaba sin quererlo las condiciones propicias para un movimiento social más radical que no pudo controlar y que en última instancia lo desplazó.⁷⁰

Más inmediatamente, sin embargo, bajo el general Hernández y su sucesor, el coronel Isaías Zamarripa, la balanza política se inclinó marcadamente hacia la derecha, a medida que Carranza desataba sistemáticamente una campaña de hostigamiento y represión contra el Partido Socialista de Carrillo y sus ligas. El reemplazo de Hernández por Zamarripa, ordenado en julio de 1919 por Carranza, sugiere la tenacidad con la que el presidente mexicano perseguía su meta de aplastar la revolución de Carrillo en Yucatán. Al privar a los cerca de 30 000 campesinos miembros de las ligas de todas sus armas, incluidos los antiguos rifles de caza, y al estacionar tropas federales en las plantaciones henequeneras, el general Hernández había obstruido efectivamente los esfuerzos de Carrillo por movilizar al sector rural y había mitigado la amenaza que su nueva versión de socialismo planteaba a la burguesía reinante.⁷¹ Sin embargo, aunque objetivamente ayudaba al Partido Liberal, Hernández había tratado de mantener por lo menos una apariencia de imparcialidad, y a mediados de 1919 había informado a Carranza que "deseaba permanecer neutral en las próximas elecciones estatales, a fin de otorgar garantías a todos los partidos".⁷² Apenas recibió Carranza esta comunicación, ordenó a Hernández que se presentara en la ciudad de México, dejando a cargo a su subordinado, el coronel Zamarripa, en julio de 1919. Zamarripa tenía bien establecida una reputación de crueldad, y Carranza estaba buscando un represor bien probado para que actuara en Yucatán.

A su oposición ideológica contra el naciente movimiento socialista de Carrillo Puerto, don Venustiano añadía ahora un intenso desagrado personal contra el propio Carrillo. Apenas unas semanas atrás, Carrillo había sido uno de los

---

⁶⁸ José Castillo Torre, *A la luz del relámpago: Ensayo de biografía subjetiva de Felipe Carrillo Puerto*, México, 1934, pp. 88-89; SD, 812.61326/254; SD, 812.00/22315, 22887.

⁶⁹ Álvaro Gamboa Ricalde, *Yucatán desde 1910*, México, 1955, vol. 3, p. 89.

⁷⁰ Enrique Montalvo, "Caudillismo y estado en la Revolución Mexicana: El gobierno de Alvarado en Yucatán", *Nova Americana*, 2 (1979), p. 31; Francisco J. Paoli y Enrique Montalvo, *El socialismo olvidado*, México, 1977, pp. 18-31, 61-71.

⁷¹ SD-CPR, *Con., Corr.*, 800, Marsh a secretario de Estado, 21 de enero de 1919; *VdR*, 15 de diciembre de 1918; AGE, presidente municipal, Valladolid, a Castro Morales, 18 de enero de 1919; AGE, presidente, Liga de Resistencia de Sanahcat, a Castro Morales, 13 de mayo de 1919.

⁷² AC, Hernández a Carranza, 16 de mayo de 1919; CJD, rollo 3, Castro Morales a Carranza, 29 de agosto de 1919.

primeros en declarar su apoyo a la candidatura del general Álvaro Obregón en las elecciones presidenciales de 1920, llegando al extremo de entregar a Obregón una tarjeta roja que lo acreditaba como miembro de la Liga Central de Resistencia de Yucatán. El apoyo a Obregón significaba un abierto repudio de Carranza. Aunque don Venus no podía ser reelegido en los términos de la Constitución de 1917, ya estaba haciendo planes para que un diplomático relativamente desconocido, Ignacio Bonillas, lo sucediera en la silla presidencial. Carranza no había declarado todavía públicamente que Bonillas fuese su candidato, pero sí había dejado fuera de duda que no favorecía a Obregón. Ya hacía varios años que el popular e independiente Obregón se había venido distanciando de su antiguo jefe envejecido, a quien consideraba fuera de contacto con los apremiantes problemas sociales de México. Ahora, seguro de una poderosa base de apoyo en el movimiento constitucionalista y la nación en conjunto, Obregón desafiaba formalmente la hegemonía de Carranza declarando en junio de 1919 su candidatura para las próximas elecciones. Por lo tanto, el apoyo de Carrillo a Obregón sellaba la suerte del Partido Socialista Yucateco en la mente de Carranza.[73]

La liquidación del Partido Socialista de Carrillo se volvió una obsesión para Carranza. Llamando al coronel Mena Brito de Nueva Orleáns, donde fungía ahora como cónsul general mexicano, don Venus alentó al líder liberal yucateco para que coordinara la oposición partidista en las elecciones estatales de 1919, prometiendo a los liberales un resultado distinto al de 1917: "Estoy dispuesto a enviar uno, dos, tres, diez batallones si es necesario... Ya he tolerado sus crímenes y atropellos [de los socialistas] durante suficiente tiempo... Espero que me ayude usted a librarme de esta lata de una vez por todas." [74]

Muchos yucatecos recuerdan aún el periodo de persecución intensa que siguió inmediatamente, como el infame "zamarripazo". El coronel carrancista inauguró simbólicamente su aplicación de la "mano dura" azotando en público a los campesinos en la plaza de Motul, el pueblo natal de Felipe Carrillo.[75] En los meses siguientes, el gobernador Castro Morales se vio en graves dificultades para expandir o aun continuar varias de las reformas moderadas de Alvarado. En el área de la reforma agraria, por ejemplo, se dio marcha atrás. Aunque se distribuyó un ejido de 300 hectáreas entre 15 vecinos de Petecbitún en 1919, muchos más campesinos que antes habían obtenido terrenos incultos de Alvarado se veían ahora despojados de ellos por los federales de Zamarripa.[76] Sorprendentemente, hasta el general Hernández protestó por la obstrucción de la reforma agraria en Yucatán ordenada por Carranza. Con toda franqueza comunicó al Presidente que la tierra en cuestión era la causa principal de la agitación

[73] Gamboa Ricalde, *Yucatán*, vol. 3, p. 134; CJD, rollo 3, Castro Morales a Carranza, 29 de agosto de 1919.
[74] Bernardino Mena Brito, *Reestructuración histórica de Yucatán*, México, 1969, vol. 3, página 267.
[75] Beals, *Mexico*, pp. 63-64.
[76] *RdY*, 11 de febrero de 1919, 13 de mayo de 1919, 15 de mayo de 1919; SD-CPR, *Con. Corr.*, p. 800, Marsh a secretario de Estado, 21 de enero de 1919; p. 855, Marsh a secretario de Estado, 21 de febrero de 1919; SD, 812.52/503.

y el descontento en Yucatán, de modo que la inacción resultaría en última instancia contraproducente para los constitucionalistas.[77]

Durante cerca de un año, Zamarripa continuó su venganza contra el Partido Socialista de Carrillo, asolando las sedes de la liga en Mérida y en todo el estado, saqueando sus arcas, arrestando y asesinando a sus miembros, y virtualmente eliminando las operaciones de las cooperativas de consumo de los trabajadores tan necesarias, patrocinadas localmente por las ligas a fin de alimentar y vestir mejor a la mayoría de la población de Yucatán durante el empeoramiento de la crisis económica.[78] Mientras tanto, proliferaban los informes de abusos en las haciendas, en los que se quejaban los jornaleros del restablecimiento de la fajina (trabajo forzado), el pago con vales y las condiciones de la "época de esclavitud".[79] La situación empeoró tanto en 1919 que el gobernador socialista, Castro Morales, se vio obligado a retirar su apoyo a las ligas de Carrillo, a fin de evitar que el estado sufriera mayores vejaciones a manos de los federales, quienes ahora tenían un monopolio virtual de la violencia física en la península.[80] En consecuencia, a fines de 1919 había logrado Carranza que el Partido Socialista pasara a la clandestinidad y que Felipe Carrillo se exiliara en Nueva Orleáns. Nadie se sorprendió cuando el Partido Liberal ganó holgadamente las elecciones de diputados estatales. Los socialistas, advirtiendo la inutilidad de la acción, boicotearon la votación.[81]

La política draconiana de Carranza en Yucatán resultaba especialmente dañina porque agravaba la tradicional dependencia económica de la región frente a los Estados Unidos. Negándose a proveer a Yucatán el apoyo económico federal en lo más profundo de la crisis de la posguerra que afectaba a la industria henequenera, y privando a la región de los activos financieros e infraestructurales que le quedaban, al mismo tiempo que se agudizaban los conflictos políticos partidistas, la ciudad de México debilitaba más aún a Yucatán y le dificultaba cada vez más el rompimiento de los lazos del monocultivo y el imperialismo económico que, a pesar de los esfuerzos de Alvarado, continuaban caracterizando la relación estructural de la región con las corporaciones norteamericanas.

La caída

Deliberadamente o no, al atender la petición de un mercado abierto formulada por los cabilderos henequeneros en el verano de 1919, Carranza había

[77] AC, Hernández a Carranza, 16 de mayo de 1919.
[78] *RdY*, 23 de noviembre de 1919, 19 de diciembre de 1919; AGE, presidente municipal, Dzitzantún, a Castro Morales, s.f.; Juan Rico, *Yucatán: La huelga de junio*, Mérida, 1922, vol. 1, p. 104.
[79] *RdY*, 29 de mayo de 1919, 25 de noviembre de 1919, 27 de marzo de 1920.
[80] AGE, Hernández a Castro Morales, 2 de octubre de 1919; David A. Franz, "Bullets and Bolshevists: A History of the Mexican Revolution and Reform in Yucatan, 1910-1924", tesis doctoral inédita, Universidad de Nuevo México, Albuquerque, p. 185.
[81] Ernest Gruening, "Felipe Carrillo Puerto", *The Nation*, 117 (enero de 1924), p. 61; Gruening, *Un viaje al estado de Yucatán: Felipe Carrillo Puerto, su obra socialista*, Guanajuato, 1924, pp. 9-10; *RdY*, 21 de diciembre de 1919.

favorecido también a la Harvester y a los fabricantes que desde 1915 no habían dejado de presionar en favor de la misma demanda por los canales del Departamento de Estado. En más de una ocasión desde 1918, los grandes plantadores habían enviado a sus representantes a Chicago y Washington para que coordinaran una estrategia conjunta con los norteamericanos.[82] A fines de 1918, el cónsul norteamericano en Progreso confió al secretario de Estado que varios de "mis amigos" de la "mejor clase" de yucatecos "están informando a Washington".[83] Tampoco era una coincidencia que estos enviados e informantes —hombres como Lorenzo Manzanilla y Enrique Aznar— fuesen miembros de la "Casta Divina" y ex miembros de las antiguas redes de colaboradores que habían servido tan bien a los intereses cordeleros antes de 1915.

La nueva estrategia conjunta implicaba en parte el montaje de una intensa campaña contra la Reguladora en periódicos, revistas y publicaciones comerciales de los Estados Unidos y de México. Sin embargo, la masiva propaganda emprendida en contra de la Reguladora en los Estados Unidos no fue contestada ahora con tanta eficacia como en 1915 y 1916, cuando los agentes de Alvarado podían operar con un generoso presupuesto durante el auge. La campaña se intensificó en noviembre de 1918, con un artículo sindicado en el *Cordage Trade Journal* y un gran número de periódicos más pequeños de todo el cinturón del trigo norteamericano. Los titulares decían: "86 millones de dólares extorsionados durante los últimos tres años a los agricultores norteamericanos. El Departamento de Justicia indefenso. La Administración de Alimentos lucha ahora contra el monopolio abusivo del gobierno mexicano".[84] El mensaje principal de este y otros artículos era que los agricultores norteamericanos y yucatecos estaban siendo robados, y además se estaban usando los beneficios ilícitos para diseminar propaganda socialista y de la International Workers of the World (IWW) por todo México y América Latina.[85] No era sorprendente que el argumento fuese virtualmente idéntico —incluso en los detalles de la redacción— al de los folletos presentados a Carranza y la Suprema Corte de México por la Asociación de Hacendados Henequeneros. En ambos casos, los autores eran Manzanilla y Aznar.[86]

Pero la disolución del monopolio de comercialización de la Comisión Reguladora no era el único objetivo de la industria cordelera norteamericana. Los fabricantes trataban de quebrar y desacreditar de tal modo a la Reguladora que jamás resurgiera en su contra. En el proceso de quebrar a la agencia estatal, obtendrían todo el henequén que necesitaran a precios de ganga y darían a la mayoría de los productores yucatecos una lección sobre las realidades de la división internacional del trabajo. La estrategia empleada por los norteamericanos y sus aliados de la "Casta Divina" tenía dos aspectos. Mientras que

[82] SD, 812.61326/299, p. 369; AGE, Alvarado a Castro Morales, 13 de febrero de 1919, Alvarado a Luis Cabrera, 13 de febrero de 1919.
[83] SD-CPR, *Con. Corr.*, 800, Marsh a secretario de Estado, 11 de octubre de 1919.
[84] Benítez, *Ki*, pp. 106-109.
[85] *Ibid.*
[86] *Cf. ibid.*, y SD, 812.61326/254, pp. 259, 294.

los grandes plantadores continuaban con su campaña de propaganda, la Harvester y los fabricantes, liberados de su acuerdo de comprar sólo a la Administración de Alimentos en mayo de 1919, continuaban esperando la disolución de la Reguladora. Periódicamente fingían interesarse en la compra de la fibra y luego se retractaban, logrando que se acumularan inventarios y aumentara la presión pública contra el gobierno local.

No tuvieron que esperar mucho. La Reguladora había tratado inicialmente de mantenerse firme en su precio de 41.8 centavos por kilo que era el promedio de 1918. Pero carecía de fondos para financiar la continuación de las operaciones de sus productores y pagar los incrementados costos de almacenamiento de sus crecidos inventarios, ya no digamos para sostener los gastos del ampliado programa social de Alvarado, de modo que cedió y vendió a cerca de 33 centavos. La Harvester ordenó entonces a sus agentes en Nueva York que compraran barato y sólo fibra nueva; se les prohibió que tocaran las 800 000 pacas almacenadas que continuaban deprimiendo el mercado. En este punto, en julio de 1919, el gobierno de Castro Morales —respondiendo a la presión federal y regional y quizá creyendo ingenuamente que un restablecimiento del mercado abierto podría normalizar la situación e inducir las ventas— canceló sus contratos obligatorios con los productores pero mantuvo su precio a 33 centavos por kilo. La Harvester reaccionó volviendo a una política de abstención casi total, la jugada final para rendir a la Comisión Reguladora bajo el peso de su deuda creciente y de la reprobación pública.[87]

El descontento se había vuelto muy expresivo y generalizado, llegando a todos los niveles de la sociedad. La Reguladora no había hecho una venta grande en los últimos meses, y ya no podía garantizar sus emisiones de circulante. La inflación era muy elevada y crecía día a día, en efecto, con la misma rapidez con la que se depreciaba el dinero de la Reguladora. Los trabajadores y comerciantes urbanos se veían inmediatamente afectados por la depreciación de la moneda, mientras que los estibadores de Progreso, favorecidos por recientes incrementos salariales, podían afrontar mejor la espiral inflacionaria. Durante todo el año de 1919, los comerciantes de Mérida y Progreso se negaron a aceptar todo lo que no fuese moneda dura —o dólares norteamericanos, que se habían convertido en especímenes raros en Yucatán—, provocando grandes penurias entre quienes recibían sus pagos en papel moneda, en particular los obreros y los empleados públicos, cuya condición estaba al borde de la desesperación. A mediados de 1919, el general Hernández sumó su voz al coro de protestas, exigiendo que se pagara en metálico a sus tropas.[88]

Los hacendados, especialmente los pequeños y medianos, se encontraban también en dificultades. Quienes todavía negociaban con la Reguladora dejaban de recibir el pago de su fibra por largos periodos y carecían de efectivo para pagar a sus trabajadores. Por su parte, los jornaleros habían sido privados de

---

[87] Lara y Lara, *Sobre la trayectoria*, pp. 20-21; Benítez, *Ki*, pp. 115-116.
[88] De nuevo, véase SD-CPR, *Corr.*, *1919*, vol. 2, p. 610, "Monthly Economic Reports", especialmente los de enero, febrero, mayo y junio; AC, Hernández a Carranza, 16 de mayo de 1919.

la protección que normalmente podría haberles dado el programa de cooperativas de consumo de Carrillo, ahora sistemáticamente hostigadas por los federales de Carranza. Los millares de trabajadores del centro de México que Alvarado había traído a Yucatán varios años atrás se marchaban ahora en masa. Los campesinos especulaban acerca de las perspectivas de la próxima cosecha y bromeaban nerviosamente acerca de la posibilidad de tener que comerse la pulpa de la planta de henequén.[89]

A medida que el precio del henequén continuaba bajando rápidamente durante la segunda mitad de 1919, los hacendados pequeños y medianos llenos de deudas descubrían que los costos de producción los hundían y empezaban a dejar sin cultivar algunos de sus campos. En otros casos, se abandonaban haciendas enteras. Muchos de los henequeneros más pequeños temían o en efecto estaban en peligro de perder sus fincas a manos de los miembros más ricos de su clase. Con frecuencia manifestaban un temor particular hacia Avelino Montes, quien había vuelto a Yucatán y, junto con Peabody y los otros compradores independientes, negociaba de nuevo en el mercado abierto.[90] En efecto, a fines de 1919, Peabody se lamentaba de que Montes, empleando muchas de sus antiguas tácticas, incluida la usura, había obtenido un "monopolio práctico del mercado de Nueva York", y de nuevo estaba desplazando a otros compradores.[91]

A principios de octubre de 1919, las manifestaciones públicas y la violencia señalaban la declinación de la Reguladora. El 6 de octubre, los comerciantes de Mérida, apoyados por representantes de todas las clases, cerraron sus puertas y exigieron la eliminación de la Reguladora y su papel moneda carente de valor, que bajo Alvarado había sido el más estable de México.[92] Una muchedumbre recorría las calles, rompiendo ventanas y cometiendo actos de pillaje. El palacio del gobernador fue cercado y, cuando el gobernador Castro no pudo ser localizado, su casa fue incendiada y su hijo apedreado. La muchedumbre sólo se dispersó cuando las fuerzas federales dispararon en su contra, matando a algunos e hiriendo a muchos. Al día siguiente, el Congreso del estado decretó la supresión del dinero de la Reguladora y, aunque la agencia sobrevivió apagadamente por algunos meses, ya estaba moribunda para todos los fines prácticos.[93]

Pero la Harvester y los intereses cordeleros estaban decididos a bajar el precio más aún. Para tal efecto aprovecharon la desgracia del consorcio norteame-

[89] SD, 812.61326/358-359; SD-CPR, Corr., 1919, vol. 2, p. 610, "Monthly Economic Report: January", 6 de febrero; ibid., vol. 5, 861.3, A. P. Rice a Marsh, 8 de diciembre.
[90] SD-CPR, Corr., 1919, vol. 2, p. 610, "Monthly Economic Report: September", 1º de octubre; SD, 812.61326/312, p. 319.
[91] PCR, Yucatán Letters, HG-2, p. 21, Peabody a Rice, 21 de abril de 1920; HG-1, página 451, Peabody a Rice, 23 de diciembre de 1919.
[92] SD, 812.61326/325, p. 283; SD-CPR, Corr., 1919, vol. 5, 800, 861.3, varios informes archivados por Marsh en octubre y noviembre donde se describen los sucesos que condujeron y siguieron a la liquidación de la Reguladora.
[93] SD, 812.61326/325-326; SD-CPR, Corr., 1919, vol. 5, 861.3, Marsh a secretario de Estado, 8 de octubre; DO, 30 de octubre de 1919, pp. 4819-4823.

ricano y canadiense cuyos préstamos habían sido primordialmente la causa de que el monopolio de la Reguladora continuara funcionando por tanto tiempo frente a una oposición tan poderosa. En 1916, cuatro bancos —la Equitable Trust Company de Nueva York, el Royal Bank de Canadá, la Interstate Trust and Banking Company de Nueva Orleáns y el Canadian Bank of Commerce— habían aceptado proveer a la Reguladora de Alvarado una línea de crédito por 10 millones de dólares, a una tasa de interés considerable, con una gran comisión, y todo el arreglo avalado por la fibra.[94] Ahora, con la liquidación de la Reguladora, estos mismos banqueros, con 800 000 pacas de fibra en las manos, trataban desesperadamente de mantener su posición en la industria henequenera y salvar su inversión. El resultado fue la formación de la ERIC Corporation —el título era una sigla de los nombres de los bancos individuales—, una nueva versión de la original Pan-American Commission Corporation, de 1916, que convino en vender el henequén yucateco pero en términos mucho más restrictivos que los del acuerdo original.[95] La ERIC llegó a poseer la mayor parte de la producción excedente de la antigua Reguladora, y cuando no tuvo más éxito que la Reguladora en lograr que la Harvester comprara, los productores marginales abandonaron rápidamente el mercado del henequén. En este punto, Peabody and Company sugirió que los yucatecos consideraran cualquier método de disposición de los inventarios, "ya sea como combustible o como lo que sea".[96] En última instancia, en un esfuerzo desesperado por reducir sus pérdidas y violar el espíritu, si no la letra, de su acuerdo con el gobierno estatal, los banqueros pusieron la mayor parte del henequén en manos de la Harvester, prácticamente al costo. Esto significaba que el precio había bajado en el mercado de Yucatán hasta 9.9 centavos por kilo, irónicamente el mismo precio manipulado por Montes para la Harvester en 1912, el que había desatado el auge que condujera a la creación de la original Comisión Reguladora.[97]

La venta de ERIC a la Harvester desató una oleada de protestas en Yucatán y la ciudad de México y provocó gran consternación en los Estados Unidos. En los círculos empresariales y políticos empezaron a circular rumores en el sentido de que la Harvester había estado coludida con la ERIC desde el principio, aunque los banqueros negaron de inmediato la acusación.[98] Hablando en nombre de las casas exportadoras de Nueva Orleáns y Nueva York que tradicionalmente hacían negocios con Yucatán y ahora padecían por la depresión del mercado henequenero, el cónsul Gaylord Marsh formuló la opinión siguiente:

[94] El programa de financiamiento original para la formación de la Pan-American Commission Corporation se describe y analiza en SD, 812.61326/194, pp. 220, 229, 236.
[95] Aparecen copias de los contratos celebrados entre el gobierno de Yucatán y la ERIC Corporation en SD, 812.61326/335, p. 349. Los efectos del nuevo arreglo financiero se analizan desde las diversas perspectivas de los productores, fabricantes, consumidores y banqueros en SD, 812.61326/327-328, pp. 331-332, 338, 388; SD-CPR, Corr., 1920, vol. 1, p. 123; cf. RdY, 23 de febrero de 1920.
[96] PCR, Yucatán Letters. HG-2, p. 146, Peabody a Rice, 17 de diciembre de 1920.
[97] SD, 812.61326/336, p. 343.
[98] SD, 812.61326/338.

Es posible que la International Harvester Co., no haya tenido ninguna participación en la ERIC, pero la impresión general es que sí la tuvo. Se dice que Harold McCormick, director de la International y yerno de John D. Rockefeller, es un gran accionista y quizá uno de los directores de la Equitable Trust Co. De ser esto cierto, resulta difícil imaginar que las políticas de los bancos no hayan sido dictadas en gran medida por la International Harvester Company.[99]

A mediados de 1921, de acuerdo con la especulación reinante entre la comunidad empresarial norteamericana, la Harvester se había retirado de su supuesta asociación con la ERIC y había logrado encubrir las huellas de su participación anterior.[100] Sin embargo, las protestas de México, las firmas exportadoras norteamericanas y los rivales de la Harvester en la industria cordelera, obligaron al Departamento de Estado a ordenar una investigación secreta. Tras un examen meticuloso y muchas averiguaciones, el agente especial R. S. Sharp informó que "aunque no hay ninguna prueba concluyente" de la conexión de la Harvester con la ERIC, hubo numerosas "inferencias" de que la compañía podría haber camuflado su participación a través del Royal Bank de Canadá, o más probablemente la Continental and Commercial Trust Company de Chicago, en un esfuerzo por impedir la acción antimonopolística en los tribunales de los Estados Unidos.[101] Refiriéndose a un estudio previo, realizado por el profesor de Harvard William Z. Ripley sobre la Harvester, en *Trusts, Pools and Corporations*,[102] Sharp señalaba la anterior inclinación de la compañía a trabajar a través de agentes (como Montes) y empresas fantasmas para "adquirir en forma secreta, el control de... otras empresas que competían en la fabricación de hilados y máquinas cosechadoras".[103] Se sabía que la Harvester había operado estas empresas durante largo tiempo sin revelar tal control. Esta táctica había sido originalmente muy útil en líneas tales como la fibra y el hilo, que a principios del siglo eran muy competitivas y en consecuencia ofrecían de ordinario una tasa de beneficio pequeña. Ahora —sugería Sharp—, la Harvester estaba hurgando de nuevo en su antiguo costal de mañas ilícitas.[104]

Había también otras inferencias. H. L. Daniels, durante largo tiempo director del Departamento de Fibras de la Harvester, había trabajado durante la guerra con la Administración de Alimentos, y en tal virtud había presentado una demanda antimonopolística contra la Pan-American Commission Corporation, antecesora de la ERIC, que se había aliado con la Reguladora en contra de los intereses de la Harvester.[105] Ahora le parecía extraño a Sharp que Daniels,

---

[99] SD, 812.61326/343.
[100] SD, 812.61326/359.
[101] SD, 812.61326/364.
[102] Edición revisada, Boston, 1916.
[103] William Z. Ripley, *Trusts, Pools and Corporations*, ed. rev., Boston, 1916, p. 337; SD, 812.61326/364.
[104] SD, 812.61326/364; Ripley, *Trusts*, p. 343; Jones, *The Trust Problem*, pp. 237-238, 251.
[105] SD, 812.61326/372. Por ejemplo, Sharp descubrió que Daniels había tratado de contratar con los especuladores de la fibra a 26.4 centavos por kilo, en un esfuerzo por que-

quien de nuevo estaba a cargo de las operaciones de la Harvester en lo tocante a la fibra, no considerara pertinente formular la más ligera protesta cuando la ERIC se comprometía a apuntalar a la quebrada Reguladora de Yucatán.[106] Además, Sharp conectaba a Daniels con Franklin Helm. un empresario de Nueva York que estaba financieramente involucrado con los banqueros de Nueva Orleáns en la ERIC Corporation. Especulaba Sharp que Daniels y la Harvester habían localizado a Helm y lo habían designado como su contacto con ERIC a través de lo que el agente especial llamaba la "conexión de Chicago": la Continental and Commercial Trust Company de esa ciudad.[107]

Por último, Sharp subrayaba que, aunque "no tenía pruebas de que la Harvester estuviese financieramente interesada en lo tocante al capital", por lo menos, "como un gran prestatario, era muy probable que la ERIC estuviese siendo apoyada por la International Harvester Company".[108] Además, ciertos informantes de Nueva Orleáns le habían dicho a Sharp que la ERIC había sido creada de tal modo que pudiera ser liquidada de inmediato. "En otras palabras, me parece que es una operación de fijación de precios de la que todas las partes interesadas pueden separarse con rapidez."[109]

La culpa

Con intriga o sin ella, el factor principal de la declinación de la Reguladora y de la revolución burguesa de Alvarado era la relación estructural de Yucatán con el mercado mundial. Como lo ha expresado un escritor mexicano:

> La defensa del campesino a manos de la Revolución, y su deseo de otorgarle un salario que cubriera las necesidades básicas, eran impotentes para mejorar la posición de Yucatán en el mercado internacional. Pues ¿qué le importaba al monopolio cordelero norteamericano controlador que el trabajador henequenero yucateco comiera carne dos veces a la semana o protegiera a sus hijos de la pelagra? ¿Por qué habrían de aceptar los fabricantes cordeleros una elevación en el precio del henequén sólo porque Yucatán optaba ahora por abolir la esclavitud? ¿Por qué habría de importarles en lo más mínimo que el peón fuese ahora un trabajador agrícola protegido por el código laboral revolucionario?[110]

Bajo Alvarado, Yucatán se había atrevido a rebelarse contra los bajos precios dictados por las corporaciones norteamericanas que controlaban el mercado

---

brar a la Reguladora, cuando la Administración de Alimentos estaba comprometida a comprar a la Reguladora a 41.8 centavos por kilo. Tanto Hoover como el Departamento de Estado vetaron la propuesta de Daniels. SD, 812.61326/364.
[106] SD, 812.61326/364.
[107] SD, 812.61326/370.
[108] SD, 812.61326/365.
[109] SD, 812.61326/366.
[110] Benítez, *Ki*, p. 115.

mundial de las fibras duras. Luego de algunos éxitos iniciales durante los años de la guerra, la región se vio aplastantemente derrotada después de la guerra. En efecto, el Armisticio inauguró un periodo de declinación para la industria henequenera regional del que no se ha recuperado aún, ni es probable que se recupere jamás. Yucatán pagó un precio muy alto por su bonanza de tiempos de guerra. Habiendo tratado de establecer el precio de su producto, la región se vio obligada luego a aceptar los términos incondicionales de los intereses cordeleros.

Tras su breve flirteo con Alvarado, los grandes plantadores volvieron a su antigua posición de agentes y voceros de los fabricantes, aceptando los precios onerosos que el monopolio cordelero impusiera. Peor aún, Yucatán había sido obligado a aceptar, en parte como resultado de su acuerdo financiero formal con los bancos y en parte debido a las exigencias de un mercado congestionado, una restricción periódica de su producción futura, aun cuando sus competidores africanos y asiáticos estaban aumentando extraordinariamente sus propias capacidades productivas.[111]

En efecto, ésta era la consecuencia más lamentable de la frustrada rebelión yucateca. Mientras que Yucatán había cubierto el 100% de la demanda mundial de sisal en 1900, y el 88% en 1916, esta cifra había bajado a 75% en 1922, y al 53% en 1929 (véase el cuadro 6). Una vez perdida, jamás se recu-

CUADRO 6. *Pérdida del mercado mundial de la fibra por parte de Yucatán, 1880-1950*

Año	Producción mundial (toneladas)	Producción yucateca (toneladas)	Producción yucateca como porcentaje de la producción mundial
1880-1900			100
1901	105 600	105 600	100
1908	139 952	137 452	98
1915	211 109	186 109	88
1922	122 138	92 138	75
1929	229 000	121 456	53
1933	286 429	113 011	39
1938	349 965	80 065	23
1949	560 000	93 491	17
1950	600 000	90 128	14

FUENTE: Luis Echeagaray Bablot, *Irrigación, crisis henequenera y condiciones agrícolas y económicas de Yucatán*, México, 1956, p. 49.

[111] SD-CPR, *Corr. 1918*, vol. 8, 861.3, Marsh a secretario de Estado, 18 de diciembre, informa que el gobierno yucateco estaba considerando la promulgación de un decreto que restringiría la producción. La primera restricción ocurriría bajo Carrillo Puerto a principios de los años veinte.

peraría la hegemonía yucateca. Varios años más tarde, en 1933, la península cubriría sólo el 39% de la demanda, y en 1938, al año siguiente de las grandes expropiaciones de tierras de Cárdenas, apenas el 23%.[112]

Tristemente, las consecuencias económicas de la declinante posición de Yucatán en el mercado mundial generarían pronto ciertos cambios sutiles en la actitud de los líderes socialistas de la región. El doctor Álvaro Torre Díaz, quien había sido secretario de gobierno bajo Alvarado, y por ende el principal ayudante yucateco del General, comentaba como gobernador del estado en 1930 que "el henequén de Yucatán había sido *siempre* marginal en el panorama mundial de las fibras, de modo que había tenido que ajustarse a los precios establecidos por quienes estaban en posición de dictarlos".[113] Hablando en 1932, durante la depresión mundial, el secretario de finanzas de Yucatán identificaba el carácter colonial de la dependencia de la región con un candor fatalista que habría conmovido a Salvador Alvarado: "En el pasado, Yucatán ha tratado de imponer condiciones a sus compradores. Esto ha perjudicado a Yucatán y ha comprometido la prosperidad que el henequén nos trajo alguna vez. El vendedor no puede imponer jamás condiciones al comprador, así como el deudor no puede imponer jamás los términos a su acreedor." [114]

Es en verdad irónico que la tesis económica de Olegario Molina fuese reiterada 25 años más tarde, y en una forma mucho más fatalista, por el ministro de un gobierno revolucionario. Y en esta reiteración no se compara a Yucatán, como un productor primario, ni siquiera con un vendedor, sino con un deudor cuya obligación consiste en aceptar cualesquiera condiciones que imponga su acreedor. Es quizá más sorprendente que la aseveración del ministro —formulada cerca de un decenio después de la estancia de Alvarado en Yucatán— represente tal rechazo indudable del intento audaz, aunque frustrado, de Alvarado por liberar a Yucatán de su posición subordinada en la economía mundial.

Como sería de esperarse, la censura de la política henequenera de Alvarado se formulaba en su forma más clara por los antiguos aliados de Alvarado, los burgueses. Casi inmediatamente, los plantadores culparon a Alvarado de los males económicos de la región, los que ya habían empezado a parecer crónicos a principios de los años veinte. El *Diario de Yucatán*, que continuaría luchando al lado de los hacendados en los decenios futuros, destacaba a Alvarado como el forastero que, a fin de promover sueños poco realistas, había dejado tras de sí un legado de quiebras, miseria y hambre. "¿Qué ha quedado de su revolución?", preguntaba el periódico en medio de la depresión de la posguerra:

> Sus escuelas y bibliotecas han desaparecido; el alcohol, la prostitución y la ociosidad han retornado; y lo mismo ha ocurrido con los monopolios extranjeros y los gobernadores corruptos. Mientras tanto, el peón ha perdido la

---

[112] Antonio Betancourt Pérez, *¿Necesita Yucatán una nueva revolución técnica en su industria henequenera?*, Mérida, 1953; Crossett, *Sisal Production*, p. 1.
[113] Torre Díaz, citado en Benítez, *Ki*, p. 118 (las cursivas son mías).
[114] Citado en *ibid*.

seguridad que antes disfrutara, así como su alto salario. El hambre y la enfermedad son otra vez la realidad diaria para él y su familia.[115]

Pero ¿era Alvarado el culpable? Subsecuentes generaciones de escritores, surgidos de los peores efectos de la depresión de los años veinte y treinta, han atemperado la censura, y el oficial Partido Revolucionario (PRI), guiado por su ala yucateca, se ha apropiado al General para el panteón de héroes de la Revolución, junto con Felipe Carrillo Puerto, el hijo nativo. Vemos *a posteriori* que el más preciado de los logros de Alvarado fue quizá su postura decidida al impedir que la International Harvester mantuviera su control sobre la península. En adelante, se incorporaría a la industria henequenera alguna forma de control estatal o federal, y la Harvester no recuperaría jamás una hegemonía comparable a la de antes de la guerra, a pesar de su posición poderosa como principal comprador de Yucatán.[116]

En última instancia, la cuestión fundamental en el enjuiciamiento de Alvarado es la sensatez de su política de precios de la fibra en tiempos de guerra. Sus críticos sostienen que la decisión del General de imponer precios inflados a los compradores norteamericanos de Yucatán estimuló artificialmente la competencia exterior, lo que minó la posición preeminente de la región en el mercado mundial, arruinando finalmente la economía yucateca. Pero no es razonable afirmar que la política alcista de Alvarado haya sido la causa de la declinación económica de la región tras la salida del General. Un escritor mexicano sugiere que es absurdo censurar a Alvarado por haber llevado la industria henequenera de Yucatán a alturas tales que podría estimular razonablemente la envidia y la competencia. "Con la misma lógica podríamos censurar a Henry Ford por su desarrollo de la industria automotriz que también despertó un deseo de imitación por todo el mundo."[117] Además, la acusación de los grandes plantadores de que los precios de Alvarado hicieron que los Estados Unidos buscaran mercados en otras partes, lo que condujo a la pérdida del mercado de fibras para Yucatán,[118] es insostenible en una evaluación histórica rigurosa. En realidad, el cabildeo cordelero y el gobierno de los Estados Unidos se indignaron ante la política de Alvarado y trataron de invertir en otra parte. Pero los fabricantes y el gobierno norteamericano ya habían decidido que los Estados Unidos no tendrían que depender de ninguna fuente exclusiva para cubrir sus necesidades de fibras duras, algunos años *antes* de la llegada de Alvarado. Hemos visto que aun antes del inicio de este siglo, la Harvester empezó a financiar o subsidiar directamente la experimentación con el sisal y el lino

---

[115] *RdY* (que pronto se convertiría en *DdY*), 19 de marzo de 1920; Benítez, *Ki*, páginas 118-119.

[116] Véanse, por ejemplo, los artículos de los historiadores regionales en conmemoración de los logros de Alvarado en Yucatán, publicados en el periódico del partido oficial en el quincuagésimo aniversario de la llegada de Alvarado. *DdelS*, 28 de marzo de 1965, Suplemento Cultural.

[117] Antonio Rodríguez, *El henequén: Una planta calumniada*, México, 1966, p. 242.

[118] Por ejemplo, Enrique Aznar Mendoza, "Historia de la industria henequenera desde 1919 hasta nuestros días", *EY*, México, 1947, vol. 3, p. 728.

en la parte continental de los Estados Unidos, otros países de América y las Filipinas. Poco después de 1900, el gobierno de los Estados Unidos se unió a la Harvester en estos esfuerzos, patrocinando la experimentación en Norteamérica, Hawai y Puerto Rico. Antes de la llegada de Alvarado a Yucatán en 1915, la Harvester había invertido en otros proyectos de la fibra en la República Dominicana, Ecuador y varias colonias británicas, alemanas y holandesas de África y Asia, para sólo citar las empresas que se han consignado en los principales archivos, periódicos y relatos secundarios.[119] Muchas de estas áreas nuevas habían empezado a cultivar la fibra de sisal a principios del siglo, independientemente del capital norteamericano, debido en gran medida, irónicamente, al hecho de que los propios hacendados yucatecos habían considerado rentable la venta de vástagos de henequén al exterior.[120] En 1918, en efecto, los competidores controlaban ya el 20% del mercado mundial, lo que significa que —tomando en cuenta el periodo de cinco a siete años que requiere normalmente el sisal para comenzar a producir— los futuros rivales de Yucatán ya habían decidido competir algunos años antes de la llegada de Alvarado a la península.[121] Yucatán perdió su hegemonía porque la terminación de la primera Guerra Mundial permitía ahora el envío de fibras desde otras áreas a los Estados Unidos y porque la fibra producida en otras partes tenía una calidad superior y a menudo se producía a menor costo.

Por último, aunque Olegario Molina y Avelino Montes —sin duda para justificar su relación con la Harvester— habían aconsejado la producción abundante a precios bajos para evitar la competencia extranjera,[122] Alvarado tenía escasas razones para temer una seria amenaza extranjera para el monopolio casi absoluto que tenía Yucatán en 1915. Ciertamente, no tenía ningún incentivo (como lo tenían Molina y Montes) para imponer precios muy reducidos a los productores yucatecos en un momento en que la región producía más del 90% de la fibra natural consumida por la industria cordelera norteamericana, y parecía inconcebible que esta situación no continuara en el futuro. Si Alvarado, el revolucionario nacionalista, pudo haber ido demasiado lejos en el sentido contrario, al fijar los precios de la fibra yucateca, también esto es explicable en vista de las insistentes demandas de venganza contra el monopolio cordelero norteamericano que saludaron al General tras su llegada a la re-

---

[119] Por ejemplo, SD, 812.61326/184, pp. 201, 206, 248; Renán Irigoyen, "El comercio del henequén a través del tiempo", *RUY*, 7:41-42 (septiembre-diciembre de 1965), 67-69. IHCA, los expedientes 441, 2395, 2919 y 2924 contienen correspondencia y documentos referentes a los intereses de la Harvester en la fibra de Filipinas, 1905-1931, y el programa para el desarrollo de plantaciones de sisal en Ecuador, 1913; véase también el capítulo II, nota 81.

[120] Rodríguez, *El henequén*, pp. 242-243. Muchos mexicanos y yucatecos han sostenido incorrectamente que Henry Perrine, el cónsul norteamericano, fue particularmente responsable del surgimiento de la competencia extranjera. A fines del siglo XIX, según se dice, Perrine se robó algunos vástagos y los envió a los Estados Unidos, donde se propagaron y se diseminaron.

[121] Leopoldo Peniche Vallado, "La obra del general Salvador Alvarado en Yucatán", *DdelS*, 28 de marzo de 1965, Suplemento Cultural; Rodríguez, *El henequén*, pp. 242-243.

[122] SD, 812.61326/375.

gión. Además, Alvarado fue suficientemente astuto para advertir la falacia de la acusación formulada por el Senado de los Estados Unidos en el sentido de que, al fijar precios altos, había violado Alvarado la ley de la oferta y la demanda que gobernaba al mercado en tiempos normales. Sabía Alvarado que la ley de la oferta y la demanda no se había aplicado jamás en el mercado del henequén porque este mercado no se había estructurado jamás como una situación que promoviera las transacciones entre iguales. Las especulaciones y manipulaciones habían sido siempre la regla general desde el surgimiento del henequén a fines del siglo xix, y especialmente desde que la International Harvester se formara a fines de ese siglo. Alvarado advertía también que las corporaciones norteamericanas, apoyadas por su gobierno en Washington, habían tratado siempre de destruir la posición de Yucatán como el proveedor exclusivo del mercado y continuarían haciéndolo, independientemente de su política de precios.[123] Todo esto formaba parte del compromiso continuo de los Estados Unidos de "regular" el mercado, como lo expresara el subcomité del Senado, utilizando el mismo eufemismo que adoptara Alvarado.

En consecuencia, razonaba Alvarado que no tenía nada que perder y sí mucho que ganar desafiando a los intereses norteamericanos controladores en una coyuntura fortuita, cuando el mercado mundial se había invertido repentinamente —y quizá sólo por el momento— en favor de las regiones productoras de bienes primarios como Yucatán.

[123] SD, 812.61326/182.

TERCERA PARTE

LA REVOLUCIÓN SOCIALISTA, 1920-1923

VII. FELIPE CARRILLO PUERTO Y EL ASCENSO DEL SOCIALISMO YUCATECO

Aquel que entienda será el gobernante de nuestro pueblo.

El Libro de las Pruebas de los Mayas

A su gesto y a su orden,
Sesenta mil voces se levantaron,
Sesenta mil espíritus se unieron,
Repitiendo
Los Mandamientos Rojos.

ELMER LLANES MARÍN ("Felipe Carrillo Puerto")

LA MASA de campesinos de ropas blancas se apretujó alrededor del visitante de Mérida, alto y de piel clara. Desde su pueblo, Umán, los campesinos y su huésped (éste ataviado con el traje oscuro de la ciudad) habían caminado varios kilómetros por el campo, hasta llegar a un espacio abierto entre los maizales. A la distancia se contemplaba un horizonte de espinas, interrumpido aquí y allá por hollinientas chimeneas. Las chimeneas señalaban las enormes fábricas descortezadoras que consumían las espinosas plantas cosechadas en la planicie desértica y las transformaban en fibra dorada. El visitante se dirigió a los campesinos en su lengua maya nativa:

Los campesinos de Yucatán no han tenido que derramar su sangre para compartir los triunfos de la Revolución. No han visto su pueblo destruido por el fuego de las ametralladoras ni sus campos llenos de malezas por falta de brazos para cultivarlos. Y en virtud de que *ustedes* no han sentido ninguna de las miserias de la guerra, quizá no aprecian plenamente la importancia de lo que el general Alvarado ha hecho ahora al entregar a los miembros de este pueblo sus propias parcelas. Pero deben saber ustedes que mientras disfrutan este momento feliz no han ganado por completo. En los días siguientes, sus enemigos tratarán de arrebatarles esta victoria. En efecto, no está muy lejano el tiempo en que les dirán que estas milpas ya no son de ustedes, que la Revolución Constitucionalista ha fracasado y ustedes deben abandonar la tierra. Pero les juro que será entonces cuando deberán probar que esta tierra no fue entregada a ancianas cansadas sino a hombres que sabrán cómo defenderla. Hagan esto y mañana no los acusarán sus hijos de ser unos cobardes. Quizá sea necesario que cada uno de ustedes, cuando llegue el momento, se arme de valor para ir a Mérida y pedir al general Alvarado un rifle para defender la tierra que hoy les ha dado... Vayan al Palacio del Gobernador y exijan el derecho de defender lo que es suyo... No tengan miedo: serán bienvenidos. Cuántas veces los he visto, con los pantalones arremangados, sentados tímidamente en las calles, afuera de las puertas del Palacio. Vengan y el General los recibirá; si no está allí, vayan a su casa y ábranle su corazón. Ahora que ustedes han pedido y recibido sus tierras, deberán estar alertas...

El visitante hizo una pausa para subrayar lo que decía y luego continuó:

Y si quieren ver lo que es ser un revolucionario, vengan a mi pueblo... Allí los señores tomaron nuestras tierras; en efecto, sus henequenales llegaban hasta la plaza de nuestra aldea. Pero todo eso ha terminado. Ahora sabemos cómo tratar a quienes toman lo que es nuestro. La Revolución nos ha enseñado...
También ustedes deben saber quiénes son sus verdaderos amigos. Los hacendados les dirán que las cosas estaban mejor en otras épocas, cuando les pagaban 1.5 reales, les daban un poco de medicinas y una copita una vez al año, y los golpeaban el resto del tiempo por borrachos y buenos para nada. Se burlarán de ustedes: "¿Para qué envían a sus hijos a la escuela? ¿Llegarán a ser médicos o abogados o ingenieros? ¡Mejor mándenlos a cortar henequén para que traigan algún dinero a su casa!" En esta y otras formas tratan de destruir esta revolución nuestra. Pero ha llegado el momento de demostrarles cuán dignos y laboriosos son ustedes. ¡Atiendan los campos de ustedes y ésa será la mejor prueba de sus mentiras!

Cuando el orador concluía su arenga, se vio tragado por la masa blanca. "¡Viva el general Alvarado! ¡Viva don Venustiano! ¡Viva la Revolución!"
"¡Y viva el pueblo trabajador de Umán!", respondió el visitante.[1]
Como selecto agente de propaganda de Alvarado, Felipe Carrillo Puerto inspiraría muchas de tales reuniones en el campo durante ese verano de 1916. Invariablemente, el mensaje era el mismo. Las exhortaciones que hacía Carrillo a los campesinos revelaban su entendimiento de la dificultad de la revolución social en Yucatán. Los revolucionarios en cierne tendrían que afrontar una ausencia casi total de movilización política en el campo. Carrillo puso en claro que precisamente porque los aldeanos no habían participado en la Revolución y la reforma agraria de Alvarado, su triunfo era parcial y tenue. No bastaba que influyentes forasteros les dieran la tierra; la caída del gobierno revolucionario podría significar la pérdida de esa tierra. Algún día, los campesinos tendrían que luchar contra los enemigos de la Revolución para conservar su milpa. Mientras tanto, para preservar sus ganancias, no sólo tendrían que cultivar la tierra con diligencia sino también organizarse y armarse. Carrillo les decía que en lugar de depositar su fe en los líderes deberían confiar en ellos mismos.

Como sería de esperarse, la activa dedicación de Carrillo a la movilización rural pondría a prueba la paciencia de su superior inmediato, el general Alvarado, y ofendería las sensibilidades políticas del presidente Carranza. Es impro-

[1] AGE, 1916. Felipe Carrillo Puerto a Rafael Gamboa, 7 de junio de 1916; cf. *VdR*, 5 de junio de 1916.

bable que Alvarado, quien raras veces trataba directamente con los campesinos, hubiese recibido con agrado las visitas intempestivas que Carrillo estaba alentando entre la gente del campo. Por supuesto, nunca sucedió tal cosa. El Primer Jefe se encargó de hacer que la promesa de Alvarado, de una moderada distribución de la tierra, se apagara y muriera antes de que terminara el año de 1916, y no hay indicios de que algunos campesinos acamparan alguna vez a las puertas del General pidiendo armas. Pero el "decreto de cesación" de Carranza, de 1916, no detuvo a Felipe Carrillo. Éste, junto con un pequeño grupo de agitadores agrarios, estaba decidido a mantener viva la cuestión de la tierra y a usarla para politizar al sector agrario de la región. En efecto, hasta que fueran echados de Yucatán por los federales de Carranza en 1919, Carrillo y su grupo (que incluía a los antiguos agentes Rafael Gamboa y Rafael Cebada) recorrerían el estado, estableciendo contactos con los jefes locales y exhortando a los campesinos a formar ligas de resistencia para presionar en favor de la entrega de tierra. Cuando Alvarado abandonó con renuencia el estado en 1918, don Felipe —como se le llamaba cada vez con mayor frecuencia— era reconocido como el primer revolucionario de Yucatán por los campesinos, los burócratas socialistas y los preocupados hacendados. Especialmente estos últimos, nunca se habían hecho ilusiones acerca de Carrillo. Divididos como habían estado en su reacción ante las reformas moderadas de Alvarado, reconocían que la gradual revolución burguesa del sonorense, importada desde el exterior, estaba siendo empujada ahora inexorablemente hacia la izquierda y, de no operar una influencia externa, se transformaría pronto en una seria revolución socialista desde adentro. De pronto, los poderosos miembros de la burguesía regional abandonaron sus incesantes controversias y cerraron filas frente al grave reto planteado por su revolucionario paisano.

Carrillo obtiene una educación

Carrillo había empezado su carrera como un revolucionario nativo sin mucho brillo. Como tantos otros líderes de la Revolución, pertenecía a la clase pequeñoburguesa "no comprometida" que resentía especialmente su falta de oportunidades bajo el Antiguo Régimen. Nacido en el corazón de la zona henequenera, en el próspero pueblo de Motul el 8 de noviembre de 1874, fue el segundo de 14 hijos. El padre de Carrillo, Justiniano, era un modesto comerciante que había llegado a Motul desde la turbulenta frontera sudoriental durante la Guerra de Castas y había sostenido a su extensa familia con una pequeña tienda de abarrotes pegada a un billar de gran clientela. Carrillo era esencialmente un autodidacto que jamás estudió más allá de la escuela primaria. Era muy joven todavía cuando su padre le dio una pequeña parcela en la cercana aldea de Ucí, y allí empezó su vida de trabajo como ranchero. Además de desarrollar su fuerza física y aprender las dificultades del cultivo comercial en el duro suelo de la región, Carrillo, el mestizo pueblerino, conoció de cerca los problemas sociales de la mayoría maya de Yucatán. En virtud de que casi todos hablaban

Fotografía difundida por el Partido Laborista Mexicano, con el siguiente título: "Felipe Carrillo Puerto, Gobernador de Yucatán, asesinado el 3 de enero de 1924 por órdenes del traidor Adolfo de la Huerta, en connivencia con los grandes latifundistas de la península". (Reproducido de John W. F. Dulles, Yesterday in Mexico: A Chronicle of the Revolution, 1919-1936, Austin, Texas, 1961, página 233. © 1961 por John W. F. Dulles.) [Fondo de Cultura Económica, 1977, p. 213.]

maya en el interior del estado, Carrillo aprendió el idioma como parte de su rutina diaria en el pequeño pueblo. Pero aprendió algo más que el "maya de la ciudad", la mezcla de maya y castellano que se usaba para negociar con los *dzules* (blancos) en los mercados de Motul y Mérida. Felipe Carrillo aprendió el idioma del campo, y en el proceso recibió un aprendizaje en toda una cultura. En la escuela le habían enseñado del pasado maya, de las glorias de una época clásica que ahora parecía muy remota y abstracta. Ahora conocía la realidad maya concreta: las costumbres, las técnicas agrícolas, las canciones, plegarias y leyendas, las penas y frustraciones de la clase agraria marginada de Yucatán. Percibiendo que él entendía estas cosas, la gente del pueblo empezó a llamar afectuosamente *Yaax Ich* ("Ojos Verdes") a su joven vecino.

La extraordinaria dificultad para ganarse la vida como pequeño agricultor en la economía de plantación de Yucatán, a principios del siglo, hizo que Carrillo abandonara la tierra. En rápida sucesión, Carrillo se desempeñó por breve tiempo como ganadero, ayudante de circo, carnicero, conductor del ferrocarril, cortador de madera, carretonero y arriero, pequeño comerciante, estibador (cuando estaba exiliado en Nueva Orleáns), periodista y agrónomo. Estas actividades tan diversas le permitieron cruzar en todas direcciones la península de Yucatán (y salir de ella cuando fue necesario), mantener contacto con gran número de campesinos y comerciantes locales, mejorar su dominio del idioma maya, y en general ampliar y refinar su conciencia y su sabiduría políticas.[2]

En el camino, Carrillo sufrió muchos descalabros. Los primeros de tales descalabros se describen en relatos reveladores (aunque románticos) de su ayuda a los aldeanos explotados y los peones acasillados durante la época de esclavitud porfiriana. A la edad de 18 años, cuando era todavía ranchero, Carrillo respondió a una solicitud de ayuda formulada por los campesinos de la cercana aldea de Kaxatah. Un plantador local había construido una barricada de piedra cerca de la entrada de su pueblo, la que restringía el paso a las milpas de los aldeanos. Actos como éste, que subordinaban la supervivencia de las aldeas a las plantaciones henequeneras, eran comunes en Yucatán en el decenio de 1890. Carrillo fue a la hacienda de Dzuncán, donde pidió a los peones que le ayudaran a desmantelar el muro. Los residentes de la hacienda lo miraron al principio con suspicacia, pero finalmente se dejaron ganar por su dominio de su idioma y sus costumbres y por la simpatía de muchos de ellos hacia las dificultades de sus semejantes que todavía vivían en Kaxatah. Cuando Carrillo empezó a tirar el muro personalmente, se le unieron varios de los acasillados. El patrón actuó con rapidez cuando supo del acto rebelde. Sólo la intervención del padre de Carrillo, quien destacó la juventud del ofensor y pagó una multa

---

[2] Acrelio Carrillo Puerto, *La familia Carrillo Puerto de Motul*, Mérida, 1959, pp. 11-12, 23-32; entrevista con Angelina Carrillo Puerto de Triay Esperón, 7 de noviembre de 1975; Francisco J. Paoli y Enrique Montalvo, *El socialismo olvidado de Yucatán*, México, 1977, pp. 75-76; Alberto Morales Jiménez, *Hombres de la Revolución Mexicana: 50 semblanzas biográficas*, México, 1960, p. 230; Frank Tannenbaum, *Peace by Revolution: Mexico after 1910*, Nueva York, 1933, p. 159.

elevada, salvó a Carrillo de pasar más de unos cuantos días en la cárcel de Motul.³

Varios años más tarde, Carrillo desafió de nuevo al régimen oligárquico. Como arriero que viajaba entre los predios y las comunidades locales, Carrillo había presenciado los severos castigos corporales que sufrían los peones por supuestos actos de indisciplina. Indignado ante estos abusos, ocasionalmente contra personas que conocía, Carrillo conspiró otra vez para infiltrarse en las haciendas, ahora para liberar a las víctimas de los azotes.

> Las visitas eran frecuentes. Esperando el momento preciso por las noches, cuando la vigilancia era más floja, al oír un silbido de un peón cómplice, Felipe se metía a la hacienda, echaba al hombre golpeado al lomo de su mula y lo ponía a salvo.
>
> Aunque Felipe hacía caso omiso del riesgo de daño personal que corría si fuese atrapado dentro de la hacienda, fue severamente castigado por lo menos en una ocasión. Cuando trataba de instruir a un grupo de acasillados sobre sus derechos humanos, Felipe fue sorprendido por el patrón. El hacendado estaba furioso por esa invasión de su dominio personal y ordenó que le dieran al joven intruso, frente a los peones reunidos, los 25 latigazos que solían asestarse a quienes tenían la osadía de hablar de libertad, derechos individuales y emancipación.
>
> Después de la flagelación pública, el patrón entregó a Carrillo al jefe político de Motul para su encarcelamiento formal.⁴

A principios del siglo, Carrillo organizó un pequeño grupo de carretoneros y arrieros en una cooperativa para la venta de carne en el distrito de Motul. Se trataba de eliminar a los intermediarios que, trabajando con los grandes proveedores de Mérida y Progreso, habían controlado previamente el comercio de la carne y habían sometido al populacho rural a injustos márgenes de ganancia. La cooperativa tuvo gran éxito al principio, debido en gran parte a las conexiones y el prestigio que Carrillo había establecido en su trabajo anterior dentro del distrito. Los socios empezaron incluso a discutir la posibilidad de expandirse a otros productos y a los partidos vecinos. Nunca pudieron hacerlo. Los comerciantes de Mérida y de Motul trataron de lograr que el jefe político local hostigara a la cooperativa y sus clientes. Se amenazó con la violencia física y los impuestos locales fueron elevados repentinamente. Amargado, pero mejor enterado de la operación de la economía política porfiriana, Carrillo liquidó la empresa.⁵

Los descalabros continuaron. En 1906 trató Carrillo de fundar un periódico contrario al régimen, pero de nuevo fue encarcelado por el establecimiento local. En 1911, cuando Díaz había sido derrotado, descubrió Carrillo que había

---

³ Paoli y Montalvo, *El socialismo olvidado*, p. 77; Morales Jiménez, *Hombres de la Revolución*, p. 230.
⁴ Renán Irigoyen, *Felipe Carrillo Puerto: Primer gobernante socialista en México*, Mérida, 1974, pp. 8-9.
⁵ Paoli y Montalvo, *El socialismo olvidado*, p. 78.

apoyado al político maderista equivocado, despreciando a José María Pino Suárez, nativo de Tabasco, en las elecciones para gobernador de Yucatán, en favor del más popular Delio Moreno Cantón, nativo de Yucatán. Un año más tarde, estuvo a punto de pagar con la vida este error, escapando apenas a un atentado de asesinato fraguado por ciertos "pinistas" descontentos, asociados a algunos hacendados.[6] Encarcelado por los gobernadores maderistas y huertistas, y luego despedido del estado por Ávila, Felipe decidió unirse a los zapatistas a fines de 1914.

Aquí estaba, por fin, un movimiento revolucionario que parecía apreciar sus simpatías agrarias y podía usarlas, adiestrándolo —virtualmente de la noche a la mañana— como agrónomo y designándolo coronel de caballería. Más tarde sería comisionado agrario de Zapata en el importante pueblo de Cuautla, ayudado por un joven estudiante de agronomía, de 17 años, llamado Fidel Velázquez, quien más tarde se ganaría una reputación como perenne secretario general de la Confederación de Trabajadores de México (CTM). Carrillo se vio influido por la doctrina anticapitalista que invadía al zapatismo en 1914-1915, a través de anarcosindicalistas tales como Antonio Díaz Soto y Gama y otros antiguos miembros del PLM que se habían convertido en asesores intelectuales de Zapata.[7] Pero a mediados de 1915 supo de la invasión de Yucatán por parte de Alvarado y estaba listo para regresar a su tierra natal. Carrillo confió a su amigo y colega agrónomo, Marte R. Gómez: "Alvarado está distribuyendo tierras entre los campesinos mayas. Me gustaría mucho permanecer aquí, ayudando a los campesinos a recibir sus tierras, pero lo morelenses tienen a Zapata y no me echarán de menos. Mi deber es regresar a Yucatán."[8]

Pero cuando abandonaba la altiplanicie, Carrillo se sentía escéptico acerca de las intenciones de Alvarado. Sólo tenía desprecio por los predecesores del General, Ávila y De los Santos, quienes en su opinión habían usado la Revolución Constitucionalista como pretexto para explotar a Yucatán sin mejorar la suerte de los campesinos pobres. Sólo el "bandido Zapata" se había dedicado a regresar la tierra al cultivador, y por esa razón seguía siendo el enemigo jurado del constitucionalismo. En una carta enviada a su hermano menor Acrelio, escrita en camino a Yucatán, Felipe expresaba sarcásticamente estas dudas:

> Me alegra saber, querido hermano, que estás tan convencido de la "justicia" de la causa del general Alvarado, a quien la prensa considera ya como un santo... Pero dime ahora, ¿qué entiendes por justicia? Supongo que ya ha regresado los ejidos a sus dueños legítimos... Supongo, hermanito, que los grandes comerciantes han dejado de robar descaradamente al público... que se han establecido escuelas nuevas para enseñar a nuestros jóvenes que

---

[6] Irigoyen, *Felipe Carrillo*, p. 10; *RdM*, 12 de agosto de 1911.
[7] Acrelio Carrillo Puerto, *Lo que no se olvida, Felipe Carrillo Puerto*, Mérida, 1964, páginas 45-47; Roberto Blanco Moheno, *Zapata*, México, 1970, p. 262; Marte R. Gómez, "Carrillo Puerto visto por Marte", *Hoy*, 1º de marzo de 1952.
[8] Marte R. Gómez, *Las comisiones agrarias del sur*, México, 1957, p. 48.

no deberán explotar ni ser explotados... Supongo, querido Acrelio, que los curas de nuestro estado ya no contribuyen al esclavizamiento de la humanidad. Por lo que me dices, todo Yucatán ha de estar desbordado de felicidad... Desafortunadamente, hermanito, la experiencia pasada me dice que no están tan delirantemente felices como sugieres.[9]

El ánimo de Carrillo se elevó sin duda cuando llegó a Yucatán, en agosto de 1915, y contempló por sí mismo los inicios logrados por Alvarado. Pero apenas llegó a Motul cuando fue encarcelado por Alvarado de acuerdo con su reputación de creador de problemas. Parece ser que el General sospechó del "agrarista" por las sugerencias de algunos plantadores y comerciantes que habían sido reclutados por el régimen revolucionario. Por supuesto, la estancia de Carrillo en Morelos y su reputación como zapatista no lo habrían hecho simpático para Alvarado bajo ninguna circunstancia. Como oficial carrancista, Alvarado estaba obligado a arrestar a los agentes enemigos que entraran a las zonas constitucionalistas sin un perdón. Sin embargo, Alvarado perdonó a Carrillo esta herejía casi de inmediato porque necesitaba sus grandes talentos en el campo.[10] Después de su amnistía y de la introducción de la efímera reforma agraria de Alvarado, Carrillo fue seleccionado por su pueblo, Motul —como Zapata había sido escogido en Anenecuilco—, para que encabezara la lucha de la comunidad por recuperar sus antiguas tierras.[11] Carrillo se estableció pronto como una fuerza poderosa en la política local y regional, demostrando singulares dotes de organizador y gran prominencia como líder agrario. Así pues, los mismos talentos que habían despertado la desconfianza de Alvarado fueron las credenciales que indujeron a Alvarado a designar a Carrillo como agente de propaganda a cargo de la promoción de la moderada reforma agraria gubernamental.

Carrillo mostró una dedicación extraordinaria a la organización rural, y su ascenso en el partido de Alvarado fue meteórico. Desde fines de 1915 hasta su expulsión por las tropas federales de Carranza en noviembre de 1919, Carrillo viajó incansablemente por todo el estado, promoviendo los comités agrarios locales, organizando ligas de resistencia, cultivando a los jefes locales y reclutando organizadores políticos, y todo ello mientras realizaba una campaña activa en favor de los candidatos socialistas. Sus esfuerzos se vieron premiados en septiembre de 1916, cuando —meses después de haber regresado al estado— fue elegido como delegado alterno a la Convención Constitucional de Querétaro, detrás de Polín González. Apenas cinco meses más tarde, en marzo de 1917, reemplazó al candidato a gobernador, Carlos Castro Morales, como presi-

---

[9] La carta aparece reproducida en Acrelio Carrillo Puerto, *Felipe Carrillo Puerto: Redentor de los mayas*, Mérida, 1972, pp. 169-171.
[10] Irigoyen, *Felipe Carrillo*, p. 6; cf. Julio Cuadros Caldas, *México-Soviet*, Puebla, 1926, página 510.
[11] Carrillo Puerto, *La familia*, pp. 31-32; Luis Amendolla, *La Revolución comienza a los cuarenta*, México, 1948, pp. 200-201; cf. John Womack, *Zapata and the Mexican Revolution*, Nueva York, 1968, pp. 3-9.

dente del Partido Socialista, un puesto que sólo dejaría siete años más tarde, a su muerte.[12]

Quizá para desviar la atención de Carrillo de la clase de movilización de la base campesina que para 1917 había producido ya por los menos una invasión de tierras y la posibilidad de huelgas en las haciendas henequeneras,[13] Alvarado designó al motuleño como uno de los líderes de su emproblemado Departamento de Cooperativas a fines de ese año. En vista de su experiencia anterior con las cooperativas, Carrillo era un fuerte exponente del plan de Alvarado para crear una cadena de tiendas cooperativas en Mérida y en los principales centros rurales, las que sustituirían a los voraces comerciantes privados y distribuirían alimentos y bienes baratos entre trabajadores y campesinos. Sin embargo, Carrillo descubrió pronto que el proyecto no había logrado nada hasta entonces, fuera del enriquecimiento de sus directores —grandes hacendados y comerciantes—, y que en efecto habían ayudado a inflar los precios al menudeo. Con lo que quedaba de los escasos fondos asignados para el proyecto, Carrillo y su confiable asesor, Roberto Haberman, crearon las primeras tiendas cooperativas a fines de 1918, poco tiempo después de la salida de Alvarado de Yucatán.

Carrillo consideraba la viabilidad de las tiendas de los trabajadores como la primera prueba importante de su capacidad para llevar el socialismo a Yucatán. La prueba resultó un fracaso, ya que las tiendas fueron eliminadas por la apremiante necesidad de la región de monocultivo de importar alimentos y provisiones de los Estados Unidos en tiempos de guerra. A pesar de la hábil campaña de relaciones públicas en favor de los Aliados, dirigida a la Administración de Alimentos de los Estados Unidos a través del consulado norteamericano en Progreso, el Departamento de Estado no apoyaría, ni la Administración de Alimentos otorgaría, las generosas licencias de exportación de tiempos de guerra que necesitaban las cooperativas para abastecer sus anaqueles y permanecer abiertas.[14] Así como la Administración de Alimentos había favorecido ya a la *élite* comercial de Yucatán sobre la Reguladora de Comercio de Alvarado, ahora otorgaba un trato preferente a estos mismos grandes comerciantes sobre el sucesor de la Reguladora, el Departamento de Cooperativas. El conservador cónsul norteamericano, quien sorprendentemente se había dejado llevar por la propaganda antialemana de Carrillo, bastante superficial, para recomendar el otorgamiento de licencias, admitió francamente a fines de 1918 que las tiendas estaban declinando "por una razón que quizá se sabrá mejor en Washington que en la localidad. Supongo que el tratamiento bastante liberal de los Estados Unidos para los comerciantes privados, en el renglón de las exportaciones, fue

[12] Paoli y Montalvo, *El socialismo olvidado*, pp. 85-87; Gabriel Ferrer de Mendiolea, *Historia del Congreso Constituyente de 1916-1917*, México, 1957, p. 172.
[13] AGE, Jacinto Cohuich y otros a Alvarado, 20 de diciembre de 1916.
[14] SD-CPR, *Corr.*, *1918*, vol. 4, p. 690, documentos misceláneos, por ejemplo, Carrillo Puerto a Gaylord Marsh, 11 de julio; Ekin Birch a Marsh, 1º de septiembre; Marsh a H. P. Fletcher, 12 de julio; Marsh a secretario de Estado, 15 de mayo; vol. 6, p. 800, Haberman a Robert Murray, 18 de agosto.

un factor predominante".[15] El golpe de muerte para estas cooperativas de consumo fue asestado definitivamente en 1919, cuando las tropas federales de Carranza, dirigidas por el coronel Zamarripa, saquearon las tiendas sobrevivientes, las llevaron a la quiebra, y finalmente arrojaron de la península a Carrillo y otros líderes socialistas radicales.

El dilema de Carrillo

El intento de don Venus de imponer a su pelele Ignacio Bonillas en la presidencia había llevado a la República al borde de la guerra civil y finalmente le había costado la vida al anciano presidente. La oposición nacional en su contra se había formado a principios de 1920 por todo el estado de Sonora, donde el principal rival de Carranza, Obregón, había unido fuerzas con Adolfo de la Huerta y Plutarco E. Calles para promulgar el Plan de Agua Prieta, el 23 de abril. El plan buscaba el derrocamiento de Carranza y la garantía de elecciones presidenciales correctas, las que el general Obregón estaba seguro de ganar. Menos de un mes más tarde, la rebelión se había extendido por toda la nación, la mayor parte del ejército federal se había pasado a los rebeldes, y Carranza había sido cercado y muerto cuando huía de la ciudad de México.

Como de costumbre, las oleadas de la rebelión nacional apenas se habían sentido en Yucatán. Tras de sortear la purga del socialismo yucateco en el exilio, ordenada por Carranza —quien ligaba la causa del Partido Socialista con el Plan de Agua Prieta—, Carrillo volvió a Yucatán en junio de 1920. Como socialista todavía comprometido con el cambio estructural profundo, Carrillo seguía creyendo en el trabajo a través de las redes políticas, formales e informales, que al organizar a los campesinos y obtener el apoyo de los caciques de nivel local lo habían iniciado en el camino que conduce al poder político. En los dos años (1920-1921) que siguieron al triunfo del movimiento de Agua Prieta, Carrillo Puerto administró su tiempo encargando la gubernatura interina a su íntimo amigo de 28 años de edad, Manuel Berzunza, mientras se encargaba personalmente, como presidente del partido y de su Liga Central de Resistencia, de revivir lo poco que quedaba de la antigua red de ligas de resistencia. Se daba cuenta de que tendría que empezar de nuevo, casi desde cero, la difícil tarea de movilizar al sector agrario de Yucatán, ya que el campesinado había quedado virtualmente reducido a un estado de insensibilidad por el régimen concertado de terror y represión empleado por los oficiales de Carranza.

Dos años más tarde, en enero de 1922, cuando reclamó personalmente la gubernatura de manos de Berzunza, no había mejorado sustancialmente la perspectiva de una revolución social en Yucatán; en efecto, don Felipe advirtió que los términos de su dilema se habían vuelto más pronunciados aún. Su Partido Socialista del Sureste,[16] que en esencia era la antigua coalición de Alvarado

[15] SD-CPR, *Con. Corr.*, 800, Marsh a secretario de Estado, 11 de octubre de 1918.
[16] El nombre del partido había cambiado, a principios de 1921, al de Partido Socialista del Sureste.

menos los antiguos aliados burgueses que habían desertado en masa, había afrontado problemas políticos y económicos desde fines del decenio de 1910. Carranza había estado a punto de destruir al partido y sus ligas constituyentes por completo en 1919. Además, don Venus había desarmado a los campesinos yucatecos en todos sentidos, privándolos de sus fusiles y mandando al exilio a muchos de sus principales líderes agrarios. Más tarde, aunque la oposición política desde el centro había desaparecido en 1920 con la victoria de Obregón, el aliado de Carrillo, Yucatán había sufrido severos daños económicos. La depresión del mercado del henequén en la posguerra pendía sobre la región como una nube negra. Se había agotado el dinero necesario para sostener siquiera los moderados programas de reforma agraria y bienestar social de Alvarado, ya no digamos para implantar las medidas más radicales que Carrillo tenía en mente. Sin embargo, al iniciarse el año de 1922 había cierto motivo para el optimismo porque la industria henequenera daba señales tentativas de resurgimiento por primera vez en más de tres años. Cada vez en mayor medida, los revolucionarios socialistas de Yucatán estaban cobrando conciencia de que sus perspectivas de éxito dependían de las fluctuaciones de los mercados del sistema capitalista que trataban de destruir.

En este momento decisivo, el gobernador Carrillo, decidido a poner en práctica los planes para una revolución socialista que había venido madurando durante cerca de un decenio, evaluó las condiciones objetivas de la región y del escenario nacional e internacional, y ponderó sus opciones en el campo de la política económica. Percibió que los miembros de la poderosa burguesía agrocomercial de Yucatán habían tolerado las moderadas reformas de Alvarado cuando todavía se encontraban divididos, mientras que ahora presentarían seguramente un frente mucho más unificado en su contra. Sabía que su coalición revolucionaria regional era frágil a lo sumo. El apoyo del movimiento laboral urbano, que nunca había sido el centro de sus esfuerzos e intereses, como lo habían sido bajo Alvarado, era cada vez más débil. Los esfuerzos de Carrillo por manipular la política sindical y restringir las demandas salariales constantemente ascendentes durante la crisis económica de la posguerra indignaron a muchos de los varios millares de estibadores y ferrocarrileros bien pagados de la región. A fines de 1921, algunos miembros de estos sindicatos hostiles estuvieron a punto de asesinarlo en un dramático bombazo.[17]

Creía Carrillo que en virtud de que Yucatán era predominantemente una región agrícola, el sector agrario le daría la base de poder que necesitaba para realizar una revolución exitosa desde arriba. Sin embargo, aunque había venido formando cuadros de agitadores y propagandistas de tiempo completo y adiestrando maestros activistas, se daba cuenta Carrillo de que una movilización completa del campo sería un proceso lento y difícil. Estaba bien consciente de que, incluso después de casi dos años de gobierno del Partido Socialista, en una época en que la crisis económica había provocado grandes privaciones y la in-

[17] Álvaro Gamboa Ricalde, *Yucatán desde 1910*, México, 1955, vol. 3, p. 273; J. W. F. Dulles, *Yesterday in Mexico: A Chronicle of the Revolution, 1919-1936*, Austin, Texas, 1961, pp. 141-144; SD, 81200/25654; *RdY*, 9 de diciembre de 1921.

tranquilidad en el campo, la movilización política no había avanzado mucho por diversas razones. Una red primitiva de caminos y comunicaciones seguía afectando a Yucatán y se había deteriorado más aún durante la recesión económica. El reinado del terror impuesto por Carranza en el sector rural había anulado en gran medida los anteriores esfuerzos de Alvarado por organizar a los campesinos. Además, la mayor parte de estos esfuerzos anteriores se habían limitado al reclutamiento de los campesinos de los pueblos, o las aldeas libres. Los agentes y maestros de Alvarado habían penetrado menos en las comunidades de las haciendas, donde vivía en efecto, o trabajaba la mayor parte del tiempo, casi la totalidad de los campesinos de Yucatán.

Carrillo no podía saber cuánto tiempo le quedaba para convertir al campesinado en una fuerza efectiva mediante su red centralizada de ligas de resistencia. Además de los bajos niveles de educación política y movilización, la capacidad militar de tal fuerza era virtualmente nula, porque los campesinos yucatecos, cualquiera que fuese su número, carecían todavía de suficientes fusiles y municiones y de todo rastro de adiestramiento militar. Después de su triunfo sobre Carranza, el presidente Obregón había aprobado la devolución de algunos de los rifles previamente confiscados por los federales de Carranza, pero estas armas antiguas eran apenas suficientes, en la mayoría de los casos, para derribar faisanes en el aire, y carecían de toda eficacia en un combate abierto o en las campañas guerrilleras.

Tampoco consolaban al gobernador Carrillo las diversas peticiones de los campesinos que imploraban del gobierno socialista un adiestramiento en las técnicas básicas de la defensa personal. Como confesara el presidente de la liga de resistencia de un pequeño pueblo maya en 1922: "La verdad es, *Sucum* [Hermano] Felipe, que no sabemos cómo disparar una pistola a un simple blanco." [18]

El tibio apoyo otorgado por Obregón y el general Plutarco Elías Calles —el principal aliado de Obregón contra Carranza y ahora su ministro de Gobernación— al rearme campesino planteaba serias dudas acerca de su compromiso futuro con el esfuerzo revolucionario de Yucatán. Carrillo se preguntaba si sería probable que estos caudillos sonorenses aprobaran sus planes de expropiar las valiosas plantaciones henequeneras, productoras de considerables ingresos federales. Recordó el seco ultimátum que le diera Carranza a Alvarado, en 1916, para que detuviera su moderada reforma agraria. Muchos creían que esa medida había sido provocada por la intensa presión ejercida sobre la ciudad de México por los hacendados más ricos de Yucatán, y algunos especulaban que también había contado el apoyo del gobierno y de los intereses cordeleros norteamericanos. Si Obregón se viese sometido a una presión similar, ¿se movilizaría para frustrar su reforma agraria?

Tal era el dilema de Carrillo Puerto: analizaba las dificultades de una revolución social desde arriba y advertía que sólo un movimiento masivo, que

---

[18] *Sucum:* voz maya yucateca que significa "Nuestro Hermano Mayor", un término de gran respeto y afecto, merecido por la posición de Carrillo como caudillo regional de Yucatán que él alentaba abiertamente. AGE, Felipe Ayala M. a Carrillo Puerto, 21 de marzo de 1922; *cf. RdY*, 5 de julio de 1920.

movilizara a los grupos y las clases sociales alrededor de una ideología revolucionaria coherente y una agenda cuidadosamente formulada, tenía algunas posibilidades de éxito. Pero la creación de una base revolucionaria amplia se llevaría tiempo, más tiempo quizá del que disponía, considerando los poderosos oponentes y obstáculos que se le enfrentaban.

CARRILLO PUERTO: LA IMAGEN POPULAR

Las interpretaciones tradicionales de Carrillo Puerto no han reconocido la existencia de este dilema. Ahora se recuerda en México, a Felipe Carrillo Puerto, como un campeón popular, un revolucionario ejemplar, a través de una imagen histórica ampliamente aceptada, pintada con matices de carisma y de rebelión justiciera. La concepción tradicional destaca el servicio de Carrillo con los zapatistas y sus indiscutibles simpatías marxistas, invariablemente documentadas con menciones de la correspondencia que sostuvo con Lenin y otras luminarias socialistas internacionales.[19] Habiendo establecido sus credenciales ideológicas como indigenista y socialista agrario, luego se hace hincapié en su atractivo personal para las masas indias que facilitó la creación de las ligas de resistencia.[20] Se dice que estas ligas le aseguraban a Carrillo una milicia campesina decidida de 60 000 a 90 000 hombres. Las cifras varían, pero se trata sin duda de la fuerza más grande de su clase en la República.[21]

Sin embargo, en tratándose de Felipe Carrillo, la historiografía cede rápidamente su lugar a la hagiografía y la elaboración de mitos. La forma como murió Carrillo —ejecutado por tropas federales insurgentes durante la rebelión delahuertista, en enero de 1924— ha recibido en el registro histórico una prioridad mayor que la otorgada a las luchas y las estrategias que dieron sentido a su vida política. Se ha afirmado que Carrillo Puerto era un "mártir revolucionario", un secular "santo del proletariado", el "Allende mexicano", un paci-

---

[19] Por ejemplo, *RdY*, 23 de julio de 1921; Irigoyen, *Felipe Carrillo*, pp. 6, 18-19, 39; Roque A. Sosa Ferreyro, *El crimen del miedo: Cómo y por qué fue asesinado Felipe Carrillo Puerto*, México, 1969, pp. 25-29. En virtud de que en 1920 había enviado alimentos y medicinas al régimen soviético de Lenin en problemas, se asignó a una calle de Moscú el nombre del revolucionario gobernador yucateco. Véase la correspondencia de Carrillo con el socialista argentino Alfredo Palacios, *P*, 27 de marzo de 1923.

[20] El tenor de la literatura tradicional, sugerente de una movilización masiva del campo yucateco debida casi exclusivamente a la fuerza irresistible de los ideales y la personalidad de Carrillo, se capta en las imágenes del poeta revolucionario de Yucatán, Elmer Llanes Marín, cuyos versos se han escogido, como epígrafe introductorio de este capítulo, "Poemas de Elmer Llanes Marín", *O*, 44 (diciembre de 1955), p. 98.

[21] Ciertamente superior en número a las grandes fuerzas campesinas reunidas por Adalberto Tejeda y Úrsulo Galván en Veracruz o Primo Tapia en Michoacán. *Cf.* Heather Fowler Salamini, *Agrarian Radicalism in Veracruz, 1920-1938*, Lincoln, Neb., 1977, p. 45; y Paul Friedrich, *Agrarian Revolt in a Mexican Village*, Englewood Cliffs, N. J., 1970, pp. 78-90. Luis Monroy Durán, *El último caudillo*, México, 1924, pp. 53, 236-292, 331-349; y *E*, 9 y 10 de enero, confirman que las ligas de Yucatán eran también numéricamente superiores a las milicias campesinas de Morelos, Guerrero, Puebla, Hidalgo, Estado de México, San Luis Potosí, Durango, Zacatecas, Chihuahua, Nuevo León, Coahuila y Jalisco.

fista "Gandhi de los mayas", e incluso el "Abraham Lincoln de Yucatán", el hombre que liberó a los peones de la región de un sistema esclavista *de facto*.[22] Su derrota y su muerte se han convertido en temas centrales de la historia yucateca moderna, y medio siglo después continúan preocupando a los intelectuales y siguen sirviendo de inspiración a novelistas y dramaturgos dentro y fuera de la penísnula.[23]

Durante los últimos decenios, los historiadores se han resistido a realizar el ejercicio de historiografía revisionista que liberaría a Carrillo de la carga de su santidad. El cuerpo extenso de leyenda apócrifa que ha crecido alrededor del origen, la personalidad, la carrera política y la muerte de Carrillo ha florecido bajo la orientación del Partido Revolucionario Institucional a través de menciones regulares, adiciones graduales, y ocasionales recortes. Al santificar a Carrillo e introducirlo al Panteón Revolucionario Nacional, junto con el Zapata de Morelos, el Primo Tapia de Michoacán y otros, el Estado mexicano moderno ha tratado de apropiarse cierta legitimidad conferida por el mito en una región por lo demás hostil y resentida.

Pero no se rebaja al hombre, ni se reducen sus hazañas, si se desmitifica su persona política y se afirma su postura como un líder revolucionario astutamente pragmático, muy en el molde del caudillo. En efecto, cuando llegó a gobernador en 1922, Carrillo Puerto era un político mexicano maduro que había forjado una maquinaria partidista eficaz y había tenido, en un momento u otro, todos los puestos políticos importantes de Yucatán.[24] Pero antes de examinar la forma como Carrillo trató de resolver su dilema político —llevar la revolución socialista a una sociedad económicamente deprimida y escasamente movilizada—, veamos más de cerca su formación ideológica. Porque es en la delicada interrelación de la idea y el suceso, en la relación existente entre la ideología revolucionaria de Carrillo y su práctica efectiva, donde podemos apreciar plenamente la astucia y el valor de su liderazgo, así como los obstáculos formidables que obstruyeron su experimento socialista en Yucatán.

Un socialista yucateco nativo

Mientras que Alvarado, un teórico revolucionario peculiar, escribió numerosos artículos, folletos, y una sucesión de tomos voluminosos, Carrillo Puerto escribió poco y publicó menos aún. Nada indica que Carrillo se tomara en serio alguna

---

[22] Por ejemplo, Jaime Orosa Díaz, "Carrillo Puerto en la historia y en la literatura", *O*, 31 (agosto de 1951), 75-77; Carleton Beals, *Mexican Maze*, Filadelfia, 1931, pp. 11-12; véase también el número de junio de 1974 de la publicación cómica satírica de "Rius", *Los Agachados*, titulado "Felipe Carrillo Puerto: El Salvador Allende Mexicano".

[23] Por ejemplo, la obra premiada de Jaime Orosa Díaz, *Se vende un hombre*, Mérida, 1974; y Antonio Magaña Esquivel, *La tierra enrojecida*, México, 1951.

[24] Además de las posiciones políticas que ya se han mencionado, Carrillo fue diputado y presidente de la legislatura estatal entre 1917 y 1919, gobernador interino y director de la Comisión Reguladora durante varios meses a fines de 1918, y diputado federal por Yucatán en 1920-1921.

vez como intelectual revolucionario. Un artículo ocasional, los textos (y los relatos menos confiables) de algunos de sus discursos, y sus informes gubernamentales de 1922 y 1923 constituyen todo su legado escrito. Además, como político y propagandista magistral, Carrillo adecuaba a menudo sus discursos a las exigencias del momento o para provocar cierta respuesta en un auditorio particular. Podía alterar su retórica política según que se estuviese dirigiendo a una reunión de campesinos en maya, arengando a un congreso de trabajadores en la ciudad de México o en Motul, o haciendo sus observaciones a la comunidad empresarial y diplomática norteamericana en Washington y Mérida. En consecuencia, quizá en mayor medida aún que en el caso de Alvarado, una evaluación de la orientación ideológica de don Felipe deberá basarse en gran medida en un análisis de sus programas sociales y su dirección política del proceso revolucionario.

Los discursos y los escritos de Carrillo se basan de manera más consistente y vívida en las experiencias que obtuvo en los dos decenios que se pasó organizando campesinos, que en alguna fuente de doctrina individual. Sin embargo, durante toda su vida entró Carrillo en contacto con diversas doctrinas políticas, buscando conscientemente preceptos ideológicos que guiaran sus acciones. Es probable que haya sido introducido a los principios básicos del socialismo, cuando era adolescente, por el cura de su aldea, un refugiado español que tenía fama de anarcosindicalista.[25] Cuando era joven, leyó un capítulo de *El capital* de Marx, a Proudhon y otros pensadores izquierdistas europeos. Pero antes de unirse a los zapatistas operaba todavía Carrillo dentro de la corriente principal de la política liberal mexicana, atacando al porfirismo en la prensa maderista y aun traduciendo la Constitución de 1857 a la lengua maya mientras estaba en la cárcel en 1911. Justiniano, el padre de Carrillo, había peleado con las tropas juaristas que habían echado de la península a los imperialistas de Maximiliano y había educado a sus hijos en los ideales liberales.[26]

Carrillo había ampliado su horizonte ideológico con los zapatistas, leyendo y discutiendo obras anarquistas y socialistas con sus colegas agrónomos y desarrollando gradualmente una visión marxista del mundo. Breves periodos de exilio en Nueva Orleáns, donde trabajó en los muelles y fraternizó con trabajadores norteamericanos radicales, aumentaron su educación política. Cuando Carrillo volvió de Morelos a Yucatán en 1915, simpatizaba claramente con la ideología socialista; cuando volvió del exilio norteamericano en 1920, se consideraba marxista y comunista (aunque, al revés de Alvarado, nunca presumió de ser bolchevique).[27]

Al parecer, Carrillo y otros socialistas yucatecos debieron gran parte de su rudimentaria educación política a Roberto Haberman, el izquierdista rumano-norteamericano que asesoraba al Partido Socialista de Yucatán al final del decenio de 1910, enseñando a sus líderes la historia y la organización de los movimientos obreros en Europa y los Estados Unidos. Haberman recordaría

---

[25] Irigoyen, *Felipe Carrillo*, p. 7.
[26] Paoli y Montalvo, *El socialismo olvidado*, pp. 77-78, 80.
[27] *Ibid.*, pp. 81-82; Tannenbaum, *Peace by Revolution*, p. 159.

más tarde la ingenuidad original de Carrillo en estas cuestiones. Cuando Haberman les contó cómo trabajaban las organizaciones laborales en otros países, Carrillo exclamó: "¡Si otros grupos de trabajadores tienen convenciones y estatutos, vamos a tenerlos también nosotros!"²⁸ Así nació, según Haberman, el primer Congreso de Obreros Socialistas en Motul, en 1918. El "compañero Roberto" desempeñó un papel decisivo en el Congreso de Motul. Como miembro del Partido Socialista de los Estados Unidos, Haberman destacó ante los 200 delegados representantes de los 26 000 miembros del Partido Socialista de Yucatán la importancia de unirse en su lucha contra la oligarquía y el imperialismo norteamericano con un movimiento socialista internacional. Reconociendo que la mayoría de los delegados eran probablemente alvaradistas imbuidos del populismo utópico del General, Haberman empezó a sembrar pacientemente las semillas de una ideología más revolucionaria. Simplificó algunos conceptos marxistas complicados, tales como la teoría de la plusvalía, parafraseando a Marx mediante un uso hábil de ilustraciones locales concretas:

> Ustedes construyen casas magníficas, pero viven en chozas que no son adecuadas ni siquiera para sus animales; cortan millares de pencas, pero otros se benefician de la fibra;... Cuando se enferman, no hay médicos y sus familias se mueren de hambre o deben pedir caridad a sus vecinos...
> Por su trabajo en la hacienda, ganan aproximadamente cinco pesos, es sólo la mitad de la riqueza que producen, porque las estadísticas revelan que cada trabajador rinde un producto de 15 pesos diarios... Supongamos que los patrones deben gastar cada uno 5 pesos en impuestos, maquinaria, transportación, etc.; cada día le quitan 5 pesos a cada uno de ustedes, y por cada centenar de sus trabajadores del campo extraen por lo menos 500 pesos. Todos ustedes saben cuán bien pueden vivir sus patrones aquí y viajar por el extranjero con estas sumas...²⁹

En una época en que los textos marxistas eran todavía escasos en México, era grande el efecto potencial de agentes como Haberman en la difusión de las ideas. Bajo la tutela de Haberman, Carrillo y sus colegas socialistas emprendieron un programa de lectura que incluía a Marx, Engels y Lenin, durante 1917-1919. Pero la purga carrancista de 1919, que exilió a Carrillo, también alejó a Haberman, quien nunca regresó a la península.

Parece dudoso que los líderes socialistas locales penetraran jamás las complejidades laberínticas del materialismo dialéctico. Don Felipe y sus lugartenientes no tuvieron tiempo jamás para asimilar plenamente la literatura marxista-leninista que leían con avidez a fines del decenio de 1910 y principios del siguiente, ya no digamos para actuar en consecuencia. Así pues, aunque más tarde sacaría pasajes enteros del *Manifiesto comunista* y los inscribiría en placas del Partido Socialista, concluiría todas sus reuniones políticas cantando "La Internacional", e imprimiría sus resoluciones de la Tercera Internacional de

---

[28] Marjorie Ruth Clark, *Organized Labor in Mexico*, Chapel Hill, N. C., 1934, p. 202.
[29] AGE, mecanografiado, Partido Socialista de Yucatán, *Memorias del Congreso Obrero Socialista de Motul*, Mérida, 1918; Paoli y Montalvo, *El socialismo olvidado*, pp. 62-65.

Moscú en la papelería del partido, Carrillo Puerto no fue jamás un ideólogo socialista profundo.[30]

Carrillo proclamaría orgullosamente que el suyo era "el primer gobierno socialista de América".[31] Pero el de él era un socialismo pragmático adecuado a las necesidades del marco social de Yucatán, alejado de las influencias doctrinarias del exterior. En realidad, el gobierno de Carrillo adoptaba canciones y lemas europeos y estudiaba los programas sociales de la Revolución rusa. Los socialistas yucatecos sostenían correspondencia con Lenin y sus ministros y estaban particularmente impresionados con el sistema escolar soviético, el que se convirtió en un modelo importante para los educadores del Partido Socialista. Pero desde el inicio de su gobierno anunció Carrillo enfáticamente la intención de su partido de establecer un régimen socialista independiente: "No pretendemos imitar el bolchevismo soviético. Pero ciertamente crearemos un sistema donde sólo los trabajadores tendrán derecho de otorgar y recibir justicia."[32]

De acuerdo con este deseo de autonomía, el partido resolvió en 1921 que mantendría correspondencia con la Tercera Internacional de Moscú sin unirse efectivamente a ella. Sostenía Carrillo que el movimiento socialista mundial, con el que se identificaba el Partido Yucateco Socialista del Sureste, tenía ahora un número de miembros mucho mayor que el de la Internacional Eurocéntrica. Carrillo y el partido habían avanzado mucho desde 1918, cuando Roberto Haberman había destacado la importancia del internacionalismo. Por supuesto, otro factor que intervenía en la decisión del partido de no afiliarse a Moscú era el desagrado que había mostrado el gobierno de Obregón en la ciudad de México cuando se le planteó el asunto por primera vez.[33]

A diferencia de Alvarado, Carrillo nunca se retractó de sus declaraciones socialistas al evolucionar su carrera política. Si la ocasión lo exigía, podía adoptar una postura conciliatoria, como ocurrió cuando buscaba licencias de exportación para sus cooperativas obreras en 1919 y trataba de convencer a la comunidad diplomática y empresarial norteamericana de que su versión del socialismo era compatible con el comercio norteamericano y el esfuerzo bélico Aliado. Pero un año más tarde, cuando tuvo oportunidad de dirigirse a una manifestación obrera en la ciudad de México, como diputado federal apoyado por el general Calles, Carrillo tronaría:

> Si los comerciantes monopolizan provisiones y ustedes no tienen pan, vayan a las tiendas, echen abajo las puertas y saqueen todos los productos. Vamos a dinamitar la Cámara de Diputados, clausurar el Senado y acabar con la Suprema Corte. ¡Ya basta de manifestaciones pacíficas! ¡Ya basta de cháchoras huecas! Debemos implantar los principios de los bolcheviques. Vamos

[30] Francisco Paoli B., "Carrillo Puerto y el PSS", *RUY*, 16:91 (enero-febrero de 1974), páginas 89-91; Sosa Ferreyro, *El crimen*, pp. 26-29.
[31] Carrillo Puerto, citado en Paoli y Montalvo, *El socialismo olvidado*, p. 90.
[32] Carrillo Puerto, citado en Paoli y Montalvo, *El socialismo olvidado*, p. 184; AGE, mecanografiado, Partido Socialista del Sureste, *Congreso Obrero de Izamal*, Mérida, 1922.
[33] AGE, *Congreso Obrero de Izamal*; Paoli y Montalvo, *El socialismo olvidado*, pp. 150-151; *P*, 30 de enero de 1922.

a izar la bandera roja... En lugar de tocar las campanas el domingo, vamos a fundirlas para hacer monedas de bronce. Si hay necesidad, vamos a derribar y destruir para construir los altos ideales del comunismo. La distribución de la tierra, un aumento de salarios, son cosas que sólo pueden obtenerse por la fuerza, no con manifestaciones pacíficas.[34]

Así pues, como cualquier buen político, don Felipe no despreciaba los usos de la retórica y la polémica para promover sus metas políticas o su carrera personal. Sin embargo, en su discurso de toma de posesión, en enero de 1922, el gobernador Carrillo anunció la meta final de su régimen socialista. Hablando en maya desde el balcón del Palacio de Gobierno, a un auditorio integrado en su mayor parte por campesinos que habían llegado a Mérida en tren o caminando para escucharlo, Carrillo introdujo un tema que reaparecería con frecuencia en discursos futuros:

> ¡Compañeros! Hoy ponemos fin a la política del Partido Socialista e iniciamos la difícil tarea de trabajar juntos como socialistas... Ha llegado el momento de demostrar a los señores que sabemos cómo gobernar; que nosotros somos los constructores y no ellos;... que sin los trabajadores no existiría este palacio... ni ninguna otra cosa útil para el hombre moderno;... que el trabajo existió antes que el capital, y que, en aras de la justicia, quienes lo producen todo tienen el derecho de poseerlo todo, no sólo una minoría.[35]

El discurso inaugural reiteraba en efecto las resoluciones del segundo Congreso Obrero de Yucatán, reunido en Izamal en agosto de 1921. El Congreso de Izamal, presidido por Carrillo, pidió al gobierno yucateco y sus ligas que incrementaran sus esfuerzos por socializar los medios de producción en todo el estado, incluidos todos los servicios públicos y los servicios que estuviesen todavía en manos privadas, y que trabajaran en pro de la implantación del comunismo agrario e industrial. También recordaba al gobierno y sus ligas el aserto de Marx en el sentido de que "la emancipación del proletariado es responsabilidad del propio proletariado".[36]

Pero Carrillo Puerto era un político demasiado astuto para creer que el milenio socialista se iniciaría en forma rápida o fácil. Tras volver al poder en 1920, Carrillo había reconocido la importancia de formular una estrategia paciente y deliberada. A largo plazo, tal estrategia requeriría una movilización popular del proletariado rural y urbano, pero las masas rurales distaban mucho de poder emanciparse a sí mismas. A corto plazo, por lo tanto, el primer paso consistiría en usar todos los medios posibles para colocar a socialistas en los puestos públicos, y aprobar luego leyes en favor de la clase trabajadora.[37] Así pues, aunque la retórica y las metas finales del programa socialista pedían un volcán que surgiera desde abajo, la estrategia de Carrillo implicaba, por lo

[34] Rosendo Salazar y J. G. Escobedo, *Las pugnas de la gleba*, México, 1923, vol. 2, p. 84.
[35] Citado en *P*, 1º de febrero de 1922, y en Juan Rico, *Yucatán: La huelga de junio*, Mérida, 1922, vol. 1, pp. 55-56.
[36] Rico, *La huelga*, vol. I, pp. 105-131; Gamboa Ricalde, *Yucatán*, vol. 3, pp. 229-232.
[37] MMB, 10058-0-3 (140), "Political. Radical and Labor Activities", traducción de un informe anónimo, 21 de diciembre de 1920.

menos en el presente, una revolución hecha desde arriba. Y para ayudar a producir esta revolución desde arriba, pero sobre todo para protegerla de sus enemigos dentro y fuera de la península, tendría que reclutar y mantener poderosos aliados de nivel federal y regional, los que en la mayoría de los casos no compartían su compromiso revolucionario. En los meses siguientes, Carrillo y los líderes socialistas de Mérida descubrirían que, al forjar una estrategia pragmática, corrían el riesgo de comprometer sus principios ideológicos.

Caudillos y caciques: Mérida y la ciudad de México

La carrera política de Carrillo —su exitoso ascenso al poder y la declinación final de su régimen socialista— se entiende más fácilmente cuando se examina en el contexto de la política del caudillo. En la propia carrera de Carrillo, primero como cacique agrario local y más tarde como caudillo regional, podemos identificar muchas de las características esenciales del caciquismo y el caudillaje: el ascenso al poder desde una base local o subregional; un consistente uso táctico de la violencia (o de la amenaza de violencia); una predilección por la operación a través de redes políticas informales, estructuradas por los lazos del parentesco y los arreglos personalistas de patrón-cliente; la manipulación oportuna de símbolos ideológicos; y el desempeño de un papel de mediador o intermediario en los tratos con las estructuras estatales y nacionales y con los campesinos locales.[38]

Contra lo que sostiene la mitología popular que presenta a Carrillo como un pacifista por naturaleza, imbuido de las cualidades gentiles propias de un mártir ejecutado en unión de 12 de sus "discípulos",[39] las pruebas documentales revelan a un jefe regional pragmático que no retrocedía ante el uso de la violencia o el homicidio político para obtener el poder o mantenerse en él. En los inicios de su carrera, el arrojo de Carrillo lo había protegido por lo menos de un intento de asesinato, y junto con su audaz liderazgo de las invasiones de tierras por parte de los campesinos, le había dado una reputación de hombre de acción.[40] Más importante aún fue el hecho de que, por órdenes de Carrillo Puerto, la pequeña pero eficiente fuerza de policía secreta (Policía Judicial) de su hermano Wilfrido, trabajando en asociación con agentes locales, combatía el disentimiento por toda la región, en forma violenta y sistemática, aplastando al rival Partido Liberal Yucateco y su prensa conservadora, desbandando los partidos competidores en Campeche, y estableciendo finalmente el Partido So-

---

[38] Paul Friedrich, "The Legitimacy of a Cacique", en M. J. Swartz, comp., *Local-Level Politics*, p. 247; Gilbert M. Joseph, "Caciquismo and the Revolution: Carrillo Puerto en Yucatán", en D. A. Brading, comp., *Caudillo and Peasant*, pp. 196-202; y véanse en el capítulo IV, nota 100, las definiciones de "cacique" y de "caudillo".

[39] Por ejemplo, Eduardo Urzáiz, "El simbolismo de la Resurrección", *BdU*, época 2, 4:1 (junio de 1924), pp. 6-8; Renán Irigoyen, "Carrillo Puerto, Mártir de la cultura", *RUY*, 1:1 (enero-febrero de 1959), pp. 20-21.

[40] AGE, Jacinto Cohuich, Nicolás Sánchez y otros, a Alvarado, 20 de diciembre de 1916; Carrillo, *La familia*, pp. 28-31.

cialista del Sureste como el único partido de la península a fines de 1922.[41] A fin de establecer un monopolio de la fuerza dentro de la región, lo que le permitiría implantar un programa socialista, Carrillo no vaciló en aterrorizar y torturar a sus oponentes.[42] En 1919, el ministro carrancista Luis Cabrera había tratado de conciliar el indudable compromiso de Carrillo con el mejoramiento de la calidad de la vida en Yucatán con los métodos a menudo violentos que empleaba al dirigir al Partido Socialista en su lucha por el poder, en estos términos:

> Don Felipe Carrillo... es... un auténtico visionario, un idealista que cree verdaderamente en la causa justa de su pueblo. Su tenacidad y valor son reconocidos... Es el verdadero autor del Partido Socialista Yucateco... Y sin embargo, como todos los visionarios ciegos a todo lo que no sea su ideal, no puede percibir la justicia de permitir la existencia de otra facción política en Yucatán. Quien no esté enrolado en las ligas de resistencia debe perecer; porque —como dijera Cristo— quien no esté con él está contra él... Carrillo y las masas integrantes del Partido Socialista no concederán jamás el derecho de supervivencia a quienes los han explotado durante tanto tiempo... Jamás aceptarán el restablecimiento del proceso democrático...[43]

Los cimientos de Carrillo como caudillo regional eran firmes y probados. En Motul construyó una facción muy unida de parientes cercanos y amigos íntimos que más tarde formarían el núcleo de la organización de su partido y del gobierno estatal.[44] Ninguno de los grandes líderes revolucionarios utilizó los lazos del parentesco en mayor medida que Carrillo: de acuerdo con una estimación, 142 miembros de su familia extensa ocuparon puestos en el gobierno estatal, además de muchos amigos antiguos (como Manuel Berzunza, su pantalla como gobernador durante el periodo de 1920-1921). Sólo a los miembros de su familia inmediata se les pagaba un mínimo de 14 000 pesos mensuales por concepto de sueldos.[45] De los tres hermanos que acompañaron a Carrillo al paredón, Wilfrido era jefe de la policía secreta, Benjamín era secretario de la Liga Central de Resistencia (y antes diputado federal), y Edesio era a la vez presidente municipal y presidente de la liga de resistencia de Motul. Otros hermanos, que escaparon a la ejecución, dirigían las ligas feministas del estado (Elvia), los ferrocarriles estatales (Gualberto) y la tesorería estatal (Eraclio). Un yerno controlaba el ayuntamiento de Mérida.[46]

[41] Sosa Ferreyro, *El crimen*, pp. 31 *ss.*; Paoli y Montalvo, *El socialismo olvidado*, páginas 136-138.
[42] Por ejemplo, Gamboa Ricalde, *Yucatán*, vol. 3, p. 293, afirma que Carrillo ordenó el asesinato de uno de los líderes de la oposición que se encontraba en prisión.
[43] México, Congreso, *Diario de los debates del Congreso de la Unión*, 10 de julio de 1919.
[44] Compárese el proceso similar por el que Primo Tapia construyera una base de poder local en Michoacán, en Friedrich, *Agrarian Revolt*, pp. 58-130.
[45] AGN, 307-C-9, informe de José Domingo Chávez, s.f.
[46] Carrillo, *La familia*, pp. 15-116; *cf.* Raymond Th. Buve, "Peasant Movements, Caudillos, and Land Reform during the Revolution (1910-1917) in Tlaxcala, Mexico", *BdEL*, 18 (junio de 1975), p. 132, donde se comenta un uso similar de miembros de la familia en el régimen revolucionario de Tlaxcala.

Tampoco se olvidaba don Felipe de cultivar las redes informales de patrón-cliente en sus tratos con la estructura del poder nacional, controlada ahora por los dos caudillos que establecerían la dinastía sonorense, Álvaro Obregón y Plutarco Elías Calles. En 1919, Carrillo había sido el primero de los líderes regionales en declarar su apoyo a Obregón, incurriendo en la ira del presidente Carranza por su audacia. Este paso visionario le permitió eliminar a su último rival serio de nivel regional, el gobernador Carlos Castro Morales, quien pagó con varios años de exilio político el hecho de haberse comprometido a apoyar a Carranza y a defender el "proceso formal, legalmente constituido".[47] En cambio, Carrillo se había encontrado un benefactor poderoso. Después de la rebelión de Agua Prieta, Carrillo continuó apoyando a Obregón pero buscó como su principal patrón al general Calles, ministro de Gobernación de Obregón. Carrillo había percibido que Calles —generalmente considerado más radical que Obregón— sería una fuerza en la política nacional durante los próximos años. Esto era importante porque Carrillo y los socialistas yucatecos habían llegado a sospechar del apego de Obregón a los programas agrarios y laborales poco tiempo después de su elección en 1920. Creían que Calles ofrecería más seguramente "apoyo moral y material para el mantenimiento de un gobierno socialista en Yucatán",[48] opinión compartida por otros políticos izquierdistas de la época. Por lo menos, Carrillo trató de asegurarse de que Calles (y Gobernación) se abstuvieran de obstruir sus programas sociales. Sobre todo, como confiara Carrillo al visitante José Vasconcelos en 1922, entendía que el "apoyo de Calles" significaba "las tropas federales al primer llamado".[49] En consecuencia, Carrillo daba costosos regalos al secretario personal de Calles y contribuyó con 100 000 pesos a la campaña de Calles por la presidencia en 1923.[50]

Tanto Obregón como Calles recompensaron la lealtad y los servicios de Carrillo, primero apoyándolo cuando afrontó un nuevo desafío a su hegemonía por parte de Salvador Alvarado, en septiembre de 1921, y luego dándole carta blanca para que implantara sus programas en Yucatán y luego por todo el Sureste.[51] A principios de 1920, por ejemplo, los agentes carrillistas apoyados por 1 500 soldados regulares e irregulares de Yucatán invadieron al vecino Campeche, organizaron ligas de resistencia y, dividiendo en dos el partido mayoritario existente, establecieron la hegemonía del Partido Socialista a principios de 1921. Acatando órdenes explícitas de Calles, las tropas federales permanecieron como espectadores, y las subsecuentes protestas de los campechanos, contra esta viola-

[47] AGE, telegrama, Carlos Castro Morales a presidente Carranza, 13 de abril de 1920; *RdY*, 15 de abril de 1920.
[48] Alfonso Taracena, *La verdadera Revolución Mexicana*, México, 1961, vol. 7, p. 70; Dulles, *Yesterday*, pp. 57, 77-78, 121, 136-137; SD, 812.00/25608.
[49] José Vasconcelos, *El desastre: Tercera parte de Ulises Criollo*, México, 1968, p. 86.
[50] AGE, mecanografiado, "Que el Gobierno de Yucatán fomenta el bolchevismo en México y en Cuba", s.f. (1924); *RdY*, 28 de julio de 1924. Véase también la cálida correspondencia de cables entre Calles y Carrillo en los archivos especiales de "Telegramas" de AGE para 1922 y 1923.
[51] SD, 812/25188; SD-CPR, *Con. Corr.*, 800, Marsh a secretario de Estado, 29 de septiembre de 1921; AGN, 424-H-2, Mª del Pilar Pech a Manuel Carpio, 8 de enero de 1921; *RdY*, 21 de febrero de 1921; Paoli y Montalvo, *El socialismo olvidado*, pp. 152-154.

ción de la soberanía estatal, cayeron en oídos sordos. Se hicieron incursiones políticas menos dramáticas y decisivas en Chiapas y Tabasco (e incluso se enviaron exploradores a Cuba y Guatemala), a medida que Carrillo trataba de agrandar su esfera de acción y sustanciar las pretensiones de su partido, que hasta ahora sólo habían sido formales, de ser El Gran Partido Socialista del Sureste.[52] En 1921, Carrillo respondió a una petición de ayuda formulada por ciertos grupos de trabajadores de Tampico y la región lagunera vendiéndoles maíz al costo y enviando varios agentes de propaganda para que comunicaran el mensaje del partido.[53] Don Felipe dejó atrás su imagen de líder regional a principios de 1922, cuando llevó a su partido a la organización llamada Partidos Coligados, una federación política laxa que más tarde, bajo la dirección de Calles, se convertiría en el Partido Nacional Revolucionario (PNR). A fines de 1923, cuando parecía dispuesto a emprender una gran expropiación de las plantaciones henequeneras, dentro y fuera de la región se hablaba de que Carrillo podría estar pensando ahora en un electorado nacional y en una posibilidad de alcanzar la presidencia. A pesar de la declaración de apoyo del propio Carrillo para la candidatura de Calles, estos rumores no podían haber agradado al hombre cuya protección había buscado y disfrutado Carrillo, el hombre a quien los socialistas yucatecos llamaban "el amo".[54]

Caudillos y caciques: el campo de Yucatán

En términos generales, Yucatán pudo evitar la violencia anárquica que perturbó y dislocó a la sociedad y la economía mexicanas desde 1910 hasta 1920: la violencia de los ejércitos revolucionarios y las bandas de caudillos fuera de control. Por otra parte, la caracterización popular del Yucatán del siglo XX como "el país tranquilo", una sociedad que se vuelve dócil y pasiva por la sangrienta y traumática Guerra de Castas del siglo XIX,[55] es claramente un mito. En un periodo de 30 años después de 1910, la violencia caciquil faccional de bajo nivel se institucionalizó en la urdimbre política y social del campo. Además, por lo menos durante algunos intervalos del periodo de 1918 a 1924, tal violencia podía ser especialmente intensa. En algunas partes del estado, los patrones del asentamiento se vieron afectados en forma severa, aunque de ordinario sólo temporalmente, cuando la violencia de las bandas desarraigaba grandes segmentos comunales y, en algunos casos, despoblaba aldeas y viollorrios enteros.[56]

[52] *P*, 8 de marzo de 1923; Paoli, "Carrillo Puerto", 87-91; Ernest Gruening, *Mexico and Its Heritage*, Nueva York, 1928, pp. 404-405; Clark, *Organized Labor*, p. 208.
[53] *P*, 31 de octubre de 1921; Paoli y Montalvo, *El socialismo olvidado*, p. 157.
[54] AGE, Rafael Gamboa a Carrillo, 3 de marzo de 1923; *RdY*, 28 de julio de 1924; Paoli, "Carrillo Puerto", p. 89.
[55] Nelson Reed, *The Caste War of Yucatán*, Stanford, Cal., 1964, pp. 258 ss., y *passim*.
[56] AGE, "Relación de los departamentos administrativos del Estado...", 23 de septiembre de 1924 (véase especialmente la categoría titulada "localidades deshabitadas"); *cf*. ASA, *Visitas Parroquiales, 1913-1931*, "Informes Parroquiales, 1920-1923", donde abundan las pruebas de las haciendas despobladas y la violencia en los partidos de Tekax, Temax,

En efecto, en Yucatán había atrocidades tan espantosas como cualquiera registrada en otras partes del México revolucionario, aunque por fortuna tendían a ser episodios aislados. Pero en varias ocasiones hubo en los cafés y la prensa de Mérida especulaciones nerviosas sobre la posibilidad de otra Guerra de Castas.[57] La continuación de la violencia faccional bajo Carrillo Puerto sugiere que su revolución fue a menudo impotente para destruir los mecanismos tradicionales del control social en las áreas rurales. En lugar de reestructurar las relaciones políticas y socioeconómicas en el campo, los programas del régimen revolucionario y el aparato administrativo formal creado para implantar tales programas usaban a menudo a los poderosos locales, y eran usados por ellos, para consolidar y legitimar el control informal. En otras palabras, una nueva clase de caciques reemplazaba a la antigua.[58]

En efecto, don Felipe hizo del caciquismo uno de los pilares de su régimen. Como había empezado a hacerlo en 1917, Carrillo se alió con diversos jefes locales, en su mayor parte provenientes de la clase pequeñoburguesa o la clase proletaria rural (por ejemplo, los capataces y vigilantes de las haciendas, los rancheros, artesanos y peones), algunos de los cuales habían ganado una reputación local por sus hazañas de bandidos sociales. Algunos habían empezado a crear grupos de seguidores locales durante los primeros levantamientos esporádicos que rodearon a la rebelión de Madero (1909-1911). Sin embargo, virtualmente en todos los casos, estos hombres fuertes forjaron sus cacicazgos tras el relajamiento del gobierno militar de Alvarado y la apertura del sistema político a mediados de 1917. Algunos de estos caciques incipientes empezaron sus carreras como "guardias blancas" —sirvientes y mercenarios de los hacendados porfirianos— cuando los jefes políticos locales eran ejecutores de alto nivel de la oligarquía de plantadores. La mayoría de estos hombres tenían escasas oportunidades de progreso durante el régimen porfiriano, basado en grandes latifundios, el monocultivo del henequén y un sistema duro de trabajadores dependientes. Casi todos parecen haberse conformado con las escasas perspectivas de la vida en el margen, en los intersticios, o directamente dentro de la órbita de los grandes predios. Unos cuantos, sin embargo, trataban de mejorar sus oportunidades y dar rienda suelta a sus frustraciones en la vida de bandidos. Al desaparecer a los custodios del control social porfiriano en el campo, Alvarado creó nuevas oportunidades para estos hombres, las que explotaron con mayor facilidad tras la partida del General en 1918, durante la intensificación del conflicto entre el Partido Socialista de Carrillo y el Partido Liberal.[59] El cuadro 7

Espita y Peto. El pueblo de Libre Unión fue uno de los que quedaron completamente despoblados durante este periodo.
[57] SD, 812.00/25068; *Corr., 1924*, vol. 3, p. 350, "Declaration of Manuel López", s.f. (1921); AGE, Berzunza a procurador general de justicia, 27 de junio de 1921; *RdY*, 7 de noviembre de 1920, 21 de diciembre de 1920, 10 de junio de 1922; Anastasio Manzanilla D., *El bolchevismo criminal de Yucatán*, Mérida, 1921, p. 162; y véase el capítulo IV.
[58] Véase Luisa Paré, "Caciquismo y estructura de poder en la Sierra Norte de Puebla", en Roger Bartra, comp., *Caciquismo y poder político en el México rural*, México, 1975, página 39.
[59] Friedrich Katz, "Labor Conditions on Haciendas in Porfirian Mexico: Some Trends

CUADRO 7. *El caciquismo en Yucatán, 1917-1924* [60]

Nombre	Ocupación	Municipio	Partido
Loreto Baak [d]	Bandido	Santa Elena	Ticul
Donato Bates	Ranchero		Valladolid
Juan Campos	Bandido		Temax
Pedro Crespo	Ex oficial, milicia estatal	Temax	
Agustín Espinosa [a]			Acanceh
"Los hermanos Euán" (Braulio, Bruno y Juan)		Opichén	Maxcanú
Bartolomé García Correa	Maestro	Umán	Hunucmá
Manuel González ("Polín") [c]	Mayordomo; oficial militar	Halachó, Opichén, Maxcanú	Maxcanú
José Mª Iturralde Traconis	Maestro	Valladolid	Valladolid
Felipe Lara		Cenotillo	Espita
Humberto León	Barbero	Halachó	Maxcanú
Manuel Mendoza Rosado [d]		Santa Elena	Ticul
Lino Muñoz		Progreso	Progreso
Anaceto Moreno [b]		Yaxcabá	Sotuta
Miguel Ortiz		Muna	Ticul
José Jesús Patrón		Xochel	Izamal
Carlos Poot Castillo		Cansahcab	Temax
José Pío Chuc	Ranchero	Hunucmá	Hunucmá
José D. Presuel			Valladolid
Juan Quijano Pérez	Mayordomo	Conkal	Tixkokob
Enrique Poveda	Oficial militar; pequeño comerciante	Tekax	Tekax
Ignacio Solís [a]			Acanceh
"Los hermanos Vargas" (Lisandro y Benjamín) [c]		Opichén	Maxcanú
Demetrio Yamá ("El Tuerto") [b]	Peón	Yaxcabá	Sotuta

Nota: La ocupación principal del cacique, cuando se conoce, y la ubicación del cacicazgo, según se determine mejor (es decir, municipio o partido o los dos), aparecen después del nombre del cacique. Las letras pequeñas en seguida de los nombres indican fuertes pruebas de un cacicazgo dual o múltiple.

and Tendencies", *HAHR*, 54:1 (febrero de 1974), 44-45; Moisés González Navarro, *Raza y tierra: La guerra de castas y el henequén*, México, 1970, p. 231; véase una exposición general del fenómeno del "bandido social" en E. J. Hobsbawm, *Primitive Rebels*, Nueva York, 1959, pp. 3-6, 13-56.

[60] El cuadro resume datos dispares descubiertos en el curso de una sistemática investigación, año por año, de archivos (por ejemplo, AGE, AGN, SD, SD-CPR, ASA) y periódicos (*RdY, DdY, P, C, VdR*) en el periodo de 1915-1940. Las pruebas documentales se corroboraron en varios casos mediante entrevistas de nivel local.

contiene una lista, sin duda incompleta, de los principales caciques activos en Yucatán durante el periodo de 1917-1924.

A medida que avanzaba la carrera política de Carrillo Puerto, y especialmente cuando viajaba por el estado promoviendo las ligas de resistencia, que de acuerdo con sus planes se convertirían algún día en la columna vertebral del partido, trataba de identificar y obtener el apoyo de estos poderosos incipientes para los socialistas. Los esfuerzos similares de agentes de los liberales daban a los rutinarios conflictos faccionales de la política caciquil un sabor intensamente "ideológico", especialmente durante el periodo de persecución del Partido Socialista a manos de Carranza (1918-1920). Con frecuencia, sin embargo, la política regional servía sólo como un pretexto, una pantalla de las profundas rivalidades locales por la tierra, el ganado, los derechos comerciales y el acceso al poder local que aseguraría a la facción ganadora el control de estos recursos económicos. Una facción liberal, por ejemplo, expulsaría del pueblo literalmente a su rival socialista, la que se refugiaría en un pueblo cercano amistoso (es decir, controlado por los socialistas). Los triunfadores se apoderarían entonces de las tierras y los bienes, y a menudo tomarían los empleos de los perdedores en las haciendas vecinas. Luego cambiaría el equilibrio político de la política regional, de modo que los socialistas obtendrían la mejor parte y se revertiría el reparto del botín.[61] El editorialista de *El Universal*, diario de la ciudad de México, describía a fines de 1920 la lucha local como una "tragedia grotesca", donde la afiliación política era casi incidental: "Incendios, pillaje, asesinato... ¡todo está ocurriendo allí! Los llamados partidos políticos no son más que bandas de gángsteres. No compiten como políticos en tierras civilizadas... usando la palabra hablada e impresa, sino que blanden fusiles, antorchas y machetes, atrapados en la mentalidad brutal de los trogloditas."[62]

Pero a principios de 1922 ya no se discutía el asunto. Apoyado por Obregón y Calles, Carrillo Puerto había empleado efectivamente diversas formas de patronazgo para llegar a un arreglo con todos los líderes faccionales importantes y había sacado del juego a los liberales. Había ordenado al general Alejandro Mange, su leal comandante de zona militar, que no interfiriera con sus aliados socialistas cuando aplicaban su autoridad política dentro de sus dominios informales. A veces, sin embargo, la policía estatal y las tropas federales intervenían en *apoyo* de los jefes socialistas locales, y hay pruebas de que el propio partido envió pequeños embarques de fusiles a unos cuantos favorecidos en 1920.[63] En términos generales, después de 1921 parece haber tolerado Carrillo la práctica de la violencia controlada para fines políticos limitados, aunque señalaba a estos caciques la importancia de evitar los actos indiscriminados de

---

[61] SD-CPR, *Corr., 1921*, vol. 4, 800, editorial de *RdY*, 24 de junio; *RdY*, 10 de junio de 1922; AGE, memorial de los vecinos de Yaxcabá a Carrillo, 25 de agosto de 1920; AGE, Bartolomé García Correa a gobernador Iturralde, 2 de octubre de 1925.

[62] *U*, 8 de noviembre de 1920.

[63] AGE, presidentes municipales de Sotuta y Dzan a Carrillo, 10 de octubre de 1920 y 3 de octubre de 1922, respectivamente; *RdY*, 12 de noviembre de 1920, 11 de agosto de 1921; *P*, 21 de marzo de 1923.

violencia criminal y bandidaje, especialmente en contra de las plantaciones henequeneras, cuya producción continua era tan fundamental para la economía regional. Carrillo acentuó su campaña contra el desorden después de tomar formal posesión de su cargo en 1922, cuando era imperativo el aseguramiento de la paz social porque los precios de la fibra estaban aumentando de nuevo. El comportamiento particularmente escandaloso de los caciques locales, tal como el asesinato de hacendados y mayordomos, generaba cierta reacción inmediata de Mérida. De ordinario, el pistolero culpable era encarcelado y el cacicazgo existente se disolvía en favor de una facción rival.[64]

A fin de asegurar la lealtad de los jefes más discretos y sensatos, Carrillo Puerto elevó a varios de ellos a la legislatura local (como Braulio Euán, Bartolomé García Correa, Demetrio Yamá, Manuel González, Juan Campos), y otorgó a otros los privilegios del gobierno civil y el puesto agrario, para sí mismos o para que los delegaran como estimaran conveniente. Además de ser presidentes municipales, muchos recibían también la presidencia de sus ligas de resistencia locales (por ejemplo, Lino Muñoz, Loreto Baak, Pedro Crespo, Felipe Lara, Juan Campos, Donato Bates).[65] La prensa liberal, controlada por los hacendados, rabiaba contra lo que consideraba la "república comunista" de Carrillo Puerto, mantenida por un "sistema sangriento de dominación política en el campo, dictada por el capricho personal de caciquillos". Aún más indignante para ellos era el espectáculo de los "pistoleros mayas casi analfabetos" ocupando escaños en la legislatura estatal de Mérida: "¡Asesinos rudos que caminan por nuestras calles y pasean en automóviles con chofer, totalmente inmunes a la ley!" Aquí —se lamentaba el editorialista de la conservadora *Revista de Mérida*— estaba una versión macabra, plebeya de la paz porfiriana, con todos los males del antiguo sistema de jefes políticos y nada de su estabilidad dignificada.[66]

Además, Carrillo había cuidado, siempre que fuese posible, de no afectar los reductos económicos establecidos de sus aliados locales. El gobierno de don Felipe estaba inundado de memoriales de campesinos que protestaban contra los abusos que, en la mayoría de los casos, ligaban explícitamente a caciques individuales; por ejemplo, los ilegales impuestos a las ventas (alcabalas); exenciones injustificadas del pago de impuestos, tráfico clandestino de licores, especialmente abundante desde que el puritano Alvarado decretó que Yucatán sería El Estado Seco en 1915, una legislación que Carrillo no había considerado per-

---

[64] *RdY*, 19 de abril de 1922; AGN, 408-Y-1, José B. Garma a Obregón, 9 de marzo de 1922; AGN, 492-Y-3, Carmela Aragón a Obregón, 26 de julio de 1922; SD, 812.00/25608, 25654; AGE, "Circular núm. 27 a los Presidentes y Comisarios Municipales...", 11 de agosto de 1924; *P*, 27 de marzo de 1923, 4 de abril de 1923. Véase también el *DO* para 1922-1923, donde la frecuente sustitución de gobiernos municipales por orden del gobernador, aunada a otros pruebas, sugiere que Carrillo fortalecía a menudo a una facción opositora a expensas del cacicazgo reinante.

[65] *RdY*, 27 de marzo de 1920, 6 de mayo de 1921, 31 de octubre de 1922; *DO*, 3 de enero de 1922, p. 3.

[66] *C*, 21 de abril de 1923, 13 de octubre de 1923, 1º de diciembre de 1923; *RdY*, 13 de julio de 1920, 19 de noviembre de 1923; Manzanilla, *El bolchevismo*, p. 162.

tinente derogar; irregularidades en la implantación de la reforma agraria, incluido el control personal de las mejores tierras ejidales; violaciones de los arreglos inquilinarios; el uso de mano de obra comunal no pagada (fajina); la corrupción en el manejo de las tiendas cooperativas de consumo rurales de Carrillo, a menudo en colusión con comerciantes monopolistas, y robo de las cuotas de la liga, para sólo citar las quejas más frecuentes.[67] La respuesta de Carrillo era invariablemente la promesa de corregir, y en muchos casos cumplió tal promesa. Pero la frecuencia de tales memoriales sugiere una incapacidad o, en ciertas situaciones, una renuencia para actuar. En el caso del comercio de licores de contrabando, una de las actividades secundarias más lucrativas para los jefes locales, se sabía comúnmente que la ley no sería aplicada. En efecto, uno de los jóvenes de carrera ascendente en el círculo interno de Carrillo, Bartolomé García Correa, quien pronto sería gobernador por derecho propio, era reconocido como uno de los peores contrabandistas de aguardiente en la porción occidental del estado.[68]

Además de respetar las fuentes existentes de ingresos de los caciques, Carrillo Puerto otorgaba un tratamiento económico preferente a sus clientes más favorecidos. Por ejemplo, García Correa recibió una jugosa concesión para establecer una planta eléctrica requerida con urgencia; Lino Muñoz recibió una considerable dotación de tierras en la mejor área de pastos del estado; y se otorgaban pases gratuitos y privilegios ferroviarios para transportar productos en grandes cantidades a estos aliados, mientras que se negaban a los grandes hacendados que trataban de resistirse a la reforma agraria de don Felipe y a las nuevas tarifas salariales. Además, parece claro que las peticiones formuladas por estos jefes influyentes en nombre de sus pueblos y partidarios individuales —solicitudes de creación de ejidos, aumentos salariales, empleos adicionales en las haciendas— eran recibidas por el gobernador de manera mucho más favorable que las peticiones que le llegaban de personas menos políticamente favorecidas.[69]

En cambio, los clientes de Carrillo reconocían su autoridad absoluta dentro del estado y prestaban diversos servicios a su patrón, quien para 1923 era proclamado comúnmente como "El César Rojo".[70] No sólo se aplicaba la violencia

[67] AGE, presidente municipal de Tahmek a Liga Central, 11 de junio de 1919; AGE, Miguel Cantón a Carrillo, 21 de diciembre de 1920, 28 de marzo de 1921; AGE, vecinos de Dzilnup a Carrillo, 11 de diciembre de 1922; AGE, Gonzalo Lewis a Carrillo, marzo y abril de 1923; *RdY*, 13 de marzo de 1919; *C*, 15 de noviembre de 1923; Victor Goldkind, "Class Conflict and Cacique", *SJA*, 22:4 (invierno de 1966), pp. 333-334.
[68] AGE, decreto de Carrillo que enmienda el estado seco, 14 de junio de 1923; AGE, regidor del Ayuntamiento de Umán a Carrillo, 29 de junio de 1922.
[69] AGE, Felipe Carrillo, autorización de la concesión de García Correa, 28 de marzo de 1923; AGE, el oficial mayor segundo, Sría. de Fomento, Depto de Colonización, a Carrillo, p. 75, noviembre de 1922; AGE, Miguel Cantón a Braulio Euán, 26 de agosto de 1921; *RdY*, 18 de agosto de 1921.
[70] AGE, circular, Benjamín Carrillo Puerto a "compañeros", s.f. (1923); *C*, 23 de noviembre de 1923; *T*, 27 de mayo de 1923; *P*, 10 de julio de 1922, 12 de julio de 1922; *RdY*, 12 de septiembre de 1921.

selectivamente contra los enemigos del régimen para asegurar al Partido Socialista de Carrillo un monopolio político dentro de la región, sino que los caciques actuaban también como jefes de sección informales, garantizando mediante diversos incentivos y técnicas coercitivas la inscripción de los campesinos locales en las ligas de resistencia. Ocasionalmente, los jefes locales organizaban sus propias ligas. Más común era la combinación de un contacto inicial por los cuadros de propagandistas y profesores rurales seguido, cuando era necesario, de las tácticas de mano dura de un jefe local.[71] También los comerciantes y hacendados se veían obligados a unirse a las ligas y obtener credenciales del Partido Socialista. La mayoría de los comerciantes y plantadores consideraban que la calidad de miembro de una liga equivalía a la compra de protección para el futuro. Quienes se negaban a unirse veían su fibra embargada y sus tiendas boicoteadas. Sin una credencial roja, resultaba prácticamente imposible administrar una empresa en el Yucatán de Carrillo, especialmente en el campo.[72] El resultado fue un aumento extraordinario en el reclutamiento de la liga durante la gubernatura de Carrillo Puerto. A fines de 1922, había cerca de 73 000 "ligados" en 417 ligas. Un año más tarde, en vísperas de la revuelta de De la Huerta, dicha cifra había aumentado a mucho más de 80 000.[73]

En suma, la red de ligas de resistencia de Carrillo no era una movilización masiva de las bases en respuesta a su liderazgo carismático, sino más bien un hábil reacomodo de las bases de poder de los caciques existentes por parte del gobierno del Partido Socialista. Con esto no se quiere sugerir que Carrillo prefiriera trabajar con caciques corruptos y pistoleros antes que con los campesinos. Sin duda estuvo comprometido durante toda su vida con el cambio estructural en Yucatán. Pero a principios de los años veinte afrontaba graves dificultades su naciente régimen socialista y sus opciones eran pocas. Al revés de lo ocurrido con el régimen del general Alvarado, que combinaba el poder militar con el poder civil, el gobierno de Carrillo se basaba sólo en el dominio civil y, en ausencia de un apoyo militar federal garantizado, era vulnerable al ataque desde adentro y desde afuera. Carrillo buscó alianzas con los caciques locales porque sabía cómo operaban, habiendo crecido entre ellos, y porque eran aliados naturales que controlaban el campo en una época en que el tiempo mismo determinaría la suerte de su experimento socialista.

[71] AGN, 408-Y-1, José B. Garma a Obregón, 9 de marzo de 1922; SD, 812.61326/254, 812.00/22315, 22887; Manuel M. Escoffié, *Yucatán en la cruz*, Mérida, 1957, pp. 197-203, y véanse los frecuentes episodios de violencia, bandolerismo y caciquismo en *C* y *RdY* durante el periodo de 1918-1923.
[72] AGN, 424-H-1, Cámara Agrícola de Yucatán a Obregón, 3 de enero de 1923; AGN, 424-H-3, Manuel de Irabién Rosado a Obregón, 28 de junio de 1923; Claudio Osalde Medina, "El problema ejidal de Yucatán", *N*, junio de 1936; SD, 812.61326/408; *NYT*, 16 de septiembre de 1923; *RdY*, 9 de abril de 1922.
[73] AGE, "Relación de las Ligas de Resistencia...", 1º de septiembre de 1922; Felipe Carrillo Puerto, "The New Yucatán", *Survey*, 52 (mayo de 1924), p. 141. *Cf.* J. W. F. Dulles, *Yesterday*, p. 137, y Carleton Beals, *Latin America: World in Revolution*, Londres, 1968, página 69, quienes estiman el total de miembros de las ligas en 90 000 y 100 000, respectivamente.

El programa socialista

Desde mediados de 1920 hasta fines de 1923, las alianzas caciquiles que sostenían una creciente red de ligas de resistencia permitían que Felipe Carrillo implantara un amplio programa revolucionario en Yucatán. Bajo el liderazgo de Carrillo, las ligas empezaron a penetrar significativamente en las comunidades de las haciendas, al igual que en las aldeas libres. A principios de 1923, por ejemplo, los socialistas destruyeron lo que se llamó entonces "el último reducto de esclavitud", la plantación azucarera de Catmís ubicada en el remoto extremo sureste del estado. Durante el Porfiriato habían sido infames las condiciones de trabajo en Catmís, donde se reflejaban los peores aspectos del sistema de enganche, incluida la explotación de los deportados yaquis. La plantación había ganado mayor notoriedad aún en marzo de 1911, cuando ocurrió una sangrienta *carnicería* durante la rebelión maderista: los peones explotaron en una breve experiencia catártica, destruyendo la maquinaria y asesinando brutalmente al hacendado y algunos miembros de su familia.[74] La opinión pública olvidó luego las condiciones existentes en la plantación, y fue sólo en 1922 cuando Carrillo supo por uno de sus agentes que el nuevo hacendado había restablecido virtualmente las duras condiciones del Antiguo Régimen, contando con el apoyo del cacique local (nominalmente socialista y convenientemente colocado como comisario municipal de la comunidad). Se violaba flagrantemente el Código del Trabajo de 1918: las casas de los trabajadores se asemejaban a las antiguas barracas del peonaje esclavizado, "colmenas humanas habitadas por 30-50 personas, incluyendo muchas familias".[75] El techo era inadecuado, el agua escasa, la atención médica inexistente. En la plantación residían 200 niños de edad escolar, pero no había ninguna escuela. Se informó que los trabajadores estaban obligados a cortar la caña por lo menos durante 18 horas diarias y se les pagaba con vales.

Carrillo actuó de inmediato, deponiendo al cacique y creando una liga de resistencia. Dentro de los primeros cuatro meses de su existencia, aumentó el número de sus miembros de 80 a 200, movilizando efectivamente toda la fuerza de trabajo de Catmís.[76]

Había otras haciendas cuyas condiciones laborales se asemejaban a las de Catmís a principios de los años veinte, aunque es probable que ninguna estuviese tan remota o recibiera tanta publicidad.[77] En términos generales, aunque Alvarado había destruido el sistema del peonaje esclavizado, sólo cuando los socialistas consolidaron su poder durante la época de Berzunza y Carrillo se hizo un esfuerzo inicial por organizar al jornalero del campo yucateco y trans-

---

[74] SD, 812.00/985, 1260; *P*, 17 de abril de 1923; *DO*, 10 de julio de 1915, p. 2245; Henry Baerlein, *Mexico: The Land of Unrest*, Filadelfia, 1914, pp. 51, 150, 183.
[75] *P*, 17 de abril de 1923.
[76] *Ibid.*
[77] Por ejemplo, AGE, presidente municipal de Tepakán a Carrillo, 21 de febrero de 1922; *cf.* AGE, presidente municipal de Tecoh a gobernador Francisco Vega y Loyo, 23 de febrero de 1920.

formarlo en un trabajador agrícola sindicalizado. Por supuesto, los abusos continuaron registrándose en años posteriores, sobre todo después de la muerte de Carrillo Puerto,[78] y el proceso por el que el trabajador rural se vio proletarizado y políticamente organizado llegó a su conclusión sólo bajo el presidente Lázaro Cárdenas a fines de los años treinta y aun entonces imperfectamente. Pero bajo Carrillo Puerto se hicieron grandes avances. Se siguió el precedente de la revolución retroactiva de Alvarado, sólo que ahora se daba al campesino la protección de la que había carecido bajo Alvarado y se le alentaba efectivamente para que acudiera a los Tribunales de Conciliación y Arbitraje con sus quejas. El hecho de que muchos más campesinos mayas acudieran a presentar sus casos ante los magistrados de centros regionales y en Mérida habla igualmente bien de la campaña emprendida por Carrillo para imbuir el inicio del orgullo étnico y la conciencia de clase en las masas rurales.[79]

El programa educativo de Carrillo reforzaba claramente estas actitudes nuevas. Su noción de la escuela racionalista ligaba el proceso educativo a la noción socialista de la lucha de clases. Al introducir este concepto, Salvador Alvarado había tratado primordialmente de elevar al yucateco, de paria a asalariado. La educación transformaría a un peón oprimido e inmóvil en un obrero productivo, dotado de habilidades y actitudes apropiadas para el capitalismo modernizador. Carrillo, influido por la pedagogía de Francisco Ferrer Guardia, anarquista español, y por las nuevas escuelas revolucionarias de la Unión Soviética, refutó los supuestos de la escuela burguesa, que en su opinión operaba todavía como la escuela porfiriana para cooptar, controlar y domesticar al campesino. Carrillo y los socialistas yucatecos buscaban una "escuela verdaderamente socialista, creada para nutrir a las masas", una institución que prepararía "hombres aptos para la vida y liberados de todos los dogmas", luchando por transformar la sociedad.[80] Los socialistas proyectaban una escuela que transformara al yucateco campesino de un paria en un trabajador consciente de su clase "que ya no deseará trabajar para los amos sino que sabrá cómo beneficiarse con el precio de [su] trabajo".[81]

Al aplicar los principios de la escuela racionalista de Ferrer en todos los niveles del sistema educativo de Yucatán, desde la escuela primaria hasta la nueva Universidad Nacional del Sureste, que creara en 1922, Carrillo daba una breve idea de la clase de pedagogía clasista que surgiría más tarde bajo Cárdenas, en el nivel nacional, con la introducción de la escuela socialista. Los socialistas

[78] Siegfried Askinasy, *El problema agrario de Yucatán*, 2ª ed., México, 1936, p. 145. Véase también la oleada de protestas campesinas contra los abusos laborales de los hacendados que recurre en los legajos de AGE, 1924-1925.

[79] Por ejemplo, *RdY*, 7 de enero de 1920; *cf.* Thomas W. F. Gann, *Ancient Cities and Modern Tribes*, Londres, 1921, p. 77, y Gann, *In an Unknown Land*, Londres, 1924, p. 175.

[80] Partido Socialista del Sureste, *Tierra y libertad: Bases que discutieron y aprobaron el Primer Congreso Obrero Socialista...*, Mérida, 1919; AGE, director, Liga de Estudiantes de la Escuela Granja, a Carrillo, 13 de agosto de 1923; Mary Kay Vaughan, "Education and Class in the Mexican Revolution", *LAP*, 2:2 (verano de 1975), pp. 29-31.

[81] José de la Luz Mena y Alcocer, *La escuela socialista, su desorientación y fracaso, el verdadero derrotero*, México, 1941, pp. 197-198.

crearon en 1922 las primeras escuelas racionalistas, las que trataban de terminar con todos los castigos y premios, exámenes, diplomas y títulos, y hacían hincapié en el conocimiento que pudiera adquirirse con el trabajo manual en los campos, talleres, laboratorios, y las áreas de trabajo de las propias escuelas. Además, todas las escuelas estarían "basadas en la libertad", es decir, fuera del control de los sacerdotes y otro personal religioso, y de educación mixta. Los profesores de estas escuelas racionalistas asistirían a un breve curso en las escuelas normales gubernamentales, donde estudiarían historia laboral, teoría económica marxista, y los artículos 27 y 123 de la Constitución de 1917. Luego deberían instruir a todos los niños yucatecos en los principios del socialismo, los que deberían aprenderse también en las escuelas privadas del estado. Además, a fin de que la nueva sociedad revolucionaria pudiera beneficiarse de sus errores pasados, Carrillo estipulaba que todos los profesores estarían obligados a destacar que el apego anterior del hombre al individualismo había sido un grave error social. En el futuro, para que una sociedad pudiera funcionar suavemente, el individuo tendría que subordinarse a la voluntad, y para el bien, de la colectividad.[82]

Impulsado por Carlos R. Menéndez, editor y director conservador de la *Revista de Yucatán*, se desató un importante movimiento de protesta contra la introducción de la educación racionalista por parte de Carrillo. Además de la oposición de los miembros de la *élite* tradicional (los que ahora enviaban en número mucho mayor a sus hijos a escuelas de otras partes del país o del extranjero) y de algunas familias profesionales de clase media, el experimento padeció la inercia y la resistencia pasiva de algunos profesores de las escuelas públicas.[83] Era más difícil aún la superación del costo relativamente elevado de la construcción, el equipamiento y la dotación de personal de la clase de escuela-taller exigida por el ambicioso concepto racional. (Parece ser que se construyó un número mucho mayor de escuelas durante el periodo económicamente próspero de Alvarado.) En última instancia, la caída de Carrillo en 1924 hizo que se archivara el programa hasta que lo reviviera el régimen de Cárdenas en una forma ligeramente diferente a mediados de los años treinta.[84]

Si no hubiese sido tan costoso y no se hubiese presentado en la retórica clasista, combativa y dogmática, que alienaba a un sector importante de la población alfabeta, preocupada por la educación, el enfoque racionalista de Carrillo hacia la pedagogía habría tenido mucho que ofrecer a Yucatán. Casi todos estaban en favor de alguna reforma al plan de estudios decrépito, decimonónico,

[82] SD-CPR, *Corr.*, 1922, vol. 4, p. 842, "Ley de Institución de la Escuela Racionalista" (6 de febrero de 1922); AGE, "Reglamento de la preparación social para los maestros", 18 de marzo de 1922; *P*, 9 de marzo de 1922; *BdU*, época I, 1:1 (marzo de 1922), pp. 8-12, 37-42, 70-74, 98-106; Fernando Gamboa Berzunza, "Visión pedagógica de Felipe Carrillo Puerto", *RUY*, 3:13 (enero-febrero de 1961), pp. 35-41.

[83] *RdY*, 14 de marzo de 1921, 9 de marzo de 1922, 6 de mayo de 1922; Gonzalo Cámara Zavala, "Paralelo entre las escuelas racionalistas de Barcelona y Mérida", *BdLAS*, 2:17 (mayo de 1922), pp. 66-69.

[84] Gamboa Berzunza, "Visión pedagógica", p. 40; AGE, Depto. de Educación Pública, "Relación de las escuelas públicas del Estado", s.f. (1924).

y la mayoría aceptaba el supuesto principal de Carrillo en el sentido de que, para ser pertinente y eficaz, la educación tendría que ser "más pragmática y menos verbalista".[85] Además, el apego de Carrillo al concepto racionalista lo llevó a introducir varios programas educativos adicionales que resultaron muy populares: su creación de escuelas-granjas para desarrollar nuevos y mejores métodos de cultivo y diversificación agrícola; sus planes para el desarrollo de escuelas industriales que alentaran el crecimiento de industrias artesanales características en cada uno de los pueblos; la introducción de escuelas nocturnas especiales para educar a los trabajadores urbanos y enseñar a los encargados y los mayordomos de las haciendas mayores habilidades administrativas; y su adopción de técnicas experimentales de alfabetización, las que conectaban las habilidades de lectura y escritura con significativas "experiencias centrales" en la vida del trabajador rural, en particular su relación con la tierra.[86]

Las reformas progresistas de Carrillo en las áreas del control natal, los derechos de las mujeres y el divorcio también produjeron una protesta indignada, aunque inútil, del elemento tradicional de la sociedad regional. Por la misma época en que se estaba introduciendo su programa educativo racional, a principios de 1922, la Liga Central y sus ligas feministas estaban distribuyendo en las escuelas públicas y las oficinas del registro civil el folleto norteamericano de la doctora Margaret Sanger sobre la anticoncepción, e impartiendo cursos de educación sexual en las escuelas de Mérida. El gobierno de Carrillo otorgó todo su apoyo a estas campañas. Señalando la gran necesidad de instruir en tales cuestiones a los hombres y las mujeres del proletariado, el periódico del Partido Socialista exclamaba: "¡Muchos niños! Echar al mundo, año tras año, más futuros esclavos de la miseria, el hambre y la explotación, es el ideal burgués y sólo opera en favor de los intereses egoístas de la clase dominante."[87] Más avanzado el año, la Liga Central organizó como parte de su programa cultural nocturno regular de los lunes una serie de presentaciones de los profesores socialistas sobre "La necesidad de instruir a los niños en las escuelas y el hogar sobre los hechos de la vida". Trabajadores urbanos y campesinos rurales eran llevados a Mérida, donde se les decía que era su deber aprender y luego educar a sus hijos correctamente acerca de las funciones de sus cuerpos. También se les alentaba a utilizar las "brigadas sanitarias" móviles integradas por médicos y estudiantes de medicina, que el partido estaba instalando ahora para

---

[85] Gamboa Berzunza, "Visión pedagógica", p. 36; cf. Luis Rosado Vega, "El proletariado profesional", *BdU*, 2:12 (octubre de 1922), pp. 61-70; Betancourt, "Nuestro viejo abuelo", *RUY*, 15:85 (enero-febrero de 1973), pp. 67-68.

[86] Gamboa Berzunza, "Visión pedagógica", p. 40; *BdU*, 1:5 (julio de 1922), pp. 333-338; AGE, A. Pérez Toro, director, Escuela Granja, a Carrillo, 3 de mayo de 1923, 14 de noviembre de 1923; AGE, Carrillo a presidentes municipales, 16 de enero de 1923; *P*, 22 de enero de 1923. En su enfoque filosófico básico, el programa de alfabetización rural de Carrillo prefiguraba el método más reciente de "concientización" del educador brasileño Paulo Freire. Véase Freire, *Pedagogy of the Oppressed*, Nueva York, 1970.

[87] *P*, 11 de marzo de 1922; *DO*, 13 de marzo de 1922, p. 1; AGN, 243-Y-1-I-1, Carrillo a Obregón, 13 de marzo de 1922; cf. *BdLAS*, 2:14 (marzo de 1922), pp. 45-47 (editorial en contra del control de la natalidad).

instruirlos sobre las técnicas preventivas y para atender los problemas existentes en materia de enfermedades venéreas y otros males contagiosos. Sin embargo, en vista de la tradicional cultura agraria de Yucatán, no es sorprendente que los socialistas hayan tenido mucho más éxito en la promoción de sus escuelas-granjas que en sus clases de educación sexual.[88]

Más tarde, en diciembre de 1923, poco antes de la caída del régimen de Carrillo, se liberalizó más aún la liberal ley del divorcio ya existente en Yucatán, que estipulaba un periodo de residencia de seis meses en el estado. El divorcio se concedía virtualmente de inmediato a cualquiera de las partes que alegara un rompimiento irreconciliable, y los extranjeros podían obtener un divorcio tras un mes de residencia, siempre que contrataran los servicios de un abogado socialista (es decir, un abogado debidamente inscrito en una de las ligas de Carrillo). Yucatán se convirtió rápidamente en un paraíso para los norteamericanos ricos que buscaran una liberación indolora de los lazos del matrimonio y constituía una opción especialmente atractiva para quienes tenían un espíritu suficientemente aventurero para combinar los trámites legales mínimos con la emoción exótica de visitar las "ciudades mayas perdidas del comunista Yucatán".[89]

Pero aquí estaba involucrado algo más que la promoción de la incipiente industria turística del estado. Si hasta ahí hubiese llegado la medida, es posible que la burguesía agrocomercial, que ya tenía un firme control de las nuevas líneas de hotelería, transportación y servicios, hubiese sido persuadida para que apoyara el decreto de Carrillo sobre el divorcio. Pero sus miembros observaban que Carrillo estaba librando una campaña infatigable contra todas las facetas del Antiguo Régimen sobre las que ejercían antes control. Toda el área de los derechos de las mujeres y de las relaciones entre hombres y mujeres era especialmente sensitiva y un frente simbólico en la lucha de los socialistas con los antiguos dominadores de esta sociedad tradicional, característicamente machista. Y fue aquí donde don Felipe asestó algunos de sus primeros golpes importantes. Alvarado se había negado a movilizar a las mujeres de la clase trabajadora. En cambio, Carrillo, encomendando la organización del sector femenil a su hermana Elvia y a Rosa Torres, ambas socialistas-feministas, había organizado ya 18 ligas feministas en septiembre de 1922, y había aumentado a 45 dicho total en marzo de 1923.[90]

A posteriori, pareciera que Elvia Carrillo Puerto, a quien ya se conocía en la ciudad de México como "La Monja Roja", por su dedicación feroz e incansable a la Revolución y al movimiento feminista, pudo haber sido uno de los

[88] *P*, febrero de 1922, 5 de septiembre de 1922.
[89] Gann, *Ancient Cities*, pp. 72-73; Sosa Ferreyro, *El crimen*, p. 25.
[90] *RdY*, 9 de noviembre de 1922; AGE, "Relación de las Ligas", 1º de septiembre de 1922; AGE, Benjamín Carrillo Puerto a Felipe Carrillo, 22 de mayo de 1923; Anna Macías, "Felipe Carrillo Puerto and Women's Liberation in Mexico", en Asunción Lavrin, compiladora, *Latin American Women: Historical Perspectives*, Westport Conn., p. 291; Rosemary L. Lee, "Who Owns Boardwalk?: The Structure of Control in the Tourist Industry of Yucatán", ensayo presentado en la septuagésima tercera reunión de la Asociación Antropológica Norteamericana, México, D. F., noviembre de 1974.

revolucionarios mexicanos más interesantes y olvidados.[91] Casada a la edad de 13 años, viuda a los 21, y condecorada como "Veterano de la Revolución" poco tiempo después, doña Elvia fundó la primera organización femenil de Yucatán en 1912, cuando organizó a las campesinas de los alrededores de Motul. Aunque leyó a los grandes escritores revolucionarios —Marx, Lenin, Gorki—, como su hermano, Elvia no se convirtió nunca en teórica. Sin embargo, asistió a más de 40 congresos obreros y creó varias organizaciones feministas durante su larga carrera. Para 1919, había fundado en Mérida lo que se convertiría en su legado político, la Liga Rita Cetina Gutiérrez (designada en honor de una de las más grandes educadoras de Yucatán). La liga expandiría sus actividades por todo México y dirigiría la campaña de los socialistas para movilizar a las mujeres de la península de Yucatán. En 1922, apoyada por las miembros de la Liga Rita Cetina —cuyos enemigos llamaban ahora "sufragistas bolcheviques"— y por su hermano, el gobernador,[92] Elvia Carrillo se convirtió en la primera mujer que en Yucatán, y en todo México, fuese elegida a la diputación estatal (y Rosa Torres se convirtió en regidora del ayuntamiento de Mérida), en una época en que las mujeres de otras partes de la República carecían todavía de la ciudadanía. En 1923, Elvia participó en el Congreso Femenil Panamericano reunido en la ciudad de México y encabezó la facción radical que apoyó las resoluciones sobre el control de la natalidad, las guarderías infantiles, la ayuda a las madres solteras y el aumento del adiestramiento vocacional para las mujeres.

Estos y otros objetivos más estrictamente orientados hacia las clases populares integraban el programa esencial a cuyo derredor movilizaba la liga Rita Cetina de Elvia y Rosa Torres a las mujeres yucatecas de las ciudades, los pueblos, las aldeas y los villorrios de la región durante 1922-1923. Los registros de la Liga Central de Mérida indican que, aunque las nuevas ligas feministas ocupaban todo el estado, englobando a más de 55 000 mujeres trabajadoras, los esfuerzos de organización fueron particularmente exitosos fuera de la zona henequenera, en las áreas pobres muy alejadas de Mérida (por ejemplo, en los partidos de Valladolid, Tizimín y Peto), donde gran número de mujeres se unían regularmente a sus esposos e hijos en la diaria rutina de trabajo.[93] Entre la miríada de temas y lemas que las ligas feministas trataban de imbuir a las nuevas conversas, los siguientes parecen más representativos:[94] "La fecundidad de la mujer es la maldición del pobre"; "La mujer que no hace política orga-

[91] La siguiente información biográfica y evaluación de Elvia Carrillo se basa en gran medida en Acrelio Carrillo, *La familia*, pp. 82-92, y se corrobora con documentos del AGE (citados más adelante).

[92] *RdY*, 30 de septiembre de 1923, 2 de octubre de 1923; Acrelio Carrillo, *La familia*, página 88, recuerda a Felipe Carrillo tranquilizando a su hermana en un momento de duda: "No tengas miedo, hermana, puedes confiar en mí; tú trabajas con las mujeres, yo organizaré a los hombres, y juntos seguiremos adelante."

[93] AGE, "Relación de las Ligas...", 1º de septiembre de 1922; AGE, Benjamín Carrillo a Felipe Carrillo, 22 de mayo de 1923; Clark, *Organized Labor*, p. 208.

[94] AGE, Elvia Carrillo a Felipe Carrillo, 28 de junio de 1923.

nizada con los obreros, no obtiene su reivindicación"; "La independencia económica es la base de todas las demás".

Aunque las ligas feministas daban todo su apoyo a los programas de educación racional, control de natalidad, "desfanatización" y divorcio de Carrillo, el gobernador no estaba siempre en posibilidad de reciprocar accediendo a sus demandas. En junio de 1923, por ejemplo, Carrillo rechazó una petición de Elvia para que se crearan guarderías infantiles obligatorias y se aumentaran los salarios a las mujeres trabajadoras, respondiendo que estas demandas eran justas pero el gobierno no tenía de inmediato los medios necesarios para su financiamiento frente a otros objetivos socialistas más apremiantes. Las feministas de Yucatán tendrían más éxito con sus peticiones de guarderías durante el periodo de Cárdenas, a fines de los años treinta.[95]

Las más de 470 ligas de resistencia feministas y regulares socialistas, además de defender y promover sus intereses materiales, prestaban servicios sociales básicos que la Iglesia y el Estado no podían prestar ya, a menudo por razones políticas o económicas o por unas y otras. Bajo Carrillo Puerto, más y más ligas locales adoptaron nombres políticos coloridos y lemas extravagantes que indicaban el sentimiento de orgullo que caracterizaba progresivamente al movimiento revolucionario regional y sugerían el amistoso nivel de competencia existente entre las ligas. A menudo, estos nombres celebraban héroes regionales, nacionales o internacionales de la Izquierda, así como sucesos o movimientos revolucionarios históricos: Liga Nachi Cocom, Liga Ricardo Flores Magón, Liga Emiliano Zapata, Liga Carlos Marx, Liga Máximo Gorki, Liga de los Mártires de Chicago, etc.[96] Las ligas rurales, a menudo encabezadas por un cacique local, podían organizar las fiestas locales que en épocas anteriores habían sido dirigidas por cofradías (hermandades religiosas). Durante algún tiempo, muchas de las ligas habían ayudado en la administración de las frustradas cooperativas de consumo de Carrillo. La Liga Máximo Gorki, de Itzimná, en las afueras de Mérida, estableció una granja agrícola experimental en tierras ejidales recientemente adquiridas.[97] La Liga Edmundo G. Cantón, de Mérida, organizó un popular equipo de beisbol que recorría la península en nombre del régimen socialista.[98] Una liga de Progreso, integrada por estibadores, abrió una

[95] *Ibid.*; AGE, Felipe Carrillo a Elvia Carrillo, 2 de julio de 1923; Ernest Gruening, "A Maya Idyl: A Study of Felipe Carrillo Puerto, Late Governor of Yucatán", *The Century Magazine*, 107 (abril de 1923), 834.

[96] AGE, "Relación de las Ligas...", 1º de septiembre de 1922; Rico, *La huelga*, vol. 1, páginas 19-27.

[97] AGE, presidente, Liga Máximo Gorki, a Carrillo, y respuesta de Carrillo, 8 de diciembre de 1923; William Gates, "Yucatán — an Experiment in Syndicalism", *World's Work*, 38 (mayo de 1919), p. 66.

[98] *VdR*, 8 de mayo de 1918; Rico, *La huelga*, vol. 1, pp. 19-27. Gann, *Unknown Land*, página 178, se sorprende ante el hecho de que el beisbol se haya vuelto tan popular entre los campesinos mayas en 1924. Esto se debió en gran medida a la promoción del deporte hecha por Carrillo entre los trabajadores. Hasta este día, el beisbol sigue siendo el juego preferido por los humildes habitantes del campo de Yucatán, mientras que el futbol *(soccer)*, tradicionalmente el deporte más "popular" en México, se considera un juego para los ricos de la ciudad.

exitosa escuela nocturna socialista, cuyos 73 estudiantes trabajaban voluntariamente en las reparaciones del palacio municipal. El movimiento de la escuela nocturna prendió en otras ligas urbanas y se vio alentado por la Liga Central como un instrumento para combatir el analfabetismo. Los ligados alfabetos que enseñaran por lo menos a dos de sus compañeros a leer y escribir serían inscritos en una lista de honor que se exhibiría en la sede de la liga local.[99]

Las cuotas de los miembros sostenían estos proyectos locales y las actividades del Partido Socialista del Sureste y de su Liga Central en Mérida. El partido recibía el 20% del ingreso de las ligas locales. A partir de 1918, los ligados pagaban una cuota inicial de dos pesos y una cuota mensual de 1.5 pesos. La depresión económica de la posguerra obligó al partido a reducir la cuota inicial a un peso y las cuotas mensuales a 50 centavos. A fin de incrementar los ingresos, se pidió a los empleados públicos socialistas que aportaran un porcentaje de sus salarios al partido, de acuerdo con una escala progresiva basada en el nivel salarial. Los miembros del partido que estuviesen desempleados quedaban eximidos del pago de cuotas, pero quien no las pagara sin una razón válida sería expulsado del partido.[100]

Durante el gobierno de Carrillo, el Partido Socialista del Sureste y el gobierno estatal se integraron tan completamente que resultaba difícil saber dónde terminaba uno y empezaba el otro. El gobernador seguía siendo líder del partido y presidente de la Liga Central de Resistencia. Las ligas locales eran ahora, prácticamente, las unidades constitutivas y los instrumentos del partido y del gobierno. Mientras que el general Alvarado, el populista burgués, había buscado la unidad del gobierno, el partido y el sindicato para conciliar las diferencias de clases, Carrillo, el revolucionario marxista, utilizaba este marco de organización como un arma poderosa en la lucha de clases.[101]

Sin embargo, Carrillo consideraba las ligas como algo más que un instrumento político. Idealmente, las ligas llegarían a tocar todos los aspectos de la vida regional. Poco antes de su muerte, don Felipe describió esta visión global:

> La liga es más que un partido político, más que una institución educativa, y más que un instrumento del gobierno local. Es todo esto combinado. Es un instrumento para el rejuvenecimiento de los mayas y su cultura; le da el poder que necesita para llevar al cabo un amplio programa social... Las ligas son Yucatán... Son un instrumento para el crecimiento espiritual.[102]

Fue así dentro de este espíritu de servir de vehículo para la liberación del campesino y el renacimiento de su cultura, como las ligas de resistencia resultaron más innovadoras. Bajo la dirección de Carrillo, los funcionarios de las ligas se esforzaron primero para lograr que el campesino maya abandonara las instituciones tradicionales del Antiguo Régimen. Se ordenó a los líderes locales

---

[99] José Castillo Torre, "La muerte del Mártir", *BdU*, 4:1 (junio de 1924), pp. 12-13; Rico, *La huelga*, vol. 1, pp. 19-27.
[100] Paoli y Montalvo, *El socialismo olvidado*, p. 150.
[101] *Ibid.*, p. 165.
[102] Carrillo Puerto, "New Yucatán", pp. 140-141.

Asamblea de la liga de resistencia, Temax, 1923.

que pintaran todos los edificios eclesiásticos (y públicos) de rojo. De acuerdo con la disposición de Carrillo de que los yucatecos deberían "huir de la Iglesia como de una plaga", debía alentarse una manipulación de los símbolos para fines ideológicos. Así pues, el triángulo equilátero rojo, el logotipo del Partido Socialista, reemplazaría a la cruz, y los "matrimonios y bautismos socialistas" —con arreglos florales rojos y orquestaciones de "La Marsellesa" y "La Internacional"— sustituirían a las versiones católicas tradicionales de estos sacramentos.[103] Ernest Gruening, quien visitó a Yucatán durante la gubernatura de Carrillo Puerto, se impresionó con el homenaje rendido por los campesinos "al color [rojo] que [...] representaba el símbolo de una *nueva religión*".[104] En cambio, Carrillo no padecía esa ilusión. Al revés de Alvarado, Carrillo no había subestimado la fuerza y la vitalidad de la tradición católica popular entre el pueblo. Su estrategia había sido la de trabajar dentro de la tradición y sólo sustituir los símbolos obsoletos católicos por nuevos símbolos socialistas. En diversas ocasiones en la prensa socialista y en los actos del partido, los representantes de la Iglesia eran denunciados al mismo tiempo que se afirmaba el mensaje del cristianismo. Se presentaban el marxismo y el cristianismo como

---

[103] *DO*, 13 de marzo de 1922; *RdY*, 23 de marzo de 1922; Vasconcelos, *El desastre*, página 69; SD-CPR, *Con, Corr.*, 840.5, Marsh a secretario de Estado, 26 de marzo de 1923. El partido alentaba también a los socialistas a usar bandas rojas, y ordenó a los presidentes de las ligas que escribieran toda la correspondencia oficial con tinta roja.

[104] Ernest Gruening, *Un viaje al estado de Yucatán: Felipe Carrillo Puerto, su obra socialista*, Guanajuato, 1924, p. 14.

dos ideologías que buscaban el mejoramiento de la colectividad. En una carta abierta al arzobispo Martín Tritschler y Córdoba, publicada en *El Popular*, periódico del partido, don Felipe censuró al Arzobispo y sus subordinados porque "ninguno de ustedes ha estado a la altura de su gran misión... de imitar a nuestro amado maestro y señor, Jesucristo, uno de los primeros socialistas del mundo, que imbuía en los trabajadores el amor y el deber".[105]

En virtud de que percibía que la Iglesia no planteaba en Yucatán ninguna amenaza política para la Revolución, como ocurría en otras partes de México, Carrillo adoptó una política más moderada hacia ella que la de su antecesor, rabiosamente anticlerical. El resultado, decía con orgullo, era que la Liga Central se mostraba "más vitalmente una institución espiritual que la Iglesia en su mejor momento".[106] Sin embargo, muchos de los líderes socialistas y los caciques locales no se restringían tanto como Carrillo en su campaña contra el clero y ejecutaban actos destructivos reminiscentes de los cometidos por los federales de Alvarado. Es muy probable que el sincretismo político-religioso de Carrillo, interpretado por caciques e intermediarios del partido, confundiera o indignara a gran número de devotos campesinos yucatecos.[107]

Más exitoso resultó el aliento otorgado por el partido a la enseñanza de la lengua y las formas artísticas mayas. Se hicieron grandes esfuerzos para infundir en los ligados un sentimiento de orgullo por la gran tradición cultural de la que eran herederos. Los funcionarios locales eran responsables de programar reuniones culturales semanales sobre estos temas, conocidas como "lunes rojos". De acuerdo con los informes socialistas, las funciones del lunes por la noche se volvieron sucesos populares en el calendario local. Cerca de 1 000 miembros asistían regularmente en Mérida, y no era raro que se presentaran de 200 a 500 campesinos en las cabeceras municipales y las aldeas más grandes.[108]

También se pedía a los jefes de ligas que organizaran los detalles del trabajo comunal para iniciar la construcción de caminos de servicio a las ruinas mayas clásicas de Chichén Itzá y Uxmal, poco accesibles, que Carrillo estaba tratando de restaurar ahora en colaboración con un equipo de arqueólogos de la Institución Carnegie.[109] Por su parte, Carrillo Puerto encargó y distribuyó ediciones locales del *Chilam Balam* y el *Popol Vuh*, los libros sagrados de los mayas de Yucatán y del Quiché (altiplanicie), el último relativamente desconocido en la península. Además, a fin de conectarse más directamente con este pasado útil, don Felipe propagó entre sus jefes subordinados la idea de que era descendiente

[105] *P*, 7 de febrero de 1977.
[106] Carrillo, "New Yucatán", p. 141; "Conditions in Yucatán", *NYC*, 5 de mayo de 1923, sección 2. Véase también ASA, *Correspondencia, 1919-1928*, "Cartas, 1923", Pedro M. Regil a Tritschler y Córdoba, 7 de noviembre de 1923, acerca del creciente desdén de los campesinos de la hacienda Tekik por el ritual eclesiástico; *cf.* ASA, *Colección de papeles de Tritschler y Córdoba*, "Diversos Documentos, 1899-1939", arzobispo de México a Tritschler, 21 de marzo de 1922.
[107] Por ejemplo, véase AGE, presidente de la Liga de Oxkutzcab a Carrillo, 24 de octubre de 1922; Paoli y Montalvo, *El socialismo olvidado*, p. 172.
[108] *Ibid.*, p. 173.
[109] Rosa Castro, "Sobre la ruta de Carrillo Puerto, el Mesías de Motul", *Hoy*, 15 de marzo de 1952; *P*, 9 de marzo de 1923; Gann, *Ancient Cities*, pp. 76, 79.

Proyecto comunal para el mejoramiento de los caminos, liga de resistencia, Temax, 1923.

directo de Nachi Cocom, el noble maya que, al igual que Cuauhtémoc, había luchado ferozmente contra la Conquista española y se había convertido en un símbolo del orgullo y la autonomía regionales. La pretensión se basaba en el hecho de que los antepasados de Carrillo provenían de Sotuta, cerca del asiento del antiguo cacicazgo de los Cocomes. De por sí tenue, la pretensión se veía seriamente minada por la estatura de 1.80 de don Felipe, sus ojos verdes y su apariencia indudablemente blanca, todo lo cual difícilmente revelaba una ascendencia maya.[110] Por supuesto, Carrillo apreciaba que el contenido racional y empírico no tiene que constituir la sustancia de una mitología útil.

Carrillo advertía la importancia del mito como un elemento esencial del proceso de organización y del sostenimiento del campesinado yucateco durante una batalla política que podría ser larga. Uno de los mayores obstáculos para el cambio revolucionario era la rutina misma. Como los políticos mexicanos pos-

---

[110] Robert L. Brunhouse, *Sylvanus G. Morley and the World of the Ancient Mayas*, Norman, Okla., 1971, p. 176; Ernest Gruening, "The Assassination of Mexico's Ablest Statesman", *Current History*, 19:5 (febrero de 1924), p. 737.

teriores, don Felipe sabía que los mitos bien escogidos, con su promesa y optimismo, podían movilizar a los campesinos víctimas de una miseria incesante. Además (y también como sus sucesores), juzgaba que los mitos requieren una atención y un reforzamiento constantes. El uso reiterado de mitos y símbolos mayas, por parte de Carrillo, estaba calculado con gran cuidado. Aspiraba a renovar para las masas indias la tradición revolucionaria que habían establecido en la época de la Conquista (Nachi Cocom), la que se desarrolló mediante una serie de rebeliones durante el periodo colonial (por ejemplo, Jacinto Canek, 1781) y culminó en la Guerra de Castas de mediados del siglo XIX. Carrillo Puerto advertía astutamente que, en vista de la posición económicamente empobrecida y culturalmente despreciada de los campesinos indios, el desarrollo del orgullo étnico promovería al mismo tiempo la conciencia de clase.

En vista de la estrecha relación establecida por el gobernador Carrillo con los campesinos mayas, parece irónico que su gobierno batallara en sus relaciones con el proletariado urbano, el aliado tradicional de los revolucionarios marxistas. En muchos sentidos, la actitud de Carrillo hacia los estibadores, ferrocarrileros, electricistas, trabajadores de servicios y artesanos que formaban el movimiento laboral urbano constituía virtualmente el reverso de la política de Alvarado. Las raíces culturales de Carrillo y sus experiencias políticas en Yucatán y Morelos promovieron en él una ternura y una afinidad por los campesinos que jamás desarrolló por los trabajadores urbanos. Mientras que Alvarado había indicado pronto su intención de convertir al proletariado urbano en su principal auxiliar civil, Carrillo Puerto había optado por usar al sector agrario como la base de su poder. Bajo el patronazgo de Alvarado y durante un periodo de auge económico, los trabajadores organizados de Mérida y Progreso habían prosperado y se habían acostumbrado a los altos salarios, mientras que las condiciones del sector agrario habían mejorado mucho más lentamente. Ahora, durante un extenso periodo de recesión económica, los trabajadores urbanos se negaron a detener sus demandas de incrementos salariales y se indignaban ante los intentos de despedir temporalmente a los miembros de una fuerza de trabajo ya inflada. Además, lejos de manifestar colectivamente alguna solidaridad con los jornaleros del sector agrario, muchos no ocultaban su desprecio por los campesinos, a quienes consideraban masas de "indios imperfectamente civilizados".[111]

El gobernador Carrillo tenía un resentimiento especial contra la poderosa e independiente Federación Obrera que controlaba los muelles de Progreso y que, junto con la Liga Obrera de Ferrocarrileros, se negaba a afiliarse a la Liga Central de Resistencia del partido. Ambas organizaciones se habían formado al final del Porfiriato, y en ambos casos los fundadores incluían anarquistas y anarcosindicalistas españoles que se habían asentado en la península. Estos estibadores y ferrocarrileros defendían celosamente su autonomía y, aunque

---

[111] Clark, *Organized Labor*, p. 213. Hemos visto que los trabajadores urbanos de Yucatán eran reclutados en la mayoría de los casos en Mérida, Progreso y los centros regionales más grandes. Por lo tanto, incluso quienes tenían una ascendencia predominantemente maya se asimilaban pronto en la capital y el puerto.

habían cooperado con Alvarado, ahora se resistían ante los intentos de Carrillo por incorporarlos a su maquinaria política regional.[112] Las estrechas conexiones de Carrillo con sus patrones nacionales, Calles y Obregón, lo obligaban a promover en la península los esfuerzos de organización de la Confederación Regional Obrera Mexicana (CROM), dirigida por el callista Luis Morones, quien había adquirido ya una reputación de caudillismo corrupto que sólo se acentuaría con el tiempo; además, la CROM había abandonado desde largo tiempo atrás el enfoque anarcosindicalista de la acción directa que todavía preferían los líderes de estos sindicatos.[113] Así pues, la doble perspectiva de un control más estricto por parte del estado y la campaña de Morones para afiliarlos a la CROM amenazaba e indignaba a estos trabajadores que habían probado su capacidad para defenderse por sí solos. Los estibadores de Progreso habían establecido independientemente una relación estrecha con los estibadores de Veracruz, igualmente autónomos y combativos. Para 1921 había prácticamente una unión de trabajadores de los muelles del golfo, aunque nunca se formalizó.

A medida que se deterioraban las condiciones económicas, crecían las tensiones entre el Gobernador y los sindicatos. Luego del gran estancamiento henequenero de 1919, los asesores gubernamentales habían recomendado que se retuvieran sólo 500 estibadores para manejar el reducido tráfico comercial, mientras que los arreglos de 1922 proveían trabajo para los 2 000 miembros de la Federación Obrera. Los empresarios y viajeros descontentos formularon ante Carrillo diversas quejas por lo elevado de las tarifas y la actitud poco razonable de los estibadores de Progreso. Se afirmaba que la Federación Obrera dividía y subdividía el trabajo de carga y descarga en un mosaico de tareas y luego cobraba demasiado por cada una de ellas. Un sindicalizado subía y bajaba la carga del barco a un lanchón; otro la transportaba del lanchón al muelle; un tercero la subía o la bajaba al malecón; un cuarto la movía por el malecón; otros la movían en tierra. Cuando visitaba a Progreso a principios de los años veinte, Thomas Gann se asombró ante el edicto de la Federación que prohibía a los pasajeros el acarreo de su equipaje de mano por los 400 metros que mediaban entre la aduana del muelle y la estación del ferrocarril, y cobraba 10 dólares por el privilegio. ¡Gann se fue mascullando que el puerto debería llamarse "Retroprogreso"! [114]

Problemas similares afectaban los ferrocarriles estatales. A fines de 1921, los Ferrocarriles Unidos de Yucatán estaban muy endeudados con un grupo de banqueros británicos y debían 50 000 pesos de salarios atrasados a su fuerza de

---

[112] Fowler Salamini, *Agrarian Radicalism*, p. 27; Rico, *La huelga*, passim.
[113] Rocío Guadarrama, "La CROM en la época del caudillismo en México", *Cuadernos Políticos*, 20 (abril-junio de 1979), pp. 52-63; Fowler Salamini, *Agrarian Radicalism*, pp. 28-29. El derrocamiento de Carrillo en 1924 fue un golpe severo para los esfuerzos de organización de la CROM en la península.
[114] Gann, *Ancient Cities*, p. 70, *Unknown Land*, p. 172; los hacendados yucatecos se lamentaban ante el presidente Obregón que costaba más el traslado de los productos de un barco en el puerto a Mérida que desde Nueva York a Progreso. SD, 812.61326/369, 403. Se formularon acusaciones parecidas contra los estibadores que trabajaban en el puerto de Veracruz.

trabajo excedente. En un manifiesto al proletariado yucateco, Carrillo pidió a los trabajadores ferroviarios y portuarios que se disciplinaran a sí mismos, señalando que de otro modo se elevaría tanto el precio de la fibra yucateca que ésta sería expulsada del mercado, lo que resultaría muy oneroso para sus compañeros trabajadores de todo el estado.[115] Cuando los exhortados se negaron a actuar voluntariamente, Carrillo se dispuso a combatirlos, promoviendo una liga ferrocarrilera rival (Liga de Resistencia Torres y Acosta), con lazos más firmes en el partido, que luego se movilizó para infiltrar y cooptar a los sindicatos descontentos de Progreso.[116] Cuando no pudo minar a la cohesiva Federación Obrera, Carrillo se dio a la tarea de construir una carretera de Mérida a Telchac (cerca de Motul), donde se proponía establecer un puerto rival, el que sería operado por los campesinos leales de su distrito nativo.

Por último, a mediados de 1922 explotó violentamente el conflicto planteado entre el gobernador Carrillo y los sindicatos. En mayo, la independiente Liga Obrera de Ferrocarrileros advirtió que su rival, la carrillista Liga de Resistencia Torres y Acosta, con la que había coexistido pacíficamente, estaba acelerando ahora sus actividades de organización, decidida a eliminar a la Liga Obrera. Cuando surgieron los inevitables disturbios en los talleres de los ferrocarriles, que causaron la muerte a varios líderes de la liga carrillista y lesiones a muchos más de sus miembros, don Felipe intervino en el conflicto. Fueron arrestados cerca de un centenar de los líderes y miembros del sindicato independiente; uno de los líderes fue luego torturado y muerto en la prisión. Haciendo causa común con los ferrocarrileros hostigados, los estibadores de Progreso convocaron a una huelga general, la que en efecto representaba una prueba para la fortaleza del Partido Socialista.[117]

La escandalosa huelga de junio duró 10 días pero nunca pudo paralizar la capital ni el puerto principal. Ambos bandos buscaron el apoyo de aliados externos. Los estibadores de Veracruz atacaron a Carrillo y amenazaron con fomentar una huelga portuaria nacional. La prensa conservadora de Yucatán, encabezada por la *Revista de Yucatán* de Carlos R. Menéndez, apoyó el paro y, de acuerdo con algunos observadores, incluso redactó los manifiestos de los huelguistas. El Partido Socialista, culpando simplistamente del conflicto a una alianza conspiradora entre una burguesía reaccionaria y sus sindicatos "blancos", obtuvo el apoyo de la CROM de Morones, la que envió algunos agentes desde la ciudad de México. Durante la huelga hubo peleas callejeras y una violencia gangsteril.[118]

Finalmente, el Partido Socialista de Carrillo acabó con la huelga y superó el desafío a su autoridad. Los términos del arreglo fueron benévolos para los estibadores, quienes conservaron su autonomía pero debieron firmar un pacto

[115] *P*, 14 de marzo de 1922; SD-CPR, *Corr., 1920*, vol. 4, 861.3, Marsh a cónsul general de los Estados Unidos, 13 de enero de 1920; *Corr., 1923*, vol. 5, 377, "The United Railroads of Yucatán", s.f.

[116] AGE, Diego Rendón a Carrillo, 27 de julio de 1920; AGE, Carrillo a jefe de la guarnición, 5 de junio de 1922; *P*, 18 de marzo de 1922.

[117] SD, 812.00/25654.

[118] Rico, *La huelga, passim*; Paoli y Montalvo, *El socialismo olvidado*, p. 174.

que los obligaba a "abstenerse por completo de obstruir las tareas del Partido Socialista del Sureste y de su gobierno". El plan de Carrillo para desafiar su poder mediante la construcción de un puerto rival en Telchac expiraría finalmente tras de su muerte a principios de 1924.[119] La "instigadora" del conflicto, la antigua Liga Obrera de Ferrocarrileros, no fue tan afortunada: se vio sumariamente reemplazada por su rival carrillista, la Liga de Resistencia Torres y Acosta.

Retrospectivamente, pareciera que Carrillo, decidido como estaba a crear en Yucatán un omnipotente aparato partidista único, resentía la amenaza planteada por la autonomía de estos sindicatos tanto o más que sus abusos del poder, los que tenían nocivas consecuencias económicas para el sector agrario. Al igual que Alvarado, Carrillo respondió finalmente a esta amenaza en lo que ha resultado ser el estilo probado y auténtico de la Revolución Mexicana, confrontando a los líderes de estos sindicatos rebeldes con una elección inapelable entre la cooptación o la coerción.[120] Para los miembros de los sindicatos que cooperaran y formaran ligas afiliadas al Partido Socialista, Carrillo invocaba el principio de la revolución retroactiva y, siempre que fuese posible, trataba de aplicar las amplias disposiciones del Código Laboral de Alvarado, cuya redacción había modificado Carrillo en 1919 para sugerir la inevitabilidad de la lucha de clases.[121]

Pero ¿cuál era el costo financiero de tal revolución social? ¿Podría una región de monocultivo, atada a un mercado internacional débil, implantar estas y otras reformas más radicales del sector agrario y del sector exportador del henequén? Ahora examinaremos la economía de la frustrada revolución socialista de Yucatán.

---

[119] Dulles, *Yesterday*, p. 143; Rico, *La huelga*, vol. 2, pp. 104-105 y *passim;* Gruening, *Mexico*, pp. 340-341; Clark, *Organized Labor*, pp. 209-210.
[120] Véase Bo Anderson y James Cockcroft, "Control and Co-optation in Mexican Politics", en Irving L. Horowitz y otros, comps., *Latin American Radicalism*, Nueva York, 1969, pp. 366-389.
[121] Por ejemplo, AGE, presidente, Liga Obrera de Tranviarios de Mérida, a Carrillo, 4 de abril de 1923; González Navarro, *Raza*, p. 246.

VIII. LA IDEOLOGÍA Y LA "PRAXIS" DE UNA REVOLUCIÓN SOCIALISTA: LA REFORMA AGRARIA Y LA INDUSTRIA HENEQUENERA

> La fortuna y la desgracia de los hombres pueden explicarse si recordamos la conexión que tienen con la tierra.
>
> ABREU GÓMEZ, *Canek*

> Sin duda alguna, la tierra debe ser el punto focal de nuestra revolución.
>
> FELIPE CARRILLO PUERTO

COMO su íntimo amigo y predecesor, Manuel Berzunza, el gobernador Carrillo descubrió pronto que sus impulsos generosos hacia sus aliados de la clase trabajadora y el alcance inmediato de su revolución se verían gravemente limitados por la continua crisis económica que afectaba a la industria henequenera de Yucatán. Todas las revoluciones cuestan dinero, y las revoluciones socialistas, que postulan una transformación radical de los cimientos sociales y económicos de una región, son especialmente costosas. Además, como lo advirtiera pronto Carrillo Puerto, de nada les sirve a los revolucionarios expropiar y socializar los medios de producción cuando han dejado de ser rentables. Si su régimen socialista quería transformar y mejorar la calidad de la vida de las masas de la región, tendría que hacer algo más que simplemente capturar los medios de producción; tendría que recrearlos sustancialmente y quizá crear también nuevas capacidades productivas.[1] Tal tarea resultaba especialmente difícil en una región que dependía de un solo producto, incluso bajo favorables condiciones de mercado.

La tarea era extraordinariamente formidable en 1922. La fortuna económica de Yucatán había tocado fondo a fines de 1921, poco tiempo antes de que Carrillo asumiera la gubernatura. En enero de 1922, al dejar ese puesto, Berzunza conmovió a los miembros del partido revelando en su informe anual el grado en que habían caído la industria henequenera y la economía regional desde el periodo de auge de tiempos de guerra. Si 1919 y 1920 habían sido años malos para la industria, 1921 era peor. Las recaudaciones por exportación del henequén habían bajado 55%, y en virtud de que todos los impuestos y recaudaciones principales estaban ligados al precio de la fibra —el que se había derrumbado de 13.2 centavos por kilo en su punto más alto a fines de 1920 a menos

---

[1] Compárese el dilema similar afrontado por la revolución marxista de Ho Chi Minh en Vietnam, analizada por Frances Fitzgerald en *The Fire in the Lake: The Vietnamese and the Americans in Vietnam*, Nueva York, 1973, pp. 284-304.

de 2.2 centavos por kilo en su punto más bajo de 1921—, el ingreso del gobierno estatal había bajado en una proporción parecida. El estado tenía que operar con mucho menos de un millón de pesos, y a pesar de que los gastos también se habían recortado, Yucatán estaba operando en rojo por primera vez desde que se tenía memoria. Pero mucho más deprimente que las cifras de la exportación y los impuestos era el informe de Berzunza en el sentido de que la producción de henequén de 1921 era 332 478 pacas menor que en 1920. Sólo esto costaba al estado 24 447 350 pesos en el valor de las exportaciones; además, había debilitado gravemente la futura capacidad productiva de Yucatán, porque se habían abandonado muchos campos existentes y no se había cubierto la razón prescrita de nuevas siembras.[2]

Las consecuencias de la crisis económica de Yucatán eran evidentes por todas partes. La incapacidad para vender cantidades importantes de henequén en un mercado todavía congestionado significaba que, como en los peores días de 1919, no había dentro de la región dinero suficiente para sostener los servicios económicos y las empresas de una población de 337 000 habitantes. En el comercio urbano se registraron más de 50 quiebras; entre las víctimas se encontraban algunas empresas grandes y medianas, además del número habitual de negocios pequeños, marginales. En Mérida y en Progreso parecían inminentes muchas más liquidaciones, y en los pueblos y las comunidades de haciendas habían quebrado infinidad de tiendas. Los plantadores se quejaban de que "en estos días, un viaje por las ruinas mayas significa una visita a nuestras haciendas henequeneras".[3] Los líderes populares y los dueños de haciendas por igual pedían al gobierno reducciones o exenciones de los impuestos a la propiedad, en virtud de que no podían cumplir sus obligaciones corrientes. En varios casos, para evitar el pago de impuestos, los pequeños hacendados entregaban su propiedad a los campesinos de la vecindad o trataban de persuadir al gobierno para que aceptara la tierra en lugar del efectivo.[4] Virtualmente en todos los casos, el empobrecido gobierno socialista rechazaba estas ofertas y continuaba presionando con sus demandas de dinero. Pero durante periodos diversos de 1921 y 1922, el gobierno estaba atrasado en los pagos de rentas de sus edificios, no podía pagar a los servidores públicos, los policías y los maestros de su nómina, y no pagaba las pensiones, "tradicionalmente sagradas" de los pocos "héroes de la Guerra de Castas" sobrevivientes.[5] Algunos maestros revolucionarios dedicados, que habían iniciado sus servicios en remotas áreas rurales batallando bajo las restricciones políticas del más conservador régimen de Alvarado,

[2] *P*, 20 de enero de 1922.
[3] SD, 812.61326/410; AGE, Pedro Arjona Moguel a gobernador Berzunza, 7 de marzo de 1921; SD-CPR, *Corr.*, *1921*, vol. 2, p. 610, "World Trade Directory: Retired Business File".
[4] AGE, presidente, Liga de Resistencia de Oxkutzcab, a Carrillo, 26 de octubre de 1922; AGE, Manuel de Arrigunaga a Carrillo, 21 de junio de 1922; AGE, tesorero estatal a Carrillo, 26 de julio de 1922.
[5] Por ejemplo, AGE, Carrillo a tesorero, Asilo Ayala, 20 de marzo de 1922; AGE, coronel Francisco Irabién a Carrillo, 27 de diciembre de 1922; AGE, Carrillo a tesorero estatal, 11 de marzo de 1922.

recordaban ahora con nostalgia algunas de las ventajas materiales de aquellos días: "Olvídate de los pases para viajar gratuitamente en el ferrocarril que nos permitían realizar más eficientemente nuestro trabajo... ¡Por lo menos, Alvarado nos daba lo suficiente para irla pasando!"[6]

Por supuesto, tales síntomas de la privación económica se aunaban a graves consecuencias políticas y sociales. Los meses inmediatamente anteriores a la elección de Carrillo como gobernador fueron probablemente los más sangrientos de toda la historia revolucionaria de Yucatán. Durante 1921, Carrillo estuvo involucrado en las etapas finales de la consolidación de sus alianzas con caciques subregionales y en su utilización para eliminar a la oposición liberal. Los relatos contemporáneos dejan pocas dudas acerca de que la violencia política se agudizaba en las áreas rurales por el hambre y la privación producidos por el deterioro de las condiciones económicas. Fuera de la zona henequenera, en los remotos distritos de Sotuta, Espita y Valladolid, rancherías y haciendas enteras eran evacuadas porque las bandas de los caciques robaban el ganado, saqueaban, quemaban y mataban en gran escala. En el área de Sotuta, por ejemplo, algunos testigos presenciales informaron que los cadáveres formaban grandes montones, donde se alimentaban los zopilotes, antes de arrojarlos a los cenotes.[7] En los límites occidentales de la zona henequenera, cerca de Opichén y Maxcanú, los bandidos que se proclamaban alternativamente como socialistas o liberales realizaban sus actividades a la vista de todos, con quienquiera que acertara a cruzarse en su camino. En el proceso, varios administradores, mayordomos y trabajadores de las haciendas locales fueron asaltados y muertos, a menudo mediante una forma estilizada de la decapitación.[8] El corresponsal rural de la *Revista de Yucatán*, reflejando los temores de la burguesía local, observaba (de nuevo, con un desprecio característico) que "aquí, en el campo, se están matando como perros".[9] Poco tiempo después, un grupo de yucatecos prominentes se quejó ante el presidente Obregón de que "el ciudadano pacífico no tiene otra garantía que su propio revólver".[10] El saliente gobernador Berzunza tuvo que convenir con estos críticos de su régimen socialista. Concluyó su informe de 1922 con una terrible observación: "Afrontamos nada menos que la completa paralización de los negocios y la dislocación de la sociedad."[11]

Frente a esta violencia y miseria, Carrillo Puerto había percibido las restricciones económicas que impedirían el cumplimiento de su amplio programa a principios de 1922. Por lo tanto, en una entrevista ampliamente difundida por la prensa nacional que reseñó su toma de posesión, Carrillo tuvo buen cuidado de distinguir entre las metas infraestructurales y económicas más costosas, que

---

[6] AGE, memorial de los profesores Severiano y Roberto Echeverría a Carrillo, 28 de junio de 1922.

[7] *RdY*, 5 de julio de 1921, 11 de agosto de 1921, 10 de junio de 1922.

[8] Por ejemplo, AGE, Carrillo a procurador general de justicia, 27 de junio, 10 de agosto y 6 de noviembre de 1921; AGE, presidente municipal de Maxcanú a Carrillo, 9 de agosto de 1921.

[9] *RdY*, 10 de marzo de 1921.

[10] *RdY*, 18 de octubre de 1921.

[11] *P*, 20 de enero de 1922.

se alcanzarían sólo gradualmente, y los objetivos políticos y sociales más inmediatos.[12] En la primera categoría incluía una gran campaña de construcción de caminos que conectarían las haciendas, rancherías y pueblos con las cabeceras municipales, y éstas con Mérida; una renovación del anticuado sistema ferroviario y la creación de nuevas líneas que conectaran el interior con la costa norte del golfo y la costa oriental del Caribe; la construcción de edificios escolares rurales en número mucho mayor; la promoción de la autosuficiencia en alimentos básicos (en 1918, Yucatán producía sólo el 30% de su abasto de alimentos);[13] la industrialización y la modernización de la industria henequenera; y la reanudación de la búsqueda de petróleo, suspendida por Alvarado, que volvería a Yucatán menos dependiente de México y de los Estados Unidos en lo tocante a sus necesidades de energéticos.[14] Es un tributo a Carrillo el hecho de que, a pesar del tiempo limitado y las magras finanzas a su disposición, lograra resucitar La Industrial y patrocinar el establecimiento de otras plantas cordeleras; se ganara el reconocimiento de Obregón como el primer constructor de caminos de México; fundara una universidad regional y contribuyera al crecimiento físico del sistema escolar de Yucatán, además de introducir cambios innovadores en los planes de estudio; y emprendiera una exploración conjunta, yucateca y norteamericana, que localizó depósitos petroleros en la península. (El proyecto petrolero se atoró después, cuando W. R. Grace and Company, la firma norteamericana que había prometido proveer el capital y la tecnología, se separó, temiendo que su socio socialista anulara el contrato existente y expropiara la empresa en cuanto se volviera razonablemente rentable.)[15]

De todas las metas sociales y políticas señaladas por Carrillo para atención inmediata, la más importante era su intención de distribuir ejidos a todos los pueblos grandes del estado dentro del primero o los dos primeros años de su gobierno.[16]

El programa agrario de Carrillo Puerto: un debate continuo

Desde su época de agitador agrario bajo Alvarado, Carrillo había demostrado que el punto focal de su visión social era la tierra. Durante el régimen de Carrillo, el ritmo de la reforma agraria se aceleró hasta el punto de que, para 1924, Yucatán había distribuido más tierra que cualquiera otro estado, con la

---

[12] Carrillo les dijo a los reporteros: "En vista de la carencia de recursos económicos, es posible que mi gobierno no alcance todas estas elevadas metas socialistas, pero empezará a perseguirlas de inmediato en las áreas sociales y las comunidades donde sea más necesario." *P*, 28 de enero de 1922.
[13] SD-CPR, *Corr., 1918*, vol. 4, p. 690, Marsh a profesor W. M. Adriance, 1º de marzo.
[14] *P*, 28 de enero de 1922, reproduciendo la entrevista dada a *El Heraldo de México* (ciudad de México).
[15] *RdY*, 27 de junio de 1922; compárese la búsqueda de petróleo por parte de Alvarado, descrita en el capítulo v.
[16] *P*, 28 de enero de 1922.

posible excepción del Morelos de Zapata.[17] Sorprendentemente, sin embargo, la reforma agraria de Carrillo y su política estrechamente relacionada en lo tocante a la administración de la industria henequenera, siguen siendo las partes menos entendidas de sus programas.[18] Hasta ahora, las explicaciones existentes sobre la reforma agraria de Carrillo han sido, en general, variaciones de dos tesis opuestas, cada una de las cuales trata de aducir una interpretación ideológica de las actividades de Carrillo sobre la base de pronunciamientos aislados hechos por éste sin ubicar tales pronunciamientos y acciones dentro del contexto político, social y económico total. El punto central de la controversia es la actitud de Carrillo hacia la industria henequenera y su posición en lo tocante a la expropiación de la hacienda henequenera.

De acuerdo con la primera tesis —con mucho la más popular—, Carrillo, al igual que Zapata con quien había trabajado, era esencialmente un conservador en cuestiones agrarias, opuesto a la moderna plantación henequenera, altamente capitalizada, tanto como defensor de la aldea india tradicional y su ejido de propiedad comunal.[19] Esta interpretación sostiene que Carrillo trataba de dar marcha atrás al reloj de la historia para restablecer en Yucatán la antigua forma de vida de los campesinos, junto con su cultura aldeana centrada en la autarquía del maíz y el frijol.[20] Los proponentes de esta tesis consideran a Ca-

---

[17] Frank Tannenbaum, *The Mexican Agrarian Revolution*, Washington, D. C., 1930, páginas 489-499. Sin embargo, véanse las gráficas A y C del Apéndice, donde se sugiere otra cosa, por lo menos en términos de hectáreas oficialmente distribuidas (es posible que las cifras oficiales no hayan registrado muchas de las distribuciones anteriores de Zapata). Por supuesto, Morelos es un estado mucho más pequeño que Yucatán, y es posible que la reforma agraria haya sido allí proporcionalmente más extensa. Adviértase también el efecto del régimen de Carrillo sobre el programa agrario del vecino Campeche (gráfica B), y cómo se compara favorablemente la distribución de la tierra en Yucatán con la reforma agraria nacional durante el periodo de Carrillo Puerto (gráfica D).

[18] Aun los interrogantes más básicos acerca de lo que ocurrió y por qué ocurrió, que podrían aclarar la magnitud y la motivación de la reforma agraria de don Felipe, han sido omitidos o se han contestado de manera tan poco convincente que las explicaciones plantean más interrogantes que los que resuelven. Hay varias razones de la confusión interpretativa y las grandes lagunas de la literatura histórica. Carrillo escribió sorprendentemente poco, y lo que dijo en sus discursos se ajustaba con frecuencia a las necesidades inmediatas de la propaganda y a menudo se citaba fuera de contexto. Este problema historiográfico se complica por el hecho de que el régimen y la vida de Carrillo fueron segados —difícilmente una coincidencia— justo en el momento en que parecía estar impartiendo una dirección nueva a su política agraria y aclarando ciertas ambigüedades de su postura anterior. Por último, la resurrección de Carrillo —por parte del partido oficial— como la personificación o la semideidad de un mito regional, aunada al hecho de que muchos autores no han realizado una investigación en los archivos, ha desalentado una interpretación rigurosa de su "actuación revolucionaria", especialmente en las áreas fundamentales de la tierra y el henequén.

[19] Por ejemplo, Conrado Menéndez Díaz, "La mística del trabajo campesino en Yucatán", *O*, 3 (diciembre de 1946), pp. 35-39; Moisés González Navarro, *Raza y tierra: La guerra de castas y el henequén*, México, 1970, p. 248; compárese la actitud hacia Carrillo en el *NYT* ("Slow Death for the Henequén Industry of Yucatán"), citado en *RdY*, 19 de septiembre de 1923.

[20] Por ejemplo, se compara a Carrillo con Gandhi, otro oponente ideológico de la modernización, quien defendió el retorno a la rudimentaria industria textil artesanal que los

rrillo como un agrarista-indigenista, señalando que incluso adoptó para el Partido Socialista Yucateco el lema anarquista de Tierra y Libertad, que se asociara al zapatismo. Citan estos autores la famosa declaración de Carrillo en el sentido de que "el henequén es un eslabón de la opresiva cadena de servidumbre de los indios, ¡y es tiempo ya de que terminemos con este cacto!"[21] para establecer su antipatía hacia el monocultivo del henequén y el latifundio. Carrillo alcanzaría esta meta —razonan estos autores— expropiando los henequenales y distribuyendo ejidos de acuerdo con el modelo zapatista o el modelo minifundista del centro de México. La expresión extrema de esta tesis que postula la oposición de Carrillo a la industria henequenera y su apoyo a una autarquía económica indigenista basada en el maíz y el frijol, sugiere ingenuamente que "Carrillo Puerto creía que si los indios se negaban a cultivar henequén, la clase capitalista —hacendados, comerciantes, fabricantes e imperialistas extranjeros— tendrían que emigrar de la península, dejando a los mayas de nuevo como dueños de su propia tierra".[22]

La otra interpretación principal, virtualmente la antítesis de la primera, sugiere que Carrillo Puerto, por mucho que haya sido un defensor del campesino indio, nunca trató de minar la industria henequenera, ni propuso seriamente siquiera la alteración del sistema de propiedad privada existente. Dicho de otro modo, esta interpretación afirma que Carrillo, a pesar de su reputación de socialista agrario, actuaba mucho más en la tradición revolucionaria burguesa modernizante de Salvador Alvarado que en la tradición campesina conservadora de Emiliano Zapata.[23] Esta tesis descarta la famosa invectiva de Carrillo contra el henequén como una simple mezcla de propaganda y reto, y sostiene que, de acuerdo con sus otros pronunciamientos y con los relatos existentes, que no mencionan la distribución de los henequenales, la expropiación no estuvo jamás entre sus planes. Porque "aunque Carrillo destacó la distribución de la tierra para formar ejidos, lo que en su opinión era la 'contribución fundamental de la revolución', la reforma agraria avanzó sin afectar los campos henequeneros".[24] Carrillo difería del general Alvarado en su apego mucho mayor al ejido como institución. Sin embargo, ambos convenían en que, mientras se desarrollaban otras fuentes de producción y se diversificaba la economía regional —lo que ambos consideraban, en el mejor de los casos, como una tarea enormemente difícil, de largo plazo—, Yucatán se vería obligado a proteger y desarrollar por todos los medios posibles sus activos de fibras. De acuerdo con esta

campesinos indios habían desarrollado antes del Raj británico. Las caracterizaciones tradicionales de Carrillo como el líder popular gentil, pacifista, dispuesto a sacrificarse por los parias de Yucatán, apoyan esta comparación con el nacionalista indio en otros aspectos.

[21] Carrillo Puerto, citado en Siegfried Askinasy, *El problema agrario de Yucatán*, 2ª ed., México, 1936, p. 13.
[22] Menéndez Díaz, "La mística", pp. 35-36.
[23] Por ejemplo, David A. Franz, "Bullets and Bolshevists: A History of the Mexican Revolution and Reform in Yucatán", tesis doctoral inédita, Universidad de Nuevo México, Albuquerque, 1973, pp. 243-245.
[24] *Ibid.*, p. 243, citando una frase de Carrillo, "The New Yucatán", *Survey*, 52 (mayo de 1924), p. 139.

interpretación "pro henequén", Carrillo, al igual que Alvarado, advirtió pronto que la expropiación sólo debilitaría más aún a la industria henequenera, ya afectada por una severa crisis económica.

Algunos autores llevan más allá la comparación con Alvarado y llegan a sugerir que Carrillo centraba también su estrategia agraria en una solución salarial. Estos autores hacen menos hincapié en la distribución ejidal masiva realizada por Carrillo, sosteniendo que el campesinado de Yucatán aspiraba todavía a obtener tierras para conseguir un complemento a sus salarios y satisfacer necesidades culturales o rituales residuales, pero se interesaba sobre todo por la obtención de mejores jornales y condiciones de trabajo en las plantaciones.[25] Además, sugieren que los campesinos de Yucatán no se interesaron jamás por la propiedad de henequenales de tamaño comercial ni por la administración colectiva de las plantaciones expropiadas.

Resulta sorprendente que ninguna de estas interpretaciones vaya mucho más allá de un análisis de la ideología de Felipe Carrillo, independientemente de los sucesos cronológicos y las dinámicas estructuras sociales, políticas y económicas que los forjaron. Pero si recurrimos a cualquiera de estas interpretaciones, ¿cómo explicaremos, por una parte —al aceptar la supuesta oposición de Carrillo al henequén— sus esfuerzos concertados para resucitar La Industrial y modernizar la industria henequenera? ¿O el extenso programa crediticio que iniciara en 1922, ayudando a los hacendados a rehabilitar y fortalecer sus plantaciones? ¿O su creación de escuelas, ese mismo año, para adiestrar a los campesinos y los administradores de las haciendas en las técnicas modernas para el cultivo y el mejoramiento de la fibra henequenera? Por otra parte, si aceptamos que Carrillo aplicó virtualmente las mismas soluciones que Alvarado en lo tocante al henequén, ¿cómo conciliaremos esta estrategia con su reconocido apego a la socialización de los medios de producción? Más importante aún: ¿cómo explicaremos el gran número de dotaciones ejidales, con inclusión de tierras henequeneras, en efecto distribuidas por Carrillo y por Manuel Berzunza durante el periodo de 1921-1923?

En el nivel de la ideología, hay algo de validez en cada una de las interpretaciones tradicionales. Carrillo estaba fuertemente influido por su encuentro con el zapatismo y la herencia india del Yucatán rural, pero su pensamiento no estaba forjado por un deseo nostálgico de dar la espalda al siglo XX y dedicarse al restablecimiento de la sociedad campesina preindustrial. Al igual que Alvarado, reconocía Carrillo que el dilema actual de Yucatán y sus limitaciones para resolverlo derivaban, en gran parte, de su monocultivo de henequén. Pero Yucatán no podía descuidar el henequén, y si se querían establecer otras opciones económicas y relaciones productivas, el henequén proveería los medios necesarios para lograrlo.[26] Así pues, como otros revolucionarios socialistas del

---

[25] Por ejemplo, Humberto Lara y Lara, *Sobre la trayectoria de la reforma agraria en Yucatán*, Mérida, 1949, pp. 24-25; Miguel Ángel Menéndez, *La industria de la esclavitud*, México, 1947, pp. 51-52.

[26] La tesis que equipara el pensamiento agrario de Carrillo al de Zapata, además de entender mal la lógica del programa de Carrillo, interpreta erradamente la estrategia agra-

siglo XX, Carrillo Puerto había hecho una síntesis, aplicando teorías políticas y técnicas modernas al atraso y la injusticia social de su propia tierra. Mediante su propio entendimiento rudimentario del marxismo-leninismo, Carrillo aspiraba a proveer a los yucatecos de una nueva forma de percepción de su sociedad y de los medios necesarios para integrarla plenamente al mundo del siglo XX. Su peculiar socialismo trataba al mismo tiempo de lograr que los campesinos yucatecos preservaran sus tradiciones populares inmediatas, recuperaran un sentimiento de su pasado, y creyeran en el cambio mediante la fe en el poder de la clase trabajadora.

Pero lo esencial es que Carrillo *era un socialista comprometido* —algo que las interpretaciones convencionales no han destacado—, y esto se aplicaba ciertamente a su estrategia agraria. Como ideología, el "socialismo" surgido durante el primer decenio revolucionario se desarrolló a partir del anarcosindicalismo del magonismo y el PLM, y tendió a disolverse con la mezcla de corrientes agraristas e indigenistas que fue el zapatismo. Por lo tanto, al experimentar muchas de estas influencias y reflejar su efecto en su programa social, Carrillo se asemejaba a los primeros socialistas de la Revolución Mexicana. Sin embargo, aunque pronto se convirtió en un defensor del ejido, nunca perdió de vista sus metas de colectivizar su operación y, en última instancia, socializar toda la noción de las relaciones de propiedad en Yucatán. La estrategia de Carrillo se basaba en un conocimiento íntimo, de toda la vida, de la estructura agraria particular de la región y de las relaciones de producción generadas por ella.

Carrillo sabía, por ejemplo, que el Yucatán del siglo XX no poseía la dicotomía básica de las aldeas libres y las comunidades dependientes de las haciendas que caracterizaban esencialmente el centro de México. Como se recordará, tal patrón no había existido en la región desde que la fibra yucateca había adquirido un monopolio virtual del mercado mundial a fines del siglo XIX, y el auge de exportación de la fibra había alterado profundamente las relaciones de la tierra y el trabajo en el campo. A fin de estimular el auge henequenero, más y más tierras se habían dedicado a la producción de la fibra. Invariablemente, la ganancia de la hacienda era la pérdida del pueblo, y dentro de la zona henequenera se reducía a menudo la cantidad (y la calidad) de las tierras aldeanas, por la fuerza, hasta el punto de la extinción. El campesino se veía cada vez más obligado a intensificar y alargar la jornada de trabajo en los campos del plantador, a veces mudándose efectivamente al predio para pasar a formar parte de la fuerza de trabajo residente del hacendado. En virtud de que la fuerza de trabajo era dependiente de todos modos, otros henequeneros encontraban

---

ria del zapatismo. John Womack, *Zapata and the Mexican Revolution*, Nueva York, 1968, páginas 373-374, ha demostrado que Zapata nunca trató de destruir, al estilo anarquista, las plantaciones azucareras de Morelos e implantar en su lugar un sistema exclusivo de autarquía campesina. Más bien trató, aunque sin éxito, de alentar a los campesinos para que administraran colectivamente varias plantaciones además de cultivar sus pequeñas parcelas propias, preservando así la capacidad productiva y aportando ingresos valiosos para el movimiento. De igual modo, veremos que Felipe Carrillo nunca descartó (y en efecto promovió activamente) la perspectiva de que los campesinos mayas poseerían y operarían colectivamente, algún día, las plantaciones henequeneras de Yucatán.

más conveniente mantener una población residente numéricamente menor, lo que a la larga significa menores gastos y obligaciones. Antes de la Revolución, esta transformación de las relaciones de producción de las haciendas había modificado sustancialmente el propio modo de producción, convirtiendo la zona henequenera de Yucatán en una sociedad esclavista de hecho. La Revolución había eliminado esta esclavitud, sin duda, pero después del primer decenio revolucionario era absolutamente claro que, en virtud de que habían desaparecido las tierras tradicionales (ejidos) de los pueblos, y el hacendado había empezado a abolir la costumbre de entregar a sus peones acasillados pequeñas parcelas para el cultivo de alimentos, la tendencia general para los trabajadores aldeanos y residentes por igual había sido cada vez más el trabajo asalariado y la proletarización creciente de la vida rural.

Don Felipe advirtió que esta proletarización del sector agrario no se había completado durante el Porfiriato y el primer decenio revolucionario. Algunos pueblos, sobre todo afuera de la zona henequenera, habían logrado conservar por lo menos una parte de sus tierras, y algunos plantadores continuaron proveyendo algunas parcelas de subsistencia, aunque sólo fuese para mantener un tope en los salarios y asegurarse de que los acasillados no abandonaran sus predios en la primera oportunidad. Sin embargo, Carrillo reconocía que la mayoría de los aldeanos de Yucatán, contratados en forma semipermanente por las plantaciones henequeneras cercanas que a través del tiempo constituían su única fuente importante de empleo, funcionaban y se consideraban a sí mismos cada vez más como asalariados rurales y no como campesinos. Además, la naturaleza individual de las tareas en la plantación henequenera —la que se asemejaba mucho a una fábrica en el campo— ayudaba en gran medida a reforzar estas nuevas actitudes. Incluso afuera de la zona henequenera, la proletarización del aldeano yucateco estaba muy avanzada. La influencia económica del henequén estaba tan generalizada que muchos aldeanos de las zonas maiceras y ganaderas iban a trabajar dentro de la zona henequenera o realizaban diversas funciones relacionadas con el henequén en sus propias aldeas.[27]

Carrillo estaba decidido a satisfacer las necesidades de este proletariado rural que surgía, además de modelar y elevar sus aspiraciones de acuerdo con sus propios objetivos ideológicos. Se daba cuenta de que, a pesar (o a causa) de los vacilantes esfuerzos de movilización rural realizados antes por el partido, la conciencia de la mayoría de los campesinos se limitaba a un entendimiento de la opresión en un nivel bastante básico. Sus lamentaciones se centrarían primordialmente en los bajos salarios y secundariamente en los precios inflados de los

---

[27] Se advertirá que he descartado la noción que tiene Landsberger del "campesino" como cualquier "cultivador rural de baja posición política y económica", en favor de la diferenciación más específica entre los "campesinos" y los "trabajadores rurales" derivada de un examen de una estructura agraria particular y de las relaciones de producción o los sistemas de trabajo generados por ella. *Cf.* Henry Landsberger, "'The Role of Peasant Movements and Revolts in Development", en Landsberger, comp., *Latin American Peasants*, Ithaca, N. Y., 1969, pp. 3-5, con el enfoque utilizado por Sidney W. Mintz en "The Rural Proletariat and the Problem of Rural Proletarian Class Consciousness", *JPS*, 1:3 (abril de 1973), pp. 291-325.

bienes esenciales, la inaccesibilidad de las milpas codiciadas, y la dificultad de retenerlas cuando las había (es decir, la evicción, las rentas elevadas, etc.). Además, sabía Carrillo que, aun suponiendo que hubiera dinero —siempre escaso a principios de los años veinte— para traer los ingenieros y el personal necesario para implantar la costosa expropiación sistemática de las plantaciones henequeneras que tenía en mente, era muy improbable que los campesinos apoyaran con entusiasmo tal programa. Severamente afectados por la crisis económica de la posguerra que había destruido las ganancias salariales alcanzadas bajo Alvarado, los campesinos estaban preocupados ahora sobre todo por que se mantuviera en las plantaciones un nivel de trabajo suficiente para sostenerlos a ellos y sus familias al nivel de subsistencia. Y aun suponiendo que tuviesen el capital y el deseo necesarios, todavía carecían de los conocimientos requeridos por la operación colectiva de las plantaciones henequeneras en las que trabajaban. Por último, cada día de crisis económica hacía más impensable la meta de Carrillo de una expropiación y una administración en manos de los trabajadores, porque a medida que continuaba bajando el precio del henequén, aumentaba constantemente el número de los campos que dejaban de rendir un beneficio o abandonaban poco a poco la producción. En estas condiciones, la socialización equivaldría a rescatar a los hacendados financieramente presionados, al colgar su antigua piedra de molino más pesadamente sobre las espaldas de un campesinado ya abrumado.[28]

Así pues, Carrillo sabía que tendría que ganar tiempo. Su estrategia estaría gobernada por las oportunidades creadas o negadas por las cambiantes condiciones económicas y políticas.

La reforma agraria: la primera fase

Carrillo trató de realizar su programa agrario en dos fases sucesivas aunque potencialmente yuxtapuestas. La primera fase, virtualmente completada antes de su muerte, se centraba en su promesa inaugural de distribuir ejidos en forma sistemática a todos los pueblos del estado. Estas distribuciones no se restringían a las zonas maiceras y ganaderas, como había ocurrido especialmente con los regímenes anteriores, sino que se hacían por todo el estado (véase el mapa 3). Además, las distribuciones ejidales realizadas dentro de la zona henequenera incluían con frecuencia la tierra cultivada de henequén. La inclusión de los henequenales en esta primera fase por parte de don Felipe, y en medida mucho menor por los decretos anteriores de Berzunza que involucraban ciertas tierras henequeneras —episodios que han pasado inadvertidos en ambos casos—, parecen haber sido tácticas deliberadas, no empleadas sólo para redondear algunas parcelas ejidales desiguales. Hasta cierto punto, Carrillo trataba de establecer un precedente, lanzando en efecto una sonda de prueba para calibrar las reacciones federales e internacionales a la expropiación de plantaciones hene-

[28] Askinasy, *El problema*, pp. 113-114.

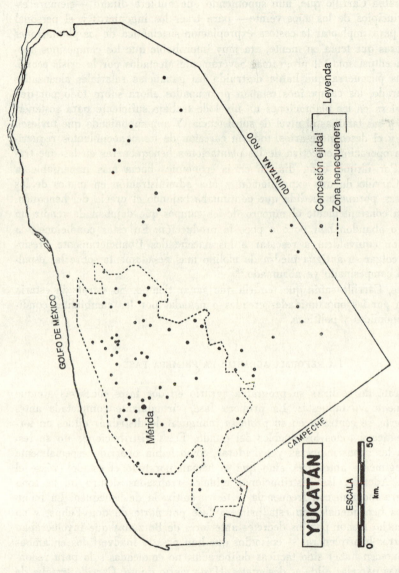

MAPA 3. *Reforma agraria por decreto provisional, 1922-1923.* (El Popular, 2 de enero de 1923; Archivo General del Estado de Yucatán, Ramo de Tierras, legajo 1 [1917-1929], "Relación de la reforma agraria"; National Archives, Records of the Department of State Relating to the International Affairs of Mexico, 1910-1929, 812.52/1110.)

CUADRO 8. *Reforma agraria por decreto provisional, 1922-1923*

Pueblo	Partido	Fecha de la entrega provisional	Hectáreas	Beneficiarios
Muxupip	Motul	Ene. 17, 1922	5 920	296
Tinum	Valladolid	Ene. 19, 1922	6 060	?
Umán	Hunucmá	Ene. 30, 1922	15 040	1 024
Chablekal	Mérida	Feb. 3, 1922	4 820	241
Cuzamá	Acanceh	Feb. 10, 1922	4 540	227
Pustunich	Ticul	Feb. 16, 1922	2 700	125
Yotolín	Ticul	Mar. 9, 1922	1 060	53
Mocochá	Tixkokob	Mar. 16, 1922	2 060	103
Caucel	Mérida	Mar. 23, 1922	5 880	294
Hunucmá	Hunucmá	Mar. 30, 1922	23 180	1 159
Citilcum	Izamal	Abr. 6, 1922	2 440	122
Sudzal	Izamal	Abr. 20, 1922	3 006	150
Maxcanú	Maxcanú	Abr. 27, 1922	24 580	1 229
Papacal	Mérida	Mayo 4, 1922	3 200	160
Río Lagartos	Tizimín	Mayo 11, 1922	2 380	119
Cepeda	Maxcanú	Jun. 15, 1922	3 504	146
Kiní	Motul	Jun. 22, 1922	3 144	131
Pocoboch	Tizimín	Jul. 1º, 1922	2 064	86
Cucholoch	Maxcanú	Jul. 7, 1922	2 856	119
Dzonothchel	Peto	Jul. 27, 1922	1 128	47
Nolo	Tixkokob	Ago. 3, 1922	1 872	78
Kinchil	Hunucmá	Ago. 11, 1922	8 000	375
Tixpehual	Tixkokob	Ago. 17, 1922	3 894	166
Tixcuncheil	Motul	Ago. 24, 1922	1 248	52
Huhí	Sotuta	Ago. 31, 1922	8 184	341
Progreso	Peto	Sept. 7, 1922	1 320	55
Zavala	Sotuta	Sept. 14, 1922	1 176	49
Ticum	Tekax	Sept. 21, 1922	2 916	84
Chicxulub	Tixkokob	Sept. 28, 1922	4 944	206
Quintana Roo	Espita	Oct. 5, 1922	3 720	155
Tesoco	Valladolid	Oct. 12, 1922	1 882	78
Dzidzantún	Temax	Oct. 19, 1922	9 864	511
Muna	Ticul	Oct. 26, 1922	25 752	1 073
Halachó	Maxcanú	Nov. 2, 1922	19 416	809
Pencuyut	Tekax	Nov. 9, 1922	2 664	111
Xalau	Valladolid	Nov. 16, 1922	1 992	83
Ixil	Tixkokob	Nov. 23, 1922	4 704	196
Sitilpech	Izamal	Nov. 30, 1922	2 928	122
Chapab	Ticul	Dic. 7, 1922	9 912	413
Mama	Ticul	Dic. 21, 1922	6 624	276
Sucilá	Espita	Ene. 18, 1923	4 296	179
Tixmeuac	Tekax	Ene. 25, 1923	7 440	310

CUADRO 8 [*conclusión*]

Pueblo	Partido	Fecha de la entrega provisional	Hectáreas	Beneficiarios
Telchaquillo	Acanceh	Feb. 1º, 1923	2 880	120
Tzucacab	Peto	Feb. 8, 1923	3 288	137
Suma	Temax	Feb. 15, 1923	4 608	192
Bolón	Hunucmá	Feb. 22, 1923	2 520	105
Chuburná	Mérida	Mar. 1º, 1923	2 248	177
Kanasín	Mérida	Mar. 8, 1923	7 248	604
Kantunil	Izamal	Mar. 15, 1923	6 336	264
Ticumuy	Acanceh	Mar. 29, 1923	7 720	330
Tekit	Ticul	Abril 5, 1923	14 712	613
Dzilam González	Temax	Abril 12, 1923	6 480	424
Temax	Temax	Abril 19, 1923	13 682	690
Tixkokob	Tixkokob	Abril 26, 1923	4 980	249
Cansahcab	Temax	Mayo 3, 1923	8 260	780
Mexatunich	Motul	Mayo 10, 1923	1 000	50
Koptá	Motul	Mayo 17, 1923	680	34
Kancabchén	Motul	Mayo 24, 1923	540	27
Tanyá	Motul	Mayo 31, 1923	810	54
Kancabal	Motul	Jun. 7, 1923	495	33
Acanceh	Acanceh	Jun. 14, 1923	6 382	501
Tekantó	Izamal	Jun. 21, 1923	4 000	365
Tixkochoh	Izamal	Jun. 28, 1923	1 260	63
Tahmek	Izamal	Jul. 5, 1923	7 000	350
Cenotillo	Espita	Jul. 7, 1923	10 488	437
Ucí	Motul	Jul. 12, 1923	1 460	146
Ticul	Ticul	Jul. 13, 1923	16 239	1 616
Hocabá	Sotuta	Jul. 17, 1923	4 206	370
Cosgaya	Mérida	Ago. 18, 1923	744	62
Hoctún	Izamal	Ago. 23, 1923	7 250	374
Komchén	Mérida	Ago. 25, 1923	3 156	263
Telchac	Motul	Ago. 30, 1923	2 300	230
Dzitjá	Mérida	Sept. 1º, 1923	864	72
Tepakán	Izamal	Sept. 13, 1923	4 700	235
Tahcabó	Tizimín	Nov. 1º, 1923	1 396	50
Molas	Mérida	Nov. 8, 1923	2 664	111
Tizimín	Tizimín	Nov. 22, 1923	16 900	845
Sucohó	Tizimín	Nov. 22, 1923	2 616	109
X-Kinil	Tekax	Dic. 6, 1923	2 160	90
Totales			438 866	22 525 +

FUENTES: *El Popular*, 2 de enero de 1923; Archivo General del Estado de Yucatán, Ramo de Tierras, legajo núm. 1 (1917-1929), "Relación de la reforma agraria"; National Archives, *Records of the Department of State Relating to the Internal Affairs of Mexico, 1910-1929*, 812.52/1110.

queneras de propiedad privada. Una motivación más importante parece haber sido su deseo de golpear selectivamente a algunos de los hacendados más grandes que habían abusado de los campesinos, incumpliendo sus aumentos salariales obligatorios, u obstruyendo anteriores distribuciones ejidales.[29]

Como presidente del Partido Socialista del Sureste, Carrillo había dirigido ya un importante programa de distribución de tierras durante la gubernatura de Berzunza, que entregó casi 150 000 hectáreas a 26 pueblos entre febrero y diciembre de 1921.[30] Ahora, empezando por la primera dotación autorizada varios días después de su toma de posesión, se aplicaba un calendario más ambicioso aún. Desde enero de 1922 hasta la muerte de Carrillo a principios de 1924, más de 23 000 campesinos de 78 pueblos adicionales recibieron 438 000 hectáreas en dotaciones (véase el cuadro 8).[31] Estas nuevas aldeas ejidales eran representativas de todos los nichos ecológicos y zonas de producción del estado. Carrillo trató de inmediato de institucionalizar el proceso de la reforma agraria, destinando el jueves de cada semana para las declaraciones de nuevas dotaciones ejidales y entregas efectivas de la tierra. Estos "jueves agrarios", como llegaron a conocerse, eran ocasiones coloridas y la mejor clase de publicidad para la variedad de socialismo nativo de don Felipe. Rodeado de un pequeño grupo de ingenieros, agrónomos y líderes del partido, el gobernador Carrillo llegaba a la aldea seleccionada mediante una combinación de vehículos que incluían el tren, el caballo, la plataforma tirada por mulas y los pies, para ser recibido con entusiasmo por los nuevos beneficiarios agrarios. Después de contar historias, hacer los honores a un banquete y una serie de brindis y elogios mutuos, los nuevos ejidatarios, acompañados por el grupo del Gobernador, se dirigían a los campos señalados para la entrega. Allí, en medio de gran emoción y de una oratoria casi interminable, recibían su patrimonio ejidal. Siempre que ello era posible, el propio Carrillo entregaba la tierra y hacía uso de la palabra, de ordinario recordando a los ejidatarios sus nuevos derechos y deberes, con el mismo

[29] Por ejemplo, véase AGE, juez supernumerario de distrito a Carrillo, 27 de diciembre de 1922, acerca de las afectaciones de tierras henequeneras hechas por Berzunza en varias fincas de Felipe G. Solís y en la finca Tecat de Mercedes Castellanos viuda de Zapata; o véanse los expedientes de amparos en AGE, 1923-1924, que documentan los esfuerzos de Carrillo por distribuir henequenales de las haciendas de Felipe G. Cantón, Lorenzo y Hernando Ancona Pérez, la familia Molina y Montes, los Bolio, Peón, Manzanilla, Cervera y Palomeque; en suma, de la mayoría de las familias interrelacionadas que integraban la antigua "Casta Divina".

[30] George M. McBride, *The Land Systems of Mexico*, Nueva York, 1923, pp. 165-166; J. W. F. Dulles, *Yesterday in Mexico: A Chronicle of the Revolution, 1919-1936*, Austin, Texas, 1961, p. 40. Puede encontrarse un registro amplio de todas las acciones agrarias realizadas durante la gubernatura de Berzunza en AGE, Ramo de Tierras, legajo 1 (1917-1929), manuscrito "Relación de la reforma agraria", que provee fechas de las solicitudes, los decretos provisionales y definitivos, la magnitud de las dotaciones ejidales y el número de los campesinos beneficiados. *Cf.* los libros contables de AGE, Tierras, legajos 4 y 14, "Comisión Agraria Mixta", que también proveen resúmenes de la reforma agraria de Yucatán hasta el presente y contienen un registro de todas las ampliaciones ejidales siguientes a las dotaciones iniciales.

[31] González Navarro, *Raza*, pp. 247-248; *P*, 2 de enero de 1923; SD, 812.52/1110. Véase también AGE, Tierras, legajo 7, "Relación de la reforma agraria".

estilo feroz que había movilizado a los campesinos en 1915 y 1916. Cuando no podía asistir, enviaba Carrillo ayudantes confiables como "los dos Rafaeles" (Cebada y Gamboa), quienes hablaban la lengua maya y habían empezado también sus carreras como agitadores agrarios durante el gobierno de Alvarado.[32]

El empuje sistemático de la reforma agraria de Carrillo se pone de manifiesto en su ingeniosa serie de decretos de 1922 y 1923 que convirtieron en "pueblos" a cada uno de los principales centros de población del estado, excluida Mérida. En los términos del Código Agrario promulgado por Obregón en 1922, sólo los pueblos y las aldeas tenían la categoría política que les daba derecho a recibir ejidos. Pero algo había que hacer, razonaba Carrillo, por los numerosos centros urbanos pequeños (villas) y asentamientos rurales (rancherías) de Yucatán que, a pesar de lo inadecuado de sus clasificaciones actuales, habían perdido en una época u otra sus tierras durante el curso de la expansión de la hacienda. Por lo tanto, don Felipe cambió de un plumazo su categoría para ajustarlos a los términos de la reforma agraria y permitir la corrección de la injusticia mediante la dotación o la restitución ejidal.[33] Las protestas subsecuentes de los hacendados, en el sentido de que los centros urbanos tales como Progreso e Izamal no eran aldeas, eran lógicamente irrefutables pero carecían de validez jurídica. En efecto, estaba tan decidido Carrillo a realizar una distribución ejidal definitiva que volvió obligatoria la reforma agraria, despachando agentes para que forzaran dotaciones en los pueblos que se habían mostrado indiferentes o incluso reacios a recibirlas.[34]

La rapidez del proceso agrario provocó también una atención y una controversia considerables. Antes, durante el régimen de Carranza, los pueblos habían sido obligados a iniciar sus propias solicitudes (peticiones de reforma agraria), y luego debían esperar varios años para que las agencias estatales y federales actuaran al respecto. Cuando Berzunza tomó posesión en 1921, la Comisión Local Agraria (CLA) no había tramitado siquiera muchas solicitudes originales del periodo de 1915-1920, y mucho menos las había enviado al gobernador para su "decreto provisional". Bajo Berzunza, se atendió de inmediato gran parte de estas solicitudes atrasadas,[35] y las primeras dotaciones ejidales de

[32] AGN, 818-Ch-4, Carrillo a Obregón, 7 de febrero de 1922; Renán Irigoyen, *Felipe Carrillo Puerto: Primer gobernante socialista en México*, Mérida, 1974, pp. 19-20; Rosa Castro, "Sobre la ruta de Carrillo Puerto, el Mesías de Motul", *Hoy*, 15 de marzo de 1952.
[33] *DO*, 30 de diciembre de 1922, decretos núms. 275-285, "Vuelven a asumir la categoría de pueblos, las ciudades y villas siguientes: Motul, Valladolid, Ticul, Tekax, Temax, Tizimín... etc.", 28 de diciembre de 1922, pp. 1-4.
[34] Robert Redfield y Alonso Villa Rojas, *Chan Kom: A Maya Village*, Chicago, 1962, páginas 27-28. Sin embargo, Carrillo no hizo ningún esfuerzo por incluir en este decreto a las comunidades de las haciendas; pero véase más adelante la discusión de su estrategia para los predios grandes.
[35] *P*, 2 de enero de 1923; AGE, Tierras, legajo 1, "Relación de la reforma agraria"; AGE, archivo de amparos, memorial de Narciso Campos S. y otros a juez supernumerario de distrito, 23 de diciembre de 1921, Berzunza a juez supernumerario, 28 de diciembre de 1921, sentencia de juez supernumerario, 19 de mayo de 1922. Este expediente es representativo de muchos otros amparos que aparecen en AGE, 1922, todos los cuales contienen protestas de los hacendados contra las distribuciones ejidales de Berzunza.

Carrillo representaron una acción ya muy demorada también en estos casos.[36] Pero Carrillo estaba decidido a acelerar más aún el proceso agrario. En lugar de contentarse con esperar a que la mayoría de los pueblos de Yucatán se armaran de valor para iniciar sus solicitudes, Carrillo ordenó a los departamentos de propaganda y de reforma agraria de su gobierno que tomaran la iniciativa, trabajando activamente con los líderes locales para acelerar el proceso de distribución de tierras. Luego, después de que la CLA —cuyo personal estaba integrado ahora por subordinados de la confianza de Carrillo— hubiera llegado a una decisión sobre el tamaño y la localización de una dotación ejidal, el propio Carrillo facilitaría las cosas aprobando la dotación inmediatamente, a menudo el mismo día en que la recibía. Una vez que Carrillo había firmado el decreto provisional, devolvía el expediente a la CLA, la que a su vez ordenaba al comité agrario del pueblo en cuestión que hiciera la "entrega provisional" de las tierras. Este paso final se daba invariablemente con considerable ceremonia durante uno de los "jueves agrarios" de Carrillo.[37]

Pero más notable aún que la rapidez con la que Carrillo emitía el decreto provisional era la prontitud de la entrega provisional de la tierra. Tradicionalmente, la resolución provisional del gobernador había sido sólo otro paso en una larga cadena de trámites burocráticos que el campesino estaba obligado a hacer y que a menudo terminaba con la frustración de su demanda o con una demora fatal en su ejecución. Aunque el Gobernador estatal aprobara la recomendación de dotación ejidal de la CLA —y a menudo no la aprobaba—, el expediente sería enviado a la ciudad de México para su posterior aprobación por la Comisión Nacional Agraria, y en última instancia para la firma del presidente, la que significaba la "resolución definitiva" del caso y la entrega del ejido. La solicitud del pueblo no sólo podía ser anulada en cualquier punto de esta cadena interminable, sino que ni el decreto definitivo del presidente ofrecía ninguna garantía real de que las tierras serían entregadas pronto. Como última línea de defensa —en efecto, en cualquier punto del proceso—, el hacen-

---

[36] AGE, Tierras, legajo 1, "Relación de la reforma agraria"; SD, 812.52/1110; P, 2 de enero de 1923. Es más importante el legajo de AGE marcado "Correspondencia de Gobernación, Exps. 66, 1923" (en adelante "Correspondencia"), que contiene más de 30 expedientes de amparos, muchos de los cuales documentan solicitudes de pueblos formuladas en la segunda mitad del decenio de 1910, pero que no se tramitaron hasta los primeros días del gobierno de Carrillo: por ejemplo, "Ejidos de Ixil" (solicitud, 1917), "Ejidos de Dzilam González" (solicitud, 1917).

[37] Véanse los expedientes de amparo en AGE, "Correspondencia", por ejemplo, el "calendario agrario" que aparece en el expediente "Ejidos de Mama", que es representativo de las secuencias temporales que figuran en muchos de los otros expedientes del legajo:

12 de agosto de 1922: Los vecinos de Mama presentan una solicitud

18 de diciembre de 1922 (sólo cuatro meses más tarde): C.L.A. declara "justa" la solicitud y otorga 6 624 hectáreas como dotación

18 de diciembre de 1922 (mismo día): Carrillo emite un decreto provisional, devolviendo el expediente al C.L.A., y ordenándole que notifique al Comité Particular Ejecutivo de Mama que se hará la entrega provisional en cuanto pueda programarse en el calendario de los jueves agrarios.

dado podía recurrir al amparo ante un juez federal, lo que demoraría gravemente o desviaría el proceso agrario. En el curso de la reforma agraria de México, no ha sido raro que los pueblos esperen años, aun decenios, para la conclusión de tales trámites burocráticos y legales. Muchos están esperando todavía.[38]

La estratagema de Carrillo Puerto consistía en pasar por encima de la burocracia agraria nacional y completar el proceso en el nivel regional, siempre que ello fuese posible. En gran medida tuvo un éxito notable, sobre todo cuando no estaban en juego los campos henequeneros. En lugar de esperar a que las autoridades agrarias federales y el presidente Obregón confirmaran explícitamente sus decretos provisionales, Carrillo había autorizado a su CLA de control estatal que realizara una distribución inmediata, aunque en teoría tentativa, de los ejidos. Los campesinos eran asentados en las tierras y se les prevenía que deberían defenderla además de cultivarla. En reciprocidad, los campesinos se volvían leales partidarios del régimen socialista.

La táctica de tiro rápido de Carrillo tenía también algunas desventajas prácticas y ciertas consecuencias políticas y sociales negativas. Al invocar el decreto provisional para hacer las entregas, Carrillo se mostraba a menudo demasiado apresurado, distribuyendo tierras antes de que pudiera hacerse un estudio cuidadoso de las condiciones locales y las reclamaciones rivales. En consecuencia, se agudizaban las rivalidades existentes y se creaban otras nuevas, con frecuencia enfrentando a un cacique contra otro, una liga contra otra, y un pueblo contra otro.[39] Se informó de otros casos en que los nuevos ejidatarios "socialistas", manipulados por caciques locales, invadían las modestas propiedades vecinas de rancheros o pequeños hacendados relativamente indefensos.[40] Por último, Carrillo recibía algunas quejas de grupos de acasillados y sus hacendados —a veces claramente carentes de fundamento, pero en ocasiones con muchas apariencias de verosimilitud— que habían sido privados de sus fincas de tierras tradicionalmente destinadas a las milpas de los trabajadores o a la provisión de leña necesaria para los calentadores de la planta descortezadora de la hacienda, por recientes distribuciones ejidales.[41] Sin embargo, los registros muestran que una vez informado de los conflictos e injusticias locales en relación con la

---

[38] Rodolfo Stavenhagen, "Collective Agriculture and Capitalism in Mexico: A Way Out or a Dead End?", *LAP*, 2:2 (verano de 1975), pp. 146-147. La revisión de expedientes de la Secretaría de la Reforma Agraria, hecha por Stavenhagen, revela que, en promedio, todo el proceso, desde la solicitud hasta el decreto definitivo y el otorgamiento del título, tardaba 13 años. Todavía están atorados en la burocracia agraria cerca de 75 000 casos.

[39] AGE, presidente municipal, Kantunil, a Carrillo, 1º de septiembre de 1922; AGE, Buenaventura Sabido y otros a Carrillo, 25 de septiembre de 1922; AGE, Joaquín Peón a Carrillo, 10 de octubre de 1922.

[40] Por ejemplo, AGE, presidente municipal, Tekantó, a Carrillo, 19 de agosto de 1922; AGE, Lorenzo Matos Pérez a Carrillo, 28 de agosto de 1922.

[41] Por ejemplo, AGE, "Correspondencia", srio. gral. del gobierno a juez supernumerario, 14 de agosto de 1923 ("Ejidos de Hocabá"), Manuel Casellas Rivas a juez numerario, 18 de septiembre de 1923 ("Ejidos de Dzityá"); y AGE, juez supernumerario a Iturralde, 9 de julio de 1924 ("Ejidos de Dzilam González").

Un grupo de agraristas recibe su dotación ejidal.

distribución de tierras, Carrillo actuaba de inmediato, en la mayoría de los casos, para corregir las cosas.

De todos modos, en términos tácticos resultaba lógica la actuación agresiva de Carrillo. Éste razonaba que el gobierno de Obregón, que se había comprometido explícitamente a hacer más que Carranza en el sector agrario, vetaría difícilmente sus distribuciones y tendería con mayor razón a aceptarlas una vez que los campesinos hubiesen recibido efectivamente la tierra. Pronto se demostró que Carrillo tenía razón, cuando el primero de una serie de juicios de amparo, basados en la inconstitucionalidad procesal de las distribuciones de Carrillo, fue negado por la Suprema Corte de México a principios de 1923.[42]

Sin embargo, en juicios subsecuentes, de ordinario basados por los hacendados en los mismos argumentos procesales, pero protestando específicamente contra la distribución de los campos henequeneros, se emitieron fallos para detener la entrega de la porción de la dotación ejidal que estuviese efectivamente cultivada de henequén.[43] Obregón había especificado en su Código Agrario de

[42] Por ejemplo, AGE, "Correspondencia", el expediente "Ejidos de Telchaquillo" incluye un resumen del amparo presentado por la señora Martina Gutiérrez viuda de Cano, 27 de febrero de 1923, y Carrillo a juez numerario, 3 de marzo de 1923, por lo que toca a la decisión de la Suprema Corte. Obregón elogió la "discreción y eficiencia" de Carrillo en la distribución de tierras incultas, aunque en la mayoría de los casos era lento en la legitimación de las entregas provisionales de Carrillo con decretos definitivos. *DO*, 29 de junio de 1923, p. 1; Irigoyen, *Felipe Carrillo*, p. 21.

[43] Por ejemplo, AGE, "Correspondencia", expediente "Ejidos de Caucel", juez numerario de distrito a Carrillo, 30 de mayo de 1923, transcribiendo la opinión de la Suprema Corte de 20 de enero de 1923; AGE, "Ejidos de Cacalchén", juez supernumerario a Carrillo, 27 de diciembre de 1922.

1922 que las "unidades agrícolas" productivas que produjeran ciertos cultivos comerciales, incluido el henequén, quedarían especialmente exentas de las provisiones regulares de la reforma agraria, siempre que estas "pequeñas propiedades" no excedieran de 500 hectáreas. Para remediar la situación, el gobierno federal y sus tribunales recomendaban que, en lugar de los henequenales afectados, los plantadores tomaran las tierras incultas o de monte cercanas, en la cantidad originalmente especificada por el decreto ejidal.[44] A fines de 1922 y durante el año de 1923, Carrillo y Berzunza vieron cómo la Suprema Corte anulaba una por una las dotaciones que representaban su primer intento de expropiación de campos henequeneros.[45]

Sin embargo, una expropiación de las plantaciones henequeneras no parece haber sido uno de los objetivos fundamentales de lo que Carrillo consideraba simplemente como la primera etapa de su programa agrario. Debe advertirse, por ejemplo, que no se había hecho ningún esfuerzo para definir las comunidades de las haciendas como aldeas y distribuir así ejidos a los acasillados. Los constitucionalistas no habían tomado ninguna medida para que estos trabajadores residentes participaran en la reforma agraria, ni en el artículo 27 de la Constitución de 1917 ni en el Código Agrario de Obregón de 1922. Y no se haría ningún esfuerzo en tal sentido antes de que Lázaro Cárdenas enmendara el Código Agrario en 1934. Carrillo sabía que tendría que operar de manera lenta e indirecta, violando el sistema existente en formas sutiles para alcanzar sus fines. En consecuencia, durante la primera fase de su estrategia agraria hizo tiempo, operando dentro de los lineamientos del moderado Código Agrario de Obregón, tratando solamente de corregir las obvias injusticias de algunos pueblos que habían sido despojados de sus tierras durante el Porfiriato, y de satisfacer el deseo y la necesidad básica de tierras que otras aldeas yucatecas compartían con sus similares de todo México a principios de los años veinte. Reconocía Carrillo que la tierra constituía sólo una de las reclamaciones de los campesinos dentro de la zona henequenera, y que para la mayoría de los aldeanos crecientemente proletarizados —y para los peones acasillados— era secundaria ante la cuestión de los salarios. Pero para muchos de los pueblos remotos, situados fuera de la zona henequenera y carentes de tierras, la tierra había sido desde largo tiempo atrás la demanda fundamental, y Carrillo percibió que una distribución ejidal que siguiera esencialmente el modelo del centro de México satisfaría la mayor parte de las necesidades básicas de estos cultivadores de maíz empobrecidos.

[44] Ramón Mendoza Medina, comp., *La cuestión henequenera y otras cuestiones de Yucatán*, Mérida, 1946, pp. 14-15. Los mayores hacendados de Yucatán se encontraban ya en el proceso de adaptarse a las provisiones del decreto de Obregón de abril de 1922, y otros plantadores los seguirían pronto. En mayo de 1922, por ejemplo, era bien sabido que las familias Molina, Montes y Peón habían distribuido sus propiedades en parcelas de 500 hectáreas a diversos hijos, hijas y parientes cercanos. *RdY*, 25 de mayo de 1922.
[45] Por ejemplo, *RdY*, 11 de noviembre de 1922; AGE, "Correspondencia", juez supernumerario a Carrillo, 27 y 29 de marzo de 1923 ("Ejidos de Chuburná"); juez de distrito a Carrillo, 21 de mayo de 1923 ("Ejidos de Muxupip"); juez supernumerario a Carrillo, 6 de abril de 1923 ("Ejidos de Kanasín").

Pero ni siquiera en los pueblos distantes de la periferia del estado se mostraba don Felipe dispuesto a abandonar por entero a estos ejidatarios nuevos al patrón de la parcelización individual y el minifundismo que ya estaba empezando a caracterizar las aldeas ejidales de gran parte del centro de México. Casi inmediatamente después de la distribución de la tierra, Carrillo enviaba equipos de agrónomos y propagandistas a las zonas maiceras y ganaderas para que introdujeran estrategias y técnicas de cultivo y comercialización cooperativas de los productos de los ejidatarios. Carrillo estaba convencido, por ejemplo, de que las grandes cooperativas de productores podrían restablecer la antigua capacidad de Yucatán para producir caña de azúcar en el sur y el sureste del estado.[46] También aconsejaba la creación de grandes cooperativas ganaderas, sobre todo entre los nuevos ejidatarios de las ricas áreas de pastizales del centro y el oriente de Yucatán.[47]

Carrillo reconocía que las grandes cooperativas de productores serían menos operativas en los pueblos distantes y aislados, dedicados exclusivamente a la producción de maíz. Sin embargo, aun aquí trataba de alentar a los milperos para que formaran organizaciones de comercialización colectivas que pudieran regatear más eficazmente con los comerciantes locales. Además, en un esfuerzo por avanzar hacia su meta a largo plazo de lograr que Yucatán fuese autosuficiente en alimentos, Carrillo desempolvó la Ley de Tierras Ociosas de los constitucionalistas, raras veces invocada, que permitía a los campesinos en lista de espera la obtención de sus propios ejidos para trabajar tierras que no cultivaran las haciendas vecinas. Después del primer año de su gobierno, Carrillo pudo informar que, mientras que los niveles de la producción de maíz habían bajado continuamente durante el decenio anterior, en 1922 se habían cosechado cerca de 640 hectáreas de nuevas tierras milperas, de modo que en 1923 podría esperarse un aumento de la producción más considerable aún.[48]

Así pues, en cada uno de los casos mencionados, Carrillo trataba de diversificar, y en última instancia de colectivizar la producción regional en áreas poco adecuadas para el cultivo del henequén. Aunque se limitaba a vender a sus nuevos ejidatarios sólo la idea de las grandes cooperativas de productores subsidiadas por el estado, es claro, sobre todo en el caso del azúcar, que consideraba la cooperativa de patrocinio estatal como un incentivo y un importante primer paso hacia la formación de granjas colectivas socializadas, administradas por los trabajadores.[49]

Dentro de la zona henequenera, la estrategia de Carrillo Puerto dependía más aún de un juego de espera. Distribuía ejidos a algunos pueblos, y aunque se habían afectado algunos henequenales, la afectación no había sido extensa y se

[46] AGN, 243-Y1-I-1, Carrillo a Obregón, 18 de abril de 1922; González Navarro, *Raza*, páginas 248-249.

[47] González Navarro, *Raza*, pp. 248-249; *P*, 5 de febrero de 1923.

[48] *P*, 2 de enero de 1923, 5 de febrero de 1923; Felipe Carrillo Puerto, *Informe... ante la... Legislatura del Estado, el 1º de enero de 1923*, Mérida, 1923, p. 104.

[49] Carrillo había prometido, por ejemplo, que proveería facilidades de molienda y garantizaría a los compradores que las cooperativas azucareras sembrarían por lo menos 20 hectáreas de caña. AGN, 243-Y-1-I-1, Carrillo a Obregón, 18 de abril de 1922.

Una familia de beneficiarios agrarios en una cooperativa ganadera.

había hecho a expensas de unos cuantos objetivos seleccionados, en cada caso uno de los hacendados más grandes de la región. Por lo tanto, no podía decirse que hubiesen debilitado significativamente una industria ya deprimida. Además, el gobierno federal parecía sistemáticamente dedicado a anular estas expropiaciones.

En efecto, lejos de ser "antihenequenero", Carrillo parecía decidido a hacer todo lo posible dentro de sus limitados recursos financieros para mantener la capacidad productiva de las plantaciones y estimular la industria en medio de su crisis económica. Al estilo de Alvarado, hizo grandes préstamos (cercanos al millón de pesos) a los plantadores para que mantuvieran sus campos, hicieran nuevas siembras y mejoraran la calidad de su fibra mediante la adquisición de maquinaria descortezadora más moderna.[50] También, al igual que Alvarado, fortaleció las medidas de seguridad y autorizó severas penas contra la quema descuidada de los henequenales por parte de los milperos, además de ordenar a las ligas y los ayuntamientos socialistas que proveyeran ayuda inmediata cuando estallaran incendios.[51] En varios casos, Carrillo se esforzó por aconsejar a los plantadores cómo podrían continuar sus operaciones frente a las distribuciones agrarias inminentes. Por ejemplo, expidió una circular para decretar que, hasta que su gobierno pudiera determinar cuánta tierra ociosa requerían las haciendas henequeneras para proveer de madera a sus plantas de raspado, los he-

[50] SD, 812.61326/425; *RdY*, 12 de noviembre de 1922, 15 de noviembre de 1922; *DO*, 29 de junio de 1923, p. 4, 24 de julio de 1923, p. 3.

[51] AGN, 243-Y-1-I-1, Carrillo a Obregón, 18 de abril de 1922; Jaime Orosa Díaz, comp., *Legislación henequenera en Yucatán*, Mérida, 1961, vol. 4, pp. 54-56.

nequeneros estarían autorizados para cortar en las tierras afectadas, luego de su entrega y antes del desmonte de los ejidatarios. Además, se prohibió a estos ejidatarios nuevos que cortaran leña en sus nuevos ejidos, para la venta a los ferrocarriles, si la necesitaban los plantadores locales, y en algunos casos se tomaron medidas específicas para entregar tierras ociosas en otras partes si los henequeneros necesitaban con urgencia las tierras ejidales para obtener leña.[52]

Carrillo veló también indirectamente por los intereses de los plantadores al tomar varias medidas destinadas a fortalecer las perspectivas de la industria henequenera a largo plazo. En 1923 estableció una escuela para adiestrar a futuros administradores y mayordomos de las haciendas, esperando formar así un grupo calificado de futuros tecnócratas que se ocuparían de los aspectos productivos de la industria.[53] Un año antes, había revivido la difunta planta cordelera de Alvarado, La Industrial (ahora La Nueva Industrial), y había subsidiado la creación de nuevas cordelerías tales como Mayapán y San Juan. Carrillo alentó a estas fábricas para que operaran durante 24 horas diarias al renovar la campaña de industrialización de Alvarado, ahora más necesaria que nunca, considerando que el mercado de la fibra natural estaba congestionado.[54] En unión de la Liga de Acción Social de los hacendados, el gobierno de Carrillo patrocinó concursos para la invención de maquinaria nueva destinada a la elaboración de productos de henequén terminados, especialmente la que utilizara los materiales de desperdicio generados en las plantas descortezadoras.[55]

Sin embargo, Carrillo no esperaba que estos esfuerzos de industrialización, dirigidos en gran medida a un pequeño mercado interno, y otros esfuerzos de más largo plazo, destinados a desarrollar nuevos mercados de fibra natural en Rusia, Europa y Sudamérica,[56] redujeran significativamente la acumulación de inventarios de Yucatán. A principios de 1922, Carrillo se había visto obligado a implantar las primeras medidas restrictivas de la producción en la historia de 50 años de la industria henequenera. Era de esperarse que, con el dinero especialmente escaso y las ventas cada vez menos frecuentes, la medida fuese muy impopular entre los henequeneros, tanto grandes como pequeños. Los primeros estaban irritados porque el decreto imponía las mayores restricciones a los productores más grandes, tratando de impedir que los pequeños plantadores se arruinaran por completo.[57]

Carrillo maniobró para mitigar el desencanto de los plantadores en diversas

[52] *DO*, 18 de septiembre de 1923, p. 1.
[53] *P*, 22 de agosto de 1922, 2 de abril de 1923; *RdY*, 1º de julio de 1923.
[54] AGE, José M. Castro S. en C. a Carrillo, 15 de diciembre de 1922; AGE, presidente, Liga de Resistencia "Evolución Social", a Carlos Escalante, gerente, Cordelería Mayapán, 21 de marzo de 1923; *RdY*, 6 de noviembre de 1921, 17 de noviembre de 1922; SD-CPR, *Corr.*, *1922*, vol. 2, p. 610, informes comerciales de Marsh, 2 de enero y 4 de agosto.
[55] *RdY*, 4 de agosto de 1921.
[56] SD, 812.61326/388, p. 390; Bernardino Mena Brito, *Bolshevismo y democracia en México*, 2ª ed., México, 1933, pp. 334-335; *P*, 6 de abril de 1922; SD-CPR, *Corr.*, *1924*, vol. 4, página 600, "Annual Report on Commerce and Industry, 1923". La búsqueda de nuevos mercados se examina con algún detalle en el expediente 861.3 de SD-CPR, *Corr.*, *1923* y *1924*.
[57] SD, 812.61326/379, p. 380; *DO*, 15 de diciembre de 1921, p. 10327; Orosa Díaz, *Legislación*, vól. 4, pp. 33-35.

formas. En primer lugar, aumentó el fondo de préstamos ya existente para que salvaran el periodo de restricción. Una vez más, esto operó en beneficio de los productores más pequeños cuyo único recurso alternativo para la obtención de efectivo o crédito era el de Montes y sus socios. Sin disculparse por su política restrictiva, Carrillo les dijo a los hacendados que era muy probable que continuaran las restricciones, de modo que les convenía ajustarse a ellas apoyando los esfuerzos de su gobierno para igualar la oferta regional a las tendencias actuales y futuras de la demanda mundial.[58] La profecía de Carrillo se cumpliría cuando el temporal movimiento descendente de los precios de la fibra, de fines del decenio de 1910 y principios del siguiente, se convirtió en una tendencia secular a fines de los años veinte, los años treinta y principios de los cuarenta, y cuando los decretos restrictivos se volvieron un aspecto regular de la vida económica de la región.[59]

En segundo lugar, Carrillo elevó sustancialmente el precio: 1.1 centavos de dólar por kilo en las cuotas de la fibra que los productores entregaran a la Comisión Exportadora del gobierno (el nuevo nombre de Carrillo para lo que había sido esencialmente la reencarnación, en julio de 1921, del antiguo monopolio de la Reguladora de Alvarado).[60] Por último, tratando de fortalecer la fe, Carrillo designó a uno de los propios hacendados, Tomás Castellanos Acevedo, como nuevo gerente de la Exportadora. Ésta era una medida muy controvertible y provocó grandes críticas del ala radical del Partido Socialista. Castellanos Acevedo era reconocido en la sociedad yucateca como un genio financiero y había sido el impulsor principal de la primera Reguladora de 1912. Sin embargo, se pensaba que su apodo, "El Financiero", sugería también una predilección por la especulación comercial y una inclinación hacia las transacciones comerciales de honradez muy dudosa. Bajo Olegario Molina había sido un eficaz jefe político de Mérida, y apenas en 1918 había sido expulsado del estado por el general Alvarado, por haber instigado la creación de la Asociación de Hacendados Henequeneros, políticamente subversiva.[61]

Pero "El Financiero" no era el primer "reaccionario" incluido en el gobierno de Carrillo. Ricardo Molina y Felipe G. Cantón habían servido antes a los socialistas, el primero como agente de la Exportadora en el extranjero, el último como consultor del proyecto gubernamental para el desarrollo de una industria turística viable.[62] En ambos casos, Carrillo se había visto obligado a recurrir a estos miembros prominentes de la burguesía regional porque poseían conocimientos técnicos en áreas económicas esenciales que sus asesores socialistas no

---

[58] *NYC*, 5 de mayo de 1923; *NYT*, 16 de septiembre de 1923; *cf. A* 10:10 (diciembre de 1923), artículos escritos por miembros de la Liga de Pequeños y Medianos Productores.
[59] Orosa Díaz, *Legislación*, vol. 4, *passim*.
[60] SD, 812.61326/368, pp. 382, 384; Acrelio Carrillo Puerto, *La familia Carrillo Puerto de Motul*, Mérida, 1959, pp. 33-34.
[61] SD, 812.61326/272; SD-CPR, *Corr.*, *1914*, vol. 2, p. 800, Gracey a secretario de Estado, 21 de marzo; Lara y Lara, *Sobre la trayectoria*, pp. 16-17, 25-26; *DdelH*, 24 de enero de 1912; Irigoyen, "Origen y trayectoria del henequén", *RUY*, 15:86 (marzo-abril de 1973), páginas 125-126.
[62] *RdY*, 9 de noviembre de 1922; *P*, 26 de febrero de 1923.

podían aportar. La incongruente alianza de Carrillo con "ese reconocido tecnócrata, El Financiero",[63] parece ser uno de los casos de la experiencia revolucionaria de Yucatán en que el reclutamiento de la *élite* benefició efectivamente al régimen revolucionario. Castellanos se esforzó para lograr que la Comisión Exportadora no repitiera algunos de los "infortunados excesos" de la Reguladora de Alvarado, en particular una política de precios poco realista y una hostilidad innecesaria hacia los compradores norteamericanos de Yucatán. Además, aparte de mediar en las disputas con la comunidad de hacendados, Castellanos fungía como valioso enlace con la comunidad bancaria internacional, obteniendo varios préstamos importantes en términos aceptables, los que aliviaron en parte la carga del régimen socialista, en apuros financieros.[64]

Así pues, por lo que toca a la zona henequenera, Carrillo se había concentrado primordialmente en la satisfacción de las demandas de tierras y —dentro de los límites impuestos por una economía estancada— lo había hecho al mismo tiempo que trataba de mantener la capacidad productiva de las plantaciones y evitar nuevos deterioros de los salarios agrícolas. Tras el inicio de la recesión en 1919, los jornales de las haciendas habían sido los primeros en bajar a niveles anteriores: en 1920 se estimaba que los salarios reales de los trabajadores rurales tenían aproximadamente el nivel de 1915, antes de la llegada de Alvarado.[65] Durante el periodo de 1919-1921, antes de la gubernatura de Berzunza, no se habían controlado los niveles de los salarios agrícolas, sino que se habían dejado fluctuar a discreción de los hacendados. Los socialistas habían restablecido subsecuentemente la antigua política de Alvarado de ligar el jornal de los trabajadores al precio del henequén, mientras evitaban cuidadosamente las clases de abusos laborales (salarios demasiado bajos, uso de vales, trabajo comunal forzado, etc.) que habían sido frecuentes durante el breve gobierno de los liberales en 1919-1920. Además, como hemos visto, Carrillo había tratado de reducir las infladas cuotas exigidas por los sindicatos urbanos en un esfuerzo por distribuir las ganancias de la Revolución más equitativamente entre todos los sectores de la clase trabajadora, mientras se mantenían los costos de producción y comercialización del henequén yucateco en niveles tan competitivos como fuese posible en un mercado que se deterioraba de continuo. Pero mientras el precio del henequén continuara tan deprimido, era poco lo que el gobierno socialista —o cualquiera otro— podría hacer para mejorar la posición del surgente proletariado rural de Yucatán, ya no digamos para socializar los medios de producción.

Cambian las condiciones: la economía regional

A fines de 1922, sin embargo, las señales positivas del mercado mundial de la fibra, que coincidían con la consolidación de varias tendencias que se habían

---

[63] Carrillo, *La familia*, p. 32.
[64] *Ibid.*, pp. 33-34; *RdY*, 4 de diciembre de 1921; *P*, 14 de agosto de 1922; cf. *RdY*, 29, 30, 31 de diciembre de 1922, donde se da una imagen más negativa de Castellanos Acevedo.
[65] SD-CPR, *Corr.*, *1920*, vol. 2, p. 610, "Monthly Economic Report: December", 1º de enero de 1921.

venido desarrollando durante largo tiempo, dieron a los socialistas mejores bases para el optimismo. En efecto, parece ser que, a mediados de 1923, Carrillo había empezado a pensar ya en la implantación de la segunda y última fase de su estrategia agraria, la que culminaría con la socialización de las plantaciones henequeneras.

A lo largo de su carrera política en Yucatán, Carrillo había presenciado grandes fluctuaciones en la economía exportadora de la región. Al principio, los desarrollos habían sido ascendentes y estimulantes. En su punto más alto de 1918, los ingresos del henequén yucateco habían pasado de 91 millones de dólares, cifra más de seis veces mayor que la de 1912. Pero en los años siguientes de la posguerra, la aceleración de la tendencia descendente había sido más notable aún, de modo que en 1922 ascendieron los ingresos del henequén a la quinzava parte de lo que habían sido cinco años atrás: [66]

Año	Henequén exportado (en toneladas)	Valor de las exportaciones (en dólares)
1919	141 414	37 581 495
1920	154 249	30 184 291
1921	100 905	11 878 348
1922	63 979	6 192 557

Carrillo y los revolucionarios socialistas no podían saber en 1922 —como lo sabemos ahora, *a posteriori*— que lo que parecía ser sólo una tendencia descendente temporal en el mercado mundial de la fibra se convertiría en una condición más o menos permanente, y que el anterior dominio de Yucatán como proveedor de ese mercado había desaparecido para siempre. Los socialistas (como sus predecesores más conservadores de fines del siglo XIX y principios del XX) estaban decididos a sortear la crisis inmediata y, cuando surgiera la apertura económica adecuada, iniciar su estrategia revolucionaria a largo plazo.

A fines de 1922 empezaron a surgir ciertos indicios de que se aproximaba el final de la crisis, tan largamente esperado. En julio, los agentes de la Comisión Exportadora en Nueva York y Chicago había informado a Castellanos Acevedo que estaban a punto de agotarse las 800 000 pacas originales de los inventarios de henequén yucateco, las que habían hundido al mercado desde 1919. Los fabricantes cordeleros norteamericanos estaban planeando ahora grandes compras de fibra para satisfacer la demanda de mecates generada por la abundante cosecha de granos que se proyectaba. El decreto de Carrillo que restringía la producción había sido suspendido meses atrás, y ahora anunciaba el gobierno socialista que se pondría a disposición de los plantadores un fondo

---

[66] SD-CPR, *Corr.*, *1924*, vol. 7, 861.3, Alexander V. Dye, agregado comercial, a embajador norteamericano, 18 de noviembre. Datos estadísticos tomados de los archivos del agregado comercial.

para préstamos por valor de 1.5 millones de pesos, durante el año y medio siguiente, a fin de estimular más aún la producción.⁶⁷ Además, en previsión de grandes ventas, la Exportadora anunció también otro aumento del precio para los plantadores, en forma de un paquete que elevaría los anticipos a los henequeneros en 5.5 centavos de dólar por kilo durante los dos años siguientes.⁶⁸ Inmediatamente se dejaron sentir los resultados de estas medidas: la producción aumentó extraordinariamente, de 461 515 pacas en 1922 (el nivel más bajo del decenio, como se observa en el cuadro 9), a una cifra mucho más respetable de 612 768 pacas en 1923.

CUADRO 9. *Tendencias de la producción henequenera yucateca, 1913-1923*

Año	Producción (en pacas)
1913	950 000
1914	964 862
1915	949 639
1916	1 168 076
1917	733 832
1918	798 862
1919	782 712
1920	936 136
1921	565 424
1922	461 515
1923	612 768

FUENTE: National Archives, Registros Postales Consulares del Departamento de Estado: Progreso, *Correspondence, 1924*, vol. 7, 861.3, A. P. Rice a Oficina de Economía Agrícola del Departamento de Agricultura de los Estados Unidos, 20 de mayo. (Cifras tomadas del consulado de los Estados Unidos en Progreso, y de los archivos de Peabody and Co.)

Carrillo y los socialistas consideraron estos signos económicos positivos como importantes presagios revolucionarios. Las reformas radicales que habían propuesto originalmente se habían frustrado en la crisis económica de fines de 1921 y principios de 1922. Los programas de infraestructura tales como la campaña de construcción de caminos de Carrillo y la restauración de los sitios mayas se habían congelado virtualmente. Apenas había habido dinero suficiente para adiestrar a los cuadros políticos, continuar las distribuciones ejidales regulares y sostener un programa educativo mínimo, en gran medida porque muchos de los organizadores, agrónomos y profesores socialistas, habían aceptado (libremente o forzados por las circunstancias) una reducción de sus salarios o la falta de todo pago durante ciertos periodos.⁶⁹ Las metas más ambiciosas, tales como

---

⁶⁷ SD-CPR, *Corr., 1924*, vol. 4, p. 600, "Annual Report on Commerce and Industry, 1923".
⁶⁸ SD-CPR, *Corr., 1924*, vol. 7, 861.3, Lyster H. Dewey a Dr. O. C. Stone, Departamento de Agricultura de los Estados Unidos, 29 de mayo.
⁶⁹ AGE, 8, 11 de marzo de 1922, Carrillo a tesorero del estado; AGE, 28 de junio de 1922, profesores Severiano y Roberto Echeverría a Carrillo.

la expropiación de las plantaciones henequeneras, habían sido archivadas indefinidamente. En medio de la severa crisis económica, la socialización de las plantaciones no sólo habría tenido un costo prohibitivo sino que era además impopular, tanto entre los líderes socialistas como entre los campesinos. Pero ahora que se elevaban los precios de la fibra, que se hacían ventas y aumentaba la producción, Carrillo y sus asesores empezaron a revisar de nuevo el clima político prevaleciente y las opciones prácticas que se les presentaban.

Carrillo confiaba en que, si se decidía a implantar lo que equivaldría a una profunda revolución agraria desde arriba, podría persuadir a los campesinos de la zona henequenera en lo tocante a sus beneficios. No compartía Carrillo la idea prevaleciente de que el campesino yucateco es por naturaleza un hombre primitivo, reaccionario, opuesto al cambio.[70] Si el campesino se aferraba a las creencias tradicionales y a una rutina establecida, ello ocurría porque una historia de amargas experiencias y opresiones le había convencido de la importancia de ser cauteloso. Pero don Felipe había descubierto ya que el campesino yucateco estaba dispuesto a cuestionar el orden existente cuando se convenciera de las ventajas que podría ganar con ello. Fuera de la zona henequenera, por ejemplo, los agrónomos socialistas habían logrado introducir sistemas de cultivo del maíz más modernos convenciendo a los milperos del uso de variedades de semillas mejoradas. Los campesinos se habían mostrado renuentes al principio, pero cuando vieron que el experimento producía mejores rendimientos, adoptaron con entusiasmo el nuevo sistema. De igual modo, el gobierno de Carrillo había logrado alentar a los campesinos para que organizaran cooperativas de producción y comercialización y apoyaran a las nuevas escuelas-granjas enviando a sus hijos a prepararse en los nuevos métodos.[71]

Por lo tanto, Carrillo no veía ninguna razón para que los campesinos de la zona henequenera, integrantes de un incipiente proletariado rural, no apoyaran un intento de socialización de las plantaciones y colectivización de la producción. Por supuesto, se daba cuenta Carrillo de que el éxito de tal programa requeriría su introducción a los trabajadores rurales en una forma que ganara su confianza y que fuese ejecutada en gran parte por los propios campesinos. La promoción de una participación efectiva de los campesinos requeriría un prolongado periodo de transición durante el cual recibirían los trabajadores de la zona henequenera una educación política y un adiestramiento en las técnicas y la administración agrícolas modernas. Basados en sus discursos, sus escasos escritos y la inclinación de sus otros programas sociales, podemos deducir que Carrillo tenía en mente una expropiación sistemática de las plantaciones henequeneras existentes, las que luego se mantendrían intactas y se entregarían a los

---

[70] Por ejemplo, Humberto Peniche Vallado, *La incorporación del indio a la civilización es la obra complementaria del reparto ejidal*, Mérida, 1938. Conrado Menéndez Díaz examina el desarrollo de esta noción en "Psicología de la explotación de nuestros indios", *O*, 1 (abril-junio de 1937), pp. 33-38.

[71] Elmer Llanes Marín, "La llanura *aislada*", *O*, 49 (octubre de 1957), p. 29; véanse también las referencias a las escuelas-granjas de Carrillo en el capítulo VII. *Cf.* Marylin Gates, "Peasants Speak: Alfredo Pech, A Modern Maya", *JPS*, 3:4 (julio de 1976), pp. 465-471.

trabajadores residentes en ellas o que iban a trabajar en ellas desde las aldeas cercanas. Nada indica que Carrillo, preocupado como estaba por la capacidad productiva inmediata y potencial de estas unidades económicas, considerara jamás su fragmentación y reunificación en nuevas unidades económicas basadas en los modelos del ejido y la pequeña propiedad del centro de México (como lo hiciera el presidente Cárdenas un decenio más tarde, con efectos desastrosos). Más bien, Carrillo convertiría las plantaciones en granjas colectivas, cuyos propietarios y operadores serían los campesinos que tradicionalmente las habían trabajado. Además, tal solución no impedía que los trabajadores pudieran distribuirse entre ellos las pequeñas milpas que tradicionalmente habían deseado para satisfacer sus necesidades alimentarias y culturales.[72]

Los socialistas controlan la región

Evaluando el apoyo potencial del campesinado, los socialistas descubrieron que ahora poseían un monopolio del poder político y la violencia dentro de la región. Virtualmente todas las huellas de la antigua oposición liberal se habían borrado a medida que las ligas socialistas de Carrillo, apoyadas y a menudo conducidas por los caciques locales, tomaban el control aun en las rancherías más remotas. A fin de consolidar la paz social y proteger la frontera sudoriental de Yucatán, tradicionalmente turbulenta, Carrillo se esforzó por invitar personalmente a Mérida, con gastos pagados por su gobierno, a los jefes más prominentes de las bandas de indios dispersas por Quintana Roo. Durante varios decenios, los miembros de estos pequeños grupos indígenas empobrecidos, colectivamente conocidos como "los rebeldes", habían resistido en forma tenaz y a menudo feroz la dominación de Mérida y de la ciudad de México. Casi no pasaba un año sin que aparecieran en la prensa local como asaltantes y asesinos de los *dzules* (blancos), en su mayor parte chicleros y comerciantes itinerantes, que se aventuraban por sus aislados dominios. La resistencia de algunos de estos fragmentos tribales databa de mediados del siglo XIX y de los últimos días de la Guerra de Castas, cuando los *dzules*, ayudados por auxiliares mayas ("los pacíficos") y tropas del centro de México, habían arrebatado la península de Yucatán a los rebeldes y los habían empujado a los densos bosques de la frontera.[73] Ahora, los rudos caciques de estas bandas, hombres tales como el legendario guerrero conocido como "General" Francisco May, viajaban periódicamente a Mérida, para posar allí orgullosamente en las fotografías y platicar en maya con su nuevo amigo y aliado, *Sucum* Felipe. En medio de promesas de futuros beneficios revolucionarios y regalos de ropa de estilo occidental, de utensilios hogareños modernos y un número limitado de rifles, estos jefes indios aseguraban al Gobernador que ya no habría más violencia en la frontera.[74]

[72] González Navarro, *Raza*, p. 248; Irigoyen, *Felipe Carrillo*, pp. 27-31.
[73] *P*, 22 de marzo de 1922; Nelson Reed, *The Caste War of Yucatán*, Stanford, Cal., 1964, páginas 229-280 y *passim*.
[74] *P*, 22 de marzo de 1922. Las hazañas violentas del "General" Pancho May y otros

A resultas de la consolidación socialista del poder regional, los hacendados de Yucatán, y la "Casta Divina" en particular, habían quedado políticamente impotentes. Como hemos visto, Olegario Molina no sólo pospuso su retorno de La Habana sino que transfirió una porción considerable de su imperio económico a Cuba, invirtiendo en tierras, sisal cubano y otras aventuras comerciales. Avelino Montes había permanecido en Yucatán, pero estaba decidido a mantenerse en un segundo plano; en consecuencia, puso la administración activa de sus intereses comerciales en manos de su hijo Alberto. En términos colectivos, los grandes hacendados daban la impresión de estar acobardados ante el Partido Socialista de Carrillo. Tratando de ganarse el favor del nuevo gobernador socialista en enero de 1922, varios de los plantadores más ricos se habían disputado el honor de festejar en su finca la toma de posesión de don Felipe. Humberto Peón había ganado la distinción, de modo que en unión de otros henequeneros a quienes se les "instruyó" para que asistieran, se vio obligado a atender no sólo a los dirigentes socialistas locales sino a un conjunto de distinguidos huéspedes internacionales que incluía al afamado anarquista italiano León Marvini, y al camarada doctor D. H. Dubrowski, representante personal de Lenin.[75] El columnista social del *Diario de Yucatán* bromeaba, con poca simpatía, que los plantadores, a fin de recuperar algo de su perdido prestigio y proyectar por lo menos la ilusión de su poder anterior, podrían considerar la formación de una filial local del Ku Klux Klan norteamericano. Enfundados en sábanas blancas y armados de nuevos títulos oficiales (como "El Gran Brujo"), los plantadores podrían desahogarse y arrojar clandestinamente su rabia por todo el campo.[76]

Los grandes propietarios evitaban cuidadosamente todo pronunciamiento o postura que pudiera implicar una injerencia activa en la política regional y provocar la ira de los socialistas, pero expresaban su oposición y su intento de resistencia en otras formas más indirectas y sutiles. En efecto, podían quejarse de muchas cosas. No estaban convencidos de que el gobierno socialista estuviese haciendo todo lo que podía para reducir las exorbitantes tarifas impuestas por los sindicatos de obreros portuarios de Progreso. Además, se habían quejado inútilmente ante el presidente Obregón, en septiembre de 1922, de que aparte del alto costo del manejo y el transporte del henequén hacia el interior y el exterior del puerto, el producto debía pagar no menos de nueve impuestos estatales y federales, lo que acababa con sus beneficios. ("¿Cree usted, señor presidente, que haya en todo el mundo alguna fibra tan gravada como la nuestra?")[77] Además, les molestaban el costo y las inconveniencias de la presentación de amparos contra el gobierno, y se preguntaban por cuánto tiempo continuaría Obregón sosteniendo su propiedad privada de los henequenales. Y

jefes rebeldes aparecían con frecuencia en la prensa de Mérida durante los decenios de 1910 y 1920. Después de la muerte de Carrillo, los rebeldes incrementaron sus depredaciones. Véase, por ejemplo, SD-CPR, *Miscellaneous Record Book*, p. 164 (destrucción de los campos chicleros por el "General" May en octubre de 1925).

[75] *P*, 27 de enero de 1922, 28 de enero de 1922, 30 de enero de 1922.
[76] *RdY*, 6 de noviembre de 1921.
[77] SD, 812.61326/403, p. 376.

aunque los socialistas no se movilizaran de inmediato para expropiar sus campos, los plantadores podían perder una porción cada vez más grande de sus beneficios a manos de los trabajadores en forma de incrementos salariales. Reaccionando a todos estos motivos de queja, los plantadores empleaban diversas tácticas —sobornos a funcionarios de la reforma agraria, despido de trabajadores, pago en vales, cesación de la producción en algunos campos, cesación de nuevas siembras—,[78] algunas de las cuales, como hemos visto, provocaban represalias inmediatas por parte del gobierno de Carrillo.

Los plantadores medianos y pequeños, cuya posición financiera era mucho más vulnerable, no podían rebelarse. En la mayoría de los casos, afrontaban el duro dilema de saber cómo, y con quién, se endeudarían más aún. Podían continuar hipotecando sus propiedades con Montes y un puñado de grandes plantadores acreedores, o podrían aceptar los préstamos que la Exportadora de Carrillo estaba muy dispuesta a hacerles, renunciando así a todo derecho sobre su producción de fibra en muchos años futuros. En términos generales, los pequeños plantadores parecían mucho menos renuentes a endeudarse con los socialistas. En efecto, a fines de 1923, en medio de rumores errados acerca del posible restablecimiento de un mercado libre, estos plantadores pidieron al gobierno de Carrillo que conservara la Exportadora, argumentando que sólo un monopolio gubernamental los protegería para no convertirse en "los satélites económicos de los grandes productores aliados con imperialistas extranjeros".[79]

Acercamiento a los Estados Unidos y la ciudad de México

Por supuesto, los grandes plantadores no se habían conformado jamás con simples protestas de nivel regional o aun nacional. En 1921, por ejemplo, percibiendo la inutilidad y quizá incluso el riesgo de la protesta, ya fuese en Mérida o en la ciudad de México, contra el restablecimiento de un monopolio henequenero estatal por parte de los socialistas, los grandes plantadores enviaron una comisión de cinco miembros directamente a Chicago, a fin de que investigaran con la Harvester y los otros fabricantes cordeleros la posibilidad de recibir ayuda económica y diplomática de los Estados Unidos.[80] Los plantadores iban a sufrir una decepción; las consideraciones del mercado y una política socialista concertada de acercamiento a los norteamericanos operaban en su contra.

[78] AGE, Carrillo a presidente municipal, Tepakán, 21 de febrero de 1922; AGE, alcalde municipal, Tecoh, a Carrillo, 23 de febrero de 1920; *DO*, 27 de marzo de 1922, p. 1; Edward A. Ross, *The Social Revolution in Mexico*, Nueva York, 1923, p. 109. Cuando Marte R. Gómez visitó a Yucatán como delegado de la Comisión Nacional Agraria, informó que algunos miembros de la "Casta Divina" le ofrecieron 50 000 pesos si se oponía a la entrega de un ejido. "Resistí ese cañonazo", escribe don Marte en su *Historia de la Comisión Nacional Agraria*, México, 1975, p. 264.

[79] AGE, presidente municipal, Izamal, a Carrillo, 23 de marzo de 1922; *A*, 10:19 (diciembre de 1923), *passim*, y *A*, 11:1 (septiembre de 1924), p. 1; *cf*. AGE, juez tercero de lo civil a director público de la Propiedad, 8 de noviembre de 1923 (el remate de Montes contra hacendados menores).

[80] SD, 812.61326/369.

A principios de 1922 habría entre los compradores norteamericanos cierta consideración de un boicoteo temporal del henequén yucateco a fin de aniquilar a la Exportadora antes de que se estableciera firmemente, pero a fin de cuentas el proyecto se abandonó.[81]

En general, la Harvester y los fabricantes menores se conformaban con preservar el *statu quo*, que ahora estaba fuertemente en su favor. El precio de la fibra permaneció bajo y el abasto era regular, debido principalmente, antes de 1923, al continuo congestionamiento del mercado provocado por el excedente de la producción yucateca y por el surgimiento del sisal competidor de las colonias británicas y holandesas de África y Asia en la posguerra. Un estudio del Departamento de Estado, realizado en 1922, reveló que los compradores norteamericanos, y la Harvester en particular, estaban comprando ahora una porción siempre creciente de su fibra fuera de Yucatán. De acuerdo con el estudio, las compras de manila filipina hechas por la Harvester, que en 1919 habían quebrado a la Reguladora de Alvarado, continuaban en menor medida durante la posguerra, junto con ocasionales lotes de sisal asiático y africano.[82] Sin embargo, los expertos en fibras del gobierno norteamericano habían recordado oportunamente a los fabricantes de cordeles que, aunque ahora podrían diversificar sus compras de fibra, continuarían considerando a Yucatán como su fuente de abasto primaria, en vista de su proximidad y del bajo precio del henequén. En 1923, en efecto, uno de estos expertos indicó a los fabricantes que el 80% de la fibra natural usada en la fabricación de hilaza en los Estados Unidos provenía todavía de Yucatán.[83] Y otro experto previno que si el precio no era ya el mayor problema, "el peligro principal para el cultivador de granos norteamericano... es... la posibilidad del derrumbe de la industria de Yucatán hasta el punto de que los abastos de la fibra serán totalmente inadecuados para producir los cordeles necesarios para la cosecha".[84] El mensaje para la Harvester y los otros fabricantes era claro: váyanse con cuidado. No era éste el momento oportuno para intentar, por medio de sanciones económicas o presiones diplomáticas, un cambio en la administración de la industria yucateca de la fibra, a fin de volverla más agradable en términos ideológicos, para ellos o para sus aliados tradicionales: los grandes plantadores.

Además, Carrillo y su nuevo "técnico en fibras", Tomás Castellanos Acevedo, estaban haciendo todo lo posible para promover mejores relaciones con los compradores norteamericanos, es decir, las mejores relaciones que jamás hubieran existido con un gobierno yucateco revolucionario. En gran medida, los socialistas no podían escoger. La dependencia de Yucatán de las ventas regulares de la fibra a los mejores precios obtenibles en un mercado de compradores promovía un surgimiento repentino de "buena voluntad" y la clase de

[81] PCR, *Yucatán Letters*, HG-2, p. 402, Peabody a Rice, 21 de febrero de 1922.
[82] SD, 812.61326/414; PCC, archivo 1, legajos 2 y 3, F. C. Holmes, Plymouth Cordage, a "The Farmers of Yucatán", 10 de febrero de 1923.
[83] Louis Crossette, *Sisal Production, Prices and Marketing*, Departamento de Comercio de los Estados Unidos, Suplemento de *Commerce Reports*, Trade Information Bulletin número 200, Washington, D. C., 1924, p. 1.
[84] SD-CPR, *Corr.*, *1924*, vol. 7, 861.3, Dewey a Stone, 29 de mayo.

acercamiento en los tratos económicos con los norteamericanos que el régimen reformista burgués de Alvarado no había alentado jamás en medio del auge. Parece claro también que Carrillo —como lo había hecho al realizar una campaña de propaganda pro norteamericana en aras de las cooperativas de trabajadores en 1918— trataba ahora de fortalecer la confianza norteamericana en él como un líder político equilibrado. Esperaba Carrillo que esta confianza pudiera reducir más tarde la oposición extranjera a su programa social, sobre todo los cambios futuros que estaba estudiando para el sector agrario. En este trabajo de relaciones públicas, "El Financiero" era un aliado muy capaz y un prestanombres particularmente eficaz en las negociaciones con los norteamericanos. Repetidas veces hablaba "El Financiero" de "trabajar para armonizar, en la mayor medida posible, la relación existente entre la producción yucateca y el consumo norteamericano".[85] Invariablemente, en estos tratos internacionales de altas finanzas, y en términos que los empresarios norteamericanos podían entender, Castellanos garantizaba en lo personal la integridad y la "perseverancia decidida" de su jefe, cuyas políticas en materia de comercialización de la fibra estaban dedicadas exclusivamente al "progreso económico y el bienestar social [del pueblo de Yucatán]".[86]

En general, los norteamericanos estaban satisfechos con la administración de la industria henequenera, por parte de los socialistas, entre 1921 y 1923. En efecto, los informes de dos investigaciones separadas del gobierno norteamericano, realizadas por el Departamento de Comercio y el de Agricultura, elogiaban generosamente las políticas de precios de la Comisión Exportadora de Carrillo. El informe del Departamento de Agricultura admitía con franqueza que no podía ver con beneplácito un monopolio cerrado en la comercialización de un producto primario importante. Sin embargo, a juzgar por los resultados prácticos, "[la Exportadora] ha sido mucho más satisfactoria que cualquier método de comercialización del henequén durante los últimos 15 años por lo menos".[87] El informe del Departamento de Comercio llegaba independientemente a las mismas conclusiones: los precios pagados por los fabricantes de cordeles habían sido más estables y compatibles con los de otras fibras duras, y los productores yucatecos habían recibido un porcentaje del precio final, bajo Carrillo, mayor que en cualquier época desde 1914.[88]

No es que los fabricantes y el gobierno norteamericano hubiesen estado completamente libres del temor de que Carrillo Puerto tratara de restablecer un

---

[85] *P*, 14 de agosto de 1922.
[86] Tomás Castellanos Acevedo, *Informe presentado ante el H. Consejo Directivo de la Comisión Exportadora de Yucatán*, Mérida, 1922, p. 5; también en AGN, 424-H-1.
[87] SD-CPR, *Corr.*, *1924*, vol. 7, 861.3, Dewey a Stone, 29 de mayo.
[88] Crossette, *Sisal Production*, pp. 4-5, 7. El informe del Departamento de Agricultura admitía que, durante el periodo de 1922-1923, la Exportadora había mantenido el precio del henequén ligeramente por debajo de su valor en relación con las fibras competidoras. La investigación del Departamento de Comercio reveló que, bajo Alvarado, aunque el precio se había disparado hasta 41.8 centavos por kilo, el plantador había recibido a lo sumo 15.4 centavos por kilo. Bajo la Exportadora de Carrillo Puerto, el precio se había mantenido relativamente estable entre 13.2 y 14.3 centavos por kilo, y el productor había obtenido en promedio entre 6.6 y 9.9 centavos por kilo.

régimen comparable al que presidiera Alvarado durante la guerra. La Comisión Exportadora tenía muchas semejanzas temibles con su encarnación anterior, en particular un fuerte apoyo financiero del mismo consorcio de banqueros norteamericanos que había impulsado a la Reguladora de Alvarado y Castro Morales. Aunque los banqueros habían cambiado hábilmente el nombre de su consorcio varias veces —la Pan-American Commission Corporation se había convertido en 1920 en la ERIC Corporation, la que a su vez se había convertido en 1922 en la Sisal Sales Corporation—, los términos de su asociación con el monopolio oficial del henequén yucateco habían permanecido básicamente iguales.[89] A principios de 1922, el agente especial del Departamento de Estado R. S. Sharp no había podido controlar su cinismo en un informe confidencial que evaluaba los términos de la nueva asociación entre los banqueros y la Exportadora recién formada:

> La ERIC tiene un nuevo trato con este nuevo instrumento [la Exportadora], por el que ellos [la ERIC, ahora la Sisal Sales Corporation] tienen el control absoluto de toda... la cosecha de sisal, y en todo momento mantienen al sisal como un rehén por los pagarés insolutos... En otras palabras, estas instituciones bancarias... han atado a Yucatán más fuertemente que con un nudo ciego, ya que fijan el precio de compra por contrato y fijan el precio de las ventas por contrato. Los controlan de ida y de vuelta, y además tienen la palabra final en los términos del contrato de ventas, porque encima de todo eso que ya habían logrado en forma de precios mayores en razón de este control y manipulación, se ganan una comisión de 6% sobre el valor bruto de todas las ventas realizadas por ellos por cuenta de la Comisión Reguladora [sic: Comisión Exportadora]. Por supuesto, al final el agricultor norteamericano paga la cuenta...[90]

Sin embargo, algunos meses más tarde, a principios de 1923, los socialistas habían despejado efectivamente los temores norteamericanos. No sólo habían mantenido estables los precios sino que, gracias a la habilidad financiera de Castellanos Acevedo, habían flotado independientemente ciertos préstamos que les daban capital suficiente para recomprar gran parte de los inventarios exce-

---

[89] PCC, archivo H, legajo 2, contiene una serie de cartas y recortes de prensa, de fines de 1921 y la mayor parte de 1922, donde se registran los temores de la Plymouth ante el "nuevo monopolio", el que se asemejaba a la Reguladora de Alvarado. Había otro aspecto novedoso, algo irónico, en los nuevos arreglos de asociación. La casa de Hanson y Orth, negociante en fibras de Nueva York, quizá el crítico más vehemente de la Reguladora de Alvarado, cuyos representantes habían conspirado abiertamente con diversos plantadores para minar al Partido Socialista en 1918, ahora aceptaban representar a los socialistas como agente de la Exportadora en Nueva York. Anteriormente, Hanson y Orth habían calificado a los banqueros de traidores al sistema económico norteamericano; ahora firmaban como cómplices. Al escuchar las noticias, el cónsul norteamericano, abrumado y desconcertado, preguntó: "¿Quién defenderá al capitalista de su peor enemigo, que es él mismo?" SD, 812.61326/384; PCC, archivo H, legajo 2, Charles Orth a Plymouth Cordage, 2 de enero de 1922.

[90] SD, 812.61326/388.

dentes hipotecados con los banqueros, de modo que Yucatán obtenía un control mayor sobre su estrategia de precios futuros.[91]

Otras fuentes potenciales de conflicto entre el monopolio henequenero socialista y los intereses cordeleros norteamericanos fueron similarmente eliminadas con un mínimo de tensión. A principios de 1922, por ejemplo, Castellanos Acevedo y Carrillo se esforzaron decididamente por reducir los temores irracionales de los diplomáticos y fabricantes norteamericanos en el sentido de que las negociaciones de Yucatán con potenciales compradores europeos representaban una conjura alemana o comunista (es decir, rusa) para controlar todo el mercado del henequén.[92] Los yucatecos no podían identificar la base de tal paranoia norteamericana, ya que las industrias cordeleras de Alemania y Rusia se encontraban todavía en su infancia y, sobre todo, las cifras comerciales recientes habían documentado concluyentemente el firme control de los embarques logrado por los intereses norteamericanos tras la pérdida de la flota henequenera propiedad de Yucatán en 1919.[93]

Los norteamericanos hicieron también algunas contribuciones a este espíritu conciliatorio. Varias veces durante el periodo de 1921-1923, cuando Peabody, secundado ocasionalmente por otros aliados, pidió que se ejerciera una acción coercitiva contra el monopolio henequenero del gobierno de Yucatán por haber violado sus derechos a la compra y transporte de la fibra como negociante independiente, el Departamento de Estado instó a la compañía a que se defendiera en los tribunales mexicanos. Al gobierno norteamericano se unieron la International Harvester Company y sus numerosos satélites, los cuales aconsejaron a Peabody que se moderara y aceptara la inevitabilidad de un mercado cerrado, por lo menos temporalmente.[94] Debe recordarse que una queja similar, presionada vigorosamente por compradores y fabricantes, había estado a punto de desatar una intervención armada y la posibilidad de la guerra en 1914-1915.

Si los tiempos habían cambiado en lo tocante a las relaciones de Yucatán con los compradores norteamericanos y su gobierno, lo mismo podría decirse del mejoramiento de las relaciones de la región con el gobierno federal mexicano. También aquí, las tendencias que se habían venido desarrollando a principios de los años veinte parecían generar buenos augurios para una realización de los programas sociales de los revolucionarios yucatecos. Sin embargo, Carrillo

[91] Carrillo, *La familia*, pp. 32-34.
[92] SD, 812.61326/389, p. 390. Temores similares acerca de la dominación alemana habían surgido más creíblemente durante la primera Guerra Mundial. Véase SD-CPR, *Corr., 1915-1918*, especialmente expedientes 600, 800 y 861.3; y PCC, expediente 1, legajo 3 ("World War I-U.S. Food Administration"); *FIN*, 31 de enero de 1918.
[93] SD, 812.61326/391.
[94] SD, 812.61326/400, pp. 404, 406, 415, 474. Peabody se veía ocasionalmente secundado en sus protestas por Plymouth Cordage, para la que compraba la fibra regularmente, y por varias de las prisiones más grandes del Medio Oeste (en particular la Prisión del Estado de Minesota), que también producían grandes cantidades de cordeles y de hilo. La Plymouth y las prisiones sospechaban que la Harvester estaba recibiendo un trato especial por parte del monopolio yucateco en términos del precio y de la calidad de la fibra. Véase, por ejemplo, PCC, expediente I, legajos 2 y 3, Plymouth Cordage a senador Henry Cabot Lodge, 21, 28 de febrero de 1924.

y los socialistas juzgaban que los factores fundamentales serían aquí la moderación y una realización gradual de su revolución. Aunque Obregón y Calles habían respondido hasta ahora confiablemente al trato que les daba Carrillo como benefactores, también le habían hecho muchas sugerencias inconfundibles a su cliente para que avanzara con cautela y respeto. Lo habían apoyado a medida que consolidaba su base de poder en el sureste, y Obregón lo había destacado como el "gobernador modelo" tras sus esfuerzos iniciales de construcción de caminos y distribución de milpas.[95] Sin embargo, cuando Carrillo había tratado de atacar prematuramente a los hacendados más poderosos, expropiando una parte de sus henequenales, Obregón lo había reprobado de manera tranquila pero firme, impidiendo y en última instancia anulando estas distribuciones en los tribunales.

La reforma agraria: el inicio de la segunda etapa

Decidido a avanzar lentamente, pero siempre con sus metas principales a la vista, Carrillo presentó dos grandes muestras de legislación agraria en noviembre y diciembre de 1923, cuya importancia no ha sido plenamente apreciada hasta ahora. Es posible que esto se deba al hecho de que la letra de estas leyes no es particularmente agresiva; sólo las implicaciones son de largo alcance. Sin embargo, en vista de los acontecimientos surgidos en las semanas inmediatamente siguientes a la expedición de los decretos, parece ser que los hacendados no dejaron de advertir la importancia de la legislación de Carrillo. Amenazados por lo que percibían correctamente como manifestaciones de una intención subyacente de transformar la estructura agraria existente, los grandes plantadores y sus aliados se movilizarían contra el régimen socialista de Carrillo en cuanto se les presentara una oportunidad estratégica.

En el breve lapso de una semana (28 de noviembre-4 de diciembre), el gobernador Carrillo estableció precedentes legales para una redistribución obligatoria de los beneficios futuros del henequén en favor de los trabajadores; la expropiación de haciendas enteras, incluidas las plantaciones henequeneras; y la propiedad y operación colectiva de estas unidades económicas por parte de los trabajadores. La redacción de estos decretos era a menudo sutil y conciliatoria, basada en supuestos que probablemente aprobaría el gobierno federal. Una primera lectura del primer decreto, emitido el 28 de noviembre y titulado Ley de Incautación y Expropiación de Haciendas Abandonadas,[96] sugiere que Carrillo estaba sólo poniendo al día y ampliando la Ley de Tierras Ociosas promulgada en 1920 por el propio Obregón. Los principios orientadores de la ley de 1920 habían sido las nociones burguesas complementarias de la pequeña propiedad y la importancia del uso productivo de la tierra que seguían ani-

---

[95] *DO*, 29 de junio de 1923, p. 1; Irigoyen, *Felipe Carrillo*, pp. 26-27.
[96] Orosa Díaz, *Legislación*, vol. 4, pp. 59-63; Irigoyen, *Felipe Carrillo*, pp. 27-29; SD-CPR, *Corr., 1923*, vol. 4, 861.3/852, Marsh a secretario de Estado, 12 de diciembre, anexando el texto del decreto.

mando a Obregón, Calles y la dinastía sonorense que gobernara a México durante los años veinte y principios de los treinta. A fin de atacar a la hacienda improductiva, Obregón había decretado que las tierras ociosas podrían ser denunciadas y luego cultivadas por pequeños agricultores durante ciertos periodos (un año, en la mayoría de los casos), sin pago de renta.[97] Resulta interesante observar que Carrillo había sido uno de los pocos gobernadores que utilizaron ampliamente el edicto de Obregón, empleándolo en 1922 y 1923 para abrir mayores áreas al cultivo del maíz. Con esta nueva ley, parecía ahora que don Felipe se proponía abrir de nuevo a la producción las tierras abandonadas de las haciendas y proveer un ingreso necesitado con urgencia por los trabajadores rurales que habían sido despedidos al cesar las operaciones de la hacienda.

Sin embargo, dos aspectos importantes de la nueva ley sugerían alteraciones radicales de la legislación anterior de Obregón. Primero, estaría implicado algo más que los privilegios de usufructo temporal; las tierras serían expropiadas con una indemnización nominal. Segundo, e igualmente importante, las tierras abandonadas de la hacienda serían entregadas a los trabajadores para su operación colectiva. En efecto, Carrillo concluía sus considerandos [98] —tras de subrayar convincentemente la obligación social de combatir el dispendio y aumentar la producción agrícola— observando que "el mayor de los derechos es la existencia colectiva", el derecho a una existencia colectiva basada en la propiedad y la administración colectivas de la tierra.

La lógica de la legislación de Carrillo era consistente desde un punto de vista ideológico y estratégico. El decreto castigaría de inmediato a los grandes hacendados que estuviesen utilizando tácticas de boicoteo (por ejemplo, suspensiones del trabajo, reducciones de las siembras) contra su gobierno. Además, después de la severa crisis económica, muchas haciendas estarían ahora abandonadas y listas para ser tomadas justamente cuando los precios empezaban a subir y la expropiación y el control de los trabajadores se estaban volviendo opciones más brillantes. Los hacendados medianos y pequeños eran especialmente vulnerables. Muchos afrontaban la expropiación inmediata de sus fincas quebradas. Otros se verían obligados a acelerar la hipoteca de sus futuras cosechas de fibra a fin de recibir el crédito público que necesitan urgentemente para continuar operando, cayendo así bajo el control socialista *de facto*. Además, Carrillo sabía que, una vez que la propiedad y la capacidad productiva de los plantadores pequeños estuviesen bajo el control socialista, los plantadores grandes perderían una valiosa fuente de apoyo económico y político y se volverían más vulnerables al ataque futuro de su gobierno.

La segunda ley de Carrillo destacaba la naturaleza gradual de la estrategia socialista. Esencialmente, estatuía que el 25% de los ingresos henequeneros canalizados por la Exportadora se entregarían a los trabajadores por concepto de beneficios y de crédito destinado a estimular las "cooperativas" henequeneras.[99]

[97] SD-CPR, *Corr.*, 1922, vol. 4, p. 861, anexando el decreto número 127, firmado el 27 de diciembre de 1920.
[98] El preámbulo justificativo de un decreto.
[99] Orosa Díaz, *Legislación*, vol. 4, pp. 62-63; Irigoyen, *Felipe Carrillo*, pp. 29-32.

El decreto representaba el cumplimiento parcial de una promesa hecha por Carrillo a los trabajadores henequeneros en su informe de enero de 1923.[100] Señalando el mejoramiento reciente de los precios de la fibra, Carrillo había asegurado a los campesinos que la industria henequenera era una riqueza pública y no sólo el patrimonio de los hacendados ricos. Su gobierno sería ahora especialmente responsable, mediante la administración de la Comisión Exportadora, de dar a los trabajadores su compensación largamente esperada:

> Las duras pruebas y los triunfos ocasionales de nuestra industria henequenera simbolizan y reflejan el sudor, el sacrificio y el trabajo arduo de los trabajadores que la crearon. Teniendo esto en mente, mi gobierno hará todo lo que esté a su alcance para mantener y fortalecer la industria y no vacilará en redistribuir en favor de los trabajadores una porción creciente de sus beneficios materiales.

Pero también aquí trataba Carrillo de disfrazar sus verdaderas intenciones. Una cuarta parte de los beneficios para principiar (aparte de la porción de los ingresos fiscales del gobierno destinada a sus diversos programas de bienestar social) no parecía excesivamente radical. Además, el hincapié explícito de Carrillo en las cooperativas, a pesar de que estaba señalando en última instancia la creación de granjas colectivas, lo mantenía de nuevo alineado con el programa oficial del gobierno federal. El cooperativismo, como instrumento para equilibrar o incorporar las energías y las demandas de los trabajadores dentro de un marco capitalista global de incremento de la producción sin alterar la distribución de la riqueza, ha sido tradicionalmente una de las instituciones económicas características adoptadas por las revoluciones burguesas. En su defensa de la cooperativa como una de las soluciones principales de los complejos problemas de la vida rural mexicana en los años veinte y treinta, los caudillos sonorenses trataban de dar una forma más nítida a su concepción ideológica del capitalismo reformista. Y por el momento, los socialistas de Yucatán encontraban conveniente la cooperación, camuflando su programa agrario con la rúbrica de sus poderosos patrones nacionales.

---

[100] *P*, 2 de enero de 1923.

IX. EL FRACASO DE LA REVOLUCIÓN DESDE ADENTRO, 1923-1924

> Yucatán no es un estado autónomo, autosuficiente... Todo movimiento revolucionario en Yucatán está condenado al fracaso si no cuenta con una fuerte ayuda material desde el exterior.
>
> Cónsul de los Estados Unidos a secretario de Estado, 1919

> México necesita sus héroes para sobrevivir.
>
> RODOLFO USIGLI, *El gesticulador*

MENOS de dos semanas después de la promulgación de las nuevas leyes de expropiación, y ciertamente antes de que se hiciera ningún esfuerzo concreto para ponerla en vigor, el gobierno socialista de Yucatán era derrocado. Felipe Carrillo Puerto era un hombre marcado que huía hacia el este, cruzando la península en un esfuerzo desesperado por alcanzar el exilio en Cuba. Poco más de un mes después de la aparición de los decretos, Carrillo y sus ayudantes más cercanos eran capturados y ejecutados, y Yucatán estaba de nuevo bajo el dominio de un ejército mexicano de ocupación.

La caída de Carrillo Puerto ha dado lugar a una controversia enconada en la historiografía revolucionaria yucateca. Medio siglo después, los sucesos que rodearon la muerte de Carrillo continúan preocupando a investigadores y literatos de la península.[1] Las explicaciones de su derrocamiento llenan innumerables volúmenes y artículos y caen en tres teorías potencialmente yuxtapuestas (presentadas aquí en orden de verosimilitud descendente). La primera teoría sostiene que la sentencia de muerte de Carrillo fue comprada por los grandes hacendados henequeneros a quienes estaba amenazando con la expropiación. Se ha sugerido, como un corolario, que la conspiración estuvo apoyada por las corporaciones norteamericanas cuyo control del mercado henequenero trataba de romper Carrillo.[2] En la segunda tesis, Carrillo, que era esencialmente un pacifista, se prestó al martirio antes que derramar la sangre de sus numerosos partidarios mayas, pobremente armados.[3] Una tercera posición sostiene que el

---

[1] Por ejemplo, véase el debate reciente entre Antonio Betancourt Pérez, *El asesinato de Carrillo Puerto*, Mérida, 1974, y Roque Armando Sosa Ferreyro, *El crimen del miedo: Cómo y por qué fue asesinado Felipe Carrillo Puerto*, México, 1969; véase también el capítulo VII, nota 23.

[2] Por ejemplo, Betancourt, *El asesinato*; Renán Irigoyen, *Felipe Carrillo: Primer gobernante socialista en México*, Mérida, 1974, p. 41; *Los Agachados*, "Felipe Carrillo Puerto: El Allende mexicano", p. 20.

[3] Betancourt, *El asesinato*, pp. 17-28; Alma Reed, "Felipe Carrillo Puerto", *BdU*, época 2, 4:1 (junio de 1924), pp. 20-21; J. W. F. Dulles, *Yesterday in Mexico: A chronicle of*

gobernador Carrillo, consumido por su pasión por la periodista norteamericana Alma Reed, renunció a toda lucha con las tropas federales insurgentes y fue capturado en su fuga impetuosa para unirse a su amante.[4]

La mayoría de los historiadores han juzgado demasiado fantástica la última tesis.[5] La versión del martirio es casi igualmente improbable, porque don Felipe se mostró consistentemente más como un hombre pragmático que como un pacifista. Además, esta polémica sobre los detalles de la formación de un mártir revolucionario omite otro enigma, más cercano al meollo de la política de la revolución en Yucatán. Si Felipe Carrillo Puerto tenía el apoyo militar y el respaldo de la organización de las ligas —es decir, de la legendaria "fuerza de 60 000 hombres"—, ¿por qué fue derrotado tan fácilmente por una fuerza federal claramente menor, y cómo fue desmantelado su régimen socialista con tanta rapidez después de su muerte? A fin de aclarar todos los enigmas de la muerte de Carrillo, nos concentraremos en los intereses vitales de cada uno de los grandes actores de la caída del socialismo yucateco.

Los hacendados y los insurgentes federales

Si todavía les faltaba algún motivo a fines de 1923, la reciente legislación agraria de Carrillo daba a los hacendados más ricos y a las clases propietarias una razón inmediata para buscar su eliminación. Por lo que a ellos tocaba, era ahora sólo cuestión de tiempo para que los socialistas, armados con estos nuevos precedentes, iniciaran una rápida expropiación de sus plantaciones y empresas.[6] Además de estar animados por una motivación imperiosa, los grandes hacendados recibieron casi simultáneamente el instrumento adecuado y la oportunidad perfecta para librarse de su verdugo socialista. Otra vez, como en 1919, las fuerzas y los sucesos del centro de México alterarían significativamente la trayectoria de la historia revolucionaria de Yucatán.

El 3 de diciembre de 1923, sólo un día después de la publicación del decreto de expropiación de Carrillo, Guadalupe Sánchez, el poderoso general de división de Veracruz, se pronunció en favor de Adolfo de la Huerta y en contra del gobierno del presidente Obregón. Pronto se unieron a la rebelión mucho más de la mitad de los generales de primera línea del ejército mexicano. De la Huerta, anteriormente el tercero de los miembros del triunvirato sonorense que había sustituido a Carranza y controlado la Revolución Constitucionalista tras la rebelión de Agua Prieta, había caído de la gracia de Obregón y Calles por un complejo conjunto de razones personales y políticas cuya significación ideoló-

the Revolution, 1919-1936, Austin, Texas, 1961, p. 231. Hay ed. esp. Fondo de Cultura Económica, 2ª reimpresión, 1985.

[4] Sosa Ferreyro, *El crimen*, pp. 42, 114 ss.; Rosa Castro, "Sobre la ruta de Carrillo Puerto, el Mesías de Motul", *Hoy*, 15 de marzo de 1952.

[5] Por ejemplo, Antonio Betancourt Pérez, "¿Ángel, o demonio?: Carrillo Puerto y 'Peregrina'", *J*, 2:2 (mayo de 1973), p. 19.

[6] Irigoyen, *Felipe Carrillo*, p. 31; Moisés González Navarro, *Raza y tierra: La guerra de castas y el henequén*, México, 1970, p. 248.

gica exacta se mantiene todavía en duda. En general, parece ser que don Adolfo resintió el desaire del presidente Obregón, quien a fines de 1923 había designado al general Calles como su sucesor inmediato. Además, De la Huerta resentía la forma en que el gobierno de Obregón había conducido las negociaciones de la deuda mexicana con los Estados Unidos, la que en su opinión lo había humillado como principal negociador de México.[7]

El desafío de De la Huerta a sus antiguos aliados sonorenses no interfirió a largo plazo con la consolidación de su dinastía. Al cabo de cinco meses, a fines de abril de 1924, la rebelión había sido sofocada. Es posible que la mayor de sus víctimas haya sido el socialismo yucateco.

A medida que surgía la rebelión y que los generales y los políticos civiles más notables de la República se veían obligados a calcular sus lealtades y tomar partido, la lucha estalló en Veracruz y la región del golfo. De nuevo, Yucatán se vio separado de la capital nacional. Enterado de la rebelión sólo días más tarde, el 9 de diciembre, Carrillo no vaciló para expresar de inmediato el apoyo de su gobierno en favor de Obregón. En las páginas de *Tierra*, el órgano oficial del partido, exhortó Carrillo a los yucatecos a unirse en contra de los "traidores" de Veracruz.[8] Varios días más tarde, declaraba la ley marcial y, dudando de la lealtad de la guarnición federal estacionada en la península, que en su mayor parte no era yucateca, pidió urgentemente a las ligas que se prepararan para el combate.[9]

Mientras tanto, los hacendados estaban formulando su propia estrategia. Tras una serie de reuniones formales e informales de los grandes productores, se tomó la decisión de abrir un compás de espera para saber cuál de los combatientes ganaría la partida y llegar luego a un arreglo con el triunfador. Los insurgentes delahuertistas consolidaron su control de la península con una rapidez que conmovió profundamente a la sociedad yucateca. Pero cuando las tropas federales rebeldes se estacionaron en Mérida, los grandes plantadores y comerciantes no ocultaron su preferencia por negociar con los insurgentes y enviaron sus representantes a parlamentar con ellos. Por primera vez en más de dos años, la prensa conservadora publicaba tronantes denuncias del sistema unipartidista de Yucatán, basado en su opinión en una violenta versión socialista del caciquismo.[10]

Además, la plataforma del delahuertismo, suficientemente amplia para atraer el apoyo de grandes terratenientes de todo México, tenía un atractivo especial para los hacendados yucatecos en apuros. Aunque De la Huerta había incluido

[7] *RdY*, 7 de diciembre de 1923; Rafael Trujillo, *Adolfo de la Huerta y los Tratados de Bucareli*, 2ª ed., México, 1966, pp. 139-148; Adolfo de la Huerta, *Memorias de don Adolfo de la Huerta según su propio dictado*, comp. Roberto Guzmán Esparza, México, 1957, páginas 219, 263-264; cf. Aarón Sáenz, *La política internacional de la Revolución*, México, 1961, pp. 50-72; y TLP, Expediente 1973, "Scheider, Franz, Jr., 1926-1929", comunicado de prensa de Arturo Elías, 15 de junio de 1926.
[8] *T*, 9 de diciembre de 1923; *RdY*, 8 de diciembre de 1923.
[9] *RdY*, 12 de diciembre de 1923; Álvaro Gamboa Ricalde, *Yucatán desde 1910*, México, 1953, vol. 3, p. 345.
[10] Véase el ataque interesantemente vitriólico, montado contra el gobierno de Carrillo por el periódico conservador *El Correo* (*C*), a medida que crecía durante diciembre el poder de los rebeldes.

la distribución ejidal en su Plan de Veracruz, inmediatamente aclaró que las dotaciones y restituciones procederían sólo *cuando fueran legales*. Además, era claro que su interés principal sería la noción burguesa de la pequeña propiedad amplia, altamente capitalizada, productiva. Al igual que Obregón, De la Huerta otorgaría exenciones en favor de los cultivos de exportación costosos tales como el henequén, y en los casos en que las propiedades se viesen afectadas por los ejidos, prometía una indemnización real, antes que teórica. Por lo tanto, no fue coincidencia que entre los partidarios del incipiente movimiento nacional de Adolfo de la Huerta se encontrara un buen número de revolucionarios norteños veteranos y diversos intelectuales que habían rechazado el ejido como una solución final para el problema agrario de México, en favor de la pequeña propiedad; por ejemplo, Antonio I. Villarreal, Enrique Estrada y, significativamente, Salvador Alvarado.[11] Por lo tanto, no era sorprendente que los hacendados yucatecos razonaran que tenían mucho menos que temer bajo un futuro gobierno delahuertista que bajo el régimen socialista actual del gobernador obregonista.

Los plantadores advertían también que la oportunidad de esta conjunción de los sucesos políticos regionales y nacionales tenía la mayor importancia para la determinación de sus perspectivas a largo plazo. El aislamiento temporal de Yucatán frente al resto de México podría afectar a los plantadores en una de dos formas. Por una parte, la situación política podría fortalecer a los socialistas, suponiendo que pudieran mantenerse en el poder. Separado de la influencia moderadora de Obregón, Carrillo podría usar con oportunismo la crisis nacional como una cortina de humo para la socialización de las plantaciones henequeneras,[12] como Zapata había usado el aislamiento de Morelos durante el periodo de 1914-1916 para realizar grandes expropiaciones de las plantaciones azucareras. Por otra parte, la cortina de humo podría funcionar también en su propio beneficio, siempre que triunfaran los delahuertistas y ellos, los plantadores, pudieran llegar a un arreglo con los insurgentes que acabara de inmediato con Carrillo, el socialismo yucateco y el monopolio henequenero gubernamental.

Por diversas razones que examinaremos en seguida, las circunstancias y los sucesos favorecían a los delahuertistas y sus nuevos aliados dentro de la burguesía regional. El intento de última hora de Carrillo por coordinar un esfuerzo de defensa común con los líderes obregonistas de Tabasco y Campeche se vio anulado por la rapidez del avance de los insurgentes por el sureste de México. A pesar de los esfuerzos que se hicieron para lograr que las guarniciones federales estacionadas en Yucatán y Campeche se mantuvieran leales a Obregón,

---

[11] González Navarro, *Raza*, p. 249; *La Confederación Nacional Campesina, un grupo de presión en la Revolución Mexicana*, México, 1968, pp. 81-83. En el caso de Alvarado, la animosidad personal parece haber desempeñado un papel igual o mayor que el de la persuasión ideológica en su distanciamiento de Obregón. Hemos visto que Alvarado había considerado anteriormente a Obregón como un obstáculo para sus propias ambiciones políticas nacionales. Como su anterior aliado, Carrillo Puerto, Alvarado no sobrevivió a la rebelión. Fue asesinado por obregonistas en el rancho La Hormiga, Chiapas, el 9 de junio de 1924.
[12] Irigoyen, *Felipe Carrillo*, p. 32.

mediante la distribución de 150 000 dólares de los ingresos estatales y los fondos de la Exportadora entre los oficiales, las tropas de Campeche se rebelaron, y el 12 de diciembre de 1923 ordenó Obregón a Carrillo que enviara la guarnición de Yucatán a sofocar la insurrección.[13] Para defender el estado sólo se contaba ahora con la fuerza policiaca de Carrillo, pobremente armada (cerca de 200 hombres) y las ligas de resistencia civiles, cuya preparación militar era virtualmente nula.[14] Horas después de su partida en auxilio de Campeche, la guarnición federal de Yucatán se había amotinado, deponiendo a su confiable comandante, el coronel Carlos Robinson. Dirigidos ahora por Hermenegildo Rodríguez y Juan Ricárdez Broca, estos federales insurgentes se aliaron con la fuerza delahuertista que controlaba a Campeche y se dirigieron a Mérida a deponer a Carrillo Puerto. Enterado de la inminente llegada de las tropas amotinadas, el gobernador Carrillo evacuó a Mérida en cerca de 30 minutos, acompañado por un destacamento de la policía estatal, el ex gobernador Manuel Berzunza, y un pequeño grupo de dirigentes socialistas que incluía a varios de sus hermanos.[15]

En el curso de los nueve días siguientes —quizá el periodo más estudiado de la historia yucateca—,[16] Carrillo huyó hacia el este, a través del estado, decidido a llegar a Cuba, de donde zarparía a los Estados Unidos y finalmente se conectaría con las fuerzas obregonistas al sur de la frontera. Carrillo fue tenazmente perseguido por los delahuertistas, igualmente decididos a asegurarse de que no saliera de la península. Los socialistas prepararon trenes especiales para su escape, y cuando las vías ferrocarrileras se perdieron en los densos bosques de la parte oriental del estado, se obtuvieron caballos y mulas de partidarios gubernamentales. En varios puntos de la ruta ferroviaria, don Felipe se vio obligado a solicitar fondos municipales de los funcionarios locales, a fin de sobornar a su escolta policiaca, cuyos miembros amenazaban con abandonarlo si no recibían sus salarios largamente atrasados. Estas tesorerías locales aportaban una miseria, a menudo menos de 10 pesos cada una. En última instancia, Carrillo y sus compañeros se vieron obligados a vender sus pequeñas armas para pagar a los policías y enviarlos de regreso a Mérida. En Espita y más tarde en Tizimín, donde terminaba la vía ferroviaria, Carrillo pidió a todos sus acompañantes, excepto a los más íntimos, que se fueran a velar por su propia

---

[13] SD, 812.00/26624; Gamboa Ricalde, *Yucatán*, vol. 3, p. 345.
[14] *RdY*, 12 de diciembre de 1923; AGE, "Relación de los destacamentos existentes en los pueblos del Estado...", 30 de agosto de 1923; AGE, Felipe Ayala M. a Carrillo, 21 de marzo de 1922; véanse en AGE, 1920, la multitud de peticiones de diversos pueblos y grupos de campesinos que pedían la devolución de sus rifles.
[15] *RdY*, 13 de diciembre de 1923; AGN, 101-R2-E-3, memorando de Miguel J. López, 17 de marzo de 1924.
[16] Además de las fuentes secundarias ya citadas, las siguientes narraciones breves se basan también en estas explicaciones contemporáneas: Edmundo Bolio O., *De la cuna al paredón*, Mérida, 1921; José M. ("Chato") Duarte, *¿Fatalismo...?*, Mérida, 1924; Manuel Cirerol S., *La salida del Gobernador*, Mérida, 1924; Cirerol, "*Yo no asesino a Felipe Carrillo*", Mérida, 1938; y Joaquín de Arrigunaga Peón, "Felipe Carrillo Puerto y la revolución delahuertista: Declaraciones de los señores...", *NdY*, 21, 28 de julio de 1968.

seguridad. Después de encendidas objeciones, se marcharon todos, menos una docena.

El resto de la fuga —según informaron posteriormente antiguos participantes y escritores locales en un estilo reminiscente de la descripción hecha por los apóstoles del camino de Cristo hacia el Calvario— abundó en nuevas pruebas, humillaciones y traiciones. El jefe local de Valladolid hizo saber a la partida que no sería bien recibida allí. Viajando a pie por la frontera de Quintana Roo hacia la costa norte, descubrieron que los indios locales eran suspicaces y poco cooperativos; más tarde, compraron un pequeño bote de motor que resultó incapaz de navegar a mar abierto, cuando estaban a punto de hacer el último esfuerzo para eludir a sus perseguidores. Por último, fueron capturados el 21 de diciembre, traicionados por el administrador del predio El Cuyo, quien originalmente se había presentado como un carrillista que ofrecía sus servicios. El testimonio oral subsecuente ha revelado que este hombre, Mario Ancona Cirerol, pertenecía a una de las más ricas familias de plantadores de Yucatán, otros de cuyos miembros ocuparían pronto importantes puestos en el nuevo régimen delahuertista.[17]

Esto plantea la cuestión más amplia de la participación de los plantadores en el acto final de la tragedia de Carrillo, el desenlace que se desarrolló en la Penitenciaría Juárez de Mérida entre el 23 de diciembre de 1923 y el 3 de enero de 1924, cuando Carrillo y sus 12 acompañantes fueron llevados al paredón. Como sería de esperarse, los autores que han exigido una prueba documental explícita e irrefutable —equivalente a la proverbial "pistola humeante"— para aceptar la culpabilidad de los plantadores en la muerte de Carrillo, no la han encontrado. Sin embargo, para la mayoría de los autores y para la mayoría de los yucatecos actuales, se acepta generalmente como parte de su pasado revolucionario que los grandes hacendados desempeñaron un papel importante en la ejecución de Carrillo. En efecto, la mayoría de los relatos históricos y de las representaciones literarias de los acontecimientos sostienen que, en última instancia, los plantadores estaban dispuestos a pagar a los oficiales delahuertistas, por liquidar a Carrillo, más dinero que el que los socialistas podrían reunir para mantenerlo vivo.[18]

Los argumentos de estos autores resultan difíciles de refutar, ya que sugieren respuestas a cuestiones importantes que de otro modo serían difíciles de explicar. Por ejemplo, hemos visto que los yucatecos y sus gobernantes mexicanos

---

[17] Betancourt, *El asesinato*, p. 46.

[18] Las pruebas en apoyo de tal interpretación derivan del testimonio de antiguos participantes y testigos presenciales, quienes tuvieron acceso a los protagonistas durante las negociaciones realizadas dentro de la prisión; de juicios que aparecen en las memorias del propio Adolfo de la Huerta; y de diversos hechos circunstanciales y claves que parecen proveer una inferencia de culpa cuando se consideran en relación con las motivaciones establecidas de los plantadores. Por ejemplo, Betancourt, *El asesinato*, pp. 38-51; Bernardino Mena Brito, *Reestructuración histórica de Yucatán*, México, 1969, vol. 3, pp. 336-337; De la Huerta, *Memorias*, pp. 262-263; pero compárense Sosa Ferreyro, *El crimen*, pp. 92-94, 135, y David A. Franz, "Bullets and Bolshevists: A History of the Mexican Revolution and Reform in Yucatán", tesis doctoral inédita, Universidad de Nuevo México, Albuquerque, 1973, pp. 300-303.

se habían adherido siempre estrictamente a la máxima regional según la cual "al enemigo que huye, puente de plata".[19] En consecuencia, los generales constitucionalistas, incluido Alvarado, no habían dañado a Montes durante el periodo de 1914-1915; Carranza y Zamarripa habían permitido que Carrillo escapara en 1919; Obregón había otorgado un salvoconducto a Castro Morales en 1920; y Carrillo no había dañado a los principales líderes liberales en años subsecuentes. No había ninguna razón lógica para que los oficiales delahuertistas trataran tan desesperadamente de impedir que Carrillo saliera de la península a fines de 1923 o lo ejecutaran a principios de 1924. En efecto, matarlo como lo hicieron, tras torturarlo y someterlo a un remedo de juicio, equivalía a crear un mártir popular y provocar la clase de indignación pública que sólo causaría problemas para la seguridad y las perspectivas futuras del gobierno delahuertista en la región. Habría sido preferible, sobre todo después de derrotarlo con tanta facilidad, que se le permitiera marcharse pacíficamente a Cuba.

Las pruebas sugieren que la sentencia de muerte de Carrillo valía una suma cuantiosa para los hacendados, sustancialmente mayor que los 100 000 pesos que los socialistas se habían comprometido a reunir para la liberación de don Felipe. El precio citado con mayor frecuencia es el de 200 000 pesos, cifra verosímil, ya que la Unión de Productores de Henequén, el organismo representante de los grandes plantadores, había reunido un millón de pesos, destinado explícitamente a "apoyar la rebelión de De la Huerta".[20] Por lo menos 50 000 pesos parecen haberse ofrecido como abono inmediato al general insurgente Hermenegildo Rodríguez.[21] Y si hay algún consenso derivado de los relatos opuestos sobre la muerte de Carrillo, tal es que no sólo estaban los delahuertistas urgidos de dinero para financiar su campaña, sino que los generales Rodríguez y Juan Ricárdez Broca, líderes insurgentes, demostraban un deseo activo por usar la revuelta como medio para establecer su fortuna personal.[22] Ninguno de estos oficiales oportunistas, al revés de lo que ocurría con sus divisionarios superiores (por ejemplo, Alvarado, Estrada y Sánchez), parece haber respondido al llamado a la revuelta hecho por don Adolfo por razones ideológicas o políticas, ni por animosidad personal hacia Obregón y Calles.

Además, los individuos que presumiblemente hicieron el pago tenían resentimientos especiales contra Carrillo. Algunos relatos señalan a los henequeneros Felipe G. Cantón, Felipe G. Solís y Pastor Campos, como quienes recaudaron y entregaron los 200 000 pesos a Ricárdez Broca y a Rodríguez.[23] Otros sugieren que el dinero sangriento provino de un grupo más amplio de conspiradores que incluía al trío antes mencionado y a Gerardo y Lorenzo Manzanilla Montore, Arturo Ponce Cámara, Arcadio Escobedo, Amado Cantón Meneses y En-

---

[19] Betancourt, *El asesinato*, p. 46.
[20] González Navarro, *Raza*, pp. 249-250; Roberto Blanco Moheno, *Tata Lázaro: Vida, obra y muerte de Cárdenas, Múgica y Carrillo Puerto*, México, 1972, p. 213; Dulles, *Yesterday*, p. 232.
[21] Dulles, *Yesterday*, p. 232; Bolio, *De la cuna*, p. 83.
[22] Betancourt, *El asesinato*, pp. 35-37, 41; Sosa Ferreyro, *El crimen*, p. 57 y *passim*.
[23] Blanco Moheno, *Tata Lázaro*, p. 213; *cf.* Robert L. Brunhouse, *Sylvanus G. Morley and the World of the Ancient Mayas*, Norman, Okla., 1971, pp. 205-206.

rique Cantarell.²⁴ Un examen de los juicios de amparo promovidos en contra del gobierno de Carrillo por sus anteriores afectaciones de campos henequeneros (y montes) sugiere que los Manzanilla, Felipe G. Cantón y Felipe G. Solís habían sido blancos especiales de los socialistas y que los otros supuestos conspiradores eran plantadores pertenecientes a poderosas redes familiares ²⁵ que también habían sido atacadas especialmente por Carrillo o que tenían mucho que perder si el gobierno estatal emprendiera en el futuro una campaña de expropiaciones en la zona henequenera.²⁶

De acuerdo con el testimonio de antiguos participantes, era del conocimiento común, en los círculos elitistas y gubernamentales por igual, que cerca de una docena de hacendados, incluidos los plantadores antes mencionados, estaban conspirando abiertamente contra el régimen unos días antes de que la insurrección llegara a Yucatán. Una vez aclarada la identidad de los conspiradores, el gobernador Carrillo envió a un funcionario gubernamental a informar a uno de ellos, Arturo Ponce Cámara, que se les daría un periodo de gracia de ocho horas para que salieran de Mérida y se unieran a la oposición en Campeche. Ese mismo día, sin embargo, Mérida era invadida por los federales insurgentes y eran los socialistas, no los hacendados, quienes se veían obligados a huir. Una vez que habían sido amenazados por Carrillo, estos henequeneros estaban obligados, por su supervivencia futura, a hacer todo lo que estuviera a su alcance para asegurarse contra la posibilidad de un retorno de Carrillo al poder en el caso de que el delahuertismo fuese finalmente derrotado.²⁷ Además, no era ésta la primera ni la última vez que los grandes plantadores recurrían al asesinato u otras formas de la violencia para mantener su posición privilegiada. La rebelión de Ortiz Argumedo en 1915, y los disturbios de 1936 que precedieron a la reforma agraria radical de Cárdenas, representan episodios donde la violencia masiva con grandes pérdidas de vidas era dirigida o provocada por la oligarquía reinante para mejorar o proteger sus intereses.²⁸

²⁴ Betancourt, *El asesinato*, pp. 41-42; *cf.* Manuel M. Escoffié, *Ya*, Mérida, s.f.
²⁵ Para sólo citar un ejemplo, los G. Cantón estaban ligados por vínculos matrimoniales a los Campos.
²⁶ Las siguientes son ilustraciones importantes: a) *Felipe G. Cantón*: AGE, Felipe Valencia López a Carrillo, 21 de mayo de 1923, refiriéndose a la expropiación de 198 hectáreas de tierras henequeneras de la hacienda de Kancabchén, para "Ejidos de Yaxkukul". AGE, legajo "Juzgados, 1924", referencias al embargo precautorio en San Juan Koop, la hacienda henequenera de Cantón en Motul. Los socialistas confiscaron toda la hacienda temporalmente en 1924. b) *Felipe G. Solís*: AGE, juez supernumerario de distrito a Carrillo, 27 de diciembre de 1922, refiriéndose a las afectaciones de tierras cultivadas en varias fincas henequeneras de Solís (Ruinas de Aké, Dzoyolá y San Antonio), para "Ejidos de Cacalchén". c) *Lorenzo Manzanilla M.*: AGE, Manzanilla a Carrillo, 20 de noviembre de 1922, protestando la dotación ejidal "injusta y discriminatoria" para el pueblo de Muna, que tomó 3 000 hectáreas de monte y de tierras henequeneras de su hacienda de Uxmal. Podrían citarse muchos otros ejemplos similares en los voluminosos legajos de amparos de AGE, Ramo de Gobierno, 1923 y 1924.
²⁷ Betancourt Pérez, *El asesinato*, pp. 43-44.
²⁸ *Ibid.*, pp. 45-46; *cf.*, por ejemplo, Antonio Bustillos Carrillo, *Los mayas ante la cultura y la Revolución*, México, 1956, pp. 197-203; Mena Brito, *Reestructuración*, vol. 3, páginas 334-350.

Varios de los supuestos conspiradores de 1923, ya no digamos sus parientes cercanos, amigos y socios, desempeñaron luego importantes papeles como asesores económicos y burócratas en el efímero régimen delahuertista que gobernó a Yucatán desde fines de diciembre de 1923 hasta abril de 1924. Para evaluar la gran influencia de los grandes hacendados sobre sus aliados militares, bastará señalar que el régimen rebelde presidió el restablecimiento de un mercado de henequén abierto, proscribió al Partido Socialista y sus ligas constitutivas, y cesó virtualmente el sistemático programa de distribución ejidal de Carrillo.[29]

Caciques y campesinos

Aun suponiendo, como parecen justificarlo las pruebas existentes, que la captura y ejecución de Carrillo fueron planeadas por oficiales delahuertistas aliados a hacendados influyentes, ¿cómo se logró esto con tanta facilidad si el gobernador contaba con el apoyo de los legendarios 60 000? Las ligas de resistencia, la columna vertebral del edificio político de don Felipe, se concibieron con un defecto de organización básico que resultó fatal cuando la red extensa debió someterse a una prueba severa. En ausencia de una gran movilización política de las masas, Carrillo había tratado de consolidar su poder a través de los poderosos locales. En consecuencia, muchas de las más de 400 ligas existentes en la región en vísperas de la revuelta de De la Huerta en 1923, que dieran a Carrillo su fuerza de 60 000 a 90 000 hombres, eran en realidad organizaciones de papel, nominalmente mantenidas detrás de Carrillo por los caciques locales, con listas de miembros muy infladas. (Después de todo, la población de Yucatán en esa época, incluidos infantes y niños, apenas llegaba a 300 000 habitantes.) Tal arreglo de la organización resultaba adecuado para mantener el control frente a las amenazas internas, ya que poseía un monopolio virtual de la fuerza dentro de la región y el uso de la violencia le había sido permitido por el gobierno de Obregón. Pero seguía siendo vulnerable a un rápido ataque desde el exterior, por una fuerza poderosa, bien equipada y/o por las tropas federales rebeldes dentro de la región. Ambas cosas ocurrieron en diciembre de 1923.

Cuando la ocasión se presentó durante la revuelta de De la Huerta, la mayoría de las bandas irregulares dirigidas por caciques resultaron poco confiables; en efecto, un número sorprendentemente pequeño de tales bandas no montó siquiera una resistencia simbólica contra los federales insurgentes. De acuerdo con un periódico de Mérida, "los caciques socialistas de Carrillo huyeron vergonzosamente con la cola entre las piernas".[30] Braulio Euán fue la excepción que confirma la regla. En su gran cacicazgo occidental de la región cercana a Opi-

---

[29] SD-CPR, *Con. Corr.*, p. 800, Marsh a secretario de Estado, 27 de febrero de 1924; Betancourt, *El asesinato*, p. 44; y véase el perspicaz estudio de Hans Werner Tobler sobre el ejército revolucionario, "Las paradojas del ejército revolucionario: Su papel social en la reforma agraria mexicana, 1920-1935", *HM*, 21:1 (julio-septiembre de 1971), pp. 38-79, que examina en escala nacional la consistencia con la que los oficiales de alto rango se aliaron con las *élites* regionales en contra de las masas.

[30] *C*, 15 de diciembre de 1923; *cf.* Sosa Ferreyro, *El crimen*, pp. 107-110.

chén y Maxcanú, Euán reunió a 200 hombres para Carrillo Puerto y armó expediciones guerrilleras contra los federales insurgentes en el área, durante algún tiempo después de la ejecución de su caudillo.[31] Pero fue más común el comportamiento de los hermanos Vargas y de Miguel Ortiz en la cercana Muna. Estos caciques descubrieron en la revuelta de De la Huerta una oportunidad para liquidar a sus rivales faccionales y apoderarse de sus propiedades. Para alcanzar sus fines, estos caciques habían armado al campesinado local y se habían declarado en favor de Carrillo en nombre de la liga de resistencia de Muna. Pero más tarde, cuando las tropas delahuertistas se aproximaban, los caciques desertaron del área con su círculo inmediato de seguidores, abandonando a su suerte a los campesinos locales. En la plaza de Muna siguieron luego los ahorcamientos y las represalias. Poco tiempo después, el trío de caciques firmaban con los delahuertistas para cazar socialistas y confiscar sus propiedades.[32] Varios otros jefes locales, tales como Loreto Baak, un compañero maduro y popular bandido social, de inmediato pusieron sus bandas a las órdenes de los federales insurgentes.[33] Un participante contemporáneo ha llegado a sugerir que varios de los aliados locales de Carrillo más influyentes —cuyos nombres permanecen en secreto— lo traicionaron, conspirando con un puñado de poderosos hacendados henequeneros para comprar a los federales su sentencia de muerte.[34]

Mil quinientos campesinos armados se declararon en favor de Carrillo en su pueblo natal de Motul, pero pocos se reunieron espontáneamente en otras partes del estado, por falta de un liderazgo confiable.[35] El hecho de que estas ligas declinaran tan rápidamente en número y en el total de sus miembros, y perdieran de vista sus metas sociales iniciales tras el asesinato de Carrillo, es una prueba adicional de la movilización incompleta realizada durante el régimen de Carrillo Puerto, debido en gran parte a la falta de tiempo y de una red de comunicaciones internas eficiente.[36]

[31] *RdY*, 17 de diciembre de 1923.
[32] *Ibid.*; AGE, presidente, Liga de Opichén, a gobernador Iturralde, 17 de febrero de 1925; ASA, *Visitas Parroquiales, 1913-1931*, "Informes Parroquiales, 1923-1924", P. José Y. Góngora, 10 de enero de 1924.
[33] *RdY*, 17 de diciembre de 1923. Baak diría más tarde que puso sus 140 hombres a las órdenes de los delahuertistas porque un jefe socialista rival de Santa Elena había asesinado a su hijo a fines de 1923. *RdY*, 24 de abril de 1924.
[34] Mena Brito, *Reestructuración*, vol. 3, p. 336; *cf.* Betancourt, *El asesinato*, p. 50.
[35] Aquí parece pertinente recordar las ideas de E. J. Hobsbawm acerca del problema de la incorporación efectiva de los bandidos sociales a los movimientos revolucionarios. La verdad es que pocos de los caciques aliados de don Felipe estaban ideológicamente motivados o preparados en términos de la organización para trascender su condición de "rebeldes primitivos" y convertirse en revolucionarios socialistas dedicados y disciplinados. Según Hobsbawm, la falta del compromiso ideológico y de una estructura de organización coherente son las dos limitaciones principales de los bandidos sociales en los movimientos sociales modernos. *Primitive Rebels*, Nueva York, 1959, pp. 26-28.
[36] *RdY*, 13 de diciembre de 1923, 18 de diciembre de 1923; Luis Monroy Durán, *El último caudillo*, México, 1924, pp. 466-468. La lectura de los documentos de AGE, "Gobierno", para 1924 y 1925, revela claramente una declinación en la vitalidad y organización de las ligas tras la derrota del delahuertismo y la reinstalación del gobierno del Partido Socialista. *Cf.* Victor Goldkind, "Social Stratification in the Peasant Community: Chan

Este argumento "estructural" se refuerza con el factor circunstancial imperioso de la cronología. El estallamiento inmediato de la revuelta fue inesperado, y la rapidez con la que se movilizaron los insurgentes por la península agudizó las debilidades internas del sistema de defensa del régimen, basado primordialmente en las ligas y en una fuerza policiaca estatal bastante pequeña. Menos de 24 horas después del estallamiento de la revuelta en Campeche, los rebeldes habían tomado a Mérida y Progreso, dando al gobernador Carrillo poco tiempo para movilizar su amplia red de ligas agrarias mal armadas. Avanzando en primer término contra los únicos centros urbanos importantes de la península, los bien armados insurgentes golpearon a Carrillo donde era más débil. La pequeñez del movimiento laboral urbano, aunada a su falta de apoyo entusiasta para Carrillo, lo convertían en un aliado ineficaz frente a la invasión externa y frustraba los planes desesperados que a última hora se hacían para formar "batallones de trabajadores rojos".[37]

Pero la revelación más trágica que ha surgido de la fallida defensa de la región por parte de Carrillo es el hecho triste de que éste había ordenado a sus líderes locales que iniciaran el adiestramiento militar en gran escala y la movilización de urgencia de las ligas apenas *un día* antes de que la revuelta estallara efectivamente en Campeche. En la circular que contiene esta orden, se hacen algunas referencias a la falta de organización y disciplina que continuaba afectando a las ligas.[38] No sabemos si la excesiva demora de Carrillo para ordenar la preparación militar en gran escala se debió a alguna combinación de sorpresa enemiga y colosal ignorancia (algo poco probable, ya que Carrillo había planteado expresamente a Obregón la posibilidad de una defección militar unas semanas atrás, en la ciudad de México); a una renuencia al derramamiento de la sangre campesina, por cuestión de principios, como sostienen los relatos tradicionales (entonces ¿por qué llamó finalmente a la movilización?); o a la creciente advertencia (y resignación) de que una defensa basada en la capacidad de organización y la pericia militar de las ligas sería probablemente inútil, sobre todo en vista de su reciente esfuerzo fallido para obtener envíos de armas del gobierno federal.[39]

Sabemos ahora que en agosto de 1923, varios meses antes de la insurgencia de De la Huerta, Carrillo dijo a un grupo de simpatizantes socialistas que el elogio hecho recientemente, por Obregón, a los "numerosos y poderosos grupos de trabajadores" (es decir, las ligas) de Yucatán, había exagerado excesivamen-

Kom Revisited", *AA*, 67:4 (agosto de 1965), pp. 879-880, por lo que toca a la condición decadente de las ligas a principios de los años treinta.

[37] *RdY*, 7 de diciembre de 1923, 8 de diciembre de 1923, 11 de diciembre de 1923; AGE, Cuerpo de Policía, "Legajo de listas de revista de administración... 3 de mayo de 1923"; AGE, "Ejército Revolucionario [es decir, delahuertista]. Documentos de entrega de la Comandancia Militar", abril de 1924; Betancourt, *El asesinato*, pp. 31-32. Extrañamente, los historiadores han minimizado el elemento de sorpresa que los rebeldes usaron con eficacia contra el régimen socialista.

[38] "Militarización de las Ligas de Resistencia, será desconocida la que no presente una sección cuando menos bien organizada", *RdY*, 12 de diciembre de 1923.

[39] *RdY*, 17 de agosto de 1923; Loló de la Torriente, *Memoria y razón de Diego Rivera*, México, 1959, vol. 2, pp. 225-228.

te su fuerza real. "Quizá sean numerosos, pero no son muy poderosos", había observado con franqueza el gobernador Carrillo.[40] Aun después de varios años, Carrillo sabía que las ligas carecían todavía de una conciencia de clase unificadora y de todo adiestramiento militar efectivo. Luego les confió:

> Compañeros, debemos considerar que pronto podría llegar un momento en que por alguna razón, quizá debido a un suceso relativamente insignificante en otra parte de la República, la situación política podría cambiar de manera drástica y repentina, casi de la noche a la mañana, nuestro régimen podría perder el poder. Para protegernos contra esto, debemos convertir a los trabajadores en una fuerza económica y política capaz de soportar las amenazas y penurias que un nuevo régimen podría plantear. De otro modo, podríamos ver desaparecer todo lo que tanto trabajo nos ha costado, así como lo descubrimos horrorizados en la terrible época de Zamarripa.[41]

Cuatro meses más tarde, cuando el régimen socialista fue efectivamente derrocado por la situación política que había previsto con precisión, Carrillo sabía que su gobierno no podría depender de las ligas de trabajadores. Más bien, su gobierno se mantendría o caería en un contraataque contra los delahuertistas, no librado con masas de tropas de ligados mal armados, sino con pequeñas bandas de caciques móviles. Sin duda apreciaba también que la falta de organización de las ligas era imputable al mal liderazgo aportado por el cacique local, a menudo fundador o presidente de la liga, o la eminencia gris detrás de sus actividades. El cacique dependía del ejercicio de su fuerza a través de su pequeña banda de lugartenientes y luchadores maduros seleccionados. En consecuencia, estos caciques no estaban ordinariamente interesados en armar y adiestrar a las masas rurales que técnicamente integraban las ligas, aunque se dispusiera de fusiles. El gobernador Carrillo recibió muchas peticiones de grupos de ligados para que les devolvieran los rifles que habían perdido a manos de los federales de Carranza. Además, recibió un número mucho mayor de solicitudes para que enviara instructores gubernamentales que enseñaran a los campesinos a defenderse, especialmente contra los ladrones y los caciquillos rivales que regularmente los despojaban.[42]

EL GOBIERNO FEDERAL

Es posible también que, al esperar durante tanto tiempo, Carrillo abrigara la débil esperanza de que Obregón y Calles lo apoyarían con armas y refuerzos, si podían hacerlo. Por supuesto, esto plantea el más amplio interrogante final

---

[40] *RdY*, 17 de agosto de 1923.
[41] *Ibid.*
[42] AGE, Felipe Ayala M. a Carrillo, 21 de marzo de 1922. Ya en 1920, el Partido Socialista había resuelto implantar "una instrucción general para la defensa del estado", centrada en las milicias obreras. Sin embargo, no hay ningún indicio de que la resolución se haya aplicado seriamente jamás. *RdY*, 5 de julio de 1920.

del abandono del régimen de Carrillo Puerto por parte del gobierno federal. Carrillo había visitado a Obregón y a Calles semanas antes del estallamiento de la revuelta, buscando garantías militares federales para su región en el caso de una invasión, y solicitando rifles modernos para armar a sus ligados. Obregón había vacilado y finalmente había negado estas peticiones, minimizando la amenaza que se cernía sobre la revolución socialista de Carrillo y arguyendo que el gobierno federal podría verse obligado a conceder prioridad a la defensa de otras regiones de la República que juzgaba más vulnerables que Yucatán. Carrillo regresó inmediatamente a Mérida e inició negociaciones en los Estados Unidos para la compra de fusiles y municiones, negociaciones que estaban todavía en marcha cuando estalló la revuelta.[43] Finalmente, Obregón retiró en efecto la guarnición federal de Yucatán, tratando de fortalecer su posición deteriorada en Campeche. Algunos autores yucatecos han acusado a Obregón y a Calles de hacer poco para ayudar a su leal gobernador antes de la insurgencia y durante ella, y nada para rescatarlo cuando cayó en manos enemigas.[44] A falta de pruebas contundentes, sólo podemos especular acerca de la posibilidad de una traición y de sus motivaciones. Desde luego, debemos considerar los planes de Carrillo para expropiar pronto las plantaciones henequeneras, en vista de la decidida resistencia de la ciudad de México ante tal medida. Obregón se resistía particularmente a incurrir en el enojo de los norteamericanos cuando acababan de celebrarse las Conferencias de Bucareli en la ciudad de México, que habían llevado al reconocimiento de su gobierno por parte de los Estados Unidos y habían suavizado las tensiones existentes entre las dos naciones. El Presidente optó por acelerar la reforma agraria sólo en las áreas donde no se viesen seriamente afectados los terratenientes norteamericanos y los intereses del mercado norteamericano, y donde no se vieran amenazadas las grandes propiedades de Obregón mismo.[45] Además, cuando sumamos la amenaza que estaba empezando a plantear a Calles y Obregón el sustancial poder de Carrillo Puerto como caudillo regional y su creciente reputación como figura nacional, tendremos la base de un argumento verosímil acerca de las razones por las que estos líderes nacionales podrían haber optado por abandonar a su antiguo cliente. Después de la muerte de Carrillo, Obregón eliminó concertadamente a algunos carrillistas influyentes de las posiciones de poder dentro del Partido Socialista del Sureste, hecho que consolida el argumento.[46]

En efecto, los historiadores están empezando a ver ahora el periodo de Obregón-Calles, iniciado a principios de los años veinte, como el primer momento

[43] SD-CPR, *Con. Corr.*, p. 800, Marsh a secretario de Estado, 11 de diciembre de 1923; Gamboa Ricalde, *Yucatán*, vol. 3, p. 345; Monroy Durán, *El último caudillo*, p. 465.
[44] Betancourt, *El asesinato.* pp. 20-22; Irigoyen, *Felipe Carrillo*, pp. 36-37.
[45] Véase, por ejemplo, Jan Bazant, *A Concise History of Mexico*, Londres, 1977, páginas 157-158.
[46] Fidelio Quintal Martín, "Quince años trascendentales en la historia de Yucatán", *RUY*, 16:93 (mayo-agosto de 1974), pp. 130-131; AGN, 428-Y-5, Federico Carlos León, Elvia Carrillo Puerto y Pedro Lugo y otros a Obregón, fechados el 28 de abril, 2 de septiembre y 3 de septiembre de 1924, respectivamente; AGN, 101-R2-4, José de la Luz Mena a Obregón, 13 de mayo de 1924.

significativo de la institucionalización y centralización del desarrollo más amplio del Estado corporativo del México revolucionario.[47] En esta época, a fin de promover la unidad nacional y forjar un Estado burgués moderno, el gobierno central empezó a minar sistemáticamente el poder y la autonomía de los caudillos regionales. En ciertos casos, la ciudad de México consideraba a estos hombres fuertes regionales demasiado progresistas o extremistas. Así ocurrió con Adalberto Tejeda en Veracruz, Francisco Múgica y Primo Tapia en Michoacán, y Carrillo Puerto, cada uno de los cuales correspondía, en grados variables, al estilo de liderazgo radical, popular, que sólo surgiría más tarde en nivel nacional con Lázaro Cárdenas.[48] En otros casos, como ocurrió con los hermanos Cedillo en San Luis Potosí o con los Figueroa en Guerrero, el gobierno federal criticó a los jefes regionales por no ser suficientemente progresistas, por aplicar un estilo político rudo y anacrónico, decimonónico, a las condiciones del siglo XX.[49] En ambos casos, ya los percibiera como progresistas o retrógrados, la ciudad de México consideró que estos jefes regionales independientes no iban al ritmo de su Revolución, de modo que eran políticamente prescindibles.

Los norteamericanos

Mientras que la participación directa de los grandes hacendados en la caída de Carrillo parece virtualmente segura, es mucho menos seguro el papel de cómplices que algunos autores han imputado a los aliados tradicionales de los plantadores, las corporaciones norteamericanas, y aun han extendido al gobierno de los Estados Unidos. Las relaciones de Yucatán con los intereses cordeleros norteamericanos y su gobierno habían mejorado gradualmente bajo Carrillo, debido en parte al restablecimiento de un firme control norteamericano sobre el mercado de la fibra y en parte a una actitud más conciliatoria del gobierno socialista de Yucatán. En vísperas de la revuelta de De la Huerta, aunque la International Harvester y los otros fabricantes cordeleros habrían preferido un mercado abierto o libre, se habían mostrado atraídos por la perspectiva de

---

[47] Enrique Montalvo Ortega, "Caudillismo y Estado en la Revolución Mexicana: El gobierno de Alvarado en Yucatán", *Nova Americana*, 2 (1979), pp. 30, 34; Randall G. Hansis, "Álvaro Obregón, the Mexican Revolution and the Politics of Consolidation, 1920-1924", tesis doctoral inédita, Universidad de Nuevo México, Albuquerque, 1971; D. A. Brading, compilador, *Caudillo and Peasant in the Mexican Revolution*, Cambridge (Inglaterra), 1980, *passim.*
[48] *Cf.* Heather Fowler Salamini, "Revolutionary Caudillos in the 1920s: Francisco Múgica and Adalberto Tejeda", en D. A. Brading, comp., *Caudillo and Peasant*, pp. 169-192; Paul Friedrich, *Agrarian Revolt in a Mexican Village*, Englewood Cliffs, N. J., 1970, páginas 124-130; Francisco J. Paoli y Enrique Montalvo, *El socialismo olvidado de Yucatán*, México, 1977, pp. 176-186.
[49] Dudley Ankerson, "Saturnino Cedillo: A Tradicional Caudillo in San Luis Potosí"; Ian Jacobs, "Rancheros of Guerrero: The Figueroa Brothers and the Revolution", en Brading, comp., *Caudillo and Peasant*, pp. 140-168 y 76-91, respectivamente. Los Figueroa retornaron subsecuentemente al poder en Guerrero, pero ahora operan dentro de los límites institucionalizados del partido oficial.

una coexistencia continua con la agencia monopólica del gobierno de Yucatán, la Comisión Exportadora. Tampoco hay prueba alguna —a pesar de los recelos que pudiera haber tenido Obregón— de que las corporaciones o el gobierno de los Estados Unidos hayan mostrado algún pánico ante la legislación agraria promulgada por Carrillo en noviembre y diciembre de 1923. No sólo dudaban de la capacidad de Yucatán para implantar cambios radicales frente a la postura más conservadora de la ciudad de México en lo tocante a la reforma agraria, sino que se negaban a creer —a pesar del gran descontento existente entre los hacendados y la oleada ocasional de retórica marxista— que Carrillo estuviese considerando seriamente un programa de expropiación tan radical en el futuro previsible. Se creía que los socialistas de Yucatán habían aprendido una lección dolorosa en 1919. Conscientes de la condición todavía frágil de la economía de exportación, los socialistas no correrían los riesgos que podría implicar la socialización para la capacidad productora de la fibra a largo plazo.

En última instancia, además, a la Harvester y los fabricantes sólo les interesaba el rendimiento. Mientras recibieran fibra barata a intervalos regulares, tenían pocas quejas contra los socialistas yucatecos, su Comisión Exportadora, o los banqueros que los financiaban en Norteamérica, y rechazaban de inmediato toda sugerencia de una campaña contra el gobierno legalmente constituido, ya emanara de los indignados hacendados o de compradores independientes tales como Peabody.[50]

En efecto, fue sólo *después* del asesinato de Carrillo y el establecimiento de un gobierno delahuertista cuando se alteró la situación. Y aquí debemos distinguir entre la actitud agresiva de las corporaciones y la política más moderada del gobierno norteamericano. Los problemas surgieron cuando, antes de establecer un mercado henequenero abierto, los federales insurgentes tomaron el control de la Comisión Exportadora el 22 de diciembre de 1923 y designaron a Arturo Ponce Cámara y varios otros comerciantes hacendados para que administraran el monopolio en nombre del nuevo gobierno. Sin embargo, varios meses atrás habían contratado la Harvester y los fabricantes norteamericanos, con los agentes del gobierno de Carrillo en los Estados Unidos, que toda su producción de fibra satisfaría las necesidades de la cosecha de granos de 1924. Desde mediados de 1922, en efecto, *todas* las transacciones de la fibra se habían consumado a través de Hanson y Orth, representantes de la Sisal Sales Corporation, los banqueros norteamericanos de Carrillo. Pero ahora, con la derrota de los socialistas, la Exportadora carrillista-obregonista había perdido el control del

[50] SD-CPR, *Corr., 1922*, vol. 3, p. 800, Marsh a secretario de Estado, 22 de junio; SD, 812.00/25730, p. 26454. Los burócratas y los empresarios norteamericanos concedieron gran importancia a la declaración pública de Carrillo, *DO*, 2 de febrero de 1922, p. 1, en el sentido de que "la era de la política ha terminado; ahora entramos a un periodo de administración". (En efecto, algunos pensaron que esta declaración se asemejaba a la más famosa decisión de don Porfirio de que hubiera "menos política y más administración".) La Plymouth, que era el mayor de los rivales de la Harvester, subrayó la importancia de un trato justo e igual para todos los fabricantes, pero en general pareció dispuesta a respetar los arreglos existentes. Véase PCC, expediente H, legajo 2 y expediente 1, legajos 2 y 3 (1921-1923).

abasto de la fibra en la península. Ninguna cantidad de palmadas amistosas de Castellanos Acevedo, "El Financiero" (quien había escapado a Nueva York), o de Hanson y Orth, podría persuadir a la Harvester y los fabricantes cordeleros a que cerraran sus fábricas y esperaran pacientemente a que Obregón derrotara a De la Huerta y entregara la fibra comprada. En términos militares, parecía que Yucatán y el Sureste serían el último bastión del delahuertismo, y los fabricantes sentían más desesperadamente la falta de la fibra con cada mes transcurrido de gobierno insurgente.[51]

Castellanos Acevedo, los funcionarios del gobierno de Obregón en la ciudad de México, y los representantes de los banqueros norteamericanos (Sisal Sales Corporation) que continuaban manteniendo una hipoteca sobre una parte de la fibra que los socialistas habían contratado con la Harvester y los fabricantes, hacían todo lo que estaba en sus manos para disuadir a estos últimos de la compra de henequén a la Exportadora mientras ésta permaneciera en manos rebeldes. Los agentes obregonistas previnieron a los empresarios potenciales que todo ciudadano mexicano que tratara de vender la fibra que se amontonaba en los almacenes de Progreso sería sometido a multas punitivas y algo peor en cuanto se restableciera el "gobierno constitucional". Los navieros y los estibadores mexicanos que transportaran la fibra rebelde serían tratados también como *persona non grata* tras la pacificación de Yucatán.[52] Por su parte, la Sisal Sales Corporation se negó a hacer trato alguno con Arturo Ponce y los otros comisionados henequeneros enviados a Nueva York por el régimen de De la Huerta para que negociaran un arreglo. Además, el consorcio de banqueros emitió un recordatorio a todos los compradores potenciales en el sentido de que su contrato lo convertía en agente exclusivo de la Exportadora original y prevenía que los embarques hechos a cualquier otro destinatario serían embargados por los tribunales.[53]

Los delahuertistas, carentes de fondos, estaban decididos a sacar ingresos de la industria henequenera de Yucatán, y si no podían explotar el monopolio existente, tratarían de beneficiarse de los ingresos obtenidos en un mercado abierto, el arreglo que los grandes hacendados esperaban que se adoptara de todos modos. En este punto, a fines de febrero de 1924, la escasez de fondos de los rebeldes se compaginaría muy bien con la necesidad apremiante que tenían los plantadores de vender fibra y la necesidad desesperada de los fabricantes de comprarla. Los informes de las fábricas de hilados de la Harvester indicaban que quedaba suficiente fibra, de los antiguos inventarios y de las fuentes extranjeras más caras, apenas para mantener estas plantas en operación hasta marzo; más allá, el abasto de cordeles para la cosecha de trigo de 1924 estaba en grave peligro si no surgían grandes dotaciones.[54] En un memorando confidencial al secretario de Estado, Chandler P. Anderson, abogado de la Har-

---

[51] SD, 812.61326/442, p. 445; Robert Freeman Smith, *The United States and Revolutionary Nationalism in Mexico, 1913-1932*, Chicago, 1972, p. 224.
[52] SD, 812.61326/437-490; Franz, "Bullets and Bolshevists", p. 270.
[53] SD, 812.61326/449.
[54] SD, 812.61326/442, p. 445.

vester, observaba que varios de los plantadores más grandes habían podido evitar el endeudamiento y el hipotecamiento de su fibra ante la Exportadora y estaban ahora en posibilidad de vender henequén a los fabricantes en un mercado libre. Instaba Anderson al gobierno de los Estados Unidos para que presionara en favor de un mercado abierto ante el gobierno de Obregón, el único que seguían reconociendo los Estados Unidos. Sin embargo, concluía advirtiendo que los fabricantes estaban decididos, con la autorización de Obregón o sin ella, "a proveer el dinero necesario para la ejecución de un programa que conduzca a un mercado libre".[55]

El gobierno de Obregón se negó firmemente a permitir la exportación de toda fibra que pudiera beneficiar a la causa de los rebeldes. Los fabricantes habían tratado al principio de ser razonables. En enero, por ejemplo, la Peoria Cordage Company propuso un novedoso arreglo por el que podría enviarse la fibra a los Estados Unidos mientras que el pago se hacía a una cuenta destinada al "bando ganador". Ninguna de las facciones mexicanas contendientes apoyaría el plan, ya que ambas reclamaban la legitimidad exclusiva para gobernar y disfrutar los ingresos del henequén yucateco.[56] Para mediados de febrero, sin embargo, la posición de la Peoria se había endurecido, reflejando la frustración y la creciente agresividad de la industria en conjunto. "Permítame recordarle", escribió E. C. Heidrich, presidente de la Peoria, a Charles Evans Hughes, secretario de Estado,

> que en 1915 el gobierno de Wilson actuó sobre una base menos segura aún. En ese tiempo, la International Harvester Co. tenía un contrato por 100 000 pacas de sisal, celebrado con el monopolio yucateco, y nuestro propio gobierno insistió en que Carranza cumpliera ese contrato... Cuando Carranza se negó, se envió a la cañonera "Georgia" a Progreso [sic] desde Galveston, con instrucciones de ofrecer el dinero en pago del sisal, y si no se aceptaba el dinero sería arrojado en los muelles y los infantes de marina bajarían a proteger a los marineros, quienes cargarían el sisal en barcos estacionados a la sazón en Progreso.[57]

Cuando el Departamento de Estado le recordó a Heidrich que los infantes de marina no habían desembarcado jamás y que una amenaza había bastado para convencer a Carranza de que movilizara la fibra, Heidrich reiteró la necesidad de ejecutar una acción similar ahora, señalando un "paralelo perfecto con la situación actual... [porque] otra vez un brazo del gobierno mexicano está impidiendo el embarque del sisal y... el cumplimiento de los contratos celebrados con fabricantes de cordeles norteamericanos".[58] Heidrich no era el único que pedía la acción. Augustus P. Loring, presidente de la Plymouth Cordage, pidió a su íntimo amigo (y accionista) Henry Cabot Lodge, senador por Massachusetts, que presionara en favor de la intervención. Señaló que los tribu-

---

[55] SD, 812.61326/445, p. 464.
[56] SD, 812.61326/457.
[57] SD, 812.61326/466.
[58] SD, 812.61326/466, p. 476.

nales mexicanos no habían fallado jamás adecuadamente los juicios promovidos contra "el soviet de Yucatán"; sólo la acción política directa parecía dar resultados. Había algo satisfactorio, añadió, en el hecho de que "la gente decente haya fusilado a los líderes soviéticos".[59]

El 26 de febrero de 1924, el gobierno delahuertista de Yucatán abolió el impuesto discriminatorio que había favorecido a la Exportadora y declaró un mercado abierto. Inmediatamente, la Harvester envió a Mérida a John Barrett, su agente comprador, para que comprara la fibra sobre la que no existiera ningún embargo gubernamental. Para este momento, la economía local había quedado reducida a un estado de agotamiento. No se habían realizado ventas en casi dos meses, y además de las 50 000 pacas de fibra almacenadas en las bodegas de Progreso y Mérida, otras 10 000 estaban almacenadas en las plantaciones, mientras que cada semana se producían varios millares de pacas adicionales.[60] En los primeros días de su estancia en Yucatán, Barrett compró 45 000 pacas; en total, compraría 75 000 pacas durante el periodo delahuertista, lo que significaba sustanciales ganancias para los generales rebeldes que gobernaban a Yucatán. Barrett no intentó diversificar sus compras; trató solamente con varios de los plantadores más grandes que habían sido tradicionalmente los mejores clientes y se olvidó por completo de los pequeños productores que también tenían alguna fibra para vender.[61]

Sin embargo, la Harvester había entrado al mercado yucateco a su propio riesgo. Antes, Chandler Anderson había pedido al Departamento de Estado que le proveyera de protección en el futuro, en lo tocante a la inversión de la Harvester en la fibra si los obregonistas recuperaban a Yucatán e imponían severos castigos a la compañía por haber comerciado con el enemigo. El secretario de Estado Hughes había respondido que el gobierno de los Estados Unidos no proveería ninguna garantía, fuera de la protección otorgada por el derecho internacional.[62]

Los fabricantes encontraron al gobierno norteamericano más colaborador sobre la problemática cuestión de los embarques. Las amenazas de Obregón acerca de las represalias futuras para los navieros que transportaran bienes del enemigo habían hecho que las líneas regulares suspendieran el servicio con Progreso mientras el puerto se encontrara en manos enemigas.[63] Sin embargo, la International Harvester no se arredraría, sobre todo cuando acababa de contratar lotes de la fibra enteramente nuevos. La Harvester encontró un protector decidido en Herbert Hoover, ahora secretario de Comercio, quien defendió la posición de los fabricantes y los agricultores norteamericanos ante el Departamento de Estado.[64] A principios de marzo, el secretario de Estado Hughes convino en

---

[59] SD, 812.61326/474.
[60] SD, 812.61326/459, p. 479.
[61] SD, 812.61326/468, p. 478; AGN, 424-H-2, memorando de la Cámara de Senadores a Obregón, 10 de septiembre de 1924.
[62] LC, Anderson Mss., Chandler P. Anderson Diary, 12, 18, 24 de marzo de 1923; SD, 812.61326/455.
[63] SD, 812.61326/480; Monroy Durán, *El último caudillo*, p. 482.
[64] SD. 812.61326/486.

que el aseguramiento de un abasto adecuado de cordeles sería una de las primeras prioridades de la nación y ordenó al embajador norteamericano en la ciudad de México que "añadiera que una nueva demora en el embarque de sisal que pudiera ser causada por actos del gobierno mexicano podría tener efectos de largo alcance cuya importancia sería plenamente apreciada por el gobierno mexicano".[65] A mediados de marzo, el Departamento de Estado había llegado a un arreglo con la Junta Naviera Nacional para que se enviaran a Progreso varios barcos cuya propiedad y operación pertenecían al gobierno de los Estados Unidos, a fin de que transportaran la fibra de la Harvester. Finalmente, el secretario de Estado había supuesto correctamente que, llegado el momento, "el gobierno mexicano no se arriesgaría jamás a interferir con el movimiento de un barco del gobierno norteamericano".[66]

Así pues, en 1924, como en 1915, el gobierno de los Estados Unidos, en apoyo de los fabricantes cordeleros, puso en claro que cuando estuviesen en juego los intereses y las actitudes diplomáticas hacia Yucatán por parte de los Estados Unidos, la cuestión esencial seguiría siendo el acceso a la fibra. Cuando los negocios operaban normalmente y el henequén seguía llegando, los norteamericanos no se preocupaban demasiado por la política interna de México o de Yucatán. Cuando la fibra se demoraba o retenía, los intereses manufactureros perdían la paciencia con mucha rapidez, y aunque el gobierno de los Estados Unidos permanecía un poco más controlado, finalmente se movilizaba para aplicar alguna forma de presión en favor de estas corporaciones.

Por supuesto, el contexto y la naturaleza de la respuesta norteamericana también cambiaron algo a través del tiempo. En 1915, el estilo diplomático de las cañoneras había estado más de moda que en 1924. Además, había otras variables que el Departamento de Estado consideraba al adoptar una posición más moderada en 1924. La demanda no era tan grande, ni los inventarios de los fabricantes eran tan bajos, como a principios del periodo de la primera Guerra Mundial. Otras fuentes de abasto, aunque costosas, eran más abundantes en 1924. Además, los Estados Unidos reconocían ahora formalmente a México, mientras que en 1915 sólo existía un reconocimiento *de facto*, el que apenas acababa de concederse. El reconocimiento *de jure* había sido en gran medida una consecuencia de las recientes y sensitivas Conferencias de Bucareli, cuyos resultados exitosos estaban muy interesadas en preservar ambas naciones. Para 1924, los Estados Unidos habían acumulado en México inversiones mucho mayores, desplazando a los inversionistas británicos, alemanes y de otras nacionalidades, en el petróleo y otras industrias extractivas y manufactureras muy importantes, y los acuerdos de Bucareli constituían un gran paso hacia la protección de esta posición económica poderosa.[67]

[65] SD, 812.61326/482, p. 488.
[66] SD, 812.61326/490.
[67] LC, Hughes Mss., Lamont a Hughes, 15 de enero de 1924; Joseph S. Tulchin, *The Aftermath of War: World War I and U.S. Policy toward Latin America*, Nueva York, 1971, *passim*; Smith, *Mexican Revolutionary Nationalism*, pp. 223-227; Sáenz, *La política internacional*, pp. 50-72.

En efecto, después de la primera Guerra Mundial, los Estados Unidos estaban experimentando una transición en su desarrollo económico hacia una forma corporativa de expansión del capital basada en la empresa multinacional. Debía crearse una diplomacia más moderna y conciliadora para proteger esta expansión económica en México, Latinoamérica y el mundo en desarrollo en general. Personificado por hombres como Dwight Morrow y Thomas Lamont, este nuevo estilo de la diplomacia empresarial estaba surgiendo ya a mediados de los años veinte. Entre otras cosas, se caracterizaba por un hincapié en la importancia de no violar la soberanía política formal de las naciones clientes y por una creencia en que los arreglos comerciales internacionales deberían descansar en la buena fe y no en la fuerza, siempre que ello fuese posible. Cuando era embajador de los Estados Unidos en México, Morrow sostenía que las inversiones que condujeran a sanciones violentas eran un fracaso, un intento de "salvar algunas planchas de un naufragio".[68] Lamont, quien además de realizar algunas tareas diplomáticas fue por varios años uno de los socios de J. P. Morgan y miembro del directorio de la International Harvester, hacía suya la máxima de Morrow de que " no hay ningún alguacil internacional"[69] y censuraba la diplomacia de las cañoneras como algo "ilegítimo, ineficaz y obsoleto".[70] La maximización de los beneficios seguía siendo la meta económica, pero los medios diplomáticos para su promoción se habían modificado. En lugar de que los Estados Unidos impusieran su voluntad a los mexicanos, los diplomáticos norteamericanos trataban de educarlos en el funcionamiento, los beneficios y la cultura de un capitalismo internacional compartido, que hacía hincapié en la desaparición de las fronteras económicas nacionales, un Estado nacional menos agresivo, el cambio de una orientación colectivista a otra individualista, y un apego a la modernización económica antes que a la redistribución social de la riqueza. Morrow, Lamont y los nuevos diplomáticos razonaban que las empresas norteamericanas podrían reconciliarse con lo que quedaría de la Revolución Mexicana.[71]

El resultado: el cultivo de un mito revolucionario

La forma repentina como Felipe Carrillo Puerto fue derrotado y luego muerto, interrumpiendo una lucha por llevar la justicia social a los campesinos mayas

[68] Dwight W. Morrow, "Who Buys Foreign Bonds?", *Foreign Affairs*, 5:2 (enero de 1927), p. 231.
[69] *Ibid.*
[70] Lamont, citado en Smith, *Mexican Revolutionary Nationalism*, p. 246. Véase también Donald L. Wyman, "Trust and Trade: Dwight Morrow and Mexico", manuscrito inédito, 1972.
[71] Por supuesto, aunque los Estados Unidos trataron de adherirse en adelante a esa diplomacia empresarial, basada en asociaciones con colaboradores extranjeros confiables, no se opusieron a la práctica de cierta forma del intervencionismo cuando el mecanismo de la colaboración fallaba irremediablemente, como ocurrió en Centroamérica y el Caribe (años veinte y treinta), Guatemala (1954), República Dominicana (1965) y Chile (1970-1973).

de Yucatán, le habría asegurado un sitio privilegiado en la mitología de la Revolución Mexicana aunque el partido oficial (PRI) no se hubiera interesado tanto por cuidar y embellecer su memoria. En efecto, la tentación de hacer una mitología en el caso de Carrillo es casi irresistible: un líder progresista —revolucionario para algunos, profeta para otros— es llevado ignominiosamente a la muerte por algunos miembros del establecimiento reaccionario, quienes compran su sentencia de muerte por las proverbiales "30 monedas" para impedirle que predique un nuevo evangelio social a los pobres y marginados. En el camino, Carrillo sufre repetidas traiciones, es sometido al ultraje y la burla de sus captores, y por último es martirizado exactamente con 12 de sus seguidores.

Precisamente porque en los últimos decenios se ha venido desarrollando poco a poco un mito regional que se ha interpretado *a posteriori* en los sucesos o se ha superpuesto a ellos, se ha vuelto casi imposible distinguir entre la participación efectiva de Carrillo en los acontecimientos y las historias apócrifas al respecto. Por ejemplo, ¿prometió Carrillo fatalistamente, varias semanas antes de su caída, que no derramaría "una sola gota de sangre en defensa de mi gobierno, como no sea la mía"? Cuando huía desesperadamente,[72] ¿se negó a destruir las vías férreas o las líneas telegráficas porque "mi gobierno es un gobierno de construcción"?[73] Aunque protestó vehementemente contra la ilegalidad de su juicio, y más tarde, cuando se dirigía al paredón, ¿declaró que ninguno de sus compañeros debería padecer su misma suerte, ya que sólo él era responsable de todo lo que sus acusadores trataran de "imputar a mi gobierno y mi partido"?[74] ¿Y pronunció en efecto, ante el pelotón de fusilamiento, las palabras paternales que desde entonces se han convertido en su epitafio: "No abandonéis a mis indios"?[75] Ninguno de estos interrogantes puede contestarse con alguna certeza, ya que el hombre y el mito se han fundido en gran medida.

Sin embargo, es un ejercicio interesante el del desarrollo de la complicada martirología que ha surgido alrededor de Carrillo. Al principio, los recuerdos de don Felipe y las imágenes religiosas que atizaron el mito regional salían casi exclusivamente de amigos íntimos, parientes e intelectuales locales, a menudo antiguos colegas socialistas. Pero a través del tiempo, a medida que el Partido Socialista de Yucatán perdía su autonomía y se convertía en la maquinaria regional del Partido Revolucionario Mexicano (PRM), organizado por Cárdenas en nivel nacional, y más tarde del moderno PRI, estas tareas ideológicas fueron crecientemente tomadas y celosamente ejecutadas por voceros del partido oficial en la ciudad de México y en Mérida.

No es sorprendente que en una región invadida de una tradición de catolicismo popular tan fuerte y resistente, los símbolos controladores hayan perma-

---

[72] Irigoyen, *Felipe Carrillo*, p. 35.
[73] Duarte, *Fatalismo*, p. 31; Dulles, *Yesterday*, p. 231.
[74] Bolio, *De la cuna*, p. 84.
[75] Renán Irigoyen, "Carrillo Puerto, mártir de la cultura", *RUY*, 1:1 (enero-febrero de 1959), pp. 20-21; pero compárese Gamboa Ricalde, *Yucatán*, vol. 3, p. 360 ("Don Benjamín Carrillo pidió que le pegaran limpiamente en el corazón, pero don Felipe Carrillo Puerto no pronunció palabra").

necido básicamente como símbolos religiosos. Tratando de legitimar de nuevo al gobierno socialista tras la derrota del delahuertismo en abril de 1924, los sucesores de Carrillo parecen haberse concentrado en su ejecución (martirologio) y luego prometieron que, a través del partido, lograrían la reivindicación (resurrección) final. En realidad, los socialistas yucatecos, y más tarde los gobiernos revolucionarios nacionales, no se limitaron al uso de símbolos religiosos. Casi de inmediato, Carrillo fue conmemorado con frases tales como "el inolvidable camarada de los trabajadores", que aparece en una placa en la pared de la Cámara de Diputados de la ciudad de México. Sin embargo, con frecuencia se le describía como "el inmortal apóstol (lo que significaba alternativamente 'mártir' o 'santo') del proletariado nacional". En un número de homenaje especial de una revista popular, distribuida ampliamente por toda la región, por el Partido Socialista, inmediatamente después de la expulsión de los delahuertistas, se establecía claramente la tendencia futura del simbolismo religioso:

> Incluso los más fieles de sus seguidores lo negaron tres veces en su hora de sacrificio, pero él continuó su obra, difundiendo su doctrina social por todo el campo, santificándolo finalmente con su propia sangre... Ahora, sin embargo, una vez alcanzado nuestro triunfo, el sepulcro se abre y su resurrección está al alcance de la mano.[76]

En adelante se utilizarán imágenes del Nazareno, señalando la significación monumental del sacrificio de Carrillo por Yucatán, a fin de legitimar el gobierno del partido oficial, regional o nacional. Los gobernadores y líderes del partido posteriores han reclamado unánimemente el manto de Carrillo para sí mismos y, ungidos como sus discípulos directos, han prometido dar una forma concreta a su evangelio revolucionario. El estilo retórico y el contenido de los discursos de Carrillo han sido imitados con frecuencia y, cuando lo han considerado conveniente, los gobernadores revolucionarios posteriores han recorrido el estado, como solía hacerlo Carrillo, y ocasionalmente han hablado a los campesinos en maya.

Casi de inmediato, sin embargo, las imágenes de Cristo que empezaron a propagar los sucesores políticos de Carrillo cambiaron sutilmente su estilo político esencial, "limpiando" su personalidad, por decirlo así, como corresponde a un mártir verdadero. Después de todo, Jesús de Nazaret ha sido representado tradicionalmente como un hombre de paz, no un revolucionario violento; como un maestro gentil, no un manipulador del poder político: "Felipe Carrillo no nació para la violencia de este periodo, así como Cristo no nació para la violencia de su propia época... En una sociedad que toleraba lo bajo y lo hipócrita, su gentileza y su honestidad parecían casi infantiles."[77] Otros autores socialistas se unieron al coro calificando a su líder recién caído con términos tales como *dócil, tranquilo, gentil* y *utópico*.[78]

[76] Eduardo Urzáiz R., "El simbolismo de la Resurrección", *BdU*, época 2, 4:1 (junio de 1924), pp. 6-8.
[77] Reed, "Felipe Carrillo", pp. 20-21.
[78] *BdU*, época 2, 4:1 (junio de 1924), *passim*.

Las generaciones subsecuentes de políticos, escritores y maestros locales y nacionales han reforzado y perpetuado esta imagen pasiva, de sacrificio.[79] Quien fuera durante largo tiempo director del periódico oficial del partido en Yucatán, y ha escrito varios textos escolares básicos, recuerda el "noble sacrificio" de Carrillo: "aquel trágico amanecer de enero... cuando Felipe y sus 12 discípulos purificaron con su sangre y pasión de mártires nuestros ideales revolucionarios".[80] Otro vocero del partido regional, comisionado durante el decenio pasado para que escribiera varias historias oficiales del estado, previene contra las comparaciones explícitas con el Nuevo Testamento, pero concluye que "como le ocurriera a Jesús de Nazaret, su camino lo llevó a la cruz del mártir, a las siete estaciones del Calvario, al muro de las cinco palabras: 'No abandonéis a mis indios' ".[81]

En vista del descontento político reciente, casi constante, en el sector agrario de Yucatán, la perpetuación y el reforzamiento constante de esta imagen exagerada, ahistórica, de Carrillo Puerto por parte de los voceros del partido parece cada vez más sólo parte de una campaña concertada para el mantenimiento del régimen. No hay duda de que el PRI, al apropiarse a Carrillo en su propaganda como representante de Yucatán en su Panteón extraoficial de Héroes Revolucionarios, al comisionar periódicamente obras de arte y esculturas que lo conmemoren, al rebautizar con su nombre muchas escuelas regionales y algunos pueblos (incluida la capital del nuevo estado de Quintana Roo), y recientemente un parque industrial y la primera descortezadora propiedad de los trabajadores, ha tratado de aprovechar lo poco que queda de su popularidad y su legitimidad deslustradas en una región cada vez más hostil.[82] Pareciera también —en efecto, muchos intelectuales izquierdistas están seguros de ello— que al representar al héroe político más grande y la personificación más legítima de la Revolución en la región como una figura pasiva y de autosacrificio, el régimen estaría en una posición ideológica más adecuada para diluir las tendencias rebeldes entre

---

[79] Originalmente llegué a esta conclusión a partir de ciertas conversaciones sostenidas con meridanos y una lectura cuidadosa de la prensa local, pero la verifiqué gráficamente tras asistir a varias celebraciones en pequeños pueblos yucatecos, cada una de las cuales constituía una gran fiesta revolucionaria regional (por ejemplo, el natalicio de Carrillo, el aniversario de su muerte, "El Día de la Revolución"). Estas celebraciones eran representaciones de sucesos del pasado revolucionario de Yucatán. organizadas por profesores de las escuelas públicas y actuadas por niños del pueblo. Virtualmente en todos los casos, Carrillo aparecía en un papel de mártir pasivo.

[80] Antonio Pérez Betancourt, "Nuestro viejo abuelo", *RUY*, 15:85 (enero-febrero de 1973), páginas 60-61.

[81] Irigoyen, "Mártir de la cultura", pp. 20-21.

[82] *NdY*, 31 de agosto de 1973, 1º de septiembre de 1973; Roldán Peniche Barrera, "Tres nuevos murales", *J*, 4:3 (septiembre de 1975), pp. 44-45; "Avances del programa de ciudadanos industriales", *El Mercado de Valores*, 36:24 (junio de 1976), pp. 437-439; *DdelS*, 24 de octubre de 1974; *DdY*, 7 de noviembre de 1974, 8 de noviembre de 1974. Resulta significativo el hecho de que el apoyo para el PAN (Partido Acción Nacional), el principal de los partidos de oposición política simbólica tolerados por el PRI, haya alcanzado en Yucatán niveles sin precedente en el resto de la República. Los panistas han elegido al alcalde de Mérida y es probable que ganaran la gubernatura si el PRI respetara los resultados de las elecciones correspondientes.

los intranquilos campesinos yucatecos y obtener la clase de paciencia y deferencia que necesita para promover sus moderados programas de desarrollo económico regional.[83]

Recientemente se han invocado de modo oportunista las imágenes del mito de Carrillo Puerto en dos ocasiones separadas, cada una de las cuales no sólo sugiere la continuación de su vitalidad sino que provee además una idea de la flexibilidad ideológica del régimen y de su hábil manipulación de símbolos para fortalecer su legitimidad. El primero de estos episodios ocurrió en la ciudad de México.[84] A fin de preparar a yucatecos y mexicanos para el quincuagésimo aniversario de la muerte de don Felipe —"El año de Carrillo Puerto" (1974)—, el gobierno federal develó una impresionante estatua de "El apóstol y mártir de la Revolución", el 30 de agosto de 1973. El acontecimiento, al que asistió un representante personal del presidente Luis Echeverría Álvarez y un puñado de dignatarios nacionales y yucatecos, se aprovechó como ocasión para frenar el regionalismo peninsular, promover la muy necesaria armonía entre el gobierno federal y Yucatán, y dar publicidad a las metas económicas de la "Revolución institucionalizada". Uno de los diputados federales por Yucatán destacó la magnitud del sacrificio de Carrillo para todos los mexicanos, utilizando el mismo simbolismo religioso que ha sido la retórica convencional durante el último medio siglo. A su discurso siguió de inmediato un mensaje del presidente Echeverría, quien señalaba que Carrillo, además de sacrificar su vida por las metas sociales de la Revolución, había percibido, adelantándose a su tiempo, que "sólo sembrando la semilla del progreso económico junto con la de la justicia social se iniciaría una nueva era para Yucatán y para México". Los discursos que siguieron, donde se alternaron oradores yucatecos y mexicanos, elogiaron al Presidente de México, comparándolo con el gran gobernador martirizado de Yucatán, y destacaban la sabiduría del logro de la justicia social a través de la "liberación económica". Se hizo hincapié en que un medio para la obtención de tal liberación era el compromiso firme, por parte de los empresarios yucatecos, con el desarrollo de la costa oriental de la península como un área de descanso lujoso. (Lo que no se destacó, sin embargo —como era de esperarse— era la sustancial inversión personal que ya había hecho la familia Echeverría en el futuro de la nueva "Costa Dorada" de México.)

La muerte del líder estudiantil yucateco Efraín Calderón Lara (*El Charras*), en febrero de 1974, ilustra también la manipulación del mito de Carrillo Puerto, todavía poderoso, a manos del régimen.[85] Antes de 1974, el estudiante de leyes

[83] Esta hipótesis se basa en 18 meses de observación personal (1974-1975) y en entrevistas sostenidas con intelectuales, estudiantes y algunos trabajadores henequeneros.

[84] Mi relación ha sido tomada de "La estatua de Felipe Carrillo señorea ya la metrópoli", *NdY*, 31 de agosto de 1973.

[85] A causa de una considerable censura periodística en relación con este incidente sensitivo, el análisis siguiente se basa en gran medida en entrevistas sostenidas con intelectuales locales, en la mayoría de los casos afiliados al régimen en alguna forma, y con estudiantes radicales opuestos al régimen. En todos los casos, mis entrevistados solicitaron que se mantuviera el anonimato o pusieron tal condición para conceder la entrevista. Véase

Calderón Lara no se había diferenciado mucho de los otros líderes estudiantiles que surgen por todo México. Con habilidad, Calderón se hizo de un grupo de seguidores estudiantiles y obreros que en opinión de la mayoría de los observadores le serviría como una base de poder para iniciar una carrera política tradicional en el Partido Revolucionario.[86] Pero al revés de muchos otros, *El Charras* no respondía a los esfuerzos del régimen por atraerlo. Más aún: a pesar de reiteradas advertencias, *El Charras* se negaba a dejar de organizar a los trabajadores de la construcción no sindicalizados en sitios de propiedad o control de importantes benefactores del partido. A mediados de febrero, cuando empezaban a dar resultados sus esfuerzos por organizar a los trabajadores en sindicatos independientes, fuera del sector laboral corporativo del partido, Calderón Lara fue secuestrado y brutalmente asesinado. El 14 de febrero, en medio de rumores de que había sido torturado por un grupo de matones que sólo habían tratado de asustarlo pero se habían excedido, aparecieron sus restos en un campo baldío, a la orilla de la carretera de Escárcega-Carrillo Puerto en Quintana Roo, tras haber sido devorados por los buitres. Los compañeros estudiantiles de Calderón sostuvieron que el grupo de matones había sido pagado por los industriales interesados, pero había incluido a algunos miembros de la policía regular de Mérida y había sido dirigido por el propio jefe de policía. Atrincherándose en los edificios de la Universidad de Yucatán, los estudiantes intercambiaron brevemente tiros de pistola con el fuego de rifles y ametralladoras de la policía, hasta que hubieron de rendirse. El episodio continuó humeando por algunos meses, pero a principios de 1975, al aproximarse el aniversario de la muerte de Carrillo Puerto, ya se había olvidado.[87]

Sin embargo, ese día, el 3 de enero de 1975, grupos de estudiantes desfilaron por las calles de Mérida, portando carteles y fotografías del líder estudiantil asesinado. Esperaban que, al recordar su inmolación, destacarían las contradicciones del régimen revolucionario y las injusticias que continuaba tolerando en los sectores laboral y agrario. Las manifestaciones fueron pacíficas y compitieron por la atención del público con varios discursos y actos culturales patrocinados por el Comité Estatal del PRI. Al día siguiente, la prensa de Mérida publicaba resúmenes de diversos discursos de los voceros del régimen, pero no se decía nada de los comentarios estudiantiles. Varios de los políticos rin-

también el editorial retrospectivo aparecido en el periódico "independiente" *Avance*, 26 de enero de 1975, y el artículo más reciente de *El Día* (*ED*), 2 de julio de 1977.

[86] Véase, por ejemplo, el estudio hecho por Margaret A. Goodman de la carrera política de Víctor Cervera Pacheco, quien en los años cincuenta era un líder estudiantil radical y ahora es un político respetable del PRI y uno de los candidatos más destacados para la gubernatura del estado. "The Effectiveness of the Mexican Revolution as an Agent of Change in the State of Yucatán, Mexico", tesis doctoral inédita, Universidad de Columbia, Nueva York, 1970, pp. 128-171.

[87] Las declaraciones rendidas ante un tribunal estatal de Quintana Roo implicaban a varios miembros de la policía de Mérida en el crimen y sugerían la posibilidad de que estuviesen involucrados no sólo el jefe de la policía sino también el anterior gobernador de Yucatán. El gobierno de Quintana Roo anunció públicamente que continuaría el proceso judicial "hasta que todos los culpables hayan sido llevados ante la justicia". *ED*, 2 de julio de 1977.

dieron honores a Efraín Calderón Lara, quien al igual que Carrillo Puerto había sido inmolado por sus creencias. Un funcionario del partido observó que don Felipe se habría sentido orgulloso del joven Efraín, así como un maestro venerable sonríe con satisfacción ante un discípulo leal.[88]

Los estudiantes estaban indignados. Anteriormente, ellos y *El Charras* habían sido descartados o atacados por los medios masivos de información como extremistas marxistas irresponsables. Ahora su antiguo líder, quien ya no constituía una amenaza para el régimen, podía ser cooptado en forma póstuma como Felipe Carrillo Puerto, y convertido en uno de sus héroes. Educados en la creencia de que don Felipe había sido el revolucionario más grande de Yucatán, algunos de estos estudiantes pensaban que debían repudiar ahora su recuerdo para separarse de las políticas del Partido Revolucionario Institucional.

Quizá sea igualmente irónico y representativo de la realidad política actual el hecho de que, en general, han sido los aliados de Carrillo en las buenas épocas (los caciques rurales y sus sucesores) y los descendientes de sus más acérrimos enemigos (los hacendados) quienes, en unión del régimen revolucionario, han ayudado a crear y perpetuar el mito histórico de Felipe Carrillo Puerto. Al igual que en el caso de Emiliano Zapata, el número de políticos y notables locales que afirman haber luchado al lado de don Felipe, o haber tenido una conexión íntima con alguien que lo hizo, continúa multiplicándose en forma geométrica. Y en el medio siglo transcurrido desde el celebrado martirio de Carrillo, los jefes locales y algunos miembros de las familias más ricas de plantadores a quienes amenazó Carrillo con la expropiación han ascendido a los círculos más altos del régimen. Una vez allí, han ayudado a manipular los símbolos protectores del mito revolucionario regional que, aunque un poco maltratado ahora, todavía confiere cierta legitimidad a quienes lo conjuran respetuosamente.

---

[88] *DdelS*, 4 de enero de 1975; *DdY*, 4 de enero de 1975; entrevistas con líderes estudiantiles.

EPÍLOGO

SIN REVOLUCIÓN, 1924- :
EL LEGADO DE FRUSTRACIÓN DE YUCATÁN

> Por todo Yucatán busqué el legado de Felipe Carrillo y no lo encontré en ninguna parte.
>
> VICENTE LOMBARDO TOLEDANO, 1934

> Divorciarse de la esposa es simple; divorciarse de la amante es imposible.
>
> Proverbio mexicano

Vicente Lombardo Toledano, quien pronto se convertiría en el máximo líder obrero de México y en el ideólogo marxista más destacado de su época, realizó a principios de 1934 un breve viaje por Yucatán. Había llegado a la península principalmente para obtener apoyo regional para una nueva confederación obrera nacional. Pero también había venido, según dijo, a rendir homenaje a uno de los héroes de su juventud en el décimo aniversario de su muerte. "He venido a encontrar el legado de Felipe Carrillo Puerto", dijo Lombardo a los yucatecos a su llegada.

Varias semanas más tarde, Lombardo dejó la región un poco amargado por lo que había descubierto:

He preguntado a los líderes oficiales por la doctrina de la lucha de clases de Carrillo y me han contestado señalando los bustos y las estatuas de Felipe que parecen poblar simbólicamente el paisaje yucateco, casi tan completamente como lo hicieran... siglos atrás, las imágenes de Kukulkán.[1] Pregunté a estos líderes por las organizaciones socialistas y el cambio revolucionario, y me ofrecieron folletos que enumeraban las regulaciones de las Ligas de Resistencia. Pregunté por nuevas costumbres y nuevos modos de vida... y me presentaron hombres de camisas rojas... que se pasan la mayor parte del tiempo descansando en la sombra de la plaza y revelan un aire de dolor y resignación que es inconfundible en quienes tratan de ocultar sus verdaderos sentimientos para ganarse el sustento diario...

Y cuando hablo con quienes no están involucrados en la política —taxistas, porteros, albañiles, meseros, vendedores del mercado—, el mensaje es muy similar. Las respuestas son evasivas al principio, pero pronto se ve superada la cautela momentánea por las lamentaciones profundas, y entonces

---

[1] El dios central de los antiguos mayas yucatecos.

surge la verdad triste pero ya sospechada: lemas sin sustancia, nuevos individuos al frente de las mismas viejas instituciones corruptas, que la gente ha aprendido a sufrir en silencio...

...Y en el campo, a muchos kilómetros de Mérida, encontramos el mismo legado del socialismo yucateco... "Compañero", me confió un anciano campesino, "acércate y verás nuestra humillación de primera mano..."

...Por todo Yucatán busqué el legado de Felipe Carrillo y no lo encontré en ninguna parte.[2]

Sólo las galas exteriores del socialismo de don Felipe habían permanecido en Yucatán. El decenio siguiente a la muerte de Carrillo en 1924 presenció una reafirmación del poder de la burguesía peninsular, la infiltración y el debilitamiento del Partido Socialista del Sureste a manos de ese grupo dominante, y una drástica disminución de las distribuciones ejidales, especialmente dentro de la zona henequenera (véase el cuadro 10). Sin embargo, aunque algunos de los gobernadores y líderes políticos de estos años aceptaban los sobornos y ablandamientos de los ricos —como sostienen las interpretaciones tradicionales—,[3] ciertamente no ocurría esto con todos los líderes del Partido Socialista, ni era ésta la explicación principal de la postración política y económica experimentada por Yucatán durante este decenio. Como hemos visto, a excepción de un breve periodo a mediados de los años veinte, el precio del henequén continuó derrumbándose en el mercado internacional y la competencia extranjera redujo el anterior monopolio de Yucatán a un mero tercio del mercado a mediados de los años treinta (véase el cuadro 6). Aunque hubiese continuado el impulso revolucionario del periodo anterior, la escasez de ingresos habría vuelto virtualmente imposible una extensión de los costosos programas de reforma de Alvarado y Carrillo. A mediados de los años treinta, la reafirmación de una tendencia secular descendente en la economía de exportación volvía obsoletos los antiguos planes de Carrillo para la socialización sistemática de las plantaciones henequeneras. Los campesinos no tenían capital y tampoco se sentían muy inclinados a asumir la administración y el mantenimiento de los campos abandonados por los plantadores o que apenas permanecían marginalmente productivos. Enfrentados de nuevo con las condiciones del estancamiento, los campesinos se concentraron por completo en la obtención de salarios de subsistencia en los

[2] La cobertura de la visita de Lombardo y sus observaciones controvertidas sobre la sociedad yucateca se encuentran en *DdY*, 16 de marzo de 1934; véase también la posterior colección de ensayos, *El llanto del sureste*, México, 1934.

[3] La literatura existente contiene escasas explicaciones de la declinación de la revolución en Yucatán tras el asesinato de Carrillo Puerto porque se concentra casi exclusivamente en las personalidades y los grupos políticos, antes que en las relaciones sociales y económicas subyacentes. El decenio de 1925-1934 ha sido analizado principalmente sobre una base *ad hominem*: la sólida hagiografía de Carrillo Puerto se ve sucedida por invectivas contra los líderes políticos que le siguieron, quienes vendieron los ideales sociales de Carrillo por el oro de los grandes hacendados. Habiendo proclamado a Carrillo como un mártir, los historiadores locales han considerado el decenio siguiente como un intervalo vacío, una época en que la región se adormeció —o regresó a antiguos patrones represivos— y se puso a esperar a su próximo redentor, Lázaro Cárdenas. Por ejemplo, véanse las obras de Benítez y Bustillos Carrillo citadas en la bibliografía.

CUADRO 10. *La reforma agraria después de Carrillo, 1924-1933*

Año	Gobernador	Entregas provisionales			Entregas definitivas			Entregas dentro de la zona henequenera	
		Pueblos beneficiados	Núm. de campesinos	Hectáreas distribuidas	Pueblos beneficiados	Núm. de campesinos	Hectáreas distribuidas	Provisionales	Definitivas
1924	Iturralde	25	4 610	72 357	7	1 174	22 518	11 de 25	5 de 7
1925	Iturralde	19	3 841	79 042	25	4 957	82 158	2 de 19	16 de 25
1926	Torre Díaz	12	2 786	51 088	20	2 467	43 663	0 de 12	3 de 20
1927	Torre Díaz	6	1 039	20 135	10	1 522	44 086	0 de 6	1 de 10
1928	Torre Díaz	9	579	22 921	9	1 539	28 876	0 de 9	3 de 9
1929	Torre Díaz	10	796	28 996	9	1 257	15 818	0 de 10	4 de 9
1930	García Correa	4	758	29 491	4	2 521	26 990	0 de 4	2 de 4
1931	García Correa	No se hicieron entregas							
1932	García Correa	2	593	3 769	1	13	720	0 de 2	0 de 1
1933	García Correa	2	141	8 307	Ninguna			0 de 2	Ninguna

FUENTES: *Tierra*, 12 de octubre de 1924; Archivo General del Estado de Yucatán, Ramo de Tierras, Expediente, "Comisión Agraria Mixta, 1938", donde aparece una relación anual de la tierra distribuida, 1919-1933.

El presidente Lázaro Cárdenas discute problemas agrarios con campesinos, 1934. (Reproducido de John W. F. Dulles, Yesterday in Mexico: A Chronicle of the Revolution, 1919-1936, *Austin, Tex., 1961, p. 587. © 1961 por John W. F. Dulles.)*

henequenales que todavía se encontraban en producción. Muchos protestaron con vehemencia contra la propuesta de una reforma agraria basada en el "ejido colectivo", el modelo que entonces estaba ganando ascendencia en el ministerio agrario del gobierno de Cárdenas en la ciudad de México. El nuevo modelo aconsejaba la expropiación y fragmentación de los predios existentes y su reordenación en diversas unidades ejidales nuevas que serían cultivadas colectivamente. Aunque objetaban esta nueva fórmula agraria del centro de México, algunos campesinos yucatecos solicitaban ocasionalmente, al Departamento Agrario, su acceso habitual a pequeñas parcelas donde pudieran cultivar maíz y frijol para completar sus decrecientes jornales.[4] Sin embargo, su preocupación principal se articulaba mejor en un lema de la época, popularizado por una organización campesina combativa de reciente creación: "El pueblo se muere de hambre. ¡Antes que tierras, trabajo!" [5]

Cuando la revolución agraria llegó a Yucatán, vino desde afuera. Dada la

[4] Véase el flujo de correspondencia y peticiones de grupos de campesinos que aparece en *DdY* —y menos frecuentemente en *DdelS*— en la primera mitad de los años treinta.
[5] Moisés González Navarro, *Raza y tierra: La guerra de castas y el henequén*, México, 1970, pp. 254-255; *cf.* AGE, B. García, presidente, Liga Central de Resistencia, "Tarifa gradual para el pago de jornales en las fincas henequeneras del Estado", 12 de agosto de 1933; y Siegfried Askinasy, *El problema agrario de Yucatán*, 2ª ed., México, 1936, páginas 113-114.

naturaleza cada vez más centralizada de las relaciones de la Federación y los estados durante todo el periodo de 1920-1940, esta hegemonía federal era inevitable. Las oportunidades de una estrategia y una acción independientes, disfrutadas por Alvarado en 1915, y en menor medida por Carrillo Puerto en 1922, ya no existían a fines de los años veinte y principios de los treinta. En 1934, el Gran Partido Socialista del Sureste, alguna vez orgulloso y autónomo, ya existía sólo de nombre; en realidad, se había convertido en el mensajero del PNR de Cárdenas, cada vez más omnipotente. Y mientras que las pruebas demuestran que Obregón en 1923 y Calles a fines de los años veinte y principios de los treinta se oponían a una reforma agraria sustancial en la zona henequenera, Cárdenas, un "agrarista" sincero, escogió a Yucatán precisamente para convertirlo, junto con la región algodonera de La Laguna, en un escaparate de su programa de ejido colectivo. La creciente intranquilidad urbana y rural de Yucatán, considerada por algunos como una auténtica lucha de clases, pero que en efecto era atizada por agentes y organizadores laborales cardenistas, sólo proporcionaba al gobierno federal un pretexto adecuado para intentar una reestructuración de la sociedad yucateca.[6]

A principios de agosto de 1937, el presidente Lázaro Cárdenas llegó a Progreso con un ejército de ingenieros, agrimensores y burócratas, y el 7 de agosto presidía el mayor episodio de reforma agraria que jamás se haya realizado en México. En adelante, todas las tierras de las haciendas, ya estuviesen o no cultivadas de henequén, se convertirían en propiedad de los campesinos, a excepción de 150 hectáreas de tierra cultivada y 150 hectáreas de monte que el propietario podría retener como su pequeña propiedad. Cárdenas decretó además que la administración de la reforma se iniciaría de inmediato, con la expropiación de los predios más grandes en primer término, y que ningún henequenero quedaría exento. Al cabo de sólo dos semanas, el grupo de técnicos de Cárdenas había supervisado la transferencia de la tenencia, consolidando segmentos desiguales de centenares de plantaciones en 272 ejidos colectivos. Cárdenas había insistido en el asunto de la colectivización, sosteniendo que en virtud de que la producción henequenera era un proceso comercial que exigía la colaboración de muchos campesinos en una empresa común, los nuevos ejidos deberían administrarse y cultivarse de manera colectiva.

Desafortunadamente, pronto se hizo evidente que en el apresurado proceso de la distribución estaban incrustadas muchas irregularidades y contradicciones. Aunque se había prometido a los plantadores que conservarían sus "cascos" —los núcleos de las plantaciones, que incluían los edificios principales y la maquinaria—, en algunos casos fueron expropiados y distribuidos en pequeñas parcelas a los ejidos vecinos. En efecto, a pesar de las directrices de Cárdenas, algunos hacendados sufrieron la expropiación total de sus fincas. En el otro extremo, se informó de algunos casos de familias de hacendados que pudieron conservar mucho más de las 300 hectáreas estipuladas. Típicamente, varios

[6] Por ejemplo, véase *DdY*, julio de 1936; Fernando López Cárdenas, *Revolucionarios contra la Revolución*, México, 1938; Nelson Reed, *The Caste War of Yucatán*, Stanford, California, 1964, p. 266.

El presidente Cárdenas y funcionarios del ministerio de la reforma agraria se alistan para viajar a Yucatán, 1937. (Reproducido de Gustavo Casasola, Historia gráfica de la Revolución Mexicana, 1910-1970, 2ª ed., México, 1973, volumen 7, p. 2293. Casasola, INAH.)

miembros de una sola familia establecían una identidad legal y lograban retener una superficie mucho mayor. A fines de 1938, era claro que había surgido un conjunto terriblemente parchado de arreglos de tenencia a resultas de la reforma de Cárdenas. La mayoría de las plantaciones, que alguna vez habían sido razonablemente productivas, se fragmentaban ahora en una forma que sugería la ausencia de criterios racionales en la planeación y ejecución de la reforma. Raras veces recibía cada uno de los ejidos el número apropiado de plantas de henequén en cada etapa de maduración que requerirían para mantener la continuidad de la producción. Algunos ejidos recibían henequenales en plena declinación, con pocas plantas maduras o jóvenes. Otros estaban llenos de vástagos jóvenes y no obtendrían ingresos por varios años. También se informó de algunos casos de habitantes de Mérida y Progreso que habían sido incluidos en las listas de ejidos vecinos, mientras que algunos campesinos elegibles del área habían sido excluidos por completo.[7]

Es posible que lo más lamentable de la distribución agraria haya sido su desmembramiento, en muchos casos, de unidades agroindustriales en operación: la separación de las desfibradoras de sus campos vecinos. Cárdenas y sus asesores

---

[7] Nathaniel C. Raymond, "The Impact of Land Reform in the Monocrop Region of Yucatán, Mexico", tesis doctoral inédita, Universidad de Brandeis, Waltham, Mass., 1971, página 139; Manuel A. Mesa y Rogelio Villanueva, *La producción de fibras duras en México*, México, 1948, p. 30.

agrarios consideraban como su meta final la creación de una serie de grandes plantas procesadoras centralizadas ("centrales") que rasparían la fibra de muchos ejidos colectivos vecinos. En consecuencia, no importaba particularmente, a los agraristas federales, que algunos ejidos obtuvieran al principio máquinas raspadoras mientras que otras permanecían en manos del hacendado. Finalmente, el sistema sería racionalizado alrededor de las centrales estratégicamente ubicadas, así como la industria azucarera del centro de México estaba siendo organizada alrededor de ingenios centrales.

Desafortunadamente, la idea del ejido henequenero colectivo que tenían los cardenistas presentaba deficiencias fatales, sobre todo porque olvidaba considerar los requerimientos más básicos de la producción de la fibra comercial. Casi un siglo atrás, los pioneros de la industria habían aprendido por una experiencia dolorosa que en cada predio debía instalarse maquinaria raspadora. Si no se obraba así, no podría lograrse la extracción de la fibra en el periodo esencial de 24 horas que debe transcurrir antes de que la fibra se seque y sea casi imposible el procesamiento apropiado de las hojas. Así pues, las peculiaridades de la producción regional habían obligado a estos plantadores pioneros a combinar los aspectos agrícolas e industriales de la producción en cada uno de sus predios. Los asesores de Cárdenas, en su prisa por llevar la colectivización a Yucatán, nunca percibieron este hecho, con gran detrimento futuro de la industria.

Además, aunque en los términos de la nueva reforma se habían convertido los campesinos teóricamente en los propietarios de la tierra que cultivaban en forma colectiva, en la práctica funcionaba el sistema de tal manera que los campesinos apenas participaban en la administración de los ejidos. Muchos se sentían alejados de las operaciones de estas nuevas unidades, señalando que habían cambiado su antiguo patrón —una entidad conocida, a pesar de todos sus defectos— por la burocracia impersonal del banco ejidal del gobierno federal. El banco proveía asistencia técnica y adelantos crediticios, pero excluía virtualmente a los ejidatarios de todas las decisiones de producción y comercialización. Por lo tanto, no es sorprendente que el pequeño número de memoriales donde se protestaba contra la reforma agraria se convirtiera para 1938 en un torrente, y que los peticionarios incluyeran ahora grupos de ejidatarios y de antiguos hacendados descontentos.[8]

El periodo de 1934-1940, que constituye la segunda fase de la Revolución en Yucatán, revela a una región de monocultivo atrapada en una severa depresión económica, agudizada en gran parte por su dependencia externa de los Estados Unidos, y obligada a aceptar soluciones dictadas por un gobierno central que había convencido a una parte sustancial de la población de la región de que no entendía los problemas peculiares de Yucatán. Durante el periodo de Cárdenas, la condición de dependencia de la región —una dependencia económica,

---

[8] Thomas G. Sanders, "Henequen: The Structure of Agrarian Frustration", *FR*-NA, 5:3 (julio de 1977), pp. 2-7; Rodney C. Kirk, "San Antonio, Yucatán: From Henequen Hacienda to Plantation Ejido", tesis doctoral inédita, Universidad Estatal de Michigan, East Lansing, Mich., 1975; y véanse las notas 4, 5, 9, 11 y 17 de este capítulo.

política e intelectual— se pone marcadamente de relieve. Mientras que los pensadores locales tenían una larga tradición de proposición de las opciones ideológicas de donde surgían las políticas, en los años treinta hubo una reversión completa de la forma, ya que la ciudad de México era ahora la fuente principal de las soluciones ideológicas a los problemas locales. Ya consideremos la ideología combativamente colectivista de los socialistas agrarios federales, centrada en el ejido colectivo, o el inútil contraataque realizado a través de la prensa por Luis Cabrera y otros revolucionarios veteranos en nombre de la pequeña propiedad independiente, tenemos que concluir que los argumentos que atizaron las controversias que rodearon en Yucatán al programa de colectivización ejidal de Cárdenas eran importados en su totalidad.[9]

Ahora, de todos los niveles de la sociedad yucateca emana la crítica de que la Revolución llegada del exterior en los años treinta no se adecuaba a las condiciones y necesidades peculiares de la región y no ha sido precisamente una bendición. Afrontamos el hecho innegable de que, durante el último medio siglo, Yucatán dejó de ser quizá el estado más rico de México para convertirse en una de las áreas más deprimidas, llena de problemas. Encontramos intelectuales de la clase media que lamentan la pérdida de autonomía de la región y hablan del "colonialismo interno";[10] trabajadores que alegan corrupción e ineficiencia en la administración del condominio federal-estatal (CORDEMEX) que controla la industria henequenera;[11] y miembros de la antigua clase de hacendados que se quejan amargamente de que, al fragmentar las unidades agroindustriales antes productivas y dejar de sustituir la antigua economía de plantación por un sistema económico viable e integrado, la Revolución hundió efectivamente la economía regional sin conferir mejoras significativas a los trabajadores rurales.[12]

Al formular estas acusaciones, los críticos de la Revolución minimizaban la declinación secular de la industria henequenera, imputable en gran medida a la proliferación de competidores internacionales y la invención de las fibras sintéticas. Sin embargo, las propias estadísticas gubernamentales constituyen un triste comentario sobre los efectos de la estrategia henequenera del régimen revolucionario a largo plazo. En 1977, los 80 000 ejidatarios subempleados en la zona henequenera recibían salarios que fluctuaban entre cuatro y nueve dólares por semana, en la mayoría de los casos una suma menor que la necesaria para el sostenimiento de sus familias en el nivel de subsistencia. Siempre que ello es

[9] Luis Cabrera (alias "Lic. Blas Urrea"), "La conquista de Yucatán", *DdY*, 10 de julio de 1936, y *Un ensayo comunista en México*, México, 1937; compárense *DdY*, 26 de enero de 1936; *U*, 29, 30 de julio de 1936; y *DdY*, 7 de diciembre de 1936, donde algunos agraristas federales destacados refutan a Cabrera.

[10] Por ejemplo, Manuel M. Escoffié, *Yucatán en la cruz*, Mérida, 1957; Bernardino Mena Brito, *Reestructuración histórica de Yucatán*, México, 1969, vol. 3, *passim*.

[11] *DdY*, 6 de noviembre de 1975; *NdY*, 11 de noviembre de 1975; *E*, 22 de julio de 1977; *U*, 5 de julio de 1977.

[12] Por ejemplo, Gustavo Molina Font, *La tragedia de Yucatán*, México, 1941, que contiene un prólogo de Luis Cabrera; Manuel Zapata Casares, *Vía-Crucis del henequén: Colección de escritos sobre el gran problema de Yucatán*, Mérida, 1961.

posible, los ejidatarios o los miembros de su familia tratan de complementar estos salarios con otros empleos, a menudo en Mérida y pueblos más pequeños. Según cree el director de CORDEMEX, la zona puede sostener ahora apenas a 28 000 trabajadores; en consecuencia, el gobierno debe subsidiar a los trabajadores restantes, absorbiendo enormes pérdidas en el proceso. Durante 1975-1976, CORDEMEX tuvo un déficit oficialmente publicado de 333.5 millones de pesos, y aunque en los años siguientes no se han revelado cifras exactas, se estima que las pérdias han sido sustancialmente mayores.

Las cifras de la producción son más tristes aún. Aunque la masa de campesinos es mayor ahora que a principios del siglo, Yucatán produce una cantidad considerablemente menor de la fibra, y las cifras continúan bajando cada año. Durante el periodo de 1964-1970 se produjo un promedio de 140 000 toneladas anuales. Ahora, el rendimiento es menor de 100 000 toneladas, y se estima que a principios de los años ochenta no satisfará la producción ni siquiera las necesidades internas de México, ya no digamos las de la exportación. Sólo comparando estas cifras con las 202 000 toneladas producidas durante el auge henequenero de 1916 podremos obtener una idea exacta de la magnitud de la crisis actual. Irónicamente, aunque la participación de Yucatán en el mercado mundial se ha derrumbado al 12.5% (1977), CORDEMEX ha venido encontrando crecientemente difícil incluso la satisfacción de esta reducida participación. La baja productividad ha existido en Yucatán desde la distribución ejidal de Cárdenas en 1937, cuando desapareció el interés de los plantadores por la fibra. En los años siguientes, la corrupción existente en todos los niveles de la jerarquía administrativa y la falta de incentivos y conocimientos entre los ejidatarios han sido las causas también de la escasa producción. En fecha reciente, un funcionario de CORDEMEX estimaba conservadoramente que se requeriría una inversión del gobierno federal del orden de 1 000 millones de pesos para mejorar la capacidad productiva y reorganizar la industria regional de la fibra.[13]

Conviene advertir que el programa de reforma agraria implantado después de la Revolución de 1959 en las áreas azucareras de Cuba —una región de monocultivo esencialmente, como Yucatán— contrasta marcadamente con la política seguida por el gobierno de Cárdenas en la zona henequenera de la península. Teniendo presente quizá el modelo del vecino Yucatán, en el que se fragmentaron las plantaciones existentes y se crearon nuevas unidades económicas a costa de gran pérdida de la capacidad productiva, el gobierno revolucionario cubano, tras expropiar las plantaciones azucareras, optó por dejarlas intactas, ofreciendo incentivos sustanciales —mejores condiciones materiales, participación de los trabajadores en la administración, etc.— al proletariado rural que las operaba. Se ha sugerido antes que los trabajadores rurales de Yucatán, un

[13] *E*, 22 de julio de 1977; *PR*, 9 de mayo de 1977, p. 34; *DdelS*, 13 de marzo de 1976; CORDEMEX, *Informe Anual*, marzo de 1974 y marzo de 1975; Manuel Pasos Peniche, *Historia de la industria henequenera desde 1945*, Mérida, 1974, pp. 15-16; Malcolm H. Shuman, "The Town Where Luck Fell: The Economics of Life in a Henequen Zone Pueblo", tesis doctoral inédita, Universidad de Tulane, Nueva Orleáns, 1974, pp. 43-44; Sanders, "Henequen", pp. 4-12.

proletariado surgente, habrían preferido a la vez una estrategia de reforma agraria similar, y se habrían beneficiado con ella.[14] En efecto, esto era precisamente lo que habría logrado la reforma proyectada por Carrillo Puerto. Además, hemos visto que incluso el moderado programa agrario de Alvarado, inclinado marcadamente hacia los incrementos salariales con escaso hincapié en la división de las plantaciones existentes, habría tenido un efecto menos nocivo sobre la economía yucateca que la reforma de Cárdenas en 1937. Al revés de Cárdenas, quien se basaba en modelos ideológicos derivados de la experiencia agraria del centro de México, tanto Alvarado como Carrillo ligaban sus estrategias de reforma a las características específicas de la estructura agraria de Yucatán y a las relaciones de producción surgidas de tal estructura.[15]

No hay duda de que pocos estados de la República han experimentado una reforma agraria tan decepcionante como la de Yucatán. Los apologistas del régimen revolucionario han tratado —y siguen tratando— de justificar la masiva reforma de Cárdenas de 1937, afirmando que la estrategia estaba bien concebida pero fue mal ejecutada por funcionarios corruptos. Por otra parte, algunos funcionarios gubernamentales han sostenido que el caso agrario yucateco es especial, atípico de las condiciones rurales mexicanas. En esta forma han realizado grandes esfuerzos para preservar los mitos centrales de la Revolución descartando a Yucatán como un problema exótico, sin solución. Sin embargo, los críticos derechistas e izquierdistas han expresado vehementemente su desacuerdo, afirmando que si bien es cierto que los problemas agrarios de Yucatán son peculiares y la incapacidad del régimen para encontrar soluciones es extraordinaria, está fuera de duda que el caso yucateco ilustra en grado significativo el proceso agrario experimentado por todo México.[16]

Irónicamente, ambos puntos de vista son no sólo correctos sino aun complementarios. La variada historia de reforma agraria y frustración de Yucatán es en efecto peculiar, pero pone claramente de relieve todo el proceso de reforma

[14] Michel Gutelman, "The Socialization of the Means of Production in Cuba", en Rodolfo Stavenhagen, comp., *Agrarian Problems and Peasant Movements in Latin America*, Nueva York, 1970, pp. 347-368.

[15] Compárese el juicio reciente de Thomas Sanders ("Henequen", 13) acerca de la reforma agraria de Cárdenas en Yucatán:

> El caso del henequén demuestra que una gran preocupación por el mejoramiento de la condición de los trabajadores rurales y la institución de cambios estructurales radicales no crean necesariamente una vida mejor para ellos. Esto debe destacarse porque muchas personas idealistas, pero mal informadas, contemplan la reforma agraria (de ordinario sin especificar su tipo ni sus implicaciones) como una panacea para la América Latina rural. No hay duda de que la reforma agraria sería un experimento útil en ciertos contextos, y ya ha probado su valor en otros. Sin embargo, los cambios estructurales son sólo uno de los factores del mejoramiento de la vida rural, al lado de otros tales como las condiciones favorables del mercado, la administración eficaz, la participación y el involucramiento genuinos de los campesinos en una empresa seria... La mala injerencia del gobierno puede ser peor que su ausencia total.

[16] *Cf.*, por ejemplo, *E*, 22 de julio de 1977 (una defensa oficial de la reforma agraria), y Juan José Hinojosa, "Henequén: Fracaso, espina, remordimiento", *PR*, 9 de mayo de 1977.

agraria de México. Significativamente, la premiada película *México, la revolución congelada*, escogió a Yucatán como su caso central al examinar la incapacidad del régimen revolucionario para realizar una reforma agraria eficaz en México. Es posible que pocos campesinos mexicanos hayan experimentado tantos problemas o decepciones como los yucatecos. Por otra parte, en el Yucatán contemporáneo se encuentran virtualmente todos los problemas típicos del campo mexicano y de otros países latinoamericanos que han implantado programas de reforma agraria: sobrepoblación; disputas de límites ejidales que enfrentan a los grupos y las aldeas; el arrendamiento o la venta ilegales de las parcelas; caciquismo, liderismo, y el ajelamiento de los ejidatarios de las decisiones agrarias; la intranquilidad política crónica, la violencia faccional y el asesinato, para sólo nombrar algunos de los problemas más visibles.[17]

No debemos minimizar los grandes logros de la Revolución Mexicana en Yucatán. La Revolución terminó con el peonaje esclavo y desarrolló una conciencia política y social entre las clases trabajadoras, creó millares de escuelas nuevas y aumentó notablemente los servicios de salud, salubridad y otros beneficios sociales para la población de la región.[18] Por otra parte, la apreciación de estas reformas no debe ocultarnos la verdad básica acerca de la experiencia revolucionaria yucateca: que cuando hablamos de una revolución desde adentro por oposición a una revolución desde afuera, no estamos haciendo un mero ejercicio de semántica. Durante la primera fase de la Revolución, de 1915 a 1924, y especialmente durante el régimen socialista de Felipe Carrillo Puerto (1922-1924), las fuerzas internas de la región impulsaron concertadamente la revolución social y se vieron frenadas por poderosas restricciones externas agravadas por importantes debilidades internas (una escasa movilización y la utilización de las redes caciquiles tradicionales). En el proceso, las fuerzas revolucionarias no supieron aprovechar las ricas oportunidades proveídas por la primera Guerra Mundial —sobre todo la gran elevación de los precios del henequén—, las que no habrían de reaparecer durante la segunda fase de 1934-1940. La revolución que llegó en esta segunda fase fue una revolución importada, y aunque tal revolución ha otorgado algunos beneficios importantes a la región, su efecto social y económico no se ha asemejado jamás a la reestructuración radical de la sociedad yucateca concebida por Felipe Carrillo Puerto y los revolucionarios socialistas activos durante la primera fase.

---

[17] Gilbert M. Joseph presenta una bibliografía de evaluaciones negativas de la reforma agraria de Yucatán en "Apuntes hacia una nueva historia regional: Yucatán y la Revolución Mexicana, 1915-1940", *RUY*, 19:109 (enero-febrero de 1977), pp. 21-22. Compárense los problemas experimentados por los campesinos en otros regímenes de ejidos colectivos, descritos por David Ronfeldt, *Atencingo: The Politics of Agrarian Struggle in a Mexican Ejido*, Stanford, Cal., 1973 (Puebla: azúcar); Clarence Senior, *Land Reform and Democracy*, Gainesville, Fla., 1958 (La Laguna: algodón); y Rodolfo Stavenhagen, "Collective Agriculture and Capitalism in Mexico: A Way Out or a Dead End?", *LAP*, 2:2 (verano de 1975), pp. 146-163 (varias regiones, varios cultivos).

[18] Sin embargo, una de las fallas serias del programa de seguridad social ("seguro social") de la región es la disposición de que sólo los trabajadores henequeneros tienen derecho a recibir sus beneficios.

Subsiste un interrogante incómodo: ¿Estaba en realidad, al alcance de los socialistas de Yucatán, una transformación revolucionaria genuina? ¿Fueron derrotados, Carrillo y los insurgentes locales, fundamentalmente por causa de las fallas existentes en su programa, o había condiciones objetivas que impedían todo cambio revolucionario importante? El monocultivo debilitante de Yucatán, que subordinaba la economía local a un mercado dominado por extranjeros, así como la continua marginación de la región dentro de la estructura del poder nacional, eran condiciones dentro de las cuales podría frustrarse la revolución. En términos realistas, ¿cómo podrían los indigentes socialistas de Yucatán enfrentarse a sus formidables oponentes en las salas de consejo de Chicago y en los corredores del poder de Washington y la ciudad de México?

Pero la mera indicación del control externo olvida ciertas dimensiones sutiles del proceso revolucionario regional de donde podrían surgir algunas lecciones útiles. Por lo tanto, convendrá hacer algunas observaciones finales acerca de la naturaleza de la economía política de Yucatán y sus implicaciones para el proceso revolucionario.

Por lo menos en la primera fase de la Revolución en Yucatán (1915-1924), muchas cosas sugieren la validez de ciertos aspectos de la idea de la "cadena de colonialismo" —presentada por André Gunder Frank y el ala radical de la escuela de la "dependencia"— que postula la dominación extranjera de una región mediante el control intermediario de una metrópoli nacional.[19] Es claro que la ciudad de México, renuente a molestar poderosos intereses económicos norteamericanos, por lo menos antes de la legitimación y el reconocimiento del régimen revolucionario por parte de los Estados Unidos, ayudó a frenar las influencias revolucionarias en Yucatán. Sin embargo, la idea de los "círculos concéntricos de la dependencia" resulta mucho menos válida para la época posterior de Cárdenas. Aunque el control de la región y su industria henequenera a manos de la ciudad de México aumentó constantemente durante la segunda fase de la Revolución de 1934-1940, el presidente Cárdenas *no* respondió a la presión norteamericana como lo hicieron sus predecesores. En lugar de aceptar un papel de intermediario e impedir los impulsos de la reforma agraria de la región que constituyeran amenazas para los intereses cordeleros norteamericanos, Cárdenas seleccionó deliberadamente a Yucatán como el campo de pruebas para su ambicioso programa de ejidos colectivos, lo que implicaba la expropiación generalizada de henequenales de propiedad privada. Así pues, aunque la literatura de la dependencia, así norteamericana como mexicana, ha tendido a presentar a Cárdenas como un conspirador dirigente de un Estado corporativo que funcionaba con mayor eficacia en beneficio de una burguesía nacional surgente que colaboraba con una burguesía extranjera,[20] sería difícil acomodar la política de Cárdenas hacia Yucatán en este marco nítido, simétrico. Si

---

[19] Véase el capítulo III, nota 25; *cf.* Fernando Henrique Cardoso, "The Consumption of Dependency Theory in the United States", *LARR*, 12:3 (otoño de 1977), 7-24.

[20] James D. Cockcroft reseña esta literatura en el capítulo sobre México de Ronald H. Chilcote y Joel C. Edelstein, comps., *Latin America, The Struggle with Dependency and Beyond*, Nueva York, 1974, pp. 259-285.

Frank y otros analistas neomarxistas están en lo justo en su formulación del círculo intermediario de neocolonialismo como una burguesía colaboradora unida al Estado, la política no colaboracionista de Cárdenas parecería constituir una excepción importante.

En lugar de simplificar demasiado y convertir a Yucatán en otro eslabón regional de la cadena de colonialismo, podríamos estudiar el problema directamente en el nivel regional, examinando la dependencia estructural de Yucatán frente a un mercado dominado por extranjeros que subsistió aun después de que Yucatán logró industrializar su henequén y producir el hilo localmente, proceso iniciado en los años veinte y que se fortaleció en los años treinta y cuarenta. Todavía en 1947, sólo la International Harvester consumía casi el 60% de la producción yucateca anual de fibra y cordeles.[21] Éste es entonces un caso clásico en el que la industrialización no destruyó la relación de dependencia ni promovió el "despegue" económico, porque la industrialización surgía de una economía de monocultivo ligada a un mercado mundial fluctuante, cuyos términos favorecían todavía al comprador norteamericano sobre el vendedor yucateco y permitían una manipulación frecuente de ese mercado en beneficio del comprador. Muchos yucatecos han comentado que ellos consideraban el control informal de la Harvester y los Estados Unidos sobre su región, con su legado de dependencia económica, como algo más duradero y nocivo que la dominación formal del antiguo Imperio español o la República Mexicana actual, de la que habían podido zafarse temporalmente en dos ocasiones distintas durante el siglo XIX. Recordando un antiguo proverbio del centro de México, un intelectual local sugirió: "Divorciarse de la esposa es simple; divorciarse de la amante es imposible."[22]

No hay duda entonces de que la dominación del mercado por parte del monopolio cordelero, y su capacidad para manipular los inventarios de fibras duras por todo el mundo, costaban caro a los yucatecos en términos del valor de sus exportaciones en una época en que los términos de intercambio para los productores de la fibra no habían experimentado aún una declinación definitiva. Por otra parte, la Harvester no se había convertido todavía en una corporación multinacional moderna, ni tenía un poder ilimitado. Debemos tener presente que su invisible imperio de la fibra, que en última instancia se extendería a Yucatán, Cuba, Filipinas y otras regiones productoras, se estaba consolidando todavía durante los primeros 25 años del siglo XX.[23] Además, como hemos visto, en ciertos periodos y ciertas áreas de este imperio informal, como ocurrió en Yucatán durante el periodo de guerra de 1916-1918, la Harvester y los fabricantes eran todavía sorprendentemente vulnerables a una política de precios agresiva, implantada por los productores primarios. Durante tales ocasiones his-

[21] IHCA, H. L. Boyle Files, "History of the International Harvester Company", s.f. (1947).
[22] Este proverbio ha sido citado en Robin W. Winks, "On Decolonization and Informal Empire", *AHR*, 81:3 (junio de 1976), 540-556.
[23] IHCA, expedientes 441, 2395, 2919, 2924, varios documentos relativos a los intereses de IHC en la fibra de Filipinas, Cuba y otros países antes de 1924.

tóricas, las regiones exportadoras podían obtener sustanciales ganancias económicas, aunque estuviese fuera de su alcance una ruta de desarrollo estable a largo plazo.

Sin embargo, el hecho de que el imperio informal de la Harvester operara indirectamente a través de colaboradores locales y reflejara el imperialismo económico moderno en sus primeras etapas no debiera hacernos olvidar los aspectos más sombríos de la relación desigual que ligaba a la economía exportadora de monocultivo de Yucatán [24] a sus compradores norteamericanos y sus agentes yucatecos. La naturaleza informal de la relación de control liberaba al monopolio henequenero de la Harvester de la necesidad de regresar a Yucatán alguna inversión social y desarrollar la infraestructura económica más allá de lo necesario para llevar rápidamente la fibra al mercado.[25] Además, la relación se volvería progresivamente más desigual, ya que los fabricantes percibían que el tiempo estaba de su lado. En virtud de que se estaban abriendo constantemente nuevas áreas al cultivo, Yucatán se vería obligado a bajar considerablemente su precio para seguir compitiendo con la fibra de mayor calidad de sus nuevos rivales. Y mientras que la región mexicana debía vender su fibra al monopolio cordelero, éste podría escoger cada vez más convenientemente su socio comercial.

El problema de la movilización política era una restricción interna del proceso revolucionario tan grande como las que imponían externamente la economía internacional y la estructura del poder nacional. El caso yucateco pone de relieve que los movimientos populares espontáneos no pueden darse por supuestos sólo sobre la base de una opresión severa. Muchas variables intervienen en el éxito o el fracaso de la movilización revolucionaria y deben ser examinadas cuidadosamente de una región a otra. Hemos visto que en Yucatán se había destruido una fuerte tradición de protesta campesina tras la Guerra de Castas, junto con la propia comunidad campesina. La guerra y el auge de la exportación de henequén que siguió revolucionaron a Yucatán en términos demográficos y geográficos, desarraigando a las comunidades indias y reordenando los patrones de asentamiento y los sistemas laborales tradicionales. A fines del siglo pasado, la gran mayoría de los pueblos mayas libres habían perdido su base terrestre. Los que aún sobrevivían, carecían de la estabilidad necesaria para resistir la característica de los pueblos zapatistas profundamente arraigados de la altiplanicie o las aldeas libres del centro de Veracruz que formaban la columna vertebral de las ligas campesinas de Úrsulo Galván.[26] Careciendo de la capa-

---

[24] Véase un análisis de las economías de exportación y las estructuras sociales que articulan en Fernando Henrique Cardoso y Enzo Faletto, *Dependencia y desarrollo en América Latina*, Lima, 1967; véase también la tipología elaborada por Celso Furtado de las economías exportadoras de materias primas en *Economic Development of Latin America*, Cambridge (Inglaterra), 1976, pp. 47-50.

[25] *Cf.* Peter Winn, *El imperio informal británico en el Uruguay en el siglo XIX*, Montevideo, 1975; véase también la exposición de Winks sobre las diferencias existentes entre los imperios "formales" e "informales" en "On Decolonization", p. 543.

[26] John Womack, *Zapata and the Mexican Revolution*, Nueva York, 1970, especialmente

cidad necesaria para resistir la expansión de las plantaciones henequeneras, los campesinos yucatecos fueron primero esclavizados por las plantaciones y luego quedaron restringidos a ellas. Además de no tener virtualmente ningún contacto con sus similares de predios diferentes, los trabajadores rurales yucatecos estaban aislados de sus aliados potenciales en los centros urbanos. Al revés de lo que ocurría en Veracruz y en la altiplanicie, donde se desarrollaron pronto ciertas conexiones entre las clases trabajadoras urbanas y rurales, y muchas personas pertenecían a ambos sectores,[27] los trabajadores urbanos y rurales de Yucatán se interrelacionaban raras veces, y mucho menos hacían causa común.

La frustración de una alianza urbano-rural y la ausencia de una tradición revolucionaria vital, a través de la cual pudieran identificarse los revolucionarios de Yucatán con la masa del pueblo, y sobre la que pudieran construir —como lo hiciera el Viet Minh de Ho Chi Minh en Vietnam y el "Movimiento 26 de Julio" de Fidel Castro en Cuba—,[28] minaba gravemente el proceso revolucionario, minimizando la oposición inmediata. En consecuencia, los meticulosos esfuerzos realizados por Carrillo para conectar su moderna revolución social con los símbolos del pasado maya pueden verse como un intento audaz, aunque inevitablemente apresurado, para revivir una tradición histórica de protesta con la que pudieran identificarse orgullosamente los campesinos y que acelerara el proceso de la movilización política. En última instancia, tanto en el caso de la revolución burguesa de Alvarado como en el del movimiento revolucionario socialista de Carrillo, no había más remedio que librar la revolución desde arriba y, por lo menos a corto plazo, aceptar la inevitabilidad de una participación popular limitada. Esta situación planteaba pocos problemas al general Alvarado, quien disponía de un ejército grande y de ordinario estaba en favor de una movilización política controlada que desempeñaría una función de legitimación de la autoridad antes que una función de articulación de intereses. Para Carrillo Puerto, líder civil y socialista agrario comprometido, la escasa movilización de Yucatán imponía grandes compromisos ideológicos y lo empujaba a una serie de alianzas problemáticas con los caciques pequeñoburgueses locales que finalmente resultaron nocivas para la supervivencia de su

páginas 3-9; Heather Fowler Salamini, *Agrarian Radicalism in Veracruz, 1920-1938*, Lincoln, Neb., 1977, *passim*.

[27] Raymond Th. Buve, "Peasant Movements, Caudillos and Land Reform during the Revolution (1910-1917) in Tlaxcala, Mexico", *BdEL*, 18 (junio de 1975), 114-118 y *passim*, y "State Governors and Political Mobilization of Peasants: Tlaxcala", en D. A. Brading, compilador, *Caudillo and Peasant in the Mexican Revolution*, Cambridge (Inglaterra), 1980, páginas 222-224; Fowler Salamini, *Agrarian Radicalism*, cap. 2, y "Los orígenes de las organizaciones campesinas en Veracruz: Raíces políticas y sociales", *HM*, 22:1 (julio-septiembre de 1972), 52-76; Henry A. Landsberger, "The Role of Peasant Movements and Revolts in Development", en Landsberger, comp., *Latin American Peasants*, Ithaca, N. Y., 1969, pp. 19-22.

[28] Frances Fitzgerald, *The Fire in the Lake: The Vietnamese and the Americans in Vietnam*, Nueva York, 1973, pp. 284-304; Gérard Chaliand, *Revolution in the Third World: Myths and Prospects*, Nueva York, 1977, pp. 133-146 ("The Case of North Vietnam"); Cole Blasier, "Studies of Social Revolution: Origins in Mexico, Bolivia, and Cuba", *LARR*, 2 (verano de 1967), 28-64.

revolución socialista. Además, ambos regímenes se veían obligados a llegar a ciertos arreglos con algunos miembros de la burguesía de plantadores que les ofrecían valiosos conocimientos económicos y técnicos.

Así pues, aunque en este estudio se ha trazado una distinción básica entre la revolución desde afuera (reflejada en las campañas revolucionarias dirigidas por Alvarado y por Cárdenas) y la revolución desde adentro (representada por la revolución socialista de Carrillo), debe destacarse que, dada la ausencia casi total de movilización en Yucatán antes de la Revolución y el aislamiento de las masas rurales, incluso la revolución yucateca de Carrillo debe de haber sido percibida por muchos campesinos como algo impuesto desde afuera. Sentimos la calidad ajena de la revolución de Carrillo en las circunstancias que rodean la caída del régimen. Perseguido por todo el estado por sus enemigos, traicionado por líderes de comunidades campesinas que eran supuestamente socialistas, es posible que el fin de Carrillo —popularmente comparado con la caída de Salvador Allende, el presidente de Chile— guarde en efecto una semejanza mucho más interesante con la muerte del "Che" Guevara, un revolucionario que murió como un virtual extraño en la región boliviana que trataba de movilizar.[29] Allende se asemejaba a Carrillo como un líder civil elegido que se vio derrocado por una burguesía reaccionaria aliada con los militares, pero difería significativamente del yucateco por cuanto operaba en una sociedad refinada y altamente politizada, dotada de una base cultural étnica mucho más homogénea. Y para ampliar la comparación, cuando se coteja la trágica fuga de Carrillo con la marcha mucho más afortunada y aproximadamente contemporánea del líder comunista Luis Carlos Prestes por el interior de Brasil (donde no había una sociedad revolucionaria altamente movilizada en los años veinte),[30] se pone más aún de relieve la ausencia de movilización política y de participación popular en el proceso revolucionario yucateco.

Si Carrillo, como el "Che", estaba condenado a terminar su carrera de líder revolucionario abandonado y sin una revolución, fue en última instancia el elemento del tiempo el que desempeñó un papel esencial en su derrota. Se ha escrito: "Ocurre con las revoluciones como en los matrimonios: lo mejor tarda años en resultar bien."[31] Frente a una economía de exportación deprimida, limitado en su campo de acción frente al gobierno federal, afectado por la deficiente red de comunicaciones internas y externas de Yucatán, y careciendo de cuadros adiestrados de profesores y propagandistas porque no tenía dinero, Carrillo trataba de ganar tiempo para la movilización política a largo plazo obteniendo el apoyo de poderosos caciques, es decir, de jefes rurales arbitrarios, en gran medida apolíticos. Al mismo tiempo, a menudo personalmente y con la asistencia de un pequeño grupo de revolucionarios dedicados, Carrillo trataba de movilizar grupos de campesinos, llegando a infiltrar muchas de las comunidades de acasillados que hasta entonces habían estado bajo el control completo de los

---

[29] Richard L. Harris analiza la percepción que tuvieron los campesinos bolivianos, del "Che" como extranjero, en *Death of a Revolutionary*, Nueva York, 1970, pp. 140 ss.
[30] Neill Macaulay, *The Prestes Column: Revolution in Brazil*, Nueva York, 1974.
[31] Womack, *Zapata*, p. 67.

dueños de predios. En este sentido, Carrillo trataba de hacer lo que lograran otros movimientos revolucionarios rurales más exitosos, altamente movilizados: hacía hincapié en la movilización política a largo plazo de los segmentos de la población más oprimidos. Al revés de lo que hicieran Lenin y los revolucionarios rusos, Carrillo no esperaba nunca el "momento oportuno".[32] No conocía Carrillo, ni tuvo el lujo de aprender, el significado del concepto. Como los chinos, los vietnamitas y los cubanos, revolucionarios más afortunados del Tercer Mundo que los siguieron, Carrillo y los socialistas yucatecos sabían que cada momento era el momento oportuno para algo. Además, también ellos reconocían que una lucha revolucionaria es una lucha incesante, una lucha que requiere energía, paciencia y esperanza, aun cuando se tengan todas las probabilidades en contra.

[32] *Cf.* la introducción de Immanuel Wallerstein a la obra de Chaliand, *Revolution*, páginas xi-xii.

APÉNDICE

REFORMA AGRARIA, 1915-1927

FUENTE: México, Secretaría de Agricultura y Fomento, Comisión Nacional Agraria, *Estadística, 1915-1927*, Apéndices, México, 1928.

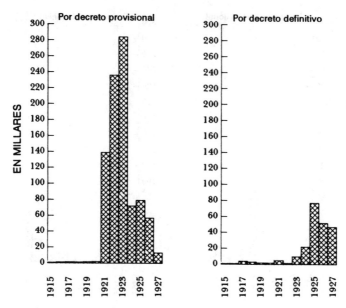

GRÁFICA A. *Yucatán: hectáreas de la tierra distribuida.*

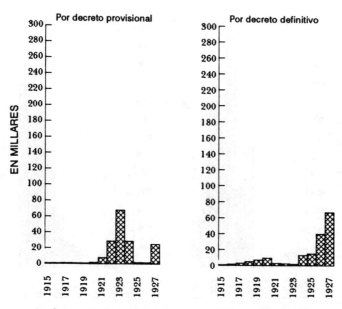

GRÁFICA B. *Campeche: hectáreas de la tierra distribuida.*

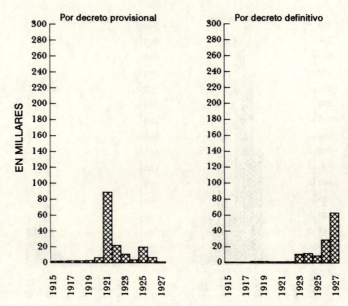

GRÁFICA C. *Morelos: hectáreas de la tierra distribuida.*

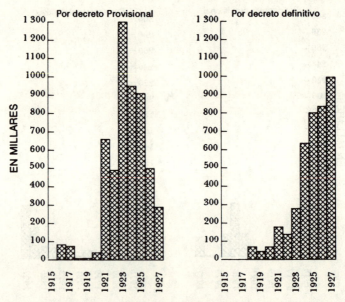

GRÁFICA D. *República Mexicana: hectáreas de la tierra distribuida.*

BIBLIOGRAFÍA SELECTA

ARCHIVOS

Estados Unidos

Biblioteca Baker, Escuela de Administración de Empresas de Harvard, Cambridge, Massachusetts. Colecciones de Manuscritos
    Documentos de Thomas Lamont
    Registros de Henry W. Peabody and Company
    Registros de la Plymouth Cordage and Company
Documentos de Albert Bacon Fall, 1850-1927. Biblioteca de la Universidad de Nuevo México, Colecciones Especiales, Albuquerque, Nuevo México.
Archivos de la International Harvester Company, Chicago, Illinois
Biblioteca del Congreso, Washington, D. C. Colecciones de Manuscritos
    Documentos de Chandler P. Anderson
    Documentos de Henry P. Fletcher
    Documentos de Charles Evans Hughes
    Documentos de Woodrow Wilson
Registros de la McCormick Harvesting Machine Company. Colección McCormick, Biblioteca de Manuscritos, Sociedad Histórica Estatal, Madison, Wisconsin
National Archives, Washington, D. C.
    Rama Militar Moderna, División de Inteligencia Militar y División del Colegio de Guerra
    Record Group 59, Records of the Department of State Relating to the Internal Affairs of Mexico, 1910-1929. Microfilm Publication 274, 1959
    Record Group 84, Departamento de Estado de los Estados Unidos, Consular Post Records: Progreso
    Record Group 182, Registros de la Junta de Comercio de Guerra
Documentos de Silvestre Terrazas. Universidad de California, Biblioteca Bancroft, Berkeley, California

México, D. F.

Centro de Estudios de Historia de México, CONDUMEX. Colecciones de Manuscritos
    Archivo de Venustiano Carranza
    Manuscritos de Manuel González
Archivo General de la Nación
    Papeles Presidenciales
        Ramo de Madero
        Ramo de Obregón-Calles
Archivo de la Secretaría de Relaciones Exteriores
    Ramo de la Revolución Mexicana, 1910-1920
Colección Jorge Denegre V. Instituto Nacional de Antropología e Historia. Microfilme

Mérida

Archivo General del Estado de Yucatán
    Ramo de Congreso
    Ramo de Gobierno
    Ramo de Justicia
    Ramo de Tierras
Archivo Notarial del Estado de Yucatán
Archivo Público de la Propiedad
Archivo de la Secretaría del Arzobispado

Motul

Correspondencia de Felipe Carrillo Puerto. Museo Felipe Carrillo Puerto

Campeche

Archivo del Estado de Campeche

Publicaciones periódicas

Series gubernamentales — Estados Unidos
    Congressional Record
Series gubernamentales — México
    Diario de los debates del Congreso de la Unión (México, D. F.)
    Boletín de Estadística (Mérida)
    Diario Oficial (Mérida)
Revistas y periódicos — Estados Unidos
    Cordage Trade Journal
    El Paso del Norte
    Farm Implement News
    Harvester World
    New York Commercial
    New York Times
    Textile Trade Journal
    Tractor and Truck Review
    Wall Street Journal
Revistas y periódicos — México, D. F.
    Acción Mundial
    Ariete
    El Demócrata
    El Día
    El Diario del Hogar
    Excélsior
    Hoy
    El Imparcial
    El Mercado de Valores
    Mañana

Mexican Herald
El Nacional
Proceso
El Universal
Revistas y periódicos — Mérida
El Agricultor
Avance
Boletín de la Liga de Acción Social
Boletín de la Universidad Nacional del Sureste
El Comercio
Cooperación
El Correo
Diario del Sureste
Diario de Yucatán
Diario Yucateco
El Eco del Comercio
El Henequén
Juzgue
Municipio Libre
Novedades de Yucatán
Orbe
El Peninsular
El Popular
Revista de Estudios Yucatecos
Revista de Industria y Comercio
Revista de Mérida
Revista de la Universidad de Yucatán
Revista de Yucatán
Siempre Adelante
El Sisal Mexicano
Tierra
La Voz de la Revolución
Yucatán: Historia y Economía

Libros

Abreu Gómez, Ermilo. *Canek: History and Legend of a Maya Hero*, trad. Mario Dávila y Carter Wilson. Berkeley, Cal., 1980.
Aguilar Camín, Héctor. *La frontera nómada: Sonora y la Revolución Mexicana*. México, 1977.
Alvarado, Salvador. *Carta al pueblo de Yucatán*. Mérida, 1916.
———. *La reconstrucción de México: Un mensaje a los pueblos de América*, 3 vols. México, 1919.
———. *Actuación revolucionaria del general Salvador Alvarado en Yucatán*. México, 1965 (publicado originalmente en 1920).
———. *Mi sueño*. Mérida, 1965 (publicado originalmente en 1917).
Amendolla, Luis. *La Revolución comienza a los cuarenta*. México, 1948.
Ancona, Eligio. *Historia de Yucatán desde la época más remota hasta nuestros días*, 2ª ed., 5 vols. Mérida y Barcelona, 1889-1905.

Askinasy, Siegfried. *El problema agrario de Yucatán*, 2ª ed. México, 1936.
Ávila y Castillo, Florencio. *Diario revolucionario*. Mérida, 1915.
Baerlein, Henry. *Mexico: The Land of Unrest*. Filadelfia, 1914.
Bailey, David C. *¡Viva Cristo Rey! The Cristero Rebellion and the Church-State Conflict in Mexico*. Austin, Tex., 1974.
Bailey, T. A. *The Policy of the United States toward the Neutrals, 1917-1918*. Baltimore, 1942.
Baqueiro, Sergio. *Ensayo histórico sobre las revoluciones de Yucatán...*, 2 vols. Mérida, 1878.
Baqueiro Anduze, Osvaldo. *Los mayas y el problema de la cultura indígena*. Mérida, 1937.
Barragán R., Juan. *Historia del ejército de la Revolución Constitucionalista*, 2 vols. México, 1946.
Bartra, Roger, comp. *Caciquismo y poder político en el México rural*. México, 1975.
Bataillon, Claude. *Les régions géographiques au Mexique*. París, 1967.
Beals, Carleton. *Mexico: An Interpretation*. Nueva York, 1923.
———. *Mexican Maze*. Filadelfia, 1931.
Beezley, William H. *Insurgent Governor: Abraham González and the Mexican Revolution in Chihuahua*. Lincoln, Neb., 1973.
Benítez, Fernando. *Ki: El drama de un pueblo y de una planta*, Fondo de Cultura Económica, 2ª ed. México, 1962.
Betancourt Pérez, Antonio. *¿Necesita Yucatán una nueva revolución técnica en su industria henequenera?* Mérida, 1953.
———. *Revoluciones y crisis en la economía de Yucatán*. Mérida, 1953.
———. *La escuela de la Revolución Mexicana*. Mérida, 1965.
———. *El asesinato de Carrillo Puerto*. Mérida 1974.
Blanco Moheno, Roberto. *Tata Lázaro: Vida, obra y muerte de Cárdenas, Múgica y Carrillo Puerto*. México, 1972.
Blein, Allan Moe (Antonio Mediz Bolio). *Alvarado es el hombre*, 2ª ed. Culiacán, 1961.
Bolio, José A. *Manual práctico del henequén, su cultura y explotación*. Mérida, 1914.
Bolio O., Edmundo. *De la cuna al paredón*. Mérida, 1921.
———. *Yucatán en la dictadura y en la Revolución*. México, 1967.
Brading, D. A., comp. *Caudillo and Peasant in the Mexican Revolution*. Cambridge (Inglaterra), 1980.
Brunhouse, Robert L. *Sylvanus G. Morley and the World of the Ancient Mayas*. Norman, Okla., 1971.
Bulnes, Francisco. *The Whole Truth about Mexico: President Wilson's Responsibility*, trad. Dora Scott. Nueva York, 1916.
Bustillos Carrillo, Antonio. *Los mayas ante la cultura y la Revolución*. México, 1956.
———. *Yucatán al servicio de la patria y la Revolución*. México, 1959.
Cabrera, Luis (alias "Lic. Blas Urrea"). *Un ensayo comunista en México*, México, 1937.
Cámara Nacional de Comercio de Mérida. *Reseña histórica de la... 1906-1956*. Mérida, 1956.

Canto López, Antonio. *La Guerra de Castas en Yucatán*. Mérida, 1976.
Cantón Rosado, Francisco. *Historia de la Iglesia en Yucatán desde 1887*. Mérida, 1943.
Carr, Barry. *El movimiento obrero y la política en México, 1910-1929*, 2 vols. México, 1976.
Carrillo Puerto, Acrelio. *La familia Carrillo Puerto de Motul*. Mérida, 1959.
——. *Lo que no se olvida, Felipe Carrillo*. Mérida, 1964.
——. *Felipe Carrillo Puerto: Redentor de los mayas*. Mérida, 1972.
Carrillo Puerto, Felipe. *Informe... ante la... Legislatura del Estado, el 1º de enero de 1923*. Mérida, 1923.
Casasola, Gustavo. *Historia gráfica de la Revolución Mexicana, 1910-1970*, 2ª ed., 10 vols. México, 1973.
Castellanos Acevedo, Tomás. *Informe presentado ante el H. Consejo Directivo de la Comisión Exportadora de Yucatán*. Mérida, 1922.
Castillo Torre, José. *A la luz del relámpago: Ensayo de biografía subjetiva de Felipe Carrillo Puerto*. México, 1934.
Castro, Juan Miguel. *El henequén de Yucatán y el monopolio*. Mérida, 1876.
Castro Aguilar, Pedro. *Colonizar es poblar*. Mérida, 1948.
Cirerol S., Manuel. *La salida del Gobernador*. Mérida, 1924.
——. *"Yo no asesino a Felipe Carrillo"*. Mérida, 1938.
Clark, Marjorie Ruth. *Organized Labor in Mexico*. Chapel Hill, N. C., 1934.
Cockcroft, James D. *Intellectual Precursors of the Mexican Revolution, 1900-1913*. Austin, Tex., 1968.
Colegio de México, El. *Estadísticas económicas del Porfiriato: Fuerza de trabajo y actividad económica por sectores*. México, 1964.
Congreso Feminista de Yucatán. *Anales de esa memorable asamblea*. Mérida, 1916.
Correa Delgado, Manuel. *Breve relación histórica de la Liga de Acción Social: Sus principales trabajos durante los 50 años de su existencia*. Mérida, 1959.
Cosío Villegas, Daniel, comp. *Historia moderna de México*, 9 vols. México, 1955-1972.
Crossette, Louis. *Sisal Production, Prices and Marketing*. Departamento de Comercio de los Estados Unidos, Suplemento a *Commerce Reports*, Boletín de Información Comercial núm. 200. Washington, D. C., 1924.
Cumberland, Charles C. *Mexican Revolution: Genesis under Madero*. Austin, Texas, 1952.
——. *Mexican Revolution: The Constitutionalist Years*. Austin, Tex., 1972. [Fondo de Cultura Económica, México, 1975.]
Cuadros Caldas, Julio. *México-Soviet*. Puebla, 1926.
Chamberlain, Robert. *The Conquest and Colonization of Yucatán, 1517-1550*. Washington, D. C., 1948.
Chardon, Roland E. P. *Geographic Aspects of Plantation Agriculture in Yucatán*. Washington, D. C., 1961.
De la Cueva, Mario. *Derecho mexicano del trabajo*, 2 vols. México, 1943.
De la Huerta, Adolfo. *Memorias de don Adolfo de la Huerta según su propio dictado*, comp. Roberto Guzmán Esparza. México, 1957.
Dewing, Arthur S. *A History of the National Cordage Company*. Cambridge, Massachusetts, 1913.
Díaz de Cossío, Martín. *Yucatán's Henequén*. Barcelona, 1928.

Duarte, José M. ("Chato"). *¿Fatalismo... ?* Mérida, 1924.
Dulles, J. W. F. *Yesterday in Mexico: A Chronicle of the Revolution, 1919-1936.* Austin, Tex., 1961. [Fondo de Cultura Económica, México, 1977.]
Durán Rosado, Esteban. *La primera huelga ferrocarrilera en Yucatán.* Mérida, 1944.
Echeagaray Bablot, Luis. *Irrigación, crisis henequenera y condiciones agrícolas y económicas de Yucatán.* México, 1956.
Edwards, H. T. *Production of Henequén Fiber in Yucatán and Campeche.* Washington, D. C., 1924.
Escoffié, Manuel M. *Yucatán en la cruz.* Mérida, 1957.
———. *Ya.* Mérida, s.f.
Espadas, Ramón. *Fundación del Partido Socialista Obrero.* Mérida, 1972.
Fabela, Isidro, y Josefina Fabela, comps. *Documentos históricos de la Revolución Mexicana,* 24 vols. México, 1960-.
Falcón, Romana. *El agrarismo en Veracruz: La etapa radical (1928-1935).* México, 1977.
Ferrer, Adolfo. *El archivo de Felipe Carrillo: El callismo. La corrupción del régimen obregonista.* Nueva York, 1924.
Ferrer de Mendiolea, Gabriel. *Historia del Congreso Constituyente de 1916-1917.* México, 1957.
Fowler Salamini, Heather. *Agrarian Radicalism in Veracruz, 1920-1938.* Lincoln, Nebraska, 1977.
Frank, André Gunder. *Capitalism and Underdevelopment in Latin America.* Nueva York, 1967.
Friedrich, Paul. *Agrarian Revolt in a Mexican Village.* Englewood Cliffs, N. J., 1970. [Fondo de Cultura Económica, México, 1981.]
Frost, Frederick J. T., y Arnold, Channing. *The American Egypt.* Nueva York, 1909.
Gamboa Ricalde, Álvaro. *Yucatán desde 1910,* 3 vols. Veracruz y México, 1943-1955.
Gann, Thomas W. F. *In an Unknown Land.* Londres, 1924.
———. *Ancient Cities and Modern Tribes.* Londres, 1926.
Gilly, Adolfo. *La revolución interrumpida.* México, 1971.
——— y otros. *Interpretaciones de la Revolución Mexicana.* México, 1979.
Gómez, Marte. *Las comisiones agrarias del sur.* México, 1961.
———. *Historia de la Comisión Nacional Agraria.* México, 1975.
González, Luis. *Pueblo en vilo.* México, 1968. [Fondo de Cultura Económica, México, 1984.]
———. *Invitación a la microhistoria.* México, 1973.
González Navarro, Moisés. *La Confederación Nacional Campesina, un grupo de presión en la Revolución Mexicana.* México, 1968.
———. *Raza y tierra: La Guerra de Castas y el henequén.* México, 1970.
Gruening, Ernest. *Un viaje al estado de Yucatán: Felipe Carrillo Puerto, su obra socialista.* Guanajuato, 1924.
———. *Mexico and Its Heritage.* Nueva York, 1928.
Guzmán, Martín Luis. *The Eagle and the Serpent,* trad. Harriet de Onís. Garden City, N. J., 1965. [Fondo de Cultura Económica, t. I, México, 1984.]
Irabién Rosado, Manuel. *Historia de los ferrocarriles.* Mérida, 1928.

Irigoyen, Renán. *¿Fue el auge del henequén producto de la Guerra de Castas?* Mérida, 1947.
———. *Los mayas y el henequén.* Mérida, 1950.
———. *Salvador Alvarado: Extraordinario estadista de la Revolución.* Mérida, 1973.
———. *Felipe Carrillo Puerto: Primer gobernante socialista en México.* Mérida, 1974.
Jones, Eliot. *The Trust Problem in the United States.* Nueva York, 1921.
Katz, Friedrich, comp. *La servidumbre agraria en México en la época porfiriana.* México, 1976.
Lara y Lara, Humberto. *Sobre la trayectoria de la reforma agraria en Yucatán.* Mérida, 1949.
Lieuwen, Edwin. *Mexican Militarism: The Political Rise and Fall of the Revolutionary Army, 1910-1940.* Albuquerque, N. M., 1968.
Lombardo Toledano, Vicente. *El llanto del Sureste.* México, 1934.
López Cárdenas, Fernando. *Revolucionarios contra la Revolución.* México, 1938.
Loveira, Carlos. *El obrerismo yucateco y la Revolución Mexicana.* Nueva York, 1917.
———. *El socialismo en Yucatán.* La Habana, 1923.
Mena y Alcocer, José de la Luz. *La escuela socialista, su desorientación y fracaso, el verdadero derrotero.* México, 1941.
Magaña Esquivel, Antonio. *La tierra enrojecida.* México, 1951.
Manero, Enrique. *La anarquía henequenera de Yucatán.* México, 1966.
Manzanilla D., Anastasio. *El bolchevismo criminal de Yucatán.* Mérida, 1921.
McBride, George M. *The Land Systems of Mexico.* Nueva York, 1923.
Mena Brito, Bernardino. *Bolshevismo y democracia en México,* 2ª ed. México, 1933.
———. *Reestructuración histórica de Yucatán,* 3 vols. México, 1969.
Mendoza Medina, Ramón, comp. *La cuestión henequenera y otras cuestiones de Yucatán.* Mérida, 1946.
Menéndez, Miguel Ángel. *La industria de la esclavitud.* México, 1947.
Menéndez, Rodolfo. *Rita Cetina Gutiérrez.* Mérida, 1909.
Menéndez Rodríguez, Mario. *Yucatán o el genocidio.* México, 1964.
Mesa Andrade, Manuel, y Rogelio Villanueva. *La producción de fibras duras en México.* México, 1948.
Mexican Year Book, The. A Financial and Commercial Handbook. Londres, 1912.
México. *Boletín de la Dirección General de Agricultura.* México, 1911.
———. Comisión Nacional Agraria. *Boletín Mensual.* México, 1920.
———. Congreso. *Diario de los debates de la Cámara de Diputados ... 1912.* México, 1922.
———. Departamento de la Estadística Nacional. *Anuario estadístico, 1930.* Tacubaya, 1932.
———. Departamento de la Estadística Nacional. *Censo general de habitantes: 30 noviembre de 1921: Estado de Yucatán.* México, 1928.
———. Secretaría de Agricultura y Fomento. *Tercer censo de población de los Estados Unidos Mexicanos. Verificado el 27 de octubre de 1910,* 2 vols. México, 1918.
———. Secretaría de Agricultura y Fomento. Comisión Nacional Agraria. *Estadística, 1915-1927.* México, 1928.

Meyer, Eugenia. *Luis Cabrera: Teoría y crítica de la Revolución Mexicana.* México, 1972.
Meyer, Jean. *La Revolución Mejicana.* Barcelona, 1973.
——. *The Cristero Rebellion: The Mexican People between Church and State, 1926-1929,* trad. Richard Southern. Cambridge (Inglaterra), 1976.
——, Enrique Krause y Cayetano Reyes. *Historia de la Revolución Mexicana,* volumen 11: *Estado y sociedad con Calles.* México, 1977.
Meyer, Michael C. *Pascual Orozco: Mexican Rebel.* Lincoln, Neb., 1967.
Moguel H., Wenceslao. *El milagro del Santo de Halachó o historia de un fusilado,* 2ª ed. Mérida, 1967.
Molina Enríquez, Andrés. *Los grandes problemas nacionales.* México, 1909.
Molina Font, Gustavo. *La tragedia de Yucatán,* prólogo de Luis Cabrera. México, 1941.
Molina Font, Julio. *Halachó, 1915.* Mérida, 1960.
Molina Solís, Juan Francisco. *Historia de Yucatán desde la Independencia de España hasta la época actual,* 2 vols. Mérida, 1921-1927.
Monroy Durán, Luis. *El último caudillo.* México, 1924.
Morales Jiménez, Alberto. *Hombres de la Revolución Mexicana: 50 semblanzas biográficas.* México, 1960.
Moreno, Daniel. *Los hombres de la Revolución.* México, 1960.
Moseley, Edward H., y Edward D. Terry, comps. *Yucatán: A World Apart.* University, Ala., 1980.
Mullendore, William C. *History of the United States Food Administration, 1917-1919,* introducción de Herbert Hoover. Stanford, Cal., 1941.
Ober, Frederick. *Travels in Mexico and Life among the Mexicans.* Boston, 1884.
Orosa Díaz, Jaime. *Se vende un hombre.* Mérida, 1974 (publicado originalmente en 1959).
——, comp. *Legislación henequenera en Yucatán,* 4 vols. Mérida, 1936-1961.
Pacheco Cruz, Santiago. *Recuerdos de la propaganda constitucionalista en Yucatán.* Mérida, 1953.
Pani, Alberto J. *Las Conferencias de Bucareli.* México, 1953.
Paoli, Francisco J., y Enrique Montalvo. *El socialismo olvidado de Yucatán.* México, 1977.
Partido Socialista de Yucatán. *Tierra y libertad: Bases que discutieron y aprobaron el Primer Congreso Obrero Socialista celebrado en... Motul... para todas las Ligas de Resistencia...* Mérida, 1919.
Partido Socialista del Sureste. *Memorias del Congreso Obrero de Izamal.* Mérida, 1922.
Pasos Peniche, Manuel. *Historia de la industria henequenera desde 1945.* Mérida, 1974.
Patch, Robert. *La formación de estancias y haciendas en Yucatán durante la Colonia.* Mérida, 1976.
Peniche Vallado, Humberto. *La incorporación del indio a la civilización es la obra complementaria del reparto ejidal.* Mérida, 1938.
Piña Soria, Antolín. *El caso de Yucatán ante la ley.* México, 1937.
Priego de Arjona, Mireya. *Origen y evolución de Progreso.* Mérida, 1973.
——. *Quiénes son en Yucatán los enemigos de la Revolución...* Mérida, 1916.
Quintal Martín, Fidelio. *Yucatán: Carácter de la guerra campesina de 1847.* Mérida, 1976.

Quirk, Robert E. *The Mexican Revolution, 1914-1915: The Convention of Aguascalientes.* Bloomington, Ind., 1960.
Redfield, Robert, y Alonso Villa Rojas. *Chan Kom: A Maya Village.* Chicago, 1962.
Reed, Nelson. *The Caste War of Yucatán.* Stanford, Cal., 1964.
Rendón, Víctor A. *Notas breves.* Nueva York, 1917.
Rico, Juan. *Yucatán: La huelga de junio,* 2 vols. Mérida, 1922.
Ripley, William Z. *Trusts, Pools and Corporations,* ed. rev. Boston, 1916.
Rodríguez, Antonio. *El henequén: Una planta calumniada.* México, 1966.
Ronfeldt, David. *Atencingo: The Politics of Agrarian Struggle in a Mexican Ejido.* Stanford, Cal., 1973.
Rosado Vega, Luis. *El desastre: Asuntos yucatecos. La obra revolucionaria del general Alvarado.* La Habana, 1919.
Ross, Edward A. *The Social Revolution in Mexico.* Nueva York, 1923.
Ross, Stanley R. *Francisco I. Madero: Apostle of Mexican Democracy.* Nueva York, 1955.
Rouaix, Pastor. *Génesis de los artículos 27 y 123 de la Constitución política de 1917.* México, 1959.
Roys, Ralph L. *The Indian Background of Colonial Yucatán.* Washington, D. C., 1943.
Rubio Mañé, Jorge Ignacio. *El separatismo de Yucatán.* Mérida, 1935.
Sáenz, Aarón. *La política internacional de la Revolución.* México, 1961.
Salazar, Rosendo, y J. G. Escobedo. *Las pugnas de la gleba,* 2 vols. México, 1923.
Sales Díaz, Arturo. *Síntesis y breve análisis de la actuación del general Salvador Alvarado en Yucatán.* México, 1956.
Schryer, Frans J. *The Rancheros of Pisaflores: The History of a Peasant Bourgeoisie in Twentieth-Century Mexico.* Toronto, 1980.
Senior, Clarence. *Land Reform and Democracy.* Gainesville, Fla., 1958.
Shattuck, George C. *The Peninsula of Yucatán: Medical, Biological, Meteorological and Sociological Studies.* Washington, D. C., 1933.
Silva Herzog, Jesús. *El agrarismo y la reforma agraria.* México, 1959.
———. *Trayectoria ideológica de la Revolución Mexicana, 1910-1917.* México, 1963.
———, comp. *La cuestión de la tierra: Colección de folletos para la historia de la Revolución Mexicana,* 4 vols. México, 1960-1962.
Simmons, Merle E. *The Mexican Corrido as a Source for Interpretive Study of Modern Mexico (1870-1950).* Bloomington, Ind., 1957.
Simpson, Eyler N. *The Ejido: Mexico's Way Out.* Chapel Hill, N. C., 1937.
Smith, Robert Freeman. *The United States and Revolutionary Nationalism in Mexico, 1913-1932.* Chicago, 1972.
Sosa Ferreyro, Roque Armando. *El crimen del miedo: Cómo y por qué fue asesinado Felipe Carrillo Puerto.* México, 1969.
Southworth, J. R. *Yucatán Illustrated: The State of Yucatán, Its Description, Government, History, Commerce and Industries.* Liverpool, 1905.
Stephens, John L., y Frederick Catherwood. *Incidents of Travel in Central America, Chiapas and Yucatán,* 2 vols. Nueva York, 1841.
Tannenbaum, Frank. *The Mexican Agrarian Revolution.* Washington, D. C., 1930.

Tannenbaum, Frank. *Peace by Revolution: Mexico after 1910*. Nueva York, 1933.
Taracena, Alfonso. *La verdadera Revolución Mexicana*, 18 vols. México, 1960-1965.
Thompson, Richard. *The Winds of Tomorrow: Social Change in a Maya Town*. Chicago, 1974.
Thompson, Wallace. *The People of Mexico*. Nueva York, 1921.
Torre, Manuel A. *La ruina y el hambre o una guerra intestina amenazan a Yucatán*. Mérida, 1918.
Torriente, Loló de la. *Memoria y razón de Diego Rivera*, 2 vols. México, 1959.
Trujillo, Rafael. *Adolfo de la Huerta y los Tratados de Bucareli*, 2ª ed. México, 1966.
Tulchin, Joseph S. *The Aftermath of War: World War I and U.S. Policy toward Latin America*. Nueva York, 1971.
Turner, John K. *Barbarous Mexico*. Chicago. 1910.
Ulloa, Berta. *Historia de la Revolución Mexicana*, vol. 5: *La encrucijada de 1915*. México, 1979.
United Kingdom [Reino Unido]. *Diplomatic and Consular Reports: Trade of Yucatán for the Year 1898*. Londres, 1899.
U.S. [Estados Unidos]. Department of Commerce, Bureau of Corporations. *International Harvester Company*. Washington, D. C., 1913.
———. Senate, Committee of Agriculture and Forestry. *Importation of Sisal and Manila Hemp: Hearing before the Sub-committee of the Committee on Agriculture and Forestry, pursuant to S. Res. 94*, 2 vols. Washington, D. C., 1916.
———. Senate, Committee of Foreign Relations. *Investigation of Mexican Affairs: Preliminary Report and Hearings of the Committee on Foreign Relations, pursuant to S. Res. 106*, 2 vols. Washington, D. C., 1920.
———. Department of State. *Papers Relating to the Foreign Relations of the United States (1915-1924)*. Washington, D. C., 1924-1933.
Valadés, José C. *Historia general de la Revolución Mexicana*, 10 vols. México, 1963-1967.
Valdés, Acosta, José María. *A través de las centurias*, 3 vols. Mérida, 1923-1931.
Valenzuela, Clodoveo, y Amado Chaverri Matamoros. *Sonora y Carranza*. México, 1921.
Villa, Eduardo W. *Compendio de historia del estado de Sonora*. México, 1937.
Villaseñor, Roberto. *El separatismo en Yucatán: Novela histórico-política mexicana*. México, 1916.
Weyl, Sylvia, y Nathaniel Weyl. *The Reconquest of Mexico: The Years of Lázaro Cárdenas*. Nueva York, 1939.
Wilkie, James W. *The Mexican Revolution: Federal Expenditure and Social Change since 1910*. Berkeley, Cal., 1967.
Wolf, Eric. *Peasant Wars of the Twentieth Century*. Nueva York, 1969.
Wolfskill, George, y Douglas W. Richmond, comps. *Essays on the Mexican Revolution: Revisionist Views of the Leaders*. Austin, Tex., 1979.
Womack, John. *Zapata and the Mexican Revolution*. Nueva York, 1968.
Yucatán. *Breves apuntes acerca de la administración del general Salvador Alvarado, como Gobernador de Yucatán, con simple expresión de hechos y sus consecuencias*. Mérida, 1916.
———. *Comisión especial... para investigar, examinar y depurar los manejos*

de la Comisión Reguladora del Mercado de Henequén. *Informe acerca de las operaciones... en el periodo 1º mayo 1912-10 septiembre 1914.* Mérida, 1919.

Yucatán. *Enciclopedia Yucatanense,* 8 vols. México, 1944-1947.

——. Comisión Reguladora del Mercado de Henequén. *La cuestión palpitante en Yucatán: Fructífera gestión de la Comisión Reguladora... en 18 meses de labor activa, inteligente y honrada.* Mérida, 1916.

——. *Mensajes del Gobernador Constitucional C. Lic. Olegario Molina al Congreso de Yucatán, 1902-1906.* Mérida, 1906.

Zapata Casares, Manuel. *Vía-Crucis del henequén: Colección de escritos sobre el gran problema de Yucatán.* Mérida, 1961.

Artículos

Aguilar Camín, Héctor. "The Relevant Tradition: Sonoran Leaders in the Revolution". En *Caudillo and Peasant in the Mexican Revolution,* comp. D. A. Brading, pp. 92-123. Cambridge (Inglaterra), 1980.

Alvarado, Salvador. "Mi actuación revolucionaria". *El Universal,* 28 de diciembre de 1918.

——. "En legítima defensa". *El Demócrata,* 4 de mayo de 1922.

Álvarez Barret, Luis. "Orígenes y evolución de las escuelas rurales en Yucatán". *Revista de la Universidad de Yucatán,* 13:78 (noviembre-diciembre de 1971), 26-51.

Amendolla, Luis. "Política regional: Yucatán". *Mañana,* 6 (febrero de 1944), 19-21.

Anderson, Bo., y James D. Cockcroft. "Control and Co-optation in Mexican Politics". En *Latin American Radicalism,* comp. Irving Louis Horowitz, páginas 366-389. Nueva York, 1969.

Ankerson, Dudley. "Saturnino Cedillo: A Traditional Caudillo in San Luis Potosí, 1890-1938". En *Caudillo and Peasant in the Mexican Revolution,* comp. D. A. Brading, pp. 140-168. Cambridge (Inglaterra), 1980.

Arrigunaga Peón, Joaquín de. "Felipe Carrillo Puerto y la revolución delahuertista: Declaraciones de los señores..." *Novedades de Yucatán,* 21 y 28 de julio de 1968.

Aznar Mendoza, Enrique. "Historia de la industria henequenera desde 1919 hasta nuestros días". En *Enciclopedia Yucatanense,* vol. 3, pp. 727-787. México, 1947.

Bailey, David C. "Revisionism and the Present Historiography of the Mexican Revolution". *Hispanic American Historical Review,* 58:1 (febrero de 1978), 62-79.

Benet, Francisco. "Sociology Uncertain: The Ideology of the Rural-Urban Continuum". *Comparative Studies in Society and History,* 6:1 (octubre de 1963), 1-23.

Benjamin, Thomas. "International Harvester and the Henequen Marketing System in Yucatán, 1898-1915: A New Perspective". *Inter-American Economic Affairs,* 31:3 (invierno de 1977), 3-19.

Berzunza Pinto, Ramón. "Las vísperas yucatecas de la Revolución". *Historia Mexicana,* 6:1 (julio-septiembre de 1956), 75-88.

Berzunza Pinto, Ramón. "El Constitucionalismo en Yucatán". *Historia Mexicana,* 12:2 (octubre-diciembre de 1962), 274-295.

Betancourt Pérez, Antonio. "La verdad sobre el origen de las escuelas rurales en Yucatán". *Revista de la Universidad de Yucatán,* 13:76 (julio-agosto de 1971), 34-56.

———. "Nuestro viejo abuelo". *Revista de la Universidad de Yucatán,* 15:85 (enero-febrero de 1973), 64-69.

———. "¿Ángel o demonio?: Carrillo Puerto y 'Peregrina' ". *Juzgue,* 2:2 (mayo de 1973), 19.

Burgos Brito, Santiago. "Las actividades culturales de Alvarado". *Revista de la Universidad de Yucatán,* 7:38 (marzo-abril de 1965), 32-40.

Busto, Emiliano. "Memoria de Hacienda del año económico de 1877 a 1878". *Estadística de la República Mexicana.* México, 1880.

Buve, Raymond Th. "Patronaje en las zonas rurales de México". *Boletín de Estudios Latinoamericanos y del Caribe,* 16 (junio de 1974), 3-15.

———. "Peasant Movements, Caudillos and Land Reform during the Revolution (1910-1917) in Tlaxcala, Mexico". *Boletín de Estudios Latinoamericanos y del Caribe,* 18 (junio de 1975), 112-152.

———. "State Governors and Peasant Mobilization in Tlaxcala". En *Caudillo and Peasant in the Mexican Revolution,* comp. D. A. Brading, pp. 222-224. Cambridge (Inglaterra), 1980.

Cabrera, Luis (alias "Lic. Blas Urrea"). "La conquista de Yucatán". *Diario de Yucatán,* 10 de julio de 1936.

Cámara Patrón, Alberto, y Vicente Ayora Sarlat. "Vida y obra de Felipe Carrillo Puerto". En *Memoria de los actos realizados en el quincuagésimo aniversario de la Universidad de Yucatán,* pp. 97-127. Mérida, 1973.

Cámara Zavala, Gonzalo. "Paralelo entre las escuelas racionalistas de Barcelona y Mérida". *Boletín de la Liga de Acción Social,* 2:17 (mayo de 1922), 66-69.

———. "Historia de la industria henequenera hasta 1919". En *Enciclopedia Yucatanense,* vol. 3, pp. 657-725. México, 1947.

Canto López, Antonio. "Historia de la imprenta y del periodismo". *Enciclopedia Yucatanense,* vol. 5, pp. 5-107. México, 1946.

Cardoso, Fernando Henrique. "The Consumption of Dependency Theory in the United States". *Latin American Research Review,* 12:3 (otoño de 1977), 7-24.

Carr, Barry. "Las peculiaridades del norte mexicano, 1880-1927: Ensayo de interpretación". *Historia Mexicana,* 22:3 (enero-marzo de 1973), 320-346.

———. "Recent Regional Studies of the Mexican Revolution". *Latin American Research Review,* 15:1 (primavera de 1980), 3-14.

Carrillo Puerto, Felipe. "The New Yucatán". *Survey,* 52 (mayo de 1924), 138-142.

Casasús, Francisco A. "Ensayo biográfico del licenciado Olegario Molina Solís". *Revista de la Universidad de Yucatán,* 14:81 (mayo-junio de 1972), páginas 68-95.

Castillo Torre, José. "La muerte del mártir". *Boletín de la Universidad Nacional del Sureste,* 4:1 (junio de 1924), 12-13.

Castro, Rosa. "Sobre la ruta de Carrillo Puerto, el Mesías de Motul". *Hoy,* 5, 12, 19, 26 de enero; 2, 9, 16, 23 de febrero; 15, 29 de marzo; 12 de abril de 1952.

Cline, Howard. "The Henequén Episode in Yucatán". *Inter-American Economic Affairs*, 2:2 (otoño de 1948), 30-51.
Coatsworth, John H. "Railroads, Landholding, and Agrarian Protest in the Early *Porfiriato*". *Hispanic American Historical Review*, 54:1 (febrero de 1974), 48-71.
Cockcroft, James. "El maestro de primaria en la Revolución Mexicana". *Historia Mexicana*, 16:4 (abril-junio de 1967), 565-588.
Doehring, Donald O., y Joseph H. Butler. "Hydrogeologic Constraints on Yucatán's Development". *Science*, 86:4164 (noviembre de 1974), 591-595.
Ferrer de Mendiolea, Gabriel. "Historia de las comunicaciones". En *Enciclopedia Yucatanense*, vol. 3, pp. 507-626. México, 1947.
———. "Leyes precursoras de la Carta de 1917". *El Nacional*, 21 de julio de 1957.
Flores D., Jorge. "La vida rural en Yucatán en 1914". *Historia Mexicana*, 10:3 (enero-marzo de 1961), 471-483.
Fornaro, Carlo de. "Yucatán and the International Harvester Company". *Forum*, 54 (septiembre de 1915), 337-344.
Fowler Salamini, Heather. "Los orígenes de las organizaciones campesinas en Veracruz: Raíces políticas y sociales". *Historia Mexicana*, 22:1 (julio-septiembre de 1972), 52-76.
———. "Revolutionary Caudillos in the 1920s: Francisco Mugica and Adalberto Tejeda". En *Caudillo and Peasant in the Mexican Revolution*, comp. D. A. Brading, pp. 169-192. Cambridge (Inglaterra), 1980.
Friedrich, Paul. "A Mexican Cacicazgo". *Ethnology*, 4:2 (abril de 1965), 190-209.
———. "The Legitimacy of a Cacique". En *Local-Level Politics*, comp. M. J. Swartz, pp. 243-269. Chicago, 1968.
Gamboa Berzunza, Fernando. "Visión pedagógica de Felipe Carrillo Puerto". *Revista de la Universidad de Yucatán*, 3:13 (enero-febrero de 1961), 35-41.
Gates, Marilyn. "Peasants Speak: Alfredo Pech, A Modern Maya". *Journal of Peasant Studies*, 3:4 (julio de 1976), 465-471.
Gates, William. "Yucatán — an Experiment in Syndicalism". *World's Work*, 38 (mayo de 1919), 58-68.
Goldkind, Victor, "Social Stratification in the Peasant Community: Chan Kom Revisited". *American Anthropologist*, 67:4 (agosto de 1965), 863-884.
———. "Class Conflict and Cacique". *Southwestern Journal of Anthropology*, 22:4 (invierno de 1966), pp. 325-345.
Gómez, Marte R. "Carrillo Puerto visto por Marte". *Hoy*, 1º de marzo de 1952.
González Navarro, Moisés. "La ideología de la Revolución Mexicana". *Historia Mexicana*, 10:4 (abril-junio de 1961), 628-636.
Gruening, Ernest. "Felipe Carrillo Puerto". *The Nation*, 117 (enero de 1924), 61-62.
———. "The Assassination of Mexico's Ablest Statesman". *Current History*, 19:5 (febrero de 1924), 736-740.
———. "A Maya Idyl: A Study of Felipe Carrillo Puerto, Late Governor of Yucatán". *The Century Magazine*, 107 (abril de 1924), 832-836.
Guadarrama, Rocío. "La CROM en la época del caudillismo en México". *Cuadernos Políticos*, 20 (abril-junio de 1979), 52-63.
Hall, Linda B. "Álvaro Obregón and the Agrarian Movement, 1912-1920". En

Caudillo and Peasant in the Mexican Revolution, comp. D. A. Brading, páginas 124-139. Cambridge (Inglaterra), 1980.

Hansen, Asael T. "The Ecology of a Latin American City". En *Race and Culture Contacts*, comp. E. B. Reuter, pp. 124-142. Nueva York, 1934.

Hinojosa, Juan José. "Henequén: Fracaso, espina, remordimiento". *Proceso*, 9 de mayo de 1977.

Hu-Dehart, Evelyn. "Pacification of the Yaquis in the Late *Porfiriato*: Development and Implications". *Hispanic American Historical Review*, 54:1 (febrero de 1974), 72-93.

Irigoyen, Renán. "Don Us Escalante, precursor de la industria henequenera". *Revista de Estudios Yucatecos*, 1:1 (febrero de 1949), 17-32.

——. "Carrillo Puerto, mártir de la cultura". *Revista de la Universidad de Yucatán*, 1:1 (enero-febrero de 1959), 20-23.

——. "El impulso a la economía de Yucatán durante el gobierno de Alvarado". *Revista de la Universidad de Yucatán*, 7:38 (marzo-abril de 1965), 14-25.

——. "El comercio del henequén a través del tiempo". *Revista de la Universidad de Yucatán*, 7:41-42 (septiembre-diciembre de 1965), 45-71.

——. "Origen y trayectoria del henequén". *Revista de la Universidad de Yucatán*, 15:86 (marzo-abril de 1973), 114-128.

Jacobs, Ian. "Rancheros of Guerrero: The Figueroa Brothers and the Revolution". En *Caudillo and Peasant in the Mexican Revolution*, comp. D. A. Brading, pp. 76-91. Cambridge (Inglaterra), 1980.

Joseph, Gilbert M. "British Loggers and Spanish Governors: The Logwood Trade and Its Settlements in the Yucatán Peninsula". *Caribbean Studies*, 14:2 (julio de 1974), 7-37.

——. "Apuntes hacia una nueva historia regional: Yucatán y la Revolución Mexicana, 1915-1940". *Revista de la Universidad de Yucatán*, 19:109 (enero-febrero de 1977), 12-35.

——. "Mexico's 'Popular Revolution': Mobilization and Myth in Yucatán, 1910-1940". *Latin American Perspectives*, 6:3 (verano de 1979), 46-65.

——. "Caciquismo and the Revolution: Carrillo Puerto in Yucatán". En *Caudillo and Peasant in the Mexican Revolution*, comp. D. A. Brading, pp. 193-221. Cambridge (Inglaterra), 1980.

Katz, Friedrich. "El sistema de plantación y la esclavitud". *Ciencias Políticas y Sociales*, 8:27 (enero-marzo de 1962), 103-135.

——. "Labor Conditions on Haciendas in Porfirian Mexico: Some Trends and Tendencies". *Hispanic American Historical Review*, 54:1 (febrero de 1974), 1-47.

——. "Villa: Reform Governor of Chihuahua". En *Essays on the Mexican Revolution: Revisionist Views of the Leaders*, comps. George Wolfskill y Douglas W. Richmond, pp. 25-45. Austin, Tex., 1979.

——. "Pancho Villa, Peasant Movements and Agrarian Reform in Northern Mexico". En *Caudillo and Peasant in the Mexican Revolution*, comp. D. A. Brading, pp. 59-75. Cambridge (Inglaterra), 1980.

Knight, Alan. "Peasant and Caudillo in Revolutionary Mexico, 1910-1917". En *Caudillo and Peasant in the Mexican Revolution*, comp. D. A. Brading, páginas 17-58. Cambridge (Inglaterra), 1980.

Knox, A. J. Graham. "Henequén Haciendas, Maya Peones, and the Mexican

Revolutionary Promises of 1910: Reform and Reaction in Yucatán, 1910-1940". *Caribbean Studies*, 17:1-2 (abril-julio de 1977), 55-82.
Laclau, Ernesto. "Feudalism and Capitalism in Latin America". *New Left Review*, 67 (mayo-junio de 1971), 19-38.
Lara y Lara, Humberto. "Proyección social de la obra en Yucatán del general Salvador Alvarado". *Diario del Sureste*, 28 de marzo de 1965, Suplemento Cultural.
Llanes Marín, Elmer. "Poemas de Elmer Llanes Marín". *Orbe*, 44 (diciembre de 1955), 95-102.
——. "La llanura aislada". *Orbe*, 49 (octubre de 1957), 19-35.
Love, Joseph L. "An Approach to Regionalism". En *New Approaches to Latin American History*, comps. Richard Graham y Peter H. Smith, pp. 137-155. Austin, Tex., 1974.
Lundell, Cyrus L. "Preliminary Sketch of the Phytogeography of the Yucatán Peninsula". En *Contributions to American Archaelogy*, comp. Institución Carnegie, pp. 244-321. Washington, D. C., 1934.
Macías, Ana. "Felipe Carrillo Puerto and Women's Liberation in Mexico". En *Latin American Women: Historical Perspectives*, comp. Asunción Lavrin, páginas 286-301. Westport, Conn., 1978.
Mandle, Jay R. "The Plantation Economy: An Essays in Definition". *Science and Society*, 36:1 (primavera de 1972), 49-62.
Menéndez Díaz, Conrado. "Psicología de la explotación de nuestros indios". *Orbe*, 1 (abril-junio de 1937), 33-38.
——. "La mística del trabajo campesino en Yucatán". *Orbe*, 3 (diciembre de 1946), 35-39.
Mendoza Medina, Ramón. "Influencia de Salvador Alvarado en la Constitución de 1917". *Diario del Sureste*, 28 de marzo de 1965, Suplemento Cultural.
Meyer, Jean. "Les ouvriers dans la Révolution Mexicaine: Les bataillons rouges". *Annales*, 25:1 (enero-febrero de 1970), 30-55.
——. "Periodización e ideología". En *Contemporary Mexico*, comps. James Wilkie, Michael C. Meyer y Edna Monzón de Wilkie, pp. 711-718. Berkeley, California, 1976.
Meyer, Lorenzo. "Cambio político y dependencia: México en el siglo xx". *Foro Internacional*, 13:2 (octubre-diciembre de 1972), 101-138.
Meyer, Michael C. "Perspectives in Mexican Revolutionary Historiography". *New Mexico Historical Review*, 44 (abril de 1969), 167-180.
Miner, George. "Opiniones sobre la labor del general Salvador Alvarado". *El Demócrata*, 6 de noviembre de 1916.
Mintz, Sidney W. "The Rural Proletariat and the Problem of Rural Proletarian Class Consciousness". *Journal of Peasant Studies*, 1:3 (abril de 1973), 291-325.
——, y Eric Wolf. "Haciendas and Plantations in Middle America and the Antilles". *Social and Economic Studies*, 6:3 (1957), 380-412.
Morales Medina, Hernán. "Don Gonzalo Cámara Zavala: Pionero de la educación rural". *Revista de la Universidad de Yucatán*, 4:22-23 (julio-octubre de 1962), 71-72.
Montalvo Ortega, Enrique. "Caudillismo y estado en la Revolución Mexicana: El gobierno de Alvarado en Yucatán". *Nova Americana*, 2 (1979), 13-36.

Morrow, Dwight W. "Who Buys Foreign Bonds?" *Foreign Affairs,* 5:2 (enero de 1927), 219-232.
Orosa Díaz, Jaime. "Carrillo Puerto en la historia y en la literatura". *Orbe,* 31 (agosto de 1951), 75-77.
———. "Síntesis biográfica del general Salvador Alvarado". *Diario del Sureste,* 28 de marzo de 1965, Suplemento Cultural.
Osalde Medina, Claudio. "El problema ejidal de Yucatán". *El Nacional,* 12 de junio de 1936, segunda sección.
Paoli B., Francisco. "Carrillo Puerto y el PSS". *Revista de la Universidad de Yucatán,* 16:91 (enero-febrero de 1974), 75-91.
Peniche Barrera, Roldán. "Tres nuevos murales". *Juzgue,* 4:3 (septiembre de 1975), 44-45.
Peniche Vallado, Leopoldo. "La obra del general Salvador Alvarado en Yucatán". *Diario del Sureste,* 28 de marzo de 1965, Suplemento Cultural.
Pinelo Río, Ricardo. "El batallón de 'La Plancha' ". *El Nacional,* 6 de marzo de 1932.
Platt, D. C. M. "Economic Imperialism and the Businessman: Britain and Latin America before 1914". En *Studies in the Theory of Imperialism,* comps. Bob Sutcliffe y Roger Owen, pp. 295-311. Londres, 1972.
Quintal Martín, Fidelio. "Análisis de la pobreza y la educación en una hacienda henequenera". *Revista de la Universidad de Yucatán,* 6:33 (mayo-junio de 1964), 37-41.
———. "Apuntes para la historia de la educación secundaria en Yucatán". *Revista de la Universidad de Yucatán,* 15:86 (marzo-abril de 1973), 97-106.
———. "Quince años trascendentales en la historia de Yucatán". *Revista de la Universidad de Yucatán,* 16:93-94 (mayo-agosto de 1974), 99-131.
Quirk, Robert. "Liberales y radicales en la Revolución Mexicana". *Historia Mexicana,* 2:4 (abril-junio de 1953), 503-528.
Ramírez Garrido, J. D. "La instrucción en Yucatán". *Acción Mundial,* 4 de marzo de 1916.
Raymond, Nathaniel C. "Land Reform and the Structure of Production in Yucatán". *Ethnology,* 7:4 (octubre de 1968), 461-470.
Reed, Alma. "Felipe Carrillo Puerto". *Boletín de la Universidad Nacional del Sureste,* época 2, 4:1 (junio de 1924), 20-21.
Regil, José M., y Alonso M. Peón, "Estadística de Yucatán". *Boletín de la Sociedad Mexicana de Geografía y Estadística,* 3 (1852), 296-300.
Repetto Milán, Francisco. "La vida fecunda y generosa de Gonzalo Cámara Zavala". *Revista de la Universidad de Yucatán,* 6:22-23 (julio-octubre de 1962), 69-70.
(Rius). "Felipe Carrillo Puerto: El Salvador Allende mexicano". *Los Agachados,* 5:156 (junio de 1974).
Robinson, Ronald. "Non-European Foundations of European Imperialism: Sketch for a Theory of Collaboration". En *Studies in the Theory of Imperialism,* compiladores Bob Sutcliffe y Roger Owen, pp. 116-141. Londres, 1972.
Rolland, Modesto C. "A Trial of Socialism in Mexico: What the Mexicans Are Fighting For". *Forum,* 56 (julio de 1916), 79-90.
Rosado Vega, Luis "El proletariado profesional". *Boletín de la Universidad Nacional del Sureste,* 2:2 (octubre de 1922), 61-70.
Rosales, Salatiel. "En tierras de Yucatán". *El Demócrata,* 8 de enero de 1924.

Sanders, Thomas G. "Henequén: The Structure of Agrarian Frustration". *American University Field Staff Reports*, North American Series, 5:3 (julio de 1977).
Siverts, Henning. "The 'Cacique' of K'ankujk". *Estudios de Cultura Maya*, 5 (1965), 339-360.
Sotelo Regil, Luis F. "La Revolución en Yucatán: Salvador Alvarado". *Revista de la Universidad de Yucatán*, 2:12 (junio-julio de 1960), 47-58.
Stavenhagen, Rodolfo. "Collective Agriculture and Capitalism in Mexico: A Way Out or a Dead End?" *Latin American Perspectives*, 2:2 (verano de 1975), 146-163.
Strickon, Arnold. "Hacienda and Plantation in Yucatán". *América Indígena*, 25:1 (enero de 1965), 42-57.
Suárez Molina, Víctor M. "La industria cordelera en Yucatán en el siglo XIX". *Diario de Yucatán*, 20 de febrero de 1972.
———. "Veinte años de economía yucateca". *Diario de Yucatán*, 3 de diciembre de 1975.
Tobler, Hans Werner. "Las paradojas del ejército revolucionario: Su papel social en la reforma agraria mexicana, 1920-1935". *Historia Mexicana*, 21:1 (julio-septiembre de 1971), 38-79.
Torre Díaz, Álvaro. "La labor del Constitucionalismo en Yucatán". *El Paso del Norte*, 23 de mayo de 1917.
Urzáiz R., Eduardo. "La entrada de Alvarado". *Orbe*, 41 (abril de 1955), 85-86.
———. "Historia de la educación pública y privada desde 1911". En *Enciclopedia Yucatanense*, vol. 4, pp. 197-259. México, 1944.
———. "El simbolismo de la Resurrección". *Boletín de la Universidad Nacional del Sureste*. Época 2, 4:1 (junio de 1924), 6-8.
Valadés, Diego. "Ideas políticas y sociales de Salvador Alvarado". *Estudios de Historia Moderna y Contemporánea de México*, 5 (1976), 109-118.
Vaughan, Mary Kay. "Education and Class in the Mexican Revolution". *Latin American Perspectives*, 2:2 (verano de 1975), 17-33.
Villaseñor, Víctor Manuel. "Salvador Alvarado". *Revista de la Universidad de Yucatán*, 6:34 (julio-agosto de 1964), 117-126.
Wasserman, Mark. "Oligarquía e intereses extranjeros en Chihuahua durante el Porfiriato". *Historia Mexicana*, 22:3 (enero-marzo de 1973), 279-319.
Waterbury, Ronald. "Non-revolutionary Peasants: Oaxaca Compared to Morelos in the Mexican Revolution". *Comparative Studies in Society and History*, 17:4 (octubre de 1975), 410-442.
Wells, Allen. "Economic Growth and Regional Disparity in Porfirian Yucatán: The Case of the Southeastern Railway Company". *South Eastern Latin Americanist*, 22:2 (septiembre de 1978), pp. 1-16.
Winks, Robin W. "On Decolonization and Informal Empire". *American Historical Review*, 81:3 (junio de 1976), 540-556.
Womack, John. "The Mexican Economy During the Revolution, 1910-1920: Historiography and Analysis". *Marxist Perspectives*, 4 (invierno de 1978), 80-123.

TESIS, DISERTACIONES Y OBRAS INÉDITAS

Barber, Gerald. "Horizon of Thorns: Yucatán at the Turn of the Century". Tesis de maestría, Universidad de las Américas, Cholula, México, 1974.

Chacón, Ramón D. "Yucatán and the Mexican Revolution: The Pre-constitutional Years, 1910-1918". Tesis doctoral, Universidad de Stanford, Stanford, California, 1981.

Cline, Howard. "Regionalism and Society in Yucatán, 1825-1847: A Study of 'Progressivism' and the Origins of the Caste War". Tesis doctoral, *Microfilm Collection of Manuscripts in Middle American Cultural Anthropology*, número 32. Biblioteca de la Universidad de Chicago, 1950.

Espejo-Ponce de Hunt, Marta: "Colonial Yucatán: Town and Region in the Seventeenth Century". Tesis doctoral, Universidad de California en Los Ángeles, 1974.

Fitchen, Edward D. "Official Policy and the Exigencies of Practice: Indio and Ladino in Yucatán". Ensayo presentado en la séptima reunión de la Asociación de Estudios Latinoamericanos, Houston, noviembre de 1977.

Fowler Salamini, Heather. "The Agrarian Revolution in the State of Veracruz, 1920-1940: The Role of Peasant Organizations". Tesis doctoral, American University, Washington, D. C., 1970.

Franz, David A. "Bullets and Bolshevists: A History of the Mexican Revolution and Reform in Yucatán, 1910-1924". Tesis doctoral, Universidad de Nuevo México, Albuquerque, 1973.

García Cantón, Alberto. "Memorias de un ex hacendado". Archivos de la International Harvester Company, *Abstract Summary of the Sisal Investigation Index*, partes I-IX. Copia fotostática.

Goodman, Margaret A. "The Effectiveness of the Mexican Revolution as an Agent of Change in the State of Yucatán, Mexico". Tesis doctoral, Universidad de Columbia, Nueva York, 1970.

Hansis, Randall G. "Álvaro Obregón, the Mexican Revolution and the Politics of Consolidation, 1920-1924". Tesis doctoral, Universidad de Nuevo México, Albuquerque, 1971.

Hartman, Keith. "The Henequén Empire in Yucatán, 1870-1910". Tesis de maestría, Universidad de Iowa, Iowa City, 1966.

Kirk, Rodney C. "San Antonio, Yucatán: From Henequén Hacienda to Plantation Ejido". Tesis doctoral, Universidad Estatal de Michigan, East Lansing, Michigan, 1975.

Knox, A. J. G. "Regionalism as a Problem in Mexican National History: Yucatán, a Case Study, 1821-1940". Manuscrito, 1973.

Lee, Rosemary L. "Who Owns Boardwalk?: The Structure of Control in the Tourist Industry of Yucatán". Ensayo presentado en la septuagésima tercera reunión de la Asociación Antropológica Norteamericana, México, D. F., noviembre de 1974.

Patch, Robert W. "A Colonial Regime: Maya and Spaniard in Yucatán". Tesis doctoral, Universidad de Princeton, Princeton, N. J., 1979.

——. "El fin del régimen colonial en Yucatán y los orígenes de la Guerra de Castas: El problema de la tierra, 1812-1846". Manuscrito, 1980.

Raymond, Nathaniel C. "The Impact of Land Reform in the Monocrop Region of Yucatán, Mexico". Tesis doctoral, Universidad de Brandeis, Waltham, Massachusetts, 1971.

Roazen, Diane. "The Olegario Molina Family of Yucatán". Manuscrito, 1977.

——. "American Enterprise, American Government, and the Sisal Industry of Yucatán, México, 1876-1924". Ensayo presentado en la nonagésima tercera

reunión de la Asociación Histórica Norteamericana, San Francisco, diciembre de 1978.
Rodríguez Losa, Salvador. "El henequén: Hoy, ayer y mañana". Manuscrito, 1975.
Shuman, Malcolm K. "The Town Where Luck Fell: The Economics of Life in a Henequen Zone Pueblo". Tesis doctoral, Universidad de Tulane, Nueva Orleáns, 1974.
Wells, Allen. "Henequén and Yucatán: An Analysis in Regional Economic Development, 1876-1915". Tesis doctoral, Universidad Estatal de Nueva York en Stony Brook, 1979.
Whiting, Van R. "The Collective Ejido and the State in Mexico". Ensayo presentado en la séptima reunión de la Asociación de Estudios Latinoamericanos, Houston, noviembre de 1977.
Wyman, Donald L. "Trust and Trade: Dwight Morrow and Mexico". Manuscrito, 1972.

ÍNDICE ANALÍTICO

acasillados, *véase* peones acasillados
Administración de Alimentos (EUA), 175, 183, 189-193, 197, 204, 225
agentes de propaganda: empleados por Alvarado, 125, 136, 141, 142, 146, 228; Carrillo Puerto como, 126, 217-219, 224, 228; empleados por Carrillo, 238
Aguilar, Cándido, 127
Aguirre Colorado, Rafael, 124
Alayola Barrera, César, 124
Allende, Salvador, 338
Alvarado, Salvador, 144-145, 180, 210-211, 263, 291, 303; y reforma agraria, 154-160, 157 *n*31, 162, 266, 280, 332; nacimiento y primera profesión de, 125-126; como revolucionario burgués, 127-129, 135, 139, 156, 157-159, 162, 179, 252, 265-266, 280; caciques y, 146-148, 239; Carranza y, 31, 142-143, 162, 162 *n*46, 198; Carrillo Puerto y, 124-125, 196, 218-219, 223-225, 237; Casta Divina y, 62, 78, 81, 122-123, 161, 163-173; Iglesia católica y, 133-134; Comisión Reguladora y, 84, 162-163, 190-191; muerte de, 300 *n*11; De la Huerta y, 300, 300 *n*11, 303; dirige la revolución desde arriba, 139-141, 337-338; programa educativo de, 134-136, 246, 247; su entrada en Mérida, 31-33, 119-120, 121-122; establece la Compañía de Fomento del Sureste, 176-178; feminismo y, 131; formación y rompimiento de la coalición revolucionaria de, 125, 140-143, 149, 193-196; crea el "Comité de Estudios para la Reorganización Económica del Estado", 196; hacendados y, 125, 161, 173 *n*92, 194-196, 198; International Harvester y, 81-82, 92, 163-165, 166-173, 184-186, 188, 189-190,

211; La Industrial, 124, 175-176; hace de Yucatán un laboratorio de la revolución, 129-133; asesores mexicanos y yucatecos de, 123-124; reformas morales de, 131-134; Obregón y, 126-127; el problema de la movilización revolucionaria y, 88, 136-140, 218-219, 225, 261-262, 337-338; y la responsabilidad de las penurias económicas de Yucatán, 210-213; como ideólogo revolucionario, 127-129; trabajadores urbanos y, 136-139, 256
American Sugar Refining Company, 70
anarcosindicalistas, 223, 231, 256, 257, 267
Ancona Cirerol, Mario, 302
Anderson, Chandler P., 312, 314
Arredondo, Eliseo, 186
Asociación de Hacendados Henequeneros, 195, 203, 282
Ávila, Eleuterio: designado gobernador, 28; Carrillo Puerto y, 124, 223; corrupción de, 28 *n*9, 167; fracaso y destitución de, 29, 121, 130
Aznar, Enrique, 195; 203

Baak, Loreto, 242, 306
Banco Nacional de México, 91
Banco Único, 198
Baqueiro, Serapio, 55
Barrett, John, 314
Bayley, Edward, 80
Benítez, Fernando, 102
Berzunza, Manuel: distribución de ejidos por, 266, 269-273, 274, 278; huye con Carrillo Puerto, 301; como gobernador sustituto de Carrillo Puerto, 226, 236; reconoce limitaciones en la revolución de Yucatán, 260, 262
Blanca Flor, 31, 32, 88

Bonillas, Ignacio, 201, 226
burguesía, *véase* Casta Divina; hacendados
Bryan, William Jennings, 184, 186

Cabrera, Luis, 28-29, 152 *n*7, 236; Carranza y, 162; c o m o promotor de la pequeña propiedad, 150-151, 152-153, 330; Reguladora y, 197, 198
caciques, 113, 235, 254, 276; definido, 146 *n*100; ligas y, 144, 251, 305-306, 307; en Quintana Roo, 287; confianza de Carrillo Puerto y los socialistas en, 145-149, 226, 207-245, 262, 287, 299, 306, 308, 333, 337, 338; y el mito revolucionario de Carrillo Puerto, 322
Calderón Lara, E f r a í n ("El Charras"), 320-322
Calvino, Mario, 124
Calles, Plutarco Elías, *véase* Elías Calles, Plutarco
Cámara Agrícola, 166
Cámara Zavala, Enrique, 104
Campeche: Carrillo Puerto y, 235, 237; Compañía de Fomento y, 177; rebelión de De la Huerta en, 300-301, 304, 307, 309; geografía y ecología de, 23, 41, 42
campesinos: Alvarado y la movilización revolucionaria de, 133, 134, 136-137, 139-140, 142, 147-149, 158; Cárdenas distribuye ejidos a, 327, 329; Carrillo Puerto y la movilización revolucionaria de, 218-219, 225, 226, 227-229, 244, 268, 286, 287, 338-339; educación de, 247, 248-249, 286; plantaciones de henequén y, 39, 42-44, 55-57; control social y explotación de, 39, 41-42, *véanse también* comuneros; peones acasillados
Campos, Pastor, 303
Canadian Bank of Commerce, 206
Canek, Jacinto, 256
Canova, Leon J., 191-192
Cantarell, Enrique, 303-304

Cantón, Felipe G., 101, 124, 282, 303, 304
Cantón Meneses, Amado, 303
Cárdenas, Lázaro, 140, 167, 334; su programa de reforma agraria, 159, 278, 287, 326, 327-330, 331-332, 334; programa educativo de, 134, 246, 247; y la proletarización de campesinos, 246
carrancistas, 25, 26-27, 29, 78, 121, 232; *véase también* constitucionalistas
Carranza, Luis, 64
Carranza, Venustiano, 78, 139, 226, 313; y reforma agraria, 26, 159, 160, 161-162, 201, 274, 277; Alvarado y, 32, 120, 126, 127, 143, 149, 159, 162, 162 *n*46, 176-177, 181, 184, 197-198; Carrillo Puerto y, 197, 200-201, 218-219, 224, 226, 237, 303; convencionistas y, 27; hacendados y, 195, 202-203, 204; Huerta y, 24-25; trata con negligencia y dureza a Yucatán, 94, 149, 197-200, 201, 202; Ortiz Argumedo y, 29-31; derrocamiento y muerte de, 226; la Reguladora y, 167, 184-187, 196-197, 202-203; su confianza en los ingresos henequeneros de Yucatán, 28-31, 32, 94, 120, 162-163, 173, 181, 197, 198-199; Partido Socialista y, 199-202, 205, 226, 227, 241; *véanse también* carrancistas; constitucionalistas
Carrillo, Justiniano, 188, 221, 231
Carrillo Puerto, Acrelio, 223, 224
Carrillo Puerto, Benjamín, 236
Carrillo Puerto, Edesio, 236
Carrillo Puerto, Elvia, 236, 249-251
Carrillo Puerto, Eraclio, 148, 236
Carrillo Puerto, Felipe: como agente de propaganda, 136, 217-218, 224; Alvarado y, 124-125, 134, 136, 143, 174, 196, 223-225; nacimiento y primeras ocupaciones de, 219-225; caciques y, 146, 238-245, 263, 305-308, 337; captura y ejecución de, 297-298, 301-303, 337-339; Carranza y, 197, 199, 200-201, 218-219,

226; Comisión Reguladora y, 167, 230 n24; cooperativas y, 138, 225-226; y el dilema de la revolución socialista, 226-229, 333-339; dirige la campaña socialista en 1917, 143, 144-145, 146, 149; distribuye ejidos, 263, 265-267, 269-279; programa educativo de, 246-248; exilio de, 202, 221, 226, 227, 231; actividades expansionistas de, 237-238; expropiación de plantaciones henequeneras por, 284, 285-287, 294-296; demandas feministas y, 248-251; hostilidad de los hacendados hacia, 159-160, 195, 219, 300; concepciones ideológicas de, 230-235, 263-266; impone la revolución desde arriba y desde afuera, 116, 337-338; ligas de resistencia y, 142, 251 n98, 251-254, 305-308; intenta ayudar a la industria henequenera, 279-284, 284-285; Obregón, Calles y, 200-201, 294-295, 299, 308-311; formulación política de la reforma agraria y la industria henequenera, 263-269, 264 n18, 332; imagen popular de, 210-211, 229 n20, 229-230, 235, 255-256, 264-265; reconoce limitaciones en la revolución de Yucatán, 260-261, 262-263, 266, 283-284, 285-286; como caudillo regional, 235-239; responsables de su muerte, 287-297, 302-305; y la movilización revolucionaria de campesinos, 125, 142-144, 159-160, 217-219, 224-225, 226, 227-229, 245-246, 254-256, 268, 286, 337-338; el mito revolucionario de, 316-322; trabajadores urbanos y, 227, 256-259; acercamiento de EUA y la International Harvester con, 291-293, 310-311; zapatistas y, 158, 223, 230, 231, 264-265, 266-267

Carrillo Puerto, Gualberto, 236
Carrillo Puerto, Wilfrido, 235, 236
Casa del Obrero Mundial (COM), 137-138, 139
Casta Divina: como aliada de Molina y Montes en colaboración con la International Harvester, 76, 78-79, 81-82, 88, 164; Alvarado y la, 31, 62, 81-82, 122, 129, 139, 156, 161, 163, 164, 165, 168; Carrillo Puerto y la 160, 288; definida, 31, 62; endeudamiento y resentimiento de los hacendados con la, 91, 104-105, 113, 140, 165; maderistas y, 24, 114; combate a la Reguladora, 168, 203-204; rebelión de Ortiz Argumedo y la, 29, 122; Partido Liberal Yucateco y, 144; ferrocarril yucateco controlado por la, 64, 88-89
Castellanos Acevedo, Tomás ("El Financiero"), 282-283, 284, 290, 291, 292-293, 312
Castro Morales, Carlos: Alvarado y, 124, 143, 145, 196, 201; Carrillo Puerto y, 224, 237; Partido Socialista Obrero y, 138; Reguladora y, 204
Catmís, 115 n49, 245
caudillos, 121, 127, 146 n100, 230, 235-238
Cebada, Rafael, 124, 219, 274
científicos, 63, 74, 75, 78, 92, 93
Cocom, Nachi, 255-256
Comisión Exportadora, 282-283, 284, 285, 256-292, 292 n89, 295-296, 311-314
Comisión Local Agraria, 124, 274-275, 276
Comisión Nacional Agraria, 275
Comisión Reguladora de Comercio, 173-175
Comisión Reguladora del Mercado de Henequén: Alvarado reactiva y emplea a la, 166-170, 177-179; quiebra y fracaso de la, 197, 205-206; Carranza y, 187, 198-199; Carrillo Puerto y, 230 n24; Compañía de Fomento y, 177; ERIC Corporation y, 206-208, 292; fundación y funciones de la, 166-168; hacendados y, 84, 124, 166, 167, 189, 194, 197, 203, 204; oposición de la International Harvester y el gobierno norteamericano a la, 182-183, 185-193, 203-204, 289-290

"Comité de Estudio para la Reorganización Económica del Estado", 196
Compañía de Fomento del Sureste, 176-178, 180, 198
compañía ferroviaria de México-Progreso, 63
compañía Urcelay, 72, 81
comuneros (aldeanos libres), 44, 51, 52, 99, 109, 267-268, 278
Confederación Regional Obrera Mexicana (CROM), 257, 258
Confederación de Trabajadores de México (CTM), 223
Conferencias de Bucareli, 309, 315
Congreso de Obreros Socialistas, 232, 234
Congreso Femenil Panamericano, 250
constitucionalistas, 25, 96, 188, 303; programa agrario de los, 150-153, 154, 279; Alvarado y los, 129, 140; Carrillo Puerto y, 223; convencionistas y, 120-121; Huerta y los, 24, 126; diferencias ideológicas entre, 162, 201, 298; su confianza en los ingresos henequeneros de Yucatán, 162-163, 198-199
Continental and Commercial Trust Company (Chicago), 207, 208
Convención de Aguascalientes, 26, 27; *véase también* convencionistas
convencionistas, 27, 31, 120, 151
cooperativas de consumo, 202, 205, 222, 225, 226, 251; de productores, 90, 279, 286, 295-296
Cordemex, 330-331
Cuauhtémoc, 255
Cuautla, 223
Cuba, 31, 238; International Harvester y, 88 n85, 335; Molina y, 79, 288; revolución en, comparada con la de Yucatán, 331, 337; afinidad geográfica y relaciones comerciales con Yucatán, 40, 42, 47

Chiapas, 143, 177, 238
Chichén Itzá, 254
Chihuahua, 25, 26, 27, 152
Chilam Balam, 254

Daniels, H. L., 87, 88, 197, 207, 207 n105
Daniels, Josephus, 185 n15
De la Huerta, Adolfo, *véase* Huerta, Adolfo de la
delahuertistas, 299-305, 307, 311-314, 318
De Landa, Diego, *véase* Landa, Diego de
De los Santos, *véase* Santos, Toribio de los
Departamento de Agricultura (EUA), 183, 291
Departamento de Bienes Incautados, 122
Departamento de Comercio (EUA), 183, 291
Departamento de Cooperativas, 125, 225
Departamento de Estado (EUA), 90, 207, 290; actitud y acciones hacia Alvarado y la Reguladora, 161, 183-193 *passim*, 197-198, 203; actitud y acciones hacia Carrillo Puerto y la Exportadora, 225, 293, 313, 314-315; moderación respecto al gobierno de México, 315-316
Departamento de Marina (EUA), 183, 185, 185 n15
Diario de Yucatán, 210, 288
Díaz, Porfirio: científicos y, 63; economía mexicana durante el gobierno de, 38; Molina y, 66, 75, 91-93; derrocado por Madero, 23-24; economía yucateca y, 75, 94, 98
Díaz Soto y Gama, Antonio, 223
Dondé, Manuel, 68
Dubrowski, D. H., 288
Dzununcán, 221

Echeverría Álvarez, Luis, 320
educación: Alvarado y, 123, 131, 134, 136, 246, 247-248; Carrillo Puerto y la, 246-248, 263; en plantaciones henequeneras, 103, 135-136
ejidos (tierras comunales): actitud de Alvarado hacia los, 128, 156-157, 157 n31; Alvarado distribuye, 155-159, 201; control caciquil de, 242-

244; actitud de Cárdenas hacia los, 291, 329, 330; Cárdenas distribuye, 327-329, 334; actitud de Carrillo Puerto hacia los, 264, 265, 267, 287; Carrillo Puerto distribuye, 263, 265-266, 269-279, 324; actitud de los constitucionalistas hacia los, 151, 152, 153, 159, 201, 278-279; actitud de De la Huerta hacia los, 300; los hacendados se apropian, 51, 52-54, 93 n106, 268

El Popular, 254

El Universal, 241

Elías Calles, Plutarco: y reforma agraria, 151, 156 n24, 294-295, 327; Alvarado y, 128; Carrillo Puerto y, 233, 237, 238, 241, 257, 294, 308; De la Huerta y, 226, 298-299; Obregón y, 140, 226, 228, 298-299; PNR y, 238

enganchados (trabajadores contratados): Alvarado y los, 131, 143; en Catmís, 245; en plantaciones henequeneras, 104, 105, 110; orígenes y carácter de los, 98, 99

Equitable Trust Company (Nueva York), 206, 207

ERIC Corporation, 206-208

Escalante, Eusebio, 68, 72, 81, 124

Escobedo Guzmán, Arcadio, 124, 303

Estados Unidos de América: Alvarado y, 161; Carrillo Puerto y, 309; hacendados y, 55, 66, 160; control indirecto de la economía yucateca por, 66, 67, 70, 81-82; como mercado del henequén, 38, 39, 40, 47-48, 51, 54-55, 71, 75-76, 176, 211-212; 213; relaciones diplomáticas y financieras de México con, 25, 160-161, 198, 299, 309, 315-316, 334; Ortiz Argumedo y, 29; Yucatán y su dependencia de, 180, 202-203, 329; Yucatán altera temporalmente su dependencia de, 181-182, 187-188, 213; Yucatán y su orientación tradicional hacia, 39, 40, 91; *véanse también* International Harvester Company; Departamento de Estado (EUA)

Euán, Braulio, 147, 148, 242, 305, 306

Euán, Bruno, 147, 148

Euán, Juan, 147, 148

Europa: relaciones comerciales con Yucatán, 38, 40, 47, 75, 90, 196, 281-282, 293

Exportadora, *véase* Comisión Exportadora

familia Terrazas-Creel, 61, 93

Federación Obrera, 256-258

feminismo, 131, 248-252

Ferrer Guardia, Francisco, 246

Ferrocarriles Unidos de Yucatán, 124, 257-258

Fletcher, Henry, 190

Flores Magón, Ricardo, 128, 267

Galván, Úrsulo, 336

Gamboa, Bonifacio, 145

Gamboa, Rafael ("Ravachol"), 124, 138, 142, 219, 274

Gann, Thomas, 257

García Correa, Bartolomé, 242, 243

gente decente, 58; *véase también* Casta Divina

George, Henry, 128, 156, 172

gobierno federal, *véase* gobierno federal mexicano

gobierno federal mexicano: y reforma agraria, 276-278, 293-294, 296; su ejército ocupa a Yucatán, 23, 31-33, 297, 298, 299; científicos en el, 63; sus demandas fiscales sobre Yucatán, 181, 196-199; y el imperialismo informal de la International Harvester en Yucatán, 91-92, 183-184, 185-186, 196-197, 202-203, 314-315; y el aislamiento y marginación de Yucatán, 39-40, 93-95, 96, 130, 180, 181, 202, 326-327, 329-330; su respuesta a las reformas de Alvarado, 149, 159-162, 175-177, 197-198; su respuesta a las reformas de Carrillo Puerto, 148-149, 199, 293-295, 296, 308-311, 319-322, 334; apoya a Molina

y a la Casta Divina, 91-93, 94, 97, 104
Gómez, Marte R., 223
González Manuel ("Polín"), 124, 146-147, 224
González, Pablo, 3
Gruening, Ernest, 133, 253
Guerra de Castas: y el desarrollo de las plantaciones de henequén, 40, 50, 54; como parte de una tradición de protesta maya, 46, 97, 238, 256; inicio de la, 39, 46
Guevara, Ernesto ("Che"), 338
Guzmán, Martín Luis, 176

Haberman, Roberto, 225, 231-232, 233
hacendados, 51, 149, 194, 212, 288; Alvarado y los, 123, 125, 129, 130-131, 135, 136, 140-141, 157-158, 160-161, 164, 165, 166, 168, 172-173, 173 n92, 188, 198, 210-211; crean la Asociación de Hacendados Henequeneros, 195; Carrillo Puerto ayuda a, 241-242, 265-266, 280-282, 284-285; Carrillo Puetro actúa contra los, 264-265, 269-273, 279-280, 289, 294, 295; Iglesia católica y, 133; Comisión Exportadora y, 289; Comisión Reguladora de Comercio y, 173, 174; Comisión Reguladora del Mercado de Henequén y, 166, 167, 168-173, 180, 194, 195, 197, 203; cultivan henequén, 38, 47-49, 50-55; en la rebelión de De la Huerta, 299-300, 303-305, 314; Departamento de Cooperativas y, 225; Díaz y los, 91-92; inseguridad económica de los, 64-65, 104-105, 113-114; expropiación de propiedades de, 153, 327-328, 329, 330; temor y oposición hacia Carrillo Puerto y los socialistas, 195, 219, 222, 224-225, 243, 274, 282, 288-291, 294, 295, 311; implicados en la muerte de Carrillo Puerto 297, 298, 302-305; suministro de mano de obra, 52-54, 130-131, 172; La Industrial y los, 75-76, 89, 174-176; mentalidad de advenedizos, 58-59; ganancias de los, 61, 104, 171-173; relaciones con la Casta Divina, 64-65, 81, 90-91, 113-114, 164; relaciones con Molina Montes y la International Harvester, 54, 64, 67-68, 70-71, 74, 81-82, 104-105, 113, 154, 168, 188, 282, 289; resistencia a la Revolución Mexicana, 23-24, 28, 182, 185; y el mito revolucionario de Carrillo Puerto, 322; su control social y explotación de los peones, 28, 28 n9, 44, 50, 97-111 *passim*, 114-115, 135-136, 267-268, 283
haciendas: desarrollo de, 42-45, 51-54; expropiación autorizada de, 153; en México y Yucatán, 66-67; y defensores de la pequeña propiedad, 150, 151, 152-153; *véase también* plantaciones de henequén
Halachó, 31, 32
Hanson and Orth Company, 292 n89, 311
Heidrich, E. C., 313
Helm, Franklin, 208
henequén: Alvarado y el control estatal sobre el comerico del, 164-165; cultivo y procesamiento del, 38-39, 47-51, 54-55, 98, 101-103; condiciones comerciales y precios del, 37-38, 81-84, 83 n70, 170-171, 190-192, 193, 194, 203-204, 211, 260-261, 324; el gobierno federal mexicano y los ingresos del, 28-29, 31, 32, 196-200; su significación en la economía y la sociedad yucateca, 37-38, 47, 54-57, 61, 62-63, 112-113, 154-155, 170-171, 181, 260-261, 266-267
henequeneros, *véase* hacendados
Henry W. Peabody and Company: acuerdo con la International Harvester, 80-81, 82, 83-84, 86, 88; sede y operaciones de, 71 n35; Plymouth Cordage Company y, 71; relaciones con Alvarado y la Reguladora, 169-170, 185-186, 187, 194, 198-199, 204-205, 206; rela-

ciones con Carrillo Puerto y los socialistas, 293-294, 311
Hernández, Luis, 199-200, 201, 204
Hoover, Herbert, 189-193, 314
huelga de junio, 258
huelga de los mineros de Cananea, 126
Huerta, Adolfo de la, 226, 298-300; *véase también* delahuertistas
Huerta, Victoriano, 24, 25, 78, 94, 126
Hughes, Charles Evans, 313, 314

Iglesia católica, 133, 134, 253-254
imperialismo, informal, *véase* International Harvester Company
indios mayas: antigua cultura de los, 37, 254-256; Carrillo Puerto y, 145-146, 219-221, 223, 229-230, 246, 252-256, 317; Guerra de Castas y, 46-47, 50; educación de los, 134; plantaciones henequeneras e, 51; tradición de protesta de los, 97, 109, 115 n49, 337; movilización revolucionaria de los, 97, 109-111, 114-115, 145-146, 252-256, 337-338; control social y explotación de los, 39, 41-42, 107, 108, 114-115, 164; plantaciones azucareras y, 45-46; técnicas agrícolas tradicionales de los, 41, 42-44, 47-48; *véanse también* campesinos; comuneros; peones acasillados
indios yaquis: en Catmís, 245; en plantaciones de henequén, 91, 93, 98, 104, 105, 110; dejan a Yucatán, 130 n39; en Sonora, 152, 157 n31
Institución Carnegie, 254
International Harvester Company: 28, 182-183, 316; su acuerdo con H. W. Peabody and Company, 80-81, 82, 83, 86; Alvarado y la, 163-165, 169-170, 183, 188, 211; su colaboración con Molina y Montes, 70-91 *passim*, 188, 212; Comisión Exportadora y la, 290, 293, 310-311; controla el mercado y manufactura de la fibra, 80-81, 85-86; Cuba y la, 88 n85, 335; delahuertistas e, 312, 313-314; obtiene el apoyo del gobierno norteamericano en relación con la Reguladora, 170, 183, 185-187, 189-190, 192-193, 203, 213; ERIC Corporation e, 206-208; su formación, 67, 68-70; henequeneros y su dependencia financiera de la, 67-68, 70-71, 104-105, 154; manipula el comercio henequenero y fija el precio, 81-85, 86-87, 188; su imperio informal en Yucatán, 70-71, 86-90, 335-336; gobierno federal mexicano e, 91-92
Interstate Trust and Banking Company (Nueva Orleáns), 206, 208
Irabién, Manuel, 66
Irigoyen, Renán, 178
Iturralde Traconis, José María, 124
Izamal, 234, 274

John Deere and Company, 182
jornaleros (trabajadores rurales), 268 n27, 337-338
jueves agrarios, 269-274, 275

Kaxatah, 221

La Industrial: creación de, 75-76; primer fracaso de, 89-90; International Harvester y, 89-90; renovada por Alvarado y segundo fracaso, 76 n49, 124, 175-176; renovada por Carrillo Puerto, 263, 266, 281
La Nueva Industrial, 281
Laidler, H. W., 128
Lamont, Thomas, 316
Landa, Diego de, 94
Lansing, Robert, 187, 191
Lenin, Vladimir Illych, 229, 231, 232, 233, 250, 288
Ley de Incautación y Expropiación de Haciendas Abandonadas, 294-295
Ley de Tierras Ociosas, 279, 294-295
Liga Central de Resistencia, 143-144, 226, 236, 248-249, 252, 256
Liga de Acción Social, 135, 281
Liga de Resistencia Torres y Acosta, 258, 259

Liga Edmundo G. Cantón, 251
Liga Máximo Gorki, 251
Liga Obrera de Ferrocarrileros, 256-258, 259
Liga Rita Cetina Gutiérrez, 250
ligas de resistencia, 234, 244, 276, 280-281; Alvarado y, 140; en Campeche, 237; entre campesinos, 142, 219, 224, 245; como defensores de la Revolución en la rebelión de De la Huerta, 298, 299, 301, 305-306, 307-308; desarmadas por Carranza, 199-200, 202, 226-227; su formación y fracaso durante el gobier de Carrillo Puerto, 142-144; 219, 224, 226-227, 228, 229, 241, 298, 299, 305-306, 307; oposición de los hacendados a las, 195; sus actividades sociales y políticas, 251-254; caciques socialistas y, 147-148, 244, 245, 251; Partido Socialista y, 140, 239-241, 287
ligas feministas, 236, 248, 250-251
Lodge, Henry Cabot, 313
Lombardo Toledano, Vicente, 323-324
López de Santa Anna, Antonio, 23, 39, 94
Loring, Augustus P., 313

McCormick, Cyrus, 71, 76, 80-81, 88, 89-90; *véanse también* International Harvester Company; McCormick Harvesting Machine Company
McCormick, Harold, 207
McCormick Harvesting Machine Company, 67, 68, 75, 80, 89, 90
maderistas, 24, 26, 114-115, 151, 166, 167, 231
Madero, Francisco I., 24, 25, 94, 108, 114, 157; *véase también* maderistas
maestros de escuela, 136, 141, 142, 227, 228, 261-262
magonismo, 234
Mange, Alejandro, 241
Manzanilla, Víctor, 144-145
Manzanilla Montore, Gerardo, 303-304
Manzanilla Montore, Lorenzo, 168, 195, 203, 303-304

Manzano, Laura, 122
Márquez, Fidencio, 124
Marsh, Gaylord, 206
Marvini, Leon, 288
marxismo, 229, 231, 232, 247, 253-254, 267, 311
Maxcanú, 146-147, 262, 306
May, Francisco, 287
Mediz Bolio, Antonio, 32, 96
Mena Brito, Bernardino, 144, 145, 201
Menéndez, Carlos R., 247, 258
Mérida, 174, 175, 254, 274; Alvarado entra a, 23, 31-32, 120, 121-123; sitiada durante la Guerra de Castas, 46; su clima, 41, 42; insurgentes delahuertistas ocupan a, 299, 301, 304, 307; penurias económicas, 204-205, 261; aislada del campo, 111, 263; hacendados advenedizos en, 58-59; mejoras materiales en, 39, 60, 154; trabajadores en, 111, 137-138, 225, 256
México: su situación agraria comparada con la de Yucatán, 61, 66-67, 111-112, 154, 267, 278-279, 287, 332-333; inversión extranjera en, 66, 315-316; Yucatán y su aislamiento de, 23-24, 29, 39-40, 91, 298, 300; *véase también* gobierno federal mexicano
México, la revolución congelada (película), 333
monopolio henequenero, *véase* International Harvester Company
movilización revolucionaria: Alvarado lleva a los campesinos la, 114-116, 130, 134, 136-137, 139, 142, 158; Alvarado desea controlar la, 158, 200, 225; Carrillo Puerto lleva a los campesinos la, 145-146, 218-219, 225, 226, 227-229, 268, 286-287, 338-339; efecto de la estructura agraria de Yucatán sobre la, 96-97, 108-111; efecto del aislamiento de Yucatán sobre la, 96; fomentada por las elecciones de 1917, 147-149; carencia en Yucatán de, 114-116, 200, 218, 234, 305-

306, 307, 333, 336-339; entre trabajadores urbanos, 111-112, 136-139, 142; entre las mujeres de la clase trabajadora, 249, 250; *véase también* ligas de resistencia
Molina, José Trinidad, 64
Molina, Luis Demetrio, 64
Molina, Olegario: Carranza y, 78; Castellanos Acevedo y, 282; como científico, 63, 74-75, 92-93; colabora con la International Harvester, 66, 71-82 *passim*, 88-89, 91, 212; en su exilio cubano, 288; desarrollo de una base de poder creada por, 63-65; Díaz y, 66, 91-93, 94, 104, 105; tesis e c o n ó m i c a de, 210; acreedor de hacendados, 64-65, 92, 114; dirige la Casta Divina, 62-63; La Industrial y, 75-76, 76 n49, 89; maderistas y, 114-115; y mejoras materiales en Mérida, 60; imagen popular de, 72-74, 79; *véase también* Olegario Molina y Compañía
Molina, Ricardo, 122, 282
Molina Enríquez, Andrés, 150, 152 n7, 152-153, 155
Montes, Alberto, 288
Montes, Avelino: Alvarado y, 78-79, 122, 163, 165, 168, 169, 185-186, 303; Carrillo Puerto y, 288; científicos y, 92, colaboración con la International Harvester, 74-86 *passim*, 185, 186, 188, 205, 282, 289; La Industrial y, 76 n49; Molina y, 63, 64-65, 76, 78-79; combate a la Reguladora, 165-179, 194-195; Partido Liberal Yucateco y, 144
Morelos: reforma agraria en: 263-264, 266-267 n26, 300; Carrillo Puerto en, 223-224, 256; zapatistas concentrados en, 26, 110
Moreno Cantón, Delio, 223
Morones, Luis N., 257
Morrow, Dwight, 316
Motul, 138, 201, 231-232, 250, 306; Carrillo Puerto en, 159-160, 219-221, 224, 236
Muna, 306

Muñoz, Lino, 242, 243
Muñoz Arístegui, Enrique, 93

National Cordage Company, 68, 69
Negociación Exportadora, 166

Obregón, Álvaro: y la reforma agraria, 151-152, 156 n24, 228, 276, 277-278, 288, 294-295, 300, 311, 327; Alvarado y, 126, 127, 128; Carranza y, 162, 201, 226, 227; Carrillo Puerto y, 200-201, 237, 241, 257, 294-295, 299, 307, 308; Castro Morales y, 303; como general constitucionalista, 25, 27, 126; delahuertistas y, 298-299, 300-301, 314; relaciones con EUA, 311, 313; socialismo yucateco y, 233, 305, 307-308; *v é a s e también* obregonistas
obregonistas, 25, 314; Alvarado asesinado por, 300 n11; en la rebelión de De la Huerta, 300, 301, 312; en Sonora, 127
obreros, *véase* trabajadores urbanos
Olegario Molina y Compañía, 63, 70, 72, 76-79, 83; *véanse también* Molina, Olegario; Montes, Avelino
oligarquía, *véase* Casta Divina
Opichén, 262, 305-306
Orizaba, 178
Ortiz, Miguel, 306
Ortiz Argumedo, Abel, 29, 31, 138

Pan-American Commission Corporation, 206, 207, 292
Partido Acción Nacional (PAN), 319 n82
Partido Liberal: Asociación de Hacendados Henequeneros y, 195; Carranza y, 199-200, 201-202; rivalidad violenta con el Partido Socialista, 144-146, 147-148, 199-200, 235-236, 239-241, 262, 287
Partido L i b e r a l Mexicano (PLM), 126, 128, 223, 267
Partido Liberal Yucateco, *véase* Partido Liberal

Partido Nacional Revolucionario (PNR), 238, 327
Partido Revolucionario Institucional (PRI), 140, 211, 230, 317, 319-322
Partido Revolucionario Mexicano (PRM), 140, 317
Partidos Coligados, 238
Partido Socialista, 261, 265, 282-283, 284-286; alvaradistas en el, 124; caciques asociados con el, 146-148, 149, 239-245, 262, 276, 287-288, 299; Carranza y, 199-202, 226, 241; y muerte y mito revolucionario de Carrillo Puerto, 316-322; ascenso de Carrillo Puerto en el, 224-225; Castellanos Acevedo y el, 282; Iglesia católica y, 253-254; sus oportunidades de éxito, 333-339; Comisión Reguladora y, 167; Compañía de Fomento y, 176-177; su declive después de Carrillo Puerto, 305, 309, 324, 327; fines educativos del, 246-247, 286; actividades expansionistas del, 235-236, 237-238; demandas feministas y, 248-251; fundado (1916) como Partido Socialista Obrero, 133; Haberman y el, 231-232; temor y hostilidad de los hacendados hacia el, 195, 288-289, 295, 298, 300, 324; huelga de junio y, 258; cambia su nombre (1917) a Partido Socialista de Yucatán, 140; cambia su nombre (1921) a Partido Socialista del Sureste, 226, 226 n16; Obregón y el, 237, 309; Plan de Agua Prieta y el, 226; movilización revolucionaria y el, 227-229 (*véase también* ligas de resistencia); Tercera Internacional y el, 233; trabajadores urbanos y el, 138, 142; acercamiento de EUA y la International Harvester al, 289, 290, 291-293, 310-312
Partido Socialista del Sureste, *véase* Partido Socialista
Partido Socialista de Yucatán, *véase* Partido Socialista
Partido Socialista Obrero, *véase* Partido Socialista

Peabody, Henry W., 71-72, 80-81; *véase también* Henry W. Peabody and Company
Pemex (Petróleos Mexicanos), 177
Peón, Augusto L., 61
Peón, Humberto, 288
Peón, Joaquín, 104
Peón Losa, Rafael, 93
peones acasillados (trabajadores residentes): reforma agrícola y, 130, 153, 276-278, 287, 294, 295; condiciones laborales de los, 99-105; renuncian a su derecho de nacimiento étnico, 97; proletarización de los, 52, 52 n43, 129, 130-131, 157-158, 268, 278; movilización revolucionaria de los, 228-229, 245, 338-339; control social y explotación de los, 50, 110-111, 130, 135-136, 221-222; sus orígenes, 44-45, 113
Peoria Cordage Company, 313
pequeña propiedad: actitud de Alvarado hacia la, 128-129, 150-151, 158; actitud de Cárdenas hacia la, 327; actitud de Carrillo Puerto hacia la, 287; actitud de los constitucionalistas hacia la, 150-153, 278, 294, 330; actitud de De la Huerta hacia la, 300
Perrine, Henry, 48, 212 n120
Pershing, John, 187
Pierce, Arturo, 68, 71 n35, 78, 81, 86
Pino Suárez, José María, 223
Plan de Agua Prieta, 226
Plan de Ayala, 158
Plan de Veracruz, 300
plantaciones azucareras, 40, 42, 45-46
plantaciones de henequén, 200, 242, 261; Alvarado y, 154, 155-156, 157-159, 161-163; Cárdenas y su expropiación de las, 327-328, 334; Carrillo Puerto y su proyecto expropiatorio de las, 227, 228, 238, 264-266, 269, 273, 276-278, 284, 286, 287, 289, 294-295, 297, 300, 304, 309, 324; desarrollo de las, 39-44, 47-48, 50-57, 60-63; propie-

dad de las, 62-63, 66-67; orígenes y condiciones de trabajo en, 28, 52-54, 97-107, 108, 110-111, 201-202, 265-266

plantadores, *véase* hacendados

Plymouth Cordage Company: actitud y acciones hacia la Exportadora, 292 n89, 293 n94, 311 n50, 313-314; su fundación y sede, 71-72 n35; como rival de la International Harvester, 71, 85-86, 87

Ponce Cámara, Arturo, 303, 304, 311, 312

Popol Vuh, 254

Prestes, Luis Carlos, 338

Progreso, 274, 307, 327; bloqueo de, 184-185; como principal puerto henequenero, 39, 59; calamidades económicas en, 204, 261; modernización de, 60-61, 177; trabajadores en, 111, 137-139, 256-258, 288

proletarización, 52, 52 n42, 99, 109, 129, 130, 246, 268

pueblos: Alvarado y la restauración de ejidos a, 155, 156-157; Carrillo Puerto y la restauración de ejidos a, 263, 264-265, 269-279; constitucionalistas y la restauración de ejidos a, 151, 152-153, 159; su definición para propósitos de distribución de tierra, 153, 274; pérdida de sus ejidos, 44, 51, 93 n106, 267-268, 336; problemas respecto a la posibilidad de vida de los, 51-52, 109, 267-268; movilización revolucionaria en, 199, 228-229

Quintana Roo: se convierte en un territorio, 93; Carrillo Puerto y, 287, 302, 319; Compañía de Fomento y, 177; geografía y ecología de, 23, 41, 42; rebeldes mayas se refugian en, 46, 50, 97, 110

Ramírez Garrido, Calixto, 124
Ramírez Garrido, José, 124
Reed, Alma, 298
reforma agraria, 332-333; *véanse también* ejidos; plantaciones henequeneras; pequeña propiedad

Reguladora, *véase* Comisión Reguladora del Mercado de Henequén

Rendón, Víctor, 78, 188

Requa, Mark, 190

Revista de Mérida, 242

Revista de Yucatán, 247, 258, 262

revolución burguesa: compromiso de Alvarado con la, 127-129, 134, 139-140; sus elementos en el programa de Carrillo Puerto, 265-266, 296; ejemplificada en el programa agrario de Alvarado, 155-157, 158-159, 162; ejemplificada en la Reguladora, 178-179; su destino después de Alvarado, 149, 180, 208-209

Revolución Mexicana, 79, 94, 267, 316-317; el problema agrario como punto central en la, 150, 151-152; como revolución burguesa, 128-129; surge en Yucatán con Alvarado, 23, 28-29, 32-33, 119-120, 121, 122, 125-127, 128-130; facciones rivales y el curso de la, 24-28, 120; su institucionalización, 309-310; y la integración nacional de Yucatán, 93-94; su fracaso total en Yucatán, 112, 329-334; aislamiento de Yucatán y su resistencia a la, 23-25, 28-29, 32-33, 94-95, 96, 121, 123

revuelta de Ortiz Argumedo, 29-31, 94-95, 304

Ricárdez Broca, Juan, 301, 303
Ripley, William Z., 207
Robinson, Carlos, 301
Rodríguez, Hermenegildo, 301, 303
Rolland, Modesto, 124, 162
Royal Bank of Canada, 206, 207

Sánchez, Guadalupe, 298, 303
Sanger, Margaret, 248
Santa Anna, Antonio López de, *véase* López de Santa Anna, Antonio
Santos, Toribio de los, 29, 121, 130, 167, 223
Sharp, R. S., 207-208, 292
Sierra, Justo, 92, 92-93 n102, 94
Silliman, J. R., 187

Sisal Sales Corporation, 292, 311-312
Smiles, Samuel, 135
socialismo: idea y establecimiento según Alvarado del, 127-129, 139-140, 163-164, 178-179; idea y establecimiento según Carrillo Puerto del, 230-236, 246-247, 266-274, 324-327; *véase también* Partido Socialista
Solís, Felipe G., 304
Sonora, 152, 226, 298; Alvarado y, 125, 126-127, 128, 163
Suárez, Rogelio, 64

Tabasco, 143, 177, 238, 300
Telchac, 134, 258
teoría de la modernización, aplicada a Yucatán, 106-108
teoría de la dependencia, aplicada a Yucatán, 105-108, 334-336
Thebaud Brothers, 68
Tierra, 299
Torre Díaz, Álvaro, 124, 145, 210
Torres, Rosa, 249, 250
Torres Quintero, Gregorio, 124
trabajadores rurales (jornaleros), 268 n27, 337-338
trabajadores urbanos (obreros): Alvarado y los, 120, 136-139, 142, 256; Carranza y los, 27; Carrillo Puerto y los, 227, 248-249, 256-259, 283, 307; miseria económica de los, 175, 204-205; su aislamiento de los trabajadores rurales, 111-112, 337-338; movilización y sindicalización de los, 112, 129, 136-140, 142, 199-200
Tribunales de Conciliación y Arbitraje, 137, 246
Tritschler y Córdoba, Martín, 254
Turner, John K., 98, 99, 101-102, 104

Unión de Productores de Henequén, 303
United Fruit Company, 70, 89
Universidad de Yucatán, 321
Universidad Nacional del Sureste, 246
Uxmal, 254

Valencia López, Felipe, 124, 142
Valladolid, 42, 45, 138, 262, 302
Vargas, Benjamín, 147, 306
Vargas, Lisandro, 147, 306
Vasconcelos, José, 237
Velázquez, Fidel, 223
Veracruz: Carranza y constitucionalistas en, 27, 127, 153; en la rebelión de De la Huerta, 299; prosperidad de, 31, 37 n1, 61; trabajadores en, 111, 257, 258; ocupación estadounidense de, 184, 184 n11; Yucatán y, 37 n1, 39, 61, 257, 258
Villa, Francisco (Pancho), 25-26, 27, 120, 187, 198; *véase también* villistas
Villarreal, Antonio I., 300
villistas, 25-26, 27-28, 127, 151

Walling, W. E., 128
Wilson, Woodrow, 25, 27, 161, 184, 184-185 n11, 313
W. R. Grace and Company, 263

Yaxché, 61, 88

Zamarripa, Isaías, 200-202, 226, 303, 308
Zapata, Emiliano: programa agrario de, 264-265, 266-267 n26; Carrillo Puerto y, 223, 224, 322; se opone a Carranza, 120; se opone a Huerta, 24; *véase también* zapatistas
Zapata Casares, Manuel, 124, 167, 199
zapatistas: programa agrario de, 151, 158, 264-265, 267, 336; anarcosindicalistas entre, 223; Carrillo Puerto y, 158, 223, 224, 229, 231, 265, 266-267; constitucionalistas y, 25, 26-27, 152; como "campesinos revolucionarios", 109, 110; villistas y, 25, 26
Zavala, Lorenzo de, 92, 92 n102
zona henequenera: definición y extensión de, 52, 52 n43, 54, 61; predomina en Yucatán la, 55-57; propiedad y distribución de la tierra en, 267-268, 269-273, 279, 283, 324, 327

CUADROS, GRÁFICAS Y MAPAS

Cuadros

1. El crecimiento comercial del henequén yucateco, 1845-1890 . . 48
2. La rentabilidad inicial del cultivo del henequén, 1848-1868 . . 49
3. Precios del henequén yucateco en el mercado de los Estados Unidos, 1875-1914 69
4. Porcentaje de las pacas enviadas a los Estados Unidos por las principales casas exportadoras de henequén, 1896-1914 . . 82
5. Precios del henequén en el mercado norteamericano, 1915-1925 171
6. Pérdida del mercado mundial de la fibra por parte de Yucatán, 1880-1950 209
7. El caciquismo en Yucatán, 1917-1924 240
8. Reforma agraria por decreto provisional, 1922-1923 271-272
9. Tendencias de la producción henequenera yucateca, 1913-1923 . 285
10. La reforma agraria después de Carrillo, 1924-1933 325

Gráficas

1. Producción de henequén, 1873-1915 56
2. Los precios del henequén, 1880-1914 73
3. Participación de Molina y Compañía en el comercio del henequén norteamericano, 1891-1915 77
A. Yucatán: hectáreas de la tierra distribuida 343
B. Campeche: hectáreas de la tierra distribuida 343
C. Morelos: hectáreas de la tierra distribuida 344
D. República Mexicana: hectáreas de la tierra distribuida . . . 344

Mapas

1. El estado de Yucatán (c. 1925) 43
2. Divisiones políticas yucatecas y la zona henequenera moderna . 53
3. Reforma agraria por decreto provisional, 1922-1923 270

ÍNDICE GENERAL

Presentación 9
Prefacio a la edición en rústica 15
Agradecimientos 21
Prólogo 23

    Yucatán recibe una revolución 23

Primera Parte
LOS PARÁMETROS DE LA REVOLUCIÓN

I. Planta y plantación: el desarrollo de una economía de monocultivo   37

    Las restricciones naturales del desarrollo yucateco 39
    De la hacienda a la plantación 42
    El surgimiento de la producción comercial de henequén . . . 47
    El triunfo del monocultivo 51

II. El auge henequenero: la oligarquía y el imperio informal, 1880-1915   58

    Élite y oligarquía durante el "olegariato" 62
    La colaboración y el imperialismo informal 66
    Hacia el control del monopolio 71
    El papel del gobierno federal: la marginación y el descuido . . 91

III. La ecuación revolucionaria dentro de Yucatán: el problema de la movilización 96

    Las condiciones laborales de las haciendas: el mecanismo del control social 97
    El problema de la movilización 108

Segunda Parte
LA REVOLUCIÓN BURGUESA, 1915-1918

IV. Salvador Alvarado y la revolución burguesa desde afuera . . . 119

    Salvador Alvarado: caudillo e ideólogo 125
    El laboratorio de la Revolución 129
    La Revolución desde arriba 139

La movilización en el campo: la revolución se mueve hacia la izquierda 143

V. La teoría y la práctica de la reforma burguesa: la tierra y la economía de exportación 150

La estrategia agraria de Alvarado 154
La respuesta del gobierno federal 159
El sector exportador henequenero: surgimiento de la Reguladora . 162

VI. El derrumbe de la revolución burguesa, 1918-1920 180

La respuesta norteamericana: negociando con debilidad . . . 182
Los norteamericanos toman la ofensiva 192
El rompimiento de la coalición revolucionaria de Alvarado . . . 193
La respuesta del gobierno federal: el ajuste de cuentas 196
El control del socialismo 199
La caída 202
La culpa 208

Tercera Parte

La revolución socialista, 1920-1923

VII. Felipe Carrillo Puerto y el ascenso del socialismo yucateco . . . 217

Carrillo obtiene una educación 219
El dilema de Carrillo 226
Carrillo Puerto: la imagen popular 229
Un socialista yucateco nativo 230
Caudillos y caciques: Mérida y la ciudad de México 235
Caudillos y caciques: el campo de Yucatán 238
El programa socialista 245

VIII. La ideología y la *praxis* de una revolución socialista: la reforma agraria y la industria henequenera 260

El programa agrario de Carrillo Puerto: un debate continuo . . 263
La reforma agraria: la primera fase 269
Cambian las condiciones: la economía regional 283
Los socialistas controlan la región 287
Acercamiento a los Estados Unidos y la ciudad de México . . . 289
La reforma agraria: el inicio de la segunda etapa 294

IX. El fracaso de la revolución desde adentro, 1923-1924 297

Los hacendados y los insurgentes federales 298

Caciques y campesinos 305
El gobierno federal 308
Los norteamericanos. 310
El resultado: el cultivo de un mito revolucionario 316

Epílogo

Sin revolución, 1924- : el legado de frustración de Yucatán . 323

Apéndice

Reforma agraria, 1915-1927

Bibliografía selecta 345
Archivos 345

    Estados Unidos, 345; México, D. F., 345; Mérida, 346; Motul, 346; Campeche, 346

Publicaciones periódicas 346
Libros 347
Artículos 355
Tesis, disertaciones y obras inéditas 361

Revolución desde afuera. Yucatán,
México y los Estados Unidos, 1880-1924, de Gilbert M. Joseph,
se terminó de imprimir y encuadernar en agosto de 2010
en Impresora y Encuadernadora Progreso, S. A. de C. V. (IEPSA),
Calzada San Lorenzo, 244; 09830 México, D. F.
La edición consta de 700 ejemplares.